여러분의 합격을 응원하는
해커스공무원의 특별 혜택

FREE 공무원 행정법 특강

해커스공무원(gosi.Hackers.com) 접속 후 로그인 ▶ 상단의 [무료강좌] 클릭 ▶
[교재 무료특강] 클릭하여 이용

KB199715

OMR 답안지(PDF)

해커스공무원(gosi.Hackers.com) 접속 후 로그인 ▶
상단의 [교재·서점 → 무료 학습 자료] 클릭 ▶ 본 교재의 [자료받기] 클릭

▲ 바로가기

해커스공무원 온라인 단과강의 20% 할인쿠폰

A3E6EE86F9A55D88

해커스공무원(gosi.Hackers.com) 접속 후 로그인 ▶ 상단의 [나의 강의실] 클릭 ▶
좌측의 [쿠폰등록] 클릭 ▶ 위 쿠폰번호 입력 후 이용

* 등록 후 7일간 사용 가능(ID당 1회에 한해 등록 가능)

합격예측 온라인 모의고사 응시권 + 해설강의 수강권

84AC67D65A7E7278

해커스공무원(gosi.Hackers.com) 접속 후 로그인 ▶ 상단의 [나의 강의실] 클릭 ▶
좌측의 [쿠폰등록] 클릭 ▶ 위 쿠폰번호 입력 후 이용

* ID당 1회에 한해 등록 가능

쿠폰 이용 관련 문의 **1588-4055**

단기 합격을 위한
해커스공무원 커리큘럼

입문

탄탄한 기본기와 핵심 개념 완성!

누구나 이해하기 쉬운 개념 설명과 풍부한 예시로 부담없이 쌩기초 다지기

TIP 베이스가 있다면 **기본 단계**부터!

▼

기본+심화

필수 개념 학습으로 이론 완성!

반드시 알아야 할 기본 개념과 문제풀이 전략을 학습하고
심화 개념 학습으로 고득점을 위한 응용력 다지기

▼

**기출+예상
문제풀이**

문제풀이로 집중 학습하고 실력 업그레이드!

기출문제의 유형과 출제 의도를 이해하고 최신 출제 경향을 반영한
예상문제를 풀어보며 본인의 취약영역을 파악 및 보완하기

▼

동형문제풀이

동형모의고사로 실전력 강화!

실제 시험과 같은 형태의 실전모의고사를 풀어보며 실전감각 극대화

▼

최종 마무리

시험 직전 실전 시뮬레이션!

각 과목별 시험에 출제되는 내용들을 최종 점검하며 실전 완성

PASS

* 커리큘럼 및 세부 일정은 상이할 수 있으며,
자세한 사항은 해커스공무원 사이트에서 확인하세요.

단계별 교재 확인 및
수강신청은 여기서!

gosi.Hackers.com

해커스공무원

신동욱

행정법총론

실전동형모의고사 1

해커스

: 들어가며

공무원 난이도에 딱 맞는 모의고사

해커스가 **공무원 행정법총론 시험의 난이도·경향**을 완벽 반영하여 만들었습니다.

얼마 남지 않은 시험까지 모의고사를 풀며 실전 감각을 유지하고 싶은 수험생 여러분을 위해, 공무원 행정법총론 시험의 최신 출제 경향을 완벽 반영한 교재를 만들었습니다.

『해커스공무원 신동욱 행정법총론 실전동형모의고사 1』을 통해 **14회분 모의고사로 행정법총론 실력**을 완성할 수 있습니다.

실전 감각은 하루아침에 완성할 수 있는 것이 아닙니다. 실제 시험과 동일한 형태의 모의고사를 여러 번 풀어봄으로써 정해진 시간 안에 문제가 요구하는 바를 정확하게 파악하는 연습을 해야 합니다. 『해커스공무원 신동욱 행정법총론 실전동형모의고사 1』은 실제 시험과 동일하게 회차별 20문항으로 구성된 실전동형모의고사 14회를 수록하였습니다. 이를 통해 실제 시험과 가장 유사한 형태로 실전에 철저히 대비할 수 있습니다. 또한 상세한 해설을 통해 공무원 행정법총론의 핵심 출제포인트를 확인할 수 있습니다.

『해커스공무원 신동욱 행정법총론 실전동형모의고사 1』은 **공무원 행정법총론 시험에 최적화된 교재**입니다.

제한된 시간 안에 문제 풀이는 물론 답안지까지 작성하는 훈련을 할 수 있도록 OMR 답안지를 수록하였습니다. 또한 공무원 행정법총론 기출문제 중에서 중요도가 높은 문제를 선별하여 '최종점검 기출모의고사' 3회분으로 재구성하였습니다. 시험 직전, 실전과 같은 훈련 및 최신 출제 경향의 파악을 통해 효율적인 시간 안배를 연습하고 효과적으로 학습을 마무리할 수 있습니다.

공무원 합격을 위한 여정, 해커스공무원이 여러분과 함께 합니다.

실전 감각을 키우는 모의고사

약점 보완 해설집 [책 속의 책]

📄 **OMR 답안지 추가 제공**

해커스공무원(gosi.Hackers.com) ▶
사이트 상단의 '교재·서점' ▶ 무료 학습 자료

📄 **모바일 자동 채점 +
성적 분석 서비스**

해커스공무원(gosi.Hackers.com) ▶
모바일 자동 채점 + 성적 분석 서비스 바로가기

이 책의 특별한 구성

문제집 구성

실전동형모의고사

· 공무원 행정법총론 시험과 동일한 유형의
실전동형모의고사 14회분 수록

· 15분의 제한된 문제 풀이 시간을 통해
효율적인 시간 안배 연습 가능

최종점검 기출모의고사

· 최근 출제된 기출문제 중 출제 가능성이 높은 문제
만을 선별하여 최종점검 기출모의고사 3회분 수록

· 시험 직전 기출모의고사 풀이를 통해 최신 출제 경
향을 파악하여 효과적인 학습 마무리 가능

상세한 해설

빠른 정답 확인

· 모든 문제의 정답과 단원을 표로 한눈에 확인 가능

· 빠르게 출제 단원과 정답을 확인

취약 단원 분석표

스스로 취약한 단원을 분석하여 시험 직전에 더 학습하여야 하는 단원 확인

판례

문제의 이해를 돕는 판결 내용 수록

이론

자주 출제되는 문제를 해결하기 위해 필요한 이론을 요약하여 제시

상세한 해설

· 모든 문제의 핵심 출제 키워드 제시

· 해설 학습을 통해 이론 복습의 효과를 기대할 수 있도록 모든 선지의 해설 수록

조문

문제 풀이에 참고하면 좋을 관련 조문 수록

해커스공무원 학원·인강
gosi.Hackers.com

실전동형 모의고사

잠깐! 실전동형모의고사 전 확인사항

실전동형모의고사도 실전처럼 문제를 푸는 연습이 필요합니다.

　✔ 휴대전화는 전원을 꺼주세요.

　✔ 연필과 지우개를 준비하세요.

　✔ 제한시간 15분 내 최대한 많은 문제를 정확하게 풀어보세요.

매 회 실전동형모의고사 전, 위 사항을 점검하고 시험에 임하세요.

01회 실전동형모의고사

제한시간: 15분 시작 시 분 ~ 종료 시 분 점수 확인 개/ 20개

01 행정처분의 취소·철회에 대한 설명으로 옳지 않은 것은? (다툼이 있는 경우 판례에 의함)

① 행정청은 당사자의 신뢰를 보호할 가치가 있는 등 정당한 사유가 있는 경우에는 장래를 향하여 위법 또는 부당한 처분의 전부나 일부를 취소할 수 있다.

② 처분의 상대방이 처분의 위법성을 알고 있었거나 중대한 과실로 알지 못한 경우에는 행정청이 처분의 상대방에게 권리나 이익을 부여하는 처분을 취소하는 경우에도 취소로 인하여 처분의 상대방이 입게 될 불이익과 취소로 달성되는 공익을 비교·형량하지 않아도 된다.

③ 행정청은 처분을 철회하려는 경우에는 철회로 인하여 처분의 상대방이 입게 될 불이익과 철회로 달성되는 공익을 비교·형량하여야 한다.

④ 수익적 행정처분에 대한 취소권 등의 행사는 기득권의 침해를 정당화할 만한 중대한 공익상의 필요 또는 제3자의 이익보호의 필요가 있는 때에 한하여 허용될 수 있다는 법리는 처분청이 수익적 행정처분을 직권으로 취소·철회하는 경우에 적용되는 법리일 뿐만 아니라 쟁송취소의 경우에도 적용된다.

02 취소소송에 대한 설명으로 가장 옳지 않은 것은? (다툼이 있는 경우 판례에 의함)

① 행정처분에 대한 취소소송과 무효확인소송은 단순병합이나 선택적 병합의 방식으로 제기할 수 있다.

② 취소판결이 확정된 경우 행정청은 종전 처분과 다른 사유로 다시 처분할 수 있고, 이 경우 그 다른 사유가 종전 처분 당시 이미 존재하고 있었고 당사자가 이를 알고 있었다 하더라도 확정판결의 기속력에 저촉되지 않는다.

③ 무효확인을 구하는 소에는 당사자가 명시적으로 취소를 구하지 않는다고 밝히지 않는 한 취소를 구하는 취지가 포함되었다고 보아서 취소소송의 요건을 갖추었다면 취소판결을 할 수 있다.

④ 취소소송의 기각판결의 기판력은 무효확인소송에도 미친다.

03 행정계획에 대한 설명으로 옳지 않은 것은? (다툼이 있는 경우 판례에 의함)

① 재건축정비사업조합이 행정주체의 지위에서 「도시 및 주거환경정비법」에 따라 수립하는 관리처분계획은 정비사업의 시행 결과 조성되는 대지 또는 건축물의 권리귀속에 관한 사항과 조합원의 비용 분담에 관한 사항등을 정함으로써 조합원의 재산상 권리·의무 등에 구체적이고 직접적인 영향을 미치게 되므로, 이는 구속적 행정계획으로서 행정처분에 해당한다.

② 자연환경 보호 등을 목적으로 하는 도시관리계획결정은 식생이 양호한 수림의 훼손 등과 같이 장래 발생할 불확실한 상황과 파급효과에 대한 예측 등을 반영한 행정청의 재량적 판단으로서, 그 내용이 현저히 합리성을 결여하거나 형평이나 비례의 원칙에 뚜렷하게 반하는 등의 사정이 없는 한 폭넓게 존중하여야 한다.

③ 도시계획구역 내 토지 등을 소유하고 있는 주민으로서는 입안권자에게 도시계획입안을 요구할 수 있는 법규상 또는 조리상의 신청권이 인정되지 않는다.

④ 행정주체가 행정계획을 입안·결정함에 있어서 이익형량을 전혀 행하지 아니하거나 이익형량의 고려 대상에 마땅히 포함시켜야 할 사항을 누락한 경우 또는 이익형량을 하였으나 정당성과 객관성이 결여된 경우, 그 행정계획결정은 형량에 하자가 있어 위법하게 된다.

04 항고소송에 대한 판례의 입장으로 옳은 것만을 모두 고르면?

> ㄱ. 「진실·화해를 위한 과거사정리 기본법」이 규정하는 진실규명결정은 국민의 권리·의무에 직접적으로 영향을 미치는 행위로서 항고소송의 대상이 된다.
> ㄴ. 자동차운전면허대장에 일정한 사항을 등재하는 행위와 운전경력증명서상의 기재행위는 행정소송의 대상이 되는 독립한 행정처분으로 볼 수 없다.
> ㄷ. 「병역법」에 따라 관할 지방병무청장이 1차로 병역의무기피자 인적사항 공개 대상자 결정을 하고 그에 따라 병무청장이 같은 내용으로 최종적 공개결정을 하였더라도, 해당 공개 대상자는 관할 지방병무청장의 공개 대상자 결정을 다툴 수 있다.
> ㄹ. 한국자산공사가 사건의 부동산을 인터넷을 통하여 재공매(입찰)하기로 한 결정 자체는 내부적인 의사결정에 불과하여 항고소송의 대상이 아니다.

① ㄱ, ㄴ, ㄷ
② ㄱ, ㄴ, ㄹ
③ ㄱ, ㄷ, ㄹ
④ ㄴ, ㄷ, ㄹ

05 행정소송에 대한 설명으로 옳지 않은 것은? (다툼이 있는 경우 판례에 의함)

① 항고소송으로 제기하여야 할 사건을 민사소송으로 잘못 제기한 경우에 수소법원이 항고소송에 대한 관할도 동시에 가지고 있다면, 항고소송으로서의 소송요건을 갖추지 못했음이 명백하여 항고소송으로 제기되었더라도 어차피 부적법하게 되는 경우가 아닌 이상, 원고로 하여금 항고소송으로 소 변경을 하도록 석명권을 행사하여 「행정소송법」이 정하는 절차에 따라 심리·판단하여야 한다.
② 서훈은 서훈대상자의 특별한 공적에 의하여 수여되는 고도의 일신전속적 성격을 가지는 것이므로, 망인에게 수여된 서훈이 취소된 경우 그 유족은 서훈취소처분의 상대방이 되지 아니한다.
③ 「민사소송법」 규정이 준용되는 행정소송에서 증명책임은 원칙적으로 민사소송 일반원칙에 따라 당사자 사이에 분배되고, 항고소송의 경우에는 그 특성에 따라 처분의 적법성을 주장하는 피고에게 그 적법사유에 대한 증명책임이 있다.
④ 국가 등 과세주체가 당해 확정된 조세채권의 소멸시효 중단을 위하여 납세의무자를 상대로 제기한 조세채권존재확인의 소는 민사소송에 해당한다.

06 행정상의 절차에 대한 설명으로 옳은 것을 모두 고르면? (다툼이 있는 경우 판례에 의함)

> ㄱ. 행정청이 침해적 행정처분을 하면서 당사자에게 「행정절차법」상의 사전통지를 하지 않았고 의견제출의 기회도 부여하지 않았다면 사전통지를 하지 아니하거나 의견제출의 기회를 주지 아니하여도 되는 예외적인 경우에 해당하지 아니하는 한 그 처분은 위법하다.
> ㄴ. 「건축법」에서 인·허가의제 제도를 둔 취지는 인·허가의제 사항 관련 법률에 따른 각각의 인·허가 요건에 관한 일체의 심사를 배제하여 건축허가의 관할 행정청으로 그 창구를 단일화하고 절차를 간소화하며 비용과 시간을 절감함으로써 국민의 권익을 보호하려는 것이다.
> ㄷ. 「행정절차법」의 적용이 제외되는 공무원 인사관계 법령에 의한 처분에 관한 사항이란 성질상 행정절차를 거치기 곤란하거나 불필요하다고 인정되는 처분이나 행정절차에 준하는 절차를 거치도록 하고 있는 처분에 관한 사항만을 말하는 것으로 보아야 하며, 이러한 법리는 '공무원 인사관계 법령에 의한 처분'에 해당하는 육군3사관학교 생도에 대한 퇴학처분에도 마찬가지로 적용된다.
> ㄹ. 「행정절차법」상 청문은 청문 주재자가 필요하다고 인정하는 경우 공개할 수 있으며, 당사자 또는 이해관계인은 청문의 공개를 신청할 수 없다.
> ㅁ. 육군3사관학교의 사관생도에 대한 징계절차에서 징계심의대상자가 대리인으로 선임한 변호사가 징계위원회 심의에 출석하여 진술하려고 하였음에도, 징계권자나 그 소속 직원이 변호사가 징계위원회의 심의에 출석하는 것을 막았다면 징계위원회 심의·의결의 절차적 정당성이 상실되어 그 징계의결에 따른 징계처분은 위법하여 원칙적으로 취소되어야 한다.

① ㄱ, ㄴ, ㄷ
② ㄱ, ㄴ, ㄹ
③ ㄱ, ㄷ, ㅁ
④ ㄴ, ㄹ, ㅁ

07 「국가배상법」상 국가배상제도에 대한 설명으로 옳은 것은? (다툼이 있는 경우 판례에 의함)

① 영업허가취소처분이 나중에 행정심판에 의하여 재량권을 일탈한 위법한 처분임이 판명되어 취소되었다면, 그 처분이 당시 시행되던 「공중위생법 시행규칙」에 정하여진 행정처분의 기준에 따른 것이라고 하더라도 그 영업허가취소처분을 한 행정청의 공무원에게는 직무집행상의 과실이 인정된다.

② 공무원이 직무를 수행함에 있어서 경과실로 타인에게 손해를 입힌 경우, 국가 등은 물론 공무원 개인도 그로 인한 손해에 대하여 국가배상을 할 책임을 부담한다.

③ 「국가배상법」은 외국인이 피해자인 경우에는 해당 국가와 상호보증이 있을 때에만 적용하고, 이때 상호보증은 반드시 당사국과의 조약이 체결되어 있을 필요는 없다.

④ 공무원이 자기 소유의 자동차로 공무수행 중 사고를 일으킨 경우에는 그 공무원은 「자동차손해배상 보장법」에 의한 '자기를 위하여 자동차를 운행하는 자'에 해당하지 않아 손해배상책임을 부담하지 않는다.

08 강학상 특허에 대한 설명으로 옳은 것(○)과 옳지 않은 것(×)을 올바르게 조합한 것은? (다툼이 있는 경우 판례에 의함)

> ㄱ. 도로점용허가는 특허행위로서 상대방의 신청 또는 동의를 요하는 쌍방적 행정행위이며, 권리를 설정하여 주는 행위로서 재량행위이다.
>
> ㄴ. 강학상 특허사용권은 행정주체에 대하여 공공용물의 배타적, 독점적인 사용을 청구할 수 있는 권리로서 공법상의 채권이다.
>
> ㄷ. 특별사용에 있어서의 점용료 부과처분은 공법상의 의무를 부과하는 공권적인 처분으로서 항고소송의 대상이 되는 행정처분에 해당한다.
>
> ㄹ. 구 「지역균형개발 및 지방중소기업 육성에 관한 법률」 및 동법 시행령상, 개발촉진지구 안에서 시행되는 지역개발사업(이하 '지구개발사업'이라 한다)에서 지정권자의 실시계획 승인처분은 단순히 시행자가 작성한 실시계획에 대한 보충행위로서의 성질을 가지는 것이 아니라 시행자에게 지구개발사업을 시행할 수 있는 지위를 부여하는 일종의 설권적 처분의 성격을 가진 독립된 행정처분으로 보아야 한다.
>
> ㅁ. 공원부지가 용도폐지되어 일반재산이 되었다고 해도 그 전에 이루어진 사용허가나 구 「공유재산 및 물품관리법」에 근거하여 공원부지에 대한 사용료를 부과할 수 있다.

	ㄱ	ㄴ	ㄷ	ㄹ	ㅁ
①	○	○	○	○	○
②	○	○	○	○	×
③	○	○	○	×	×
④	○	×	×	○	○

09 무효확인소송 및 부작위법확인소송에 대한 설명으로 옳지 않은 것은? (다툼이 있는 경우 판례에 의함)

① 무효확인소송 제기요건으로 보충성이 요구되는 것은 아니므로 이행소송 등과 같은 직접적인 구제수단이 있는지 여부를 따질 필요가 없다.

② 무효확인판결은 기속력이 있고, 판결의 제3자효가 인정된다.

③ 부작위위법확인소송은 행정심판 등 전심절차를 거친 경우에도 제소기간의 제한을 받지 않는다.

④ 부작위위법확인소송은 행정청에 대하여 어떠한 행정처분을 하여 줄 것을 요청할 수 있는 법규상 또는 조리상의 권리를 갖는 자만이 제기할 수 있다.

10 인·허가 등에 대한 설명으로 옳은 것을 모두 고르면? (다툼이 있는 경우 판례에 의함)

> ㄱ. 인가의 대상이 되는 기본행위는 인가를 받아야 효력이 발생하므로, 인가를 받지 않은 이상 기본행위는 법률상 효력이 발생하지 않는다.
>
> ㄴ. 재량행위인 허가의 기간이 부당하게 짧은 경우라면 그 기한은 허가조건의 존속기간을 정한 것으로 볼 수 있으나, 그 후 당초 기한이 상당 기간 연장되어 전체를 기준으로 볼 경우 부당하게 짧은 경우에 해당하지 않는다면 관계 행정청은 재량권의 행사로서 기간연장을 불허가할 수 있다.
>
> ㄷ. 「도시 및 주거환경정비법」상 주택재건축정비사업조합에 대한 조합설립인가처분이 있은 후에는 인가에 고유한 위법이 없는 한 조합설립결의의 하자를 이유로 조합설립인가를 다투는 것은 허용되지 않고, 민사소송인 조합설립결의무효확인소송으로 다투어야 한다.
>
> ㄹ. 「여객자동차 운수사업법」상 개인택시 운송사업의 양도·양수 당시에는 양도인에 대한 운송사업면허 취소사유(예 양도인의 운전면허 취소)가 현실적으로 발생하지 않은 경우라도 그 원인이 되는 사실(예 양도인의 음주운전)이 이미 존재하였다면, 관할 관청으로서는 그 후 발생한 운송사업면허 취소사유(예 양도인의 운전면허 취소)에 기하여 양수인의 운송사업면허를 취소할 수 있다.
>
> ㅁ. 개발제한구역 안에서의 건축허가의 법적 성질은 기속행위이므로 「건축법」 등 관계 법규에서 정한 요건을 갖춘 경우 허가를 하여야 하고, 공익상의 이유를 들어 거부할 수 없다.

① ㄱ, ㄴ, ㄹ   ② ㄱ, ㄴ, ㅁ
③ ㄴ, ㄷ, ㅁ   ④ ㄱ, ㄷ, ㄹ, ㅁ

11 항고소송에서의 제3자의 원고적격에 대한 설명으로 옳지 않은 것은? (다툼이 있는 경우 판례에 의함)

① 일반적으로 면허 등의 수익적 행정처분의 근거가 되는 법률이 해당 업자들 사이의 과당경쟁으로 인한 경영의 불합리를 방지하는 것도 목적으로 하는 경우 이미 같은 종류의 면허 등을 받아 영업을 하고 있는 기존의 업자는 경업자에 대하여 이루어진 면허 등 행정처분의 상대방이 아니라 하더라도 당해 행정처분의 취소를 구할 법률상 이익이 있다.

② 한정면허를 받은 시외버스운송사업자가 일반면허를 받은 시외버스운송사업자에 대한 사업계획변경인가처분으로 수익감소가 예상되는 경우 일반면허 시외버스운송사업자에 대한 사업계획변경인가처분의 취소를 구할 법률상 이익이 있다.

③ 인가·허가 등 수익적 행정처분을 신청한 여러 사람이 서로 경원관계에 있어서 한 사람에 대한 허가 등 처분이 다른 사람에 대한 불허가 등으로 귀결될 수밖에 없을 때 허가 등 처분을 받지 못한 사람은 신청에 대한 거부처분의 직접 상대방으로서 원칙적으로 자신에 대한 거부처분의 취소를 구할 법률상 이익이 있다.

④ 경업자에 대한 행정처분이 경업자에게 불리한 내용이라면 그와 경쟁관계에 있는 기존의 업자에게는 특별한 사정이 없는 한 유리할 것이지만 기존의 업자는 그 행정처분의 무효확인 또는 취소를 구할 법률상 이익이 있다.

12 신고 등에 대한 설명으로 옳은 것은? (다툼이 있는 경우 판례에 의함)

① 주택건설사업계획승인처분에 따라 의제된 지구단위계획결정에 하자가 있음을 다투고자 하는 경우, 의제된 지구단위계획결정이 아니라 주택건설사업계획 승인처분을 항고소송의 대상으로 삼아야 한다.

② 법령등으로 정하는 바에 따라 행정청에 일정한 사항을 통지하여야 하는 신고로서 법률에 신고의 수리가 필요하다고 명시되어 있는 경우(행정기관의 내부 업무 처리 절차로서 수리를 규정한 경우는 제외한다)에는 행정청이 수리하여야 효력이 발생한다.

③ 봉안시설 설치 신고가 「장사 등에 관한 법률」 관련 규정의 모든 요건에 맞는 신고라 하더라도 신고인은 봉안시설을 곧바로 설치할 수는 없고 행정청의 수리행위가 있어야 하며 신고필증 교부행위가 필요하다.

④ 사업양도·양수에 따른 허가관청의 지위승계신고의 수리에서 수리대상인 사업양도·양수가 존재하지 않거나 무효라 하더라도 수리행위가 당연무효는 아니라 할 것이므로 양도자는 허가관청을 상대로 위 신고수리처분의 무효확인소송을 제기할 수 없다.

13 「행정기본법」에 대한 설명으로 옳지 않은 것은?

① 행정청은 처분에 재량이 없는 경우에는 법률에 근거가 있는 경우에 부관을 붙일 수 있다.

② 행정청은 부관을 붙일 수 있는 처분이 당사자의 동의가 있는 경우에는 그 처분을 한 후에도 부관을 새로 붙이거나 종전의 부관을 변경할 수 있다.

③ 법령 등 또는 처분에서 국민의 권익을 제한하거나 의무를 부과하는 경우 권익이 제한되거나 의무가 지속되는 기간의 계산에서 기간을 일, 주, 월 또는 연으로 정한 경우에는 기간의 첫날을 산입한다.

④ 법령 등 또는 처분에서 국민의 권익을 제한하거나 의무를 부과하는 경우 권익이 제한되거나 의무가 지속되는 기간의 계산에서 기간의 말일이 토요일 또는 공휴일인 경우에는 기간은 그 다음날에 만료한다.

14 공법상 계약 등에 대한 설명으로 옳지 않은 것은? (다툼이 있는 경우 판례에 의함)

① 행정청이 자신과 상대방 사이의 법률관계를 일방적인 의사표시로 종료시킨 경우 그 의사표시가 행정처분이라고 단정할 수 없고, 관계 법령이 상대방의 법률관계에 관하여 구체적으로 어떻게 규정하고 있는지에 따라 의사표시가 행정처분에 해당하는지 아니면 공법상 계약관계의 일방 당사자로서 대등한 지위에서 행하는 의사표시인지를 개별적으로 판단하여야 한다.

② 「공익사업을 위한 토지 등의 취득 및 보상에 관한 법률」에 따른 토지 등의 협의취득은 공법상 계약에 해당하지 않고, 사법상의 법률행위이다.

③ 재단법인 한국연구재단이 과학기술기본법령에 따라 연구개발비의 회수 및 관련자에 대한 국가연구개발사업 참여제한을 내용으로 하여 '2단계 두뇌한국(BK)21 사업협약'을 해지하는 통보를 하였다면, 그 통보는 행정처분에 해당한다.

④ '서울특별시 시민감사옴부즈만 운영 및 주민감사청구에 관한 조례'에 따라 계약직으로 구성하는 옴부즈만 공개채용과정에서 최종합격자로 공고된 자에 대해 서울특별시장이 인사위원회의 심의결과에 따라 채용하지 아니하겠다고 통보한 경우, 그 불채용통보는 항고소송을 통해 다툴 수 있다.

15 「행정절차법」에 대한 설명으로 옳지 않은 것은?

① 확약은 문서로 하여야 한다.

② 행정청은 위반사실 등의 공표를 할 때에는 특별한 사정이 없는 한 미리 당사자에게 그 사실을 통지하고 의견제출의 기회를 주어야 한다.

③ 행정청은 행정청이 수립하는 계획 중 국민의 권리·의무에 직접 영향을 미치는 계획을 수립하거나 변경·폐지할 때에는 관련된 여러 이익을 정당하게 형량하여야 한다.

④ 행정청은 공법상 계약의 상대방을 선정하고 계약 내용을 정할 때 공법상 계약의 공공성과 제3자의 이해관계를 고려하여야 한다.

16 국가배상제도에 대한 설명으로 옳은 것(○)과 옳지 않은 것(×)을 올바르게 조합한 것은? (다툼이 있는 경우 판례에 의함)

> ㄱ. 피의자가 소년 등 사회적 약자인 경우, 수사기관은 수사과정 중 피의자의 방어권 행사에 불이익이 발생하지 않도록 더욱 세심하게 배려할 직무상 의무를 부담하지만, 수사기관이 피의자신문조서를 작성함으로써 피의자의 방어권이 실질적으로 침해된 경우라도 국가배상책임이 성립하는 것은 아니다.
>
> ㄴ. 국가가 구「농지개혁법」에 따라 농지를 매수하였으나 분배하지 않아 그 농지가 원소유자의 소유로 환원되었는데도 담당 공무원이 이를 제대로 확인하지 않은 채 제3자에게 처분하여 원소유자에게 손해를 입힌 경우라도,「국가배상법」제2조 제1항에서 정한 공무원의 고의 또는 과실에 의한 위법행위에 해당하는 것은 아니다.
>
> ㄷ. 공무원의 불법행위로 손해를 입은 피해자의 국가배상청구권의 소멸시효 기간이 지났으나 국가가 소멸시효 완성을 주장하는 것이 신의성실의 원칙에 반하는 권리남용으로 허용될 수 없어 배상책임을 이행한 경우에는, 소멸시효 완성 주장이 권리남용에 해당하게 된 원인행위와 관련하여 공무원이 원인이 되는 행위를 적극적으로 주도하였다는 등의 특별한 사정이 없는 한, 국가가 공무원에게 구상권을 행사하는 것은 신의칙상 허용되지 않는다.
>
> ㄹ. 대법원은 공무원의 직무상 불법행위로 인하여 직무집행과 관련하여 피해를 입은 군인 등에 대하여 그 불법행위와 관련하여 공동불법행위책임을 지는 일반국민은 자신의 귀책부분을 초과하는 부분까지도 손해배상의무를 부담하며, 이를 전부 배상한 경우 다른 공동불법행위자인 군인의 부담부분에 관하여 국가를 상대로 구상권을 행사할 수 있다고 판단하였다.

	ㄱ	ㄴ	ㄷ	ㄹ
①	○	×	○	○
②	○	○	○	×
③	×	×	○	×
④	×	○	×	○

17 과징금에 대한 설명으로 옳지 않은 것은? (다툼이 있는 경우 판례에 의함)

① 과징금의 근거가 되는 법률에는 과징금의 상한액을 명확하게 규정하여야 한다.

② 부과관청이 추후에 부과금 산정 기준이 되는 새로운 자료가 나올 경우 과징금액이 변경될 수도 있다고 유보하며 과징금을 부과했다면, 새로운 자료가 나온 것을 이유로 새로이 부과처분을 할 수 있다.

③ 재량행위인 과징금부과처분이 해당 법령이 정한 한도액을 초과하여 부과된 경우 이러한 과징금부과처분은 법이 정한 한도액을 초과하여 위법하므로 법원으로서는 그 전부를 취소할 수 밖에 없고, 그 한도액을 초과한 부분만 취소할 수는 없다.

④ 과징금부과처분은 원칙적으로 위반자의 고의·과실을 요하지 아니하나, 위반자의 의무 해태를 탓할 수 없는 정당한 사유가 있는 등의 특별한 사정이 있는 경우에는 이를 부과할 수 없다.

18 甲은 공동주택 및 근린생활시설을 건축하는 내용의 주택건설사업계획승인신청을 하였으나 행정청 乙은 거부처분을 하였다. 이에 甲이 거부처분취소소송을 제기하여 승소판결을 받았고, 그 판결은 확정되었다. 이에 대한 설명으로 옳지 않은 것은? (다툼이 있는 경우 판례에 의함)

① 乙이 판결의 취지에 따른 재처분의무를 이행하지 않는 경우 甲은 제1심 수소법원에 간접강제를 신청할 수 있다.

② 乙이 재처분을 하더라도 그것이 거부처분에 대한 취소의 확정판결의 기속력에 위반되는 경우 甲은 간접강제를 신청할 수 있다.

③ 乙이 재처분의무를 이행하지 않아 간접강제결정이 행하여진 경우 간접강제결정에서 정한 의무이행기한이 경과한 후라도 乙이 판결의 취지에 따른 재처분의무를 이행하면 더 이상 배상금의 추심은 허용되지 않는다.

④ 만약 甲이 乙의 거부처분에 대해 무효확인소송을 제기하여 무효확인판결이 확정된 경우, 취소판결의 재처분의무에 관한 규정과 간접강제에 관한 규정이 준용된다.

19 「행정소송법」상 당사자소송에 대한 설명으로 옳지 않은 것은? (다툼이 있는 경우 판례에 의함)

① 「행정소송법」상 취소소송에 관한 행정심판기록의 제출명령 규정은 당사자소송에 준용된다.

② 원고가 고의 또는 중대한 과실 없이 당사자소송으로 제기하여야 할 것을 항고소송으로 잘못 제기한 경우에, 당사자소송으로서의 소송요건을 결하고 있음이 명백하여 당사자소송으로 제기되었더라도 어차피 부적법하게 되는 경우가 아닌 이상, 법원으로서는 원고로 하여금 당사자소송으로 소 변경을 하도록 하여 심리·판단하여야 한다.

③ 국가에 대한 납세의무자의 부가가치세 환급세액 지급청구는 민사소송이 아니라 당사자소송의 절차에 따라야 한다.

④ 민주화운동관련자 명예회복 및 보상 등에 관한 법률에 따라 보상금 등의 지급신청을 한 자가 '민주화운동관련자 명예회복 및 보상 심의위원회'의 보상금 등 지급에 관한 결정을 다투고자 하는 경우에는 곧바로 보상금 등의 지급을 구하는 소송을 당사자소송의 형식으로 제기할 수 있다.

20 甲에 대한 과세처분 이후 조세부과의 근거가 되었던 법률에 대해 헌법재판소의 위헌결정이 있었고, 위헌결정 이후에 그 조세채권의 집행을 위해 甲의 재산에 대해 압류처분이 있었다. 이에 대한 설명으로 옳은 것은? (다툼이 있는 경우 판례에 의함)

① 甲은 압류처분에 대해 무효확인소송을 제기하려면 무효확인심판을 거쳐야 한다.

② 위헌결정 당시 이미 과세처분에 불가쟁력이 발생하여 조세채권이 확정된 경우에도 甲의 재산에 대한 압류처분은 무효이다.

③ 甲이 압류처분에 대해 무효확인소송을 제기하였다가 압류처분에 대한 취소소송을 추가로 병합하는 경우, 무효확인의 소가 취소소송 제소기간 내에 제기됐더라도 취소청구의 소의 추가 병합이 제소기간을 도과했다면 병합된 취소청구의 소는 부적법하다.

④ 甲이 압류처분에 대해 무효확인소송을 제기하였다가 취소소송으로 소의 종류를 변경하는 경우, 제소기간의 준수 여부는 취소소송으로 변경되는 때를 기준으로 한다.

02회 실전동형모의고사

제한시간: 15분 **시작** 시 분 ~ **종료** 시 분 점수 확인 개/ 20개

01 공법과 사법의 관계에 대한 설명으로 옳은 것만을 모두 고르면? (다툼이 있는 경우 판례에 의함)

> ㄱ. 구 「한국공항공단법」에 의하여 한국공항공단이 정부로부터 무상사용허가를 받은 행정재산을 전대(轉貸)하는 행위는 행정소송의 대상이 되는 행정처분이다.
> ㄴ. 서울특별시립무용단 단원의 위촉은 공법상 계약에 해당하므로 그 단원의 해촉에 대하여는 공법상 당사자소송으로 그 무효확인을 청구할 수 있다.
> ㄷ. 지방자치단체가 사인과 체결한 자원회수시설에 대한 위탁운영협약은 사법상 계약에 해당하므로 그에 관한 다툼은 민사소송의 대상이 된다.
> ㄹ. 「국가를 당사자로 하는 계약에 관한 법률」에 의한 입찰보증금의 국고귀속조치는 국가가 공권력을 행사하거나 공권력작용과 일체성을 가진 것으로서 이에 대한 분쟁은 행정소송의 대상이 된다.
> ㅁ. 국유재산 무단점유자에 대한 변상금 부과는 관리청이 공권력을 가진 우월적 지위에서 행한 것으로서 행정소송의 대상이 되는 행정처분이다.

① ㄱ, ㄴ, ㄷ
② ㄱ, ㄴ, ㄹ
③ ㄴ, ㄷ, ㄹ
④ ㄴ, ㄷ, ㅁ

02 행정행위의 하자 및 하자승계에 대한 설명으로 옳지 않은 것은? (다툼이 있는 경우 판례에 의함)

① 과세처분 이후 조세 부과의 근거가 되었던 법률규정에 대하여 위헌결정이 내려진 후에 행한 그 과세처분의 집행은 당연무효이다.
② 구 「부동산 가격공시 및 감정평가에 관한 법률」상 선행처분인 표준지공시지가의 결정에 하자가 있는 경우에 그 하자는 보상금 산정을 위한 수용재결에 승계된다.
③ 재건축주택조합설립인가처분 당시 동의율을 충족하지 못한 하자는 후에 추가동의서가 제출되었다는 사정만으로 치유될 수 없다.
④ 건물소유자에게 소방시설 불량사항을 시정·보완하라는 명령을 구두로 고지한 것은 「행정절차법」에 위반한 것으로 하자가 중대하나 명백하지는 않아 취소사유에 해당한다.

03 항고소송의 대상인 처분에 대한 설명으로 옳은 것은? (다툼이 있는 경우 판례에 의함)

① 국립대학교 총장의 임용권한은 대통령에게 있으므로, 교육부장관이 대통령에게 임용제청을 하면서 대학에서 추천한 복수의 총장 후보자들 중 일부를 임용제청에서 제외한 행위는 처분에 해당하지 않는다.
② 인터넷 포털사이트의 개인정보 유출사고로 주민등록번호가 불법 유출되었음을 이유로 주민등록번호 변경신청을 하였으나 관할 구청장이 이를 거부한 경우, 그 거부행위는 처분에 해당하지 않는다.
③ 검사의 불기소결정은 공권력의 행사에 포함되므로, 검사의 자의적인 수사에 의하여 불기소결정이 이루어진 경우 그 불기소결정은 처분에 해당한다.
④ 국가인권위원회가 진정에 대하여 각하 및 기각결정을 할 경우 피해자인 진정인은 인권침해 등에 대한 구제조치를 받을 권리를 박탈당하게 되므로, 국가인권위원회의 진정에 대한 각하 및 기각결정은 처분에 해당한다.

04 甲은 「지방공무원법」 제31조에 정한 공무원 임용결격사유가 있는 자임에도 불구하고 지방공무원으로 임용되어 25년간 큰 잘못없이 근무하다가 위 사실이 발각되어 임용권자로부터 당연퇴직통보를 받았다. 「지방공무원법」 제61조는 같은 법 제31조의 임용결격사유를 당연퇴직사유로 규정하고 있다. 이에 대한 설명으로 옳은 것은? (다툼이 있는 경우 판례에 의함)

① 甲의 부정행위가 없는 한 甲에 대한 임용행위는 취소할 수 있는 행위일 뿐 당연무효인 행위는 아니다.

② 甲에 대한 당연퇴직의 통보는 취소소송의 대상이 되는 행정처분이다.

③ 甲이 공무원으로 사실상 근무 중 甲의 임용결격사유가 해소된 경우에는 甲의 공무원으로서의 신분이 그 때부터 당연히 인정된다.

④ 甲이 새로이 공무원으로 특별임용된 경우, 甲이 특별임용되기 이전에 사실상 공무원으로 계속 근무하여 온 과거의 재직기간은 「공무원연금법」상의 재직기간에 합산될 수 없다.

05 행정행위에 대한 설명으로 옳은 것은? (다툼이 있는 경우 판례에 의함)

① 공정거래위원회가 구 「하도급거래 공정화에 관한 법률」 제26조 제2항 후단에 따라 관계 행정기관의 장에게 한 원사업자 또는 수급사업자에 대한 입찰참가자격의 제한을 요청한 결정은 항고소송의 대상이 되는 처분이라 할 수 없다.

② 토지거래허가는 규제지역 내의 모든 국민에게 전반적으로 토지거래의 자유를 금지하고 일정한 요건을 갖춘 경우에만 금지를 해제하여 계약체결의 자유를 회복시켜주는 강학상 특허의 성질을 갖는다.

③ 개인택시운송사업 면허는 특정인에게 권리나 이익을 부여하는 재량행위이고, 행정청이 면허 발급 여부를 심사함에 있어 이미 설정된 면허기준의 해석상 당해 신청이 면허발급의 우선순위에 해당함이 명백함에도 불구하고 이를 제외시켜 면허거부처분을 하였다면 특별한 사정이 없는 한 그 거부처분은 재량권을 남용한 위법한 처분이다.

④ 행정청이 도시 및 주거환경정비법령에 근거하여 행하는 주택재건축사업 조합설립인가처분은 단순히 사인들의 조합설립행위에 대한 보충행위로서의 성질을 갖는다.

06 행정처분의 무효에 대한 설명으로 옳지 않은 것은? (다툼이 있는 경우 판례에 의함)

① 「행정기본법」은 행정처분이 무효가 되기 위해서는 그 하자가 법규의 중요한 부분을 위반한 중대한 것으로서 객관적으로 명백한 것이어야 한다고 규정하고 있다.

② 일반적으로 시행령이 헌법이나 법률에 위반된다는 사정은 그 시행령 규정을 위헌 또는 위법하여 무효라고 선언한 대법원의 판결이 선고되지 아니한 상태에서는 그 시행령 규정의 위헌 내지 위법 여부가 해석상 다툼의 여지가 없을 정도로 명백하였다고 인정되지 아니하는 이상 객관적으로 명백한 것이라 할 수 없으므로 이러한 시행령에 근거한 행정처분의 하자는 취소사유에 해당할 뿐 무효사유가 된다고 볼 수는 없다.

③ 행정처분의 무효확인을 구하는 소에는 원고가 그 처분의 취소를 구하지 아니한다고 밝히지 아니한 이상 그 처분이 당연무효가 아니라면 그 취소를 구하는 취지도 포함되어 있는 것으로 보아야 하고, 그와 같은 경우에 취소청구를 인용하려면 먼저 취소를 구하는 항고소송으로서의 제소요건을 구비하여야 한다.

④ 선행처분인 도시계획시설 사업시행자 지정처분이 처분 요건을 충족하지 못하여 당연무효인 경우에는 사업시행자 지정처분이 유효함을 전제로 이루어진 후행처분인 실시계획 인가처분도 무효라고 보아야 한다.

07 「행정심판법」상 행정심판에 대한 설명으로 옳은 것은?

① 시·도행정심판위원회의 재결에 불복하는 경우 청구인은 그 재결 및 같은 처분 또는 부작위에 대하여 중앙행정심판위원회에 재심을 청구할 수 있다.

② 행정심판위원회는 처분 또는 부작위가 위법·부당하다고 상당히 의심되는 경우로서 처분 또는 부작위 때문에 당사자가 받을 우려가 있는 중대한 불이익이나 당사자에게 생길 급박한 위험을 막기 위하여 임시지위를 정하여야 할 필요가 있는 경우에는 당사자의 신청이 있는 경우에 한하여 임시처분을 결정할 수 있다.

③ 피청구인을 경정하는 결정이 있으면 그 경정결정시에 새로운 피청구인에 대한 행정심판이 청구된 것으로 본다.

④ 집행정지 신청은 행정심판을 청구하기 전에는 할 수 없지만 행정심판을 청구한 후에는 할 수 있다.

08 행정행위의 하자에 대한 설명으로 옳지 않은 것은? (다툼이 있는 경우 판례에 의함)

① 취소사유인 절차적 하자가 있는 당초 과세처분에 대하여 증액경정처분이 있는 경우, 당초 처분의 절차적 하자는 증액경정처분에 승계되지 아니한다.

② 내부위임을 받은 기관이 위임한 기관의 이름이 아닌 자신의 이름으로 행정처분을 한 경우, 그 행정처분은 무효이다.

③ 망인(亡人) 甲이 친일행적을 하였다는 이유로 국무회의 의결과 대통령 결재를 거쳐 甲의 독립유공자 서훈취소가 결정된 후, 국가보훈처장이 甲의 유족에게 행한 '독립유공자 서훈취소 결정통보'는 권한 없는 기관에 의한 행정처분으로서 주체상의 하자가 있다.

④ 「소방시설 설치 및 관리에 관한 법률」상의 소방시설 불량사항에 관한 시정보완명령을 문서로 하지 않고 구두로 한 것은 신속을 요하거나 사안이 경미한 경우가 아닌 한 무효이다.

09 정보공개청구에 대한 설명으로 옳은 것은? (다툼이 있는 경우 판례에 의함)

① 정보공개거부처분의 취소를 구하는 소송에서 공공기관이 청구정보를 증거 등으로 법원에 제출하여 법원을 통하여 그 사본을 청구인에게 교부 또는 송달되게 하여 청구인에게 정보를 공개하는 셈이 되었다면, 이러한 우회적인 방법에 의한 공개는 「공공기관의 정보공개에 관한 법률」에 의한 공개라고 볼 수 있다.

② 「공공기관의 정보공개에 관한 법률」에 의하면 '다른 법률 또는 법률에서 위임한 명령에 의하여 비밀 또는 비공개 사항으로 규정된 정보'는 이를 공개하지 아니할 수 있다고 규정하고 있는바, 여기에서 '법률에 의한 명령'은 정보의 공개에 관하여 법률의 구체적인 위임 아래 제정된 법규명령(위임명령)을 의미한다.

③ 국민의 알 권리를 두텁게 보호하기 위해 「공공기관의 정보공개에 관한 법률」 제9조 제1항 제6호 본문의 규정에 따라 비공개대상이 되는 정보는 이름·주민등록번호 등 '개인식별정보'로 한정된다.

④ 공공기관은 정보공개의 청구가 있는 때에는 청구를 받은 날부터 20일 이내에 공개 여부를 결정해야 한다.

10 사인의 공법행위에 대한 설명으로 옳지 않은 것은? (다툼이 있는 경우 판례에 의함)

① 사인의 공법행위에는 행정행위에 인정되는 공정력, 존속력, 집행력 등이 인정되지 않는다.

② 「민법」의 비진의의사표시의 무효에 관한 규정은 그 성질상 영업재개신고나 사직의 의사표시와 같은 사인의 공법행위에는 적용되지 않는다.

③ 주민등록의 신고는 행정청이 수리한 경우에 효력이 발생하는 것이 아니라, 행정청에 도달하기만 하면 신고로서의 효력이 발생한다.

④ 「의료법」에 따른 의원개설신고에 대하여 신고필증의 교부가 없더라도 의원개설신고의 효력을 부정할 수는 없다.

11 행정의 실효성 확보수단에 대한 설명으로 옳지 않은 것은? (다툼이 있는 경우 판례에 의함)

① 「독점규제 및 공정거래에 관한 법률」상 시정명령을 받은 의무자가 이행강제금이 부과되기 전에 시정조치를 이행한 경우라도 과거의 시정조치불이행기간에 대하여 이행강제금 부과가 가능하다.

② 「건축법」상 시정명령을 받은 의무자가 이행강제금이 부과되기 전에 그 의무를 이행한 경우에는 비록 시정명령에서 정한 기간을 지나서 이행한 경우라도 이행강제금을 부과할 수 없다.

③ 「농지법」상의 이행강제금을 부과한 행정청이 이행강제금 부과 처분을 하면서, 재결청에 행정심판을 청구하거나, 관할 행정법원에 행정소송을 할 수 있다고 잘못 안내한 경우라도 행정법원의 항고소송 재판관할이 생기는 것은 아니다.

④ 「국세징수법」상 공매통지에 하자가 있는 경우, 다른 특별한 사정이 없는 한 체납자는 공매통지 자체를 항고소송의 대상으로 삼아 그 취소 등을 구할 수 있다.

12 신뢰보호원칙에 대한 설명으로 옳지 않은 것만을 모두 고르면? (다툼이 있는 경우 판례에 의함)

ㄱ. 행정청의 공적 견해표명이 있었는지를 판단할 때 행정조직상의 형식적인 권한분장에 구애될 것은 아니다.

ㄴ. 행정청의 공적 견해표명이 있다고 인정하기 위해서는 적어도 담당자의 조직상 지위와 임무, 당해 언동을 하게 된 구체적인 경위 등에 비추어 그 언동의 내용을 신뢰할 수 있는 경우이어야 한다.

ㄷ. 「행정기본법」에 따르면, 행정청은 공익 또는 제3자의 이익을 현저히 해칠 우려가 있는 경우에도 행정에 대한 국민의 정당하고 합리적인 신뢰를 보호하여야 한다.

ㄹ. 특정 사항에 관하여 신뢰보호원칙상 행정청이 그와 배치되는 조치를 할 수 없다고 할 수 있을 정도의 행정관행이 성립되었다고 하려면 상당한 기간에 걸쳐 그 사항에 관하여 동일한 처분을 하였다는 객관적 사실이 존재하는 것으로 족하다.

ㅁ. 행정청이 공적 견해를 표명할 당시의 사정이 사후에 변경된 경우에는 그 공적 견해가 더 이상 개인에게 신뢰의 대상이 된다고 보기 어려운 만큼, 특별한 사정이 없는 한 행정청이 그 견해표명에 반하는 처분을 하더라도 신뢰보호원칙에 위반된다고 할 수 없다.

① ㄱ, ㄴ ② ㄱ, ㅁ
③ ㄴ, ㄹ ④ ㄷ, ㄹ

13 관할 세무서장 A는 주택건설업을 하고 있는 甲회사에게 관련 법률에 근거하여 법인세를 부과하였으나, 甲회사가 이를 체납하자 甲회사 명의의 예금채권을 압류처분하였다. 그런데 위 과세처분 후 압류처분이 있기 이전에 헌법재판소가 과세처분의 근거조항을 위헌으로 결정하였다. 이에 대한 설명으로 옳은 것을 모두 고르면? (다툼이 있는 경우 판례에 의함)

> ㄱ. 헌법재판소의 위헌결정으로 甲회사에 대한 과세처분은 법률의 근거가 없이 행하여진 것과 마찬가지가 되어 하자 있는 처분이라 할 것이며, 특별한 사정이 없는 한 이러한 하자는 과세처분의 취소사유에 해당할 뿐 당연무효사유는 아니다.
> ㄴ. 위 과세처분에 대한 취소소송의 제기기간이 경과되어 과세처분에 확정력이 발생한 경우에는 위헌결정의 소급효가 미치지 않는다.
> ㄷ. 위 사안에서 조세채권의 집행을 위해 A가 한 압류처분은 취소사유에 해당할 뿐 당연무효사유는 아니다.

① ㄴ
② ㄱ, ㄴ
③ ㄱ, ㄷ
④ ㄱ, ㄴ, ㄷ

14 甲은 A를 강제추행죄로 고소하였고, 관할 검찰청 검사는 사건을 수사한 후 성폭력범죄의 처벌 등에 관한 특례법 위반으로 A를 기소하였다. 그 후 甲은 관할 검찰청 검사장 乙에게 이 사건 공소장의 공개를 요구하는 정보공개청구서를 제출하였다. 이에 대한 설명으로 옳은 것을 모두 고르면? (다툼이 있는 경우 판례에 의함)

> ㄱ. 甲이 청구한 공개대상정보가 공소장 원본일 필요는 없다.
> ㄴ. 위 공소장의 내용을 인터넷 검색 등을 통하여 쉽게 알 수 있다면, 乙은 그 이유를 들어 甲의 정보공개청구를 거부할 수 있다.
> ㄷ. 위 공소장이 폐기되어 존재하지 않게 되었다면, 공소장을 더 이상 보유·관리하고 있지 아니하다는 점에 대한 입증책임은 乙에게 있다.
> ㄹ. 乙이 甲의 정보공개청구를 거부한 경우 甲은 「공공기관의 정보공개에 관한 법률」에 따른 이의신청 절차를 거치지 아니하고 행정심판을 청구할 수 있다.

① ㄱ
② ㄱ, ㄴ, ㄹ
③ ㄱ, ㄷ, ㄹ
④ ㄴ, ㄷ, ㄹ

15 항고소송의 원고적격과 소의 이익에 대한 설명으로 옳은 것(○)과 옳지 않은 것(×)을 올바르게 조합한 것은? (다툼이 있는 경우 판례에 의함)

> ㄱ. 청구인이 공공기관에 대하여 정보공개를 청구하였다가 거부처분을 받은 것 자체만으로는 법률상 이익의 침해에 해당한다고 볼 수 있다.
> ㄴ. 행정처분의 근거 법규 또는 관련 법규에 그 처분으로써 이루어지는 행위 등 사업으로 인하여 환경상 침해를 받으리라고 예상되는 영향권의 범위가 구체적으로 규정되어 있는 경우에는, 그 영향권 내의 주민들에 대하여는 특단의 사정이 없는 한 환경상 이익에 대한 침해 또는 침해 우려가 있는 것으로 사실상 추정되어 원고적격이 인정된다.
> ㄷ. 허가 등 처분을 신청한 甲과 乙이 서로 경원관계에 있는 경우, 행정청이 甲에게 허가 등을 거부하는 처분(이하 '이 사건 거부처분'이라 한다)을 함과 동시에 乙에게 허가 등 처분을 하였다면, 이 사건 거부처분에 대한 취소판결이 확정되더라도 乙에 대한 허가 등 처분이 취소되거나 효력이 소멸되는 것은 아니므로, 甲은 이 사건 거부처분의 취소를 구할 소의 이익이 없다.
> ㄹ. 「법무사규칙」이 이의신청 절차를 규정한 것은 채용승인을 신청한 법무사뿐만 아니라 사무원이 되려는 사람의 이익도 보호하려는 취지로 볼 수 있으므로, 지방법무사회의 사무원 채용승인 거부처분에 대해서는 처분상대방인 법무사뿐만 아니라 그 때문에 사무원이 될 수 없게 된 사람도 이를 다툴 원고적격이 인정된다.

	ㄱ	ㄴ	ㄷ	ㄹ
①	○	○	×	○
②	○	×	○	×
③	×	×	○	○
④	×	○	×	×

16 국가배상제도에 대한 설명으로 옳은 것은? (다툼이 있는 경우 판례에 의함)

① 보호관찰관이 위치추적 전자장치 피부착자의 재범 방지에 유효한 실질적인 조치를 하지 아니한 것이 현저하게 불합리하다고 인정되는 경우, 직무상의 의무를 위반한 것으로서 위법하다.

② 헌법재판소 재판관의 위법한 직무집행의 결과 잘못된 각하결정을 함으로써 청구인으로 하여금 본안판단을 받을 기회를 상실하게 한 경우, 만약 본안판단을 하였더라도 어차피 청구가 기각되었을 것이라는 사정이 있다면 국가배상책임이 인정되지 아니한다.

③ 경과실로 불법행위를 한 공무원이 피해자에게 손해를 배상하였다면 이는 타인의 채무를 변제한 경우에 해당하므로 피해자는 공무원에게 이를 반환할 의무가 있다.

④ 부작위로 인한 손해에 대한 국가배상청구는 공무원의 작위의무를 명시한 형식적 의미의 법령에 위배된 경우에 한한다.

17 甲은 사립학교법인 이사회에서 이사로 선임되어 관할청의 취임승인을 받았다. 그러나 해당 이사회의 전임 이사였던 乙은 甲에 대한 학교법인의 이사선임행위에 하자가 있음을 주장하며 이를 다투고자 한다. 이에 대한 설명으로 옳지 않은 것은? (다툼이 있는 경우 판례에 의함)

① 甲에 대한 관할청의 취임승인은 학교법인의 이사선임행위를 보충하여 그 법률상의 효력을 완성시켜 주는 행정행위이다.

② 관할청은 학교법인의 이사선임행위의 내용을 수정하여 승인할 수 없다.

③ 乙은 甲에 대한 학교법인의 이사선임행위에 하자가 있는 경우 이를 이유로 취소소송을 통해 관할청의 취임승인처분의 취소를 구할 수 있다.

④ 학교법인의 이사선임행위가 무효인 경우에는 관할청의 취임승인이 있더라도 그 선임행위가 유효한 것으로 되지 아니한다.

18 乙구청장은 휴게음식점 영업자인 甲에 대해 「청소년보호법」 및 같은 법 시행령 [별표]의 위반행위의 종별에 따른 과징금 부과처분기준에 따라 1,000만원의 과징금 부과처분을 하였고, 甲은 과징금 부과처분을 소송상 다투려고 한다. 이에 대한 설명으로 옳지 않은 것은? (다툼이 있는 경우 판례에 의함)

① 규정형식상 부령인 시행규칙으로 정한 과징금 부과처분의 기준은 행정청 내부의 사무처리준칙을 규정한 행정규칙에 지나지 않지만, 대통령령으로 정한 위 과징금 부과처분기준은 대외적 구속력이 있는 법규명령에 해당한다.

② 甲이 제기한 과징금 부과처분에 대한 취소소송에서 수소법원이 1,000만원의 과징금 부과금액이 과도하다고 판단하는 경우, 수소법원은 적정하다고 인정하는 금액을 초과하는 부분만 취소할 수 있다.

③ 甲이 과징금 부과처분이 위법함을 이유로 국가배상청구소송을 제기하였다면, 수소법원은 과징금 부과처분의 취소판결이 없더라도 동 처분의 위법 여부를 판단할 수 있다.

④ 행정소송에 대한 대법원판결에 의하여 과징금 부과처분기준이 위헌 또는 위법이라고 확정된 경우에는 대법원은 지체 없이 그 사유를 행정안전부장관에게 통보하여야 한다.

19 행정행위에 대한 설명으로 가장 옳지 않은 것은? (다툼이 있는 경우 판례에 의함)

① 행정행위를 한 처분청은 그 처분 당시에 그 행정처분에 별다른 하자가 없었고 또 그 처분 후에 이를 취소할 별도의 법적 근거가 없다 하더라도 원래의 처분을 그대로 존속시킬 필요가 없게 된 사정변경이 생겼거나 또는 중대한 공익상의 필요가 발생한 경우에는 별개의 행정행위로 이를 철회하거나 변경할 수 있다.

② 일반적으로 조례가 법률 등 상위법령에 위배된다는 사정은 그 조례의 규정을 위법하여 무효라고 선언한 대법원의 판결이 선고되지 아니한 상태에서는 그 조례 규정의 위법여부가 해석상 다툼의 여지가 없을 정도로 명백하였다고 인정되지 아니하는 이상 객관적으로 명백한 것이라 할 수 없으므로, 이러한 조례에 근거한 행정처분의 하자는 취소사유에 해당할 뿐 무효사유가 된다고 볼 수는 없다.

③ 일반적으로 행정처분이나 행정심판 재결이 불복기간의 경과로 확정될 경우 그 확정력은, 처분으로 법률상 이익을 침해받은 자가 당해처분이나 재결의 효력을 더 이상 다툴 수 없다는 의미이므로 확정판결에서와 같은 기판력이 인정된다.

④ 도로점용허가의 점용기간은 행정행위의 본질적인 요소에 해당한다고 볼 것이어서 부관인 점용기간을 정함에 있어서 위법사유가 있다면 이로써 도로점용허가 처분 전부가 위법하게 된다.

20 「개인정보 보호법」상 개인정보 보호에 대한 설명으로 옳지 않은 것은? (다툼이 있는 경우 판례에 의함)

① 정보주체는 개인정보처리자가 「개인정보 보호법」을 위반한 행위로 손해를 입으면 개인정보처리자에게 손해배상을 청구할 수 있다. 이 경우 그 개인정보처리자는 고의 또는 과실이 없음을 입증하지 아니하면 책임을 면할 수 없다.

② 헌법재판소는 개인정보자기결정권을 사생활의 비밀과 자유, 일반적 인격권, 국민주권원리 등을 이념적 기초로 하는 독자적 기본권으로서 헌법에 명시되지 않은 기본권으로 보고 있다.

③ 개인정보처리자가 「개인정보 보호법」 제49조에 따른 집단분쟁조정의 결과를 수락하지 아니한 경우, 「소비자기본법」 제29조에 따라 공정거래위원회에 등록한 후 1년이 경과한 소비자단체는 법원에 권리침해 행위의 중지를 구하는 단체소송을 제기할 수 있다.

④ 국가 및 지방자치단체, 개인정보 보호단체는 정보주체의 피해 또는 권리침해가 다수의 정보주체에게 같거나 비슷한 유형으로 발생하는 경우로서 대통령령으로 정하는 사건에 대하여는 분쟁조정위원회에 집단분쟁조정을 의뢰 또는 신청할 수 있다.

03회 실전동형모의고사

제한시간: 15분 | 시작 시 분 ~ 종료 시 분 | 점수 확인 | 개/ 20개

01 행정법의 일반원칙에 대한 설명으로 옳은 것은? (다툼이 있는 경우 판례에 의함)

① 국가가 임용결격자에 대하여 결격사유가 있는 것을 알지 못하고 공무원으로 임용하였다가 사후에 결격사유가 있음을 발견하고 당초의 임용처분을 취소하는 것은 신의칙 내지 신뢰의 원칙에 위반된다.

② 법령의 잘못된 해석이나 행정청의 관행에 대하여도 그것이 평균적인 납세자로 하여금 합리적이고 정당한 기대를 가지게 할 만한 것이면 신의성실의 원칙이나 신뢰보호의 원칙 또는 비과세 관행 존중의 원칙이 적용될 수 있는데, 그러한 해석 또는 관행의 존재 여부에 대한 증명책임은 법치행정에 대한 의무를 지는 행정청에 있다.

③ 평등의 원칙은 본질적으로 같은 것을 자의적으로 다르게 취급함을 금지하는 것으로 행정처분이 수차례에 걸쳐 반복적으로 행하여졌다 하더라도 그 처분이 위법한 것인 때에는 행정청에 대하여 자기구속력을 갖게 된다고 할 수 없다.

④ 공익 또는 제3자의 이익을 현저히 해칠 우려가 있는 경우라도 행정청이 권한 행사의 기회가 있음에도 불구하고 장기간 권한을 행사하지 아니하여 국민이 그 권한이 행사되지 아니할 것으로 믿을 만한 정당한 사유가 있는 경우에는 그 권한을 행사해서는 아니 된다.

02 행정벌에 대한 설명으로 옳은 것은? (다툼이 있는 경우 판례에 의함)

① 지방자치단체가 그 고유의 자치사무를 처리하는 경우 지방자치단체는 양벌규정에 의한 처벌대상이 되지 않는다.

② 「관세법」상 통고처분은 상대방의 임의의 승복을 그 발효요건으로 하기 때문에 그 자체만으로는 통고이행을 강제하거나 상대방에게 아무런 권리의무를 형성하지 않는다.

③ 질서위반행위 후 법률이 변경되어 그 행위가 질서위반행위에 해당하지 아니하게 된 때에는 법률에 특별한 규정이 없는 한 변경되기 전의 법률을 적용한다.

④ 스스로 심신장애 상태를 일으켜 질서위반행위를 한 자에 대하여는 과태료를 감경한다.

03 공법상 계약에 대한 설명으로 옳은 것만을 모두 고르면? (다툼이 있는 경우 판례에 의함)

ㄱ. 지방자치단체를 당사자로 하는 계약에 관하여는 그 계약의 성질이 사법상 계약인지 공법상 계약인지와 상관없이 「지방자치단체를 당사자로 하는 계약에 관한 법률」의 규율이 적용되는 것은 아니고 사법상 계약일 때에 적용된다.

ㄴ. 중소기업 정보화지원사업에 따른 지원금 출연을 위하여 중소기업청장이 체결하는 협약은 공법상 대등한 당사자 사이의 의사표시의 합치로 성립하는 공법상 계약에 해당한다.

ㄷ. 지방자치단체가 일방 당사자가 되는 이른바 '공공계약'이 사경제의 주체로서 상대방과 대등한 위치에서 체결하는 사법상 계약에 해당하는 경우 그에 관한 법령에 특별한 정함이 있는 경우를 제외하고는 사적 자치와 계약자유의 원칙 등 사법의 원리가 그대로 적용된다.

ㄹ. 행정청은 법령등을 위반하지 아니하는 범위에서 공법상 계약을 체결할 수 있으며, 이 경우 계약의 목적 및 내용을 명확하게 적은 계약서를 작성하여야 한다.

① ㄱ, ㄴ, ㄷ   ② ㄱ, ㄴ, ㄹ
③ ㄱ, ㄷ, ㄹ   ④ ㄴ, ㄷ, ㄹ

04 행정상 손실보상에 대한 설명으로 옳은 것을 모두 고르면? (다툼이 있는 경우 판례에 의함)

> ㄱ. 하천수 사용권은 양도가 가능하고 이에 대한 민사집 행법상의 집행 역시 가능한 독립된 재산적 가치가 있는 구체적인 권리이며, 「토지보상법」 제76조 제1 항이 손실보상의 대상으로 규정하고 있는 '물의 사용에 관한 권리'에 해당한다.
>
> ㄴ. 공유수면 매립면허의 고시가 있다고 하여 반드시 그 사업이 시행되고 그로 인하여 손실이 발생한다고 할 수 없고, 매립면허 고시 이후 매립공사가 실행되어 어업권자에게 실질적이고 현실적인 피해가 발생한 경우에만 「공유수면 관리 및 매립에 관한 법률」에서 정하는 손실보상청구권이 발생한다.
>
> ㄷ. 공공사업의 시행으로 인하여 사업지 밖에 미치는 간접손실에 관하여 그 피해자와 사업시행자 사이에 협의가 이루어지지 아니하고 그 보상에 관한 명문의 근거법령이 없는 경우에 손실의 예견 및 특정이 가능하여도 「공익사업을 위한 토지 등의 취득 및 보상에 관한 법률 시행규칙」의 관련 규정을 유추하여 적용할 수는 없다.
>
> ㄹ. 이주대책은 이주자들에게 종전의 생활상태를 회복시켜 주려는 생활보상의 일환으로서 헌법 제23조 제3항에 규정된 정당한 보상에 당연히 포함되는 것이므로 이주대책의 실시 여부는 입법자의 입법재량의 영역에 속한다고 할 수 없다.

① ㄱ
② ㄱ, ㄴ
③ ㄷ, ㄹ
④ ㄱ, ㄴ, ㄷ

05 행정지도에 대한 설명으로 옳지 않은 것은? (다툼이 있는 경우 판례에 의함)

① 행정지도는 의무를 부과하거나 권익을 제한하는 것이 아니므로 「행정절차법」의 적용을 받지 않는다.

② 단순한 행정지도의 한계를 넘어 규제적·구속적 성격을 상당히 강하게 갖는 경우에는 헌법소원의 대상이 되는 공권력의 행사라고 볼 수 있다.

③ 행정청이 위법 건축물에 대한 시정명령을 하고 나서 위반자가 이를 이행하지 아니하여 전기·전화의 공급자에게 그 위법 건축물에 대한 전기·전화의 공급을 하지 말아 줄 것을 요청한 행위는 권고적 성격의 행위에 불과한 것으로서 항고소송의 대상이 되는 행정처분이라고 볼 수 없다.

④ 행정관청이 토지거래계약신고에 관하여 공시된 기준지가를 기준으로 매매가격을 신고하도록 행정지도하여 왔고 그 기준가격 이상으로 매매가격을 신고한 경우에는 거래신고서를 접수하지 않고 반려하는 것이 관행화되어 있더라도 그와 같은 위법한 관행에 따라 허위신고행위에 이르렀다고 하여 그 범법행위가 사회상규에 위배되지 않는 정당한 행위라고 볼 수 없다.

06 「행정소송법」에 의하면, 취소소송은 처분 등이 있음을 안 날부터 90일, 처분 등이 있은 날부터 1년 이내에 제기하여야 한다. 행정심판 청구를 하지 않은 경우, 취소소송의 제소기간에 대한 설명으로 옳지 않은 것은? (다툼이 있는 경우 판례에 의함)

① 제소기간이 도과한 후에 소를 제기한 경우에 있어서 피고 행정청이 이를 다투지 않고 변론에 응하더라도 제소기간에 대한 요건의 흠결은 치유되지 않는다.

② 甲은 2022.8.26. 지방보훈청장으로부터 '재심신체검사 무변동처분 통보서'를 송달받았다. 그런데 甲은 위 통보서를 송달받기 전에 자신의 의무기록에 관한 정보공개를 청구하여 2022.5.28. 위 통보서를 포함한 일체의 서류를 교부받은 바 있다. 甲이 위 재심신체검사 무변동처분의 취소를 구하는 소를 제기함에 있어 제소기간의 기산점이 되는 '처분 등이 있음을 안 날'은 2022.8.26.이다.

③ 처분서가 처분상대방의 주소지에 송달되는 등 사회통념상 처분이 있음을 처분상대방이 알 수 있는 상태에 놓인 때라도 처분상대방이 처분이 있음을 알았다고 추정할 수는 없다.

④ 특정인에 대한 행정처분을 주소불명 등의 이유로 송달할 수 없어 관보·공보·게시판·일간신문 등에 공고한 경우에는 상대방이 당해 처분이 있었다는 사실을 현실적으로 안 날에 그 처분이 있음을 알았다고 보아야 한다.

07 행정소송상 간접강제에 대한 설명으로 옳은 것은? (다툼이 있는 경우 판례에 의함)

① 간접강제결정은 처분청이 '판결의 취지'에 따라 재처분을 하지 않는 경우에 할 수 있는 것으로, 원심판결의 이유가 위법하지만 결론이 정당하다는 이유로 상고기각판결이 선고되어 원심판결이 확정된 경우라면, 이때 '판결의 취지'는 원심판결의 이유와 원심판결의 결론을 의미한다.

② 거부처분에 대하여 무효확인판결이 내려진 경우 행정청에 판결의 취지에 따른 재처분의무가 인정될 뿐만 아니라 그에 대하여 간접강제도 허용된다.

③ 건축허가신청 반려처분의 취소판결이 확정되었음에도 처분청이 확정판결의 취지에 따른 재처분을 하지 아니하여 간접강제절차가 진행 중에 상급행정청이 새로이 그 지역에 「건축법」에 따른 건축허가제한 공고를 하였고, 처분청이 그에 따라 다시 거부처분을 하였다면 이는 유효한 재처분에 해당하므로 간접강제가 허용되지 않는다.

④ 간접강제결정은 피고 또는 참가인이었던 행정청에 효력을 미치며 그 행정청이 소속하는 국가 또는 공공단체에 효력을 미치는 것은 아니다.

08 행정절차에 대한 설명으로 판례의 입장과 부합하지 않는 것은?

① 신청에 대한 거부처분은 특별한 사정이 없는 한 「행정절차법」 제21조 제1항의 '당사자에게 의무를 부과하거나 권익을 제한하는 처분'에 해당하지 않으므로 사전통지의 대상이 아니다.

② 청문을 실시하지 않아도 되는 예외적인 경우에 해당하지 않는 한 행정청은 침익적 행정처분을 할 때 반드시 청문을 실시하여야 하고 그 절차를 결여한 처분은 위법한 처분으로서 당연무효에 해당한다.

③ 행정청과 당사자가 청문절차를 배제하는 협약을 체결하였다 하더라도, 협약의 체결로 청문 실시 관련 규정의 적용을 배제할 수 있다고 볼 만한 법령상의 규정이 없는 한 청문의 실시에 관한 규정의 적용이 배제되지 않는다.

④ 환경영향평가를 실시하여야 할 사업에 대하여 환경영향평가를 거치지 아니하였음에도 사업승인 등 처분을 한 경우 그 하자는 중대하고 명백하여 무효사유에 해당한다.

09 고용노동부장관이 전국의 국·공립학교와 사립학교 교원을 조합원으로 하여 설립된 甲 노동조합의 노동조합 설립신고를 수리하고 신고증을 교부하였다. 그 후 甲 노동조합에 대하여 해직자의 조합원 가입을 허용하는 규약을 시정하도록 명하였으나 甲 노동조합이 이를 이행하지 않자, 고용노동부 장관이 甲 노동조합에 대하여 '교원의 「노동조합 설립 및 운영 등에 관한 법률」'에 의한 노동조합으로 보지 아니함'을 통보하였다. 이에 대한 설명으로 옳지 않은 것은? (다툼이 있는 경우 판례에 의함)

① 노동조합규약의 변경보완시정명령은 조합규약의 내용이 「노동조합법」에 위반된다고 보아 그 내용이 법률조항에 위반되지 않도록 적절히 변경·보완할 것을 명하는 노동행정에 관한 행정관청의 의사를 조합에게 직접 표시한 것이므로 행정처분에 해당된다.

② 행정관청은 요건을 갖추지 못한 노동조합의 난립을 방지하기 위하여 노동조합으로 설립신고를 한 단체가 노동조합으로 요건을 갖추었는지 여부를 실질적으로 심사할 수 있다.

③ 甲 노동조합에 대한 법외노조 통보는 그 통보로써 비로소 법외노조가 되도록 하는 형성적 행정처분이 아니라, 이미 법률에 의하여 법외노조가 된 것을 사후적으로 고지하거나 확인하는 행위이다.

④ 법률이 정하고 있지 아니한 사항에 관하여, 법률의 구체적이고 명시적인 위임도 없이 헌법이 보장하는 노동3권에 대한 본질적인 제한을 시행령에서 규정했다면 이는 법률유보원칙에 반하고 이에 기반한 행정행위는 당연무효라고 할 수 있다.

10 행정의 실효성 확보수단에 대한 설명으로 옳지 않은 것은? (다툼이 있는 경우 판례에 의함)

① 「행정기본법」에 따르면, 행정청은 의무자가 행정상 의무를 이행할 때까지 이행강제금을 반복하여 부과할 수 있다. 다만, 의무자가 의무를 이행하면 새로운 이행강제금의 부과를 즉시 중지하되, 이미 부과한 이행강제금은 징수하여야 한다.

② 경찰서장이 「경범죄 처벌법」상 범칙행위에 대하여 통고처분을 하였는데 통고처분에서 정한 범칙금 납부기간이 지나지 아니한 경우, 경찰서장이 즉결심판을 청구하거나 검사가 동일한 범칙행위에 대하여 공소를 제기할 수 없다.

③ 행정청이 행정대집행의 방법으로 건물철거의무의 이행을 실현할 수 있는 경우에 건물철거 대집행 과정에서 부수적으로 건물의 점유자들에 대한 퇴거조치를 할 수 없다.

④ 「가맹사업거래의 공정화에 관한 법률」(이하 '가맹사업법'이라 한다)에 따르면, 공정거래위원회는 「가맹사업법」 위반행위에 대하여 과징금을 부과할 것인지, 부과할 경우 과징금 액수를 구체적으로 얼마로 정할 것인지를 재량으로 판단할 수 있다.

11 「행정소송법」상 취소소송에 대한 설명으로 옳은 것은? (다툼이 있는 경우 판례에 의함)

① 부당해고 구제신청에 관한 중앙노동위원회의 결정에 대하여 취소소송을 제기하는 경우, 법원은 중앙노동위원회의 결정 후에 생긴 사유를 들어 그 결정의 적법 여부를 판단할 수 있다.

② 취소소송에서 쟁송의 대상이 되는 행정처분의 존부는 소송요건으로서 법원의 직권조사사항이고 자백의 대상이 될 수 없다.

③ 이미 직위해제처분을 받아 직위해제된 공무원에 대하여 행정청이 새로운 사유에 기하여 직위해제처분을 하였다 해도, 이전 직위해제처분의 취소를 구하는 소송을 제기할 소의 이익이 있다.

④ 취소소송 계속 중에 처분청이 계쟁 처분을 직권으로 취소하였다면 동일한 소송 당사자 사이에서 그 처분과 동일한 사유로 위법한 처분이 반복될 위험성이 있다는 사정만으로는 그 처분에 대한 위법성의 확인이 필요한 경우에 해당된다고 볼 수 없기 때문에 그 처분의 취소를 구할 소의 이익은 없다.

12 행정행위의 하자에 대한 설명으로 옳지 않은 것은? (다툼이 있는 경우 판례에 의함)

① 성희롱 혐의로 공무원을 해임하면서 징계절차에서 피해자 실명 등을 구체적으로 밝히지 않았더라도 징계대상자가 피해자가 누구인지 등을 충분히 알 수 있을 정도로 징계혐의사실이 특정됐다면 절차상 하자로 볼 수 없다.

② 재건축주택조합설립인가처분 당시 동의율을 충족하지 못한 하자는 후에 추가동의서가 제출되었다는 사정만으로 치유될 수 없다.

③ 임기가 정해진 별정직 공무원인 대통령기록관장을 직권면직하면서 당사자에게 사전통지를 하지 않고 의견제출의 기회를 주지 않았다고 하여 「행정절차법」을 위반하였다고 볼 것은 아니다.

④ 납세자가 아닌 제3자의 재산을 대상으로 한 압류처분은 그 처분의 내용이 법률상 실현될 수 없는 것이어서 당연무효이다.

13 「행정기본법」상 기간의 계산에 대한 설명으로 옳지 않은 것은?

① 법령등 또는 처분에서 국민의 권익을 제한하거나 의무를 부과하는 경우 권익이 제한되거나 의무가 지속되는 기간을 일, 주, 월 또는 연으로 정한 경우에는 국민에게 불리한 경우가 아니라면 기간의 첫날을 산입한다.

② 법령등 또는 처분에서 국민의 권익을 제한하거나 의무를 부과하는 경우 권익이 제한되거나 의무가 지속되는 기간의 말일이 토요일 또는 공휴일인 경우에는 국민에게 불리한 경우가 아니라면 기간은 그 익일로 만료한다.

③ 행정에 관한 나이는 다른 법령등에 특별한 규정이 있는 경우를 제외하고는 출생일을 산입하여 만(滿)나이로 계산하고, 연수(年數)로 표시한다. 다만, 1세에 이르지 아니한 경우에는 월수(月數)로 표시할 수 있다.

④ 법령등을 공포한 날부터 일정 기간이 경과한 날부터 시행하는 경우 그 기간의 말일이 토요일 또는 공휴일인 때에는 그 말일로 기간이 만료한다.

14 행정행위에 대한 설명으로 옳은 것은? (다툼이 있는 경우 판례에 의함)

① 상대방 있는 행정처분이 상대방에게 고지되지 아니한 경우에는 특별한 규정이 없는 한 상대방이 다른 경로를 통해 행정처분의 내용을 알게 되었다고 하더라도 행정처분의 효력이 발생한다고 볼 수 없다.

② 기한의 도래로 실효한 종전의 허가에 대한 기간연장신청은 새로운 허가를 내용으로 하는 행정처분을 구하는 것이 아니라, 종전의 허가처분을 전제로 하여 단순히 그 유효기간을 연장하여 주는 행정처분을 구하는 것으로 보아야 한다.

③ 지적공부 소관청의 지목변경신청 반려행위는 국민의 권리관계에 영향을 미친다고 볼 수 없어서 행정처분에 해당하지 않는다.

④ 개발제한구역 내의 건축물의 용도변경에 대한 예외적 허가는 그 상대방에게 제한적이므로 기속행위에 속하는 것이다.

15 「공공기관의 정보공개에 관한 법률」에 대한 설명으로 가장 옳은 것은? (다툼이 있는 경우 판례에 의함)

① 외교부가 일본군위안부 피해자 문제에 대해 한국과 일본이 2015년 12월 28일 비공개로 진행한 외교 협상 내용을 공개하지 않은 것은 정당하다.

② 청구인이 정보공개거부처분의 취소를 구하는 소송에서 공공기관이 청구정보를 증거 등으로 법원에 제출하여 법원을 통하여 그 사본을 청구인에게 교부 또는 송달되게 하여 결과적으로 청구인에게 정보를 공개하는 셈이 되었다면, 당해 정보의 비공개결정의 취소를 구할 소의 이익은 소멸된다.

③ 법원이 행정기관의 정보공개거부처분의 위법 여부를 심리한 결과 공개를 거부한 정보에 비공개사유에 해당하는 부분과 그렇지 않은 부분이 혼합되어 있고, 공개청구의 취지에 어긋나지 않는 범위 안에서 두 부분을 분리할 수 있음을 인정할 수 있더라도 공개가 가능한 정보에 국한하여 일부취소를 명할 수 없다.

④ 공공기관이 공개청구의 대상이 된 정보를 공개는 하되, 청구인이 신청한 공개방법 이외의 방법으로 공개하기로 하는 결정을 하였다면, 이는 정보공개청구 중 정보공개방법에 관한 부분만을 달리한 것이므로 일부거부처분이라 할 수 없다.

16 행정행위의 부관에 대한 설명으로 옳지 않은 것은? (다툼이 있는 경우 판례에 의함)

① 행정청은 처분에 재량이 없는 경우에는 법률에 근거가 있는 경우에 부관을 붙일 수 있다.

② 사도개설허가에서 정해진 공사기간은 사도개설허가 자체의 존속기간을 정한 것이라 볼 수 있으므로 공사기간 내에 사도로 준공검사를 받지 못하였다면 사도개설허가는 당연히 실효된다.

③ 행정청이 공유수면매립준공인가처분을 하면서 매립지 일부를 국가 소유로 귀속하게 한 것은 법률효과 일부를 배제하는 부관에 해당하고, 이러한 부관은 독립하여 행정소송의 대상이 될 수 없다.

④ 공익법인의 기본재산처분에 대하여 행정청이 허가하는 경우 그 성질이 형성적 행정행위로서의 인가에 해당한다고 하여 조건으로서의 부관을 붙이지 못하는 것은 아니다.

17 A국 국적의 외국인 甲은 결혼이민(F-6) 사증발급을 신청하였다가 A국 소재 한국총영사관 총영사로부터 사증발급을 거부당하였다. A국 출입국 관련 법령에서는 외국인의 사증발급 거부에 대하여 불복하지 못하도록 하는 규정을 두고 있다. 이에 대한 설명으로 옳은 것을 모두 고르면? (다툼이 있는 경우 판례에 의함)

ㄱ. A국 소재 한국총영사관 총영사가 甲에 대하여 사증발급을 거부하는 처분을 함에 있어 「행정절차법」상 처분의 사전통지를 하여야 하는 것은 아니다.

ㄴ. 행정처분에 대한 취소소송에서의 원고적격과 관련된 법률상 이익이라 함은 당해 처분의 근거 법률에 의하여 보호되는 직접적이고 구체적인 이익을 말하는 것인데, 甲은 사증발급 거부처분의 직접 상대방이므로 그 취소를 구할 법률상 이익이 있다.

ㄷ. 만약 甲이 대한민국에 적법하게 입국하여 상당한 기간을 체류한 사람이라면, 해당 처분의 취소를 구할 법률상 이익이 인정된다.

ㄹ. 「행정절차법」 제3조 제2항 제9호, 「행정절차법 시행령」 제2조 제2호에서 정한 「행정절차법」의 적용이 제외되는 '외국인의 출입국에 관한 사항'의 경우라고 해서 행정절차를 거칠 필요가 당연히 부정되는 것은 아니다.

① ㄴ ② ㄱ, ㄷ
③ ㄱ, ㄹ ④ ㄱ, ㄷ, ㄹ

18 기속행위와 재량행위에 대한 설명으로 옳지 않은 것은? (다툼이 있는 경우 판례에 의함)

① 산림형질변경허가시 법령상의 금지 또는 제한지역에 해당하지 않더라도 국토 및 자연의 유지와 상수원 수질과 같은 환경의 보전 등을 위한 중대한 공익상의 필요가 있을 경우 그 허가를 거부할 수 있다.

② 재량행위의 경우 법원은 독자의 결론을 도출함이 없이 당해 행위에 재량권의 일탈·남용이 있는지 여부만을 심사하게 된다.

③ 「여객자동차 운수사업법」에 의한 개인택시운송사업 면허는 특정인에게 특정한 권리나 이익을 부여하는 행위로서 법령에 특별한 규정이 없는 한 재량행위이지만, 그 면허를 위하여 필요한 기준을 정하는 것은 행정청의 재량이 아니다.

④ 행정청의 재량에 속하는 처분이라도 재량권의 한계를 넘거나 그 남용이 있는 때에는 법원은 이를 취소할 수 있다.

19 다음 중 당사자소송에 해당하는 것만을 고르면? (다툼이 있는 경우 판례에 의함)

> ㄱ. 사업주가 당연가입자가 되는 고용보험 및 산재보험에서 보험료 납부의무부존재확인의 소
> ㄴ. 재단법인 한국연구재단이 과학기술기본법령에 따라 체결한 연구개발비 지원사업 협약의 해지 통보에 대한 불복의 소
> ㄷ. 지방자치단체가 보조금 지급결정을 하면서 일정 기한 내에 보조금을 반환하도록 하는 교부조건을 부가한 경우, 보조사업자에 대한 지방자치단체의 보조금 반환청구의 소

① ㄱ   ② ㄷ
③ ㄱ, ㄴ   ④ ㄱ, ㄷ

20 운전병인 군인 甲은 전투훈련 중 같은 부대 소속 군인 丙을 태우고 군용차량을 운전하여 훈련지로 이동하다가 민간인 乙이 운전하던 차량과 쌍방과실로 충돌하였고, 이로 인해 군인 丙이 사망하였다. 이 경우 손해배상책임 및 구상권에 대한 설명으로 옳지 않은 것은? (단, 자동차손해보험과 관련된 법적 책임은 고려하지 않음)

① 현행법상 丙의 유족이 다른 법령에 따라 유족연금 등 보상을 받은 경우에는 국가배상청구를 할 수 없다.

② 대법원은 甲이 고의·중과실이 있는 경우에만 丙의 유족에 대한 손해배상책임을 부담하고, 甲에게 경과실만 인정되는 경우에는 丙의 유족에 대한 손해배상책임을 부담하지 않는다고 보았다.

③ 헌법재판소는 乙이 공동불법행위자로서 丙의 유족에게 전액 손해배상한 후에 甲의 부담부분에 대해 국가에 구상청구하는 것을 부인하는 것은 헌법상 국가배상청구권 규정과 평등의 원칙을 위반하는 것이며, 비례의 원칙에 위배하여 재산권을 침해하는 것이라고 판시하였다.

④ 대법원은 만일 乙이 손해배상액 전부를 丙의 유족에게 배상한 경우에는 자신의 귀책부분을 넘는 금액에 대해 국가에 구상청구를 할 수 있다고 하였다.

04회 실전동형모의고사

제한시간: 15분 **시작** 시 분 ~ **종료** 시 분 점수 확인 개/ 20개

01 「공공기관의 정보공개에 관한 법률」상 정보공개에 대한 설명으로 옳지 않은 것은? (다툼이 있는 경우 판례에 의함)

① 정보비공개결정 취소소송에서 원고인 청구인이 소송 과정에서 공공기관이 법원에 제출한 정보의 사본을 송달받은 경우, 그 정보의 비공개결정의 취소를 구할 소의 이익이 소멸한다.

② 공공기관은 공개 청구된 공개 대상 정보의 전부 또는 일부가 제3자와 관련이 있다고 인정할 때에는 그 사실을 제3자에게 지체 없이 통지하여야 하며, 필요한 경우에는 그의 의견을 들을 수 있다.

③ 정보공개를 청구하여 정보공개 여부에 대한 결정의 통지를 받은 자가 정당한 사유 없이 해당 정보의 공개를 다시 청구하는 경우, 공공기관은 종전 청구와의 내용적 유사성·관련성 등을 고려하여 해당 청구를 종결 처리할 수 있다.

④ 제3자가 자신과 관련된 정보를 공개하지 아니할 것을 요청하였음에도 불구하고 공공기관이 공개 결정을 한 경우, 그 제3자는 해당 공공기관에 문서로 이의신청을 하거나 행정심판 또는 행정소송을 제기할 수 있다.

02 A법률을 시행하기 위하여 B행정청의 C고시가 제정되었다. 이에 대한 설명으로 옳은 것을 모두 고르면? (다툼이 있는 경우 판례에 의함)

ㄱ. A법률이 B행정청에 A법률의 내용을 구체화할 수 있는 권한을 부여하면서 그 권한행사의 절차나 방법을 특정하지 않아 고시의 형식으로 정한 경우, C고시의 규정내용이 A법률의 위임범위를 벗어난 때에는 대외적 구속력을 인정할 수 없다.

ㄴ. A법률이 입법사항에 대하여 고시의 형식으로 위임하여 C고시가 제정된 경우라면, C고시는 그 자체로 국회입법원칙에 위반된 것으로 무효이다.

ㄷ. A법률이 시행규칙의 형식으로 세부사항을 정하도록 위임하였으나 고시의 형식으로 제정된 경우라 하더라도, C고시는 위임의 범위 내에서 상위법과 결합하여 대외적 구속력이 있는 법규명령의 효력을 가진다.

ㄹ. A법률의 위임에 따라 일반·추상적 성질을 가지는 C고시가 제정된 경우, A법률에 대하여 헌법재판소의 위헌결정이 선고되면 C고시도 원칙적으로 효력을 상실한다.

① ㄱ, ㄴ
② ㄱ, ㄷ
③ ㄱ, ㄹ
④ ㄴ, ㄷ

03 「행정소송법」상 행정소송의 심리에 대한 설명으로 옳은 것만을 모두 고르면? (다툼이 있는 경우 판례에 의함)

ㄱ. 당사자가 신청하지 아니한 사항에 대하여는 판결하지 못한다는 의미의 처분권주의가 적용된다.

ㄴ. 취소소송의 직권심리주의를 규정하고 있는 「행정소송법」 제26조의 규정을 고려할 때, 행정소송에 있어서 법원은 원고의 청구범위를 초월하여 그 이상의 청구를 인용할 수 있다.

ㄷ. 법원으로부터 행정심판기록의 제출명령을 받은 행정청은 지체 없이 당해 행정심판에 관한 기록을 법원에 제출하여야 한다.

ㄹ. 사실심에서 변론종결시까지 당사자가 주장하지 않던 직권조사사항에 해당하는 사항을 상고심에서 비로소 주장하는 경우 그 직권조사사항에 해당하는 사항은 상고심의 심판범위에 해당하지 않는다.

① ㄱ, ㄴ
② ㄱ, ㄷ
③ ㄱ, ㄹ
④ ㄴ, ㄹ

04 「공익사업을 위한 토지 등의 취득 및 보상에 관한 법률」(이하 '토지보상법'이라 한다)에 대한 설명으로 옳은 것은? (다툼이 있는 경우 판례에 의함)

① 중앙토지수용위원회의 이의재결에 대한 행정소송은 재결서를 받은 날부터 90일 이내에 제기하여야 한다.

② 지방토지수용위원회의 재결에 대하여 이의를 신청하여 중앙토지수용위원회의 재결을 받은 자가 재결의 취소소송을 제기하려면 중앙토지수용위원회의 이의재결을 대상으로 하여야 한다.

③ 공익사업의 시행자는 해당 공익사업을 위한 공사에 착수하기 이전에 토지소유자에게 보상액 전액을 지급하여야 하나, 사업시행자가 보상액을 지급하지 않고 승낙도 받지 않은 채 공사에 착수하였다 하더라도 토지소유자에 대하여 불법행위로 인한 손해배상 책임이 발생하는 것은 아니다.

④ 토지수용위원회가 토지보상법상 손실보상대상에 해당하는 보상항목을 손실보상대상에 해당하지 않는다고 잘못된 내용의 재결을 한 경우에는 피보상자는 그 재결에 대한 취소소송을 제기할 것이 아니라 사업시행자를 상대로 토지보상법에 따른 보상금증감소송을 제기하여야 한다.

05 甲은 아파트를 건설하고자 乙시장에게 「주택법」상 사업계획승인신청을 하였는데, 乙시장은 아파트단지 인근에 개설되는 자동차전용도로의 부지로 사용할 목적으로 甲 소유 토지의 일부를 아파트 사용검사시까지 기부채납할 것을 조건으로 사업계획을 승인하였다. 이에 대한 설명으로 옳지 않은 것은? (다툼이 있는 경우 판례에 의함)

① 위 부관이 위법한 경우 甲은 부관만을 대상으로 하여 취소소송을 제기할 수 있다.

② 甲이 위 부관을 불이행하였다면 乙시장은 이를 이유로 사업계획승인을 철회하거나, 위 부관상의 의무 불이행에 대해 행정대집행을 할 수 있다.

③ 甲이 위 부관을 이행하지 아니하더라도 乙시장의 사업계획승인이 당연히 효력을 상실하는 것은 아니다.

④ 乙시장은 기부채납의 내용을 甲과 사전에 협의하여 협약의 형식으로 미리 정한 다음, 사업계획승인을 하면서 위 부관을 부가할 수도 있다.

06 행정입법에 대한 설명으로 옳지 않은 것은? (다툼이 있는 경우 판례에 의함)

① 입찰 참가자격의 제한을 받은 자가 법인이나 단체인 경우 그 대표자에 대해서도 입찰 참가자격을 제한하도록 규정한 구 「지방자치단체를 당사자로 하는 계약에 관한 법률 시행령」 제92조 제4항은 구 「지방자치단체를 당사자로 하는 계약에 관한 법률」 제31조 제1항의 위임범위를 벗어나지 않았다.

② 부령 형식으로 정해진 제재적 행정처분의 기준은 법규성이 있어서 대외적으로 국민이나 법원을 기속하는 효력이 있다.

③ 건강보험심사평가원의 원장이 보건복지부장관의 고시(요양급여비용 심사·지급업무 처리기준)에 따라 진료심사평가위원회의 심의를 거쳐 정한 요양급여비용의 심사기준 또는 심사지침은 행정규칙에 불과하다.

④ 법률의 시행령이 형사처벌에 관한 사항을 규정하면서 법률의 명시적인 위임 범위를 벗어나 처벌의 대상을 확장하는 것은 위임입법의 한계를 벗어난 것으로 그 시행령은 무효이다.

07 취소소송에 대한 다음과 같은 판결주문이 있다. 이러한 판결에 대한 설명으로 옳은 것을 모두 고르면? (다툼이 있는 경우 판례에 의함)

> 1. 원고의 청구를 기각한다.
> 2. 다만, 피고가 2015.3.3. 원고에 대하여 한 A처분은 위법하다.
> 3. 소송비용은 (가)의 부담으로 한다.

> ㄱ. 위 판결은 취소소송에서만 허용되고 무효등확인소송에는 허용되지 않는다.
> ㄴ. 원고는 피고 행정청이 속하는 국가 또는 공공단체를 상대로 손해배상의 청구를 당해 취소소송이 계속된 법원에 병합하여 제기할 수 있다.
> ㄷ. 소송비용은 패소자 부담이 원칙이므로 (가)에 들어가는 것은 원고이다.
> ㄹ. 위 판결주문에서 A처분의 위법 여부의 판단은 처분시를 기준으로 하지만, 청구기각판결을 하여야 할 공공복리 적합성의 판단시점은 변론종결시이다.
> ㅁ. 위 판결은 기각판결의 일종이므로 원고는 상소할 수 있지만, 피고는 상소할 수 없다.

① ㄱ, ㄴ   ② ㄷ, ㅁ
③ ㄱ, ㄴ, ㄹ   ④ ㄱ, ㄹ, ㅁ

08 「국가배상법」 제2조의 '공무원의 직무행위로 인한 손해배상책임'에 대한 설명으로 옳지 않은 것은? (다툼이 있는 경우 판례에 의함)

① 행위 자체의 외관을 객관적으로 관찰하여 직무행위로 보여질 때에는 행위자가 주관적으로 직무행위의 의사가 없었다고 하여도 그 행위는 직무행위에 해당한다.

② 유흥주점의 화재로 여종업원들이 사망한 경우, 담당 공무원의 유흥주점의 용도변경, 무허가 영업 및 시설기준에 위배된 개축에 대하여 시정명령 등 「식품위생법」상 취하여야 할 조치를 게을리 한 직무상 의무 위반행위와 여종업원들의 사망 사이에는 상당인과관계가 존재하지 아니한다.

③ 공무원의 직무집행이 법령이 정한 요건과 절차에 따라 이루어진 것이라면 특별한 사정이 없는 한 공무원의 행위는 법령에 적합한 것이나, 그 과정에서 개인의 권리가 침해된 경우에는 법령적합성이 곧바로 부정된다.

④ 국회가 헌법에 의해 부과되는 구체적인 입법의무를 부담하고 있음에도 불구하고 입법에 필요한 상당한 기간이 경과하도록 고의 또는 과실로 입법의무를 이행하지 아니하는 경우에는 국가배상책임이 인정된다.

09 정보공개에 대한 판례의 입장으로 옳지 않은 것은?

① 정보공개 청구권자의 권리구제 가능성은 정보의 공개 여부 결정에 영향을 미치지 못한다.

② 정보공개청구에 대하여 행정청이 전부공개 결정을 하는 경우에는, 청구인이 지정한 정보공개방법에 의하지 않았다고 하더라도 청구인은 이를 다툴 수 없다.

③ 정보비공개결정의 취소소송에서 공개청구한 정보의 내용과 범위가 특정되었다고 볼 수 없는 경우, 법원은 공공기관에게 청구대상정보를 제출하도록 하여 이를 비공개로 열람·심사하는 등의 방법으로 그 대상정보의 내용과 범위를 특정시켜야 한다.

④ 견책의 징계처분을 받은 甲이 사단장에게 징계위원회에 참여한 징계위원의 성명과 직위에 대한 정보공개청구를 하였으나 위 정보가 「공공기관의 정보공개에 관한 법률」 제9조 제1항 제1호, 제2호, 제5호, 제6호에 해당한다는 이유로 공개를 거부한 사안에서, 징계처분 취소사건에서 甲의 청구를 기각하는 판결이 확정되었더라도, 甲으로서는 여전히 정보공개거부처분의 취소를 구할 법률상 이익이 있다.

10 행정입법에 대한 설명으로 옳지 않은 것은? (다툼이 있는 경우 판례에 의함)

① 군인의 복무에 관한 사항을 규율할 권한을 대통령령에 위임하는 경우에는 대통령령으로 규정될 내용 및 범위에 관한 기본적인 사항을 다소 광범위하게 위임하였다 하더라도 포괄위임금지원칙에 위배된다고 볼 수 없다.

② 법령의 위임이 없음에도 법령에 규정된 처분 요건에 해당하는 사항을 부령에서 변경하여 규정한 경우에는 그 부령의 규정은 행정조직 내에서 적용되는 행정명령의 성격을 지닐 뿐 국민에 대한 대외적 구속력은 없다.

③ 법률이 행정부가 아니거나 행정부에 속하지 않는 공법적 기관의 정관에 자치입법적 사항을 위임하는 경우 헌법에서 정한 포괄적인 위임입법의 금지는 원칙적으로 적용되지 않는다.

④ 헌법상 구체적 위임의 요구는 법률이 대통령령에 위임하는 경우에 대하여 규정된 것이므로 대통령령이 법률에서 위임받은 사항을 다시 부령에 재위임하는 경우에는 적용되지 않는다.

11 소송의 형태가 다른 하나는 어느 것인가? (다툼이 있는 경우 판례에 의함)

① 납세의무자로부터 어느 과세기간에 과다하게 거래징수된 세액 상당을 국가가 실제로 납부받았는지와 관계없이 부가가치세법령의 규정에 의하여 직접 발생하는 국가의 부가가치세 환급세액 지급의무에 대응하는 납세의무자의 부가가치세 환급세액 지급청구

② 손실보상청구권이 공법상 권리인 경우 손실보상금의 지급을 구하거나 손실보상청구권의 확인을 구하는 손실보상관계소송

③ 민주화운동관련자 명예회복 및 보상 등에 관한 법률의 규정들만으로는 바로 법상의 보상금 등의 지급 대상자가 확정된다고 볼 수 없고, 심의위원회에서 심의·결정을 받아야만 비로소 보상금 등의 지급 대상자로 확정될 수 있는 경우의 보상금 지급을 구하는 소송

④ 공무원연금공단의 법령개정사실 및 퇴직연금수급자가 일부금액의 지급정지대상자가 되었음을 통보한 사안에서 미지급퇴직연금의 지급을 구하는 소송

12 행정상 실효성 확보수단에 대한 설명으로 옳은 것만을 <보기>에서 모두 고르면? (다툼이 있는 경우 판례에 의함)

─── <보기> ───

ㄱ. 행정청은 개별사건에 있어서 위반내용, 위반자의 시정의지 등을 감안하여 대집행과 이행강제금을 선택적으로 활용할 수 있으며, 이처럼 그 합리적인 재량에 의해 선택하여 활용하는 이상 중첩적인 제재에 해당한다고 볼 수 없다.

ㄴ. 양벌규정 중 '법인의 대표자' 관련 부분은 대표자의 책임을 요건으로 하여 법인을 처벌하는 것이므로 그 대표자의 처벌까지 전제조건이 된다고 할 수 있다.

ㄷ. 행정청이 행정대집행을 할 수 있는 경우에도 필요하면 별도로 민사소송의 방법을 통하여 의무이행을 구할 수 있다.

ㄹ. 장기간 시정명령을 이행하지 아니하였더라도, 그 기간 중에는 시정명령의 이행 기회가 제공되지 아니하였다가 뒤늦게 시정명령의 이행 기회가 제공된 경우라면, 시정명령의 이행 기회 제공을 전제로 한 1회분의 이행강제금만을 부과할 수 있고, 시정명령의 이행 기회가 제공되지 아니한 과거의 기간에 대한 이행강제금까지 한꺼번에 부과할 수는 없으며 이를 위반하여 이루어진 이행강제금 부과처분은 무효이다.

① ㄱ, ㄴ   ② ㄱ, ㄹ

③ ㄴ, ㄷ   ④ ㄴ, ㄹ

13 「행정조사기본법」에 대한 설명으로 옳은 것은?

① 행정기관의 장은 법령 등에 특별한 규정이 있는 경우를 제외하고는 행정조사의 결과를 확정한 날부터 10일 이내에 그 결과를 조사대상자에게 통지하여야 한다.

② 유사하거나 동일한 사안에 대하여 서로 다른 기관이 공동으로 조사하는 것은 원칙적으로 허용되지 않는다.

③ 행정조사를 실시한 행정기관의 장은 이미 조사를 받은 조사대상자에 대하여 위법행위가 의심되는 새로운 증거를 확보한 경우에도 동일한 사안에 대하여 동일한 조사대상자를 재조사 하여서는 아니 된다.

④ 행정조사의 기본원칙은 군사시설·군사기밀보호 및 방위사업에 관한 사항에 대하여도 적용한다.

14 판례에 의할 때, 선행처분에 취소사유가 있음을 들어 후행처분의 위법을 주장할 수 없는 경우는?

① 사업인정처분 - 수용재결처분

② 대집행 계고처분 - 대집행영장발부통보처분

③ 안경사시험합격무효처분 - 안경사면허취소처분

④ 친일반민족행위자 결정처분 - 독립유공자 예우에 관한 법률 적용배제자 결정처분

15 행정법관계에 대한 설명으로 옳지 않은 것은? (다툼이 있는 경우 판례에 의함)

① 공익사업의 시행으로 인하여 건축허가 등 관계법령에 의한 절차를 진행 중이던 사업이 폐지되는 경우 그 사업 등에 소요된 비용 등의 손실에 대한 쟁송은 민사소송절차에 의해야 한다.

② 법무사가 사무원을 채용할 때 소속 지방법무사회로부터 승인을 받아야 할 의무는 공법상 의무이다.

③ 사무처리의 긴급성으로 인하여 해양경찰의 직접적인 지휘를 받아 보조로 방제작업을 한 경우, 사인은 그 사무를 처리하며 지출한 필요비 내지 유익비의 상환을 국가에 대하여 민사소송으로 청구할 수 있다.

④ 국유재산의 관리청이 그 무단점유자에 대하여 하는 변상금부과처분은 관리청이 공권력을 가진 우월적 지위로 행한 것으로서 행정소송의 대상이 되는 행정처분이라고 보아야 한다.

16 행정행위의 직권취소와 철회에 대한 설명으로 옳은 것을 모두 고르면? (다툼이 있는 경우 판례에 의함)

> ㄱ. 행정행위의 취소사유는 행정행위의 성립 당시에 존재하였던 하자를 말하고, 철회사유는 행정행위의 성립 이후에 새로이 발생한 것으로서 행정행위의 효력을 존속시킬 수 없는 사유를 말한다.
>
> ㄴ. 행정행위를 한 행정청은, 별도의 명시적인 법적 근거가 없다면, 행정행위의 성립에 하자가 있더라도 직권으로 이를 취소할 수 없다.
>
> ㄷ. 행정행위를 한 행정청은, 별도의 명시적인 법적 근거가 없다면, 원래의 행정행위를 그대로 존속시킬 필요가 없게 된 사정변경이 생겼더라도 이를 철회할 수 없다.

① ㄱ
② ㄴ
③ ㄴ, ㄷ
④ ㄱ, ㄴ, ㄷ

17 공권과 공의무에 대한 설명으로 옳지 않은 것은? (다툼이 있는 경우 판례에 의함)

① 환경영향평가 대상지역 밖에 거주하는 주민에게는 헌법상의 환경권 또는 「환경정책기본법」에 근거하여 공유수면매립면허처분과 농지개량사업 시행인가처분의 무효확인을 구할 원고적격이 없다.

② 수익처분의 상대방은 그의 권리나 법률상 보호되는 이익이 침해되었다고 볼 수 없으므로 달리 특별한 사정이 없는 한 그 처분의 취소를 구할 이익이 없다.

③ 상수원에서 급수를 받고 있는 지역주민들이 가지는 상수원의 오염을 막아 양질의 급수를 받을 이익은 근거 법률에 의하여 직접적이고 구체적으로 보호되는 이익이 아니고, 상수원의 확보와 수질보호라는 공공의 이익이 달성됨에 따라 반사적으로 얻게 되는 이익에 불과하다.

④ 이행강제금 납부의무는 상속인 기타의 사람에게 승계될 수 없는 일신전속적인 성질의 것이므로 이미 사망한 사람에게 이행강제금을 부과하는 내용의 처분이나 결정은 위법한 처분으로 취소사유이다.

18 판례의 입장으로 옳은 것은? (다툼이 있는 경우 판례에 의함)

① 근로복지공단이 사업주에 대하여 하는 '개별 사업장의 사업종류 변경결정'은 행정청이 행하는 구체적 사실에 관한 법집행으로서의 공권력의 행사인 처분에 해당한다.

② 업무상 재해를 당한 甲의 요양급여 신청에 대하여 근로복지공단이 요양승인 처분을 하면서 사업주를 乙 주식회사로 보아 요양승인 사실을 통지하자, 乙 회사가 甲이 자신의 근로자가 아니라고 주장하면서 사업주 변경신청을 하였으나 근로복지공단이 거부 통지를 한 사안에서 위 통지는 행정소송의 대상이 되는 처분에 해당한다.

③ 한국수력원자력 주식회사가 자신의 '공급자관리지침'에 근거하여 등록된 공급업체에 대하여 하는 '등록취소 및 그에 따른 일정 기간의 거래제한조치'는 사법상 제재조치에 불과하여, 이는 항고소송의 대상이 되는 행정처분이라고 할 수 없다.

④ 판례는 행정청이 민간투자사업을 추진하는 과정에서 사업시행자를 지정하기 위한 전 단계에서 우선협상대상자를 선정하는 행위와 이미 선정된 우선협상대상자를 그 지위에서 배제하는 행위가 항고소송의 대상이 되는 행정처분으로 보고, 우선협상대상자 지위 박탈을 하는 경우에는 반드시 청문을 실시하여야만 한다고 본다.

19 행정법의 해석과 적용에 대한 설명으로 옳지 않은 것은? (다툼이 있는 경우 판례에 의함)

① 산업통상자원부장관이 석유 및 석유대체연료 사업법이 정한 바에 따라 석유 수급과 석유가격의 안정을 위하여 부과금을 징수하였다가 환급 사유가 발생하여 그 일부를 환급하는 경우, 석유환급금 부과·환급의 실질에 비추어 보면 환급금의 산정기준에 관한 규정을 해석할 때 「조세나 부담금에 관한 법률」의 해석에 관한 법리가 적용된다.

② 건축물이 건축 관계법에 따라 적법하게 축조되었다면, 이 건축물로 인해 인근 토지에 있는 건축물 소유자의 일조이익이나 조망이익이 침해되었다고 해도 사법상 불법행위를 구성하지는 않는다.

③ 손실보상액 산정의 기준이나 방법에 관하여 구체적인 법령의 규정이 없는 경우에는, 그 성질상 유사한 물건 또는 권리 등에 대한 관련 법령상의 손실보상액 산정의 기준이나 방법에 관한 규정을 유추적용할 수 있으므로, 하천수 사용권에 대한 '물의 사용에 관한 권리'로서의 정당한 보상금액은 어업권이 취소되거나 어업면허의 유효기간 연장이 허가되지 않은 경우의 손실보상액 산정 방법과 기준을 유추적용하여 산정할 수 있다.

④ 행정재산에 대하여 사용허가처분을 하였을 경우에 인정되는 사용료 부과처분과 같은 침익적 행정처분의 근거가 되는 행정법규는 엄격하게 해석·적용되어야 하므로, 행정재산이 용도폐지로 일반재산이 된 경우 용도폐지 되기 이전의 행정재산에 대하여 한 사용허가는 소멸되며 더 이상 사용료 부과처분을 할 수 없다.

20 다음 중 행정절차에 대한 설명으로 옳지 않은 것을 모두 고른 것은? (다툼이 있는 경우 판례에 의함)

ㄱ. 묘지공원과 화장장의 후보지를 선정하는 과정에서 서울특별시, 비영리법인, 일반 기업 등이 공동발족한 협의체인 추모공원건립추진협의회가 후보지 주민들의 의견을 청취하기 위하여 그 명의로 개최한 공청회는 「행정절차법」에서 정한 절차를 준수하여야 하는 것은 아니다.

ㄴ. 구 「광업법」상 처분청이 광업용 토지수용을 위한 사업인정을 하고자 할 때에 토지소유자와 토지에 관한 권리를 가진 자의 의견을 들어야 한다고 한 것은 처분청이 그 의견에 기속되는 것이다.

ㄷ. 「행정절차법」 제2조 제4호에 의하면, '당사자 등'이란 행정청의 처분에 대하여 직접 그 상대가 되는 당사자와 행정청이 직권 또는 신청에 의하여 행정절차에 참여하게 한 이해관계인을 의미하는데, 국가는 '당사자 등'에서 제외된다.

ㄹ. 행정청이 당사자와 사이에 도시계획사업의 시행과 관련한 협약을 체결하면서 「행정절차법」에 규정된 청문의 실시를 배제하는 조항을 둔 경우, 이는 청문을 실시하지 않아도 되는 예외적인 경우에 해당한다.

① ㄱ, ㄴ   ② ㄴ, ㄷ

③ ㄴ, ㄷ, ㄹ   ④ ㄱ, ㄴ, ㄷ, ㄹ

05회 실전동형모의고사

제한시간: 15분 **시작** 시 분 ~ **종료** 시 분 점수 확인 개/ 20개

01 통치행위에 관한 판례의 내용 중 옳지 않은 것은?

① 대통령의 비상계엄의 선포나 확대 행위는 고도의 정치적·군사적 성격을 지니고 있는 행위라 할 것이므로, 그것이 누구에게도 일견하여 헌법이나 법률에 위반되는 것으로서 명백하게 인정될 수 있는 경우라면 몰라도, 그러하지 아니한 이상 그 계엄선포의 요건 구비 여부나 선포의 당·부당을 판단할 권한이 사법부에는 없다고 할 것이나, 비상계엄의 선포나 확대가 국헌문란의 목적을 달성하기 위하여 행하여진 경우에는 법원은 그 자체가 범죄행위에 해당하는지의 여부에 관하여 심사할 수 있다.

② 헌법재판소는 대통령의 긴급재정경제명령은 국가긴급권의 일종으로서 고도의 정치적 결단에 의하여 발동되는 행위이고, 그 결단을 존중하여야 할 필요성이 있는 행위라는 의미에서 이른바 통치행위에 속한다고 판시하였다.

③ 헌법재판소는 대통령이 국군을 이라크에 파견하기로 한 결정은 그 성격상 국방 및 외교에 관련된 고도의 정치적 결단을 요하는 문제로서, 헌법과 법률이 정한 절차를 지켜 이루어진 것임이 명백하므로, 대통령과 국회의 판단은 존중되어야 하고 헌법재판소가 사법적 기준만으로 이를 심판하는 것은 자제되어야 한다고 판시하였다.

④ 서훈취소는 대통령이 국가원수로서 행하는 고유한 행위라고 할 수 있고, 법원이 사법심사를 자제하여야 할 고도의 정치성을 띤 행위라고 볼 수 있다.

02 공법상 부당이득에 대한 설명으로 옳은 것을 모두 고르면? (다툼이 있는 경우 판례에 의함)

> ㄱ. 지방자치단체장의 변상금부과처분에 취소사유가 있는 경우 이 처분에 의하여 납부자가 납부하거나 징수당한 오납금에 대한 부당이득반환청구권은 변상금부과처분의 취소 여부에 상관없이 납부 또는 징수 시에 발생하여 확정된다.
>
> ㄴ. 환급가산금의 내용에 대한 세법상의 규정은 부당이득 반환범위에 관한 「민법」 규정에 대하여 특칙으로서의 성질을 가지므로 환급가산금은 수익자인 국가의 선의·악의를 불문하고 각각의 세법 규정에서 정한대로 확정된다.
>
> ㄷ. 국세 과오납금의 환급 여부에 관한 과세관청의 결정은 항고소송의 대상이 되는 처분이 아니므로 설사 과세관청이 환급거부결정을 하더라도 거부처분취소소송으로 다툴 수 없다.
>
> ㄹ. 토지수용의 재결에 대하여 불복절차를 취하지 아니함으로써 그 재결에 대하여 더 이상 다툴 수 없게 된 경우, 사업시행자는 그 재결이 당연무효이거나 취소되지 않는 한 이미 보상금을 지급받은 자에 대하여 그 보상금을 부당이득이라 하여 반환을 구할 수 없다.

① ㄱ, ㄴ ② ㄴ, ㄷ
③ ㄷ, ㄹ ④ ㄴ, ㄷ, ㄹ

03 「행정심판법」상 행정심판에 대한 설명으로 옳지 않은 것은?

① 법인이 아닌 사단 또는 재단으로서 대표자나 관리인이 정하여져 있는 경우에는 그 사단이나 재단의 이름으로 심판청구를 할 수 있다.

② 행정청의 거부처분에 대해서는 의무이행심판을 청구하여야 하고, 취소심판은 청구할 수 없다.

③ 행정심판의 결과에 이해관계가 있는 행정청은 해당 심판청구에 대한 행정심판위원회의 의결이 있기 전까지 그 사건에 대하여 심판참가를 할 수 있다.

④ 행정심판위원회는 심판청구가 이유가 있다고 인정하는 경우에도 이를 인용하는 것이 공공복리에 크게 위배된다고 인정하면 그 심판청구를 기각하는 재결을 할 수 있다.

04 「행정소송법」상 당사자소송에 대한 설명으로 옳지 않은 것은? (다툼이 있는 경우 판례에 의함)

① 국가를 상대로 하는 당사자소송의 경우에는 가집행선고를 할 수 없다.

② 취소소송에 관한 '행정심판기록의 제출명령' 규정은 당사자소송에 준용된다.

③ 당사자소송에 관련청구소송이 병합된 경우 당사자소송이 부적법하여 각하되면 그에 병합된 관련청구소송도 소송요건을 흠결하여 부적합하므로 각하되어야 한다.

④ 「국토의 계획 및 이용에 관한 법률」에 따라 사업시행자가 토지 소유자를 상대로 토지의 일시 사용에 대한 동의의 의사표시를 구하는 소는 당사자소송에 해당한다.

05 국가배상책임에 대한 설명으로 가장 옳지 않은 것은? (다툼이 있는 경우 판례에 의함)

① 「부마민주항쟁 관련자의 명예회복 및 보상 등에 관한 법률」 제32조 제2항에 따라 보상금등 지급결정에 동의함으로써 성립하는 재판상 화해의 대상에 부마민주항쟁과 관련하여 입은 피해 중 '정신적 손해' 부분은 포함되지 않는다.

② 도로의 설치 및 관리에 있어 완전무결한 상태를 유지할 정도의 고도의 안전성을 갖추지 아니하였다고 하여 하자가 있다고 단정할 수는 없고, 그것을 이용하는 자의 상식적이고 질서있는 이용 방법을 기대한 상대적인 안전성을 갖추는 것으로 족하다.

③ 하천의 홍수위가 「하천법」상 관련규정이나 하천정비계획 등에서 정한 홍수위를 충족하고 있다고 해도 하천이 범람하거나 유량을 지탱하지 못해 제방이 무너지는 경우는 안전성을 결여한 것으로 하자가 있다고 본다.

④ 공군에 속한 군인이나 군무원의 경우 일반인에 비하여 공군비행장 주변의 항공기 소음피해에 관하여 잘 인식하거나 인식할 수 있는 지위에 있다는 이유만으로 가해자가 면책되거나 손해배상액이 감액되지는 않는다.

06 「행정소송법」상 취소소송의 판결의 효력에 대한 설명으로 옳지 않은 것은? (다툼이 있는 경우 판례에 의함)

① 전소의 판결이 확정된 경우 후소의 소송물이 전소의 소송물과 동일하지 않더라도 전소의 소송물에 관한 판단이 후소의 선결문제가 되는 경우에 후소에서 전소 판결의 판단과 다른 주장을 하는 것은 기판력에 반한다.

② 행정처분을 취소하는 확정판결이 있었다고 해도, 그 취소판결 자체의 효력에 의해 그 행정처분을 기초로 하여 새로 형성된 제3자의 권리가 당연히 그 행정처분 전의 상태로 환원된다고 할 수 없다.

③ 처분의 취소판결이 확정된 후 새로운 처분을 하는 경우, 새로운 처분의 사유가 취소된 처분의 사유와 기본적 사실관계에서 동일하지 않다면 취소된 처분과 같은 내용의 처분을 하는 것은 기속력에 반하지 않는다.

④ 법원이 간접강제결정에서 정한 의무이행기한이 경과한 후에라도 확정판결의 취지에 따른 재처분이 행하여지면, 처분상대방은 초과된 기한에 대한 배상금만을 추심할 수 있다.

07 행정의 실효성 확보수단에 대한 설명으로 옳은 것을 모두 고르면? (다툼이 있는 경우 판례에 의함)

> ㄱ. 지방자치단체가 자치사무를 처리하는 경우 당해 지방자치단체는 국가기관과는 별도의 독립한 공법인이지만, 양벌규정에 의한 처벌대상이 되는 법인에 해당하지는 않는다.
>
> ㄴ. 통고처분은 통고이행을 강제하거나 상대방에게 권리의무를 형성하지 않으므로 행정소송의 대상으로서의 처분에 해당하지 아니한다.
>
> ㄷ. 건물철거 대집행 계고처분을 제1차로 고지한 후 이에 불응하자 다시 제2차, 제3차 계고서를 발송한 경우 「행정대집행법」상의 건물철거의무는 각 회차마다 발생하고, 각 회차의 계고처분이 모두 행정처분에 해당한다.
>
> ㄹ. 행정법규 위반에 대한 제재로서 가하는 영업정지처분은 반드시 현실적인 행위자가 아니라도 법령상 책임자로 규정된 자에게 부과되고, 특별한 사정이 없는 한 위반자에게 고의나 과실이 없더라도 부과할 수 있다.
>
> ㅁ. 행정대집행의 대상이 되는 대체적 작위의무는 공법상 의무이어야 하고, 이때의 작위의무는 행정처분뿐만 아니라 법령에 의해 직접 부과될 수도 있다.

① ㄱ, ㄴ
② ㄴ, ㄷ
③ ㄱ, ㄷ, ㅁ
④ ㄴ, ㄹ, ㅁ

08 「행정기본법」에 대한 설명으로 옳은 것은?

① 행정청은 적법한 처분의 경우 당사자의 신청이 있는 경우에만 철회가 가능하다.

② 행정청은 처분에 재량이 있는 경우라도 법령이나 행정규칙이 정하는 바에 따라 완전히 자동화된 시스템으로 처분할 수 있다.

③ 새로운 법령 등은 법령 등에 특별한 규정이 있는 경우를 제외하고는 그 법령 등의 효력 발생 전에 완성되거나 종결된 사실관계 또는 법률관계에 대하여 적용한다.

④ 당사자의 신청에 따른 처분은 법령 등에 특별한 규정이 있거나 처분 당시의 법령 등을 적용하기 곤란한 특별한 사정이 있는 경우를 제외하고는 처분 당시의 법령 등에 따른다.

09 판례의 입장으로 옳은 것은?

① 행정처분의 당연무효를 주장하여 그 무효확인을 구하는 행정소송에 있어서는 행정청이 입증책임을 진다는 것이 판례의 입장이다.

② 행정처분에 대하여 무효확인 판결이 내려진 경우에는 그 행정처분이 거부처분인 경우에도 행정청에 판결의 취지에 따른 재처분의무가 인정될 뿐 그에 대하여 간접강제까지 허용되는 것은 아니다.

③ 어떠한 처분의 근거나 법적인 효과가 행정규칙에 규정되어 있다면, 그 처분이 행정규칙의 내부적 구속력에 의하여 상대방의 권리 의무에 직접 영향을 미치는 행위라도 항고소송의 대상이 되는 행정처분이라 볼 수 없다.

④ 어떠한 허가처분에 대하여 타법상의 인·허가가 의제된 경우, 의제된 인·허가는 통상적인 인·허가와 동일한 효력을 갖는 것은 아니므로 '부분 인·허가 의제'가 허용되는 경우에도 의제된 인·허가에 대한 쟁송취소는 허용되지 않는다.

10 행정절차에 대한 설명으로 옳지 않은 것은? (다툼이 있는 경우 판례에 의함)

① 행정청은 처분 후 1년 이내에 청문·공청회 또는 의견제출을 위하여 제출받은 서류나 그 밖의 물건을 반환하여야 한다.

② 「국가공무원법」상 직위해제처분은 당해 행정작용의 성질상 행정절차를 거치기 곤란하거나 불필요하다고 인정되는 사항에 해당하므로, 처분의 사전통지 및 의견청취 등에 관한 「행정절차법」의 규정이 별도로 적용되지 않는다.

③ 소방서 담당 공무원이 소방시설 보완명령을 구두로 고지한 것은 당연 무효인 행정처분이므로 이러한 시정보완명령을 위반하였음을 이유로 행정형벌을 부과할 수는 없다.

④ 공무원의 퇴직연금의 환수결정은 당사자에게 의무를 과하는 처분이기는 하나, 관련 법령에 따라 당연히 환수금액이 정하여지는 것이므로 당사자에게 의견진술의 기회를 주지 아니하여도 「행정절차법」 제22조 제3항에 어긋나지 아니한다.

11 「질서위반행위규제법」에 대한 설명으로 옳은 것은?

① 「민법」상의 의무를 위반하여 과태료를 부과하는 행위는 「질서위반행위규제법」상 질서위반행위에 해당한다.

② 하나의 행위가 2 이상의 질서위반행위에 해당하는 경우에는 각 질서위반행위에 대하여 정한 과태료를 합산하여 부과한다.

③ 과태료는 행정청의 과태료 부과처분이나 법원의 과태료재판이 확정된 후 3년간 징수하지 아니하거나 집행하지 아니하면 시효로 인하여 소멸한다.

④ 과태료 사건은 다른 법령에 특별한 규정이 있는 경우를 제외하고는 당사자의 주소지의 지방법원 또는 그 지원의 관할로 한다.

12 특별권력관계에 대한 설명으로 옳지 않은 것은? (다툼이 있는 경우 판례에 의함)

① 구 「군인사법」 제47조의2가 군인의 복무에 관한 사항에 관한 규율권한을 대통령령에 위임하면서 다소 개괄적으로 위임하였다고 하여 헌법 제75조의 포괄위임금지원칙에 어긋난다고 보기 어렵다.

② 금치처분을 받은 수형자에 대해 금치기간 중 운동을 절대적으로 금지하는 것은 필요 최소한도의 범위를 넘어선 것으로서 헌법 제10조의 인간의 존엄과 가치 및 제12조의 신체의 자유를 침해하는 것이다.

③ 육군3사관학교의 사관생도는 학교에 입학한 날에 육군 사관생도의 병적에 편입하고 준사관에 준하는 대우를 받는 특수한 신분관계에 있으므로, 그 존립 목적을 달성하기 위하여 필요한 한도 내에서 일반 국민보다 상대적으로 기본권이 더 제한될 수 있다.

④ 육군3사관학교의 사관생도 행정예규에 따라 사관생도의 모든 사적 생활에서까지 예외 없이 금주의무를 이행할 것을 요구하면서 경위 등을 묻지 않고 일률적으로 2회 위반 시 원칙적으로 퇴학 조치하도록 정한 것은 사관생도의 기본권을 지나치게 침해하는 것은 아니다.

13 행정계획에 대한 설명으로 옳은 것은? (다툼이 있는 경우 판례에 의함)

① 구 「도시계획법」상 관련 절차를 거쳐 정당하게 도시계획결정등의 처분을 하였다면 이를 고시하지 아니하였더라도 대외적으로 효력이 발생한다.

② 행정계획안이 국민의 기본권에 직접적으로 영향을 끼치고 법령의 뒷받침에 의하여 그대로 실시될 것이 틀림없을 것으로 예상되는 때에도 그것이 구속력 없는 행정계획안이라면 헌법소원의 대상이 될 수 없다.

③ 문화재보호구역 내 토지 소유자의 문화재보호구역 지정해제 신청에 대한 행정청의 거부행위는 항고소송의 대상이 되는 행정처분에 해당하지 않는다.

④ 도시계획의 수립에 있어서 구 「도시계획법」 소정의 공청회를 열지 아니하고 구 「공공용지의 취득 및 손실보상에 관한 특례법」 소정의 이주대책을 수립하지 아니하였더라도 이는 절차상의 위법으로서 취소사유에 불과하다.

14 공법상 계약에 대한 설명으로 옳은 것은? (다툼이 있는 경우 판례에 의함)

① 「행정기본법」상 공법상 계약은 구두 또는 문서에 의한 방식으로 가능하다.

② 택시회사들의 자발적 감차와 그에 따른 감차보상금의 지급 및 자발적 감차 조치의 불이행에 따른 행정청의 직권 감차명령을 내용으로 하는 택시회사들과 행정청 간의 합의는 대등한 당사자 사이에서 체결한 공법상 계약에 해당하므로, 그에 따른 감차명령은 행정청이 우월한 지위에서 행하는 공권력의 행사로 볼 수 없다.

③ 광주광역시립합창단원으로서 위촉기간이 만료되는 자들의 재위촉 신청에 대하여 광주광역시문화예술회관장이 실기와 근무성적에 대한 평정을 실시하여 재위촉을 하지 아니한 것은 항고소송의 대상이 되는 불합격처분에 해당한다.

④ 지방자치단체가 A주식회사를 자원회수시설과 부대시설의 운영·유지관리 등을 위탁할 민간사업자로 선정하고 A주식회사와 체결한 위 시설에 관한 위·수탁 운영 협약은 사법상 계약에 해당한다.

15 「행정기본법」상 행정의 입법활동에 대한 설명으로 옳지 않은 것은?

① 국가나 지방자치단체가 법령등을 제정·개정·폐지하고자 하거나 그와 관련된 활동(법률안의 국회 제출과 조례안의 지방의회 제출 제외)을 할 때에는 헌법과 상위 법령을 위반해서는 아니 되며, 헌법과 법령등에서 정한 절차를 준수하여야 한다.

② 행정의 입법활동은 일반 국민 및 이해관계자로부터 의견을 수렴하고 관계 기관과 충분한 협의를 거쳐 책임 있게 추진되어야 한다.

③ 법령등의 내용과 규정은 다른 법령등과 조화를 이루어야 하고 법령등 상호 간에 중복되거나 상충되지 아니하여야 한다.

④ 행정의 입법활동의 절차 및 정부입법계획의 수립에 관하여 필요한 사항은 정부의 법제업무에 관한 사항을 규율하는 대통령령으로 정한다.

16 위법한 행정행위의 취소에 대한 설명으로 옳지 않은 것은? (다툼이 있는 경우 판례에 의함)

① 처분청은 그 처분의 성립에 하자가 있는 경우 이를 취소할 별도의 법적 근거가 없다고 하더라도 직권으로 이를 취소할 수 있다.

② 무효인 처분에 대하여 취소소송이 제기된 경우 소송 제기요건이 구비되었다면 법원은 당해 소를 각하하여서는 아니되며, 무효를 선언하는 의미의 취소판결을 하여야 한다.

③ 위법한 처분에 대해 불가쟁력이 발생한 이후에도 불가변력이 발생하지 않은 이상, 당해 처분은 처분의 위법성을 이유로 직권취소될 수 있다.

④ 현역병 입영대상편입처분을 보충역편입처분으로 변경한 경우, 보충역편입처분에 불가쟁력이 발생한 이후 보충역편입처분이 하자를 이유로 직권취소 되었다면 종전의 현역병 입영대상편입처분의 효력은 되살아난다.

17 행정행위의 하자에 대한 판례의 입장으로 옳지 않은 것은?

① 과세처분 이후 과세의 근거가 되었던 법률규정에 대하여 위헌결정이 내려진 경우, 그 조세채권의 집행을 위해 새로운 체납처분에 착수하거나 이를 속행하는 것은 당연무효로 볼 수 없다.

② 행정청이 어느 법률관계나 사실관계에 대하여 어느 법률의 규정을 적용하여 행정처분을 한 경우에, 그 법률관계나 사실관계에 대하여는 그 법률의 규정을 적용할 수 없다는 법리가 명백히 밝혀져 해석에 다툼의 여지가 없음에도 행정청이 그 규정을 적용하여 처분을 한 때에는 하자가 중대하고 명백하다.

③ 구 폐기물처리시설 설치촉진 및 주변지역 지원 등에 관한 법령상 입지선정위원회는 일정 수 이상의 주민대표 등을 참여시키도록 하고 있음에도 불구하고 이에 위배하여 군수와 주민대표가 선정·추천한 전문가를 포함시키지 않은 채 입지선정위원회를 임의로 구성하여 의결한 경우 이에 따른 폐기물처리시설 입지결정처분의 하자는 무효사유에 해당한다.

④ 징계와 같은 불이익처분절차에서 징계심의대상자에게 변호사를 통한 방어권의 행사를 보장하는 것이 필요하고, 징계심의대상자가 선임한 변호사가 징계위원회에 출석하여 징계심의대상자를 위하여 필요한 의견을 진술하는 것은 방어권 행사의 본질적 내용에 해당하므로, 행정청은 특별한 사정이 없는 한 이를 거부할 수 없다.

18 「행정절차법」상 처분의 사전통지에 대한 설명으로 가장 옳은 것은? (다툼이 있는 경우 판례에 의함)

① 행정청은 당사자에게 사전통지를 하면서 의견제출에 필요한 기간을 10일 이상으로 고려하여 정하여 통지하여야 한다.

② 국가에 대한 행정처분을 함에 있어서는 일반국민과 달리 사전 통지, 의견청취, 이유 제시와 관련한 「행정절차법」이 그대로 적용된다고 볼 수 없다.

③ 현장조사에서 처분상대방이 위반사실을 시인하였다면 행정청은 처분의 사전통지절차를 하지 않아도 된다.

④ 행정청은 해당 처분의 성질상 의견청취가 현저히 곤란하더라도 사전통지를 해야 한다.

19 다른 법률행위를 보충하여 그 법적 효력을 완성시키는 행위에 해당하지 않는 것만을 모두 고르면? (다툼이 있는 경우 판례에 의함)

> ㄱ. 구 「지방재정법」에 따른 행정재산의 사용허가
> ㄴ. 재단법인의 정관변경에 대한 행정청의 허가
> ㄷ. 「도시 및 주거환경정비법」상 도시환경정비사업조합이 수립한 사업시행계획인가
> ㄹ. 재건축조합이 수립하는 관리처분계획에 대한 행정청의 인가

① ㄱ   ② ㄱ, ㄹ
③ ㄴ, ㄹ   ④ ㄱ, ㄴ, ㄷ

20 행정쟁송에 대한 설명으로 옳은 것은? (다툼이 있는 경우 판례에 의함)

① 처분이 있음을 안 날부터 90일을 넘겨 청구한 부적법한 행정심판청구에 대한 재결이 있은 후 재결서를 송달받은 날부터 90일 이내에 원래의 처분에 대하여 취소소송을 제기하면 취소소송은 제소기간을 준수한 것으로 본다.

② 제3자효를 수반하는 행정행위에 대한 행정심판청구의 인용재결은 원처분과 내용을 달리하는 것이므로 그 인용재결의 취소를 구하는 것은 원처분에는 없는 재결에 고유한 하자를 주장하는 것이라고 하더라도 당연히 항고소송의 대상이 되는 것은 아니다.

③ 거부행위가 항고소송의 대상인 처분이 되기 위해서는 그 거부행위가 신청인의 실체상의 권리관계에 직접적인 변동을 일으키는 것이어야 하며, 신청인이 실체상의 권리자로서 권리를 행사함에 중대한 지장을 초래하는 것만으로는 부족하다.

④ 처분시에 행정청으로부터 행정심판 제기기간에 관하여 법정 심판청구기간보다 긴 기간으로 잘못 통지받은 경우에 보호할 신뢰 이익은 그 통지받은 기간 내에 행정소송을 제기한 경우에까지 확대되지 않는다.

06회 실전동형모의고사

제한시간: 15분 시작 시 분 ~ 종료 시 분   점수 확인   개/ 20개

01 항고소송의 대상이 되는 것을 모두 고르면? (다툼이 있는 경우 판례에 의함)

> ㄱ. 관리청이 「국유재산법」에 따라 행정재산의 무단점유자에 대하여 변상금을 부과하는 행위
> ㄴ. 건축물대장 소관 행정청이 건축물대장의 용도변경 신청을 거부하는 행위
> ㄷ. 건축물대장 소관 행정청이 건축물에 관한 건축물대장을 직권말소한 행위
> ㄹ. 과세관청이 행한 국세환급금결정 또는 이 결정을 구하는 신청에 대한 환급거부결정
> ㅁ. 주민등록번호 등 개인정보가 불법 유출되자 이를 이유로 구청장에게 주민등록번호를 변경해 줄 것을 신청하였으나 주민등록번호 변경신청 거부행위

① ㄱ, ㄷ
② ㄱ, ㄴ, ㄹ
③ ㄴ, ㄷ, ㄹ
④ ㄱ, ㄴ, ㄷ, ㅁ

02 행정계획에 대한 설명으로 옳지 않은 것은? (다툼이 있는 경우 판례에 의함)

① 법령이 관할 행정청으로 하여금 도시관리계획을 입안할 때 해당 도시관리계획안의 내용을 주민에게 공고·열람하도록 한 것은 행정의 민주화와 신뢰를 확보하기 위하여 국민의 의사를 그 과정에 반영시키는 데 그 취지가 있다.

② 공유수면 점용허가가 의제되는 채광계획 인가신청에 대하여 공유수면 관리청이 공유수면 점용을 허용하지 않기로 결정하였다면, 채광계획 인가관청은 이를 사유로 하여 채광계획을 인가하지 아니할 수 있다.

③ 도시·군관리계획결정은 특정 개인의 권리 내지 법률상의 이익을 개별적이고 구체적으로 규제하는 효과를 가져오게 하는 행정청의 처분이라 할 것이고, 이는 행정소송의 대상이 된다.

④ 구 「도시계획법」상 주민이 도시계획 및 그 변경에 대하여 어떤 신청을 할 수 있다는 규정이 없으나 어떤 사정의 변동이 있다면 지역주민에게 일일이 그 계획의 변경을 청구할 권리를 인정하여 줄 수 있다.

03 행정대집행에 대한 설명으로 옳지 않은 것은? (다툼이 있는 경우 판례에 의함)

① 「행정대집행법」에 따른 행정대집행에서 건물의 점유자가 철거의무자일 때에는 건물철거의무에 퇴거의무도 포함되어 있는 것이어서 별도로 퇴거를 명하는 집행권원이 필요하지 않다.

② 행정청은 대집행을 할 때 대집행 과정에서의 안전 확보를 위하여 필요하다고 인정하는 경우 현장에 긴급 의료장비나 시설을 갖추는 등 필요한 조치를 하여야 한다.

③ 대집행에 대해서는 「행정기본법」에 따른 이의신청을 할 수 있고, 「행정심판법」에 따른 행정심판도 청구할 수 있다.

④ 행정청은 해가 지기 전에 대집행을 착수한 경우라도 해가 진 후에는 대집행을 하여서는 아니 된다.

04 행정입법에 대한 사법적 통제에 대한 설명으로 옳지 않은 것은? (다툼이 있는 경우 판례에 의함)

① 명령·규칙이 헌법이나 법률에 위반되는지 여부가 법원의 재판의 전제가 되는 경우에는 본안심리에 부수하는 구체적 규범통제의 형식으로 심사하며, 이때의 심사기준에는 형식적 의미의 헌법과 법률뿐만 아니라 국회의 동의를 받은 조약이나 대통령의 긴급명령도 포함된다.

② 행정소송에서 대법원이 명령·규칙이 위헌 또는 위법이라는 이유로 무효로 선언하고 이 판결이 관보에 게재되었다 하더라도 그 명령·규칙이 일반적으로 무효로 되는 것은 아니다.

③ 법령보충적 행정규칙뿐만 아니라 재량권 행사의 준칙인 행정규칙이 행정의 자기구속원리에 따라 대외적 구속력을 가지는 경우에는 헌법소원의 대상이 될 수 있다.

④ 행정기관에 행정입법 제정의 법적 의무가 있는 경우에 그 제정의 부작위는 공권력의 불행사에 해당하므로 「행정소송법」상 부작위위법확인소송의 대상이 된다.

05 다음 사례에 대한 설명으로 옳은 것(○)과 옳지 않은 것(×)을 올바르게 조합한 것은? (다툼이 있는 경우 판례에 의함)

> A법률이 해당 법률의 집행에 관한 특정한 사항을 부령에 위임하고 있음에도 관계 행정기관은 그에 따른 B부령을 제정하고 있지 않다.

> ㄱ. B부령의 제정이 없더라도 상위법령의 규정만으로 A법률의 집행이 이루어질 수 있는 경우라면 B부령을 제정하여야 할 작위의무는 인정되지 않는다.
> ㄴ. B부령을 제정하여야 할 작위의무가 인정되는 경우에 B부령을 제정하지 않은 입법부작위에 대해서는 「행정소송법」상 부작위위법확인소송으로 다툴 수 없다.
> ㄷ. B부령을 제정하지 않은 입법부작위는 「국가배상법」상 국가배상청구의 요건인 공무원의 '직무'에 포함되지 않는다.
> ㄹ. 만일 B부령이 A법률의 위임 범위를 벗어나 제정되었다고 하더라도 사후에 A법률의 개정으로 위임의 근거가 부여되면 그때부터 B부령은 유효하게 된다.

	ㄱ	ㄴ	ㄷ	ㄹ
①	○	×	×	○
②	○	×	○	○
③	○	○	×	○
④	×	○	○	○

06 행정조사에 대한 설명으로 옳지 않은 것은? (다툼이 있는 경우 판례에 의함)

① 「행정조사기본법」에 따르면, 행정기관은 법령 등에서 행정조사를 규정하고 있는 경우에 한하여 행정조사를 실시할 수 있지만 조사대상자가 자발적으로 협조하는 경우에는 법령 등에서 행정조사를 규정하고 있지 않더라도 행정조사를 실시할 수 있다.

② 세무조사가 동일기간, 동일세목에 관한 것인 한 내용이 중첩되지 않아도 중복조사에 해당한다.

③ 행정조사는 법령 등의 위반에 대한 처벌보다는 법령을 준수하도록 유도하는 데 중점을 두어야 한다.

④ 다른 세목, 다른 과세기간에 대한 세무조사 도중 해당 세목 및 과세기간에 대한 조사가 부분적으로 이루어진 경우 추후 이루어진 재조사는 위법한 중복조사에 해당한다.

07 「행정심판법」에 규정된 직접 처분에 대한 설명으로 옳지 않은 것은?

① '당사자의 신청에 따른 처분을 절차가 부당함을 이유로 취소하는 재결'에도 불구하고 처분을 하지 아니하는 경우에 직접 처분을 할 수 있다.

② 「행정소송법」에는 존재하지 않는 행정심판만의 독자적인 제도이다.

③ 직접 처분의 처분권자는 행정심판위원회이다.

④ 무효등확인심판에는 직접 처분이 준용되지 않는다.

08 「행정기본법」상 공법상 계약에 대한 설명으로 옳지 않은 것은? (다툼이 있는 경우 판례에 의함)

① 행정청은 법령등을 위반하지 아니하는 범위에서 행정목적을 달성하기 위하여 필요한 경우에는 공법상 계약을 체결할 수 있다.

② 국립의료원 부설 주차장에 관한 위탁관리용역운영계약은 공법상 계약에 해당한다.

③ 행정청은 공법상 계약의 상대방을 선정하고 계약 내용을 정할 때 공법상 계약의 공공성과 제3자의 이해관계를 고려하여야 한다.

④ 행정청은 공법상 계약을 체결할 경우 계약의 목적 및 내용을 정확하게 적은 계약서로 작성하여야 한다.

09 국가배상에 대한 설명으로 옳지 않은 것은? (다툼이 있는 경우 판례에 의함)

① 국회가 일정한 사항에 관하여 헌법에 의하여 부과되는 구체적인 입법의무를 부담하고 있음에도 불구하고 그 입법에 필요한 상당한 기간이 경과하도록 고의 또는 과실로 이러한 입법의무를 이행하지 아니하는 등 극히 예외적인 사정이 인정되는 사안에 한정하여 「국가배상법」 소정의 배상책임이 인정될 수 있다.

② 보호관찰관이 위치추적 전자장치 피부착자의 재범방지에 유효한 실질적인 조치를 하지 아니한 것이 현저하게 불합리하다고 인정되는 경우, 직무상의 의무를 위반한 것으로서 위법하다.

③ 법령의 위임에도 불구하고 보건복지부장관이 치과전문의제도의 실시를 위하여 필요한 시행규칙의 개정 등 절차를 마련하지 않은 입법부작위가 위헌이라는 헌법재판소 결정의 기속력에 따라, 보건복지부장관이 사실상 전공의 수련과정을 수료한 치과의사들에게 그 수련경력에 대한 기득권을 인정하는 경과조치를 행정입법으로 제정하지 않았다면 입법부작위에 의한 국가배상책임이 성립한다.

④ 직무수행 중 경과실로 피해자에게 손해를 입힌 공무원이 피해자에게 손해를 배상하였다면, 공무원은 특별한 사정이 없는 한 국가가 피해자에 대하여 부담하는 손해배상책임의 범위 내에서 자신이 변제한 금액에 관하여 구상권을 취득한다.

10 행정입법의 법적 성질에 관한 판례의 입장으로 옳지 않은 것은?

① 「주택건설촉진법 시행령」 제10조의3 제1항 [별표 1]은 「주택건설촉진법」 제7조 제2항의 위임규정에 터잡은 규정형식상 대통령령이므로 대외적으로 국민이나 법원을 구속하는 힘이 있다.

② 「국토의 계획 및 이용에 관한 법률」 및 같은 법 시행령이 정한 이행강제금의 부과기준은 단지 상한을 정한 것에 불과한 것이므로 행정청에 이와 다른 이행강제금액을 결정할 재량권이 있다.

③ 국세청장의 훈령형식으로 되어 있는 재산제세사무처리규정은 「소득세법 시행령」의 위임에 따라 「소득세법 시행령」의 내용을 보충하는 기능을 가지므로 「소득세법 시행령」과 결합하여 대외적 효력을 갖는다.

④ 「도로교통법 시행규칙」 제53조 제1항이 정한 [별표 16]의 운전면허행정처분기준은 부령의 형식으로 되어 있으나, 그 규정의 성질과 내용이 행정청 내부의 사무처리준칙을 규정한 것에 지나지 아니하므로 대외적으로 국민이나 법원을 기속하는 효력이 없다.

11 법률의 집행 후 근거법률이 위헌결정된 경우와 관련한 판례의 입장으로 옳지 않은 것은?

① 대법원은 처분이 있은 후에 근거법률이 위헌으로 결정된 경우, 그 처분은 특별한 사정이 없는 한 원칙적으로 취소할 수 있는 행위에 그친다고 보았다.

② 대법원은 처분이 있은 후에 근거법률이 위헌으로 결정된 경우, 그 처분의 집행이나 집행력을 유지하기 위한 행위는 위헌결정의 기속력에 위반되어 허용되지 않는다고 보았다.

③ 대법원은 처분이 있은 후에 근거법률이 위헌으로 결정된 경우, 그 처분은 법률의 근거가 없이 행하여진 것과 마찬가지의 하자가 인정되므로 불가쟁력이 발생하였다 하더라도 위헌결정의 소급효가 미친다고 보았다.

④ 헌법재판소는 처분이 있은 후에 근거법률이 위헌으로 결정된 경우, 그 법률을 적용한 공무원에게 고의 또는 과실이 있었다고 단정할 수 없다고 보았다.

12 「행정절차법」에 대한 설명으로 옳지 않은 것은? (다툼이 있는 경우 판례에 의함)

① 행정절차법령에서 '학교·연수원 등에서 교육·훈련의 목적을 달성하기 위하여 학생·연수생들을 대상으로 하는 사항'을 「행정절차법」의 적용이 제외되는 경우로 규정하나, 육군3사관학교 생도에 대한 퇴학처분과 같이 신분을 박탈하는 징계처분은 여기에 해당한다고 볼 수 없다.

② 육군3사관학교의 사관생도에 대한 징계절차에서 징계심의대상자가 대리인으로 선임한 변호사가 징계위원회 심의에 출석하여 진술하려고 하였음에도 징계권자가 변호사가 심의에 출석하는 것을 막았다면 그 징계의결에 따른 징계처분은 위법하다.

③ 지방병무청장이 「병역법」의 규정에 따라 산업기능요원에 대하여 한 산업기능요원 편입취소처분은 「행정절차법」의 적용이 배제되는 사항인 '「병역법」에 의한 소집에 관한 사항'에 해당하지 않는다.

④ 한국방송공사의 설치·운영에 관한 사항을 정하고 있는 「방송법」은 제50조 제2항에서 "사장은 이사회의 제청으로 대통령이 임명한다."고 규정하고 있을 뿐 한국방송공사 사장에 대한 해임에 관하여는 명시적 규정을 두고 있지 아니하므로, 한국방송공사 사장의 임명권자인 대통령에게 해임권한이 없다고 보는 것이 타당하다.

13 「공익사업을 위한 토지 등의 취득 및 보상에 관한 법률」(이하 '토지보상법'이라 한다)에 대한 설명으로 옳지 않은 것은? (다툼이 있는 경우 판례에 의함)

① 토지소유자의 사업시행자에 대한 손실보상금 채권에 관하여 압류 및 추심명령이 있는 경우라도 채무자인 토지소유자는 보상금의 증액을 구하는 소를 제기하고 그 소송을 수행할 당사자적격을 상실하지 않는다.

② 사업인정고시가 된 후 사업시행자가 토지를 사용하는 기간이 3년 이상인 경우 토지소유자는 토지수용위원회에 토지의 수용을 청구할 수 있고, 토지수용위원회가 이를 받아들이지 않는 재결을 한 경우에는 사업시행자를 피고로 하여 토지보상법상 보상금의 증감에 관한 소송을 제기할 수 있다.

③ 사업시행자는 동일한 사업지역에 보상시기를 달리하는 동일인 소유의 토지등이 여러 개 있는 경우 토지소유자나 관계인이 요구할 때에는 한꺼번에 보상금을 지급하도록 하여야 한다.

④ 사업시행자는 동일한 소유자에게 속하는 일단의 토지의 일부를 취득하는 경우 해당 공익사업의 시행으로 인하여 잔여지의 가격이 증가한 경우에 그 이익을 그 취득으로 인한 손실과 상계한다.

14 행정행위의 직권취소와 철회에 대한 설명으로 옳은 것만을 모두 고르면? (다툼이 있는 경우 판례에 의함)

ㄱ. 행정청은 거짓이나 그 밖의 부정한 방법으로 처분을 받은 경우 또는 당사자가 처분의 위법성을 알고 있었거나 중대한 과실로 알지 못한 경우에는 직권취소를 할 수 있다.
ㄴ. 행정행위의 철회는 적법요건을 구비하여 완전히 효력을 발하고 있는 행정행위를 사후적으로 그 행위의 효력의 전부 또는 일부를 장래에 향해 소멸시키는 행정처분이므로, 철회사유는 행정행위의 성립 당시에 존재하였던 하자를 말한다.
ㄷ. 행정청은 적법한 처분이 중대한 공익을 위하여 필요한 경우에도 그 처분의 전부 또는 일부를 장래를 향하여 철회할 수 있다.
ㄹ. 행정청은 적법한 처분을 철회하려는 경우에는 철회로 인하여 당사자가 입게 될 불이익을 철회로 달성되는 공익과 비교·형량하여야 한다.

① ㄱ, ㄴ
② ㄱ, ㄷ
③ ㄴ, ㄹ
④ ㄱ, ㄷ, ㄹ

15 항고소송의 원고적격에 대한 설명으로 옳지 않은 것은? (다툼이 있는 경우 판례에 의함)

① 예탁금회원제 골프장에 가입되어 있는 기존 회원은 그 골프장 운영자가 당초 승인을 받을 때 정한 예정인원을 초과하여 회원을 모집하는 내용의 회원모집계획서에 대한 시·도지사의 검토결과통보의 취소를 구할 법률상 이익이 있다.

② 경업자에 대한 행정처분이 경업자에게 불리한 내용이라면 그와 경쟁관계에 있는 기존의 업자에게는 특별한 사정이 없는 한 유리할 것이므로 기존의 업자가 그 행정처분의 무효확인 또는 취소를 구할 이익은 없다.

③ 근로자가 부당해고 구제신청을 할 당시 이미 정년에 이르거나 근로계약기간 만료, 폐업 등의 사유로 근로계약관계가 종료하여 근로자의 지위에서 벗어난 경우, 노동위원회의 구제명령을 받을 이익은 소멸하였다고 할 수 있다.

④ 교육부장관이 甲 대학교를 설치·운영하는 乙 학교법인의 이사를 선임한 처분에 대하여 甲 대학교 교수협의회와 전국대학노동조합 甲 대학교지부는 그 취소를 구할 법률상 이익이 있다.

16 행정소송에 있어 처분사유의 추가·변경에 대한 설명으로 옳은 것은? (다툼이 있는 경우 판례에 의함)

① 처분사유의 추가·변경은 사실심의 확정판결시까지만 허용된다.

② 추가 또는 변경된 사유가 처분 당시 이미 존재하고 있었거나 당사자가 그 사실을 알고 있었던 경우, 이러한 사정만으로도 당초의 처분사유와 동일성이 인정된다.

③ 외국인 甲이 법무부장관에게 귀화신청을 하였으나 법무부장관이 '품행 미단정'을 불허사유로 「국적법」상의 요건을 갖추지 못하였다며 신청을 받아들이지 않는 처분을 하였는데, 법무부장관이 甲을 '품행 미단정'이라고 판단한 이유에 대하여 제1심 변론절차에서 자동차관리법 위반죄로 기소유예를 받은 전력 등을 고려하였다고 주장한 후, 제2심 변론절차에서 불법체류전력 등의 제반사정을 추가로 주장할 수 있다.

④ 이동통신요금 원가 관련 정보공개청구에 대해 행정청이 별다른 이유를 제시하지 아니한 채 통신요금과 관련한 총괄원가액수만을 공개한 후, 정보공개거부처분 취소소송에서 원가 관련 정보가 법인의 영업상 비밀에 해당한다는 비공개사유를 주장하는 것은, 그 기본적 사실관계가 동일하다고 볼 수 있는 사유를 추가하는 것이다.

17 甲은 관할 A행정청에 토지형질변경허가를 신청하였으나 A행정청은 허가를 거부하였다. 이에 甲은 거부처분 취소소송을 제기하여 재량의 일탈·남용을 이유로 취소판결을 받았고, 그 판결은 확정되었다. 이에 대한 설명으로 옳은 것은? (다툼이 있는 경우 판례에 의함)

① A행정청이 거부처분 이전에 이미 존재하였던 사유 중 거부처분 사유와 기본적 사실관계의 동일성이 없는 사유를 근거로 다시 거부처분을 하는 것은 허용되지 않는다.

② A행정청이 재처분을 하였더라도 취소판결의 기속력에 저촉되는 경우에는 甲은 간접강제를 신청할 수 있다.

③ A행정청의 재처분이 취소판결의 기속력에 저촉되더라도 당연무효는 아니고 취소사유가 될 뿐이다.

④ A행정청이 간접강제결정에서 정한 의무이행 기한 내에 재처분을 이행하지 않아 배상금이 이미 발생한 경우에는 그 이후에 재처분을 이행하더라도 甲은 배상금을 추심할 수 있다.

18 행정처분의 이유제시에 대한 설명으로 옳은 것은? (다툼이 있는 경우 판례에 의함)

① 행정청은 침익적 행정처분의 경우에만 이유를 제시하여야 하고 수익적 행정처분의 경우에는 이유제시를 하지 않아도 무방하다.

② 교육부장관이 어떤 후보자를 상대적으로 총장 임용에 더 적합하다고 판단하여 임용제청하는 경우, 임용제청 행위 자체로서 「행정절차법」상 이유제시의무를 다한 것이라 할 수 없다.

③ 행정청은 당사자가 신청 내용을 모두 그대로 인정하는 처분인 경우 처분 후 당사자가 요청하는 경우에는 그 근거와 이유를 제시하여야 한다.

④ 세액산출근거가 기재되지 아니한 납세고지서에 의한 과세처분을 한 경우에는 늦어도 과세처분에 대한 불복 여부의 결정 및 불복신청에 편의를 줄 수 있는 상당한 기간 내에 보정행위를 하여야 그 하자가 치유된다.

19 신뢰보호의 원칙에 대한 대법원 판례의 입장으로 옳지 않은 것은?

① 「개발이익환수에 관한 법률」에 정한 개발사업을 시행하기 전에, 행정청이 민원예비심사로서 관련부서 의견으로 '저촉사항 없음'이라고 기재한 것은 공적인 견해표명에 해당한다.

② 도시계획구역 내 생산녹지로 답(畓)인 토지에 대하여 종교회관 건립을 이용목적으로 하는 토지거래계약의 허가를 받으면서 담당공무원이 관련 법규상 허용된다고 하여 이를 신뢰하고 건축준비를 하였으나 그 후 토지형질변경허가신청을 불허가한 것은 신뢰보호의 원칙에 위반된다.

③ 병무청 담당부서의 담당공무원에게 공적 견해의 표명을 구하는 정식의 서면질의 등을 하지 아니한 채 총무과 민원팀장에 불과한 공무원이 민원봉사차원에서 상담에 응하여 안내한 것을 신뢰한 경우, 신뢰보호의 원칙이 적용되지 않는다.

④ 교통사고가 일어난 지 1년 10개월이 지난 뒤 그 교통사고를 일으킨 택시에 대하여 운송사업면허를 취소한 경우, 택시운송사업자로서는 「자동차운수사업법」의 내용을 잘 알고 있어 교통사고를 낸 택시에 대하여 운송사업면허가 취소될 가능성을 예상할 수 있었으므로 별다른 행정조치가 없을 것으로 자신이 믿고 있었다 하여도 신뢰의 이익을 주장할 수는 없다.

20 「국가배상법」 제2조 제1항 단서는 "군인·군무원·경찰공무원 또는 예비군대원이 전투·훈련 등 직무집행과 관련하여 전사·순직하거나 공상을 입은 경우에 본인이나 그 유족이 다른 법령에 따라 재해보상금·유족연금·상이연금 등의 보상을 지급받을 수 있을 때에는 이 법 및 「민법」에 따른 손해배상을 청구할 수 없다."고 규정하고 있다. 이에 대한 설명으로 옳지 않은 것은? (다툼이 있는 경우 판례에 의함)

① 「국가배상법」 제2조 제1항 단서에 대해서는 위헌성 시비가 있으나, 헌법재판소와 대법원은 헌법에 위반되지 않는 것으로 보고 있다.

② 경비교도나 공익근무요원은 「국가배상법」 제2조 제1항 단서의 적용대상에 해당하지 아니하나, 전투경찰순경은 「국가배상법」 제2조 제1항 단서의 적용대상에 해당한다.

③ 헌법재판소는 일반국민이 직무집행 중인 군인과의 공동불법행위로 다른 군인에게 공상을 입혀 그 피해자에게 손해전부를 배상했을지라도, 공동불법행위자인 군인의 부담부분에 관하여 국가에 대한 구상권은 허용되지 않는다고 본다.

④ 경찰서 숙직실에서 순직한 경찰공무원의 유족들은 「국가배상법」에 의한 손해배상을 청구할 권리가 있다.

07회 실전동형모의고사

제한시간: 15분 **시작** 시   분 ~ **종료** 시   분   점수 확인   개/ 20개

01 항고소송의 대상에 대한 설명으로 옳지 않은 것은? (다툼이 있는 경우 판례에 의함)

① 지방자치단체의 장이 다른 지방자치단체에게 한 건축협의 취소는 항고소송의 대상이 되는 처분이라고 할 수 없다.

② 「국가공무원법」에 따른 당연퇴직의 인사발령은 항고소송의 대상이 되는 독립한 행정처분이라고, 할 수 없다.

③ 지적공부소관청의 지목변경신청 반려행위는 항고소송의 대상이 되는 행정처분에 해당한다.

④ 공무원에 대한 불문경고조치는 항고소송의 대상이 되는 행정처분에 해당한다.

02 신뢰보호의 원칙에 대한 설명으로 옳지 않은 것은? (다툼이 있는 경우 판례에 의함)

① 과세관청이 납세의무자에게 부가가치세 면세사업자용 사업자등록증을 교부한 행위는 부가가치세를 과세하지 아니함을 시사하는 언동이나 공적인 견해를 표명한 것으로 볼 수 있다.

② 폐기물처리업 사업계획에 대하여 적정통보를 한 것만으로 그 사업부지 토지에 대한 국토이용계획변경신청을 승인하여 주겠다는 취지의 공적인 견해표명을 한 것으로 볼 수 없다.

③ 행정청이 상대방에게 장차 어떤 처분을 하겠다고 공적인 의사표명을 하였다고 하더라도, 공적인 의사표명이 있은 후에 사실적·법률적 상태가 변경되었다면, 그와 같은 공적인 의사표명은 행정청의 별다른 의사표시를 기다리지 않고 실효된다.

④ 동일한 사유에 관하여 보다 무거운 면허취소처분을 하기 위하여 이미 행하여진 가벼운 면허정지처분을 취소하는 것은 선행처분에 대한 당사자의 신뢰 및 법적 안정성을 크게 저해하는 것이 되어 허용될 수 없다.

03 「행정심판법」에 대한 설명으로 옳지 않은 것만을 모두 고르면?

> ㄱ. 대통령의 처분 또는 부작위에 대하여는 다른 법률에서 행정심판을 청구할 수 있도록 정한 경우 외에는 행정심판을 청구할 수 없다.
>
> ㄴ. 행정심판에는 당사자의 신청에 대한 행정청의 위법 또는 부당한 거부처분이나 부작위에 대하여 일정한 처분을 하도록 하는 의무이행심판이 포함된다.
>
> ㄷ. 행정심판청구에 대한 재결이 있으면 그 재결 및 같은 처분 또는 부작위에 대하여 다시 행정심판을 청구할 수 있다.
>
> ㄹ. 행정심판청구를 인용하는 재결에 대하여 피청구인과 그 밖의 관계 행정청은 재결서의 정본을 송달받은 날부터 90일 이내에 행정소송을 제기할 수 있다.

① ㄱ

② ㄴ

③ ㄷ, ㄹ

④ ㄱ, ㄴ, ㄷ

04 甲은 강학상 허가에 해당하는 「식품위생법」상 영업허가
를 신청하였다. 이에 대한 설명으로 옳은 것은? (다툼이
있는 경우 판례에 의함)

① 甲이 공무원인 경우 허가를 받으면 이는 「식품위생
법」상의 금지를 해제할 뿐만 아니라 「국가공무원법」
상의 영리업무금지까지 해제하여 주는 효과가 있다.

② 甲이 허가를 신청한 이후 관계법령이 개정되어 허가
요건을 충족하지 못하게 된 경우, 행정청이 허가신청
을 수리하고도 정당한 이유 없이 그 처리를 늦추어
그 사이에 허가기준이 변경된 것이 아닌 이상 甲에
게는 불허가처분을 하여야 한다.

③ 甲에게 허가가 부여된 이후 乙에게 또 다른 신규허
가가 행해진 경우, 甲에게는 특별한 규정이 없더라도
乙에 대한 신규허가를 다툴 수 있는 원고적격이 인
정되는 것이 원칙이다.

④ 甲에 대해 허가가 거부되었음에도 불구하고 甲이 영
업을 한 경우, 당해 영업행위는 사법(私法)상 효력이
없는 것이 원칙이다.

05 행정상 즉시강제에 대한 설명으로 옳은 것만을 모두 고
르면?

> ㄱ. 행정상 즉시강제는 직접강제와는 달리 행정상 강제
> 집행에 해당하지 않는다.
> ㄴ. 과거의 의무위반에 대하여 가해지는 제재이다.
> ㄷ. 불법게임물을 발견한 경우 관계공무원으로 하여금
> 영장 없이 이를 수거하여 폐기하게 할 수 있도록 규
> 정한 구 「음반·비디오물 및 게임물에 관한 법률」의
> 조항은 급박한 상황에 대처하기 위해 행정상 즉시강
> 제를 행할 불가피성과 정당성이 인정되지 않으므로
> 헌법상 영장주의에 위배된다.
> ㄹ. 강제 건강진단과 예방접종은 대인적 강제수단에 해
> 당한다.
> ㅁ. 위법한 즉시강제작용으로 손해를 입은 자는 국가나
> 지방자치단체를 상대로 「국가배상법」이 정한 바에
> 따라 손해배상을 청구할 수 있다.

① ㄴ, ㄷ   ② ㄱ, ㄴ, ㅁ
③ ㄱ, ㄹ, ㅁ   ④ ㄷ, ㄹ, ㅁ

06 정보공개제도에 대한 설명으로 옳은 것은? (다툼이 있
는 경우 판례에 의함)

① 공개를 구하는 정보를 공공기관이 한때 보유·관리
하였으나 후에 그 정보가 담긴 문서등이 폐기되어
존재하지 않게 된 것이라면 그 정보를 더 이상 보유·
관리하고 있지 아니하다는 점에 대한 증명책임은 공
공기관에 있다.

② 「공공기관의 정보공개에 관한 법률」 제9조 제1항 제
4호의 '진행 중인 재판에 관련된 정보'에 해당한다는
사유로 정보공개를 거부하기 위해서는 그 정보가 진
행 중인 재판의 소송기록 그 자체에 포함된 내용이
어야 한다.

③ 정보공개거부처분의 취소를 구하는 소송에서 공공기
관이 청구정보를 증거 등으로 법원에 제출하여 법원
을 통하여 그 사본을 청구인에게 교부 또는 송달되
게 하여 결과적으로 청구인에게 정보를 공개하는 셈
이 되었다면, 당해 정보의 비공개결정의 취소를 구할
소의 이익은 소멸된다.

④ 법원이 행정기관의 정보공개거부처분의 위법 여부를
심리한 결과 공개를 거부한 정보에 비공개사유에 해
당하는 부분과 그렇지 아니한 부분이 혼합되어 있고,
공개청구의 취지에 어긋나지 않는 범위 안에서 두
부분을 분리할 수 있음을 인정할 수 있다 하여도 공
개가 가능한 정보에 국한하여 일부취소를 명할 수는
없다.

07 「행정기본법」에 대한 설명으로 옳지 않은 것은?

① 행정청은 법령등의 위반행위가 종료된 날부터 5년이 지나면 해당 위반행위에 대하여 제재처분(인허가의 정지·취소·철회, 등록 말소, 영업소 폐쇄와 정지를 갈음하는 과징금 부과를 말한다)을 할 수 없다.

② 행정청의 처분(「행정심판법」 제3조에 따라 같은 법에 따른 행정심판의 대상이 되는 처분을 말한다)에 이의가 있는 당사자는 처분을 받은 날부터 30일 이내에 해당 행정청에 이의신청을 할 수 있다.

③ 부관은 해당 처분의 목적에 위배되지 아니하여야 하며, 그 처분과 실질적인 관련이 있어야 하고 또한 그 처분의 목적을 달성하기 위하여 필요한 최소한의 범위 내에서 붙여야 한다.

④ 행정청은 사정이 변경되어 종전의 부관을 변경하지 아니하면 해당 처분의 목적을 달성할 수 없다고 인정되는 경우에도 법률에 근거가 없다면 종전의 부관을 변경할 수 없다.

08 행정행위의 부관에 대한 설명으로 옳지 않은 것을 모두 고르면? (다툼이 있는 경우 판례에 의함)

> ㄱ. 부담과 조건의 구별이 애매한 경우 조건으로 보는 것보다 부담으로 해석하는 것이 상대방에게 유리하다.
> ㄴ. 부담부 행정행위의 경우에는 부담을 이행해야 주된 행정행위의 효력이 발생한다.
> ㄷ. 숙박영업허가를 함에 있어 윤락행위를 알선하면 허가를 취소한다는 부관을 붙인 경우에는 철회권의 유보이다.
> ㄹ. 법률행위적 행정행위에는 부관을 붙일 수 있는 것이 원칙이므로 귀화허가 및 공무원의 임명행위 등과 같은 신분설정행위에는 부관을 붙일 수 있다.
> ㅁ. 조건과 부담은 독립하여 행정쟁송의 대상이 될 수 없다.
> ㅂ. 지방자치단체가 골프장사업계획승인과 관련하여 사업자로부터 기부금을 지급받기로 한 증여계약은 공무수행과 결부된 금전적 대가로서 그 조건이나 동기가 사회질서에 반하므로 「민법」 제103조에 의해 무효이다.

① ㄱ, ㄴ, ㅂ   ② ㄴ, ㄹ, ㅁ
③ ㄴ, ㄷ, ㄹ, ㅂ   ④ ㄷ, ㄹ, ㅁ, ㅂ

09 행정행위에 대한 설명으로 옳지 않은 것을 모두 고르면? (다툼이 있는 경우 판례에 의함)

> ㄱ. 행정권한을 위임받은 사인도 행정청으로서 행정행위를 할 수 있다.
> ㄴ. 부하 공무원에 대한 상관의 개별적인 직무명령은 행정행위가 아니다.
> ㄷ. 일정한 불복기간이 경과하거나 쟁송수단을 다 거친 후에는 더 이상 행정행위를 다툴 수 없게 되는 효력을 행정행위의 불가변력이라 한다.
> ㄹ. 판례에 따르면 행정행위의 집행력은 행정행위의 성질상 당연히 내재하는 효력으로서 별도의 법적 근거를 요하지 않는다.
> ㅁ. 지방경찰청장이 횡단보도를 설치하여 보행자통행방법 등을 규제하는 것은 행정행위에 해당한다.

① ㄱ, ㄹ   ② ㄴ, ㅁ
③ ㄷ, ㄹ   ④ ㄷ, ㅁ

10 취소소송의 제소기간에 대한 설명으로 옳은 것(○)과 옳지 않은 것(×)을 모두 올바르게 조합한 것은? (다툼이 있는 경우 판례에 의함)

> ㄱ. 행정청이 행정심판청구를 할 수 있다고 잘못 알려 행정심판을 청구한 경우에는 재결서 정본을 송달받은 날이 아닌 처분이 있음을 안 날로부터 제소기간이 기산된다.
> ㄴ. 처분의 불가쟁력이 발생하였고 그 이후에 행정청이 당해 처분에 대해 행정심판청구를 할 수 있다고 잘못 알렸다면, 그 처분의 취소소송의 제소기간은 행정심판의 재결서를 받은 날부터 기산한다.
> ㄷ. '처분이 있음을 안 날'은 처분이 있었다는 사실을 현실적으로 안 날을 의미하므로, 처분서를 송달받기 전 정보공개청구를 통하여 처분을 하는 내용의 일체의 서류를 교부받았다면 그 서류를 교부받은 날부터 제소기간이 기산된다.
> ㄹ. 개별공시지가의 결정에 이의가 있는 자가 행정심판을 거쳐 취소소송을 제기하는 경우 취소소송의 제소기간은 그 행정심판 재결서 정본을 송달받은 날부터 또는 재결이 있은 날부터 기산한다.

	ㄱ	ㄴ	ㄷ	ㄹ
①	×	×	○	×
②	○	○	×	○
③	○	×	○	×
④	×	×	×	○

11 인·허가의제에 대한 설명으로 옳지 않은 것은? (다툼이 있는 경우 판례에 의함)

① 인·허가의제는 행정청의 소관사항과 관련하여 권한행사의 변경을 가져오므로 법령의 근거를 필요로 한다.
② 주된 인·허가에 의해 의제된 인·허가는 통상적인 인·허가와 동일한 효력을 가지나, '부분 인·허가의제'가 허용되는 경우 의제된 인·허가의 취소나 철회는 허용되지 않으므로 이해관계인이 의제된 인·허가의 위법함을 다투고자 하는 경우에는 주된 인·허가처분을 항고소송의 대상으로 삼아야 한다.
③ 「국토의 계획 및 이용에 관한 법률」상의 개발행위허가가 의제되는 건축허가신청이 동 법령이 정한 개발행위허가기준에 부합하지 아니하면, 행정청은 건축허가를 거부할 수 있다.
④ 행정청이 건축불허가처분을 하면서 그 처분사유로 건축불허가 사유뿐만 아니라 그 의제의 대상이 되는 형질변경불허가 사유나 농지전용불허가 사유를 들고 있다고 하여 그 건축불허가처분 외에 별개로 형질변경불허가처분이나 농지전용불허가처분이 존재하는 것은 아니다.

12 개인정보 보호에 대한 설명으로 옳지 않은 것만을 모두 고르면? (다툼이 있는 경우 판례에 의함)

> ㄱ. 「개인정보 보호법」에서 "처리"란 개인정보의 수집, 생성, 연계, 연동, 기록, 저장, 보유, 가공, 편집, 검색, 출력, 정정(訂正), 복구, 이용, 제공, 공개, 파기(破棄), 그 밖에 이와 유사한 행위를 말한다.
> ㄴ. 개인정보자기결정권은 자신에 관한 정보가 언제 누구에게 어느 범위까지 알려지고 또 이용되도록 할 것인지를 그 정보주체가 스스로 결정할 수 있는 권리를 말한다.
> ㄷ. 정보주체는 개인정보처리자가 「개인정보 보호법」을 위반한 행위로 손해를 입으면 개인정보처리자에게 손해배상을 청구할 수 있다. 이 경우 그 개인정보처리자는 고의 또는 과실이 없음을 입증하더라도 책임을 면할 수 없다.

① ㄱ   ② ㄴ
③ ㄷ   ④ ㄱ, ㄷ

13 「행정소송법」상 행정소송에 대한 설명으로 옳은 것은? (다툼이 있는 경우 판례에 의함)

① 주택재건축정비사업조합이 관리처분계획의 수립 혹은 변경을 통한 집단적인 의사결정 방식 외에 개별 조합원과 사적으로 그와 관련한 약정을 체결한 경우, 약정의 당사자인 개별 조합원이 조합에 대하여 약정 내용대로 관리처분계획을 수립하도록 강제할 수 있는 민사상 권리를 가진다.

② 건축물에 대한 사용검사처분이 취소되면 사용검사 전의 상태로 돌아가 건축물을 사용할 수 없게 되므로 구 「주택법」상 입주자나 입주예정자가 사용검사처분의 무효확인 또는 취소를 구할 법률상 이익이 있다.

③ 「도시 및 주거환경정비법」상 주택재건축사업조합이 새로이 조합설립인가처분을 받은 것과 동일한 요건과 절차를 거쳐 조합설립변경인가처분을 받은 경우, 당초의 조합설립인가처분이 유효한 것을 전제로 당해 주택재건축사업조합이 시공사선정 등의 후속행위를 하였다 하더라도 특별한 사정이 없는 한 당초의 조합설립인가처분의 무효확인을 구할 소의 이익은 없다.

④ 처분청이 당초의 운전면허 취소처분을 철회하고 정지처분을 하였다면, 당초의 처분인 운전면허 취소처분은 철회로 인하여 그 효력이 상실되어 더 이상 존재하지 않는 것이고 그 후의 운전면허 정지처분만이 남아 있는 것이라 할 것이며, 존재하지 않는 행정처분을 대상으로 한 취소소송은 소의 이익이 없어 부적법하다.

14 「질서위반행위규제법」에 대한 설명으로 옳지 않은 것은?

① 자동차의 등록번호판이 영치된 당사자가 해당 자동차를 직접적인 생계유지 목적으로 사용하고 있어 자동차 등록번호판을 영치할 경우 생계유지가 곤란하다고 인정되는 경우 자동차 등록번호판을 내주고 영치를 일시 해제하여야 한다.

② 과태료의 고액·상습체납자는 검사의 청구에 따라 법원의 결정으로써 30일의 범위 내에서 납부가 있을 때까지 감치될 수 있다.

③ 당사자는 과태료, 가산금, 중가산금 및 체납처분비를 대통령령으로 정하는 과태료 납부대행기관을 통하여 신용카드, 직불카드 등으로 낼 수 있다.

④ 행정청은 당사자가 납부기한까지 과태료를 납부하지 아니한 때에는 납부기한을 경과한 날부터 체납된 과태료에 대하여 100분의 3에 상당하는 가산금을 징수한다.

15 「국가배상법」상 영조물의 설치 또는 관리상의 하자로 인한 손해배상책임에 대한 설명으로 옳지 않은 것은? (다툼이 있는 경우 판례에 의함)

① 「국가배상법」 제5조는 점유자의 면책조항을 두고 있는 점에서 「민법」 제758조의 공작물 등의 배상책임과 동일하며, 다만 그 대상을 공작물에 한정하고 있지 않는 점에서 「민법」상의 배상책임규정과 차이가 있다.

② 다른 자연적 사실이나 제3자의 행위 또는 피해자의 행위와 경합하여 손해가 발생하였더라도 영조물의 설치·관리상의 하자가 공동원인의 하나가 된 이상 그 손해는 영조물의 설치·관리상의 하자에 의하여 발생한 것이라고 보아야 한다.

③ 영조물의 설치·관리를 맡은 자와 영조물의 설치·관리의 비용을 부담하는 자가 다른 경우에는 피해자는 어느 쪽에 대하여도 선택적으로 손해배상을 청구할 수 있다.

④ 판례에 의하면 영조물의 설치의 하자유무는 객관적 견지에서 본 안전성의 문제이므로 재정사정은 영조물의 안전성의 정도에 관하여 참작사유는 될 수 있을지언정 안전성을 결정지을 절대적 요건은 되지 못한다.

16 「행정절차법」상 청문에 대한 설명으로 옳지 않은 것은? (다툼이 있는 경우 판례에 의함)

① 행정청이 특히 침해적 행정처분을 할 때 그 처분의 근거 법령 등에서 청문을 실시하도록 규정하고 있다면, 「행정절차법」 등 관련 법령상 청문을 실시하지 않아도 되는 예외적인 경우에 해당하지 않는 한 반드시 청문을 실시하여야 한다.

② 행정청은 다수 국민의 이해가 상충되는 처분을 하려는 경우에 청문 주재자를 2명 이상으로 선정하여야 한다.

③ 행정청은 청문이 시작되는 날부터 7일 전까지 청문 주재자에게 청문과 관련한 필요한 자료를 미리 통지하여야 한다.

④ 청문제도의 취지는 행정처분의 사유에 대하여 당사자에게 변명과 유리한 자료를 제출할 기회를 부여함으로써 위법사유의 시정가능성을 고려하고, 처분의 신중과 적정을 기하려는 데 있다.

17 甲지방자치단체의 장인 乙은 甲지방자치단체가 설립·운영하는 A고등학교에 영상음악 과목을 가르치는 산학 겸임교사로 丙을 채용하는 계약을 체결하였다. 그런데 계약 기간 중에 乙은 일방적으로 丙에게 위 계약을 해지하는 통보를 하였다. 이에 대한 설명으로 옳은 것을 모두 고르면? (다툼이 있는 경우 판례에 의함)

> ㄱ. 丙을 채용하는 계약은 공법상 계약에 해당하므로, 계약해지의사표시가 무효임을 다투는 당사자소송의 피고적격은 乙에게 있다.
> ㄴ. 丙이 계약해지 의사표시의 무효확인을 당사자소송으로 청구한 경우, 당사자소송은 항고소송과 달리 확인소송의 보충성이 요구되므로 그 확인소송이 권리구제에 유효적절한 수단이 될 때에 한하여 소의 이익이 있다.
> ㄷ. 乙의 계약해지 통보는 그 실질이 징계해고와 유사하므로 「행정절차법」에 의하여 사전통지를 하고, 그 근거와 이유를 제시하여야 한다.

① ㄱ   ② ㄴ
③ ㄱ, ㄴ   ④ ㄱ, ㄷ

18 「개인정보 보호법」상 개인정보에 대한 설명으로 옳지 않은 것은? (다툼이 있는 경우 판례에 의함)

① 옥외집회·시위에 대한 경찰의 촬영행위에 의해 취득한 자료는 '개인정보'의 보호에 관한 일반법인 「개인정보 보호법」이 적용될 수 있다.

② 시장·군수 또는 구청장이 개인의 지문정보를 수집하고, 경찰청장이 이를 보관·전산화하여 범죄수사목적에 이용하는 것은 모두 개인정보자기결정권을 제한하는 것이다.

③ 개인정보자기결정권의 보호대상이 되는 개인정보는 반드시 개인의 내밀한 영역이나 사사(私事)의 영역에 속하는 정보에 국한되지 않고 공적 생활에서 형성되었거나 이미 공개된 정보까지 포함한다.

④ 자신의 개인정보를 열람한 정보주체는 개인정보처리자에게 그 개인정보의 정정 또는 삭제를 요구할 수 있고 다른 법령에서 그 개인정보가 수집 대상으로 명시되어 있는 경우에도 그러하다.

19 행정행위에 대한 설명으로 옳은 것은? (다툼이 있는 경우 판례에 의함)

① 확약에는 공정력이나 불가쟁력과 같은 효력이 인정되는 것은 아니라고 하더라도, 일단 확약이 있은 후에 사실적·법률적 상태가 변경되었다고 하여 행정청의 별다른 의사표시 없이 확약이 실효된다고 할 수 없다.

② 영업허가를 취소하는 처분에 대해 불가쟁력이 발생하였더라도 이후 사정변경을 이유로 그 허가취소의 변경을 요구하였으나 행정청이 이를 거부한 경우라면, 그 거부는 원칙적으로 항고소송의 대상이 되는 처분이다.

③ 영업허가취소처분이 나중에 항고소송을 통해 취소되었다면 그 영업허가취소처분 이후의 영업행위를 무허가영업이라 할 수 없다.

④ 행정처분에 대해 불가쟁력이 발생한 경우 이로 인해 그 처분의 기초가 된 사실관계나 법률적 판단이 확정되는 것이므로 처분의 당사자는 당초 처분의 기초가 된 사실관계나 법률관계와 모순되는 주장을 할 수 없다.

20 「공공기관의 정보공개에 관한 법률」상 정보공개에 대한 설명으로 옳은 것만을 모두 고르면? (다툼이 있는 경우 판례에 의함)

ㄱ. 청구인이 공공기관에 대하여 정보공개를 청구하였다가 거부처분을 받은 것은 법률상 이익의 침해에 해당하지 않는다.

ㄴ. 「공공기관의 정보공개에 관한 법률」상 공개청구의 대상이 되는 정보란 공공기관이 직무상 작성 또는 취득하여 현재 보유·관리하고 있는 문서에 한정되는 것이기는 하나, 그 문서는 반드시 원본일 필요는 없다.

ㄷ. 공공기관의 정보공개 담당자는 정보공개 업무를 성실하게 수행하여야 하며, 공개 여부의 자의적인 결정, 고의적인 처리 지연 또는 위법한 공개 거부 및 회피 등 부당한 행위를 하여서는 아니 된다.

ㄹ. 공공기관은 공개 대상 정보의 양이 너무 많아 정상적인 업무 수행에 현저한 지장을 초래할 우려가 있는 경우에는 해당 정보를 일정 기간별로 나누어 제공하거나 사본·복제물의 교부 또는 열람과 병행하여 제공할 수 있다.

① ㄱ, ㄴ

② ㄱ, ㄷ

③ ㄴ, ㄹ

④ ㄴ, ㄷ, ㄹ

08회 실전동형모의고사

제한시간: 15분 시작 시 분 ~ 종료 시 분 점수 확인 개/ 20개

01 행정상 손해배상에 대한 설명으로 옳지 않은 것은? (다툼이 있는 경우 판례에 의함)

① 甲이 乙과 동일한 이름으로 개명허가를 받은 것처럼 호적등본을 위조하여 주민등록상 성명을 위법하게 정정하고, 乙 명의의 주민등록증을 발급받아 乙의 부동산에 관하여 근저당권설정등기를 마친 경우, 주민등록사무를 담당하는 공무원이 위와 같은 성명정정 사실을 甲의 본적지 관할관청에 통보하지 아니한 직무상 의무위배행위와 乙이 입은 손해 사이에 상당인과관계를 인정할 수 있다.

② 재판에 대하여 따로 불복절차 또는 시정절차가 마련되어 있는 경우에는, 불복에 의한 시정을 구할 수 없었던 것 자체가 공무원의 귀책사유로 인한 것이라는 등의 특별한 사정이 없는 한, 스스로 시정을 구하지 아니한 결과 권리 내지 이익을 회복하지 못한 사람은 원칙적으로 국가배상에 의한 권리구제를 받을 수 없다.

③ 공무원의 직무집행이 법령이 정한 요건과 절차에 따라 이루어진 것이라면, 그 과정에서 개인의 권리가 침해되는 일이 생긴다고 하더라도, 특별한 사정이 없는 한 그 직무집행의 법령적합성이 곧바로 부정되는 것은 아니다.

④ 개별공시지가 산정업무 담당공무원이 직무상 의무에 위반하여 현저하게 불합리한 개별공시지가가 결정되도록 한 경우라도, 그로 인한 손해에 대해 직접적인 인과관계가 있다 할 수는 없으므로 그 담당공무원이 소속된 지방자치단체가 「국가배상법」상 배상책임을 진다고 볼 수는 없다.

02 공무수탁사인에 대한 설명으로 옳지 않은 것은? (다툼이 있는 경우 판례에 의함)

① 행정임무를 자기 책임하에 수행함이 없이 단순한 기술적 집행만을 행하는 사인인 행정보조인과는 구별된다.

② 국가가 자신의 임무를 스스로 수행할 것인지 아니면 그 임무의 기능을 민간부문으로 하여금 수행하게 할 것인지에 대하여 입법자에게 광범위한 입법재량 내지 형성의 자유가 인정된다고 보는 것이 판례의 입장이다.

③ 「소득세법」에 의한 원천징수의무자의 원천징수행위는 법령에서 규정된 징수 및 납부의무를 이행하기 위한 것에 불과한 것이지, 공권력의 행사로서의 행정처분에 해당되지 아니한다고 보는 것이 판례의 입장이다.

④ 법령에 의하여 공무를 위탁받은 공무수탁사인이 행한 처분에 대하여 항고소송을 제기하는 경우 피고는 위임행정청이 된다.

03 「공익사업을 위한 토지 등의 취득 및 보상에 관한 법률」에 대한 설명으로 옳지 않은 것은?

① 사업시행자는 해당 공익사업을 위한 공사에 착수하기 이전에 토지소유자와 관계인에게 원칙적으로 보상액 전액 또는 일부를 지급할 수 있다.

② 협의 또는 재결에 의하여 사용하는 토지에 대하여는 그 토지와 인근 유사토지의 지료(地料), 임대료, 사용방법, 사용기간 및 그 토지의 가격 등을 고려하여 평가한 적정가격으로 보상하여야 한다.

③ 토지에 대한 보상액은 일시적인 이용상황과 토지소유자나 관계인이 갖는 주관적 가치 및 특별한 용도에 사용할 것을 전제로 한 경우 등은 고려하지 아니한다.

④ 사업시행자, 토지소유자 또는 관계인은 「공익사업을 위한 토지 등의 취득 및 보상에 관한 법률」 제34조에 따른 재결에 불복할 때에는 재결서를 받은 날부터 90일 이내에, 이의신청을 거쳤을 때에는 이의신청에 대한 재결서를 받은 날부터 60일 이내에 각각 행정소송을 제기할 수 있다.

04 법규명령에 대한 판례의 입장으로 옳지 않은 것은?

① 구법의 위임에 의한 유효한 법규명령이 법 개정으로 위임의 근거가 없어지게 되면 그 때부터 무효인 법규명령이 되므로, 어떤 법령의 위임 근거 유무에 따른 유효 여부를 심사하려면 법 개정의 전·후에 걸쳐 모두 심사하여야만 그 법규명령의 시기에 따른 유효·무효를 판단할 수 있다.

② 위임입법이 필요한 분야라고 하더라도 입법권의 위임은 법치주의 원칙과 의회민주주의의 원칙, 권력분립의 원칙에 비추어 구체적으로 범위를 정하여 하는 경우만 허용된다.

③ 위임받은 사항에 관하여 대강을 정하고 그 중의 특정사항을 범위를 정하여 하위법령에 다시 위임하는 경우에만 재위임이 허용된다.

④ 행정규칙인 고시가 법령의 수권에 의하여 법령을 보충하는 사항을 정하는 경우에 그 근거법령규정과 결합하더라도 그 성질상 행정규칙인 부분만큼은 대외적인 구속력이 없다.

05 행정법의 효력에 대한 설명으로 옳은 것을 모두 고른 것은?

> ㄱ. 법령등을 공포한 날부터 일정 기간이 경과한 날부터 시행하는 경우 그 기간의 말일이 토요일 또는 공휴일인 때에는 그 말일의 다음날로 기간이 만료한다.
> ㄴ. 「국회법」제98조 제3항 전단에 따라 하는 국회의장의 법률 공포는 서울특별시에서 발행되는 둘 이상의 일간신문에 게재함으로써 한다.
> ㄷ. 「법령 등 공포에 관한 법률」에 따르면, 관보의 내용 해석 및 적용 시기 등에 대하여 종이관보는 전자관보에 우선한다.
> ㄹ. 법령등을 위반한 행위 후 법령등의 변경에 의하여 그 행위가 법령등을 위반한 행위에 해당하지 아니하거나 제재처분 기준이 가벼워진 경우로서 해당 법령등에 특별한 규정이 없는 경우에는 변경된 법령등을 적용한다.

① ㄱ, ㄷ
② ㄴ, ㄹ
③ ㄱ, ㄷ, ㄹ
④ ㄴ, ㄷ, ㄹ

06 행정처분의 근거법령의 적용시점과 위법판단의 기준시점에 대한 설명으로 옳지 않은 것은? (다툼이 있는 경우 판례에 의함)

① 허가신청 후 처분 전에 관계 법령이 개정시행된 경우 신법령 부칙에 경과규정을 두지 아니한 이상 당연히 허가신청 당시의 법령에 의하여 허가 여부를 판단하여야 하는 것은 아니며, 소관 행정청이 허가신청을 수리하고도 정당한 이유 없이 처리를 늦추어 그 사이에 법령 및 허가기준이 변경된 것이 아닌 한 변경된 법령 및 허가기준에 따라서 한 불허가처분은 적법하다.

② 행정소송에서 행정처분의 위법 여부는 원칙적으로 행정처분이 행하여졌을 때의 법령과 사실상태를 기준으로 하여 판단하여야 하고, 처분 후 법령의 개폐나 사실상태의 변동에 의하여 영향을 받지는 않는다.

③ 조세법령이 일단 효력을 발생하였다가 폐지 또는 개정된 경우 조세법령이 정한 과세요건 사실이 폐지 또는 개정된 당시까지 완료된 때에는 다른 경과규정이 없는 한 그 과세요건 사실에 대하여는 종전의 조세법령이 계속 효력을 가지므로, 조세법령의 폐지 또는 개정 전에 종결된 과세요건 사실에 대하여 폐지 또는 개정 전의 조세법령을 적용하는 것이 조세법률주의의 원칙에 위배된다고 할 수 없다.

④ 건설업자가 시공자격 없는 자에게 전문공사를 하도급한 행위에 대하여 과징금 부과처분을 하는 경우, 구체적인 부과기준에 대하여 처분시의 법령이 행위시의 법령보다 불리하게 개정되었고 어느 법령을 적용할 것인지에 대하여 특별한 규정이 없다면 처분시의 법령을 적용하여야 한다.

07 「행정절차법」상 사전통지와 의견제출에 대한 판례의 입장으로 옳은 것은?

① 항만시설 사용허가신청에 대하여 거부처분을 하는 경우, 사전에 통지하여 의견제출 기회를 주어야 한다.

② 용도를 무단변경한 건물의 원상복구를 명하는 시정명령 및 계고처분을 하는 경우, 사전에 통지할 필요가 없다.

③ 고시의 방법으로 불특정 다수인을 상대로 권익을 제한하는 처분을 하는 경우, 상대방에게 사전에 통지하여 의견제출 기회를 주어야 한다.

④ 공매를 통하여 체육시설을 인수한 자의 체육시설업자 지위승계신고를 수리하는 경우, 종전 체육시설업자에게 사전에 통지하여 의견제출 기회를 주어야 한다.

08 「행정소송법」상 행정소송에 대한 설명으로 옳지 않은 것은? (다툼이 있는 경우 판례에 의함)

① 「행정소송법」 제14조에 의한 피고경정은 사실심변론 종결시까지 허용된다.

② 행정청의 위법한 처분등의 취소 또는 변경을 구하는 취소소송의 대상이 될 수 있는 것은 구체적인 권리의무에 관한 분쟁이어야 하고 일반적, 추상적인 법령이나 규칙 등은 그 자체로서 국민의 구체적인 권리의무에 직접적 변동을 초래케 하는 것이 아니므로 그 대상이 될 수 없다.

③ 처분변경으로 인한 소의 변경의 신청은 처분의 변경이 있음을 안 날로부터 90일 이내에 하여야 한다.

④ 취소청구가 사정판결에 의하여 기각되거나 행정청이 처분등을 취소 또는 변경함으로 인하여 청구가 각하 또는 기각된 경우에는 소송비용은 피고의 부담으로 한다.

09 항고소송의 대상에 대한 설명으로 옳은 것을 모두 고르면? (다툼이 있는 경우 판례에 의함)

ㄱ. 「교육공무원법」상 승진후보자 명부에 의한 승진심사 방식으로 행해지는 승진임용에서 승진후보자 명부에 포함되어 있던 후보자를 승진임용인사발령에서 제외하는 행위는 불이익처분으로서 항고소송의 대상인 처분에 해당한다.

ㄴ. 금융감독원장으로부터 문책경고를 받은 금융기관의 임원이 일정기간 금융업종 임원 선임의 자격제한을 받도록 관계법령에 규정되어 있어도, 그 문책경고는 그 상대방의 권리의무에 직접 영향을 미치는 행위라고 보기 어려우므로 행정처분에 해당하지 않는다.

ㄷ. 관할 지방병무청장이 병역의무 기피를 이유로 그 인적사항 등을 공개할 대상자를 1차로 결정하고 그에 이어 병무청장의 최종 공개결정이 있는 경우, 지방병무청장의 1차 공개결정은 병무청장의 최종 공개결정과는 별도로 항고소송의 대상이 된다.

ㄹ. 건축주가 토지소유자로부터 토지사용승낙서를 받아 그 토지 위에 건축물을 건축하는 건축허가를 받았다가 착공하기 전에 건축주의 귀책사유로 그 토지사용권을 상실한 경우 토지소유자는 건축허가의 철회를 신청할 수 있고, 그 신청을 거부한 행위는 항고소송의 대상이 된다.

① ㄹ   ② ㄱ, ㄷ

③ ㄱ, ㄹ   ④ ㄴ, ㄷ

10 행정지도에 대한 설명으로 옳지 않은 것은? (다툼이 있는 경우 판례에 의함)

① 방송통신심의위원회의 시정요구는 단순한 행정지도 내지 권고적 성격을 가지므로 헌법소원의 대상인 공권력의 행사라고 볼 수 없다.

② 기획재정부장관이 2008.8.11.부터 2009.3.31.까지 사이에 6차에 걸쳐 공공기관 선진화 추진계획을 확정, 공표한 행위는 공권력행사라고 볼 수 없다.

③ 교육인적자원부장관의 대학총장들에 대한 학칙시정요구는 대학총장의 임의적인 협력을 통하여 사실상의 효과를 발생시키는 행정지도의 일종이지만, 그에 따르지 않을 경우 일정한 불이익조치를 예정하고 있어 사실상 상대방에게 그에 따를 의무를 부과하는 것과 다를 바 없으므로 단순한 행정지도로서의 한계를 넘어 규제적·구속적 성격을 상당히 강하게 갖는 것으로서 헌법소원의 대상이 되는 공권력의 행사라고 볼 수 있다.

④ 행정지도가 강제성을 띠지 않은 비권력적 작용으로서 행정지도의 한계를 일탈하지 아니하였다면 그로 인하여 상대방에게 어떤 손해가 발생하였다 하더라도 행정기관은 그에 대한 손해배상책임이 없다.

11 행정상 의무이행 확보수단에 대한 설명으로 옳지 않은 것은? (다툼이 있는 경우 판례에 의함)

① 과징금부과처분은 원칙적으로 위반자의 고의·과실을 요하지 아니하나, 위반자의 의무 해태를 탓할 수 없는 정당한 사유가 있는 등의 특별한 사정이 있는 경우에는 이를 부과할 수 없다.

② 「건축법」상의 이행강제금은 이행강제금이 부과되기 전에 그 의무를 이행한 경우에는 비록 시정명령에서 정한 기간을 지나서 이행한 경우라도 이행강제금을 부과할 수 없다.

③ 가산세는 세법에서 규정하는 의무의 성실한 이행을 확보하기 위하여 세법에 따라 산출한 본세액에 가산하여 징수하는 조세로서, 본세에 감면사유가 인정된다면 가산세도 감면대상에 포함된다.

④ 가산세는 납세자가 정당한 이유 없이 법에 규정된 신고, 납세 등 각종 의무를 위반한 경우에 개별세법이 정하는 바에 따라 부과되는 행정상의 제재로서 납세자의 고의·과실은 고려되지 아니한다.

12 「행정조사기본법」상 행정조사에 대한 설명으로 옳은 것은?

① 행정기관의 장은 조사원이 조사대상자에게 손실을 입힌 때에는 그 손실이 조사목적의 달성을 위하여 한 시료채취로 인한 것이라면 보상하지 않아도 된다.

② 행정기관은 조사대상자가 자발적으로 협조하는 경우라도, 개별 법령 등에서 행정조사를 규정하고 있지 않다면 행정조사를 실시할 수 없다.

③ 행정기관의 장은 조사대상자의 신상이나 사업비밀 등이 유출될 우려가 있으므로 인터넷 등 정보통신망을 통하여 조사대상자로 하여금 자료의 제출 등을 하게 할 수 없다.

④ 행정기관의 장은 당해 행정기관 내의 2 이상의 부서가 동일하거나 유사한 업무분야에 대하여 동일한 조사대상자에게 행정조사를 실시하는 경우에는 공동조사를 하여야 한다.

13 국가배상책임에 대한 설명으로 옳지 않은 것은? (다툼이 있는 경우 판례에 의함)

① 「국가배상법」상 공무원 과실의 판단기준은 보통 일반의 공무원을 표준으로 하여 볼 때 위법한 행정처분의 담당 공무원이 객관적 주의의무를 소홀히 하고 그로 인해 행정처분이 객관적 정당성을 잃었다고 볼 수 있는 경우에 「국가배상법」 제2조가 정한 국가배상책임이 성립할 수 있다.

② 「국가배상법」 제2조 또는 제5조에 따라 국가나 지방자치단체가 배상책임을 진다는 것은 당해 사무의 귀속주체에 따라서 배상책임을 진다는 것을 의미하기 때문에 기관위임사무의 경우에도 위임기관이 속한 행정주체가 사무의 귀속주체로서 배상책임을 진다.

③ 국가배상책임에서 공무원의 가해행위는 법령을 위반한 것이어야 하며, 법령의 위반이란 엄격한 의미의 법령 위반뿐 아니라 인권존중, 권력남용금지, 신의성실과 같이 공무원으로서 마땅히 지켜야 할 준칙이나 규범을 지키지 않고 위반한 경우를 포함하여 널리 그 행위가 객관적인 정당성을 결여하고 있는 경우도 포함한다.

④ 공법인이 국가로부터 위탁받은 공행정사무를 집행하는 과정에서 공법인의 임직원이나 피용인이 고의 또는 과실로 법령을 위반하여 타인에게 손해를 입힌 경우에 공법인은 위탁받은 공행정사무에 관한 행정보조의 지위에 있으므로 배상책임을 부담하지 않는다.

14 국가배상에 대한 판례의 입장으로 옳은 것은?

① 음주운전으로 적발된 주취운전자가 도로 밖으로 차량을 이동하겠다며 단속 경찰관으로부터 보관 중이던 차량 열쇠를 반환받아 몰래 차량을 운전하여 가던 중 사고를 일으킨 경우, 국가배상책임이 인정되지 않는다.

② 구 국가안전과 공공질서의 수호를 위한 대통령긴급조치(긴급조치 제9호)의 발령·적용·집행으로 강제수사를 받거나 유죄판결을 선고받고 복역함으로써 개별 국민이 입은 손해에 대하여는 국가배상책임이 인정되지 않는다.

③ 공무원에 대한 전보인사가 인사권을 다소 부적절하게 행사한 것으로 볼 여지가 있다 하더라도 그러한 사유만으로 그 전보인사가 당연히 불법행위를 구성한다고 볼 수는 없다.

④ 직무집행과 관련하여 공상을 입은 군인이 먼저 「국가배상법」에 따라 손해배상금을 지급받았다면 「국가유공자 등 예우 및 지원에 관한 법률」이 정한 보상금 등 보훈급여금의 지급을 청구하는 것은 이중배상금지원칙에 따라 인정되지 아니한다.

15 항고소송의 대상에 대한 설명으로 옳은 것은? (다툼이 있는 경우 판례에 의함)

① 「교육공무원법」상 승진후보자 명부에 의한 승진심사 방식으로 행해지는 승진임용에서 승진후보자 명부에 포함되어 있던 후보자를 승진임용 인사발령에서 제외하는 행위는 항고소송의 대상이 되는 처분에 해당하지 않는다.

② 조달청이 계약대상자에 대하여 나라장터 종합쇼핑몰에서의 거래를 일정 기간 정지하는 조치는 사법상 계약에 근거한 것으로서 이에 대해서는 행정소송이 아닌 민사소송을 통해 다투어야 한다.

③ 인터넷 포털사이트의 개인정보 유출사고로 자신의 주민등록번호가 불법유출되었음을 이유로 이를 변경해줄 것을 신청하였으나 행정청이 거부하는 취지의 통지를 한 경우, 행정청의 변경신청 거부행위는 항고소송의 대상인 행정처분에 해당하지 않는다.

④ 「독점규제 및 공정거래에 관한 법률」을 위반한 부당공동행위 사업자에 대한 과징금 부과처분 후에 다시 자진신고나 조사협조 등을 이유로 이에 대한 과징금 감면처분이 이루어진 경우 취소소송의 대상이 되는 것은 과징금 감면처분이다.

16 행정행위의 부관에 대한 설명으로 옳지 않은 것은? (다툼이 있는 경우 판례에 의함)

① 지방국토관리청장이 일부 공유수면매립지에 대하여 한 국가 또는 직할시 귀속처분은 매립준공인가를 함에 있어서 매립의 면허를 받은 자의 매립지에 대한 소유권 취득을 규정한 「공유수면매립법」 제14조의 효과 일부를 배제하는 부관을 붙인 것이므로 이 부관은 독립하여 행정소송의 대상이 될 수 있다.

② 수익적 행정처분에 있어서는 법령에 특별한 근거 규정이 없다고 하더라도 그 부관으로서 부담을 붙일 수 있고, 상대방과 협의하여 부담의 내용을 협약의 형식으로 미리 정한 다음 행정처분을 하면서 이를 부가할 수도 있다.

③ 행정청은 처분에 재량이 없는 경우에는 법률에 근거가 있는 경우에 부관을 붙일 수 있다.

④ 기선선망어업의 허가를 하면서 운반선, 등선 등 부속선을 사용할 수 없도록 제한한 부관은 그 어업허가의 목적 달성을 사실상 어렵게 하여 그 본질적 효력을 해하는 것일 뿐만 아니라 「수산업법 시행령」의 규정에도 어긋나는 것이며, 더욱이 어업조정이나 기타 공익상 필요하다고 인정되는 사정이 없는 이상 위법한 것이다.

17 행정소송에서의 법률상 이익에 대한 설명으로 옳지 않은 것은? (다툼이 있는 경우 판례에 의함)

① 주택건설사업 승인신청 거부처분에 대한 취소의 확정판결이 있은 후 행정청이 재처분을 하였다 하더라도 그 재처분이 종전거부처분에 대한 취소의 확정판결의 기속력에 반하는 경우, 「행정소송법」상 간접강제신청에 필요한 요건을 갖춘 것으로 보아야 한다.

② 개발제한구역 중 일부 취락을 개발제한구역에서 해제하는 내용의 도시관리계획변경결정에 대하여 개발제한구역 해제대상에서 누락된 토지의 소유자는 그 결정의 취소를 구할 법률상 이익이 없다.

③ 경업자에 대한 행정처분이 경업자에게 불리한 내용인 경우, 기존의 업자가 행정처분의 무효확인 또는 취소를 구할 이익이 없다.

④ 「기간제 및 단시간근로자 보호 등에 관한 법률」에 따른 차별적 처우의 시정신청 당시 또는 시정절차 진행 도중에 근로계약기간이 만료한 경우 기간제근로자는 차별적 처우의 시정을 구할 법률상의 이익은 소멸한다.

18 행정법의 법원(法源)에 대한 설명으로 옳지 않은 것은? (다툼이 있는 경우 판례에 의함)

① 지방자치단체가 제정한 조례가 헌법에 의하여 체결·공포된 조약에 위반되는 경우 그 조례는 효력이 없다.

② 사회의 거듭된 관행으로 생성된 사회생활규범이 관습법으로 승인되었다고 하더라도 사회 구성원들이 그러한 관행의 법적 구속력에 대하여 확신을 갖지 않게 되었다면 그러한 관습법은 법적 규범으로서의 효력이 부정될 수밖에 없다.

③ 평등원칙은 일체의 차별적 대우를 부정하는 절대적 평등을 의미하는 것이 아니라 입법과 법의 적용에 있어서 합리적인 근거가 없는 차별을 배제하는 상대적 평등을 뜻한다.

④ 회원국 정부의 반덤핑부과처분이 WTO협정 위반이라는 이유만으로 사인이 직접 국내 법원에 회원국 정부를 상대로 그 처분의 취소를 구하는 소를 제기할 수 있다.

19 행정입법에 대한 설명으로 옳지 않은 것은? (다툼이 있는 경우 판례에 의함)

① 헌법 제107조에 따른 구체적 규범통제의 결과 처분의 근거가 된 명령이 위법하다는 대법원의 판결이 난 경우, 일반적으로 당해 처분의 하자는 중대명백설에 따라 취소사유에 해당한다고 보아야 한다.

② 서초구의회가 의결한 '시가표준액 9억 원 이하의 1가구 1개 주택을 소유한 개인에 대하여 「지방세법」이 정한 재산세의 세율을 표준세율의 100분의 50으로 감경하는' 내용의 '서울특별시 서초구 구세 조례 일부 개정 조례안'에 대하여 서울특별시장이 지방세법 위반의 소지가 있다는 이유로 재의요구를 지시하였으나 구청장이 따르지 않고 공포하자 조례안 의결의 효력 배제를 구하는 무효확인의 소를 제기한 사안에서, 위 조례안이 근거조항의 위임범위의 한계를 일탈하여 무효라고 볼 수 없다.

③ 부령에서 제재적 행정처분의 기준을 정하였다고 하더라도 이에 관한 처분의 적법 여부는 부령에 적합한 것인가의 여부에 따라 판단할 것이 아니라 처분의 근거 법률의 규정 및 그 취지에 적합한 것인가의 여부에 따라 판단하여야 한다.

④ 법률이 공법적 단체 등의 정관에 자치법적 사항을 위임한 경우에도 원칙적으로 헌법 제75조가 정하는 포괄적인 위임입법 금지 원칙이 적용되므로 이와 별도로 법률유보 내지 의회유보의 원칙을 적용할 필요는 없다.

20 甲은 관할 행정청에 토지의 형질변경행위가 수반되는 건축허가를 신청하였고, 관할 행정청은 甲에 대해 '건축기간 동안 자재 등을 도로에 불법적치하지 말 것'이라는 부관을 붙여 건축허가를 하였다. 이에 대한 설명으로 옳은 것은? (다툼이 있는 경우 판례에 의함)

① 토지의 형질변경의 허용 여부에 대해 행정청의 재량이 인정되더라도 주된 행위인 건축허가가 기속행위인 경우에는 甲에 대한 건축허가는 기속행위로 보아야 한다.

② 위 건축허가에 대해 건축주를 乙로 변경하는 건축주명의변경신고가 관련 법령의 요건을 모두 갖추어 행해졌더라도 관할 행정청이 신고의 수리를 거부한 경우, 그 수리거부행위는 乙의 권리의무에 직접 영향을 미치는 것으로서 취소소송의 대상이 되는 처분이다.

③ 甲이 위 부관을 위반하여 도로에 자재 등을 불법적치한 경우, 관할 행정청은 바로 「행정대집행법」에 따라 불법적치된 자재 등을 제거할 수 있다.

④ 甲이 위 부관에 위반하였음을 이유로 관할 행정청이 건축허가의 효력을 소멸시키려면 법령상의 근거가 있어야 한다.

09회 실전동형모의고사

제한시간: 15분 **시작** 시 분 ~ **종료** 시 분 점수 확인 개 / 20개

01 신뢰보호원칙에 대한 설명으로 옳지 않은 것은? (다툼이 있는 경우 판례에 의함)

① 관할관청이 폐기물처리업 사업계획에 대하여 적정통보를 한 것만으로도 그 사업부지 토지에 대한 국토이용계획변경신청을 승인하여 주겠다는 취지의 공적인 견해표명을 한 것으로 볼 수 있다.

② 재량권행사의 준칙인 행정규칙이 그 정한 바에 따라 되풀이 시행되어 행정관행이 이루어지게 되면 평등의 원칙이나 신뢰보호의 원칙에 따라 행정기관은 그 상대방에 대한 관계에서 그 규칙에 따라야 할 자기구속을 받게 된다.

③ 준농림지역에서 레미콘 공장을 설립하여 운영하던 甲주식회사가 배출검사에서 「대기환경보전법」상 특정대기유해물질에 해당하는 포름알데히드 등이 검출되자 허가 받지 않은 특정대기유해물질 배출시설을 설치, 운영하였다는 사유로 해당 배출시설을 폐쇄하라는 명령을 한 사안은 신뢰보호원칙에 위배되지 않는다.

④ 입법 예고를 통해 법령안의 내용을 국민에게 예고한 적이 있다고 하더라도 그것이 법령으로 확정되지 아니한 이상 국가가 이해관계자들에게 그 법령안에 관련된 사항을 약속하였다고 볼 수 없으며, 이러한 사정만으로 어떠한 신뢰를 부여하였다고 볼 수도 없다.

02 취소소송에서 법원이 원고의 청구를 기각할 때 판결의 주문에서 취소대상인 처분이 위법함을 명시하여야 하는 경우에 대한 설명으로 옳은 것은? (다툼이 있는 경우 판례에 의함)

① 당사자의 명백한 주장이 없는 경우에도 법원은 일건 기록에 나타난 사실을 기초로 하여 당사자의 신청에 의해 이러한 판결을 할 수 있다.

② 법원이 이 판결을 함에 있어 공공복리 적합성 여부의 판단시점은 처분시이다.

③ 소송비용은 피고의 부담으로 한다.

④ 이 판결이 확정되면 취소판결의 기속력과 기판력이 발생한다.

03 공법관계에 속하는 것은 모두 몇 개인가? (다툼이 있는 경우 판례에 의함)

> ㄱ. 국유재산의 무단점유자에 대한 변상금부과
> ㄴ. 미지급된 공무원 퇴직연금의 지급청구
> ㄷ. 시립합창단원의 위촉
> ㄹ. 「국가를 당사자로 하는 계약에 관한 법률」에 따른 부정당업자에 대한 입찰참가자격정지
> ㅁ. 「국가를 당사자로 하는 계약에 관한 법률」에 따른 입찰보증금 국고귀속조치
> ㅂ. 「공익사업을 위한 토지등의 취득 및 보상에 관한 법률」에 따른 협의취득

① 2개   ② 3개
③ 4개   ④ 5개

04 이행강제금에 대한 설명으로 옳지 않은 것은? (다툼이 있는 경우 판례에 의함)

① 「건축법」상 이행강제금은 시정명령의 불이행이라는 과거의 위반행위에 대한 제재가 아니라 의무자에게 심리적 압박을 주어 시정명령에 따른 의무의 이행을 간접적으로 강제하는 행정상의 간접강제 수단에 해당한다.

② 「건축법」상의 이행강제금 납부의무는 상속인 기타의 사람에게 승계될 수 없는 일신전속적인 성질의 것이다.

③ 이행강제금은 과거의 일정한 법률위반 행위에 대한 제재로서의 형벌이 아니라 장래의 의무이행의 확보를 위한 강제수단일 뿐이어서 이중처벌금지의 원칙이 적용될 여지가 없다.

④ 행정청이 「농지법」상 이행강제금 부과처분을 하면서 관할 행정법원에 행정소송을 할 수 있다고 잘못 안내하였다면 그 잘못된 안내로 행정법원의 항고소송 재판관할이 생긴다고 볼 수 있다.

05 행정법의 효력에 대한 설명으로 옳은 것을 모두 고른 것은?

> ㄱ. 법령등을 공포한 날부터 일정 기간이 경과한 날부터 시행하는 경우 그 기간의 말일이 토요일 또는 공휴일인 때에는 그 말일로 기간이 만료한다.
>
> ㄴ. 「국회법」에 따라 하는 국회의장의 법률 공포는 관보(官報)에 게재함으로써 한다.
>
> ㄷ. 「법령 등 공포에 관한 법률」에 따르면, 관보의 내용 해석 및 적용 시기 등에 대하여 종이관보와 전자관보는 동일한 효력을 가진다.
>
> ㄹ. 법령등을 위반한 행위 후 법령등의 변경에 의하여 그 행위가 법령등을 위반한 행위에 해당하지 아니하거나 제재처분 기준이 가벼워진 경우로서 해당 법령등에 특별한 규정이 없는 경우에는 변경된 법령등을 적용한다.

① ㄱ, ㄷ   ② ㄴ, ㄹ
③ ㄱ, ㄷ, ㄹ   ④ ㄴ, ㄷ, ㄹ

06 공권과 공의무에 대한 설명으로 옳지 않은 것은? (다툼이 있는 경우 판례에 의함)

① 환경영향평가 대상지역 밖에 거주하는 주민에게는 헌법상의 환경권 또는 「환경정책기본법」에 근거하여 공유수면매립면허처분과 농지개량사업 시행인가처분의 무효확인을 구할 원고적격이 없다.

② 수익처분의 상대방은 그의 권리나 법률상 보호되는 이익이 침해되었다고 볼 수 없으므로 달리 특별한 사정이 없는 한 그 처분의 취소를 구할 이익이 없다.

③ 상수원에서 급수를 받고 있는 지역주민들이 가지는 상수원의 오염을 막아 양질의 급수를 받을 이익은 근거 법률에 의하여 직접적이고 구체적으로 보호되는 이익으로서, 해당 지역주민들에게는 상수원보호구역변경처분의 취소를 구할 법률상의 이익이 있다.

④ 이행강제금 납부의무는 상속인 기타의 사람에게 승계될 수 없는 일신전속적인 성질의 것이므로 이미 사망한 사람에게 이행강제금을 부과하는 내용의 처분이나 결정은 당연무효이다.

07 허가에 대한 설명으로 옳은 것을 모두 고르면? (다툼이 있는 경우 판례에 의함)

> ㄱ. 허가된 사업의 성질상 부당하게 짧은 기한을 정한 경우 그 기한은 그 허가의 조건의 존속기간을 정한 것이다.
>
> ㄴ. 허가의 조건의 존속기간이 종료되기 전에 연장신청이 없이 허가기간이 만료된 경우 허가의 효력이 상실되었다고 보아서는 아니 된다.
>
> ㄷ. 종전의 허가가 기한의 도래로 실효되었다고 하여도 종전 허가의 유효기간이 지나서 기간연장을 신청하였다면 그 신청은 종전 허가의 유효기간을 연장하여 주는 행정처분을 구한 것으로 보아야 하지 종전 허가와는 별개로 새로운 허가를 내용으로 하는 행정처분을 구한 것으로 보아서는 아니 된다.
>
> ㄹ. 「행정절차법」에 따르면 특정 영업의 허가 신청내용을 모두 그대로 인정하는 허가를 할 경우 그 허가처분의 근거와 이유를 제시하지 않아도 된다.

① ㄱ, ㄷ   ② ㄱ, ㄹ
③ ㄴ, ㄷ   ④ ㄷ, ㄹ

08 인·허가의제에 대한 설명으로 옳지 않은 것은? (다툼이 있는 경우 판례에 의함)

① 건축불허가처분의 사유로 건축불허가 사유뿐만 아니라 형질변경불허가 사유가 제시된 경우 그 건축불허가처분에 관한 쟁송과 별개로 형질변경불허가처분에 관한 쟁송을 제기하여야 하는 것은 아니다.

② 「국토의 계획 및 이용에 관한 법률」에 따른 개발행위허가가 의제되는 「건축법」상 건축허가의 신청이 국토의 계획 및 이용에 관한 법령이 정한 개발행위허가기준에 부합하지 아니하면 건축허가권자로서는 이를 거부할 수 있다.

③ 주택건설사업계획 승인처분에 따라 의제된 인·허가의 위법을 다투고자 하는 이해관계인은 주택건설사업계획 승인처분의 취소를 구할 것이 아니라 의제된 인허가의 취소를 구하여야 한다.

④ 인·허가의제는 절차 간소화에 의의가 있기 때문에 주된 인·허가 행정청이 주된 인·허가를 하기 전에 관련 인·허가에 관하여 미리 관련 인·허가 행정청과 협의해야 할 필요는 없다.

09 행정행위의 부관에 대한 설명으로 옳지 않은 것은? (다툼이 있는 경우 판례에 의함)

① 공유수면매립준공인가처분을 하면서 매립지 일부에 대하여 한 국가 및 지방자치단체에의 귀속처분은 부관 중 부담에 해당하므로 독립하여 행정소송 대상이 될 수 있다.

② 기선선망어업의 허가를 하면서 운반선, 등선 등 부속선을 사용할 수 없도록 제한한 부관은 그 어업허가의 목적 달성을 사실상 어렵게 하여 그 본질적 효력을 해하는 것이다.

③ 부담이 처분 당시 법령을 기준으로 적법하다면 처분 후 부담의 전제가 된 주된 행정처분의 근거법령이 개정됨으로써 행정청이 더 이상 부관을 붙일 수 없게 되었다 하더라도 곧바로 위법하게 되거나 그 효력이 소멸하게 되는 것은 아니다.

④ 도로점용허가의 점용기간은 행정행위의 본질적인 요소에 해당한다고 볼 것이어서 부관인 점용기간을 정함에 있어서 위법사유가 있다면 이로써 도로점용허가처분 전부가 위법하게 된다.

10 강학상 인가에 대한 설명으로 옳은 것을 모두 고르면? (다툼이 있는 경우 판례에 의함)

> ㄱ. 강학상 인가는 기본행위에 대한 법률상의 효력을 완성시키는 보충행위로서, 그 기본이 되는 행위에 하자가 있을 때에는 그에 대한 인가가 있었다 하여도 기본행위가 유효한 것으로 될 수 없다.
> ㄴ. 「자동차관리법」상 자동차관리사업자로 구성하는 사업자단체인 조합 또는 협회의 설립인가처분은 강학상 인가이다.
> ㄷ. 인가는 사실행위와 법률행위 둘 다를 인가 대상으로 한다.
> ㄹ. 「도시 및 주거환경정비법」상 관리처분계획에 대한 인가는 강학상 인가의 성격을 갖고 있으므로 관리처분계획에 대한 인가가 있더라도 관리처분계획안에 대한 총회결의에 하자가 있다면 민사소송으로 총회결의의 하자를 다투어야 한다.

① ㄱ, ㄴ
② ㄴ, ㄷ
③ ㄷ, ㄹ
④ ㄱ, ㄴ, ㄹ

11 행정행위의 취소에 대한 설명으로 옳은 것은? (다툼이 있는 경우 판례에 의함)

① 과세관청은 과세부과처분의 취소에 당연무효사유가 아닌 위법사유가 있는 경우에도 이를 다시 취소함으로써 원부과처분을 소생시킬 수 있다.

② 직권취소사유가 존재한다는 사정만으로 이해관계인에게 처분청에 대하여 그 취소를 요구할 신청권이 부여된 것으로 볼 수는 없다.

③ 행정처분의 하자가 당사자의 사실은폐나 기타 사위의 방법에 의한 신청행위에 기인한 것이라 하더라도 그 처분이 수익적 처분인 때에는 취소권제한의 법리가 적용되어야 한다.

④ 행정행위를 한 처분청은 그 행위에 하자가 있는 경우라 하더라도 별도의 법적 근거가 있어야만 스스로 이를 취소할 수 있다.

12 재량행위에 대한 설명으로 옳지 않은 것은? (다툼이 있는 경우 판례에 의함)

① 약사법령에 의한 허가사항 변경허가에 있어서 소관 행정청은 그 허가신청이 위 법령의 요건에 합치하는 때에는 특별한 사정이 없는 한 이를 허가하여야 하고 공익상 필요가 없음에도 불구하고 허가를 거부할 수 없다는 의미에서 그 허가 여부는 기속재량에 속한다.

② 술에 취한 상태에 있다고 인정할 만한 상당한 이유가 있음에도 불구하고 경찰공무원의 측정에 응하지 아니한 때에는 필요적으로 운전면허를 취소하도록 되어 있어 처분청이 그 취소 여부를 선택할 수 있는 재량의 여지가 없음이 「도로교통법」상 명백하므로, 동법 요건에 해당하였음을 이유로 한 운전면허 취소처분에 있어서 재량권의 일탈 또는 남용의 문제는 생길 수 없다.

③ 구 「식품위생법」상 대중음식점영업허가는 특정인에게 권리나 이익을 부여하는 이른바 수익적 행정행위로서 그 허가 여부는 행정청의 재량에 속한다.

④ 마을버스운송사업면허의 허용 여부는 운수행정을 통한 공익실현과 아울러 합목적성을 추구하기 위하여 보다 구체적 타당성에 적합한 기준에 의하여야 할 것이므로 행정청의 재량에 속하는 것이라고 보아야 한다.

13 행정입법에 대한 설명으로 옳지 않은 것은? (다툼이 있는 경우 판례에 의함)

① 법령의 위임이 없음에도 법령에 규정된 처분 요건에 해당하는 사항을 부령에서 변경하여 규정한 경우에는 그 부령의 규정은 국민에 대한 대외적 구속력은 없다고 보아야 한다.

② 법규명령이 구법에 위임의 근거가 없어 무효였더라도 사후에 법개정으로 위임의 근거가 부여되면 그때부터는 유효한 법규명령이 된다.

③ 추상적인 법령의 제정 여부는 그 자체로서 국민의 구체적인 권리의무에 직접적 변동을 초래하는 것이 아니어서 부작위위법확인소송의 대상이 될 수 없다.

④ 행정처분이 법규성이 없는 내부지침 등의 규정에 위배된다고 한다면 그 이유만으로 처분은 위법하게 된다.

14 甲은 자신의 사옥을 A시에 신축하는 과정에서 A시 지구단위변경계획에 의하여 건물 부지에 접한 대로의 도로변이 차량출입 금지 구간으로 설정됨에 따라 그 반대편에 위치한 A시 소유의 도로에 지하주차장 진입통로를 건설하기 위하여 A시의 시장 乙에게 위 도로의 지상 및 지하 부분에 대한 도로점용허가를 신청하였고, 乙은 甲에게 도로점용허가를 하였다. 이에 대한 설명으로 옳지 않은 것은? (다툼이 있는 경우 판례에 의함)

① 위 도로점용허가는 甲에게 공물사용권을 설정하는 설권행위로서 재량행위이다.

② 乙은 위 도로점용허가를 하면서 甲과 인근주민들간의 협의를 조건으로 하는 부관을 부가할 수 있다.

③ 甲이 도로점용허가를 받은 부분을 넘어 무단으로 도로를 점용하고 있는 경우, 무단으로 사용하는 부분에 대해서는 변상금 부과처분을 하여야 함에도 乙이 변상금이 아닌 사용료 부과처분을 하였다고 하여 이를 중대한 하자라고 할 수 없다.

④ 乙의 도로점용허가가 甲의 점용목적에 필요한 범위를 넘어 과도하게 이루어진 경우, 이는 위법한 점용허가로서 乙은 甲에 대한 도로점용허가 전부를 취소하여야 하며 도로점용허가 중 특별사용의 필요가 없는 부분에 대해서만 직권취소할 수 없다.

15 「행정절차법」상 처분의 사전통지 및 의견제출 절차에 대한 설명으로 옳지 않은 것은? (다툼이 있는 경우 판례에 의함)

① 법령 등에서 요구된 자격이 없거나 없어지게 되면 반드시 일정한 처분을 하여야 하는 경우에 그 자격이 없거나 없어지게 된 사실이 법원의 재판에 의하여 객관적으로 증명된 경우에는 사전통지를 생략할 수 있다.

② 공매를 통하여 체육시설을 인수한 자의 체육시설업자 지위승계신고를 수리하는 경우, 종전 체육시설업자에게 사전에 통지하여 의견제출 기회를 주어야 한다.

③ 별정직 공무원인 대통령기록관장에 대한 직권면직 처분에는 처분의 사전통지 및 의견청취 등에 관한 「행정절차법」 규정이 적용되지 않는다.

④ 행정청이 당사자와 사이에 도시계획사업시행 관련 협약을 체결하면서 청문 실시를 배제하는 조항을 두었더라도, 이와 같은 협약의 체결로 청문 실시 규정의 적용을 배제할 만한 법령상 규정이 없는 한, 이러한 협약이 체결되었다고 하여 청문을 실시하지 않아도 되는 예외적인 경우에 해당한다고 할 수 없다.

16 국가배상책임의 요건에 대한 판례의 입장으로 옳은 것은?

① 사인이 지방자치단체로부터 공무를 위탁받아 공무에 종사하는 경우 공무의 위탁이 일시적이고 한정적인 사항에 관한 활동이라면 「국가배상법」상 공무원에 해당하지 아니한다.

② 「국가배상법」상 공무원의 직무에는 사경제의 주체로서 하는 작용이 포함된다.

③ 인사업무담당 공무원이 다른 공무원의 공무원증 등을 위조하여 대출받은 경우, 인사업무담당 공무원의 공무원증 위조행위는 실질적으로 직무행위에 속하지 아니하므로 대출은행은 국가배상청구를 할 수 없다.

④ 유흥주점의 화재로 여종업원들이 사망한 경우, 담당 공무원의 유흥주점의 용도변경, 무허가 영업 및 시설기준에 위배된 개축에 대하여 시정명령 등 「식품위생법」상 취하여야 할 조치를 게을리 한 직무상 의무위반행위와 여종업원들의 사망 사이에는 상당인과관계가 존재하지 아니한다.

17 손실보상에 대한 설명으로 옳지 않은 것은? (다툼이 있는 경우 판례에 의함)

① 헌법 제23조 제3항에서 규정한 '정당한 보상'이란 원칙적으로 피수용재산의 객관적인 재산가치를 완전하게 보상하여야 한다는 완전보상을 뜻하는 것이지만, 공익사업의 시행으로 인한 개발이익은 완전보상의 범위에 포함되는 피수용토지의 객관적 가치 내지 피수용자의 손실이라고 볼 수 없다.

② 토지수용으로 인한 손실보상액을 공시지가를 기준으로 산정하되 개별공시지가가 아닌 표준지공시지가를 기준으로 하는 것은 헌법 제23조 제3항이 규정한 정당보상의 원칙에 위배되지 않는다.

③ 대법원은, 이주대책은 이른바 생활보상에 해당하는 것으로서 헌법 제23조 제3항이 규정하는 손실보상의 한 형태로 보아야 하므로, 법률이 사업시행자에게 이주대책의 수립·실시의무를 부과하였다면 이로부터 사업시행자가 수립한 이주대책상의 택지분양권 등의 구체적 권리가 이주자에게 직접 발생한다고 본다.

④ 토지수용 보상금의 증감에 관한 행정소송에 있어서, 그 소송을 제기하는 자가 토지소유자 또는 관계인일 때에는 사업시행자를 피고로 한다.

18 항고소송에서 수소법원의 판결에 대한 설명으로 옳지 않은 것은? (다툼이 있는 경우 판례에 의함)

① 행정처분의 취소를 구하는 소에서, 비록 행정처분의 위법을 이유로 취소판결을 받더라도 처분에 의하여 발생한 위법상태를 원상회복시키는 것이 불가능한 경우에는 원칙적으로 취소를 구할 법률상 이익이 없으므로, 수소법원은 소를 각하하여야 한다.

② 행정처분이 있음을 안 날부터 90일을 넘겨 행정심판을 청구하였다가 각하재결을 받은 후 그 재결서를 송달받은 날부터 90일 내에 원래의 처분에 대하여 취소소송을 제기한 경우, 수소법원은 각하판결을 하여야 한다.

③ 관할청이 「농지법」상의 이행강제금 부과처분을 하면서 재결청에 행정심판을 청구하거나 관할 행정법원에 행정소송을 할 수 있다고 잘못 안내한 경우 행정법원의 항고소송 재판관할이 생긴다.

④ 허가처분 신청에 대한 부작위를 다투는 부작위위법확인소송을 제기하여 제1심에서 승소판결을 받았는데 제2심 단계에서 피고 행정청이 허가처분을 한 경우, 제2심 수소법원은 각하판결을 하여야 한다.

19 행정규칙에 대한 설명으로 옳지 않은 것은? (다툼이 있는 경우 판례에 의함)

① 상위법령에서 세부사항 등을 시행규칙으로 정하도록 위임하였음에도 이를 고시 등 행정규칙으로 정하였다면 이는 대외적 구속력을 가지는 법규명령으로서 효력이 인정될 수 없다.

② 행정관청 내부의 사무처리규정에 불과한 전결규정에 위반하여 원래의 전결권자 아닌 보조기관이 처분권자인 행정관청의 이름으로 행정처분을 하였다면 그 처분은 권한 없는 자에 의하여 행하여진 무효의 처분이다.

③ 「검찰보존사무규칙」이 「검찰청법」에 기하여 제정된 법무부령이기는 하지만, 그 사실만으로 그 규칙 내의 모든 규정이 법규적 효력을 가지는 것은 아니다.

④ 어떠한 고시가 다른 집행행위의 매개 없이 그 자체로서 직접 국민의 구체적인 권리의무나 법률관계를 규율하는 성격을 가질 때에는 항고소송의 대상이 되는 행정처분에 해당한다.

20 「행정심판법」상 행정심판에 대한 설명으로 옳은 것은? (다툼이 있는 경우 판례에 의함)

① 행정심판의 경우 여러 명의 청구인이 공동으로 심판청구를 할 때에는 청구인들 중에서 3명 이하의 선정대표자를 선정할 수 없다.

② 행정심판청구서의 형식을 다 갖추지 않았다면 비록 그 문서 내용이 행정심판의 청구를 구하는 것을 내용으로 하더라도 부적법하다.

③ 행정심판의 경우에는 사정재결이 인정되지 않는다.

④ 형성력을 가지는 취소재결이 있는 경우 그 대상이 된 행정처분은 재결 자체에 의해 당연취소되어 소멸한다.

10회 실전동형모의고사

제한시간: 15분 시작 시 분 ~ 종료 시 분 점수 확인 개/ 20개

01 과징금에 대한 설명으로 옳지 않은 것은? (다툼이 있는 경우 판례에 의함)

① 과징금 부과처분은 행정목적의 달성을 위하여 행정법규 위반이라는 객관적 사실에 착안하여 가하는 제재이므로 반드시 현실적인 행위자가 아니라도 법령상 책임자로 규정된 자에게 부과되고 원칙적으로 위반자의 고의·과실을 요하지 아니한다.

② 과징금은 법령등에 따른 의무를 위반한 자에 대하여 그 위반행위에 대한 제재로서 부과·징수하는 금전을 말하며, 국가형벌권 행사로서의 '처벌'에 해당한다.

③ 「독점규제 및 공정거래에 관한 법률」 제22조에 의한 과징금은 법 위반행위에 따르는 불법적인 경제적 이익을 박탈하기 위한 부당이득환수의 성격과 함께 위법행위에 대한 제재로서의 성격을 가지는 것이다.

④ 과징금의 근거가 되는 법률에는 과징금에 관한 부과·징수 주체, 부과 사유, 상한액, 가산금을 징수하려는 경우 그 사항, 과징금 또는 가산금 체납 시 강제징수를 하려는 경우 그 사항을 명확하게 규정하여야 한다.

02 「행정절차법」에 대한 설명으로 옳지 않은 것은?

① 위반사실등의 공표는 관보, 공보 또는 인터넷 홈페이지 등을 통하여 하며, 행정청은 위반사실등의 공표를 하기 전에 당사자가 공표와 관련된 의무의 이행, 원상회복, 손해배상 등의 조치를 마친 경우에는 위반사실등의 공표를 하지 아니할 수 있다.

② 행정예고기간은 예고 내용의 성격 등을 고려하여 정하되, 20일 이상으로 한다. 다만, 행정목적을 달성하기 위하여 긴급한 필요가 있는 경우에는 행정예고기간을 단축할 수 있으며, 단축된 행정예고기간은 10일 이상으로 한다.

③ 행정절차에 드는 비용은 당사자가 부담하며, 행정절차의 진행에 필요한 참고인이나 감정인 등에게 예산의 범위에서 여비와 일당을 지급할 수 있다.

④ 행정청은 다수의 행정청이 관여하는 처분을 구하는 신청을 접수한 경우에는 관계 행정청과의 신속한 협조를 통하여 그 처분이 지연되지 아니하도록 하여야 한다.

03 사인의 공법행위에 대한 설명으로 옳은 것을 모두 고르면? (다툼이 있는 경우 판례에 의함)

ㄱ. 1980년의 공직자숙정계획의 일환으로 일괄사표의 제출과 선별수리의 형식으로 공무원에 대한 의원면직처분이 이루어진 경우, 비진의 의사표시의 무효에 관한 「민법」 제107조 제1항 단서 규정을 적용하여 그 의원면직처분을 당연무효라고 주장할 수 있다.

ㄴ. 공무원이 한 사직 의사표시의 철회나 취소는 그에 터잡은 의원면직처분이 있을 때까지 할 수 있는 것이고, 일단 면직처분이 있고 난 이후에는 철회나 취소할 여지가 없다.

ㄷ. 사직서의 제출이 감사기관이나 상급관청 등의 강박에 의한 경우, 그 정도가 의사결정의 자유를 제한하는 정도에 그친다면 그 성질에 반하지 아니하는 한 의사표시에 관한 「민법」 제110조의 사기나 강박에 의한 의사표시 규정을 준용하여 그 효력을 따져보아야 할 것이다.

ㄹ. 「건축법」 제14조 제2항에 의한 인·허가의제 효과를 수반하는 건축신고는 특별한 사정이 없는 한 행정청이 그 실체적 요건에 관한 심사를 한 후 수리하여야 하는 이른바 '수리를 요하는 신고'이다.

ㅁ. 「국토의 계획 및 이용에 관한 법률」상의 개발행위허가로 의제되는 건축신고가 개발행위허가의 기준을 갖추지 못하더라도, 「건축법」상 적법한 요건을 갖춘 신고만 하면 건축을 할 수 있고 행정청의 수리 등 별단의 조처를 기다릴 필요는 없다.

① ㄱ, ㄴ, ㄹ
② ㄱ, ㄷ, ㅁ
③ ㄴ, ㄷ, ㄹ
④ ㄴ, ㄷ, ㅁ

04 재량행위에 대한 설명으로 옳지 않은 것은? (다툼이 있는 경우 판례에 의함)

① 「국가공무원법」상 복직명령은 기속행위이므로, 국가공무원이 휴직사유가 소멸하였음을 이유로 복직신청을 한 경우 임용권자는 지체 없이 복직명령을 하여야 한다.

② 구 「야생동·식물보호법」에 의한 용도변경승인은 특정인에게만 용도 외의 사용을 허용해주는 권리나 이익을 부여하는 이른바 수익적 행정행위로서 법령에 특별한 규정이 없는 한 재량행위이다.

③ 「출입국관리법」상 체류자격 변경허가의 허가권자는 신청인이 관계 법령에서 정한 요건을 충족하였다면 신청인의 적격성, 체류 목적, 공익상의 영향 등을 이유로 허가를 거부할 수 없다.

④ 「가축분뇨의 관리 및 이용에 관한 법률」에 따른 가축분뇨 처리방법 변경 불허가처분에 대한 사법심사는 법원이 허가권자의 재량권을 대신 행사하는 것이 아니라 허가권자의 공익판단에 관한 재량의 여지를 감안하여 원칙적으로 재량권의 일탈·남용이 있는지 여부만을 판단하여야 한다.

05 행정행위에 대한 설명으로 옳지 않은 것은? (다툼이 있는 경우 판례에 의함)

① 구 「기부금품모집규제법」상의 기부금품모집허가는 공익목적을 위하여 일반적·상대적으로 제한된 기본권적 자유를 다시 회복시켜주는 강학상의 허가에 해당한다.

② 재단법인의 임원취임을 인가할 것인지 여부는 주무관청의 권한에 속하는 사항으로서, 임원취임승인 신청에 대하여 주무관청은 이에 기속되어 이를 당연히 승인(인가)하여야 하는 것은 아니다.

③ 관할관청은 개인택시 운송사업의 양도·양수에 대한 인가를 한 후에는 그 양도·양수 이전에 있었던 양도인에 대한 운송사업면허 취소사유를 들어 양수인의 사업면허를 취소할 수 없다.

④ 「국가공무원법」에 의한 정년퇴직 발령은 정년퇴직 사실을 알리는 이른바 관념의 통지에 불과하다.

06 「행정소송법」상 관련청구소송의 이송 및 병합에 대한 설명으로 옳은 것(○)과 옳지 않은 것(×)을 올바르게 조합한 것은? (다툼이 있는 경우 판례에 의함)

> ㄱ. 취소소송과 그와 관련되는 손해배상·부당이득반환·원상회복 등 청구소송(이하 '관련청구소송'이라 한다)이 각각 다른 법원에 계속되고 있는 경우에 관련청구소송이 계속된 법원이 상당하다고 인정하는 때에는 당사자의 신청 또는 직권에 의하여 이를 취소소송이 계속된 법원으로 이송할 수 있다.
>
> ㄴ. 관련청구소송이 취소소송과 병합되기 위해서는 그 청구의 내용 또는 발생원인이 취소소송의 대상인 처분 등과 법률상 또는 사실상 공통되거나, 그 처분의 효력이나 존부가 선결문제로 되는 등의 관계에 있어야 하는 것이 원칙이다.
>
> ㄷ. 관련청구소송의 병합은 본래의 취소소송이 적법할 것을 요건으로 하는 것이어서 본래의 취소소송이 부적법하여 각하되면 그에 병합된 관련청구도 소송요건을 흠결한 부적법한 것으로 각하되어야 한다.
>
> ㄹ. 관련청구소송의 이송 및 병합은 항고소송과 민사소송의 관할법원이 다르다는 전제에서 공통되거나 관련되는 쟁점에 관한 심리의 효율을 위하여 인정되는 것으로 관련청구소송의 이송 및 병합에 관한 「행정소송법」 제10조의 규정은 항고소송 이외에 당사자소송에는 준용되지 않는다.

	ㄱ	ㄴ	ㄷ	ㄹ
①	○	○	○	×
②	○	○	×	×
③	○	×	×	○
④	×	×	○	○

07 영업양도에 따른 지위승계에 대한 설명으로 옳은 것(○)과 옳지 않은 것(×)을 올바르게 조합한 것은? (다툼이 있는 경우 판례에 의함)

> ㄱ. 영업양도에 따른 지위승계신고를 수리하는 허가관청의 행위는 단순히 양수인이 그 영업을 승계하였다는 사실의 신고를 접수하는 행위에 그치는 것이 아니라, 실질에 있어서 양도인의 사업허가를 취소함과 아울러 양수인에게 적법하게 사업을 할 수 있는 권리를 설정하여 주는 행위로서 사업허가자의 변경이라는 법률효과를 발생시키는 행위이다.
> ㄴ. 영업이 양도·양수되었지만 아직 지위승계신고가 있기 이전에는 여전히 종전의 영업자인 양도인이 영업허가자이고 양수인은 영업허가자가 아니므로, 행정제재처분의 사유가 있는지 여부는 양도인을 기준으로 판단하여야 한다.
> ㄷ. 영업이 양도·양수되었지만 아직 지위승계신고 수리처분이 있기 이전에 관할 행정청이 양도인의 영업허가를 취소하는 처분을 하였다면, 양수인은 행정소송으로 그 취소처분의 취소를 구할 법률상 이익이 있다.
> ㄹ. 영업양도·양수가 무효인 때에는 지위승계신고 수리처분을 하였다 하더라도 그 처분은 당연히 무효이고, 사업의 양도행위가 무효라고 주장하는 양도인은 민사쟁송으로 양도·양수행위의 무효를 구함이 없이 곧바로 허가관청을 상대로 하여 행정소송으로 위 신고수리처분의 무효확인을 구할 법률상 이익이 있다.

	ㄱ	ㄴ	ㄷ	ㄹ
①	○	○	○	○
②	×	○	×	○
③	○	×	×	○
④	○	×	○	○

08 「공익사업을 위한 토지 등의 취득 및 보상에 관한 법률」에 대한 설명으로 옳지 않은 것은? (다툼이 있는 경우 판례에 의함)

① 「공익사업을 위한 토지 등의 취득 및 보상에 관한 법률」에 따른 토지소유자의 사업시행자에 대한 손실보상금 채권에 관하여 압류 및 추심명령이 있는 경우, 채무자인 토지소유자는 보상금의 증액을 구하는 소를 제기하고 그 소송을 수행할 당사자적격을 상실한다.

② 협의 또는 재결에 의하여 사용하는 토지에 대하여는 그 토지와 인근 유사토지의 지료(地料), 임대료, 사용방법, 사용기간 및 그 토지의 가격 등을 고려하여 평가한 적정가격으로 보상하여야 한다.

③ 토지에 대한 보상액은 일시적인 이용상황과 토지소유자나 관계인이 갖는 주관적 가치 및 특별한 용도에 사용할 것을 전제로 한 경우 등은 고려하지 아니한다.

④ 사업시행자, 토지소유자 또는 관계인은 「공익사업을 위한 토지 등의 취득 및 보상에 관한 법률」 제34조에 따른 재결에 불복할 때에는 재결서를 받은 날부터 90일 이내에, 이의신청을 거쳤을 때에는 이의신청에 대한 재결서를 받은 날부터 60일 이내에 각각 행정소송을 제기할 수 있다.

09 「행정심판법」상 의무이행심판에 대한 설명으로 옳지 않은 것은?

① 당사자의 신청에 대한 행정청의 위법 또는 부당한 거부처분이나 부작위에 대하여 일정한 처분을 하도록 하는 행정심판을 말한다.

② 당사자의 신청을 거부하거나 부작위로 방치한 처분의 이행을 명하는 재결이 있으면 행정청은 지체 없이 이전의 신청에 대하여 재결의 취지에 따라 처분을 하여야 한다.

③ 행정심판위원회는 처분의 이행을 명하는 재결에도 불구하고 처분을 하지 아니하는 피청구인에게 배상을 할 것을 명할 수 있다.

④ 피청구인이 처분의 이행을 명하는 재결에도 불구하고 처분을 하지 않는다고 해서 행정심판위원회가 직접 처분을 할 수는 없다.

10 행정행위의 효력에 대한 설명으로 옳은 것을 모두 고르면? (다툼이 있는 경우 판례에 의함)

> ㄱ. 중대하고 명백한 하자 있는 행정행위에는 공정력이 인정되지 않는다.
> ㄴ. 판례는 연령을 속여 발급받은 운전면허라 하더라도 당연무효는 아니고 취소되지 않는 한 효력이 있다고 보아 무면허운전에 해당하지 않는다고 본다.
> ㄷ. 불가쟁력이 발생한 행정행위에 대해 처분청은 이를 직권취소하거나 철회할 수 없다.
> ㄹ. 불가변력이 발생한 행정행위는 당연히 불가쟁력을 가진다.

① ㄱ, ㄴ　　　　② ㄱ, ㄷ
③ ㄴ, ㄹ　　　　④ ㄷ, ㄹ

11 행정작용에 대한 설명으로 옳은 것은? (다툼이 있는 경우 판례에 의함)

① 지방자치단체가 사인과 체결한 자원회수시설에 대한 위탁운영협약은 사법상 계약에 해당하므로 그에 관한 다툼은 민사소송의 대상이 된다.
② 공법상 계약이 법령 위반 등의 내용상 하자가 있는 경우에도 그 하자가 중대명백한 것이 아니면 취소할 수 있는 하자에 불과하고 이에 대한 다툼은 당사자소송에 의하여야 한다.
③ 택시회사들의 자발적 감차와 그에 따른 감차보상금의 지급 및 자발적 감차 조치의 불이행에 따른 행정청의 직권 감차명령을 내용으로 하는 택시회사들과 행정청 간의 합의는 대등한 당사자 사이에서 체결한 공법상 계약에 해당하므로, 그에 따른 감차명령은 행정청이 우월한 지위에서 행하는 공권력의 행사로 볼 수 없다.
④ 「국가를 당사자로 하는 계약에 관한 법률」에 따라 국가가 당사자가 되는 이른바 공공계약에 관한 법적 분쟁은 원칙적으로 행정법원의 관할 사항이다.

12 「공공기관의 정보공개에 관한 법률」의 내용에 대한 설명으로 옳지 않은 것은?

① 정보공개청구권자인 '모든 국민'에는 자연인 외에 법인, 권리능력 없는 사단·재단은 물론이고 지방자치단체도 포함된다.
② 공개하는 것이 공익을 위하여 필요한 경우로서 법령에 따라 국가가 업무의 일부를 위탁 또는 위촉한 개인의 성명·직업은 공개되면 사생활의 비밀 또는 자유가 침해될 우려가 있다고 인정되더라도 공개대상정보에 해당한다.
③ 통일에 관한 사항으로서 공개될 경우 국가의 중대한 이익을 현저히 해칠 우려가 있다고 인정되는 정보는 비공개대상정보에 해당한다.
④ 공공기관 중 중앙행정기관 및 대통령령으로 정하는 기관은 전자적 형태로 보유·관리하는 정보 중 공개대상으로 분류된 정보를 국민의 정보공개 청구가 없더라도 정보통신망을 활용한 정보공개시스템 등을 통하여 공개하여야 한다.

13 「행정소송법」상 취소소송에 대한 설명으로 옳지 않은 것은? (다툼이 있는 경우 판례에 의함)

① 법령이 특정한 행정기관으로 하여금 다른 행정기관에 제재적 조치를 취할 수 있도록 하면서, 그에 따르지 않으면 그 행정기관에 과태료 등을 과할 수 있도록 정하는 경우, 권리구제나 권리보호의 필요성이 인정된다면 예외적으로 그 제재적 조치의 상대방인 행정기관에게 항고소송의 원고적격을 인정할 수 있다.
② 국민권익위원회가 소방청장에게 일정한 의무를 부과하는 내용의 조치요구를 한 경우 소방청장은 조치요구의 취소를 구할 당사자능력 및 원고적격이 인정되지 않는다.
③ 임용지원자가 특별채용 대상자로서 자격을 갖추고 있고 유사한 지위에 있는 자에 대하여 정규교사로 특별채용한 전례가 있다 하더라도, 교사로의 특별채용을 요구할 법규상 또는 조리상의 권리가 있다고 할 수 없다.
④ 지방법무사회가 법무사의 사무원 채용승인 신청을 거부하여 사무원이 될 수 없게 된 자가 지방법무사회를 상대로 거부처분의 취소를 구하는 경우 원고적격이 인정된다.

14 인허가의제에 대한 설명으로 옳지 않은 것은? (다툼이 있는 경우 판례에 의함)

① 인허가의제 제도는 관련 인허가 행정청의 권한을 제한하거나 박탈하는 효과를 가진다는 점에서 법률 또는 법률의 위임에 따른 법규명령의 근거가 있어야 한다.

② 「국토의 계획 및 이용에 관한 법률」에 따른 개발행위허가가 의제되는 「건축법」상 건축허가의 신청이 국토의 계획 및 이용에 관한 법령이 정한 개발행위허가기준에 부합하지 아니하면 건축허가권자로서는 이를 거부할 수 있다.

③ 주택건설사업계획 승인처분에 따라 의제된 인허가의 위법을 다투고자 하는 이해관계인은 의제된 인허가의 취소를 구할 것이 아니라 주택건설사업계획 승인처분의 취소를 구하여야 한다.

④ 주된 인허가 행정청은 주된 인허가를 하기 전에 관련 인허가에 관하여 미리 관련 인허가 행정청과 협의하여야 한다.

15 재량행위에 대한 설명으로 옳지 않은 것은? (다툼이 있는 경우 판례에 의함)

① 「국가공무원법」상 복직명령은 재량행위이므로, 국가공무원이 휴직사유가 소멸하였음을 이유로 복직신청을 한 경우 임용권자는 지체 없이 복직명령을 하여야 하는 것은 아니다.

② 구 「야생동·식물보호법」에 의한 용도변경승인은 특정인에게만 용도 외의 사용을 허용해주는 권리나 이익을 부여하는 이른바 수익적 행정행위로서 법령에 특별한 규정이 없는 한 재량행위이다.

③ 「출입국관리법」상 체류자격 변경허가의 허가권자는 신청인이 관계 법령에서 정한 요건을 충족하였더라도, 신청인의 적격성, 체류 목적, 공익상의 영향 등을 참작하여 허가 여부를 결정할 수 있는 재량을 가진다.

④ 「가축분뇨의 관리 및 이용에 관한 법률」에 따른 가축분뇨 처리방법 변경 불허가처분에 대한 사법심사는 법원이 허가권자의 재량권을 대신 행사하는 것이 아니라 허가권자의 공익판단에 관한 재량의 여지를 감안하여 원칙적으로 재량권의 일탈·남용이 있는지 여부만을 판단하여야 한다.

16 행정상 법률관계에 대한 판례의 입장으로 옳지 않은 것은?

① 공법상 근무관계의 형성을 목적으로 하는 채용계약의 체결 과정에서 행정청의 일방적인 의사표시로 계약이 성립하지 아니한 경우, 관계 법령이 상대방의 법률관계에 관하여 구체적으로 어떻게 규정하고 있는지에 따라 의사표시가 항고소송의 대상이 되는 처분에 해당하는지 아니면 공법상 계약관계의 일방 당사자로서 대등한 지위에서 행하는 의사표시인지를 개별적으로 판단하여야 한다.

② 행정처분과 부관 사이에 실제적 관련성이 있다고 볼 수 없는 경우 공무원이 이와 같은 공법상의 제한을 회피할 목적으로 행정처분의 상대방과 사이에 사법상 계약을 체결하는 형식을 취하였다면 이는 법치행정의 원리에 반하는 것으로서 위법하다.

③ 지방전문직공무원 채용계약 해지의 의사표시에 대하여는 공법상 당사자소송으로 그 의사표시의 무효확인을 청구할 수 있다.

④ 재단법인 한국연구재단이 A대학교 총장에게 연구개발비의 부당집행을 이유로 과학기술기본법령에 따라 '두뇌한국(BK)21 사업' 협약의 해지를 통보한 것은 공법상 계약을 계약당사자의 지위에서 종료시키는 의사표시에 해당한다.

17 행정청이 종전의 과세처분에 대한 경정처분을 함에 따라 상대방이 제기하는 항고소송에 대한 설명으로 옳지 않은 것은? (다툼이 있는 경우 판례에 의함)

① 「국세기본법」에 정한 경정청구기간이 도과한 후 제기된 경정청구에 대하여는 과세관청이 과세표준 및 세액을 결정 또는 경정하거나 거부처분을 할 의무가 없으므로, 과세관청의 경정 거절에 대하여 항고소송을 제기할 수 없다.

② 증액경정처분이 있는 경우, 원칙적으로는 당초 신고나 결정에 대한 불복기간의 경과 여부 등에 관계없이 증액경정처분만이 항고소송의 대상이 되고 납세의무자는 그 항고소송에서 당초 신고나 결정에 대한 위법사유를 주장할 수 없다.

③ 증액경정처분이 있는 경우, 당초처분은 증액경정처분에 흡수되어 소멸하고, 소멸한 당초처분의 절차적 하자는 존속하는 증액경정처분에 승계되지 아니한다.

④ 감액경정처분이 있는 경우, 항고소송의 대상은 당초의 부과처분 중 경정처분에 의하여 아직 취소되지 않고 남은 부분이고, 적법한 전심절차를 거쳤는지 여부도 당초 처분을 기준으로 판단하여야 한다.

18 「행정소송법」상 가구제에 대한 설명으로 옳지 않은 것은? (다툼이 있는 경우 판례에 의함)

① 집행정지를 결정하기 위해서는 본안으로 취소소송·무효등확인소송·부작위법확인소송이 계속 중이어야 한다.

② 거부처분은 그 효력이 정지되더라도 그 처분이 없었던 것과 같은 상태를 만드는 것에 지나지 아니하는 것이므로 정지할 필요성이 없다.

③ 항고소송의 대상이 되는 행정처분의 효력이나 집행 혹은 절차속행 등의 정지를 구하는 신청은 「행정소송법」상 집행정지신청의 방법으로만 가능할 뿐 「민사소송법」상 가처분의 방법으로는 허용될 수 없다.

④ 당사자소송에 대하여는 「행정소송법」 제23조 제2항의 집행정지에 관한 규정이 준용되지 아니하므로, 이를 본안으로 하는 가처분에 대하여는 「민사집행법」상의 가처분에 관한 규정이 준용되어야 한다.

19 행정행위의 효력에 대한 설명으로 옳은 것은? (다툼이 있는 경우 판례에 의함)

① 운전면허취소처분이 행정쟁송절차에 의하여 취소되었다면, 그 처분은 단지 장래에 향하여서만 효력을 잃게 된다.

② 위법한 행정대집행이 완료되면 계고처분의 취소를 구할 소의 이익은 없다 하더라도, 미리 그 처분의 취소판결이 있어야만 그 처분의 위법임을 이유로 한 손해배상청구를 할 수 있는 것은 아니다.

③ 행정처분이 불복기간의 경과로 인하여 확정될 경우 그 확정력에는 판결에 있어서와 같은 기판력이 인정되고 법원은 이에 기속되어 모순되는 판단을 할 수 없다.

④ 행정행위의 불가변력은 당해 행정행위에 대하여 인정될 뿐만 아니라, 동종의 행정행위라면 그 대상을 달리하더라도 이를 인정할 수 있다.

20 행정행위의 효력에 대한 설명으로 옳지 않은 것은? (다툼이 있는 경우 판례에 의함)

① 공정력이란 행정행위의 위법이 중대명백하여 당연무효가 아닌 한 권한 있는 기관에 의해 취소되기까지는 행정의 상대방이나 이해관계자에게 적법하게 통용되는 힘을 말한다.

② 파면처분을 받은 공무원은 그 처분에 취소사유인 하자가 존재하는 경우, 공무원의 신분을 전제로 하는 당사자소송이 불가하다.

③ 과세처분에 대해 이의신청을 하고 이에 따라 직권취소가 이루어졌다면 특별한 사정이 없는 한 불가변력이 발생한다.

④ 판례는 어업권 우선순위결정에 관한 사건에서 어업권 우선순위결정을 확약으로 보아 공정력, 불가쟁력을 인정하지 않아, 우선순위결정이 잘못되었다는 이유로 종전의 어업권면허처분이 취소되면 행정청은 종전의 우선순위결정을 무시하고 다시 우선순위를 결정할 수 있다.

11회 실전동형모의고사

제한시간: 15분 시작 시 분~ 종료 시 분 점수 확인 개/ 20개

01 행정행위의 하자에 대한 설명으로 옳지 않은 것은? (다툼이 있는 경우 판례에 의함)

① 납세자가 아닌 제3자의 재산을 대상으로 한 압류처분은 그 처분의 내용이 법률상 실현될 수 없는 것이어서 당연무효이다.

② 적법한 권한 위임 없이 세관출장소장에 의하여 행하여진 관세부과처분은 그 하자가 중대하기는 하지만 객관적으로 명백하다고 할 수 없어 당연무효는 아니다.

③ 행정청이 청문서 도달기간을 다소 어겼다하더라도 영업자가 이에 대하여 이의하지 아니한 채 스스로 청문일에 출석하여 그 의견을 진술하고 변명하는 등 방어의 기회를 충분히 가졌다면 청문서 도달기간을 준수하지 아니한 하자는 치유되었다.

④ 형식상 하자로 인하여 무효인 행정처분이 있은 후 행정청이 관계 법령에서 정한 형식을 갖추어 다시 동일한 행정처분을 하였다면, 당해 행정처분은 종전의 무효인 행정처분과 관계 없는 새로운 행정처분이라고 볼 수는 없다.

02 신고에 관한 판례의 입장으로 옳지 않은 것은?

① 구 「의료법」상의 의원개설신고는 수리를 요하지 않는 신고에 해당하지만, 동 법령상 신고사실의 확인행위로서 의료기관 개설 신고필증(현재의 신고증명서)을 교부하도록 규정한 이상, 신고필증의 교부가 없다면 의원개설신고의 효력은 인정되지 않는다.

② 건축신고에 대한 반려행위는 건축신고가 반려될 경우 건축주 등의 지위가 불안정해진다는 점에서 항고소송의 대상이 되는 처분에 해당한다.

③ 구 「장사 등에 관한 법률」에 의한 사설납골시설(현재의 사설봉안시설)의 설치신고가 법이 정한 요건을 모두 갖추고 있는 경우에 행정청은 수리의무가 있으나, 예외적으로 보건위생상의 위해방지나 국토의 효율적 이용 등과 같은 중대한 공익상 필요가 있는 경우에는 그 수리를 거부할 수 있다.

④ 신고납부방식의 조세에 있어서 납세의무자의 신고행위가 당연무효로 되지 않는 한, 납세의무자가 납세의무가 있는 것으로 오인하고 신고 후 조세납부행위를 하였다 하더라도 그것이 곧 부당이득에 해당한다고 할 수 없다.

03 「행정기본법」상 제재처분의 제척기간인 5년이 지나도 제재처분을 할 수 있는 경우는 모두 몇 개인가?

ㄱ. 제재처분을 하지 아니하면 국민의 안전·생명 또는 환경을 심각하게 해치거나 해칠 우려가 있는 경우
ㄴ. 거짓이나 그 밖의 부정한 방법으로 인허가를 받거나 신고를 한 경우
ㄷ. 정당한 사유 없이 행정청의 조사·출입·검사를 기피·방해·거부하여 제척기간이 지난 경우
ㄹ. 당사자가 인허가나 신고의 위법성을 경과실로 알지 못한 경우

① 1개 ② 2개
③ 3개 ④ 4개

04 준법률행위적 행정행위에 대한 설명으로 옳지 않은 것은? (다툼이 있는 경우 판례에 의함)

① 장해등급결정, 도로구역결정, 하천구역결정은 특정한 사실 또는 법률관계의 존부 또는 정부에 관하여 의문이 있거나 다툼이 있는 경우에 행정청이 이를 공권적으로 확인하는 행위이다.

② 공증이란 특정의 사실 또는 법률관계의 존재를 공적으로 증명하는 행정행위로서, 자동차운전면허대장상의 등재행위는 새로이 권리가 부여되거나 변동되는 효력이 발생하는 것이므로 행정소송의 대상이 되는 처분이다.

③ 당연퇴직의 통보는 법률상 당연히 발생하는 퇴직사유를 공적으로 확인하여 알려 주는 사실의 통보에 불과한 것이지 그 통보자체가 징계파면이나 직권면직과 같이 공무원의 신분을 상실시키는 새로운 형성적 행위는 아니므로 항고소송의 대상이 되는 독립한 행정처분이 될 수는 없다.

④ 친일반민족행위자재산조사위원회가 친일재산에 대한 국가귀속결정을 하여야 비로소 국가의 소유로 되는 것이 아니라 특별법의 시행에 따라 그 취득·증여 등 원인행위시에 소급하여 당연히 국가의 소유로 되고, 위 위원회의 국가귀속결정은 당해 재산이 친일재산에 해당한다는 사실을 확인하는 이른바 준법률행위적 행정행위의 성격을 가진다.

05 「행정절차법」에 대한 설명으로 옳은 것은? (다툼이 있는 경우 판례에 의함)

① 행정청은 법령 등의 해석 또는 행정청의 관행이 일반적으로 국민들에게 받아들여졌을 때에는 공익 또는 제3자의 정당한 이익을 현저히 해칠 우려가 있는 경우 새로운 해석 또는 관행에 따라 소급하여 불리하게 처리하여서는 아니 된다.

② 공공의 안전 또는 복리를 위하여 긴급히 처분을 할 필요가 있는 경우 의견청취절차를 생략할 수 있지만, 처분의 사전통지는 실시하여야 한다.

③ 청문은 당사자가 공개를 신청하거나 청문 주재자가 필요하다고 인정하는 경우 공개할 수 있다. 다만, 공익 또는 제3자의 정당한 이익을 현저히 해칠 우려가 있는 경우에는 공개하여서는 아니 된다.

④ 판례는 영업허가취소처분을 함에 있어서 두 차례 걸쳐 발송한 청문통지서가 모두 반송되었음을 이유로 청문을 거치지 않았다면 위 처분은 적법하다고 본다.

06 「행정소송법」상 소의 변경에 대한 설명으로 옳은 것은?

① 법원은 취소소송을 당해 처분 등에 관계되는 사무가 귀속하는 국가 또는 공공단체에 대한 당사자소송 또는 취소소송 외의 항고소송으로 변경하는 것이 상당하다고 인정할 때에는 청구의 기초에 변경이 없는 한 사실심의 변론종결시까지 직권 또는 원고의 신청에 의하여 결정으로써 소의 변경을 허가할 수 있다.

② 소의 변경을 허가 하는 경우 피고를 달리하게 될 때에는 법원은 새로이 피고로 될 자의 의견을 들을 수 있다.

③ 처분변경으로 인한 소의 변경신청은 처분의 변경이 있음을 안 날로부터 60일 이내에 하여야 한다.

④ 행정심판을 거쳐야 행정소송을 제기할 수 있는 처분으로 변경되는 경우 행정심판을 반드시 거쳐야 한다.

07 「행정절차법」상 송달과 처분절차에 대한 설명으로 옳지 않은 것은? (다툼이 있는 경우에 판례에 의함)

① 처분기준의 설정·공표의 규정은 침익적 처분뿐만 아니라 수익적 처분의 경우에도 적용된다.

② 정보통신망을 이용하여 전자문서로 송달하는 경우에는 송달받을 자가 지정한 컴퓨터 등에 입력된 때에 도달된 것으로 본다.

③ 공청회가 개최는 되었으나 정상적으로 진행되지 못하고 무산된 횟수가 3회인 경우 온라인공청회를 단독으로 개최할 수 있다.

④ 국가에 대하여 방송수신료를 부과하는 처분을 함에 있어서는 「행정절차법」 제21조 내지 23조에서 규정한 사전통지, 의견청취, 이유제시 절차를 거치지 않아도 위법한 것은 아니다.

08 행정행위의 직권취소에 대한 설명으로 옳은 것은? (다툼이 있는 경우 판례에 의함)

① 변상금 부과처분에 대한 취소소송이 진행중이라면 그 부과권자는 위법한 처분을 스스로 취소하고 그 하자를 보완하여 다시 적법한 부과처분을 할 수 없다.

② 취소소송에 의한 행정처분 취소의 경우에도 수익적 행정처분의 직권취소 제한에 관한 법리가 적용된다.

③ 처분청이 직권취소를 할 수 있다면 그 사정만으로 이해관계인은 처분청에 대하여 그 취소를 요구할 신청권을 가진다.

④ 국민에게 일정한 이익과 권리를 취득하게 한 종전 행정처분의 하자나 직권취소해야 할 필요성에 관한 증명책임은 기존이익과 권리를 침해하는 처분을 한 행정청에 있다.

09 행정처분이 위원회의 사전 심의나 의결을 거치는 것에 대한 설명으로 옳지 않은 것은? (다툼이 있는 경우 판례에 의함)

① 대학인사위원회에서 임용동의안이 부결되었음을 이유로 국립대학총장이 교수임용을 거부한 경우 사회통념상 현저히 타당성을 잃었다고 볼 만한 특별한 사정이 없는 이상 재량권의 일탈·남용이 있다고 볼 수 없다.

② 제척사유가 있는 위원이 관여한 법학교육위원회의 심의결과에 따라 법학전문대학원인가처분이 내려진 경우, 그러한 위원이 배제된 상태에서 심의를 하였더라도 동일한 심의결과가 나왔을 것으로 보이는 점 등에 비추어 그 인가처분은 당연무효가 아니다.

③ 구 「사회간접자본시설에 대한 민간투자법」상의 민간투자심의위원회가 절차규정을 위반하여 의결을 한 경우 그 의결에 터잡은 사업시행자지정처분은 당연무효가 아니다.

④ 구 「폐기물처리시설 설치촉진 및 주변지역지원 등에 관한 법률」상의 입지선정위원회가 그 구성방법 및 절차에 관한 같은 법 시행령의 규정에 위배하여 군수와 주민대표가 선정·추천한 전문가를 포함시키지 않은 채 임의로 구성되어 의결을 한 경우, 그 하자는 무효사유가 아니다.

10 행정행위의 성립요건과 발효요건에 대한 설명으로 옳지 않은 것은? (다툼이 있는 경우 판례에 의함)

① 상대방 있는 행정처분이 상대방에게 고지되지 아니한 경우에도 상대방이 다른 경로를 통해 행정처분의 내용을 알게 되었다면 행정처분의 효력은 발생한다.

② 어떠한 처분의 외부적 성립 여부는 행정청에 의해 행정의사가 공식적인 방법으로 외부에 표시되었는지를 기준으로 판단하여야 한다.

③ 교부에 의한 송달을 할 때 문서를 송달받을 자 또는 그 사무원등이 정당한 사유 없이 송달받기를 거부하는 경우에는 그 사실을 수령확인서에 적고, 문서를 송달할 장소에 놓아둘 수 있다.

④ 고시 또는 공고에 의하여 행정처분을 하는 경우에는 행정처분에 이해관계를 갖는 자가 고시 또는 공고가 있었다는 사실을 현실적으로 알았는지 여부에 관계 없이 고시가 효력을 발생하는 날에 행정처분이 있음을 알았다고 보아야 한다.

11 행정행위의 하자에 대한 설명으로 옳은 것은? (다툼이 있는 경우 판례에 의함)

① 징계처분이 중대하고 명백한 하자로 인하여 당연무효인 경우라도 징계처분을 받은 자가 이를 용인하면 그 하자가 치유된다.

② 절차상 또는 형식상 하자로 인하여 무효인 행정처분이 있은 후 행정청이 관계 법령에서 정한 절차 또는 형식을 갖추어 다시 동일한 행정처분을 하였다면, 당해 행정처분은 종전의 무효인 행정처분과 관계없이 새로운 행정처분이라고 보아야 한다.

③ 적법한 건축물에 대해 하자가 중대·명백한 철거명령이 행해진 경우, 이를 전제로 행하여진 후행행위인 건축물 철거대집행 계고처분은 당연무효라 할 수 없다.

④ 하자 승계의 차원에서 선행행위의 하자를 이유로 후행행위를 다툴 수 있을 뿐만 아니라, 후행행위의 하자를 이유로 선행행위를 다투는 것도 가능하다.

12 공법상 계약에 대한 설명으로 옳지 않은 것은? (다툼이 있는 경우 판례에 의함)

① 수익적 행정처분에 있어서 행정청은 부담을 부가하기 이전에 상대방과 협의하여 부담의 내용을 협약의 형식으로 미리 정한 다음 행정처분을 하면서 부담을 부가할 수도 있다.

② 지방전문직공무원 채용계약 해지의 의사표시에 대하여는 공법상 당사자소송으로 그 의사표시의 무효확인을 청구할 수 있다.

③ 광주광역시문화예술회관장의 단원위촉은 광주광역시와 단원이 되고자 하는 자 사이에 대등한 지위에서 의사가 합치되어 성립하는 공법상 근로계약에 해당한다.

④ 구「중소기업 기술혁신 촉진법」상 중소기업 정보화지원사업에 따른 지원금 출연을 위하여 중소기업청장이 체결하는 협약은 공법상 계약에 해당하지만 그 협약의 해지 및 그에 따른 환수통보는 행정처분에 해당한다.

13 항고소송의 대상이 되는 것을 모두 고르면? (다툼이 있는 경우 판례에 의함)

ㄱ. 국민건강보험공단의 '직장가입자 자격상실 및 자격변동 안내' 통보
ㄴ. 국방전력발전업무훈령에 따른 연구개발확인서 발급 및 그 거부
ㄷ.「농지법」에 따른 이행강제금 부과처분
ㄹ. 건축물대장 소관 행정청이 건축물에 관한 건축물대장을 직권말소한 행위
ㅁ. 법무사의 사무원 채용승인 신청에 대한 소속 지방법무사회의 채용승인거부
ㅂ. 검찰총장의 검사에 대한 경고조치

① ㄱ, ㄴ, ㄷ
② ㄴ, ㄹ, ㅂ
③ ㄹ, ㅁ, ㅂ
④ ㄴ, ㄹ, ㅁ, ㅂ

14 행정조사에 대한 설명으로 옳지 않은 것은? (다툼이 있는 경우 판례에 의함)

① 각급선거관리위원회 위원·직원의 선거범죄 조사에 있어서 피조사자를 상대로 한 자료제출요구는 행정조사의 일종이다.

② 부과처분을 위한 과세관청의 질문조사권이 행하여지는 세무조사의 경우 납세자 또는 그 납세자와 거래가 있다고 인정되는 자 등은 세무공무원의 과세자료 수집을 위한 질문에 대답하고 검사를 수인하여야 할 법적 의무를 부담한다.

③ 행정조사를 실시하고자 하는 행정기관의 장은 「통계법」 제3조 제2호에 따른 지정통계의 작성을 위하여 조사하는 경우에 반드시 서면으로 조사대상자에게 행정조사 목적 등을 통지하여야 한다.

④ 음주운전 여부에 대한 조사 과정에서 운전자 본인의 동의를 받지 아니하고 법원의 영장 없이 채혈조사를 한 결과를 근거로 한 운전면허 정지·취소처분은 특별한 사정이 없는 한 위법한 처분으로 볼 수밖에 없다.

15 행정절차에 대한 설명으로 옳지 않은 것은? (다툼이 있는 경우 판례에 의함)

① 행정청은 처분 후 1년 이내에 당사자등이 요청하는 경우에는 청문·공청회 또는 의견제출을 위하여 제출받은 서류나 그 밖의 물건을 반환하여야 한다.

② 「국가공무원법」상 직위해제처분은 당해 행정작용의 성질상 행정절차를 거치기 곤란하거나 불필요하다고 인정되는 사항에 해당하므로, 처분의 사전통지 및 의견청취 등에 관한 「행정절차법」의 규정이 별도로 적용되지 않는다.

③ 소방서 담당 공무원이 소방시설 보완명령을 구두로 고지한 것은 당연 무효인 행정처분이므로 이러한 시정보완명령을 위반하였음을 이유로 행정형벌을 부과할 수는 없다.

④ 공무원의 퇴직연금의 환수결정은 당사자에게 의무를 과하는 처분이기 때문에 당사자에게 의견진술의 기회를 주지 아니하는 것은 「행정절차법」 제22조 제3항에 어긋난다.

16 「개인정보 보호법」상 개인정보에 대한 설명으로 옳지 않은 것은? (다툼이 있는 경우 판례에 의함)

① 옥외집회·시위에 대한 경찰의 촬영행위에 의해 취득한 자료는 '개인정보'의 보호에 관한 일반법인 「개인정보 보호법」이 적용될 수 없다.

② 시장·군수 또는 구청장이 개인의 지문정보를 수집하고, 경찰청장이 이를 보관·전산화하여 범죄수사목적에 이용하는 것은 모두 개인정보자기결정권을 제한하는 것이다.

③ 개인정보자기결정권의 보호대상이 되는 개인정보는 반드시 개인의 내밀한 영역이나 사사(私事)의 영역에 속하는 정보에 국한되지 않고 공적 생활에서 형성되었거나 이미 공개된 정보까지 포함한다.

④ 자신의 개인정보를 열람한 정보주체는 개인정보처리자에게 그 개인정보의 정정 또는 삭제를 요구할 수 있지만 다른 법령에서 그 개인정보가 수집 대상으로 명시되어 있는 경우에는 그 삭제를 요구할 수 없다.

17 행정행위의 공정력과 선결문제에 대한 설명으로 옳지 않은 것은? (다툼이 있는 경우 판례에 의함)

① 조세과오납에 따른 부당이득반환청구사안에서 민사법원은 사전통지 및 의견제출절차를 거치지 않은 하자를 이유로 행정행위의 효력을 부인할 수 있다.

② 미리 그 행정처분의 취소판결이 있어야만, 그 행정처분의 위법임을 이유로 한 손해배상의 청구를 할 수 있는 것은 아니다.

③ 과세처분의 하자가 단지 취소할 수 있는 정도에 불과할 때에는 취소되지 않는 한 그로 인한 조세의 납부가 부당이득이 된다고 할 수 없다.

④ 행정행위에 중대명백한 하자가 있는 경우 선결문제에도 불구하고 민사법원 및 형사법원은 제기된 청구에 대하여 판결을 내릴 수 있다.

18 국가배상청구에 대한 설명으로 옳지 않은 것은? (다툼이 있는 경우 판례에 의함)

① 「경찰관 직무집행법」 등에 의하여 경찰관에게 부여된 여러 가지 권한이 일반적으로 경찰관의 합리적인 재량에 위임되어 있다 하더라도, 경찰관이 권한을 행사하여 필요한 조치를 하지 아니하는 것이 현저하게 불합리하다고 인정되는 경우에는 권한의 불행사가 직무상의 의무를 위반한 것이 되어 위법하게 된다.

② 교육부장관이 국·공립학교 기간제교원을 구 공무원수당 등에 관한 규정에 따른 성과상여금 지급대상에서 제외하는 내용의 지침을 발표한 것은 위 규정의 해석에 관한 법리에 따른 것이므로, 국가는 성과금 지급대상에서 제외된 기간제교원에 대해 국가배상책임을 지지 않는다.

③ 공무원의 직무집행이 위법한 이상, 그 직무집행으로 인해 타인의 권리와 이익이 침해되어 구체적 손해가 발생하지 않았다고 하더라도 국가배상책임이 성립한다.

④ 수익적 행정처분이 신청인에 대한 관계에서 「국가배상법」상 위법성이 있는 것으로 평가되기 위하여는, 객관적으로 보아 그 행위로 인하여 신청인이 손해를 입게 될 것이 분명하다고 할 수 있어 신청인을 위하여도 당해 행정처분을 거부할 것이 요구되는 경우이어야 한다.

19 행정규칙에 대한 설명으로 옳지 않은 것은? (다툼이 있는 경우 판례에 의함)

① 중앙행정기관의 장이 정한 훈령·예규 및 고시 등 행정규칙은 상위법령의 위임이 있다고 하더라도 「행정기본법」상의 '법령'에 해당하지 않는다.

② 법령의 규정이 특정 행정기관에게 법령 내용의 구체적 사항을 정할 수 있는 권한을 부여하면서 권한행사의 절차나 방법을 특정하지 아니한 경우에는 수임행정기관은 행정규칙으로 법령 내용이 될 사항을 구체적으로 정할 수 있다.

③ 상급행정기관이 하급행정기관에 대하여 업무처리지침이나 법령의 해석적용에 관한 기준을 정하여 발하는 행정규칙은 일반적으로 행정조직 내부에서만 효력을 가질 뿐 대외적인 구속력을 갖는 것은 아니다.

④ 행정규칙의 내용이 상위법령이나 법의 일반원칙에 반하는 것이라면 행정내부적 효력도 인정될 수 없다.

20 행정심판과 행정소송에 대한 설명으로 옳지 않은 것을 모두 고르면? (다툼이 있는 경우 판례에 의함)

ㄱ. 행정심판위원회는 심판청구의 대상이 되는 처분보다 청구인에게 불리한 재결을 하지 못한다.

ㄴ. 행정심판을 제기하였다가 기각재결을 받은 후 무효확인소송을 제기하는 경우에는, 재결서 정본을 송달받은 날부터 90일 이내에 소송을 제기하여야 한다.

ㄷ. 행정심판청구에 대한 재결이 있으면 그 재결 자체에 고유한 위법이 있는 경우를 제외하고는 같은 처분 또는 부작위에 대하여 다시 행정심판을 청구할 수 없다.

ㄹ. 당사자의 신청을 거부하는 처분을 취소하는 재결이 있는 경우에는 행정청은 그 재결의 취지에 따라 이전의 신청에 대한 처분을 하여야 한다.

ㅁ. 「도로교통법」에 따른 운전면허취소처분에 대한 행정소송에 대해서는 필요적 행정심판전치주의가 적용된다.

① ㄱ, ㄴ   ② ㄱ, ㅁ

③ ㄴ, ㄷ   ④ ㄴ, ㄹ

12회 실전동형모의고사

제한시간: 15분 시작 시 분 ~ 종료 시 분 점수 확인 개/ 20개

01 신뢰보호의 원칙에 대한 설명으로 옳지 않은 것은? (다툼이 있는 경우 판례에 의함)

① 행정청이 공적인 견해를 표명할 당시의 사정이 사후에 변경된 경우에도 특별한 사정이 없는 한 행정청이 그 견해표명에 반하는 처분을 하는 것은 신뢰보호의 원칙에 위반된다.

② 「지방세법」에서 정한 취득세 등이 면제되는 '기술진흥단체'인지 여부에 관한 질의에 대하여 건설교통부장관과 내무부장관이 비과세 의견으로 회신한 경우 공적인 견해표명에 해당한다.

③ 선행조치는 반드시 관세관청이 납세자에 대하여 비과세를 시사하는 명시적 언동이 있어야만 하는 것은 아니고, 묵시적인 언동 다시 말하면 비과세의 사실상태가 장기간에 걸쳐 계속되는 경우에 그것이 그 사항에 대하여 과세의 대상으로 삼지 아니하는 뜻의 과세관청의 묵시적인 의향표시로 볼 수 있는 경우에도 이를 인정할 수 있다.

④ 재건축조합에서 일단 내부 규범이 정립되면 조합원들은 특별한 사정이 없는 한 그것이 존속하리라는 신뢰를 가지게 되므로, 내부 규범을 변경하고자 하는 경우 그 변경을 통해 달성하려는 이익이 종전 내부 규범의 존속을 신뢰한 조합원들의 이익보다 우월해야 한다.

02 「국가배상법」상 국가배상에 대한 설명으로 옳은 것(○)과 옳지 않은 것(×)을 올바르게 조합한 것은? (다툼이 있는 경우 판례에 의함)

> ㄱ. 상호보증은 외국의 법령, 판례 및 관례 등에 의하여 발생요건을 비교하여 인정되면 충분하고 반드시 당사국과의 조약이 체결되어 있을 필요는 없다.
>
> ㄴ. 지방자치단체가 구 산업기술혁신 촉진법령에 따른 인증신제품 구매의무를 위반하였다고 하더라도 이를 이유로 신제품 인증을 받은 자에 대하여 국가배상책임을 지는 것은 아니다.
>
> ㄷ. 공법인이 국가로부터 위탁받은 공행정사무를 집행하는 과정에서 공법인의 임직원이 경과실로 법령을 위반하여 타인에게 손해를 입힌 경우, 공법인의 임직원은 「국가배상법」 제2조에서 정한 공무원에 해당하여 배상책임을 면한다.

	ㄱ	ㄴ	ㄷ
①	○	○	○
②	○	×	×
③	×	○	×
④	×	×	○

03 행정행위의 직권취소와 철회에 대한 설명으로 옳은 것만을 모두 고르면?

> ㄱ. 행정청은 거짓이나 그 밖의 부정한 방법으로 처분을 받은 경우 또는 당사자가 처분의 위법성을 알고 있었거나 중대한 과실로 알지 못한 경우에는 직권취소를 할 수 있다.
> ㄴ. 행정행위의 철회는 적법요건을 구비하여 완전히 효력을 발하고 있는 행정행위를 사후적으로 그 행위의 효력의 전부 또는 일부를 장래에 향해 소멸시키는 행정처분이므로, 철회사유는 행정행위의 성립 당시에 존재하였던 하자를 말한다.
> ㄷ. 행정청은 적법한 처분이 중대한 공익을 위하여 필요한 경우에도 그 처분의 전부 또는 일부를 장래를 향하여 철회할 수 있다.
> ㄹ. 행정청은 적법한 처분을 철회하려는 경우에는 철회로 인하여 당사자가 입게 될 불이익을 철회로 달성되는 공익과 비교·형량하여야 한다.

① ㄱ, ㄴ
② ㄱ, ㄷ
③ ㄴ, ㄹ
④ ㄱ, ㄷ, ㄹ

04 행정대집행에 대한 설명으로 옳은 것은? (다툼이 있는 경우 판례에 의함)

① 「행정대집행법」상 대집행을 할 수 있는 의무는 법률에 의거한 행정청의 명령에 의한 것에 한정되고, 법률에 의하여 직접 부과된 의무는 대집행의 대상이 아니다.

② 행정대집행의 절차가 인정되어 행정청이 행정대집행의 방법으로 건물의 철거 등 대체적 작위의무의 이행을 실현할 수 있는 경우에라도 따로 민사소송의 방법으로 그 의무의 이행을 구할 수 있다.

③ 대집행비용납부명령 자체에는 아무런 하자가 없다면, 대집행비용납부명령의 취소를 구하는 소송에서 계고처분이 위법하다는 주장을 할 수 없다.

④ 행정청이 행정대집행의 방법으로 건물철거의무의 이행을 실현할 수 있는 경우에는 건물철거 대집행 과정에서 부수적으로 건물의 점유자들에 대한 퇴거 조치를 할 수 있고, 점유자들이 적법한 행정대집행을 위력을 행사하여 방해하는 경우 「형법」상 공무집행방해죄가 성립하므로, 필요한 경우에는 「경찰관 직무집행법」에 근거한 위험발생 방지조치 또는 「형법」상 공무집행방해죄의 범행방지 내지 현행범체포의 차원에서 경찰의 도움을 받을 수도 있다.

05 취소소송의 대상이 되는 행정처분에 대한 설명으로 옳은 것은? (다툼이 있는 경우 판례에 의함)

① 금융감독원장이 종합금융주식회사의 전 대표이사에게 재직 중 위법·부당행위 사례를 첨부하여 금융 관련 법규를 위반하고 신용질서를 심히 문란하게 한 사실이 있다는 내용으로 '문책경고장(상당)'을 보낸 행위는 행정처분에 해당한다.

② 교육부장관이 대학에서 추천한 복수의 총장 후보자들 전부 또는 일부를 임용제청에서 제외하는 행위는 행정처분에 해당한다.

③ 지방의회 의장에 대한 불신임의결은 지방의회의 내부적 결정에 불과하므로 행정처분에 해당하지 않는다.

④ 조달청장의 나라장터 종합쇼핑몰 거래정지조치는 사법상 계약에 해당하는 물품구매계약 추가특수조건에 근거하여 내려진 것이므로, 이는 구체적 사실에 관한 법집행으로서의 공권력의 행사로서 상대방의 권리·의무에 직접 영향을 미친다 하더라도 행정처분에 해당하지 않는다.

06 「국가배상법」상 국가배상에 대한 설명으로 옳지 않은 것은? (다툼이 있는 경우 판례에 의함)

① 「경찰관 직무집행법」 제5조의 규정 내용이 형식상 경찰관에게 재량에 의한 직무수행권한을 부여한 것처럼 되어 있더라도 경찰관이 권한을 행사하여 필요한 조치를 하지 아니하는 것이 현저하게 불합리하다고 인정되는 경우에는 그러한 권한의 불행사는 위법하다.

② 국가배상책임은 공무원에 의한 가해행위의 태양이 확정될 수 있으면 성립되고 구체적인 행위자가 반드시 특정될 것을 요하지 않는다.

③ 「국가배상법」 제2조 제1항 단서는 '전투·훈련'뿐만 아니라 경찰공무원의 사고현장 교통정리와 같은 '일반 직무집행'의 경우에도 적용된다.

④ 경찰공무원인 피해자가 구 「공무원연금법」에 따라 공무상 요양비를 지급받는 것은 구 「국가배상법」 제2조 제1항 단서에서 정한 '다른 법령의 규정'에 따라 보상을 지급받는 것에 해당한다.

07 행정행위의 부관에 대한 설명으로 옳지 않은 것은? (다툼이 있는 경우 판례에 의함)

① 행정처분과 부관 사이에 실제적 관련성이 있다고 볼 수 없는 경우 공무원이 공법상의 제한을 회피할 목적으로 행정처분의 상대방과 사이에 사법상 계약을 체결하는 형식을 취하였다면 이는 법치행정의 원리에 반하는 것으로서 위법하다.

② 면허발급 당시에 붙이는 부관뿐만 아니라 면허발급 이후에 붙이는 부관도 법률에 명문 규정이 있거나 변경이 미리 유보되어 있는 경우 또는 상대방의 동의가 있는 경우 등에는 특별한 사정이 없는 한 허용된다.

③ 행정처분에 부담인 부관을 붙인 경우, 부관이 무효라면 부담의 이행으로 이루어진 사법상 매매행위도 당연히 무효가 된다.

④ 사정변경으로 당초에 부담을 부가한 목적을 달성할 수 없게 된 경우에도 그 목적달성에 필요한 범위 내에서 예외적으로 부담의 사후변경이 허용된다.

08 「국가배상법」 제2조의 책임에 대한 설명으로 옳지 않은 것은? (다툼이 있는 경우 판례에 의함)

① 「국가배상법」 제2조에서의 공무원에는 국가나 지방자치단체에 근무하는 청원경찰도 포함된다.

② 고의 또는 중과실이 있는 경우 공무원의 대외적 책임과 구상책임의 범위는 동일하다.

③ 판례는 공무원의 불법행위가 고의·중과실에 의한 경우에 한하여 공무원 자신도 피해자에 대하여 배상책임을 진다는 입장이다.

④ 수익적 행정처분인 허가 등을 신청한 사안에서 그 행정처분을 통하여 달성하고자 하는 신청인의 목적 등을 자세하게 살펴 그 목적 달성에 필요한 안내나 배려 등을 하지 않았다면 직무집행에 있어 위법한 행위를 한 것이라고 할 수 있다.

09 행정소송에 관한 판례의 입장으로 옳지 않은 것은?

① 원고가 「행정소송법」상 항고소송으로 제기해야 할 사건을 민사소송으로 잘못 제기하여 수소법원이 관할법원에 이송하는 결정을 하고 이송결정이 확정된 후 원고가 항고소송으로 소 변경을 한 경우, 그 항고소송에 대한 제소기간 준수 여부는 처음에 소를 제기한 때를 기준으로 판단하여야 한다.

② 사정판결의 요건인 처분의 위법성은 처분시를 기준으로 판단하고, 공공복리를 위한 사정판결의 필요성은 변론 종결시를 기준으로 판단하여야 한다.

③ 집행정지의 요건으로 규정하고 있는 '공공복리에 중대한 영향을 미칠 우려'가 없을 것이라고 할 때의 '공공복리'는 그 처분의 집행과 관련된 구체적이고도 개별적인 공익을 말하는 것으로서 이러한 집행정지의 소극적 요건에 대한 주장·소명책임은 행정청에게 있다.

④ 「도시 및 주거환경정비법」에 근거한 조합설립인가처분은 행정주체로서의 지위를 부여하는 설권적 처분이고, 조합설립결의는 조합설립인가처분의 요건이므로, 조합설립결의에 하자가 있다면 그 하자를 이유로 직접 항고소송의 방법으로 조합설립결의의 취소 또는 무효확인을 구하여야 한다.

10 행정심판에 대한 내용으로 옳은 것은? (다툼이 있는 경우 판례에 의함)

① 행정심판청구에 대한 인용재결이 있는 경우 피청구인인 행정청은 재결에 대한 불복을 위하여 재결취소소송을 제기할 수 있다.

② 처분청이 고지의무를 이행하지 아니하였다면 심판의 대상이 되는 행정처분이 위법하게 된다.

③ 행정심판청구를 인용하는 재결이 행정청을 기속하도록 규정한 「행정심판법」 제49조 제1항은 헌법 제101조 제1항, 제107조 제2항 및 제3항에 위배되는 것은 아니다.

④ 중앙행정심판위원회는 위원장 1명을 포함하여 50명 이내의 위원으로 구성하되, 위원 중 상임위원은 4명 이내로 한다.

11 행정행위에 대한 설명으로 옳지 않은 것은? (다툼이 있는 경우 판례에 의함)

① 건축허가는 대물적 성질을 갖는 것이어서 행정청으로서는 허가를 할 때에 건축주 또는 토지 소유자가 누구인지 등 인적 요소에 관하여는 형식적 심사만 한다.

② 구 「공중위생관리법」상 공중위생영업에 대하여 영업을 정지할 위법사유가 있다면, 관할 행정청은 그 영업이 양도·양수되었다 하더라도 양수인에 대하여 영업정지처분을 할 수 있다.

③ 국유재산의 무단점유에 대한 변상금 징수의 요건은 「국유재산법」에 명백히 규정되어 있으므로 변상금을 징수할 것인가는 처분청의 재량을 허용하지 않는 기속행위이다.

④ 서울특별시장의 의료유사업자 자격증 갱신발급은 의료유사업자의 자격을 부여 내지 확인하는 행위의 성질을 가진다.

12 행정조사에 대한 설명으로 옳지 않은 것은? (다툼이 있는 경우 판례에 의함)

① 「행정조사기본법」에 따르면 행정기관의 장은 법령 등에서 규정하고 있는 조사사항을 조사대상자로 하여금 스스로 신고하도록 하는 제도를 운영할 수 있다.

② 음주운전 여부에 대한 조사 과정에서 운전자 본인의 동의를 받지 아니하고 또한 법원의 영장도 없이 채혈조사를 한 결과를 근거로 한 운전면허 정지·취소처분은 특별한 사정이 없는 한 위법한 처분이다.

③ 「관세법」 등에 따라 우편물 통관검사절차에서 이루어지는 우편물의 개봉, 시료채취, 성분분석 등의 검사는 행정조사의 성격을 가지는 것이 아니라 수사기관의 강제처분에 해당한다.

④ 「행정조사기본법」에 따르면 조사대상자는 조사원에게 공정한 행정조사를 기대하기 어려운 사정이 있다고 판단되는 경우에는 행정기관의 장에게 당해 조사원의 교체를 신청할 수 있다.

13 행정상 공표에 대한 설명으로 옳지 않은 것은? (다툼이 있는 경우 판례에 의함)

① 「행정절차법」에 따르면 행정청은 위반사실등의 공표를 하기 전에 당사자가 공표와 관련된 의무의 이행 등의 조치를 마친 경우에는 위반사실등의 공표를 하지 않을 수 있다.

② 병무청장이 병역의무 기피자의 인적사항 등을 인터넷 홈페이지에 게시하는 등의 방법으로 공개한 경우 병무청장의 공개결정은 항고소송의 대상이 되는 행정처분이라 할 수 없다.

③ 구 「청소년의 성보호에 관한 법률」이 형벌 외에 신상도 공개하도록 한 것은 헌법 제13조의 이중처벌금지 원칙에 위배되지 않는다.

④ 「행정절차법」에 따르면 행정청은 공표된 내용이 사실과 다른 것으로 밝혀진 경우에도 당사자가 원하지 아니하면 정정한 내용을 공표하지 아니할 수 있다.

14 행정벌에 대한 설명으로 옳지 않은 것은? (다툼이 있는 경우 판례에 의함)

① 「지방자치법」상 사기나 부정한 방법으로 사용료 징수를 면한 자에 대한 과태료의 부과·징수 등의 절차에 관한 사항은 「질서위반행위규제법」에 따른다.

② 경찰서장이 범칙행위에 대하여 통고처분을 한 이상, 통고처분에서 정한 범칙금 납부 기간까지는 원칙적으로 경찰서장은 즉결심판을 청구할 수 없고, 검사도 동일한 범칙행위에 대하여 공소를 제기할 수 없다.

③ 「질서위반행위규제법」에 따른 과태료는 행정청의 과태료 부과처분이나 법원의 과태료 재판이 확정된 후 5년간 징수하지 아니하거나 집행하지 아니하면 시효로 소멸한다.

④ 「질서위반행위규제법」상 법원의 과태료 재판이 확정된 후에는 법률이 변경되어 그 행위가 질서위반행위에 해당하지 아니하게 된 경우라 하더라도 과태료의 집행을 면제하지 못한다.

15 과세처분 및 체납처분에 대한 설명으로 옳은 것은 모두 몇 개인가? (다툼이 있는 경우 판례에 의함)

> ㄱ. 과세처분 이후에 조세 부과의 근거가 되었던 법률규정에 대하여 위헌결정이 있었으나 과세처분에 대한 제소기간이 이미 경과하여 조세채권이 확정된 경우, 그 조세채권의 집행을 위한 새로운 체납처분은 당연무효가 아니다.
> ㄴ. 중대한 하자가 있는 세무조사에 의하여 수집된 과세자료를 기초로 과세처분이 이루어진 경우라고 하더라도, 세무조사 절차가 종결되었다면 그 과세처분은 위법하지 않다.
> ㄷ. 체납자에 대한 공매통지가 공매에서 체납자의 권리 내지 재산상의 이익을 보호하기 위하여 법률로 규정한 절차적 요건이라고 하더라도, 체납자는 자신에 대한 공매통지의 하자뿐만 아니라 다른 권리자에 대한 공매통지의 하자를 공매처분의 위법사유로 주장할 수 있다.
> ㄹ. 과세처분의 취소소송에서 청구가 기각된 확정판결의 기판력은 그 과세처분의 무효확인을 구하는 소송에도 미친다.

① 0개   ② 1개
③ 2개   ④ 3개

16 행정상 손해배상에 대한 판례의 입장으로 옳지 않은 것은?

① 「국가배상법」 제2조에 따른 공무원은 「국가공무원법」 등에 의해 공무원의 신분을 가진 자에 국한하지 않고, 널리 공무를 위탁받아 실질적으로 공무에 종사하고 있는 일체의 자를 가리킨다.
② 공무원이 직무를 수행하면서 그 근거법령에 따라 구체적으로 의무를 부여받아도 그것이 국민 개개인의 이익을 위한 것이 아니라 전체적으로 공공 일반의 이익을 도모하기 위한 것이라면 그 의무에 위반하여 국민에게 손해를 가하여도 국가 또는 지방자치단체는 배상책임을 지지 않는다.
③ 어떠한 행정처분이 항고소송에서 취소되었을지라도 그 기판력에 의하여 당해 행정처분이 곧바로 공무원의 고의 또는 과실로 인한 것으로서 국가배상책임이 성립한다고 단정할 수는 없다.
④ 「공직선거법」이 후보자가 되고자 하는 자와 그 소속 정당에게 전과기록을 조회할 권리를 부여하고 수사기관에 회보의무를 부과한 것은 공공의 이익만을 위한 것이지 후보자가 되고자 하는 자나 그 소속 정당의 개별적 이익까지 보호하기 위한 것은 아니다.

17 행정처분의 이유제시에 대한 설명으로 옳은 것은? (다툼이 있는 경우 판례에 의함)

① 행정청은 침익적 행정처분의 경우에만 이유를 제시하여야 하고 수익적 행정처분의 경우에는 이유제시를 하지 않아도 무방하다.
② 교육부장관이 어떤 후보자를 상대적으로 총장 임용에 더 적합하다고 판단하여 임용제청하는 경우, 임용제청 행위 자체로서 「행정절차법」상 이유제시의무를 다한 것이라 할 수 없다.
③ 행정청은 당사자가 신청 내용을 모두 그대로 인정하는 처분인 경우 처분 후 당사자가 요청하는 경우에는 그 근거와 이유를 제시하여야 한다.
④ 세액산출 근거가 기재되지 아니한 납세고지서에 의한 과세처분을 한 경우에는 늦어도 과세처분에 대한 불복 여부의 결정 및 불복신청에 편의를 줄 수 있는 상당한 기간 내에 보정행위를 하여야 그 하자가 치유된다.

18 「행정절차법」상 행정절차에 대한 설명으로 옳지 않은 것은? (다툼이 있는 경우 판례에 의함)

① 행정청에 대하여 처분을 구하는 신청을 할 때 전자문서로 하는 경우에는 행정청의 컴퓨터 등에 입력된 때에 신청한 것으로 본다.
② 행정청은 대통령령을 입법예고하는 경우 국회 소관 상임위원회에 이를 제출하여야 한다.
③ 행정청은 공청회를 마친 후 처분을 할 때까지 새로운 사정이 발견되어 공청회를 다시 개최할 필요가 있다고 인정할 때에는 공청회를 다시 개최할 수 있다.
④ 지방자치단체장이 구 「공유재산 및 물품관리법」에 근거하여 민간투자사업을 추진하던 중 우선협상대상자의 지위를 박탈하는 처분을 하기 위하여는 반드시 청문을 실시하여야 한다.

19 재량권의 일탈·남용에 대한 설명으로 옳은 것을 모두 고르면? (다툼이 있는 경우 판례에 의함)

> ㄱ. 항고소송의 경우에는 처분의 적법성을 주장하는 행정청에게 그 적법사유에 대한 증명책임이 있으므로, 그 처분이 재량권의 일탈·남용이 없다는 점을 증명할 책임도 행정청이 부담한다.
>
> ㄴ. 가수 甲이 재외공관의 장에게 재외동포(F-4) 체류자격의 사증발급을 신청하자 재외공관장이 처분이유를 기재한 사증발급 거부처분서를 작성해 주지 않은 채 甲의 아버지에게 전화로 사증발급이 불허되었다고 통보한 사안은 재량의 일탈·남용에 해당한다.
>
> ㄷ. 처분의 근거법령이 행정청에 처분의 요건과 효과 판단에 일정한 재량을 부여하였는데도, 행정청이 자신에게 재량권이 없다고 오인하여 처분으로 달성하려는 공익과 그로써 처분상대방이 입게 되는 불이익의 내용과 정도를 전혀 비교형량하지 않은 채 처분을 하였다면, 이는 재량권 불행사로서 그 자체로 재량권 일탈·남용에 해당된다.
>
> ㄹ. 판례에 의할 때 「식품위생법」상 일반음식점영업허가는 재량행위로 본다.

① ㄱ, ㄴ

② ㄱ, ㄷ

③ ㄴ, ㄷ

④ ㄴ, ㄹ

20 사인의 공법행위로서 신고에 대한 판례의 입장으로 옳지 않은 것은?

① 「유통산업발전법」상 대규모 점포의 개설 등록은 이른바 '수리를 요하는 신고'로서 행정처분에 해당한다.

② 「의료법」에 따라 정신과의원을 개설하려는 자가 법령에 규정되어 있는 요건을 갖추어 개설신고를 한 경우라도 관할 시장·군수·구청장은 법령에서 정한 요건 이외의 사유를 들어 의원급 의료기관 개설신고의 수리를 거부할 수 있다.

③ 인·허가의제 효과를 수반하는 건축신고는 일반적인 건축신고와는 달리, 특별한 사정이 없는 한 행정청이 그 실체적 요건에 관한 심사를 한 후 수리하여야 하는 이른바 '수리를 요하는 신고'에 해당한다.

④ 가설건축물 존치기간을 연장하려는 건축주 등이 법령에 규정되어 있는 제반 서류와 요건을 갖추어 행정청에 연장신고를 한 경우, 행정청으로서는 법령에서 요구하고 있지도 아니한 '대지사용승낙서' 등의 서류가 제출되지 아니하였거나, 대지소유권자의 사용승낙이 없다는 등의 사유를 들어 가설건축물 존치기간 연장신고의 수리를 거부하여서는 아니 된다.

13회 실전동형모의고사

제한시간: 15분 **시작** 시 분 ~ **종료** 시 분 점수 확인 ▮개/ 20개

01 행정행위의 하자에 대한 설명으로 옳지 않은 것은? (다툼이 있는 경우 판례에 의함)

① 행정청이 「식품위생법」상의 청문절차를 이행함에 있어 청문서 도달기간을 다소 어겼지만 영업자가 이의하지 아니한 채 청문일에 출석하여 의견을 진술하고 변명하는 등 방어의 기회를 충분히 가졌다면 청문서 도달기간을 준수하지 아니한 하자는 치유되었다고 본다.

② 감독청은 법률에 명문의 규정이 없는 경우, 처분을 철회하는 것이 불가능하다.

③ 행정처분에 있어 여러 개의 처분사유 중 일부가 적법하지 않으면 다른 처분사유로써 그 처분의 정당성이 인정된다고 하더라도, 그 처분은 위법하게 된다.

④ 판례는 甲 등이 '4대강 살리기 사업' 중 한강 부분에 관한 각 하천공사시행계획 및 각 실시계획승인처분에 보의 설치와 준설 등에 대한 구 「국가재정법」 제38조 등에서 정한 예비타당성조사를 하지 않은 절차상 하자가 있다는 이유로 각 처분의 취소를 구한 사안에서, 예산의 편성에 절차상 하자가 있다는 사정만으로 곧바로 각 처분에 취소사유에 이를 정도의 하자가 존재한다고 보기 어렵다고 판시하였다.

02 「공공기관의 정보공개에 관한 법률」상 정보공개에 대한 설명으로 옳지 않은 것은? (다툼이 있는 경우 판례에 의함)

① 한국방송공사(KBS)는 정보공개의무가 있는 '공공기관'에 해당한다.

② 직무를 수행한 공무원의 성명·직위는 사생활의 비밀 또는 자유를 침해할 우려가 있다고 인정되는 정보이므로 비공개 대상 정보이다.

③ 공개청구의 대상이 되는 정보가 이미 인터넷 등을 통하여 공개되어 인터넷검색 등을 통하여 쉽게 알 수 있다는 사정만으로는 소의 이익이 없다거나 비공개결정이 정당화될 수 없다.

④ 공공기관이 공개청구의 대상이 된 정보를 공개는 하되, 청구인이 신청한 공개방법 이외의 방법으로 공개하기로 하는 결정을 하였다면, 이는 정보공개청구 중 정보공개방법에 관한 부분에 대하여 일부 거부처분을 한 것이다.

03 甲은 식품위생법령상 적합한 시설을 갖추어 유흥주점 영업허가를 받아 업소를 경영하던 중 청소년을 출입시켜 주류를 제공하였음을 이유로 A시장으로부터 영업정지 2개월의 처분을 받았다. 이에 대해 甲은 해당 처분이 사실을 오인한 것임을 들어 다투고자 하였으나, 미처 취소소송을 제기하기 전에 영업정지기간이 도과되어 버렸다(「식품위생법 시행규칙」은 같은 이유로 2차 위반 시 영업정지 3개월의 제재처분을 하도록 규정하고 있다). 이에 대한 설명으로 옳은 것을 모두 고르면? (다툼이 있는 경우 판례에 의함)

> ㄱ. A시장은 유흥주점 영업허가를 하는 때에는 필요한 조건을 붙일 수 있다.
> ㄴ. A시장이 甲에 대하여 내린 영업정지처분의 적법 여부는 「식품위생법 시행규칙」의 행정처분기준에 적합한지의 여부만에 따라 판단할 것이 아니라 법의 규정 및 그 취지에 적합한 것인가의 여부에 따라 판단하여야 한다.
> ㄷ. 甲에 대한 2개월의 영업정지처분은 그 기간의 경과로 이미 효력이 상실되었으므로, 甲에게는 그 처분의 취소를 구할 법률상 이익이 인정되지 아니한다.
> ㄹ. 甲이 위 영업정지처분으로 인하여 재산적 손해를 입었다고 주장하며 국가배상소송을 제기하는 경우 수소법원은 위 처분에 대하여 「국가배상법」상 법령의 위반사유가 있는지 독자적으로 판단할 수 있다.

① ㄱ   ② ㄷ
③ ㄴ, ㄹ   ④ ㄱ, ㄴ, ㄹ

04 위임명령의 한계에 대한 설명으로 옳지 않은 것은? (다툼이 있는 경우 판례에 의함)

① 법률이 공법적 단체 등의 정관에 자치법적 사항을 위임한 경우에는 헌법 제75조가 정하는 포괄적인 위임입법의 금지는 원칙적으로 적용되지 않지만, 그 사항이 국민의 권리·의무에 관련되는 것일 경우에는 적어도 국민의 권리·의무에 관한 기본적이고 본질적인 사항은 국회가 정하여야 한다.

② 위임명령이 구법에 위임의 근거가 없어 무효였다면 사후에 법개정으로 위임의 근거가 부여되더라도 유효로 되지 않는다.

③ 법률에서 위임받은 사항에 관하여 대강을 정하고 그 중의 특정사항을 범위를 정하여 하위법령에 다시 위임하는 경우에는 재위임이 허용된다. 이러한 법리는 조례가 「지방자치법」에 따라 주민의 권리제한 또는 의무부과에 관한 사항을 법률로부터 위임받은 후, 이를 다시 지방자치단체장이 정하는 '규칙'이나 '고시' 등에 재위임하는 경우에도 마찬가지이다.

④ 「공공기관의 정보공개에 관한 법률」에 의하면 "다른 법률 또는 법률에서 위임한 명령에 의하여 비밀 또는 비공개 사항으로 규정된 정보"는 이를 공개하지 아니할 수 있다고 규정하고 있는바, 여기에서 '법률에 의한 명령'은 정보의 공개에 관하여 법률의 구체적인 위임 아래 제정된 법규명령(위임명령)을 의미한다.

05 「질서위반행위규제법」상 행정질서벌에 대한 설명으로 옳지 않은 것은? (다툼이 있는 경우 판례에 의함)

① 어떤 행정법규 위반행위에 대하여 입법자가 행정질서벌인 과태료를 부과할 것인지, 행정형벌을 부과할 것인지를 정하는 것은 입법재량에 속한다.

② 신분에 의하여 성립하는 질서위반행위에 신분이 없는 자가 가담한 때에는 신분이 없는 자에 대하여도 질서위반행위가 성립한다.

③ 고의 또는 과실이 없는 질서위반행위는 과태료를 부과하지 아니한다.

④ 행정청은 불의의 재난으로 피해를 당한 사람에 대하여 과태료의 징수유예등을 하는 경우 그 유예하는 금액에 상당하는 담보의 제공을 요구할 수 없다.

06 항고소송의 원고적격에 대한 판례의 입장으로 옳지 않은 것은?

① 일반면허를 받은 시외버스운송사업자에 대한 사업계획변경 인가처분으로 인하여 노선 및 운행계통의 일부 중복으로 기존에 한정면허를 받은 시외버스운송사업자의 수익감소가 예상된다면, 기존의 한정면허를 받은 시외버스운송사업자는 일반면허 시외버스운송사업자에 대한 사업계획변경 인가처분의 취소를 구할 법률상의 이익이 있다.

② 처분의 근거 법규 또는 관련 법규에 그 처분으로써 이루어지는 행위 등 사업으로 인하여 환경상 침해를 받으리라고 예상되는 영향권의 범위가 구체적으로 규정되어 있는 경우, 그 영향권 내의 주민들에 대하여는 특단의 사정이 없는 한 환경상 이익에 대한 침해 또는 침해 우려가 있는 것으로 사실상 추정된다.

③ 「출입국관리법」상의 체류자격 및 사증발급의 기준과 절차에 관한 규정들은 대한민국의 출입국 질서와 국경관리라는 공익을 보호하려는 취지로 해석될 뿐이므로, 동법상 체류자격변경 불허가처분, 강제퇴거명령 등을 다투는 외국인에게는 해당 처분의 취소를 구할 법률상 이익이 인정되지 않는다.

④ 법령이 특정한 행정기관으로 하여금 다른 행정기관에 제재적 조치를 취할 수 있도록 하면서, 그에 따르지 않으면 그 행정기관에 과태료 등을 과할 수 있도록 정하는 경우, 권리구제나 권리보호의 필요성이 인정된다면 예외적으로 그 제재적 조치의 상대방인 행정기관에게 항고소송의 원고적격을 인정할 수 있다.

07 손실보상에 대한 설명으로 옳지 않은 것은? (다툼이 있는 경우 판례에 의함)

① 법률이 민간기업을 수용의 주체로 규정한 자체를 두고 위헌이라고 할 수는 없다.

② 공익사업의 시행 후에 사업지 밖에서 발생한 간접손실에 대하여는 해당 법률에 보상규정이 있는 경우에만 보상할 수 있다.

③ 헌법 제23조 제3항이 규정하는 정당한 보상이란 원칙적으로 피수용재산의 객관적 가치를 완전하게 보상하는 '완전보상'을 의미한다.

④ 하나의 재결에서 피보상자별로 여러 가지의 토지, 물건, 권리 또는 영업의 손실에 관하여 심리·판단이 이루어졌을 때, 피보상자로서는 반드시 재결 전부에 관하여 불복하여야 하는 것은 아니다.

08 행정행위의 부관에 대한 설명으로 옳지 않은 것은? (다툼이 있는 경우 판례에 의함)

① 지방국토관리청장이 일부 공유수면매립지에 대하여 한 국가 또는 직할시 귀속처분은 매립준공인가를 함에 있어서 매립의 면허를 받은 자의 매립지에 대한 소유권 취득을 규정한 「공유수면매립법」 제14조의 효과 일부를 배제하는 부관을 붙인 것이므로 이 부관은 독립하여 행정소송의 대상이 될 수 있다.

② 수익적 행정처분에 있어서는 법령에 특별한 근거 규정이 없다고 하더라도 그 부관으로서 부담을 붙일 수 있고, 상대방과 협의하여 부담의 내용을 협약의 형식으로 미리 정한 다음 행정처분을 하면서 이를 부가할 수도 있다.

③ 행정청은 처분에 재량이 없는 경우에는 법률에 근거가 있는 경우에 부관을 붙일 수 있다.

④ 기선선망어업의 허가를 하면서 운반선, 등선 등 부속선을 사용할 수 없도록 제한한 부관은 그 어업허가의 목적 달성을 사실상 어렵게 하여 그 본질적 효력을 해하는 것일 뿐만 아니라 「수산업법 시행령」의 규정에도 어긋나는 것이며, 더욱이 어업조정이나 기타 공익상 필요하다고 인정되는 사정이 없는 이상 위법한 것이다.

09 행정행위에 대한 설명으로 옳은 것만을 <보기>에서 모두 고르면? (다툼이 있는 경우 판례에 의함)

───── <보기> ─────

ㄱ. 행정청의 사립학교법인 임원취임승인행위는 학교법인의 임원선임행위의 법률상 효력을 완성하게 하는 보충적 법률행위로서 강학상 인가에 해당한다.

ㄴ. 토지 등 소유자들이 도시환경정비사업을 위한 조합을 따로 설립하지 아니하고 직접 그 사업을 시행하고자 하는 경우, 사업시행계획인가처분은 일종의 설권적 처분의 성격을 가지므로 토지 등 소유자들이 작성한 사업시행계획은 독립된 행정처분이 아니다.

ㄷ. 주택재건축조합의 정관변경에 대한 시장·군수등의 인가는 그 대상이 되는 기본행위를 보충하여 법률상 효력을 완성시키는 행위로서 시장·군수등이 변경된 정관을 인가하면 정관변경의 효력이 총회의 의결이 있었던 때로 소급하여 발생한다.

ㄹ. 토지거래허가는 토지거래허가구역 내의 토지거래를 전면적으로 금지시키고 특정한 경우에 예외적으로 토지거래계약을 체결할 수 있는 자격을 부여하는 점에서 강학상 특허에 해당한다.

① ㄱ, ㄴ   ② ㄱ, ㄷ
③ ㄴ, ㄷ   ④ ㄴ, ㄹ

10 행정행위의 하자에 대한 설명으로 옳지 않은 것은? (다툼이 있는 경우 판례에 의함)

① 행정처분을 한 행정청은 그 처분의 성립에 하자가 있는 경우 이를 취소할 별도의 법적 근거가 없다 하더라도 직권으로 취소할 수 있다.

② 지방병무청장이 재신체검사 등을 거쳐 종전의 현역병입영대상편입처분을 보충역편입처분으로 변경한 후에 제소기간의 경과 등으로 보충역편입처분에 형식적 존속력이 생겼다면, 보충역편입처분에 하자가 있다는 이유로 이를 직권으로 취소하더라도 종전의 현역병입영대상편입처분의 효력은 회복되지 않는다.

③ 조세부과처분과 압류 등의 체납처분은 별개의 행정처분으로서 독립성을 가지므로 조세부과처분에 하자가 있더라도 그 부과처분이 취소되지 아니하는 한 그에 근거한 체납처분은 위법이라고 할 수 없으나, 그 부과처분에 중대하고도 명백한 하자가 있어 무효인 경우에는 그 부과처분의 집행을 위한 체납처분도 무효이다.

④ 적법한 건축물에 대한 철거명령의 하자가 중대하고 명백하여 당연무효라 하더라도, 그 후행행위인 건축물철거 대집행계고처분이 당연무효인 것은 아니다.

11 행정소송상 주장책임과 입증책임에 대한 설명으로 옳은 것을 모두 고르면? (다툼이 있는 경우 판례에 의함)

ㄱ. 취소소송에서 당사자의 명백한 주장이 없는 경우에도 법원은 기록에 나타난 여러 사정을 기초로 직권으로 사정판결을 할 수 있다.

ㄴ. 정보공개거부처분 취소소송에서 비공개사유의 주장·입증책임은 피고인 공공기관에 있다.

ㄷ. 행정처분의 당연무효를 주장하여 그 무효확인을 구하는 행정소송에서 그 행정처분이 무효인 사유를 주장·입증할 책임은 원고에게 있다.

ㄹ. 국가유공자 인정과 관련하여, 공무수행으로 상이(傷痍)를 입었다는 점이나 그로 인한 신체장애의 정도가 법령에 정한 등급 이상에 해당한다는 점에 관한 증명책임은 국가유공자 등록신청인에게 있지만, 그 상이가 '불가피한 사유 없이 본인의 과실이나 본인의 과실이 경합된 사유로 입은 것'이라는 사정에 관한 증명책임은 피고인 처분청에게 있다.

---

① ㄴ, ㄹ
② ㄱ, ㄴ, ㄷ
③ ㄱ, ㄷ, ㄹ
④ ㄱ, ㄴ, ㄷ, ㄹ

12 「국가배상법」상 공무원의 위법한 직무행위로 인한 손해배상에 대한 설명으로 옳은 것은? (다툼이 있는 경우 판례에 의함)

① 국민이 법령에 정하여진 수질기준에 미달한 상수원수로 생산된 수돗물을 마심으로써 건강상의 위해 발생에 대한 염려 등에 따른 정신적 고통을 받았다고 하더라도, 이러한 사정만으로는 국가 또는 지방자치단체가 국민에게 손해배상책임을 부담하지 아니한다.

② 「국가배상법」상 직무행위에는 비권력적 사실행위가 포함되지 않으므로 행정지도는 직무행위에 포함되지 않는다.

③ 손해배상책임을 묻기 위해서는 가해 공무원을 특정하여야 한다.

④ 국가가 가해 공무원에 대하여 구상권을 행사하는 경우 국가가 배상한 배상액 전액에 대하여 구상권을 행사하여야 한다.

13 「공익사업을 위한 토지 등의 취득 및 보상에 관한 법률」상 이주대책에 대한 설명으로 옳은 것은? (다툼이 있는 경우 판례에 의함)

① 사업시행자의 이주대책 수립·실시의무를 정하고 있는 구 「공익사업을 위한 토지 등의 취득 및 보상에 관한 법률」의 규정은 당사자의 합의에 의하여 적용을 배제할 수 없는 강행법규라고 볼 수 없다.

② 헌법재판소는, 이주대책은 생활보상의 일환으로서 헌법 제23조 제3항에 규정된 정당한 보상에 포함되므로 이주대책의 실시 여부는 입법자의 입법재량 영역에 속하지 않는다고 보았다.

③ 사업시행자에게는 이주대책대상자들에게 공급할 택지 또는 주택의 내용이나 수량을 정할 수 있는 재량이 인정되지 않는다.

④ 법률이 사업시행자에게 이주대책의 수립·실시의무를 부과하고 있다고 하여 그 규정만으로 이주자에게 수분양권이 직접 발생하는 것은 아니다.

14 행정계획에 대한 설명으로 옳지 않은 것은? (다툼이 있는 경우 판례에 의함)

① 도시계획구역 내 토지 등을 소유하고 있는 사람과 같이 당해 도시계획시설결정에 이해관계가 있는 주민은 도시시설계획의 입안권자 내지 결정권자에게 도시시설계획의 입안 내지 변경을 요구할 수 있는 법규상 또는 조리상의 신청권이 있다.

② 「도시 및 주거환경정비법」에 기초하여 주택재건축정비사업조합이 수립한 사업시행계획은 인가·고시를 통해 확정되어도 이해관계인에 대한 직접적인 구속력이 없는 행정계획으로서 독립된 행정처분에 해당하지 아니한다.

③ 문화재보호구역 내의 토지소유자가 문화재보호구역의 지정해제를 신청하는 경우에는 그 신청인에게 법규상 또는 조리상 행정계획 변경을 신청할 권리가 인정된다.

④ 장기미집행 도시계획시설결정의 실효제도에 의해 개인의 재산권이 보호되는 것은 입법자가 새로운 제도를 마련함에 따라 얻게 되는 법률에 기한 권리일 뿐 헌법상 재산권으로부터 당연히 도출되는 권리는 아니다.

15 「행정심판법」상 행정심판에 대한 설명으로 옳은 것은?

① 조정이 성립되면 재결의 기속력 규정뿐만 아니라 행정심판위원회의 간접강제 규정도 준용된다.

② 감사원의 처분 또는 부작위에 대한 심판청구에 대하여는 중앙행정심판위원회에서 심리·재결한다.

③ 행정심판을 청구하려는 자는 행정심판청구서를 관할 행정심판위원회에 제출하여야 하고, 피청구인에게는 제출할 수 없다.

④ 피청구인의 경정결정이 있으면 심판청구는 피청구인이 경정된 때 제기된 것으로 본다.

16 항고소송의 당사자에 대한 설명으로 옳은 것은? (다툼이 있는 경우 판례에 의함)

① 지방자치단체는 다른 지방자치단체장의 건축협의 취소에 대하여 취소를 구할 법률상 이익이 없다.

② 처분성이 인정되는 국민권익위원회의 조치요구를 받은 소방청장은 조치요구의 취소를 구하는 항고소송의 원고적격을 가진다.

③ 교원소청심사위원회의 결정에 대하여 피청구인인 사립학교의 장은 항고소송을 제기할 수 없다.

④ 사증발급 거부처분을 받은 외국인은 그 거부처분에 대해 취소소송을 제기할 원고적격을 가진다.

17 국가배상에 대한 설명으로 옳지 않은 것은? (다툼이 있는 경우 판례에 의함)

① 국가배상청구소송을 제기하기 전에 반드시 국가배상심의회의 결정을 거치지 않아도 된다.

② 법령의 해석이 복잡·미묘하여 어렵고 학설·판례가 통일되지 않을 때에 공무원이 신중을 기해 그 중 어느 한 설을 취하여 처리한 경우에는 그 해석이 결과적으로 위법한 것이었다 하더라도 「국가배상법」상 공무원의 과실을 인정할 수 없다.

③ 법령에 의해 대집행권한을 위탁받은 한국토지공사는 「국가배상법」 제2조에서 말하는 공무원에 해당하지 않는다.

④ 공무원이 자기소유 차량으로 공무수행 중 사고를 일으킨 경우 공무원 개인은 고의 또는 중과실에 의한 경우에 대해서 「자동차손해배상 보장법」상의 운행자성이 인정되는 한 배상책임을 부담한다.

18 행정기관의 권한에 대한 설명으로 옳지 않은 것은? (다툼이 있는 경우 판례에 의함)

① 「정부조직법」 제6조 제1항이 국가행정기관의 설치, 조직, 직무범위의 대강을 정하는데 그 목적이 있다하여 그 이유만으로 권한위임의 근거규정이 아니라 할 수는 없다.

② 대외적으로 처분 권한이 있는 처분청이 상급행정기관의 지시를 위반하는 처분을 한 경우, 그러한 사정만으로 처분이 곧바로 위법하게 되는 것은 아니다.

③ 피대리행정청의 의사에 의해 대리권을 수여받은 행정기관이 대리관계를 표시하면서 피대리행정청을 대리하여 처분을 한 경우, 당해 처분에 대한 취소소송의 피고는 그 처분을 한 수임청이 된다.

④ 「국세징수법」에 근거하여 한국자산관리공사가 행하는 공매의 대행은 세무서장의 공매권한의 위임에 해당하므로 한국자산관리공사의 공매처분에 대한 취소소송에서 피고는 한국자산관리공사이다.

19 행정상 법률관계에 대한 설명으로 옳은 것(○)과 옳지 않은 것(×)을 올바르게 조합한 것은? (다툼이 있는 경우 판례에 의함)

> ㄱ.「국유재산법」상 국유재산의 무단점유자에 대한 변상금의 부과는「민법」상 부당이득반환청구권의 행사로 볼 수 있으므로 사법상의 법률행위에 해당한다.
> ㄴ. 지방자치단체에 근무하는 청원경찰이 뇌물을 받아 직무상 의무를 위반하였다는 이유로 파면을 당한 경우에, 청원경찰은 청원주와 사법상 근로계약을 체결함으로써 임용되는 것이므로 위 파면의 정당성에 대해서는 민사소송으로 다투어야 한다.
> ㄷ. 공익사업을 위한 토지 등의 취득 및 보상에 관한 법령에 의한 협의취득은 사법상의 법률행위이므로 당사자 사이의 자유로운 의사에 따라 채무불이행책임이나 매매대금 과부족금에 대한 지급의무를 약정할 수 있다.
> ㄹ. 중소기업 정보화지원사업에 따른 지원금 출연을 위하여 관계 행정기관의 장이 사인과 체결하는 협약은 공법상 대등한 당사자 사이의 의사표시 합치로 성립하는 공법상 계약에 해당한다.

	ㄱ	ㄴ	ㄷ	ㄹ
①	×	×	×	○
②	×	○	×	○
③	×	×	○	○
④	○	×	○	×

20 甲은 자신의 영업소 인근 도로에 광고물을 설치하기 위해 관할 도로관리청인 A시장에게 도로점용허가를 신청하였으나 A시장은 신청 후 상당한 기간이 경과하였음에도 아무런 조치를 취하고 있지 않다. 이에 대한 설명으로 옳은 것은? (다툼이 있는 경우 판례에 의함)

① 甲은 의무이행심판뿐만 아니라 부작위위법확인심판을 청구할 수 있으며, 이때 의무이행심판 인용재결의 기속력에 관한「행정심판법」규정은 부작위위법확인심판에 준용된다.

② 甲이 청구한 의무이행심판에 대하여 처분의 이행을 명하는 재결이 있음에도 불구하고 A시장이 재결의 취지에 따른 처분을 하지 않는 경우, 甲은 관할 행정심판위원회에 간접강제를 신청할 수 있다.

③ 甲이 제기한 부작위위법확인소송에서 A시장의 부작위가 위법한지 여부는 甲의 허가신청시를 기준으로 판단되어야 한다.

④ 甲은 A시장의 부작위에 대해 행정심판을 거친 후 부작위위법확인의 소를 제기하려면 행정심판 재결서의 정본을 송달받은 날부터 60일 이내에 제기하여야 한다.

14회 실전동형모의고사

제한시간: 15분 시작 시 분 ~ 종료 시 분 점수 확인 개/ 20개

01 행정상 손실보상에 대한 설명으로 옳은 것을 모두 고르면? (다툼이 있는 경우 판례에 의함)

> ㄱ. 헌법 제23조 제3항은 정당한 보상을 전제로 하여 재산권의 수용 등에 관한 가능성을 규정하고 있지만 재산권 수용의 주체를 정하고 있지 않으므로 민간기업을 수용의 주체로 규정한 자체를 두고 위헌이라고 할 수 없다.
> ㄴ. 공유수면 매립면허의 고시가 있다고 하여 반드시 그 사업이 시행되고 그로 인하여 손실이 발생한다고 할 수 없고, 매립면허 고시 이후 매립공사가 실행되어 어업권자에게 실질적이고 현실적인 피해가 발생한 경우에만 「공유수면 관리 및 매립에 관한 법률」에서 정하는 손실보상청구권이 발생한다.
> ㄷ. 공공사업의 시행으로 인하여 사업지 밖에 미치는 간접손실에 관하여 그 피해자와 사업시행자 사이에 협의가 이루어지지 아니하고 그 보상에 관한 명문의 근거법령이 없는 경우에 손실의 예견 및 특정이 가능하여도 「공익사업을 위한 토지 등의 취득 및 보상에 관한 법률 시행규칙」의 관련 규정을 유추하여 적용할 수는 없다.
> ㄹ. 이주대책은 이주자들에게 종전의 생활상태를 회복시켜 주려는 생활보상의 일환으로서 헌법 제23조 제3항에 규정된 정당한 보상에 당연히 포함되는 것이므로 이주대책의 실시 여부는 입법자의 입법재량의 영역에 속한다고 할 수 없다.

① ㄱ
② ㄱ, ㄴ
③ ㄷ, ㄹ
④ ㄱ, ㄴ, ㄷ

02 행정심판의 재결에 관한 항고소송에 대한 설명으로 옳은 것은? (다툼이 있는 경우 판례에 의함)

① 제3자효를 수반하는 행정행위에 대한 행정심판 청구에 있어서, 그 청구를 인용하는 내용의 재결로 인해 비로소 권리이익을 침해받게 되는 자라도 인용재결에 대해서는 항고소송을 제기하지 못한다.
② 원처분주의에 반하여 재결에 대해 항고소송을 제기했으나 재결 자체에 고유한 위법이 없다면, 각하판결을 해야 한다.
③ 서면에 의하지 않은 재결의 경우 형식상 하자가 있으므로 재결에 대해서 항고소송을 제기할 수 있다.
④ 기각재결에 대해서는 원칙적으로 재결 자체의 위법을 이유로 항고소송을 제기해야 한다.

03 관할 행정청이 한 행위로서 항고소송의 대상이 되는 것을 모두 고른 것은? (다툼이 있는 경우 판례에 의함)

> ㄱ. 토지대장상의 소유자명의변경신청을 거부한 행위
> ㄴ. 토지대장을 직권말소한 행위
> ㄷ. 건축물대장의 용도변경신청을 거부한 행위
> ㄹ. 건축물대장을 직권말소한 행위
> ㅁ. 건축물대장 작성신청을 반려한 행위

① ㄱ, ㄴ
② ㄷ, ㄹ, ㅁ
③ ㄴ, ㄷ, ㄹ, ㅁ
④ ㄱ, ㄴ, ㄷ, ㄹ, ㅁ

04 취소판결의 기속력에 대한 설명으로 옳은 것(○)과 옳지 않은 것(×)을 올바르게 조합한 것은? (다툼이 있는 경우 판례에 의함)

ㄱ. 취소판결이 확정되면 당사자인 행정청과 그 밖의 관계행정청은 확정판결에 저촉되는 처분을 할 수 없다. 그러나 기본적 사실관계의 동일성이 없는 다른 처분사유를 들어 동일한 내용의 처분을 하는 것은 기속력에 반하지 않는다.

ㄴ. 거부처분에 대하여 취소판결이 확정된 경우, 행정청의 재처분은 신청 내용을 그대로 인정하는 처분이 되어야 한다. 따라서 행정청은 판결의 취지를 존중하여 반드시 신청한 내용대로 처분을 하여야 한다.

ㄷ. 행정처분의 적법여부는 그 행정처분이 행하여진 때의 법령과 사실을 기준으로 하여 판단하는 것이므로 거부처분 후에 법령이 개정·시행된 경우에는 개정된 법령 및 허가기준을 새로운 사유로 들어 다시 이전의 신청에 대한 거부처분을 할 수 있다.

ㄹ. 취소판결의 기속력에 위반하여 행한 행정청의 행위는 위법하나, 이는 무효사유가 아니라 취소사유에 해당한다.

	ㄱ	ㄴ	ㄷ	ㄹ
①	○	×	×	×
②	○	○	×	○
③	×	×	○	○
④	○	×	○	×

05 준법률행위적 행정행위에 대한 설명으로 옳지 않은 것은? (다툼이 있는 경우 판례에 의함)

① 토지대장상의 소유자명의변경신청을 거부하는 행위는 실체적 권리관계에 영향을 미치는 사항으로 행정처분이다.

② 친일반민족행위자재산조사위원회의 친일재산 국가귀속결정은 문제된 재산이 친일재산에 해당한다는 사실을 확인하는 준법률행위적 행정행위이다.

③ 「국가공무원법」에 근거하여 정년에 달한 공무원에게 발하는 정년퇴직 발령은 정년퇴직 사실을 알리는 관념의 통지이다.

④ 「국세징수법」에 의한 가산금과 중가산금의 납부독촉에 절차상 하자가 있는 경우 그 징수처분에 대하여 취소소송에 의한 불복이 가능하다.

06 「국가배상법」에 대한 판례의 입장으로 옳지 않은 것은?

① 보호관찰관이 위치추적 전자장치 피부착자의 재범 방지에 유효한 실질적인 조치를 하지 아니한 것이 현저하게 불합리하다고 인정되는 경우, 직무상의 의무를 위반한 것으로서 위법하다고 할 수 있다.

② 경찰공무원인 피해자가 「공무원연금법」에 따라 공무상 요양비를 지급받는 것은 「국가배상법」 제2조 제1항 단서에서 정한 '다른 법령의 규정'에 따라 보상을 지급받는 것에 해당된다.

③ 대통령긴급조치 제1호, 제4호의 발령·적용·집행으로 강제수사를 받거나 유죄판결을 선고받고 복역함으로써 개별 국민이 입은 손해에 대하여 국가배상책임이 인정된다.

④ 군인이 교육훈련으로 공상을 입은 경우라도 「군인연금법」 또는 「국가유공자예우 등에 관한 법률」에 의하여 재해보상금·유족연금·상이연금 등 별도의 보상을 받을 수 없는 경우에는 「국가배상법」 제2조 제1항 단서의 적용 대상에서 제외하여야 한다.

07 행정상 공표에 대한 설명으로 옳지 않은 것은? (다툼이 있는 경우 판례에 의함)

① 「행정절차법」에 따르면 행정청은 위반사실등의 공표를 하기 전에 당사자가 공표와 관련된 의무의 이행 등의 조치를 마친 경우라 하더라도 위반사실등의 공표를 해야 한다.

② 병무청장이 병역의무 기피자의 인적사항 등을 인터넷 홈페이지에 게시하는 등의 방법으로 공개한 경우 병무청장의 공개결정은 항고소송의 대상이 되는 행정처분이라 할 수 있다.

③ 구 「청소년의 성보호에 관한 법률」이 형벌 외에 신상도 공개하도록 한 것은 헌법 제13조의 이중처벌금지 원칙에 위배되지 않는다.

④ 「행정절차법」에 따르면 행정청은 공표된 내용이 사실과 다른 것으로 밝혀진 경우에도 당사자가 원하지 아니하면 정정한 내용을 공표하지 아니할 수 있다.

08 부작위위법확인소송에 대한 설명으로 옳은 것은? (다툼이 있는 경우 판례에 의함)

① 부작위위법확인소송의 계속중 소극적 처분이 있게 되더라도 부작위위법확인의 소가 소의 이익을 잃게 되는 것은 아니다.

② 형사사건에서 무죄판결이 확정되어 피압수자가 압수물 환부신청을 하였음에도 검사가 이에 대하여 아무런 결정이나 통지도 하지 않고 있는 부작위는 부작위위법확인소송의 대상이 되지 아니한다.

③ 부작위위법확인소송은 행정심판을 거친 경우에도 제소기간의 제한을 받지 않는다.

④ 취소소송의 재판관할 규정은 부작위위법확인소송의 경우에 준용되지 않는다.

09 「행정소송법」상 확정된 취소판결의 효력에 대한 설명으로 옳은 것(○)과 옳지 않은 것(×)을 올바르게 조합한 것은? (다툼이 있는 경우 판례에 의함)

> ㄱ. 영업허가취소처분을 취소하는 판결이 확정되었다면 그 영업허가취소처분 이후의 영업행위를 무허가영업이라고 볼 수는 없다.
> ㄴ. 취소 확정판결의 기판력은 그 판결의 주문에만 미치고, 또한 소송물인 행정처분의 위법성 존부에 관한 판단 그 자체에만 미치는 것이므로 전소와 후소가 그 소송물을 달리하는 경우에는 전소 확정판결의 기판력이 후소에 미치지 아니한다.
> ㄷ. 취소판결의 기속력에 위반하여 행한 처분청의 행위는 위법하나, 이는 무효사유가 아니라 취소사유에 해당한다.
> ㄹ. 처분청이 취소소송의 대상인 처분에 대해 취소절차를 취하여 원고에게 취소통지를 한 때 취소의 효과가 발생한다.

	ㄱ	ㄴ	ㄷ	ㄹ
①	○	×	×	×
②	○	○	×	×
③	×	○	○	○
④	×	×	○	○

10 서훈 또는 서훈취소에 대한 설명으로 옳은 것은 모두 몇 개인가? (다툼이 있는 경우 판례에 의함)

> ㄱ. 서훈취소는 대통령이 국가원수로서 행하는 행위로서 통치행위이다.
> ㄴ. 서훈은 서훈대상자의 특별한 공적에 의하여 수여되는 성격을 가지는 것이므로 서훈대상자의 유족 또한 처분의 상대방이 될 수 있다.
> ㄷ. 건국훈장 독립장이 수여된 망인에 대한 서훈취소를 국무회의에서 의결하고 대통령이 결재함으로써 서훈취소가 결정된 후에 국가보훈처장이 망인의 유족에게 독립유공자 서훈취소결정 통보를 하였다면 서훈취소처분취소소송에서의 피고적격은 대통령에 있다.
> ㄹ. 국가보훈처장이 서훈추천 신청자에 대한 서훈추천을 거부한 것은 항고소송의 대상으로 볼 수는 없어 항고소송을 제기할 수는 없으나 행정권력의 부작위에 대한 헌법소원으로서 다툴 수 있다.

① 0개   ② 1개
③ 2개   ④ 3개

11 취소소송에서 법원이 원고의 청구를 기각할 때 판결의 주문에서 취소대상인 처분이 위법함을 명시하여야 하는 경우에 대한 설명으로 옳지 않은 것은? (다툼이 있는 경우 판례에 의함)

① 당사자의 명백한 주장이 없는 경우에도 법원은 일건 기록에 나타난 사실을 기초로 하여 직권으로 이러한 판결을 할 수 있다.

② 법원이 이 판결을 함에 있어 공공복리 적합성 여부의 판단시점은 변론종결시이다.

③ 소송비용은 피고의 부담으로 한다.

④ 이 판결이 확정되면 취소판결의 기속력과 기판력이 발생한다.

12 「공공기관의 정보공개에 관한 법률」상 정보공개대상에 대한 판례의 입장으로 옳지 않은 것은?

① 공공기관이 직무상 작성 또는 취득하여 현재 보유·관리하고 있는 문서의 경우 사본도 정보공개의 대상이 될 수 있다.

② 사법시험 응시자가 자신의 제2차 시험 답안지에 대한 열람청구를 한 경우 그 답안지는 정보공개의 대상이 된다.

③ 공무원이 직무와 관련 없이 개인적 자격으로 금품을 수령한 정보는 공개대상이 되는 정보이다.

④ 사면대상자들의 사면실시건의서와 그와 관련된 국무회의 안건자료는 공개대상이 되는 정보이다.

13 국가배상에 대한 설명으로 옳지 않은 것은? (다툼이 있는 경우 판례에 의함)

① 생명·신체의 침해로 인한 국가배상을 받을 권리는 양도하거나 압류하지 못한다.

② 「국가배상법」 제7조가 정하는 상호보증은 반드시 당사국과의 조약이 체결되어 있을 필요는 없지만, 당해 외국에서 구체적으로 우리나라 국민에게 국가배상청구를 인정한 사례가 있어 실제로 국가배상이 상호 인정될 수 있는 상태가 인정되어야 한다.

③ 행정입법에 관여한 공무원이 입법 당시의 상황에서 다양한 요소를 고려하여 나름대로 합리적인 근거를 찾아 어느 하나의 견해에 따라 경과규정을 두는 등의 조치 없이 새 법령을 그대로 시행하거나 적용한 경우, 그와 같은 공무원의 판단이 나중에 대법원이 내린 판단과 같지 않다고 하더라도 국가배상책임의 성립요건인 공무원의 과실이 있다고 할 수는 없다.

④ 국민의 생명·신체·재산 등에 대하여 절박하고 중대한 위험상태가 발생하였거나 발생할 상당한 우려가 있는 경우가 아닌 한, 원칙적으로 공무원이 관련 법령에서 정하여진 대로 직무를 수행하였다면 손해방지조치를 제대로 이행하지 않은 부작위를 가지고 '고의 또는 과실로 법령에 위반'하였다고 할 수는 없다.

14 공법상 당사자소송에 해당하는 것을 모두 고르면? (다툼이 있는 경우 판례에 의함)

> ㄱ. 과세처분의 무효를 원인으로 하는 조세환급청구소송
> ㄴ. 부가가치세 환급청구소송
> ㄷ. 재개발조합의 관리처분계획의 취소를 구하는 소송
> ㄹ. 민주화운동 관련자 명예회복 및 보상 등에 관한 법률에 따른 보상심의위원회의 결정을 다투는 소송
> ㅁ. 공익사업을 위한 토지 등의 취득 및 보상에 관한 법률상의 주거이전비 보상청구소송

① ㄱ, ㄷ

② ㄴ, ㅁ

③ ㄴ, ㄹ, ㅁ

④ ㄷ, ㄹ, ㅁ

15 무효등확인소송에 대한 설명으로 옳지 않은 것은? (다툼이 있는 경우 판례에 의함)

① 처분이 무효인 사유를 주장·입증할 책임은 원고에게 있다.

② 거부처분에 대한 무효확인 판결에는 간접강제가 허용되지 않는다.

③ 무효등확인소송과 취소소송을 예비적 병합의 형태로 제기하는 것은 허용되지 않는다.

④ 처분의 무효확인을 구할 법률상 이익이 있는지를 판단함에 있어 처분의 무효를 전제로 한 이행소송 등과 같은 직접적인 구제수단이 있는지 여부를 따질 필요가 없다.

16 「행정소송법」상 거부처분에 대한 설명으로 옳지 않은 것은? (다툼이 있는 경우 판례에 의함)

① 정보공개청구인이 전자적 형태의 정보를 정보통신망을 통하여 송신하는 방법으로 정보공개할 것을 청구하였으나, 공공기관이 대상정보를 공개하되 방문하여 수령하라고 결정하여 통지한 경우, 청구인에게 특정한 공개방법을 지정하여 정보공개를 청구할 수 있는 법령상 신청권이 있다고 볼 수는 없으므로, 이를 항고소송의 대상이 되는 거부처분이라 할 수 없다.

② 개발부담금을 부과할 때는 가능한 한 개발부담금 부과처분 후에 지출한 개발비용도 공제함이 마땅하므로, 이미 부과처분에 따라 납부한 개발부담금 중 부과처분 후 납부한 개발비용인 학교용지부담금에 해당하는 금액에 대하여는 조리상 그 취소나 변경 등 환급에 필요한 처분을 신청할 권리가 인정되므로, 그 환급신청 거절회신은 항고소송의 대상이 된다.

③ 중요무형문화재 보유자의 추가인정 여부는 행정청의 재량에 속하고, 특정 개인에게 자신을 보유자로 인정해 달라는 법규상 또는 조리상 신청권이 있다고 할 수 없어, 중요무형문화인 경기민요 보유자 추가인정 신청에 대한 거부는 항고소송의 대상이 되지 않는다.

④ 업무상 재해를 당한 甲의 요양급여 신청에 대하여 근로복지공단이 요양승인 처분을 하면서 사업주를 乙주식회사로 보아 요양승인 사실을 통지하자, 乙주식회사가 甲이 자신의 근로자가 아니라고 주장하면서 근로복지공단에 사업주 변경을 신청하였으나 이를 거부하는 통지를 받은 경우, 근로복지공단의 결정에 따라 산업재해보상보험의 가입자지위가 발생하는 것이 아니므로 乙주식회사에게 법규상 또는 조리상 사업주 변경 신청권이 인정되지 않아, 위 거부통지는 항고소송의 대상이 되지 않는다.

17 행정의 실효성 확보수단에 대한 설명으로 옳은 것을 모두 고르면? (다툼이 있는 경우 판례에 의함)

ㄱ. 조세부과처분에 취소사유인 하자가 있는 경우 그 하자는 후행 강제징수절차인 독촉·압류·매각·청산절차에 승계된다.

ㄴ. 세법상 가산세는 과세권 행사 및 조세채권 실현을 용이하게 하기 위하여 납세자가 정당한 이유 없이 법에 규정된 신고, 납세 등의 의무를 위반한 경우에 개별세법에 따라 부과하는 행정상 제재로서, 납세자의 고의·과실은 고려되지 아니하고 법령의 부지·착오 등은 그 의무위반을 탓할 수 없는 정당한 사유에 해당하지 아니한다.

ㄷ. 세무공무원이 체납처분을 하기 위하여 질문·검사 또는 수색을 하거나 재산을 압류할 때에는 그 신분을 표시하는 증표를 지니고 이를 관계자에게 보여주어야 한다.

ㄹ. 구 「국세징수법」상 가산금은 국세를 납부기한까지 납부하지 아니하면 과세청의 확정절차 없이도 법률에 의하여 당연히 발생하는 것이므로 가산금의 고지는 항고소송의 대상이 되는 처분이라고 볼 수 없다.

① ㄱ, ㄴ   ② ㄴ, ㄷ
③ ㄷ, ㄹ   ④ ㄴ, ㄷ, ㄹ

18 「행정절차법」상 사전통지와 의견제출에 대한 판례의 입장으로 옳은 것은?

① 「행정절차법」상 사전통지의 상대방인 당사자는 행정청의 처분에 대하여 직접 그 상대가 되는 자를 의미하므로, 「식품위생법」상의 영업자지위승계신고를 수리하는 행정청은 영업자지위를 이전한 종전의 영업자에 대하여 사전통지를 할 필요가 없다.

② 용도를 무단변경한 건물의 원상복구를 명하는 시정명령 및 계고처분을 하는 경우, 사전에 통지할 필요가 없다.

③ 항만시설 사용허가신청에 대하여 거부처분을 하는 경우, 사전에 통지하여 의견제출 기회를 주어야 한다.

④ 행정청이 침해적 행정처분인 시정명령을 하면서 사전통지를 하거나 의견제출 기회를 부여하지 않아 시정명령이 절차적 하자로 위법하다면, 그 시정명령을 위반한 사람에 대하여는 시정명령위반죄가 성립하지 않는다.

19 행정벌에 대한 설명으로 옳은 것은? (다툼이 있는 경우 판례에 의함)

① 행정벌과 이행강제금은 장래에 의무의 이행을 강제하기 위한 제재로서 직접적으로 행정작용의 실효성을 확보하기 위한 수단이라는 점에서는 동일하다.

② 질서위반행위 후 법률이 변경되어 그 행위가 질서위반행위에 해당하지 아니하게 된 때에는 법률에 특별한 규정이 없는 한 변경되기 전의 법률을 적용한다.

③ 행정청의 과태료 부과에 대해 서면으로 이의가 제기된 경우 과태료 부과처분은 그 효력을 상실한다.

④ 법원이 하는 과태료재판에는 원칙적으로 행정소송에서와 같은 신뢰보호의 원칙이 적용된다.

20 인·허가의제에 대한 설명으로 옳지 않은 것은? (다툼이 있는 경우 판례에 의함)

① 주된 인·허가처분이 관계기관의 장과 협의를 거쳐 발령된 이상 의제되는 인·허가에 법령상 요구되는 주민의 의견청취 등의 절차는 거칠 필요가 없다.

② 건축물의 건축이 국토의 계획 및 이용에 관한 법률상 개발행위에 해당할 경우 그 건축의 허가권자는 국토계획법령의 개발행위허가기준을 확인하여야 하므로, 「국토계획법」상 건축물의 건축에 관한 개발행위허가가 의제되는 건축허가신청이 국토계획법령이 정한 개발행위허가기준에 부합하지 아니하면 허가권자로서는 이를 거부할 수 있다.

③ 「건축법」에서 관련 인·허가의제 제도를 둔 취지는 인·허가의제 사항 관련 법률에 따른 각각의 인·허가 요건에 관한 일체의 심사를 배제하려는 것이 아니다.

④ 주된 인·허가인 건축불허가처분을 하면서 그 처분사유로 의제되는 인·허가에 해당하는 형질변경불허가 사유를 들고 있다면, 그 건축불허가처분을 받은 자는 형질변경불허가처분에 관해서도 쟁송을 제기하여 다툴 수 있다.

해커스공무원 학원·인강
gosi.Hackers.com

최종점검
기출모의고사

잠깐! 최종점검 기출모의고사 전 확인사항

최종점검 기출모의고사도 실전처럼 문제를 푸는 연습이 필요합니다.

✔ 휴대전화는 전원을 꺼주세요.

✔ 연필과 지우개를 준비하세요.

✔ 제한시간 15분 내 최대한 많은 문제를 정확하게 풀어보세요.

매 회 최종점검 기출모의고사 전, 위 사항을 점검하고 시험에 임하세요.

최종점검 기출모의고사

실제 기출문제를 실전동형모의고사 형태에 맞추어
학습함으로써, 최신 출제경향을 파악하고
문제풀이 능력을 극대화시킬 수 있습니다.

승리는 가장 끈기 있는 자에게 돌아간다.

- 나폴레옹 보나파르트

공개경쟁채용 필기시험 대비
해커스공무원 최종점검 기출모의고사

응시번호		문제회차
성명		01회

【시 험 과 목】

과목명	소요시간	문항수	점 수
행정법총론	15분	20문항	100점

응시자 주의사항

1. **시험 시작 전**에 시험문제를 열람하는 행위나 시험종료 후 답안을 작성하는 행위를 한 사람은 부정행위 자로 처리됩니다.

2. 시험 시작 즉시 **문제 누락 여부, 인쇄상태 이상유무 및 표지와 과목의 일치 여부** 등을 확인한 후 문제 책 표지에 응시번호, 성명을 기재합니다.

3. 문제는 **총 20문항**으로 구성되어 있으니, 문제지와 답안지를 확인하시기 바랍니다.
   - 답안지는 '**해커스공무원 실전동형모의고사 답안지**'를 사용합니다.

4. 시험이 시작되면 문제를 주의 깊게 읽은 후, **문항의 취지에 가장 적합한 하나의 정답만**을 고르시기 바랍니다.

5. 답안을 잘못 표기하였을 경우에는 답안지를 교체하여 작성하거나 **수정테이프만을 사용**하여 수정할 수 있으며(수정액 또는 수정스티커 등은 사용 불가), 부착된 수정테이프가 떨어지지 않게 손으로 눌러주 어야 합니다.
   - 불량 수정테이프의 사용과 불완전한 수정 처리로 인해 발생하는 **모든 문제는 응시자에게 책임**이 있 습니다.

6. **시험시간 관리의 책임**은 전적으로 응시자 본인에게 있습니다.

해커스공무원 최종점검 기출모의고사 정답 공개 및 안내

1. 해커스공무원 최종점검 기출모의고사의 문제들은 **국가직, 지방직** 등 주요 시험의 기출문제들로만 선 별하여 수록하였습니다.

2. 각 문제별 **기출연도 및 시행처, 정답 및 해설은 해설집에 수록**되어 있으니, 참고하시기 바랍니다.

TTT 해커스공무원

행정법총론

문 1. 행정절차에 대한 설명으로 옳지 않은 것은? (다툼이 있는 경우 판례에 의함)

　① 청문은 당사자가 공개를 신청하거나 청문 주재자가 필요하다고 인정하는 경우 공개할 수 있다. 다만, 공익 또는 제3자의 정당한 이익을 현저히 해칠 우려가 있는 경우에는 공개하여서는 아니 된다.

　② 일반적으로 당사자가 근거규정 등을 명시하여 신청하는 인·허가 등을 거부하는 처분을 함에 있어 당사자가 그 근거를 알 수 있을 정도로 상당한 이유를 제시한 경우에는 당해 처분의 근거 및 이유를 구체적 조항 및 내용까지 명시하지 않더라도 그로 말미암아 그 처분이 위법한 것이 된다고 할 수 없다.

　③ 공무원 인사관계 법령에 따른 처분에 관하여는 행정절차법적용을 배제하고 있으므로, 군인사법령에 의하여 진급예정자명단에 포함된 자에 대하여 의견제출의 기회를 부여하지 아니하고 진급선발취소처분을 한 것이 절차상 하자가 있어 위법하다고 할 수 없다.

　④ 과세의 절차 내지 형식에 위법이 있어 과세처분을 취소하는 판결이 확정되었을 때는 그 확정판결의 기판력은 거기에 적시된 절차 내지 형식의 위법사유에 한하여 미치는 것이므로 과세관청은 그 위법사유를 보완하여 다시 새로운 과세처분을 할 수 있다.

문 2. 항고소송의 대상인 처분에 대한 설명으로 옳지 않은 것은? (다툼이 있는 경우 판례에 의함)

　① 병무청장이 병역의무 기피자의 인적사항 등을 인터넷 홈페이지에 게시하는 등의 방법으로 공개한 경우 병무청장의 공개결정은 항고소송의 대상이 되는 행정처분에 해당하지 않는다.

　② 어떠한 처분의 근거나 법적인 효과가 행정규칙에 규정되어 있다고 하더라도, 그 처분이 행정규칙의 내부적 구속력에 의하여 상대방에게 권리의 설정 또는 의무의 부담을 명하거나 기타 법적인 효과를 발생하게 하는 등으로 그 상대방의 권리·의무에 직접 영향을 미치는 행위라면, 이 경우에도 항고소송의 대상이 되는 행정처분에 해당한다.

　③ 공정거래위원회가 「하도급거래 공정화에 관한 법률」 제26조(관계 행정기관의 장의 협조)에 따라 관계 행정기관의 장에게 한 원사업자 또는 수급사업자에 대한 입찰참가자격의 제한을 요청한 결정은 항고소송의 대상이 되는 처분에 해당한다.

　④ 산업단지개발계획상 산업단지 안의 토지소유자로서 산업단지개발계획에 적합한 시설을 설치하여 입주하려는 자는 산업단지지정권자 또는 그로부터 권한을 위임받은 기관에 대하여 산업단지개발계획의 변경을 요청할 수 있는 법규상 또는 조리상 신청권이 있고, 이러한 신청에 대한 거부행위는 항고소송의 대상이 되는 행정처분에 해당한다.

문 3. 행정의 실효성 확보수단에 대한 설명으로 옳지 않은
것은? (다툼이 있는 경우 판례에 의함)

① 「행정기본법」에 따르면, 행정청은 이행강제금을
부과받은 자가 납부기한까지 이행강제금을 내지
아니하면 국세강제징수의 예 또는 「지방행정제재·
부과금의 징수 등에 관한 법률」에 따라 징수한다.

② 「농지법」상 이행강제금의 부과는 행정처분이므로
취소소송을 제기할 수 있으며 법원은 당해 사건에
서 과도한 이행강제금이 부과되었다고 판단하면
그 금액을 감액하여야 한다.

③ 구 「주택건설촉진법」의 규정을 위반하여 주택을
공급한 자에게 과태료를 부과한다고 하여 주택을
공급한 자와 제3자 간에 체결한 주택공급계약의
사법적 효력까지 부인된다고 볼 수는 없다.

④ 수도조례 및 하수도사용조례에 기한 과태료의 부
과 여부 및 그 당부는 최종적으로 「질서위반행위
규제법」에 의한 절차에 의하여 판단되어야 하므
로, 그 과태료 부과처분은 행정소송의 대상이 되
는 행정처분이라고 할 수 없다.

문 4. 다음 사례에 대한 설명으로 옳은 것만을 모두 고르
면? (다툼이 있는 경우 판례에 의함)

A시는 관광지개발사업을 시행하기 위하여 「공익사업을
위한 토지 등의 취득 및 보상에 관한 법률」의 절차에 따
라 甲 소유 토지 및 건물을 포함하고 있는 지역 일대의
토지 및 건물들을 수용하였다. A시 시장은 甲에게 적법
하게 토지의 인도와 건물의 철거 및 퇴거를 명하였으나
甲이 건물을 점유한 채 그 의무를 이행하지 않고 있다.

ㄱ. A시 시장의 토지인도명령에 대해 甲이 이를 불이행
하더라도 그 불이행에 대해서 A시 시장은 행정대집
행을 할 수 없다.

ㄴ. 甲이 위 건물철거의무를 이행하지 않을 경우, A시
시장은 행정대집행의 방법으로 건물의 철거 등 대체
적 작위의무의 이행을 실현할 수 있는 경우에는 따
로 민사소송의 방법으로 그 의무의 이행을 구할 수
없다.

ㄷ. 甲이 토지 인도의무를 이행하지 않을 경우, 甲의 토
지 인도의무는 공법상 의무에 해당하므로 그 권리에
끼칠 현저한 손해를 피하기 위한 경우라 하더라도
A시 시장이 그 권리를 피보전권리로 하는 민사상
명도단행가처분을 구할 수는 없다.

ㄹ. 甲이 위력을 행사하여 적법한 행정대집행을 방해하
는 경우 대집행 행정청은 필요한 경우에는 「경찰관
직무집행법」에 근거한 위험발생 방지조치 또는 형법
상 공무집행방해죄의 범행방지 내지 현행범체포의
차원에서 경찰의 도움을 받을 수 있다.

① ㄱ, ㄷ   ② ㄴ, ㄹ
③ ㄱ, ㄴ, ㄹ   ④ ㄴ, ㄷ, ㄹ

문 5. 신뢰보호의 원칙에 대한 설명으로 옳지 않은 것은? (다툼이 있는 경우 판례에 의함)

① 개발사업을 시행하기 전에 사건 토지 지상에 예식장 등을 건축하는 것이 관계 법령상 가능한지 여부를 질의하여 민원 부서로부터 '저촉사항 없음'이라고 기재된 민원예비심사 결과를 통보받았다면, 이는 이후의 개발부담금부과처분에 관하여 신뢰보호의 원칙을 적용하기 위한 공적인 견해표명을 한 것에 해당한다.

② 시의 도시계획과장과 도시계획국장이 도시계획사업의 준공과 동시에 사업부지에 편입한 토지에 대한 완충녹지 지정을 해제함과 아울러 당초의 토지소유자들에게 환매하겠다는 약속을 했음에도 이를 믿고 토지를 협의매매한 토지소유자의 완충녹지지정해제신청을 거부한 것은 신뢰보호의 원칙을 위반하거나 재량권을 일탈·남용한 위법한 처분이다.

③ 국회에서 일정한 법률안을 심의하거나 의결한 적이 있다고 하더라도 그것이 법률로 확정되지 아니한 이상 국가가 이해관계자들에게 위 법률안에 관련된 사항을 약속하였다고 볼 수 없으며, 이러한 사정만으로 어떠한 신뢰를 부여하였다고 볼 수도 없다.

④ 헌법재판소의 위헌결정은 행정청이 개인에 대하여 신뢰의 대상이 되는 공적인 견해를 표명한 것이라고 할 수 없으므로 그 결정에 관련한 개인의 행위에 대하여는 신뢰보호의 원칙이 적용되지 아니한다.

문 6. 행정법의 기본원칙에 대한 설명으로 옳은 것은? (다툼이 있는 경우 판례에 의함)

① 평등의 원칙은 본질적으로 같은 것을 자의적으로 다르게 취급함을 금지하는 것이므로, 위법한 행정처분이 수차례에 걸쳐 반복적으로 행하여졌다면 행정청에 대하여 자기구속력을 갖게 된다.

② 진정소급입법은 허용되지 않는 것이 원칙이지만 국민이 소급입법을 예상할 수 있었거나 신뢰보호의 요청에 우선하는 심히 중대한 공익상의 사유가 소급입법을 정당화하는 경우에는 허용된다.

③ 어떤 행정처분이 실효의 법리를 위반하여 위법한 것이라면 이는 행정처분의 당연무효사유에 해당한다.

④ 제1종 보통면허로 운전할 수 있는 차량을 음주운전한 경우에도 이와 관련된 면허인 제1종 대형면허와 원동기장치자전거면허까지 취소할 수 있는 것은 아니다.

문 7. 행정행위에 대한 설명으로 옳은 것만을 모두 고르면? (다툼이 있는 경우 판례에 의함)

ㄱ. 변상금 부과처분에 대한 취소소송이 진행 중인 경우 부과권자는 위법한 처분을 스스로 취소하고 그 하자를 보완하여 다시 적법한 부과처분을 할 수 없다.

ㄴ. 행정청이 「도시 및 주거환경정비법」 등 관련 법령에 근거하여 행하는 조합설립인가처분은 사인들의 조합설립행위에 대한 보충행위로서의 성질을 갖는 것에 그친다.

ㄷ. 「여객자동차 운수사업법」에 따른 개인택시운송사업 면허는 특정인에게 권리나 이익을 부여하는 재량행위이다.

ㄹ. 귀화허가는 외국인에게 대한민국 국적을 부여함으로써 국민으로서의 법적 지위를 포괄적으로 설정하는 행위에 해당한다.

① ㄱ, ㄴ   ② ㄴ, ㄷ
③ ㄷ, ㄹ   ④ ㄱ, ㄷ, ㄹ

문 8. 당사자소송에 대한 설명으로 옳지 않은 것은? (다툼이 있는 경우 판례에 의함)

① 「행정소송법」상 당사자소송의 피고적격에 관한 규정은 당사자소송의 경우 피고적격이 인정되는 권리주체를 행정주체로 한정한다는 취지이므로, 사인을 피고로 하는 당사자소송을 제기할 수는 없다.

② 명예퇴직한 법관이 미지급 명예퇴직수당액에 대하여 가지는 권리는 명예퇴직수당 지급대상자 결정 절차를 거쳐 「법관 및 법원공무원 명예퇴직수당 등 지급규칙」에 의하여 확정된 공법상 법률관계에 관한 권리로서, 그 지급을 구하는 소송은 「행정소송법」의 당사자소송에 해당한다.

③ 「도시 및 주거환경정비법」상 행정주체인 주택재건축정비사업조합을 상대로 관리처분계획안에 대한 조합 총회결의의 효력을 다투는 소송에 대하여는 「행정소송법」상 집행정지에 관한 규정이 준용되지 아니하므로, 이를 본안으로 하는 가처분에 대하여는 「민사집행법」상 가처분에 관한 규정이 준용되어야 한다.

④ 공법상 계약의 한쪽 당사자가 다른 당사자를 상대로 효력을 다투거나 이행을 청구하는 소송은 공법상의 법률관계에 관한 분쟁이므로 분쟁의 실질이 공법상 권리·의무의 존부·범위에 관한 다툼이 아니라 손해배상액의 구체적인 산정방법·금액에 국한되는 등의 특별한 사정이 없는 한 공법상 당사자소송으로 제기하여야 한다.

문 9. 재결취소소송에 대한 설명으로 옳지 않은 것은? (다툼이 있는 경우 판례에 의함)

① 행정심판의 재결에 이유모순의 위법이 있다는 사유는 재결처분 자체에 고유한 하자로서 재결처분의 취소를 구하는 소송에서는 그 위법사유로서 주장할 수 있으나, 원처분의 취소를 구하는 소송에서는 그 취소를 구할 위법사유로서 주장할 수 없다.

② 징계혐의자에 대한 감봉 1월의 징계처분을 견책으로 변경한 소청결정 중 그를 견책에 처한 조치는 재량권의 남용 또는 일탈로서 위법하다는 사유는 소청결정 자체에 고유한 위법을 주장하는 것이어서 소청결정의 취소사유가 된다.

③ 행정심판청구가 부적법하지 않음에도 각하한 재결은 심판청구인의 실체심리를 받을 권리를 박탈한 것으로서 원처분에 없는 고유한 하자가 있는 경우에 해당하고, 따라서 위 재결은 취소소송의 대상이 된다.

④ 제3자효를 수반하는 행정행위에 대한 행정심판청구에 있어서 그 청구를 인용하는 내용의 재결로 인하여 비로소 권리이익을 침해받게 되는 자는 그 인용재결에 대하여 다툴 필요가 있고, 그 인용재결은 원처분과 내용을 달리하는 것이므로 그 인용재결의 취소를 구하는 것은 원처분에는 없는 재결에 고유한 하자를 주장하는 셈이어서 당연히 항고소송의 대상이 된다.

문 10. 국가배상에 대한 설명으로 옳은 것은? (다툼이 있는 경우 판례에 의함)

① 「국가배상법」에 따른 손해배상의 소송은 배상심의회에 배상신청을 하지 아니하면 제기할 수 없다.

② 국가배상소송을 제기하는 경우 민사소송이 아니라 공법상 당사자소송으로 제기하여야 한다.

③ 군 복무 중 사망한 사람의 유족이 국가배상을 받은 경우, 관할 행정청 등은 「군인연금법」상 사망보상금에서 소극적 손해배상금 상당액을 공제할 수 있을 뿐, 이를 넘어 정신적 손해배상금까지 공제할 수는 없다.

④ 공공시설물의 하자로 손해를 입은 외국인에게는 해당 국가와 상호 보증이 없더라도 「국가배상법」이 적용된다.

문 11. 행정계획에 대한 설명으로 옳지 않은 것은? (다툼이 있는 경우 판례에 의함)

① 행정청은 구체적인 행정계획을 입안·결정할 때 비교적 광범위한 형성의 재량을 가진다.

② 행정청이 행정계획을 입안·결정할 때 이익형량을 하였으나 정당성과 객관성이 결여된 경우에는 그 행정계획 결정은 위법하게 될 수 있다.

③ 도시계획의 결정·변경 등에 관한 권한을 가진 행정청은 이미 도시계획이 결정·고시된 지역에 대하여도 다른 내용의 도시계획을 결정·고시할 수 있고, 이때에 후행 도시계획에 선행 도시계획과 서로 양립할 수 없는 내용이 포함되어 있다면, 특별한 사정이 없는 한 선행 도시계획은 후행 도시계획과 같은 내용으로 변경된다.

④ 도시기본계획은 도시의 장기적 개발 방향과 미래상을 제시하는 도시계획 입안의 지침이 되는 장기적·종합적인 개발계획으로서 직접적인 구속력이 있으므로, 도시계획시설결정 대상면적이 도시기본계획에서 예정했던 것보다 증가할 경우 도시기본계획의 범위를 벗어나 위법하다.

문 12. 행정계획에 대한 설명으로 옳지 않은 것은? (다툼이 있는 경우 판례에 의함)

① 행정청은 행정청이 수립하는 계획 중 국민의 권리·의무에 직접 영향을 미치는 계획을 수립하거나 변경·폐지할 때에는 관련된 여러 이익을 정당하게 형량하여야 한다.

② 도시계획구역 내 토지 등을 소유하고 있는 주민은 도시시설계획의 입안 내지 변경을 요구할 수 있는 법규상 또는 조리상의 신청권이 있다.

③ 구 「도시계획법」상 도시기본계획은 도시의 기본적인 공간구조와 장기발전방향을 제시하는 종합계획으로서 도시계획입안의 지침이 되지만 일반국민에 대한 직접적인 구속력은 없다.

④ 구 「택지개발촉진법」상 관할행정청의 택지개발사업시행자에 대한 택지개발계획의 승인은 그 승인의 고시에 의하여 개발할 토지의 위치, 면적, 권리내용 등이 특정되어 그 후 사업시행자에게 택지개발사업을 실시할 수 있는 권한이 설정된다고 하더라도 행정처분의 성격을 갖는 것은 아니다.

문 13. 무효등확인소송에 대한 설명으로 옳지 않은 것은? (다툼이 있는 경우 판례에 의함)

① 행정처분의 당연무효를 선언하는 의미에서 그 취소를 구하는 행정소송을 제기하는 경우에는 무효등 확인소송과 같이 제소기간의 제한이 없는 것으로 본다.

② 행정처분의 근거 법률에 의하여 보호되는 직접적이고 구체적인 이익이 있는 경우에는 「행정소송법」상 '무효확인을 구할 법률상 이익'이 있다고 보아야 하고, 이와 별도로 무효확인소송의 보충성이 요구되는 것은 아니다.

③ 동일한 행정처분에 대하여 무효확인의 소를 제기하였다가 그 후 그 처분의 취소를 구하는 소를 추가적으로 병합한 경우, 주된 청구인 무효확인의 소가 적법한 제소기간 내에 제기되었다면 추가로 병합된 취소청구의 소도 적법하게 제기된 것으로 볼 수 있다.

④ 행정처분의 당연무효를 주장하여 그 무효확인을 구하는 행정소송에 있어서는 원고에게 그 행정처분이 무효인 사유를 주장·입증할 책임이 있다.

문 14. 행정행위에 대한 설명으로 옳지 않은 것은? (다툼이 있는 경우 판례에 의함)

① 여객자동차운송사업의 한정면허는 특정인에게 권리나 이익을 부여하는 수익적 행정행위로서 재량행위에 해당한다.

② 난민 인정에 관한 신청을 받은 행정청은 원칙적으로 법령이 정한 난민 요건에 해당하는지를 심사하여 난민 인정 여부를 결정할 수 있을 뿐이고, 법령이 정한 난민 요건과 무관한 다른 사유만을 들어 난민 인정을 거부할 수는 없다.

③ 자동차관리사업자로 구성하는 사업자단체 설립인가는 인가권자가 가지는 지도·감독 권한의 범위 등과 아울러 설립인가에 관하여 구체적인 기준이 정하여져 있지 않은 점 등에 비추어 재량행위로 보아야 한다.

④ 공익법인의 기본재산 처분허가에 부관을 붙인 경우, 그 처분허가의 법적 성질은 명령적 행정행위인 허가에 해당하며 조건으로서 부관의 부과가 허용되지 아니한다.

문 15. 다음 사례에 대한 설명으로 옳지 않은 것만을 모두 고르면? (다툼이 있는 경우 판례에 의함)

> 세무서장 A가 甲에게 과세처분을 하였는데, 그 후 과세처분의 근거가 되었던 법률규정은 헌법재판소에 의해 위헌으로 선언되었다. 그러나 그 과세처분에 대한 제소기간은 이미 경과하여 확정되었고, A는 甲 명의의 예금에 대한 압류처분을 하였다. 한편, 과세처분의 집행을 위한 위 압류처분의 근거규정 자체는 따로 위헌결정이 내려진 바 없다.

> ㄱ. 甲에 대한 과세처분과 압류처분은 별개의 행정처분이므로 선행처분인 과세처분이 당연무효가 아닌 이상 압류처분을 다툴 수 있는 방법은 존재하지 않는다.
> ㄴ. 압류처분은 과세처분 근거규정이 직접 적용되지 않고 압류처분 관련 규정이 적용될 뿐이므로, 과세처분 근거규정에 대한 위헌결정의 기속력은 압류처분과는 무관하다.
> ㄷ. 과세처분 이후 조세부과의 근거가 되었던 법률규정에 대하여 위헌결정이 내려진 경우, 과세처분이 당연무효가 아니더라도 위헌결정 이후에 과세처분의 집행을 위한 압류처분을 하는 것은 더 이상 허용되지 않는다.

① ㄱ
② ㄱ, ㄴ
③ ㄱ, ㄷ
④ ㄴ, ㄷ

문 16. 행정입법에 대한 설명으로 옳지 않은 것은? (다툼이 있는 경우 판례에 의함)

① 정부는 권한 있는 기관에 의하여 위헌으로 결정되어 법령이 헌법에 위반되거나 법률에 위반되는 것이 명백한 경우 등 대통령령으로 정하는 경우에는 해당 법령을 개선하여야 한다.

② 헌법 제107조 제2항은 구체적 규범통제를 규정하고 있기 때문에 당사자는 구체적 사건의 심판을 위한 선결문제로서 행정입법의 위법성을 주장하여 법원에 대하여 당해 사건에 대한 적용 여부의 판단을 구할 수 있다.

③ 일반적으로 법률의 위임에 따라 효력을 갖는 법규명령의 경우에 위임의 근거가 없어 무효였다면 나중에 법 개정으로 위임의 근거가 부여되었다고 하여 그때부터 유효한 법규명령이 되는 것은 아니다.

④ 법률의 시행령은 모법인 법률에 의하여 위임받은 사항이나 법률이 규정한 범위 내에서 법률을 현실적으로 집행하는 데 필요한 세부적인 사항만을 규정할 수 있을 뿐, 법률에 의한 위임이 없는 한 법률이 규정한 개인의 권리·의무에 관한 내용을 변경·보충하거나 법률에 규정되지 아니한 새로운 내용을 규정할 수는 없다.

문 17. 행정대집행에 대한 설명으로 옳지 않은 것은? (다툼이 있는 경우 판례에 의함)

① 관계 법령상 행정대집행의 절차가 인정되어 행정청이 행정대집행의 방법으로 건물의 철거 등 대체적 작위의무의 이행을 실현할 수 있는 경우에는 따로 민사소송의 방법으로 그 의무의 이행을 구할 수 없다.

② 「공익사업을 위한 토지 등의 취득 및 보상에 관한 법률」에 따른 토지 등의 협의취득은 사법상 계약에 해당하므로, 협의취득시 부담한 의무는 행정대집행의 대상이 되지 않는다.

③ 「행정대집행법」에 따르면 대집행에 요한 비용을 징수하였을 때에는 그 징수금은 사무비의 소속에 따라 국고 또는 지방자치단체의 수입으로 한다.

④ 자기완결적 신고에 해당하는 대문설치신고가 형식적 하자가 없는 적법한 요건을 갖춘 신고임에도 불구하고 관할 행정청이 수리를 거부한 후 당해 대문의 철거명령을 하였더라도, 후행행위인 대문철거 대집행계고처분이 당연무효가 되는 것은 아니다.

문 18. 행정처분의 효력에 대한 설명으로 옳지 않은 것은? (다툼이 있는 경우 판례에 의함)

① 과세처분에 관한 이의신청절차에서 과세관청이 이의신청 사유가 옳다고 인정하여 과세처분을 직권으로 취소한 이상 그 후 특별한 사유 없이 이를 번복하고 종전 처분을 되풀이하는 것은 허용되지 않는다.

② 점용료 부과처분에 취소사유에 해당하는 흠이 있는 경우 도로관리청으로서는 당초 처분 자체를 취소하고 흠을 보완하여 새로운 부과처분을 하거나, 흠 있는 부분에 해당하는 점용료를 감액하는 처분을 할 수 있다.

③ 행정처분이 불복기간의 경과로 인하여 확정될 경우 그 처분의 기초가 된 사실관계나 법률적 판단이 확정되고 당사자들이나 법원이 이에 기속되어 모순되는 주장이나 판단을 할 수 없게 된다.

④ 민사소송에 있어서 어느 행정처분의 당연무효 여부가 선결문제로 되는 때에는 이를 판단하여 당연무효임을 전제로 판결할 수 있고 반드시 행정소송 등의 절차에 의하여 그 취소나 무효확인을 받아야 하는 것은 아니다.

문 19. 「공익사업을 위한 토지 등의 취득 및 보상에 관한 법률」에 따른 토지 등의 취득 및 보상에 대한 내용으로 옳지 않은 것은?

① 사업시행자는 공익사업을 준비하기 위하여 타인이 점유하는 토지에 출입하여 측량하거나 조사할 수 있다.

② 공익사업에 필요한 토지등의 취득 또는 사용으로 인하여 토지소유자나 관계인이 입은 손실은 사업시행자가 보상하여야 한다.

③ 보상액을 산정할 경우에 해당 공익사업으로 인하여 토지등의 가격이 변동되었을 때에는 이를 고려하여야 한다.

④ 토지소유자가 제기하는 행정소송이 보상금의 증감에 관한 소송인 경우 사업시행자를 피고로 한다.

문 20. 행정조사에 대한 설명으로 옳지 않은 것은? (다툼이 있는 경우 판례에 의함)

① 「행정조사기본법」상 조사원이 가택·사무실 또는 사업장 등에 출입하여 현장조사를 실시하는 경우, 그 권한을 나타내는 증표를 지니고 이를 조사대상자에게 내보여야 한다.

② 「행정조사기본법」 제5조 단서에서 정한 '조사대상자의 자발적인 협조를 얻어 실시하는 행정조사'는 개별 법령 등에서 행정조사를 규정하고 있는 경우에도 실시할 수 있다.

③ 납세자 등이 대답하거나 수인할 의무가 없고 납세자의 영업의 자유 등을 침해하거나 세무조사권이 남용될 염려가 없는 조사행위라 하더라도 재조사가 금지되는 세무조사에 해당한다.

④ 우편물 통관검사절차에서 이루어지는 우편물의 개봉, 시료채취, 성분분석 등의 검사는 행정조사의 성격을 가지는 것으로서 압수·수색영장 없이 우편물의 개봉, 시료채취, 성분분석 등 검사가 진행되었다 하더라도 특별한 사정이 없는 한 위법하다고 볼 수 없다.

▶ 정답·해설_해설집 p.132

공개경쟁채용 필기시험 대비
해커스공무원 최종점검 기출모의고사

응시번호	
성명	

02회

【시 험 과 목】

과목명	소요시간	문항수	점 수
행정법총론	15분	20문항	100점

응시자 주의사항

1. **시험 시작 전**에 시험문제를 열람하는 행위나 시험종료 후 답안을 작성하는 행위를 한 사람은 부정행위자로 처리됩니다.

2. 시험 시작 즉시 **문제 누락 여부, 인쇄상태 이상유무 및 표지와 과목의 일치 여부** 등을 확인한 후 문제책 표지에 응시번호, 성명을 기재합니다.

3. 문제는 **총 20문항**으로 구성되어 있으니, 문제지와 답안지를 확인하시기 바랍니다.
   - 답안지는 '**해커스공무원 실전동형모의고사 답안지**'를 사용합니다.

4. 시험이 시작되면 문제를 주의 깊게 읽은 후, **문항의 취지에 가장 적합한 하나의 정답만**을 고르시기 바랍니다.

5. 답안을 잘못 표기하였을 경우에는 답안지를 교체하여 작성하거나 **수정테이프만을 사용**하여 수정할 수 있으며(수정액 또는 수정스티커 등은 사용 불가), 부착된 수정테이프가 떨어지지 않게 손으로 눌러주어야 합니다.
   - 불량 수정테이프의 사용과 불완전한 수정 처리로 인해 발생하는 **모든 문제는 응시자에게 책임**이 있습니다.

6. **시험시간 관리의 책임**은 전적으로 응시자 본인에게 있습니다.

해커스공무원 최종점검 기출모의고사 정답 공개 및 안내

1. 해커스공무원 최종점검 기출모의고사의 문제들은 **국가직, 지방직** 등 주요 시험의 기출문제들로만 선별하여 수록하였습니다.

2. 각 문제별 **기출연도 및 시행처, 정답 및 해설은 해설집에 수록**되어 있으니, 참고하시기 바랍니다.

ﬡ 해커스공무원

행정법총론

문 1. 「행정기본법」상 기간의 계산에 대한 설명으로 옳지 않은 것은?

① 행정에 관한 기간의 계산에 관하여는 「행정기본법」 또는 다른 법령 등에 특별한 규정이 있는 경우를 제외하고는 민법을 준용한다.

② 법령 등을 공포한 날부터 일정 기간이 경과한 날부터 시행하는 경우 그 기간의 말일이 토요일 또는 공휴일인 때에는 그 말일로 기간이 만료한다.

③ 법령 등을 공포한 날부터 일정 기간이 경과한 날부터 시행하는 경우 법령 등을 공포한 날을 첫날에 산입한다.

④ 법령 등 또는 처분에서 국민의 권익을 제한하거나 의무를 부과하는 경우 권익이 제한되거나 의무가 지속되는 기간을 계산할 때에 기간을 일, 주, 월 또는 연으로 정한 경우에는 기간의 첫날을 산입한다. 다만, 그러한 기준을 따르는 것이 국민에게 불리한 경우에는 그러하지 아니하다.

문 2. 신뢰보호의 원칙에 대한 설명으로 옳지 않은 것은? (다툼이 있는 경우 판례에 의함)

① 행정청의 공적 견해의 표명 후 그 견해표명 당시의 사정이 변경된 경우에도 행정청이 공적 견해표명에 반하는 처분을 하는 경우에는 특별한 사정이 없는 한 신뢰보호의 원칙에 위반된다.

② 신뢰보호의 원칙에서 개인의 귀책사유라 함은 행정청의 견해표명의 하자가 상대방 등 관계자의 사실은폐나 기타 사위의 방법에 의한 신청행위 등 부정행위에 기인한 것이거나 그러한 부정행위가 없더라도 하자가 있음을 알았거나 중대한 과실로 알지 못한 경우 등을 의미한다.

③ 행정청의 공적 견해표명이 있었는지 여부를 판단함에 있어서는, 반드시 행정조직상의 형식적인 권한분장에 구애될 것은 아니고, 담당자의 조직상의 지위와 임무, 당해 언동을 하게 된 구체적인 경위 및 그에 대한 상대방의 신뢰가능성에 비추어 실질에 의하여 판단하여야 한다.

④ 행정청은 권한 행사의 기회가 있음에도 불구하고 장기간 권한을 행사하지 아니하여 국민이 그 권한이 행사되지 아니할 것으로 믿을 만한 정당한 사유가 있는 경우에는 그 권한을 행사해서는 아니 되지만, 공익 또는 제3자의 이익을 현저히 해칠 우려가 있는 경우는 예외이다.

문 3. 행정행위의 부관에 대한 설명으로 옳지 않은 것은? (다툼이 있는 경우 판례에 의함)

① 행정처분에 붙은 부담인 부관이 제소기간 도과로 확정되어 이미 불가쟁력이 생긴 경우에도 그 부담의 이행으로서 하게 된 사법상 매매 등의 법률행위의 효력을 다툴 수 있다.

② 부담부 행정처분에 있어서 처분의 상대방이 부담을 이행하지 아니한 경우에 처분청이 이를 들어 당해 처분을 철회할 수 없다.

③ 지방국토관리청장이 일부 공유수면매립지에 대하여 한 국가 귀속처분은 매립준공인가를 함에 있어서 매립의 면허를 받은 자의 매립지에 대한 소유권취득을 규정한 구 「공유수면매립법」의 법률효과를 일부 배제하는 부관을 붙인 것이다.

④ 부담이 처분 당시 법령을 기준으로 적법하다면 처분 후 부담의 전제가 된 주된 행정처분의 근거 법령이 개정됨으로써 행정청이 더 이상 부관을 붙일 수 없게 되었다 하더라도 곧바로 위법하게 되거나 그 효력이 소멸하게 되는 것은 아니다.

문 4. 행정행위의 하자에 대한 설명으로 옳지 않은 것은? (다툼이 있는 경우 판례에 의함)

① 수익적 행정처분의 취소 제한에 관한 법리는 처분청이 수익적 행정처분을 직권으로 취소하는 경우에 적용되는 법리일 뿐 쟁송취소의 경우에는 적용되지 않는다.

② 구 「학교보건법」상 학교환경위생정화구역에서의 금지행위 및 시설의 해제 여부에 관한 행정처분을 함에 있어 학교환경위생정화위원회 심의절차를 누락하였다면, 특별한 사정이 없는 한 이는 행정처분을 위법하게 하는 취소사유가 된다.

③ 행정청이 청문서 도달기간을 어겼다면 당사자가 이에 대하여 이의하지 아니한 채 스스로 청문일에 출석하여 방어의 기회를 충분히 가졌더라도 청문서 도달기간을 준수하지 아니한 하자가 치유되는 것은 아니다.

④ 토지등급결정내용의 개별통지가 있었다고 볼 수 없어 토지등급결정이 무효라면, 토지소유자가 그 결정 이전이나 이후에 토지등급결정내용을 알았다 하더라도 개별통지의 하자가 치유되는 것은 아니다.

문 5. 행정처분에 대한 설명으로 옳지 않은 것은? (다툼이 있는 경우 판례에 의함)

① 과징금부과처분이 법이 정한 한도액을 초과하여 위법할 경우 법원으로서는 그 한도액을 초과한 부분이나 법원이 적정하다고 인정되는 부분을 초과한 부분만을 취소할 수 있다.

② 건축물대장의 용도는 건축물의 소유권을 제대로 행사하기 위한 전제요건으로서 건축물 소유자의 실체적 권리관계에 밀접하게 관련되어 있으므로, 건축물대장 소관청의 용도변경신청 거부행위는 국민의 권리관계에 영향을 미치는 것으로서 항고소송의 대상이 되는 행정처분에 해당한다.

③ 한국철도시설공단(현 국가철도공단)이 공사낙찰적격심사 감점처분의 근거로 내세운 규정은 공사낙찰적격심사세부기준이고, 이러한 규정은 공공기관이 사인과의 계약관계를 공정하고 합리적·효율적으로 처리할 수 있도록 관계 공무원이 지켜야 할 계약사무처리에 관한 필요한 사항을 규정한 것으로서 공공기관의 내부규정에 불과하여 대외적 구속력이 없다.

④ 「식품위생법」에 따른 식품접객업(일반음식점영업)의 영업신고의 요건을 갖춘 자라고 하더라도, 그 영업신고를 한 당해 건축물이 「건축법」 소정의 허가를 받지 아니한 무허가 건물이라면 적법한 신고를 할 수 없다.

문 6. 행정절차에 대한 설명으로 옳지 않은 것은? (다툼이 있는 경우 판례에 의함)

① 「행정절차법」상 행정청은 처분을 할 때에 단순·반복적인 처분 또는 경미한 처분으로서 당사자가 그 이유를 명백히 알 수 있는 경우에는 처분 후 당사자가 요청하더라도 당사자에게 그 근거와 이유를 제시하지 않아도 된다.

② 육군3사관학교의 사관생도에 대한 징계절차에서 징계심의대상자가 대리인으로 선임한 변호사가 징계위원회 심의에 출석하여 진술하려고 하였음에도, 징계권자나 그 소속 직원이 변호사가 징계위원회의 심의에 출석하는 것을 막은 후 내린 징계위원회의 징계의결에 따른 징계처분은 특별한 사정이 없는 한 위법하여 원칙적으로 취소되어야 한다.

③ 공무원 인사관계 법령에 의한 처분에 관한 사항 전부에 대하여 「행정절차법」의 적용이 배제되는 것이 아니라 성질상 행정절차를 거치기 곤란하거나 불필요하다고 인정되는 처분이나 행정절차에 준하는 절차를 거치도록 하고 있는 처분의 경우에만 「행정절차법」의 적용이 배제된다.

④ 군인사법령에 의하여 진급예정자명단에 포함된 자에 대하여 「행정절차법」상 의견제출의 기회를 부여하지 아니한 채 진급선발을 취소한 처분은 위법하다.

문 7. 「공공기관의 정보공개에 관한 법률」상 정보공개청구에 대한 설명으로 옳지 않은 것은? (다툼이 있는 경우 판례에 의함)

① 정보의 공개를 청구하는 자는 정보공개청구서에 청구대상 정보를 기재함에 있어서 사회일반인의 관점에서 청구대상정보의 내용과 범위를 확정할 수 있을 정도로 특정함을 요한다.

② 공공기관이 공개청구의 대상이 된 정보를 공개는 하되, 청구인이 신청한 공개방법 이외의 방법으로 공개하기로 하는 결정을 하였다면, 이는 정보공개청구 중 정보공개방법에 관한 부분에 대하여 일부거부처분을 한 것이고, 청구인은 그에 대하여 항고소송으로 다툴 수 있다.

③ 「유아교육법」에 따른 사립유치원은 공공기관의 정보공개에 관한 법령상 공공기관에 해당하지 않는다.

④ 행정청이 정보를 공개하는 경우에 그 정보의 원본이 더럽혀지거나 파손될 우려가 있거나 그 밖에 상당한 이유가 있다고 인정할 때에는 그 정보의 사본·복제물을 공개할 수 있다.

문 8. 「공익사업을 위한 토지 등의 취득 및 보상에 관한 법률」상 손실보상에 대한 설명으로 옳지 않은 것은? (다툼이 있는 경우 판례에 의함)

① 영업을 하기 위해 투자한 비용이나 그 영업을 통해 얻을 것으로 기대되는 이익에 대한 손실은 영업손실보상의 대상이 된다고 할 수 없다.

② 토지소유자가 손실보상금의 액수를 다투고자 하는 경우 토지수용위원회가 아니라 사업시행자를 상대로 보상금의 증액을 구하는 소송을 제기해야 한다.

③ 토지수용위원회의 재결에 대한 토지소유자의 행정소송 제기는 사업의 진행 및 토지의 수용 또는 사용을 정지시키지 아니한다.

④ 어떤 보상항목이 손실보상대상에 해당함에도 관할 토지수용위원회가 사실을 오인하거나 법리를 오해함으로써 손실보상대상에 해당하지 않는다고 잘못된 내용의 재결을 한 경우에는, 피보상자는 관할 토지수용위원회를 상대로 재결취소소송을 제기하여야 한다.

문 9. 건축신고에 대한 설명으로 옳지 않은 것은? (다툼이 있는 경우 판례에 의함)

① 「건축법」상 수리를 요하지 않는 건축신고에 있어서는 원칙적으로 적법한 요건을 갖춰 신고하면 행정청의 수리 등 별도의 조치를 기다릴 필요 없이 건축행위를 할 수 있다고 보아야 한다.

② 「건축법」상 건축신고가 다른 법률에서 정한 인·허가 등의 의제효과를 수반하는 경우에는 일반적인 건축신고와는 달리 특별한 사정이 없는 한 수리를 요하는 신고에 해당한다.

③ 건축신고 반려행위가 이루어진 단계에서 당사자로 하여금 반려행위의 적법성을 다투어 그 법적 불안을 해소한 다음 건축행위에 나아가도록 함으로써 장차 있을지도 모르는 위험에서 벗어날 수 있도록 길을 열어주기 위하여 건축신고 반려행위는 항고소송의 대상이 된다.

④ 인·허가의 근거 법령인 건축법령에서 절차간소화를 위하여 관련 인·허가를 의제 처리할 수 있는 근거 규정을 둔 경우, 주된 인·허가를 신청하려는 사업시행자는 반드시 관련 인·허가 의제 처리를 동시에 신청해야 한다.

문 10. 공법상 계약에 대한 설명으로 옳지 않은 것은? (다툼이 있는 경우 판례에 의함)

① 행정청은 법령등을 위반하지 아니하는 범위에서 행정목적을 달성하기 위하여 필요한 경우에는 공법상 법률관계에 관한 계약을 체결할 수 있고, 이 경우 계약의 목적 및 내용을 명확하게 적은 계약서를 작성하여야 한다.

② 계약직공무원 채용계약해지 의사표시는 일반공무원에 대한 징계처분과 달라서 일정한 사유가 있을 때에 국가 또는 지방자치단체가 채용계약 관계의 한쪽 당사자로서 대등한 지위에서 행하는 의사표시로 취급되는 것으로 이해되므로 「행정절차법」에 의해 근거와 이유를 제시하여야 하는 것은 아니다.

③ 시립무용단원의 위촉은 공법상 계약에 해당하지만 해촉에 대하여는 민사소송으로 다투어야 한다.

④ 국가계약법에 따라 국가가 당사자가 되는 이른바 공공계약은 사경제 주체로서 상대방과 대등한 위치에서 체결하는 사법상 계약으로서 그에 관한 법령에 특별한 정함이 있는 경우를 제외하고는 사법의 원리가 그대로 적용된다.

문 11. 행정의 실효성 확보수단에 대한 설명으로 옳지 않은 것은? (다툼이 있는 경우 판례에 의함)

① 행정법상의 질서벌인 과태료의 부과처분과 형사처벌을 병과하는 것은 일사부재리의 원칙에 반하지 않는다는 것이 대법원의 입장이다.

② 계고서라는 명칭의 1장의 문서로서 일정기간 내에 위법건축물의 자진철거를 명함과 동시에 그 소정기한 내에 자진철거를 하지 아니할 때에는 대집행할 뜻을 미리 계고한 경우라면 「건축법」에 의한 철거명령과 「행정대집행법」에 의한 계고처분의 요건이 충족된 것은 아니다.

③ 직접강제는 행정대집행이나 이행강제금 부과의 방법으로는 행정상 의무 이행을 확보할 수 없거나 그 실현이 불가능한 경우에 실시하여야 한다.

④ 과세관청이 체납처분으로서 행하는 공매는 우월한 공권력의 행사로서 행정소송의 대상이 되는 공법상의 행정처분이며 공매에 의하여 재산을 매수한 자는 그 공매처분이 취소된 경우에 그 취소처분의 위법을 주장하여 행정소송을 제기할 법률상 이익이 있다.

문 12. 행정입법에 대한 설명으로 옳지 않은 것은? (다툼이 있는 경우 판례에 의함)

① 위임명령이 위임 내용을 구체화하는 단계를 벗어나 새로운 입법을 한 것으로 평가할 수 있다면 이는 위임의 한계를 일탈한 것으로서 허용되지 않는다.

② 교육부장관이 대학입시기본계획에서 내신성적 산정기준에 관한 시행지침을 마련하여 시·도교육감에게 통보한 경우, 각 고등학교에서 위 지침에 일률적으로 기속되어 내신성적을 산정할 수밖에 없고 대학에서도 이를 그대로 내신성적으로 인정하여 입학생을 선발할 수밖에 없으므로 내신성적 산정지침은 항고소송의 대상이 되는 행정처분에 해당한다.

③ 법규명령이 법률상 위임의 근거가 없어 무효였더라도 사후에 법 개정으로 위임의 근거가 부여되면 그때부터는 유효한 법규명령이 된다.

④ 행정청이 개인택시운송사업면허발급 여부를 심사함에 있어서 이미 설정된 면허기준의 해석상 당해 신청이 면허발급의 우선순위에 해당함이 명백함에도 면허거부처분을 하였다면 특별한 사정이 없는 한 그 거부처분은 위법한 처분이 된다.

문 13. 행정행위의 직권취소 및 철회에 대한 설명으로 옳지 않은 것은? (다툼이 있는 경우 판례에 의함)

① 처분에 대하여 행정심판이나 행정소송이 제기되어 쟁송이 진행되고 있는 도중에는 행정청은 스스로 대상 처분을 취소할 수 없다.

② 행정청은 사정변경으로 적법한 처분을 더 이상 존속시킬 필요가 없게 된 경우 그 처분의 전부 또는 일부를 장래를 향하여 철회할 수 있다.

③ 제소기간의 경과 등으로 처분에 불가쟁력이 발생하였다 하여도 행정청은 실권의 법리에 해당하지 않는다면 직권으로 처분을 취소할 수 있다.

④ 행정청은 위법 또는 부당한 처분의 전부나 일부를 소급하여 취소할 수 있다. 다만, 당사자의 신뢰를 보호할 가치가 있는 등 정당한 사유가 있는 경우에는 장래를 향하여 취소할 수 있다.

문 14. 공법상 계약에 대한 설명으로 옳은 것만을 모두 고르면? (다툼이 있는 경우 판례에 의함)

ㄱ. 행정청은 법령 등을 위반하지 아니하는 범위에서 행정목적을 달성하기 위하여 필요한 경우에는 공법상 법률관계에 관한 계약을 체결할 수 있고, 이 경우 계약의 목적 및 내용을 명확하게 적은 계약서를 작성하여야 한다.

ㄴ. 계약직공무원 채용계약해지의 의사표시를 하는 경우 징계해고 등에서와 같이 그 징계사유에 한하여 효력 유무를 판단하여야 하거나, 행정처분과 같이 「행정절차법」에 의하여 근거와 이유를 제시하여야 한다.

ㄷ. 공익사업을 위한 토지 등의 취득 및 보상에 관한 법령에 의한 협의취득은 사법상의 법률행위이지만 당사자 사이의 자유로운 의사에 따라 채무불이행책임이나 매매대금 과부족금에 대한 지급의무를 약정할 수 있는 것은 아니다.

ㄹ. 「지방자치단체를 당사자로 하는 계약에 관한 법률」에 따라 지방자치단체가 일방 당사자가 되는 이른바 공공계약이 사경제의 주체로서 상대방과 대등한 위치에서 체결하는 사법상의 계약에 해당하는 경우 그에 관한 법령에 특별한 정함이 있는 경우를 제외하고는 사적 자치와 계약자유의 원칙 등 사법의 원리가 그대로 적용된다.

① ㄱ, ㄴ
② ㄱ, ㄹ
③ ㄱ, ㄷ, ㄹ
④ ㄴ, ㄷ, ㄹ

문 15. 행정행위의 부관에 대한 설명으로 옳지 않은 것은? (다툼이 있는 경우 판례에 의함)

① 기부채납받은 행정재산에 대한 사용·수익허가에서 공유재산의 관리청이 정한 사용·수익허가의 기간은 그 허가의 효력을 제한하기 위한 행정행위의 부관으로서 이러한 사용·수익허가의 기간에 대해서는 독립하여 행정소송을 제기할 수 없다.

② 토지소유자가 토지형질변경행위허가에 붙은 기부채납의 부관에 따라 토지를 국가나 지방자치단체에 기부채납(증여)한 경우, 기부채납의 부관이 당연무효이거나 취소되지 아니한 이상 토지소유자는 위 부관으로 인하여 증여계약의 중요부분에 착오가 있음을 이유로 증여계약을 취소할 수 없다.

③ 행정행위의 부관인 부담에 정해진 바에 따라 당해 행정청이 아닌 다른 행정청이 그 부담상의 의무이행을 요구하는 의사표시를 하였을 경우, 이러한 행위가 당연히 항고소송의 대상이 되는 처분에 해당한다고 할 수는 없다.

④ 행정처분에 부담인 부관을 붙인 경우 부관의 무효화에 의하여 본체인 행정처분 자체의 효력에도 영향이 있게 될 수 있으며, 그 처분을 받은 사람이 부담의 이행으로 사법상 매매 등의 법률행위를 한 경우 그 법률행위 자체는 당연무효이다.

문 16. 과징금에 대한 설명으로 옳지 않은 것은? (다툼이 있는 경우 판례에 의함)

① 구 「독점규제 및 공정거래에 관한 법률」 소정의 부당지원행위에 대한 과징금은 부당지원행위의 억지라는 행정목적을 실현하기 위한 행정상 제재금으로서의 성격에 부당이득환수적 요소도 부가되어 있으므로 국가형벌권 행사로서의 처벌에 해당하지 아니한다.

② 행정기본법령에 따르면, 과징금 납부 의무자가 과징금을 분할 납부하려는 경우에는 납부기한 7일 전까지 과징금의 분할 납부를 신청하는 문서에 해당 사유를 증명하는 서류를 첨부하여 행정청에 신청해야 한다.

③ 관할 행정청이 여객자동차운송사업자의 여러 가지 위반행위를 인지하였다면 전부에 대하여 일괄하여 최고한도 내에서 하나의 과징금 부과처분을 하는 것이 원칙이고, 인지한 위반행위 중 일부에 대해서만 우선 과징금 부과처분을 하고 나머지에 대해서는 차후에 별도의 과징금 부과처분을 하는 것은 다른 특별한 사정이 없는 한 허용되지 않는다.

④ 과징금의 근거가 되는 법률에는 과징금에 관한 부과·징수 주체, 부과 사유, 상한액, 가산금을 징수하려는 경우 그 사항, 과징금 또는 가산금 체납 시 강제징수를 하려는 경우 그 사항을 명확하게 규정하여야 한다.

문 17. 행정조사에 대한 설명으로 옳지 않은 것은? (다툼이 있는 경우 판례에 의함)

① 우편물 통관검사절차에서 이루어지는 우편물의 개봉, 시료채취, 성분분석 등의 검사는 수출입물품에 대한 적정한 통관 등을 목적으로 한 행정조사의 성격을 가지는 것으로서 압수·수색영장 없이도 이러한 검사를 진행할 수 있다.

② 세무조사결정은 납세자의 권리·의무에 직접 영향을 미치는 공권력의 행사에 따른 행정작용으로서 항고소송의 대상이 된다.

③ 「행정조사기본법」에 따르면 조사대상자의 자발적인 협조에 따라 실시하는 행정조사에 대하여 조사대상자가 조사에 응할 것인지에 대한 응답을 하지 아니하는 경우에는 법령등에 특별한 규정이 없는 한 그 조사를 거부한 것으로 본다.

④ 「행정조사기본법」상 행정조사를 실시하기 전에 관련 사항을 미리 통지하는 경우 증거인멸 등으로 행정조사의 목적을 달성할 수 없다고 판단되는 때에는, 행정기관의 장은 행정조사 종료 후 지체 없이 행정조사의 목적 등을 조사대상자에게 구두로 통지할 수 있다.

문 18. 위법한 직무집행행위로 인한 손해배상책임에 대한 설명으로 옳지 않은 것은? (다툼이 있는 경우 판례에 의함)

① 「국가배상법」상 '공무원'이라 함은 널리 공무를 위탁받아 실질적으로 공무에 종사하고 있는 일체의 자를 가리키는 것으로서, 단지 공무의 위탁이 일시적인 사항에 관한 활동을 위한 것은 포함되지 않는다.

② 「국가배상법」이 정한 배상청구의 요건인 '공무원의 직무'에는 권력적 작용만이 아니라 행정지도와 같은 비권력적 공행정작용도 포함된다.

③ 어떠한 행정처분이 후에 항고소송에서 위법한 것으로서 취소되었다고 하더라도 그로써 곧 당해 행정처분이 공무원의 고의 또는 과실에 의한 불법행위를 구성한다고 단정할 수는 없다.

④ 헌법상 과잉금지의 원칙 내지 비례의 원칙을 위반하여 국민의 기본권을 침해한 국가작용은 국가배상책임에 있어 법령을 위반한 가해행위가 된다.

문 19. 판례의 입장으로 옳지 않은 것은? (다툼이 있는 경우 판례에 의함)

① 「여객자동차 운수사업법」에 따르면, 여객자동차 운수사업자가 거짓이나 부정한 방법으로 지급받은 보조금에 대한 국토교통부장관 또는 시·도지사의 환수처분은 기속행위에 해당한다.

② 재량권의 일탈·남용에 관하여는 행정행위의 효력을 다투는 사람이 주장·증명책임을 부담한다.

③ 사업주가 당연가입자가 되는 고용보험 및 산업재해보상보험에서 보험료 납부의무 부존재확인은 당사자소송으로 다투어야 한다.

④ 지방자치단체의 장이 「공유재산 및 물품관리법」에 근거하여 기부채납 및 사용·수익허가 방식으로 민간투자사업을 추진하는 과정에서 사업시행자를 지정하기 위한 전 단계에서 공모 제안을 받아 일정한 심사를 거쳐 우선협상대상자를 선정하는 행위는 항고소송의 대상이 되는 행정처분에 해당하지 않는다.

문 20. 정보공개에 대한 설명으로 옳지 않은 것은? (다툼이 있는 경우 판례에 의함)

① 정보공개거부처분의 취소를 구하는 행정소송에서 정보공개청구인이 정보공개거부처분을 받은 것 외에 추가로 법률상 이익이 있어야 하는 것도 아니며, 정보공개청구의 대상이 되는 정보가 이미 공개되어 있다는 사정만으로 소의 이익이 없는 것도 아니다.

② 「공공기관의 정보공개에 관한 법률」에 따라 중앙행정기관은 전자적 형태로 보유·관리하는 정보 중 공개대상으로 분류된 정보를 국민의 정보공개청구가 없더라도 정보통신망을 활용한 정보공개시스템 등을 통하여 공개하여야 한다.

③ 정보공개청구인이 공공기관의 비공개 결정 또는 부분 공개 결정에 대한 이의신청을 하여 공공기관으로부터 이의신청에 대한 결과를 통지받은 후 취소소송을 제기하는 경우, 그 제소기간은 이의신청에 대한 결과를 통지받은 날부터 기산한다.

④ 견책의 징계처분을 받은 자가 소속기관의 장에게 징계위원회에 참여한 징계위원의 성명과 직위에 대한 정보공개청구를 하였으나 해당 정보가 비공개 대상이라는 이유로 거부된 경우, 그 견책처분에 대한 취소소송의 기각판결이 확정되었다면 정보공개거부처분의 취소를 구할 법률상 이익은 인정되지 않는다.

▶ 정답·해설_해설집 p.141

공개경쟁채용 필기시험 대비
해커스공무원 최종점검 기출모의고사

응시번호	
성명	

문제회차

03회

【 시 험 과 목 】

과목명	소요시간	문항수	점 수
행정법총론	15분	20문항	100점

응시자 주의사항

1. **시험 시작 전**에 시험문제를 열람하는 행위나 시험종료 후 답안을 작성하는 행위를 한 사람은 부정행위자로 처리됩니다.

2. 시험 시작 즉시 **문제 누락 여부, 인쇄상태 이상유무 및 표지와 과목의 일치 여부** 등을 확인한 후 문제책 표지에 응시번호, 성명을 기재합니다.

3. 문제는 **총 20문항**으로 구성되어 있으니, 문제지와 답안지를 확인하시기 바랍니다.
   - 답안지는 '**해커스공무원 실전동형모의고사 답안지**'를 사용합니다.

4. 시험이 시작되면 문제를 주의 깊게 읽은 후, **문항의 취지에 가장 적합한 하나의 정답만**을 고르시기 바랍니다.

5. 답안을 잘못 표기하였을 경우에는 답안지를 교체하여 작성하거나 **수정테이프만을 사용**하여 수정할 수 있으며(수정액 또는 수정스티커 등은 사용 불가), 부착된 수정테이프가 떨어지지 않게 손으로 눌러주어야 합니다.
   - 불량 수정테이프의 사용과 불완전한 수정 처리로 인해 발생하는 **모든 문제는 응시자에게 책임**이 있습니다.

6. **시험시간 관리의 책임**은 전적으로 응시자 본인에게 있습니다.

해커스공무원 최종점검 기출모의고사 정답 공개 및 안내

1. 해커스공무원 최종점검 기출모의고사의 문제들은 **국가직, 지방직** 등 주요 시험의 기출문제들로만 선별하여 수록하였습니다.

2. 각 문제별 **기출연도 및 시행처, 정답 및 해설은 해설집에 수록**되어 있으니, 참고하시기 바랍니다.

Ⅲ 해커스공무원

행정법총론

문 1. 행정입법에 대한 설명으로 옳은 것은? (다툼이 있는 경우 판례에 의함)

① 법률의 위임에 의해 유효하게 성립된 법규명령은 이후 법개정으로 위임의 근거가 없어지더라도 법규명령의 효력에 영향이 없다.

② 행정권의 행정입법 등 법집행의무는 헌법적 의무라고 보아야 할 것이므로, 하위 행정입법의 제정 없이 상위 법령의 규정만으로 집행이 이루어질 수 있는 경우라도 하위 행정입법을 하여야 할 헌법적 작위의무는 인정된다.

③ 법률조항의 위임에 따라 대통령령으로 규정한 내용이 헌법에 위반되는 경우에는 그로 인하여 모법인 해당 수권(授權) 법률조항도 위헌이 된다.

④ 법률이 행정부가 아니거나 행정부에 속하지 않는 공법적 기관의 정관에 자치입법적 사항을 위임하는 경우 헌법에서 정한 포괄적인 위임입법의 금지는 원칙적으로 적용되지 않는다.

문 2. 하자의 승계에 대한 설명으로 옳지 않은 것은? (다툼이 있는 경우 판례에 의함)

① 도시·군계획시설결정과 실시계획인가는 별도의 요건과 절차에 따라 별개의 법률효과를 발생시키는 독립적인 행정처분이므로 선행처분인 도시·군계획시설결정에 하자가 있더라도 그것이 당연무효가 아닌 한 원칙적으로 후행처분인 실시계획인가에 승계되지 않는다.

② 「공인중개사법」 위반으로 업무정지처분을 받고 그 업무정지기간 중 중개업무를 하였다는 이유로 중개사무소개설등록취소처분을 받은 경우, 양 처분은 그 내용과 효과를 달리하는 독립된 행정처분으로서 서로 결합하여 1개의 법률효과를 완성하는 때에 해당한다고 볼 수 없다.

③ 수용보상금의 증액을 구하는 소송에서는 선행처분으로서 그 수용대상 토지 가격 산정의 기초가 된 비교표준지공시지가결정의 위법을 독립된 사유로 주장할 수 없다.

④ 보충역편입처분과 공익근무요원소집처분은 각각 단계적으로 별개의 법률효과를 발생하는 독립된 행정처분이다.

문 3. 행정계획에 대한 설명으로 옳지 않은 것은? (다툼이 있는 경우 판례에 의함)

① 후행 도시계획결정을 하는 행정청이 선행 도시계획의 결정·변경 등에 관한 권한을 가지고 있지 아니한 경우 선행 도시계획과 양립할 수 없는 내용이 포함된 후행 도시계획결정은 다른 특별한 사정이 없는 한 무효이다.

② 「도시 및 주거환경정비법」에 따라 인가·고시된 관리처분계획은 구속적 행정계획으로서 처분성이 인정된다.

③ 도시계획시설의 지정으로 말미암아 당해 토지의 이용가능성이 배제되거나 또는 토지소유자가 토지를 종래 허용된 용도대로도 사용할 수 없기 때문에 이로 인하여 현저한 재산적 손실이 발생하는 경우에는, 원칙적으로 국가나 지방자치단체는 이에 대한 보상을 해야 한다.

④ 도시계획시설결정의 장기미집행으로 인해 재산권이 침해된 경우, 도시계획시설결정의 실효를 주장할 수 있고, 이는 헌법상 재산권으로부터 당연히 직접 도출되는 권리이다.

문 4. 이행강제금에 대한 설명으로 옳지 않은 것은? (다툼이 있는 경우 판례에 의함)

① 「건축법」상 이행강제금은 시정명령의 불이행이라는 과거의 위반행위에 대한 제재이다.

② 행정청은 이행강제금을 부과받은 자가 납부기한까지 이행강제금을 내지 아니하면 국세강제징수의 예 또는 「지방행정제재·부과금의 징수 등에 관한 법률」에 따라 징수한다.

③ 처분의 근거법령에 의하면 「비송사건절차법」에 따라 이행강제금 부과처분에 불복하도록 규정하고 있었지만, 관할청이 이행강제금 부과처분을 하면서 재결청에 행정심판을 청구하거나 관할 행정법원에 행정소송을 할 수 있다고 잘못 안내한 경우라도 이행강제금 부과처분에 대해 행정법원에 항고소송을 제기할 수 없다.

④ 「건축법」상 이행강제금을 부과받은 사람이 이행강제금사건의 제1심결정 후 항고심결정이 있기 전에 사망한 경우, 항고심결정은 당연무효이고, 이미 사망한 사람의 이름으로 제기된 재항고는 보정할 수 없는 흠결이 있는 것으로서 부적법하다.

문 5. 「공공기관의 정보공개에 관한 법률」에 대한 설명으로 옳은 것은? (다툼이 있는 경우 판례에 의함)

① 청구인이 정보공개와 관련한 공공기관의 비공개 결정 또는 부분 공개 결정에 대하여 불복이 있거나 정보공개 청구 후 20일이 경과하도록 정보공개 결정이 없는 때에는 공공기관으로부터 정보공개 여부의 결정 통지를 받은 날 또는 정보공개 청구 후 20일이 경과한 날부터 30일 이내에 해당 공공기관에 문서로 이의신청을 할 수 있다.

② 청구인이 정보공개거부처분의 취소를 구하는 소송에서 공공기관이 청구정보를 증거 등으로 법원에 제출하여 법원을 통하여 그 사본을 청구인에게 교부 또는 송달되게 하여 결과적으로 청구인에게 정보를 공개하는 셈이 되었다면, 당해 정보의 비공개결정의 취소를 구할 소의 이익은 소멸된다.

③ 법원이 행정기관의 정보공개거부처분의 위법 여부를 심리한 결과 공개를 거부한 정보에 비공개사유에 해당하는 부분과 그렇지 않은 부분이 혼합되어 있고, 공개청구의 취지에 어긋나지 않는 범위 안에서 두 부분을 분리할 수 있더라도 공개가 가능한 정보에 국한하여 일부취소를 명할 수 없다.

④ 공공기관이 공개청구의 대상이 된 정보를 공개는 하되, 청구인이 신청한 공개방법 이외의 방법으로 공개하기로 하는 결정을 하였다면, 이는 정보공개청구 중 정보공개방법에 관한 부분만을 달리한 것이므로 일부 거부처분이라 할 수 없다.

문 6. 「개인정보 보호법」에 대한 내용으로 옳지 않은 것은?

① 고정형 영상정보처리기기운영자는 고정형 영상정보처리기기의 설치 목적과 다른 목적으로 고정형 영상정보처리기기를 임의로 조작하거나 다른 곳을 비춰서는 아니 되며, 녹음기능은 사용할 수 없다.

② 개인정보처리자는 공중위생 등 공공의 안전과 안녕을 위하여 긴급히 필요한 경우에는 개인정보를 수집할 수 있으며 그 수집 목적의 범위에서 이용할 수 있다.

③ 개인정보처리자는 정보주체가 필요한 최소한의 정보 외의 개인정보 수집에 동의하지 아니한다는 이유로 정보주체에게 재화 또는 서비스의 제공을 거부하여서는 아니 된다.

④ 정보주체는 「행정기본법」 제20조에 따른 행정청의 자동적 처분이 자신의 권리 또는 의무에 중대한 영향을 미치는 경우에는 해당 개인정보처리자에 대하여 해당 결정을 거부할 수 있는 권리를 가진다.

문 7. 국가배상에 대한 설명으로 옳은 것은? (다툼이 있는 경우 판례에 의함)

① 국가배상청구의 요건인 '공무원의 직무'에는 행정주체가 사경제주체로서 하는 작용도 포함된다.

② 청구기간 내에 헌법소원이 적법하게 제기되었음에도 헌법재판소 재판관이 청구기간을 오인하여 각하결정을 한 경우, 이에 대한 불복절차 내지 시정절차가 없는 때에는 국가배상책임을 인정할 수 있다.

③ 군 복무 중 사망한 군인 등의 유족인 원고가 「국가배상법」에 따른 손해배상금을 지급받은 경우, 국가는 「군인연금법」 소정의 사망보상금을 지급함에 있어 원고가 받은 손해배상금 상당 금액을 공제할 수 없다.

④ 외국인이 피해자인 경우 해당 국가와 상호보증이 없더라도 「국가배상법」이 적용된다.

문 8. 개인적 공권에 대한 설명으로 옳지 않은 것은? (다툼이 있는 경우 판례에 의함)

① 환경영향평가 대상지역 밖의 주민이라 할지라도 공유수면매립면허처분 등으로 인하여 그 처분 전과 비교하여 수인한도를 넘는 환경피해를 받거나 받을 우려가 있는 경우에는, 공유수면매립면허처분 등으로 인하여 환경상 이익에 대한 침해 또는 침해우려가 있다는 것을 입증함으로써 그 처분 등의 무효확인을 구할 원고적격을 인정받을 수 있다.

② 공무원연금 수급권과 같은 사회보장수급권은 헌법규정만으로는 이를 실현할 수 없어 법률에 의한 형성이 필요하고, 그 구체적인 내용 즉 수급요건 등은 법률에 의하여 비로소 확정된다.

③ 행정처분에 있어서 수익처분의 상대방은 그의 권리나 법률상 보호되는 이익이 침해되었다고 볼 수 없으므로 달리 특별한 사정이 없는 한 그 수익처분의 취소를 구할 이익이 없다.

④ 행정계획은 행정기관 내부의 행동 지침에 불과하므로, 도시계획구역 내 토지 등을 소유하고 있는 주민은 입안권자에게 도시계획입안을 요구할 수 있는 법규상 또는 조리상의 신청권이 없다.

문 9. 취소소송의 피고에 대한 설명으로 옳지 않은 것은? (다툼이 있는 경우 판례에 의함)

① 취소소송은 다른 법률에 특별한 규정이 없는 한 그 처분 등을 행한 행정청을 피고로 하므로, 대외적으로 의사를 표시할 수 있는 기관이 아닌 내부기관은 실질적인 의사가 그 기관에 의하여 결정되더라도 피고적격을 갖지 못한다.

② 권한의 위임이나 위탁을 받아 수임행정청이 자신의 명의로 한 처분에 관한 취소소송은 원칙적으로 수임행정청을 피고로 하여 제기하여야 한다.

③ 중앙노동위원회의 처분에 대한 소송은 중앙노동위원회 위원장을 피고로 한다.

④ 권한의 대리가 있는 경우, 대리 행정청이 대리관계를 표시하고 피대리 행정청을 대리하여 행정처분을 한 때에는 대리 행정청이 피고로 되어야 한다.

문 10. 정보공개에 대한 설명으로 옳지 않은 것은? (다툼이 있는 경우 판례에 의함)

① 구 「학교폭력예방 및 대책에 관한 법률」에 따른 학교폭력대책자치위원회의 회의록은 「공공기관의 정보공개에 관한 법률」 소정의 '공개될 경우 업무의 공정한 수행에 현저한 지장을 초래한다고 인정할 만한 상당한 이유가 있는 정보'에 해당한다.

② 정보공개를 청구하는 자가 공공기관에 대해 정보의 사본 또는 출력물의 교부 방법으로 공개방법을 선택하여 정보공개청구를 한 경우, 공개청구를 받은 공공기관은 「공공기관의 정보공개에 관한 법률」에서 규정한 정보의 사본 또는 복제물의 교부를 제한할 수 있는 사유에 해당하지 않는 한 그 공개방법을 선택할 재량권이 없다.

③ '2002학년도부터 2005학년도까지의 대학수학능력시험 원데이터'는 연구목적으로 그 정보의 공개를 청구하는 경우 「공공기관의 정보공개에 관한 법률」 소정의 비공개대상정보에 해당한다.

④ 「공공기관의 정보공개에 관한 법률」상 '공개하는 것이 공익 또는 개인의 권리구제를 위하여 필요하다고 인정되는 정보'에 해당하는지 여부는 비공개에 의하여 보호되는 개인의 사생활의 비밀 등 이익과 공개에 의하여 보호되는 국정운영의 투명성 확보 등의 공익 또는 개인의 권리구제 등 이익을 비교·교량하여 구체적 사안에 따라 신중히 판단하여야 한다.

문 11. 손실보상에 대한 설명으로 옳은 것만을 모두 고르면?
(다툼이 있는 경우 판례에 의함)

> ㄱ. 공공필요에 의한 재산권의 수용·사용 또는 제한 및 그에 대한 보상은 법률로써 하되, 정당한 보상을 지급하여야 한다.
> ㄴ. 「하천법」 부칙과 이에 따른 특별조치법이 하천구역으로 편입된 토지에 대하여 손실보상청구권을 규정하였다고 하더라도 당해 법률규정이 아니라 관리청의 보상금지급결정에 의하여 비로소 손실보상청구권이 발생한다.
> ㄷ. 「공익사업을 위한 토지 등의 취득 및 보상에 관한 법률」상 보상금의 증감에 관한 소송인 경우 그 소송을 제기하는 자가 토지소유자 또는 관계인일 때에는 지방토지수용위원회 또는 중앙토지수용위원회를 피고로 한다.
> ㄹ. 수용재결에 불복하여 취소소송을 제기하는 때에는 이의신청을 거친 경우에도 수용재결을 한 중앙토지수용위원회 또는 지방토지수용위원회를 피고로 하여 수용재결의 취소를 구하여야 하지만, 이의신청에 대한 재결 자체에 고유한 위법이 있는 경우에는 그 이의재결을 한 중앙토지수용위원회를 피고로 하여 이의재결의 취소를 구할 수 있다.

① ㄱ, ㄴ
② ㄱ, ㄹ
③ ㄴ, ㄷ
④ ㄴ, ㄷ, ㄹ

문 12. 판례의 입장으로 옳지 않은 것은?

① 교원소청심사위원회의 결정은 학교법인에 대하여 기속력을 가지지만 기속력은 그 결정의 주문에 포함된 사항에 미치는 것이지 그 전제가 된 요건사실의 인정과 불리한 처분 등의 구체적 위법사유에 관한 판단에까지 미치는 것은 아니다.

② 어업권면허에 선행하는 우선순위결정은 행정청이 우선권자로 결정된 자의 신청이 있으면 어업권면허처분을 하겠다는 것을 약속하는 행위로서 행정처분이 아니다.

③ 행정지도가 강제성을 띠지 않은 비권력적 작용으로서 행정지도의 한계를 일탈하지 않았다면, 그로 인하여 상대방에게 어떤 손해가 발생하였다 하더라도 행정기관은 그에 대한 손해배상책임이 없다.

④ 「공익사업을 위한 토지 등의 취득 및 보상에 관한 법률」상 적법하게 시행된 공익사업으로 인하여 이주하게 된 주거용 건축물 세입자의 주거이전비 보상청구권은 공법상의 권리이고, 따라서 그 보상을 둘러싼 쟁송은 민사소송이 아니라 공법상의 법률관계를 대상으로 하는 행정소송에 의하여야 한다.

문 13. 행정심판 재결의 효력에 대한 설명으로 옳지 않은 것은? (다툼이 있는 경우 판례에 의함)

① 행정심판 재결의 내용이 처분청의 처분을 스스로 취소하는 것일 때에는 그 재결의 형성력이 발생하여 당해 행정처분은 별도의 행정처분을 기다릴 것 없이 당연히 취소되어 소멸된다.

② 행정처분이나 행정심판 재결이 불복기간의 경과로 확정될 경우 그 확정력은 처분으로 법률상 이익을 침해받은 자가 당해 처분이나 재결의 효력을 더 이상 다툴 수 없다는 의미일 뿐 판결과 같은 기판력이 인정되는 것은 아니다.

③ 당사자의 신청을 받아들이지 않은 거부처분이 재결에서 취소된 경우에 행정청은 종전 거부처분 또는 재결 후에 발생한 새로운 사유를 내세워 다시 거부처분을 할 수 없다.

④ 교원소청심사위원회의 결정은 처분청에 대하여 기속력을 가지고 이는 그 결정의 주문에 포함된 사항뿐 아니라 처분 등의 구체적 위법사유에 관한 판단에까지 미친다.

문 14. 판례의 입장으로 옳지 않은 것만을 모두 고르면? (다툼이 있는 경우 판례에 의함)

> ㄱ. 정보의 부분 공개가 허용되는 경우란 당해 정보에서 비공개대상정보에 관련된 기술 등을 제외 혹은 삭제하고 나머지 정보만 공개하는 것이 가능하고 나머지 부분의 정보만으로도 공개의 가치가 있는 경우를 의미한다.
> ㄴ. 음주운전으로 적발된 주취운전자가 도로 밖으로 차량을 이동하겠다며 단속경찰관으로부터 보관 중이던 차량열쇠를 반환받아 몰래 차량을 운전하여 가던 중 사고를 일으킨 경우, 국가배상책임이 인정되지 않는다.
> ㄷ. 원고적격의 요건으로서 법률상 이익에는 당해 처분의 근거 법률에 의하여 보호되는 직접적이고 구체적인 이익뿐만 아니라 간접적이거나 사실적·경제적 이해관계를 가지는 경우도 여기에 포함된다.
> ㄹ. 영어 과목의 2종 교과용 도서에 대하여 검정신청을 하였다가 불합격결정처분을 받은 자는 자신들이 검정신청한 교과서의 과목과 전혀 관계가 없는 수학 과목의 교과용 도서에 대한 합격결정처분에 대하여 그 취소를 구할 법률상 이익이 없다.

① ㄱ, ㄴ
② ㄱ, ㄹ
③ ㄴ, ㄷ
④ ㄷ, ㄹ

문 15. 행정벌에 대한 설명으로 옳지 않은 것은? (다툼이 있는 경우 판례에 의함)

① 지방자치단체가 고유의 자치사무를 처리하는 경우 당해 지방자치단체는 국가기관과는 별도의 독립한 공법인이므로 양벌규정에 따라 처벌대상이 되는 법인에 해당한다.

② 「개인정보 보호법」상 법인격 없는 공공기관은 양벌규정에 의하여 처벌될 수 있으며, 이 경우 행위자 역시 위 양벌규정으로 처벌될 수 있다.

③ 「질서위반행위규제법」에 따르면 고의 또는 과실이 없는 질서위반행위는 과태료를 부과하지 아니한다.

④ 질서위반행위에 대하여 과태료를 부과하는 근거 법령이 개정되어 행위 시의 법률에 의하면 과태료 부과대상이었지만 재판 시의 법률에 의하면 부과 대상이 아니게 된 때에는 개정 법률의 부칙 등에서 행위 시의 법률을 적용하도록 명시하는 등 특별한 사정이 없는 한 재판 시의 법률을 적용하여야 하므로 과태료를 부과할 수 없다.

문 16. 무효등확인소송에 대한 설명으로 옳은 것은? (다툼이 있는 경우 판례에 의함)

① 무효확인판결에는 취소판결의 기속력에 관한 규정이 준용되지 않는다.

② 무효등확인소송의 제기 당시에 원고적격을 갖추었다면 상고심 계속 중에 원고적격을 상실하더라도 그 소는 적법하다.

③ 행정처분의 무효란 행정처분이 처음부터 아무런 효력도 발생하지 아니한다는 의미이므로 무효등확인소송에 대해서는 집행정지가 인정되지 아니한다.

④ 행정처분의 당연무효를 주장하여 그 무효확인을 구하는 행정소송에 있어서는 원고에게 그 행정처분이 무효인 사유를 주장·입증할 책임이 있다.

문 17. 행정소송의 피고에 대한 설명으로 옳지 않은 것은? (다툼이 있는 경우 판례에 의함)

① 취소소송은 다른 법률에 특별한 규정이 없는 한 그 처분등을 행한 행정청을 피고로 하지만, 처분등이 있은 뒤에 그 처분등에 관계되는 권한이 다른 행정청에 승계된 때에는 이를 승계한 행정청을 피고로 한다.

② 조례가 집행행위의 개입 없이도 그 자체로서 직접 국민의 구체적인 권리·의무나 법적 이익에 영향을 미치는 등의 법률상 효과를 발생하는 경우 무효확인소송의 피고는 당해 조례를 통과시킨 지방의회가 된다.

③ 「행정소송법」상 원고가 피고를 잘못 지정한 때에는 법원은 원고의 신청에 의하여 결정으로써 피고의 경정을 허가할 수 있다.

④ 행정처분을 행할 적법한 권한 있는 상급행정청으로부터 내부위임을 받은 데 불과한 하급행정청이 권한 없이 행정처분을 한 경우 실제로 그 처분을 행한 하급행정청을 피고로 하여야 할 것이지 그 처분을 행할 적법한 권한 있는 상급행정청을 피고로 할 것은 아니다.

문 18. 행정대집행에 대한 설명으로 옳지 않은 것은? (다툼이 있는 경우 판례에 의함)

① 정당한 사유 없이 공유재산에 시설물을 설치한 경우 행정청은 행정대집행의 방법으로 이 시설물을 철거할 수 있고, 이러한 행정대집행이 인정되는 경우에는 민사소송의 방법으로 시설물의 철거를 구하는 것은 허용되지 아니한다.

② 건물의 점유자가 철거의무자일 때에도 건물철거의무에 퇴거의무가 포함되어 있지 않으므로 별도로 퇴거를 명하는 집행권원이 필요하다.

③ 아무런 권원 없이 국유재산에 설치한 시설물에 대하여 행정청이 행정대집행을 실시하지 않는 경우, 그 국유재산에 대한 사용청구권을 가지고 있는 자는 국가를 대위하여 민사소송으로 그 시설물의 철거를 구할 수 있다.

④ 공공사업에 필요한 토지와 건물을 사업시행자가 협의취득할 때 건물소유자가 매매대상 건물에 대한 철거의무를 부담하겠다는 취지의 약정을 하였다고 하더라도 이러한 철거의무는 「행정대집행법」에 의한 대집행의 대상이 되는 공법상의 의무가 아니다.

문 19. 행정소송에 대한 설명으로 옳지 않은 것은? (다툼이 있는 경우 판례에 의함)

① 해당 처분을 다툴 법률상 이익이 있는지 여부는 직권조사사항으로 이에 관한 당사자의 주장은 직권발동을 촉구하는 의미밖에 없으므로, 원심법원이 이에 관하여 판단하지 않았다고 하여 판단유탈의 상고이유로 삼을 수 없다.

② 행정청은 「민사소송법」상의 보조참가를 할 수 있을 뿐만 아니라 「행정소송법」에 의한 소송참가를 할 수 있고 공법상 당사자소송의 원고가 된다.

③ 부작위위법확인의 소에 있어 당사자가 행정청에 대하여 어떠한 행정행위를 하여 줄 것을 요구할 수 있는 법규상 또는 조리상 권리를 갖고 있지 아니한 경우에는 원고적격이 없거나 항고소송의 대상인 위법한 부작위가 있다고 볼 수 없어 그 부작위위법확인의 소는 부적법하다.

④ 국가가 국토이용계획과 관련한 지방자치단체의 장의 기관위임사무의 처리에 관하여 지방자치단체의 장을 상대로 취소소송을 제기하는 것은 허용되지 않는다.

문 20. 행정벌에 대한 설명으로 옳지 않은 것은? (다툼이 있는 경우 판례에 의함)

① 지방자치단체 소속 공무원이 지방자치단체 고유의 자치사무를 수행하던 중 「도로법」 규정에 의한 위반행위를 한 경우 지방자치단체는 「도로법」 소정의 양벌규정에 따라 처벌대상이 되는 법인에 해당하지 않는다.

② 「개인정보 보호법」에 따르면, 죄형법정주의의 원칙상 '법인격 없는 공공기관'을 「개인정보 보호법」 소정의 양벌규정에 의하여 처벌할 수 없고, 그 경우 행위자 역시 위 양벌규정으로 처벌할 수 없다.

③ 과태료의 부과·징수, 재판 및 집행 등의 절차에 관한 다른 법률의 규정 중 「질서위반행위규제법」의 규정에 저촉되는 것은 「질서위반행위규제법」으로 정하는 바에 따른다.

④ 「질서위반행위규제법」에 따르면, 당사자와 검사는 과태료 재판에 대하여 즉시항고를 할 수 있으며, 이 경우 항고는 집행정지의 효력이 있다.

▶ 정답·해설 _해설집 p.151

해커스공무원 실전동형모의고사 답안지

컴퓨터용 흑색사인펜만 사용

회차	

[필적감정용 기재]
*아래 예시문을 옮겨 적으시오
본인은 OOO(응시자성명)임을 확인함

기 재 란

성명	
자필성명	본인 성명 기재
응시직렬	
응시지역	
시험장소	

생 년 월 일

응 시 번 호

※ 시험감독관 서명
(성명을 정자로 기재할 것)

책임 감독관 서명

제1과목

문번				
1	①	②	③	④
2	①	②	③	④
3	①	②	③	④
4	①	②	③	④
5	①	②	③	④
6	①	②	③	④
7	①	②	③	④
8	①	②	③	④
9	①	②	③	④
10	①	②	③	④
11	①	②	③	④
12	①	②	③	④
13	①	②	③	④
14	①	②	③	④
15	①	②	③	④
16	①	②	③	④
17	①	②	③	④
18	①	②	③	④
19	①	②	③	④
20	①	②	③	④

제2과목

문번				
1	①	②	③	④
2	①	②	③	④
3	①	②	③	④
4	①	②	③	④
5	①	②	③	④
6	①	②	③	④
7	①	②	③	④
8	①	②	③	④
9	①	②	③	④
10	①	②	③	④
11	①	②	③	④
12	①	②	③	④
13	①	②	③	④
14	①	②	③	④
15	①	②	③	④
16	①	②	③	④
17	①	②	③	④
18	①	②	③	④
19	①	②	③	④
20	①	②	③	④

제3과목

문번				
1	①	②	③	④
2	①	②	③	④
3	①	②	③	④
4	①	②	③	④
5	①	②	③	④
6	①	②	③	④
7	①	②	③	④
8	①	②	③	④
9	①	②	③	④
10	①	②	③	④
11	①	②	③	④
12	①	②	③	④
13	①	②	③	④
14	①	②	③	④
15	①	②	③	④
16	①	②	③	④
17	①	②	③	④
18	①	②	③	④
19	①	②	③	④
20	①	②	③	④

제4과목

문번				
1	①	②	③	④
2	①	②	③	④
3	①	②	③	④
4	①	②	③	④
5	①	②	③	④
6	①	②	③	④
7	①	②	③	④
8	①	②	③	④
9	①	②	③	④
10	①	②	③	④
11	①	②	③	④
12	①	②	③	④
13	①	②	③	④
14	①	②	③	④
15	①	②	③	④
16	①	②	③	④
17	①	②	③	④
18	①	②	③	④
19	①	②	③	④
20	①	②	③	④

제5과목

문번				
1	①	②	③	④
2	①	②	③	④
3	①	②	③	④
4	①	②	③	④
5	①	②	③	④
6	①	②	③	④
7	①	②	③	④
8	①	②	③	④
9	①	②	③	④
10	①	②	③	④
11	①	②	③	④
12	①	②	③	④
13	①	②	③	④
14	①	②	③	④
15	①	②	③	④
16	①	②	③	④
17	①	②	③	④
18	①	②	③	④
19	①	②	③	④
20	①	②	③	④

해커스공무원 실전동형모의고사 답안지

컴퓨터용 흑색사인펜만 사용

성명	
자필성명	본인 성명 기재
응시직렬	
응시지역	
시험장소	

[필적감정용 기재]
*아래 예시문을 옮겨 적으시오

본인은 OOO(응시자성명)임을 확인함

기재란

회차	

※ 시험감독관 서명
(성명을 정자로 기재할 것)

책형 란인용 사인

응시번호

⓪	⓪	⓪	⓪	⓪	⓪	
①	①	①	①	①	①	
②	②	②	②	②	②	
③	③	③	③	③	③	
④	④	④	④	④	④	④
⑤	⑤	⑤	⑤	⑤	⑤	⑤
⑥	⑥	⑥	⑥	⑥	⑥	⑥
⑦	⑦	⑦	⑦	⑦	⑦	⑦
⑧	⑧	⑧	⑧	⑧	⑧	⑧
⑨	⑨	⑨	⑨	⑨	⑨	⑨

생 년 월 일

⓪	⓪	⓪	⓪	⓪	⓪
①	①	①		①	①
②	②	②		②	②
③	③	③		③	③
④	④	④		④	④
⑤	⑤	⑤		⑤	
⑥	⑥	⑥		⑥	⑥
⑦	⑦	⑦			⑦
⑧	⑧	⑧		⑧	⑧
⑨	⑨	⑨		⑨	⑨

제1과목

문번				
1	①	②	③	④
2	①	②	③	④
3	①	②	③	④
4	①	②	③	④
5	①	②	③	④
6	①	②	③	④
7	①	②	③	④
8	①	②	③	④
9	①	②	③	④
10	①	②	③	④
11	①	②	③	④
12	①	②	③	④
13	①	②	③	④
14	①	②	③	④
15	①	②	③	④
16	①	②	③	④
17	①	②	③	④
18	①	②	③	④
19	①	②	③	④
20	①	②	③	④

제2과목

문번				
1	①	②	③	④
2	①	②	③	④
3	①	②	③	④
4	①	②	③	④
5	①	②	③	④
6	①	②	③	④
7	①	②	③	④
8	①	②	③	④
9	①	②	③	④
10	①	②	③	④
11	①	②	③	④
12	①	②	③	④
13	①	②	③	④
14	①	②	③	④
15	①	②	③	④
16	①	②	③	④
17	①	②	③	④
18	①	②	③	④
19	①	②	③	④
20	①	②	③	④

제3과목

문번				
1	①	②	③	④
2	①	②	③	④
3	①	②	③	④
4	①	②	③	④
5	①	②	③	④
6	①	②	③	④
7	①	②	③	④
8	①	②	③	④
9	①	②	③	④
10	①	②	③	④
11	①	②	③	④
12	①	②	③	④
13	①	②	③	④
14	①	②	③	④
15	①	②	③	④
16	①	②	③	④
17	①	②	③	④
18	①	②	③	④
19	①	②	③	④
20	①	②	③	④

제4과목

문번				
1	①	②	③	④
2	①	②	③	④
3	①	②	③	④
4	①	②	③	④
5	①	②	③	④
6	①	②	③	④
7	①	②	③	④
8	①	②	③	④
9	①	②	③	④
10	①	②	③	④
11	①	②	③	④
12	①	②	③	④
13	①	②	③	④
14	①	②	③	④
15	①	②	③	④
16	①	②	③	④
17	①	②	③	④
18	①	②	③	④
19	①	②	③	④
20	①	②	③	④

제5과목

문번				
1	①	②	③	④
2	①	②	③	④
3	①	②	③	④
4	①	②	③	④
5	①	②	③	④
6	①	②	③	④
7	①	②	③	④
8	①	②	③	④
9	①	②	③	④
10	①	②	③	④
11	①	②	③	④
12	①	②	③	④
13	①	②	③	④
14	①	②	③	④
15	①	②	③	④
16	①	②	③	④
17	①	②	③	④
18	①	②	③	④
19	①	②	③	④
20	①	②	③	④

해커스공무원 실전동형모의고사 답안지

책형 표기란 사용

※ 시험감독관 서명
(성명을 정자로 기재할 것)

감독관 확인용

생 년 월 일

| ⓪ ① ② ③ ④ ⑤ ⑥ ⑦ ⑧ ⑨ |

응 시 번 호

| ⓪ ① ② ③ ④ ⑤ ⑥ ⑦ ⑧ ⑨ |

성명	
자필성명	본인 성명 기재
응시직렬	
응시지역	
시험장소	

컴퓨터용 흑색사인펜만 사용

[필적감정용 기재]
*아래 예시문을 옮겨 적으시오
본인은 OOO(응시자성명)임을 확인함

기재란

회차	

제1과목

문번					
1	①	②	③	④	
2	①	②	③	④	
3	①	②	③	④	
4	①	②	③	④	
5	①	②	③	④	
6	①	②	③	④	
7	①	②	③	④	
8	①	②	③	④	
9	①	②	③	④	
10	①	②	③	④	
11	①	②	③	④	
12	①	②	③	④	
13	①	②	③	④	
14	①	②	③	④	
15	①	②	③	④	
16	①	②	③	④	
17	①	②	③	④	
18	①	②	③	④	
19	①	②	③	④	
20	①	②	③	④	

제2과목

문번					
1	①	②	③	④	
2	①	②	③	④	
3	①	②	③	④	
4	①	②	③	④	
5	①	②	③	④	
6	①	②	③	④	
7	①	②	③	④	
8	①	②	③	④	
9	①	②	③	④	
10	①	②	③	④	
11	①	②	③	④	
12	①	②	③	④	
13	①	②	③	④	
14	①	②	③	④	
15	①	②	③	④	
16	①	②	③	④	
17	①	②	③	④	
18	①	②	③	④	
19	①	②	③	④	
20	①	②	③	④	

제3과목

문번					
1	①	②	③	④	
2	①	②	③	④	
3	①	②	③	④	
4	①	②	③	④	
5	①	②	③	④	
6	①	②	③	④	
7	①	②	③	④	
8	①	②	③	④	
9	①	②	③	④	
10	①	②	③	④	
11	①	②	③	④	
12	①	②	③	④	
13	①	②	③	④	
14	①	②	③	④	
15	①	②	③	④	
16	①	②	③	④	
17	①	②	③	④	
18	①	②	③	④	
19	①	②	③	④	
20	①	②	③	④	

제4과목

문번					
1	①	②	③	④	
2	①	②	③	④	
3	①	②	③	④	
4	①	②	③	④	
5	①	②	③	④	
6	①	②	③	④	
7	①	②	③	④	
8	①	②	③	④	
9	①	②	③	④	
10	①	②	③	④	
11	①	②	③	④	
12	①	②	③	④	
13	①	②	③	④	
14	①	②	③	④	
15	①	②	③	④	
16	①	②	③	④	
17	①	②	③	④	
18	①	②	③	④	
19	①	②	③	④	
20	①	②	③	④	

제5과목

문번					
1	①	②	③	④	
2	①	②	③	④	
3	①	②	③	④	
4	①	②	③	④	
5	①	②	③	④	
6	①	②	③	④	
7	①	②	③	④	
8	①	②	③	④	
9	①	②	③	④	
10	①	②	③	④	
11	①	②	③	④	
12	①	②	③	④	
13	①	②	③	④	
14	①	②	③	④	
15	①	②	③	④	
16	①	②	③	④	
17	①	②	③	④	
18	①	②	③	④	
19	①	②	③	④	
20	①	②	③	④	

해커스공무원 실전동형모의고사 답안지

컴퓨터용 흑색사인펜만 사용

책형

[필적감정용 기재]
*아래 예시문을 옮겨 적으시오
본인은 OOO(응시자성명)임을 확인함

기 재 란

성명	
자필성명	본인 성명 기재
응시직렬	
응시지역	
시험장소	

응시번호

생년월일

※ 시험감독관 서명
(성명을 정자로 기재할 것)

책임감독관 확인

문번	제1과목
1 2 3 4 5	
6 7 8 9 10	
11 12 13 14 15	
16 17 18 19 20	

문번	제2과목
1 2 3 4 5	
6 7 8 9 10	
11 12 13 14 15	
16 17 18 19 20	

문번	제3과목
1 2 3 4 5	
6 7 8 9 10	
11 12 13 14 15	
16 17 18 19 20	

문번	제4과목
1 2 3 4 5	
6 7 8 9 10	
11 12 13 14 15	
16 17 18 19 20	

문번	제5과목
1 2 3 4 5	
6 7 8 9 10	
11 12 13 14 15	
16 17 18 19 20	

해커스공무원

신동욱
행정법총론

실전동형모의고사 1

약점 보완 해설집

해커스

신동욱

약력

현 | 해커스공무원 행정법, 헌법 강의
전 | 서울시 교육청 헌법 특강
전 | 2017 EBS 특강
전 | 2013, 2014 경찰청 헌법 특강
전 | 교육부 평생교육진흥원 학점은행 교수
전 | 금강대 초빙교수
전 | 강남 박문각행정고시학원 헌법 강의

저서

해커스공무원 처음 행정법 만화판례집
해커스공무원 신동욱 행정법총론 기본서
해커스공무원 신동욱 행정법총론 조문해설집
해커스공무원 신동욱 행정법총론 핵심요약집
해커스공무원 신동욱 행정법총론 단원별 기출문제집
해커스공무원 신동욱 행정법총론 사례형 기출 + 실전문제집
해커스공무원 신동욱 행정법총론 핵심 기출 OX
해커스공무원 신동욱 행정법총론 실전동형모의고사 1·2
해커스공무원 처음 헌법 만화판례집
해커스공무원 신동욱 헌법 기본서
해커스공무원 신동욱 헌법 조문해설집
해커스공무원 神헌법 핵심요약집
해커스공무원 신동욱 헌법 단원별 기출문제집
해커스공무원 神헌법 핵심 기출 OX
해커스공무원 神헌법 실전동형모의고사

: 목차

해커스공무원 학원·인강
gosi.Hackers.com

실전동형
모의고사

정답 p. 8

취약 단원 분석표

01	④	VI	06	③	III	11	④	VI	16	③	V
02	①	VI	07	③	V	12	②	I	17	②	IV
03	③	II	08	②	II	13	④	II	18	④	IV
04	②	VI	09	③	VI	14	④	II	19	④	VI
05	④	VI	10	①	II	15	④	III	20	②	II

단원	맞힌 답의 개수
I	/ 1
II	/ 6
III	/ 2
IV	/ 2
V	/ 2
VI	/ 7
TOTAL	/ 20

I 행정법 서론 / II 행정작용법 / III 행정절차와 행정공개 / IV 행정의 실효성 확보수단 / V 행정상 손해전보 / VI 행정쟁송

---

01 행정처분 정답 ④

① [O]「행정기본법」제18조 제1항에 대한 옳은 내용이다.

> 판례 이론 **조문**
>
> **제18조【위법 또는 부당한 처분의 취소】**① 행정청은 위법 또는 부당한 처분의 전부나 일부를 소급하여 취소할 수 있다. 다만, 당사자의 신뢰를 보호할 가치가 있는 등 정당한 사유가 있는 경우에는 장래를 향하여 취소할 수 있다.

② [O]「행정기본법」제18조 제2항에 대한 옳은 내용이다.

> 판례 이론 **조문**
>
> **제18조【위법 또는 부당한 처분의 취소】**② 행정청은 제1항에 따라 당사자에게 권리나 이익을 부여하는 처분을 취소하려는 경우에는 취소로 인하여 당사자가 입게 될 불이익을 취소로 달성되는 공익과 비교·형량(衡量)하여야 한다. 다만, 다음 각 호의 어느 하나에 해당하는 경우에는 그러하지 아니하다.
> 1. 거짓이나 그 밖의 부정한 방법으로 처분을 받은 경우
> 2. 당사자가 처분의 위법성을 알고 있었거나 중대한 과실로 알지 못한 경우

③ [O]「행정기본법」제19조 제2항에 대한 옳은 내용이다.

> 판례 이론 **조문**
>
> **제19조【적법한 처분의 철회】**② 행정청은 제1항에 따라 처분을 철회하려는 경우에는 철회로 인하여 당사자가 입게 될 불이익을 철회로 달성되는 공익과 비교·형량하여야 한다.

❹ [×] 수익적 행정처분에 대한 취소권 등의 행사는 기득권의 침해를 정당화할 만한 중대한 공익상의 필요 또는 제3자의 이익보호의 필요가 있는 때에 한하여 허용될 수 있다는 법리는, 처분청이 수익적 행정처분을 직권으로 취소·철회하는 경우에 적용되는 법리일 뿐 쟁송취소의 경우에는 적용되지 않는다(대판 2019.10.17. 2018두104).

---

02 취소소송 정답 ①

❶ [×] 행정처분에 대한 무효확인과 취소청구는 서로 양립할 수 없는 청구로서 주위적·예비적 청구로서만 병합이 가능하고 선택적 청구로서의 병합이나 단순 병합은 허용되지 아니한다(대판 1999.8.20. 97누6889).

② [O] 취소 확정판결의 기속력은 판결의 주문 및 전제가 되는 처분 등의 구체적 위법사유에 관한 판단에도 미치나, 종전 처분이 판결에 의하여 취소되었더라도 종전 처분과 다른 사유를 들어서 새로이 처분을 하는 것은 기속력에 저촉되지 않는다. 여기에서 동일 사유인지 다른 사유인지는 확정판결에서 위법한 것으로 판단된 종전 처분사유와 기본적 사실관계에서 동일성이 인정되는지 여부에 따라 판단되어야 하고, 기본적 사실관계의 동일성 유무는 처분사유를 법률적으로 평가하기 이전의 구체적인 사실에 착안하여 그 기초인 사회적 사실관계가 기본적인 점에서 동일한지에 따라 결정된다. 또한 행정처분의 위법 여부는 행정처분이 행하여진 때의 법령과 사실을 기준으로 판단하므로, 확정판결의 당사자인 처분 행정청은 종전 처분 후에 발생한 새로운 사유를 내세워 다시 처분을 할 수 있고, 새로운 처분의 처분사유가 종전 처분의 처분사유와 기본적 사실관계에서 동일하지 않은 다른 사유에 해당하는 이상, 처분사유가 종전 처분 당시 이미 존재하고 있었고 당사자가 이를 알고 있었더라도 이를 내세워 새로이 처분을 하는 것은 확정판결의 기속력에 저촉되지 않는다(대판 2016.3.24. 2015두48235).

③ [O] 판례에 따르면 무효확인청구는 취소청구 취지도 포함하므로 취소소송 제기요건을 갖춘 경우 소의 변경 없이도 법원이 취소판결을 할 수 있다고 본다.

> **판례** 이론 조문
>
> 행정처분의 무효확인을 구하는 청구에는 특별한 사정이 없는 한 그 처분의 취소를 구하는 취지까지도 포함되어 있다고 볼 수는 있으나 위와 같은 경우에 취소청구를 인용하려면 먼저 취소를 구하는 항고소송으로서의 제소요건을 구비한 경우에 한한다(대판 1986.9.23. 85누838).

④ [O] 과세처분의 취소소송은 과세처분의 실체적, 절차적 위법을 그 취소원인으로 하는 것으로서 그 심리의 대상은 과세관청의 과세처분에 의하여 인정된 조세채무인 과세표준 및 세액의 객관적 존부, 즉 당해 과세처분의 적부가 심리의 대상이 되는 것이며, 과세처분 취소청구를 기각하는 판결이 확정되면 그 처분이 적법하다는 점에 관하여 기판력이 생기고 그 후 원고가 이를 무효라 하여 무효확인을 소구할 수 없는 것이어서 과세처분의 취소소송에서 청구가 기각된 확정판결의 기판력은 그 과세처분의 무효확인을 구하는 소송에도 미친다(대판 1998.7.24. 98다10854).

03 행정계획 정답 ③

① [O] 도시 및 주거환경정비법에 따른 주택재건축정비사업조합은 관할 행정청의 감독 아래 도시정비법상의 주택재건축사업을 시행하는 공법인(도시정비법 제18조)으로서, 그 목적 범위 내에서 법령이 정하는 바에 따라 일정한 행정작용을 행하는 행정주체의 지위를 갖는다. 그리고 재건축조합이 행정주체의 지위에서 도시정비법 제48조에 따라 수립하는 관리처분계획은 정비사업의 시행 결과 조성되는 대지 또는 건축물의 권리귀속에 관한 사항과 조합원의 비용 분담에 관한 사항 등을 정함으로써 조합원의 재산상 권리·의무 등에 구체적이고 직접적인 영향을 미치게 되므로, 이는 구속적 행정계획으로서 재건축조합이 행하는 독립된 행정처분에 해당한다(대판 2009.9.17. 2007다2428).

② [O] 공원녹지의 확충·관리·이용 등 쾌적한 도시환경의 조성 등을 목적으로 하는 도시관리계획결정과 관련하여 재량권의 일탈·남용 여부를 심사할 때에는 공원녹지법의 입법취지와 목적, 보존하고자 하는 녹지의 조성 상태 등 구체적 현황, 이해관계자들 사이의 권익 균형 등을 종합하여 신중하게 판단하여야 한다. 그리고 자연환경 보호 등을 목적으로 하는 도시관리계획결정은 식생이 양호한 수림의 훼손 등과 같이 장래 발생할 불확실한 상황과 파급효과에 대한 예측 등을 반영한 행정청의 재량적 판단으로서, 그 내용이 현저히 합리성을 결여하거나 형평이나 비례의 원칙에 뚜렷하게 반하는 등의 사정이 없는 한 폭넓게 존중하여야 한다(대판 2023.11.16. 2022두61816).

❸ [X] 구 도시계획법은 도시계획의 수립 및 집행에 관하여 필요한 사항을 규정함으로써 공공의 안녕질서를 보장하고 공공복리를 증진하며 주민의 삶의 질을 향상하게 함을 목적으로 하면서도 도시계획시설결정으로 인한 개인의 재산권행사의 제한을 줄이기 위하여, 도시계획시설부지의 매수청구권, 도시계획시설결정의 실효에 관한 규정과 아울러 도시계획 입안권자인 특별시장·광역시장·시장 또는 군수로 하여금 5년마다 관할 도시계획구역 안의 도시계획에 대하여 그 타당성 여부를 전반적으로 재검토하여 정비하여야 할 의무를 지우고, 도시계획입안제안과 관련하여서는 주민이 입안권자에게 '1. 도시계획시설의 설치·정비 또는 개량에 관한 사항 2. 지구단위계획구역의 지정 및 변경과 지구단위계획의 수립 및 변경에 관한 사항'에 관하여 '도시계획도서와 계획설명서를 첨부'하여 도시계획의 입안을 제안할 수 있고, 위 입안제안을 받은 입안권자는 그 처리결과를 제안자에게 통보하도록 규정하고 있는 점 등과 헌법상 개인의 재산권 보장의 취지에 비추어 보면, 도시계획구역 내 토지 등을 소유하고 있는 주민으로서는 입안권자에게 도시계획 입안을 요구할 수 있는 법규상 또는 조리상의 신청권이 있다고 할 것이고, 이러한 신청에 대한 거부행위는 항고소송의 대상이 되는 행정처분에 해당한다(대판 2004.4.28. 2003두1806).

④ [O] 행정계획이라 함은 행정에 관한 전문적·기술적 판단을 기초로 하여 도시의 건설·정비·개량 등과 같은 특정한 행정목표를 달성하기 위하여 서로 관련되는 행정수단을 종합·조정함으로써 장래의 일정한 시점에 있어서 일정한 질서를 실현하기 위한 활동기준으로 설정된 것으로서, 도시계획법 등 관계 법령에는 추상적인 행정목표와 절차만이 규정되어 있을 뿐 행정계획의 내용에 대하여는 별다른 규정을 두고 있지 아니하므로 행정주체는 구체적인 행정계획을 입안·결정함에 있어서 비교적 광범위한 형성의 자유를 가진다고 할 것이지만, 행정주체가 가지는 이와 같은 형성의 자유는 무제한적인 것이 아니라 그 행정계획에 관련되는 자들의 이익을 공익과 사익 사이에서는 물론이고 공익 상호간과 사익 상호간에도 정당하게 비교교량하여야 한다는 제한이 있는 것이고, 따라서 행정주체가 행정계획을 입안·결정함에 있어서 이익형량을 전혀 행하지 아니하거나 이익형량의 고려 대상에 마땅히 포함시켜야 할 사항을 누락한 경우 또는 이익형량을 하였으나 정당성·객관성이 결여된 경우에는 그 행정계획결정은 재량권을 일탈·남용한 것으로서 위법하다(대판 1996.11.29. 96누8567).

04 항고소송 정답 ②

옳은 것은 ㄱ, ㄴ, ㄹ이다.

ㄱ. [O] 진실규명결정이 이루어지면 그 결정에서 규명된 진실에 따라 국가가 피해자 등에 대하여 피해 및 명예회복 조치를 위할 법률상 의무를 부담하게 되는 점 등 여러 사정을 종합하여 보면, 법이 규정하는 진실규명결정은 국민의 권리의무에 직접적으로 영향을 미치는 행위로서 항고소송의 대상이 되는 행정처분이라고 보는 것이 타당하다(대판 2013.1.16. 2010두22856).

ㄴ. [O] 자동차운전면허대장상 일정한 사항의 등재행위는 운전면허행정사무집행의 편의와 사실증명의 자료로 삼기 위한 것일 뿐 그 등재행위로 인하여 당해 운전면허 취득자에게 새로이 어떠한 권리가 부여되거나 변동 또는 상실되는 효력이 발생하는 것은 아니므로 이는 행정소송의 대상이 되는 독립한 행정처분으로 볼 수 없고, 운전경력증명서상의 기재행위 역시 당해 운전면허 취득자에 대한 자동차운전면허대장상의 기재사항을 옮겨 적는 것에 불과할 뿐이므로 운전경력증명서에 한 등재의 말소를 구하는 소는 부적법하다 할 것이다(대판 1991.9.24. 91누1400).

ㄷ. [X] 관할 지방병무청장이 1차로 공개 대상자 결정을 하고, 그에 따라 병무청장이 같은 내용으로 최종적 공개결정을 하였다면, 공개 대상자는 병무청장의 최종적 공개결정만을 다투는 것으로 충분하고, 관할 지방병무청장의 공개 대상자 결정을 별도로 다툴 소의 이익은 없어진다(대판 2019.6.27. 2018두49130).

ㄹ. [O] 한국자산공사가 당해 부동산을 인터넷을 통하여 재공매(입찰)하기로 한 결정 자체는 내부적인 의사결정에 불과하여 항고소송의 대상이 되는 행정처분이라고 볼 수 없다(대판 2007.7.27. 2006두8464).

05 행정소송 정답 ④

① [O] 행정소송법상 항고소송으로 제기하여야 할 사건을 민사소송으로 잘못 제기한 경우에 수소법원이 항고소송에 대한 관할도 동시에 가지고 있다면, 전심절차를 거치지 않았거나 제소기간을 도과하는 등 항고소송으로서의 소송요건을 갖추지 못했음이 명백하여 항고소송으로 제기되었더라도 어차피 부적법하게 되는 경우가 아닌 이상, 원고로 하여금 항고소송으로 소 변경을 하도록 석명권을 행사하여 행정소송법이 정하는 절차에 따라 심리·판단하여야 한다(대판 2020.4.9. 2015다34444).

② [O] 서훈은 어디까지나 서훈대상자 본인의 공적과 영예를 기리기 위한 것이므로 비록 유족이라고 하더라도 제3자는 서훈수여 처분의 상대방이 될 수 없고, 구 상훈법 제33조, 제34조 등에 따라 망인을 대신하여 단지 사실행위로서 훈장 등을 교부받거나 보관할 수 있는 지위에 있을 뿐이다. 이러한 서훈의 일신전속적 성격은 서훈취소의 경우에도 마찬가지이므로, 망인에게 수여된 서훈의 취소에서도 유족은 그 처분의 상대방이 되는 것이 아니다. 이와 같이 망인에 대한 서훈취소는 유족에 대한 것이 아니므로 유족에 대한 통지에 의해서만 성립하여 효력이 발생한다고 볼 수 없고, 그 결정이 처분권자의 의사에 따라 상당한 방법으로 대외적으로 표시됨으로써 행정행위로서 성립하여 효력이 발생한다고 봄이 타당하다(대판 2014.9.26. 2013두2518).

③ [O] 행정처분의 위법을 주장하여 그 처분의 취소를 구하는 소위 항고소송에 있어서는 그 처분이 적법하였다고 주장하는 피고에게 그가 주장하는 적법사유에 대한 입증책임이 있다(대판 1966.10.18. 66누134).

❹ [X] 조세는 국가존립의 기초인 재정의 근간으로서, 세법은 공권력 행사의 주체인 과세관청에 부과권이나 우선권 및 자력집행권 등 세액의 납부와 징수를 위한 상당한 권한을 부여하여 그 공익성과 공공성을 담보하고 있다. 따라서 조세채권자는 세법이 부여한 부과권 및 자력집행권 등에 기하여 조세채권을 실현할 수 있어 특별한 사정이 없는 한 납세자를 상대로 소를 제기할 이익을 인정하기 어렵다. 다만, 납세의무자가 무자력이거나 소재불명이어서 체납처분 등의 자력집행권을 행사할 수 없는 등 구 국세기본법 제28조 제1항이 규정한 사유들에 의해서는 조세채권의 소멸시효 중단이 불가능하고 조세채권자가 조세채권의 징수를 위하여 가능한 모든 조치를 충실히 취하여 왔음에도 조세채권이 실현되지 않은 채 소멸시효기간의 경과가 임박하는 등의 특별한 사정이 있는 경우에는, 그 시효중단을 위한 재판상 청구는 예외적으로 소의 이익이 있다고 봄이 타당하다. 그리고 국가 등 과세주체가 당해 확정된 조세채권의 소멸시효 중단을 위하여 납세의무자를 상대로 제기한 조세채권존재확인의 소는 공법상 당사자소송에 해당한다(대판 2020.3.2. 2017두41771).

06 행정절차 정답 ③

옳은 것은 ㄱ, ㄷ, ㅁ이다.

ㄱ. [O] 행정청이 침해적 행정처분을 하면서 당사자에게 행정절차법상의 사전통지를 하거나 의견제출의 기회를 주지 아니하였다면 사전통지를 하지 않거나 의견제출의 기회를 주지 아니하여도 되는 예외적인 경우에 해당하지 아니하는 한 그 처분은 위법하여 취소를 면할 수 없다(대판 2007.9.21. 2006두20631).

ㄴ. [X] 건축법에서 인·허가의제 제도를 둔 취지는, 인·허가의제 사항과 관련하여 건축허가 또는 건축신고의 관할 행정청으로 그 창구를 단일화하고 절차를 간소화하며 비용과 시간을 절감함으로써 국민의 권익을 보호하려는 것이지, 인·허가의제 사항 관련 법률에 따른 각각의 인·허가 요건에 관한 일체의 심사를 배제하려는 것으로 보기는 어렵다(대판 2011.1.20. 2010두14954).

ㄷ. [O] 행정절차법 제3조 제2항, 행정절차법 시행령 제2조 등 행정절차령 관련 규정들의 내용을 행정의 공정성, 투명성 및 신뢰성을 확보하고 국민의 권익보호를 목적으로 하는 행정절차법의 입법 목적에 비추어 보면, 행정절차법의 적용이 제외되는 공무원 인사관계 법령에 의한 처분에 관한 사항이란 성질상 행정절차를 거치기 곤란하거나 불필요하다고 인정되는 처분이나 행정절차에 준하는 절차를 거치도록 하고 있는 처분에 관한 사항만을 말하는 것으로 보아야 한다. 이러한 법리는 '공무원 인사관계 법령에 의한 처분'에 해당하는 육군3사관학교 생도에 대한 퇴학처분에도 마찬가지로 적용된다(대판 2018.3.13. 2016두33339).

ㄹ. [X] 청문의 공개는 당사자나 청문 주재자가 필요하다고 인정하는 경우 신청 가능하다.

> 판례 이론 **조문**
>
> 「행정절차법」 제30조 【청문의 공개】 청문은 당사자가 공개를 신청하거나 청문 주재자가 필요하다고 인정하는 경우 공개할 수 있다. 다만, 공익 또는 제3자의 정당한 이익을 현저히 해칠 우려가 있는 경우에는 공개하여서는 아니 된다.

ㅁ. [O] 육군3사관학교의 사관생도에 대한 징계절차에서 징계심의대상자가 대리인으로 선임한 변호사가 징계위원회 심의에 출석하여 진술하려고 하였음에도, 징계권자나 그 소속 직원이 변호사가 징계위원회의 심의에 출석하는 것을 막았다면 징계위원회 심의·의결의 절차적 정당성이 상실되어 그 징계의결에 따른 징계처분은 위법하여 원칙적으로 취소되어야 한다. 다만, 징계심의대상자의 대리인이 관련된 행정절차나 소송절차에서 이미 실질적인 증거조사를 하고 의견을 진술하는 절차를 거쳐서 징계심의대상자의 방어권 행사에 실질적으로 지장이 초래되었다고 볼 수 없는 특별한 사정이 있는 경우에는, 징계권자가 징계심의대상자의 대리인에게 징계위원회에 출석하여 의견을 진술할 기회를 주지 아니하였더라도 그로 인하여 징계위원회 심의에 절차적 정당성이 상실되었다고 볼 수 없으므로 징계처분을 취소할 것은 아니다(대판 2018.3.13. 2016두33339).

07 국가배상 정답 ③

① [X] 영업허가취소처분이 나중에 행정심판에 의하여 재량권을 일탈한 위법한 처분임이 판명되어 취소되었다고 하더라도 그 처분이 당시 시행되던 공중위생법 시행규칙에 정하여진 행정처분의 기준에 따른 것인 이상 그 영업허가취소처분을 한 행정청 공무원에게 그와 같은 위법한 처분을 한 데 있어 어떤 직무집행상의 과실이 있다고 할 수는 없다(대판 1994.11.8. 94다26141).

② [X] 헌법 제29조 제1항 본문과 단서 및 국가배상법 제2조를 그 입법취지에 조화되도록 해석하면 공무원이 직무수행 중 불법행위로 타인에게 손해를 입힌 경우에 국가나 지방자치단체가 국가배상책임을 부담하는 외에 공무원 개인도 고의 또는 중과실이 있는 경우에는 불법행위로 인한 손해배상책임을 지고, 공무원에게 경과실뿐인 경우에만 공무원 개인은 손해배상책임을 부담하지 아니한다(대판 1997.2.11. 95다5110).

❸ [O] 국가배상법 제7조는 우리나라만이 입을 수 있는 불이익을 방지하고 국제관계에서 형평을 도모하기 위하여 외국인의 국가배상청구권의 발생요건으로 '외국인이 피해자인 경우에는 해당 국가와 상호보증이 있을 것'을 요구하고 있는데, 해당 국가에서 외국인에 대한 국가배상청구권의 발생요건이 우리나라의 그것과 동일하거나 오히려 관대할 것을 요구하는 것은 지나치게 외국인의 국가배상청구권을 제한하는 결과가 되어 국제적인 교류가 빈번한 오늘날의 현실에 맞지 아니할 뿐만 아니라 외국에서 우리나라 국민에 대한 보호를 거부하게 하는 불합리한 결과를 가져올 수 있는 점을 고려할 때, 우리나라와 외국 사이에 국가배상청구권의 발생요건이 현저히 균형을 상실하지 아니하고 외국에서 정한 요건이 우리나라에서 정한 그것보다 전체로서 과중하지 아니하여 중요한 점에서 실질적으로 거의 차이가 없는 정도라면 국가배상법 제7조가 정하는 상호보증의 요건을 구비하였다고 봄이 타당하다. 그리고 상호보증은 외국의 법령, 판례 및 관례 등에 의하여 발생요건을 비교하여 인정되면 충분하고 반드시 당사국과의 조약이 체결되어 있을 필요는 없으며, 당해 외국에서 구체적으로 우리나라 국민에게 국가배상청구를 인정한 사례가 없더라도 실제로 인정될 것이라고 기대할 수 있는 상태이면 충분하다(대판 2015.6.11. 2013다208388).

④ [X] 자동차손해배상보장법의 입법취지에 비추어 볼 때, 같은 법 제3조는 자동차의 운행이 사적인 용무를 위한 것이건 국가 등의 공무를 위한 것이건 구별하지 아니하고 민법이나 국가배상법에 우선하여 적용된다고 보아야 한다. 따라서, 일반적으로 공무원의 공무집행상의 위법행위로 인한 공무원 개인 책임의 내용과 범위는 민법과 국가배상법의 규정과 해석에 따라 정하여질 것이지만, 자동차의 운행으로 말미암아 다른 사람을 사망하게 하거나 부상하게 함으로써 발생한 손해에 대한 공무원의 손해배상책임의 내용과 범위는 이와는 달리 자동차손해배상보장법이 정하는 바에 의할 것이므로, 공무원이 직무상 자동차를 운전하다가 사고를 일으켜 다른 사람에게 손해를 입힌 경우에는 그 사고가 자동차를 운전한 공무원의 경과실에 의한 것인지 중과실 또는 고의에 의한 것인지를 가리지 않고, 그 공무원이 자동차손해배상보장법 제3조 소정의 '자기를 위하여 자동차를 운행하는 자'에 해당하는 한 자동차손해배상보장법상의 손해배상책임을 부담한다(대판 1996.3.8. 94다23876).

08 강학상 특허 정답 ②

옳은 것은 ㄱ, ㄴ, ㄷ, ㄹ이고, 옳지 않은 것은 ㅁ이다.

ㄱ. [O] 도로법 제40조 제1항에 의한 도로점용은 일반공중의 교통에 사용되는 도로에 대하여 이러한 일반사용과는 별도로 도로의 특정부분을 유형적·고정적으로 특정한 목적을 위하여 사용하는 이른바 특별사용을 뜻하는 것이고, 이러한 도로점용의 허가는 특정인에게 일정한 내용의 공물사용권을 설정하는 설권행위로서, 공물관리자가 신청인의 적격성, 사용목적 및 공익상의 영향 등을 참작하여 허가를 할 것인지의 여부를 결정하는 재량행위이다(대판 2002.10.25. 2002두5795).

ㄴ. [O] 점용·사용허가에 의하여 부여되는 특별사용권은 행정주체에 대하여 공공용물의 배타적, 독점적인 사용을 청구할 수 있는 권리로서 공법상의 채권에 해당한다(2013.9.26. 2012헌바16).

ㄷ. [O] 특별사용에 있어서의 점용료 부과처분은 공법상의 의무를 부과하는 공권적인 처분으로서 항고소송의 대상이 되는 행정처분에 해당한다 할 것이다(대판 1982.5.25. 81다카998).

ㄹ. [O] 구 지역균형개발 및 지방중소기업 육성에 관한 법률 제16조 제2항, 제17조 제1항, 제2항, 제3항, 제4항, 제18조 제1항, 제3항, 제19조 제1항, 제2항, 구 지역균형개발 및 지방중소기업 육성에 관한 법률 시행령 제22조의 내용 및 취지 등에 비추어 보면, 개발촉진지구 안에서 시행되는 지역개발사업(국가 또는 지방자치단체가 직접 시행하는 경우를 제외한다, 이하 '지구개발사업'이라 한다)에서 지정권자의 실시계획승인처분은 단순히 시행자가 작성한 실시계획에 대한 보충행위로서의 성질을 가지는 것이 아니라 시행자에게 구 지역균형개발법상 지구개발사업을 시행할 수 있는 지위를 부여하는 일종의 설권적 처분의 성격을 가진 독립된 행정처분으로 보아야 한다(대판 2014.9.26. 2012두5619).

ㅁ. [X] 2005.1.5. 이 사건 공원부지가 용도폐지 되어 일반재산이 된 이상, 피고는 그 전에 이루어진 위 사용허가나 공유재산법 제22조에 근거하여 이 사건 공원부지에 대한 사용료를 부과할 수 없으므로, 이 사건 처분은 그 법적 근거가 없이 이루어진 것으로서 위법하다 할 것이다. 그럼에도 원심은 이와 달리, 이 사건 공원부지가 공원으로서의 용도가 폐지되어 일반재산이 되더라도 이 사건 사용허가가 소멸되지 아니한다는 잘못된 전제에서, 그 후에도 공유재산법 제22조에 근거하여 원고에게 이 사건 공원부지에 대한 사용료를 부과할 수 있다고 판단하였다. 따라서 이러한 원심의 판단에는 행정재산의 공용폐지 및 공유재산법 제22조에 의한 사용료 부과 대상에 관한 법리를 오해하여 판결에 영향을 미친 위법이 있다(대판 2015.2.26. 2012두6612).

09　부작위위법확인소송　정답 ③

① [O] 무효확인소송의 보충성을 규정하고 있는 외국의 일부 입법례와는 달리 우리나라 행정소송법에는 명문의 규정이 없어 이로 인한 명시적 제한이 존재하지 않는다. 이와 같은 사정을 비롯하여 행정에 대한 사법통제, 권익구제의 확대와 같은 행정소송의 기능 등을 종합하여 보면, 행정처분의 근거 법률에 의하여 보호되는 직접적이고 구체적인 이익이 있는 경우에는 행정소송법 제35조에 규정된 '무효확인을 구할 법률상 이익'이 있다고 보아야 하고, 이와 별도로 무효확인소송의 보충성이 요구되는 것은 아니므로 행정처분의 무효를 전제로 한 이행소송 등과 같은 직접적인 구제수단이 있는지 여부를 따질 필요가 없다고 해석함이 상당하다(대판 2008.3.20. 2007두6342 전합).

② [O] 취소판결의 제3자효 규정, 취소판결의 기속력 규정은 무효등확인소송, 부작위위법확인소송의 경우에 준용된다.

> 판례 이론 **조문**
>
> 「행정소송법」 제29조 【취소판결등의 효력】 ① 처분등을 취소하는 확정판결은 제3자에 대하여도 효력이 있다.
> 제30조 【취소판결등의 기속력】 ① 처분등을 취소하는 확정판결은 그 사건에 관하여 당사자인 행정청과 그 밖의 관계 행정청을 기속한다.
> ② 판결에 의하여 취소되는 처분이 당사자의 신청을 거부하는 것을 내용으로 하는 경우에는 그 처분을 행한 행정청은 판결의 취지에 따라 다시 이전의 신청에 대한 처분을 하여야 한다.

❸ [X] 부작위위법확인의 소는 부작위상태가 계속되는 한 그 위법의 확인을 구할 이익이 있다고 보아야 하므로 원칙적으로 제소기간의 제한을 받지 않는다. 그러나 행정소송법 제38조 제2항이 제소기간을 규정한 같은 법 제20조를 부작위위법확인소송에 준용하고 있는 점에 비추어 보면, 행정심판 등 전심절차를 거친 경우에는 행정소송법 제20조가 정한 제소기간 내에 부작위위법확인의 소를 제기하여야 한다(대판 2009.7.23. 2008두10560).

④ [O] 부작위위법확인의 소에 있어 당사자가 행정청에 대하여 어떠한 행정행위를 하여 줄 것을 요구할 수 있는 법규상 또는 조리상 권리를 갖고 있지 아니한 경우에는 원고적격이 없거나 항고소송의 대상인 위법한 부작위가 있다고 볼 수 없어 그 부작위위법확인의 소는 부적법하다(대판 1999.12.7. 97누17568).

10　인가, 허가　정답 ①

옳은 것은 ㄱ, ㄴ, ㄹ이다.

ㄱ. [O] 인가는 그 대상이 되는 기본행위를 보충하여 법률상 효력을 완성시키는 행위로서, 이러한 인가를 받지 못한 경우 변경된 정관은 효력이 없다고 할 것이다(대결 2007.7.24. 2006마635).

ㄴ. [O] 일반적으로 행정처분에 효력기간이 정하여져 있는 경우에는 그 기간의 경과로 그 행정처분의 효력은 상실되며, 다만 허가에 붙은 기한이 그 허가된 사업의 성질상 부당하게 짧은 경우에는 이를 그 허가 자체의 존속기간이 아니라 그 허가조건의 존속기간으로 보아 그 기한이 도래함으로써 그 조건의 개정을 고려한다는 뜻으로 해석할 수 있지만, 이와 같이 당초에 붙은 기한을 허가 자체의 존속기간이 아니라 허가조건의 존속기간으로 보더라도 그 후 당초의 기한이 상당 기간 연장되어 연장된 기간을 포함한 존속기간 전체를 기준으로 볼 경우 더 이상 허가된 사업의 성질상 부당하게 짧은 경우에 해당하지 않게 된 때에는 관계 법령의 규정에 따라 허가 여부의 재량권을 가진 행정청으로서는 그 때에도 허가조건의 개정만을 고려하여야 하는 것은 아니고 재량권의 행사로서 더 이상의 기간연장을 불허가할 수도 있는 것이며, 이로써 허가의 효력은 상실된다(대판 2004.3.25. 2003두12837).

ㄷ. [X] 구 도시 및 주거환경정비법상 재개발조합설립 인가신청에 대하여 행정청의 조합설립인가처분이 있은 이후에 조합설립결의에 하자가 있음을 이유로 재개발조합설립의 효력을 부정하기 위해서는 항고소송으로 조합설립인가처분의 효력을 다투어야 하고, 특별한 사정이 없는 한 이와는 별도로 민사소송으로 행정청으로부터 조합설립인가처분을 하는 데 필요한 요건 중의 하나에 불과한 조합설립결의에 대하여 무효확인을 구할 확인의 이익은 없다고 보아야 한다(대결 2009.9.24. 2009마168).

ㄹ. [O] 개인택시 운송사업을 양수한 사람은 양도인의 운송사업자로서의 지위를 승계하는 것이므로, 관할 관청은 개인택시 운송사업의 양도·양수에 대한 인가를 한 후에도 그 양도·양수 이전에 있었던 양도인에 대한 운송사업면허 취소사유를 들어 양수인의 사업면허를 취소할 수 있는 것이고, 가사 양도·양수 당시에는 양도인에 대한 운송사업면허 취소사유가 현실적으로 발생하지 않은 경우라도 그 원인되는 사실이 이미 존재하였다면, 관할 관청으로서는 그 후 발생한 운송사업면허 취소사유에 기하여 양수인의 사업면허를 취소할 수 있는 것이다(대판 2010. 4.8. 2009두17018).

ㅁ. [X] 개발제한구역 안에서는 구역 지정의 목적상 건축물의 건축 등의 개발행위는 원칙적으로 금지되고, 다만 구체적인 경우에 이와 같은 구역 지정의 목적에 위배되지 아니할 경우 예외적으로 허가에 의하여 그러한 행위를 할 수 있게 되어 있음이 그 규정의 체제와 문언상 분명하고, 이러한 예외적인 건축허가는 그 상대방에게 수익적인 것에 틀림이 없으므로 그 법률적 성질은 재량행위 내지 자유재량행위에 속하는 것이다(대판 2003.3.28. 2002두11905).

11　원고적격　정답 ④

① [O] 일반적으로 면허나 인·허가 등의 수익적 행정처분의 근거가 되는 법률이 해당 업자들 사이의 과당경쟁으로 인한 경영의 불합리를 방지하는 것도 그 목적으로 하고 있는 경우, 다른 업자에 대한 면허나 인·허가 등의 수익적 행정처분에 대하여 미리 같은 종류의 면허나 인·허가 등의 수익적 행정처분을 받아 영업을 하고 있는 기존의 업자는 경업자에 대하여 이루어진 면허나 인·허가 등 행정처분의 상대방이 아니라 하더라도 당해 행정처분의 취소를 구할 당사자적격이 있다(대판 2002.10.25. 2001두4450).

② [O] 한정면허를 받은 시외버스운송사업자라고 하더라도 다 같이 운행계통을 정하고 여객을 운송하는 노선여객자동차운송사업을 한다는 점에서 일반면허를 받은 시외버스운송사업자와 본질적인 차이가 없으므로, 일반면허를 받은 시외버스운송사업자에 대한 사업계획변경 인가처분으로 인하여 기존에 한정면허를 받은 시외버스운송사업자의 노선 및 운행계통과 일반면허를 받은 시외버스운송사업자의 그것이 일부 중복되게 되고 기존업자의 수익감소가 예상된다면, 기존의 한정면허를 받은 시외버스운송사업자와 일반면허를 받은 시외버스운송사업자는 경업관계에 있는 것으로 보는 것이 타당하고, 따라서 기존의 한정면허를 받은 시외버스운송사업자는 일반면허 시외버스운송사업자에 대한 사업계획변경인가처분의 취소를 구할 법률상의 이익이 있다(대판 2018.4.26. 2015두53824).

③ [O] 인가·허가 등 수익적 행정처분을 신청한 여러 사람이 서로 경원관계에 있어서 한 사람에 대한 허가 등 처분이 다른 사람에 대한 불허가 등으로 귀결될 수밖에 없을 때 허가 등 처분을 받지 못한 사람은 신청에 대한 거부처분의 직접 상대방으로서 원칙적으로 자신에 대한 거부처분의 취소를 구할 원고적격이 있고, 취소판결이 확정되는 경우 판결의 직접적인 효과로 경원자에 대한 허가 등 처분이 취소되거나 효력이 소멸되는 것은 아니더라도 행정청은 취소판결의 기속력에 따라 판결에서 확인된 위법사유를 배제한 상태에서 취소판결의 원고와 경원자의 각 신청에 관하여 처분요건의 구비 여부와 우열을 다시 심사하여야 할 의무가 있으며, 재심사 결과 경원자에 대한 수익적 처분이 직권취소되고 취소판결의 원고에게 수익적 처분이 이루어질 가능성을 완전히 배제할 수는 없으므로, 특별한 사정이 없는 한 경원관계에서 허가 등 처분을 받지 못한 사람은 자신에 대한 거부처분의 취소를 구할 소의 이익이 있다(대판 2015.10.29. 2013두27517).

❹ [X] 일반적으로 면허나 인허가 등의 수익적 행정처분의 근거가 되는 법률이 해당 업자들 사이의 과당경쟁으로 인한 경영의 불합리를 방지하는 것도 목적으로 하고 있는 경우, 다른 업자에 대한 면허나 인허가 등의 수익적 행정처분에 대하여 미리 같은 종류의 면허나 인허가 등의 수익적 행정처분을 받아 영업을 하고 있는 기존의 업자는 경업자에 대하여 이루어진 면허나 인허가 등 행정처분의 상대방이 아니라고 하더라도 당해 행정처분의 무효확인 또는 취소를 구할 이익이 있다. 그러나 경업자에 대한 행정처분이 경업자에게 불리한 내용이라면 그와 경쟁관계에 있는 기존의 업자에게는 특별한 사정이 없는 한 유리할 것이므로 기존의 업자가 그 행정처분의 무효확인 또는 취소를 구할 이익은 없다고 보아야 한다(대판 2020.4.9. 2019두49953).

12 신고 정답 ②

① [X] 주택건설사업계획을 하면 지구단위계획결정이 의제되는데, 이때 의제되는 관련 인허가인 "지구단위계획결정"은 주택법에 따라 통상적인 인허가와 동일한 효력을 갖게 되므로 이해관계인은 주택건설사업계획 승인처분의 취소를 구할 것이 아니라 의제된 인허가의 취소를 구하여야 하며, 의제된 인허가("지구단위계획결정")는 주택건설사업계획 승인처분과 별도로 항고소송의 대상이 되는 처분에 해당된다(대판 2018.11.29. 2016두38792).

❷ [O] 「행정기본법」 제34조에 대한 옳은 내용이다.

판례 이론 **조문**

제34조【수리 여부에 따른 신고의 효력】법령등으로 정하는 바에 따라 행정청에 일정한 사항을 통지하여야 하는 신고로서 법률에 신고의 수리가 필요하다고 명시되어 있는 경우(행정기관의 내부 업무 처리 절차로서 수리를 규정한 경우는 제외한다)에는 행정청이 수리하여야 효력이 발생한다.

③ [X] 납골당설치 신고는 이른바 '수리를 요하는 신고'라 할 것이므로, 납골당설치 신고가 구 장사법 관련 규정의 모든 요건에 맞는 신고라 하더라도 신고인은 곧바로 납골당을 설치할 수는 없고, 이에 대한 행정청의 수리처분이 있어야만 신고한 대로 납골당을 설치할 수 있다. 한편 수리란 신고를 유효한 것으로 판단하고 법령에 의하여 처리할 의사로 이를 수령하는 수동적 행위이므로 수리행위에 신고필증 교부 등 행위가 꼭 필요한 것은 아니다(대판 2011.9.8. 2009두6766).

④ [X] 사업양도·양수에 따른 허가관청의 지위승계신고의 수리는 적법한 사업의 양도·양수가 있었음을 전제로 하는 것이므로 그 수리대상인 사업양도·양수가 존재하지 아니하거나 무효인 때에는 수리를 하였다 하더라도 그 수리는 유효한 대상이 없는 것으로서 당연히 무효라 할 것이고, 사업의 양도행위가 무효라고 주장하는 양도자는 민사쟁송으로 양도·양수행위의 무효를 구함이 없이 막바로 허가관청을 상대로 하여 행정소송으로 위 신고수리처분의 무효확인을 구할 법률상 이익이 있다(대판 2005.12.23. 2005두3554).

13 행정기본법 정답 ④

① [O] 「행정기본법」 제17조 제2항에 대한 옳은 내용이다.

판례 이론 **조문**

제17조【부관】② 행정청은 처분에 재량이 없는 경우에는 법률에 근거가 있는 경우에 부관을 붙일 수 있다.

② [O] 「행정기본법」 제17조 제3항에 대한 옳은 내용이다.

판례 이론 **조문**

제17조【부관】③ 행정청은 부관을 붙일 수 있는 처분이 다음 각 호의 어느 하나에 해당하는 경우에는 그 처분을 한 후에도 부관을 새로 붙이거나 종전의 부관을 변경할 수 있다.
1. 법률에 근거가 있는 경우
2. 당사자의 동의가 있는 경우
3. 사정이 변경되어 부관을 새로 붙이거나 종전의 부관을 변경하지 아니하면 해당 처분의 목적을 달성할 수 없다고 인정되는 경우

③ [O] 「행정기본법」제6조 제2항에 대한 옳은 내용이다.

> 판례 | 이론 | **조문**
>
> **제6조【행정에 관한 기간의 계산】** ② 법령 등 또는 처분에서 국민의 권익을 제한하거나 의무를 부과하는 경우 권익이 제한되거나 의무가 지속되는 기간의 계산은 다음 각 호의 기준에 따른다. 다만, 다음 각 호의 기준에 따르는 것이 국민에게 불리한 경우에는 그러하지 아니하다.
> 1. 기간을 일, 주, 월 또는 연으로 정한 경우에는 기간의 첫날을 산입한다.
> 2. 기간의 말일이 토요일 또는 공휴일인 경우에도 기간은 그 날로 만료한다.

❹ [X] 법령 등 또는 처분에서 국민의 권익을 제한하거나 의무를 부과하는 경우 권익이 제한되거나 의무가 지속되는 기간의 계산은 기간의 말일이 토요일 또는 공휴일인 경우에도 기간은 그 날로 만료한다(「행정기본법」제6조 제2항 제2호).

14 공법상 계약   정답 ④

① [O] 행정청이 자신과 상대방 사이의 법률관계를 일방적인 의사표시로 종료시켰다고 하더라도 곧바로 의사표시가 행정청으로서 공권력을 행사하여 행하는 행정처분이라고 단정할 수는 없고, 관계 법령이 상대방의 법률관계에 관하여 구체적으로 어떻게 규정하고 있는지에 따라 의사표시가 항고소송의 대상이 되는 행정처분에 해당하는지 아니면 공법상 계약관계의 일방 당사자로서 대등한 지위에서 행하는 의사표시인지를 개별적으로 판단하여야 한다(대판 2015.8.27. 2015두41449).

② [O] 사업시행자가 토지 등의 소유자로부터 토지 등의 협의취득 및 그 손실보상의 기준과 방법을 정한 법으로서, 이에 의한 협의취득 또는 보상합의는 공공기관이 사경제주체로서 행하는 사법상 매매 내지 사법상 계약의 실질을 가진다(대판 2004.9.24. 2002다68713).

③ [O] 과학기술기본법령상 사업 협약의 해지 통보는 단순히 대등 당사자의 지위에서 형성된 공법상 계약을 계약당사자의 지위에서 종료시키는 의사표시에 불과한 것이 아니라 행정청이 우월적 지위에서 연구개발비의 회수 및 관련자에 대한 국가연구개발사업 참여제한 등의 법률상 효과를 발생시키는 행정처분에 해당하므로, 이로 인하여 자신의 법률상 지위에 영향을 받는 연구자 등은 적어도 그 이해관계를 대변하는 연구팀장을 통해서 협약 해지 통보의 효력을 다툴 개별적·직접적·구체적 이해관계가 있다고 보이는 점 등 제반 사정을 앞서 본 법리에 비추어 살펴보면, 이 사건 사업의 연구팀장인 원고는 이 사건 사업에 관한 협약의 해지 통보의 효력을 다툴 법률상 이익이 있다(대판 2014.12.11. 2012두28704).

※ 주의: 징계를 요구한 것은 처분이 아니라는 점이다.
재단법인 한국연구재단이 甲대학교 총장에게 연구개발비의 부당집행을 이유로 '해양생물유래 고부가식품·향장·한약 기초소재 개발 인력양성사업에 대한 2단계 두뇌한국(BK)21 사업' 협약을 해지하고 연구팀장 乙에 대한 대학자체 징계 요구 등을 통보한 사안에서, 재단법인 한국연구재단이 甲대학교 총장에게 乙에 대한 대학 자체징계를 요구한 것은 법률상 구속력이 없는 권유 또는 사실상의 통지로서 乙의 권리, 의무 등 법률상 지위에 직접적인 법률적 변동을 일으키지 않는 행위에 해당하므로, 항고소송의 대상인 행정처분에 해당하지 않는다(대판 2014.12.11. 2012두28704).

❹ [X] 지방계약직공무원인 이 사건 옴부즈만 채용행위는 공법상 대등한 당사자 사이의 의사표시의 합치로 성립하는 공법상 계약에 해당한다. 이와 같이 이 사건 옴부즈만 채용행위가 공법상 계약에 해당하는 이상 원고의 채용계약 청약에 대응한 피고의 '승낙의 의사표시'가 대등한 당사자로서의 의사표시인 것과 마찬가지로 그 청약에 대하여 '승낙을 거절하는 의사표시' 역시 행정청이 대등한 당사자의 지위에서 하는 의사표시라고 보는 것이 타당하고, 그 채용계약에 따라 담당할 직무의 내용에 고도의 공공성이 있다거나 원고가 그 채용과정에서 최종합격자로 공고되어 채용계약 성립에 관한 강한 기대나 신뢰를 가지게 되었다는 사정만으로 이를 행정청이 우월한 지위에서 행하는 공권력의 행사로서 행정처분에 해당한다고 볼 수는 없다(대판 2014.4.24. 2013두6244).

15 행정절차법   정답 ④

① [O] 「행정절차법」제40조의2 제2항에 대한 옳은 내용이다.

> 판례 | 이론 | **조문**
>
> **제40조의2【확약】** ② 확약은 문서로 하여야 한다.

② [O] 「행정절차법」제40조의3 제3항에 대한 옳은 내용이다.

> 판례 | 이론 | **조문**
>
> **제40조의3【위반사실 등의 공표】** ③ 행정청은 위반사실등의 공표를 할 때에는 미리 당사자에게 그 사실을 통지하고 의견제출의 기회를 주어야 한다. 다만, 다음 각 호의 어느 하나에 해당하는 경우에는 그러하지 아니하다.

③ [O] 「행정절차법」제40조의4에 대한 옳은 내용이다.

> 판례 | 이론 | **조문**
>
> **제40조의4【행정계획】** 행정청은 행정청이 수립하는 계획 중 국민의 권리·의무에 직접 영향을 미치는 계획을 수립하거나 변경·폐지할 때에는 관련된 여러 이익을 정당하게 형량하여야 한다.

❹ [X] 「행정절차법」은 공법상 계약에 대한 규정을 두고 있지 않다. 공법상 계약은 「행정기본법」에 있다.

16 국가배상제도   정답 ③

옳은 것은 ㄷ이고, 옳지 않은 것은 ㄱ, ㄴ, ㄹ이다.

ㄱ. [×] 수사기관은 수사 등 직무를 수행할 때에 헌법과 법률에 따라 국민의 인권을 존중하고 공정하게 하여야 하며 실체적 진실을 발견하기 위하여 노력하여야 할 법규상 또는 조리상의 의무가 있고, 특히 피의자가 소년 등 사회적 약자인 경우에는 수사과정에서 방어권 행사에 불이익이 발생하지 않도록 더욱 세심하게 배려할 직무상 의무가 있다. 따라서 경찰관은 피의자의 진술을 조서화하는 과정에서 조서의 객관성을 유지하여야 하고, 고의 또는 과실로 위 직무상 의무를 위반하여 피의자신문조서를 작성함으로써 피의자의 방어권이 실질적으로 침해되었다고 인정된다면, 국가는 그로 인하여 피의자가 입은 손해를 배상하여야 한다(대판 2020.4.29. 2015다224797).

ㄴ. [×] 국가가 구 농지개혁법(1994.12.22. 법률 제4817호 농지법 부칙 제2조 제1호로 폐지)에 따라 농지를 매수하였으나 분배하지 않아 원소유자의 소유로 환원된 경우에 국가는 이를 임의로 처분할 수 없고 원소유자에게 반환해야 한다. 만일 이러한 의무를 부담하는 국가의 담당공무원이 농지가 원소유자의 소유로 환원되었음을 제대로 확인하지 않은 채 제3자에게 농지를 처분한 다음 소유권보존등기를 하고 소유권이전등기를 해줌으로써 제3자의 등기부취득시효가 완성되어 원소유자에게 손해를 입혔다면, 이는 특별한 사정이 없는 한 국가배상법 제2조 제1항에서 정한 공무원의 고의 또는 과실에 의한 위법행위에 해당한다(대판 2019.10.31. 2016다243306).

ㄷ. [○] 공무원의 불법행위로 손해를 입은 피해자의 국가배상청구권의 소멸시효 기간이 지났으나 국가가 소멸시효 완성을 주장하는 것이 신의성실의 원칙에 반하는 권리남용으로 허용될 수 없어 배상책임을 이행한 경우에는, 소멸시효 완성 주장이 권리남용에 해당하게 된 원인행위와 관련하여 공무원이 원인이 되는 행위를 적극적으로 주도하였다는 등의 특별한 사정이 없는 한, 국가가 공무원에게 구상권을 행사하는 것은 신의칙상 허용되지 않는다(대판 2016.6.10. 2015다217843).

ㄹ. [×] 민간인이 군인 등의 불법행위로 국가와 함께 공동불법행위책임, 사용자책임 또는 자동차운행자책임을 지는 경우에 공동불법행위자 등이 부진정연대채무자로서 각자 피해자의 손해 전부를 배상할 의무를 부담하는 공동불법행위의 일반적인 경우와 달리 예외적으로 민간인은 피해 군인 등에 대하여 그 손해 중 국가 등이 민간인에 대한 구상의무를 부담한다면 그 내부적인 관계에서 부담하여야 할 부분을 제외한 나머지 자신의 부담부분에 한하여 손해배상의무를 부담하고, 한편 자신의 귀책부분을 넘어서 배상한 경우에도 국가 등에 대하여는 그 귀책부분의 구상을 청구할 수 없다고 해석함이 상당하다(대판 2001.2.15. 96다42420).

17 과징금   정답 ②

① [○] 「행정소송법」 제28조 제2항에 대한 옳은 내용이다.

> 판례 이론 **조문**
>
> 제28조【과징금】② 과징금의 근거가 되는 법률에는 과징금에 관한 다음 각 호의 사항을 명확하게 규정하여야 한다.
> 1. 부과·징수 주체
> 2. 부과 사유
> 3. 상한액
> 4. 가산금을 징수하려는 경우 그 사항
> 5. 과징금 또는 가산금 체납 시 강제징수를 하려는 경우 그 사항

❷ [×] 과징금은 행정법상의 의무를 위반한 자에 대하여 당해 위반행위로 얻게 된 경제적 이익을 박탈하기 위한 목적으로 부과하는 금전적인 제재로서, 같은 법이 규정한 범위 내에서 그 부과처분 당시까지 부과관청이 확인한 사실을 기초로 일의적으로 확정되어야 할 것이고, 그렇지 아니하고 부과관청이 과징금을 부과하면서 추후에 부과금 산정 기준이 되는 새로운 자료가 나올 경우에는 과징금액이 변경될 수도 있다고 유보한다든지, 실제로 추후에 새로운 자료가 나왔다고 하여 새로운 부과처분을 할 수는 없다 할 것인바, 왜냐하면 과징금의 부과와 같이 재산권의 직접적인 침해를 가져오는 처분을 변경하려면 법령에 그 요건 및 절차가 명백히 규정되어 있어야 할 것인데, 위와 같은 변경처분에 대한 법령상의 근거규정이 없고, 이를 인정하여야 할 합리적인 이유 또한 찾아 볼 수 없기 때문이다(대판 1999.5.28. 99두1571).

③ [○] 자동차운수사업면허조건 등을 위반한 사업자에 대하여 행정청이 행정제재수단으로 사업 정지를 명할 것인지, 과징금을 부과할 것인지, 과징금을 부과키로 한다면 그 금액은 얼마로 할 것인지에 관하여 재량권이 부여되었다 할 것이므로 과징금부과처분이 법이 정한 한도액을 초과하여 위법할 경우 법원으로서는 그 전부를 취소할 수밖에 없고, 그 한도액을 초과한 부분이나 법원이 적정하다고 인정되는 부분을 초과한 부분만을 취소할 수 없다(대판 1998.4.10. 98두2270).

④ [○] 구 여객자동차 운수사업법 제88조 제1항의 과징금부과처분은 제재적 행정처분으로서 여객자동차 운수사업에 관한 질서를 확립하고 여객의 원활한 운송과 여객자동차 운수사업의 종합적인 발달을 도모하여 공공복리를 증진한다는 행정목적의 달성을 위하여 행정법규 위반이라는 객관적 사실에 착안하여 가하는 제재이므로 반드시 현실적인 행위자가 아니라도 법령상 책임자로 규정된 자에게 부과되고 원칙적으로 위반자의 고의·과실을 요하지 아니하나, 위반자의 의무 해태를 탓할 수 없는 정당한 사유가 있는 등의 특별한 사정이 있는 경우에는 이를 부과할 수 없다(대판 2014.10.15. 2013두5005).

18 거부처분, 간접강제　　　　　　　　　　정답 ④

① [○] 「행정소송법」 제34조 제1항에 대한 옳은 내용이다.

판례　이론　**조문**

> **제34조【거부처분취소판결의 간접강제】** ① 행정청이 제30조 제2항의 규정에 의한 처분을 하지 아니하는 때에는 제1심수소법원은 당사자의 신청에 의하여 결정으로써 상당한 기간을 정하고 행정청이 그 기간 내에 이행하지 아니하는 때에는 그 지연기간에 따라 일정한 배상을 할 것을 명하거나 즉시 손해배상을 할 것을 명할 수 있다.

② [○] 거부처분에 대한 취소의 확정판결이 있음에도 행정청이 아무런 재처분을 하지 아니하거나, 재처분을 하였다 하더라도 그것이 종전 거부처분에 대한 취소의 확정판결의 기속력에 반하는 등으로 당연무효라면 이는 아무런 재처분을 하지 아니한 때와 마찬가지라 할 것이므로 이러한 경우에는 행정소송법 제30조 제2항, 제34조 제1항 등에 의한 간접강제신청에 필요한 요건을 갖춘 것으로 보아야 한다(대결 2002.12.11. 2002무22).

③ [○] 특별한 사정이 없는 한 간접강제결정에서 정한 의무이행기한이 경과한 후에라도 확정판결의 취지에 따른 재처분의 이행이 있으면 배상금을 추심함으로써 심리적 강제를 꾀할 목적이 상실되어 처분상대방이 더 이상 배상금을 추심하는 것은 허용되지 않는다(대판 2004.1.15. 2002두2444).

❹ [×] 행정소송법 제38조 제1항이 무효확인판결에 관하여 취소판결에 관한 규정을 준용함에 있어서 같은 법 제30조 제2항을 준용한다고 규정하면서도 같은 법 제34조는 이를 준용한다는 규정을 두지 않고 있으므로, 행정처분에 대하여 무효확인판결이 내려진 경우에는 그 행정처분이 거부처분인 경우에도 행정청에 판결의 취지에 따른 재처분의무가 인정될 뿐 그에 대하여 간접강제까지 허용되는 것은 아니라고 할 것이다(대결 1998.12.24. 98무37).

판례　**이론**　조문

취소소송에 관한 행정소송법 규정의 준용

구분	무효등 확인소송	부작위법 확인소송	당사자소송
재판관할(제9조)	○	○	○
관련소송 이송·병합 (제10조)	○	○	○
피고경정(제14조)	○	○	○
공동소송(제15조)	○	○	○
제3자소송참가 (제16조)	○	○	○
행정청소송참가 (제17조)	○	○	○
소의변경(제21조)	○	○	○
행정심판기록의 제출명령(제25조)	○	○	○
직권심리(제26조)	○	○	○
판결의 기속력 (제30조)	○	○	○
피고적격(제13조)	○	○	×
취소소송의 대상 (제19조)	○	○	×
확정판결의 3자효 (제29조)	○	○	×
제3자의 재심청구 (제31조)	○	○	×
처분변경에 의한 소의변경(제22조)	○	×	○
집행부정지 원칙 (제23조)	○	×	×
행정심판전치주의 (제18조)	×	○	×
제소기간 제한 (제20조)	×	○	×
간접강제(제34조)	×	○	×
사정판결(제28조)	×	×	×

19　당사자소송　　정답 ④

① [O] 행정심판기록의 제출명령과 준용되는 사항은 「행정소송법」에서 규정하고 있다.

> 판례　이론　**조문**
>
> 「행정소송법」제25조【행정심판기록의 제출명령】① 법원은 당사자의 신청이 있는 때에는 결정으로써 재결을 행한 행정청에 대하여 행정심판에 관한 기록의 제출을 명할 수 있다.
> ② 제1항의 규정에 의한 제출명령을 받은 행정청은 지체 없이 당해 행정심판에 관한 기록을 법원에 제출하여야 한다.
> 제44조【준용규정】① 제14조 내지 제17조, 제22조, 제25조, 제26조, 제30조 제1항, 제32조 및 제33조의 규정은 당사자소송의 경우에 준용한다.

② [O] 원고가 고의 또는 중대한 과실 없이 당사자소송으로 제기하여야 할 것을 항고소송으로 잘못 제기한 경우에, 당사자소송으로서의 소송요건을 결하고 있음이 명백하여 당사자소송으로 제기되었더라도 어차피 부적법하게 되는 경우가 아닌 이상, 법원으로서는 원고가 당사자소송으로 소 변경을 하도록 하여 심리·판단하여야 한다(대판 2016.5.24. 2013두14863).

③ [O] 국가에 대한 납세의무자의 부가가치세 환급세액 지급청구는 민사소송이 아니라 행정소송법 제3조 제2호에 규정된 당사자소송의 절차에 따라야 한다(대판 2013.3.21. 2011다95564).

❹ [×] 민주화운동관련자 명예회복 및 보상 등에 관한 법률 제17조는 보상금 등의 지급에 관한 소송의 형태를 규정하고 있지 않지만, 위 규정 전단에서 말하는 보상금 등의 지급에 관한 소송은 '민주화운동관련자 명예회복 및 보상 심의위원회'의 보상금 등의 지급신청에 관하여 전부 또는 일부를 기각하는 결정에 대한 불복을 구하는 소송이므로 취소소송을 의미한다고 보아야 하며, 후단에서 보상금 등의 지급신청을 한 날부터 90일을 경과한 때에는 그 결정을 거치지 않고 위 소송을 제기할 수 있도록 한 것은 관련자 등에 대한 신속한 권리구제를 위하여 위 기간 내에 보상금 등의 지급 여부 등에 대한 결정을 받지 못한 때에는 지급 거부 결정이 있는 것으로 보아 곧바로 법원에 심의위원회를 상대로 그에 대한 취소소송을 제기할 수 있다고 규정한 취지라고 해석될 뿐, 위 규정이 보상금 등의 지급에 관한 처분의 취소소송을 제한하거나 또는 심의위원회에 의하여 관련자 등으로 결정되지 아니한 신청인에게 국가를 상대로 보상금 등의 지급을 구하는 이행소송을 직접 제기할 수 있도록 허용하는 취지라고 풀이할 수는 없다(대판 2008.4.17. 2005두16185 전합).

20　위헌법령에 근거한 처분의 효과　　정답 ②

① [×] 무효등확인소송에 대해서는 행정심판전치에 관한 규정(「행정소송법」제18조)이 준용되지 않으므로 무효확인심판을 거칠 필요가 없다.

❷ [O] 조세 부과의 근거가 되었던 법률규정이 위헌으로 선언된 경우, 비록 그에 기한 과세처분이 위헌결정 전에 이루어졌고, 과세처분에 대한 제소기간이 이미 경과하여 조세채권이 확정되었으며, 조세채권의 집행을 위한 체납처분의 근거규정 자체에 대하여는 따로 위헌결정이 내려진 바 없다고 하더라도, 위와 같은 위헌결정 이후에 조세채권의 집행을 위한 새로운 체납처분에 착수하거나 이를 속행하는 것은 더 이상 허용되지 않고, 나아가 이러한 위헌결정의 효력에 위배하여 이루어진 체납처분은 그 사유만으로 하자가 중대하고 객관적으로 명백하여 당연무효라고 보아야 한다(대판 2012.2.16. 2010두10907 전합).

③ [×] 하자 있는 행정처분을 놓고 이를 무효로 볼 것인지 아니면 단순히 취소할 수 있는 처분으로 볼 것인지는 동일한 사실관계를 토대로 한 법률적 평가의 문제에 불과하고, 행정처분의 무효확인을 구하는 소에는 특단의 사정이 없는 한 그 취소를 구하는 취지도 포함되어 있다고 보아야 하는 점 등에 비추어 볼 때, 동일한 행정처분에 대하여 무효확인의 소를 제기하였다가 그 후 그 처분의 취소를 구하는 소를 추가적으로 병합한 경우, 주된 청구인 무효확인의 소가 적법한 제소기간 내에 제기되었다면 추가로 병합된 취소청구의 소도 적법하게 제기된 것으로 봄이 상당하다(대판 2005.12.23. 2005두3554).

④ [×] 제소기간의 준수 여부는 취소소송으로 변경되는 때가 아닌 처음에 소송을 제기한 때를 기준으로 한다.

> 판례　이론　**조문**
>
> 「행정소송법」제21조【소의 변경】① 법원은 취소소송을 당해 처분 등에 관계되는 사무가 귀속하는 국가 또는 공공단체에 대한 당사자소송 또는 취소소송 외의 항고소송으로 변경하는 것이 상당하다고 인정할 때에는 청구의 기초에 변경이 없는 한 사실심의 변론종결시까지 원고의 신청에 의하여 결정으로써 소의 변경을 허가할 수 있다.
> ④ 제1항의 규정에 의한 허가결정에 대하여는 제14조 제2항·제4항 및 제5항의 규정을 준용한다.
> 제14조【피고경정】④ 제1항의 규정에 의한 결정이 있은 때에는 새로운 피고에 대한 소송은 처음에 소를 제기한 때에 제기된 것으로 본다.

▶ 정답
p. 15

01	④	I	06	①	VI	11	④	IV	16	①	V
02	④	II	07	④	VI	12	④	I	17	③	II
03	④	VI	08	③	II	13	②	II	18	②	IV
04	④	II	09	②	III	14	③	III	19	③	II
05	③	II	10	④	I	15	①	VI	20	③	III

▶ 취약 단원 분석표

단원	맞힌 답의 개수
I	/ 3
II	/ 7
III	/ 3
IV	/ 2
V	/ 1
VI	/ 4
TOTAL	/ 20

I 행정법 서론 / II 행정작용법 / III 행정절차와 행정공개 / IV 행정의 실효성 확보수단 / V 행정상 손해전보 / VI 행정쟁송

---

01 행정상 법률관계 정답 ④

옳은 것은 ㄴ, ㄷ, ㅁ이다.

ㄱ. [✕] 한국공항공단이 정부로부터 무상사용허가를 받은 행정재산을 구 한국공항공단법 제17조에서 정한 바에 따라 전대하는 경우에 미리 그 계획을 작성하여 건설교통부장관에게 제출하고 승인을 얻어야 하는 등 일부 공법적 규율을 받고 있다고 하더라도, 한국공항공단이 그 행정재산의 관리청으로부터 국유재산 관리사무의 위임을 받거나 국유재산관리의 위탁을 받지 않은 이상, 한국공항공단이 무상사용허가를 받은 행정재산에 대하여 하는 전대행위는 통상의 사인간의 임대차와 다를 바가 없고, 그 임대차계약이 임차인의 사용승인신청과 임대인의 사용승인의 형식으로 이루어졌다고 하여 달리 볼 것은 아니다(대판 2004.1.15. 2001다12638).

ㄴ. [○] 지방자치법 제9조 제2항 제5호 라목 및 마목 등의 규정에 의하면, 서울특별시립무용단원의 공연 등 활동은 지방문화 및 예술을 진흥시키고자 하는 서울특별시의 공공적 업무수행의 일환으로 이루어진다고 해석될 뿐 아니라, 단원으로 위촉되기 위하여는 일정한 능력요건과 자격요건을 요하고, 계속적인 재위촉이 사실상 보장되며, 공무원연금법에 따른 연금을 지급받고, 단원의 복무규율이 정해져 있으며, 정년제가 인정되고, 일정한 해촉사유가 있는 경우에만 해촉되는 등 서울특별시립무용단원이 가지는 지위가 공무원과 유사한 것이라면, 서울특별시립무용단 단원의 위촉은 공법상의 계약이라고 할 것이고, 따라서 그 단원의 해촉에 대하여는 공법상의 당사자소송으로 그 무효확인을 청구할 수 있다(대판 1995.12.2. 95누4636).

ㄷ. [○] 위 협약은 甲 지방자치단체가 사인인 乙 회사 등에 위 시설의 운영을 위탁하고 그 위탁운영비용을 지급하는 것을 내용으로 하는 용역계약으로서 상호 대등한 입장에서 당사자의 합의에 따라 체결한 사법상 계약에 해당한다(대판 2019.10.17. 2018두60588).

ㄹ. [✕] 예산회계법에 따라 체결되는 계약은 사법상의 계약이라고 할 것이고 동법 제70조의5의 입찰보증금은 낙찰자의 계약체결의 무이행의 확보를 목적으로 하여 그 불이행시에 이를 국고에 귀속시켜 국가의 손해를 전보하는 사법상의 손해배상 예정으로서의 성질을 갖는 것이라고 할 것이므로 입찰보증금의 국고귀속조치는 국가가 사법상의 재산권의 주체로서 행위하는 것이지 공권력을 행사하는 것이거나 공권력작용과 일체성을 가진 것이 아니라 할 것이므로 이에 관한 분쟁은 행정소송이 아닌 민사소송의 대상이 될 수밖에 없다고 할 것이다(대판 1983. 12.27. 81누366).

ㅁ. [○] 국유재산법 제2항은 변상금의 체납시 국세징수법에 의하여 강제징수토록 하고 있는 점 등에 비추어 보면 국유재산의 관리청이 그 무단점유자에 대하여 하는 변상금부과처분은 순전히 사경제 주체로서 행하는 사법상의 법률행위라 할 수 없고 이는 관리청이 공권력을 가진 우월적 지위에서 행한 것으로서 행정소송의 대상이 되는 행정처분이라고 보아야 한다(대판 1988.2.23. 87누1046).

---

02 행정행위의 하자 및 하자승계 정답 ④

① [○] 조세 부과의 근거가 되었던 법률규정이 위헌으로 선언된 경우, 비록 그에 기한 과세처분이 위헌결정 전에 이루어졌고, 과세처분에 대한 제소기간이 이미 경과하여 조세채권이 확정되었으며, 조세채권의 집행을 위한 체납처분의 근거규정 자체에 대하여는 따로 위헌결정이 내려진 바 없다고 하더라도, 위와 같은 위헌결정 이후에 조세채권의 집행을 위한 새로운 체납처분에 착수하거나 이를 속행하는 것은 더 이상 허용되지 않고, 나아가 이러한 위헌결정의 효력에 위배하여 이루어진 체납처분은 그 사유만으로 하자가 중대하고 객관적으로 명백하여 당연무효라고 보아야 한다(대판 2012.2.16. 2010두10907).

② [○] 표준지공시지가결정은 이를 기초로 한 수용재결 등과는 별개의 독립된 처분으로서 서로 독립하여 별개의 법률효과를 목적으로 하지만, … 위법한 표준지공시지가결정에 대하여 그 정해진 시정절차를 통하여 시정하도록 요구하지 않았다는 이유로 위법한 표준지공시지가를 기초로 한 수용재결 등 후행 행정처분에서 표준지공시지가결정의 위법을 주장할 수 없도록 하는 것은 수인한도를 넘는 불이익을 강요하는 것으로서 국민의 재산권과 재판받을 권리를 보장한 헌법의 이념에도 부합하는 것이 아니다. 따라서 표준지공시지가결정이 위법한 경우에는 그 자체를 행정소송의 대상이 되는 행정처분으로 보아 그 위법 여부를 다툴 수 있음은 물론, 수용보상금의 증액을 구하는 소송에서도 선행처분으로서 그 수용대상 토지 가격 산정의 기초가 된 비교표준지공시지가결정의 위법을 독립한 사유로 주장할 수 있다(대판 2008.8.21. 2007두13845).

③ [O] 원심은 그 판시와 같은 사실 등을 인정한 다음, 이 사건 변경인가처분은 이 사건 설립인가처분 후 추가동의서가 제출되어 동의자 수가 변경되었음을 이유로 하는 것으로서 조합원의 신규가입을 이유로 한 경미한 사항의 변경에 대한 신고를 수리하는 의미에 불과하므로 이 사건 설립인가처분이 이 사건 변경인가처분에 흡수된다고 볼 수 없고, 또한 이 사건 설립인가처분 당시 동의율을 충족하지 못한 하자는 후에 추가동의서가 제출되었다는 사정만으로 치유될 수 없다고 판단하였다. 앞서 본 법리에 비추어 기록을 살펴보면, 원심의 위와 같은 판단은 정당한 것으로 수긍할 수 있다(대판 2013.7.11. 2011두2754).

❹ [X] 취소사유가 아닌 무효사유에 해당한다.

> **판례** 이론 조문
>
> 시흥소방서의 담당 소방공무원이 피고인에게 행정처분인 위 시정보완명령을 <u>구두로 고지</u>한 것은 행정절차법 제24조에 <u>위반한 것으로 그 하자가 중대하고 명백하여</u> 위 시정보완명령은 당연 무효라고 할 것이고, 무효인 위 시정보완명령에 따른 피고인의 의무위반이 생기지 아니하는 이상 피고인에게 위 시정보완명령에 위반하였음을 이유로 소방시설 설치·유지 및 안전관리에 관리에 관한 법률 제48조의2 제1호에 따른 행정형벌을 부과할 수 없다(대판 2011.11.10. 2011도11109).

03 항고소송의 대상　　정답 ④

① [X] 교육부장관이 대학에서 추천한 복수의 총장 후보자들 전부 또는 일부를 임용제청에서 제외하는 행위는 제외된 후보자들에 대한 불이익처분으로서 항고소송의 대상이 되는 처분에 해당한다고 보아야 한다(대판 2018.6.15. 2016두57564).

> **판례** 이론 조문
>
> **교육부장관이 특정후보자를 임용제청에서 제외하고 다른 후보자를 임용제청함으로써 대통령이 임용제청된 다른 후보자를 총장으로 임용한 경우, 임용제청에서 제외된 후보자가 행정소송으로 다툴 처분(= 대통령의 임용 제외처분)**
>
> 대학의 추천을 받은 총장 후보자는 교육부장관으로부터 정당한 심사를 받을 것이라는 기대를 하게 된다. 만일 교육부장관이 자의적으로 대학에서 추천한 복수의 총장 후보자들 전부 또는 일부를 임용제청하지 않는다면 대통령으로부터 임용을 받을 기회를 박탈하는 효과가 있다. 이를 항고소송의 대상이 되는 처분으로 보지 않는다면, 침해된 권리 또는 법률상 이익을 구제받을 방법이 없다. 따라서 교육부장관이 대학에서 추천한 복수의 총장 후보자들 전부 또는 일부를 임용제청에서 제외하는 행위는 제외된 후보자들에 대한 불이익처분으로서 항고소송의 대상이 되는 처분에 해당한다고 보아야 한다. 다만, 교육부장관이 특정후보자를 임용제청에서 제외하고 다른 후보자를 임용제청함으로써 대통령이 임용제청된 다른 후보자를 총장으로 임용한 경우에는, 임용제청에서 제외된 후보자는 대통령이 자신에 대하여 총장 임용 제외처분을 한 것으로 보아 이를 다투어야 한다(대통령의 처분의 경우 소속 장관이 행정소송의 피고가 된다. 국가공무원법 제16조 제2항). 이러한 경우에는 교육부장관의 임용제청 제외처분을 별도로 다툴 소의 이익이 없어진다(대판 2018.6.15. 2016두57564).

② [X] 甲 등이 인터넷 포털사이트 등의 개인정보 유출사고로 자신들의 주민등록번호 등 개인정보가 불법 유출되자 이를 이유로 관할 구청장에게 주민등록번호를 변경해 줄 것을 신청하였으나 구청장이 "주민등록번호가 불법 유출된 경우 주민등록법상 변경이 허용되지 않는다."는 이유로 주민등록번호 변경을 거부하는 취지의 통지를 한 사안에서, 피해자의 의사와 무관하게 주민등록번호가 유출된 경우에는 조리상 주민등록번호의 변경을 요구할 신청권을 인정함이 타당하고, 구청장의 주민등록번호 변경신청 거부행위는 항고소송의 대상이 되는 행정처분에 해당한다(대판 2017.6.15. 2013두2945).

③ [X] 수사의 적법성 및 공소사실에 대하여 형사소송절차를 통하여 불복할 수 있는 절차와 방법이 따로 마련되어 있으므로 검사의 공소제기가 적법절차에 의하여 정당하게 이루어진 것이냐의 여부에 관계없이 검사의 공소에 대하여는 형사소송절차에 의하여서만 이를 다툴 수 있고 행정소송의 방법으로 공소의 취소를 구할 수는 없다(대판 2000.3.28. 99두11264).

❹ [O] 진정에 대한 국가인권위원회의 각하 및 기각결정은 피해자인 진정인의 권리행사에 중대한 지장을 초래하는 것으로서 항고소송의 대상이 되는 행정처분에 해당하므로, 그에 대한 다툼은 우선 행정심판이나 행정소송에 의하여야 할 것이다. 따라서 이 사건 헌법소원청구는 행정심판이나 행정소송 등의 사전 구제절차를 모두 거친 후 청구된 것이 아니므로 보충성 요건을 충족하지 못하였다(헌재 2015.3.26. 2013헌마214).

04 행정행위의 하자　　정답 ④

① [X] 공무원연금법에 의한 퇴직급여 등은 적법한 공무원으로서의 신분을 취득하여 근무하다가 퇴직하는 경우에 지급되는 것이고, 임용 당시 공무원임용결격사유가 있었다면 그 임용행위는 당연무효이며, 당연무효인 임용행위에 의하여 공무원의 신분을 취득할 수는 없으므로 임용결격자가 공무원으로 임용되어 사실상 근무하여 왔다고 하더라도 적법한 공무원으로서의 신분을 취득하지 못한 자로서는 공무원연금법 소정의 퇴직급여 등을 청구할 수 없고, 또 당연퇴직사유에 해당되어 공무원으로서의 신분을 상실한 자가 그 이후 사실상 공무원으로 계속 근무하여 왔다고 하더라도 당연퇴직 후의 사실상의 근무기간은 공무원연금법상의 재직기간에 합산될 수 없다(대판 2003.5.16. 2001다61012). 임용 당시 공무원임용결격사유가 있었다면 비록 국가의 과실에 의하여 임용결격자임을 밝혀내지 못하였다 하더라도 그 임용행위는 당연무효로 보아야 한다(대판 1987.4.14. 86누459).

② [X] 당연퇴직의 통보는 법률상 당연히 발생하는 퇴직사유를 공적으로 확인하여 알려 주는 사실의 통보에 불과한 것이지 그 통보 자체가 징계파면이나 직권면직과 같이 공무원의 신분을 상실시키는 새로운 형성적 행위는 아니므로 항고소송의 대상이 되는 독립한 행정처분이 될 수는 없다(대판 1985.7.23. 84누374).

③ [×] 당연무효인 임용결정자에 대한 임용행위에 의하여 공무원의 신분을 취득할 수는 없으므로, 임용결격자가 공무원으로 임용되어 사실상 근무하여 왔다고 하더라도 적법한 공무원으로서의 신분을 취득하지 못한 자로서는 공무원연금법 소정의 퇴직급여 등을 청구할 수 없으며, 나아가 임용결격사유가 소멸된 후에 계속 근무하여 왔다고 하더라도 그때부터 무효인 임용행위가 유효로 되어 적법한 공무원의 신분을 회복하고 퇴직급여 등을 청구할 수 있다고 볼 수는 없다(대판 1996.2.27. 95누9617).

❹ [○] 당연퇴직사유에 해당되어 공무원으로서의 신분을 상실한 자가 그 이후 사실상 공무원으로 계속 근무하여 왔다고 하더라도 당연퇴직 후의 사실상의 근무기간은 공무원연금법상의 재직기간에 합산될 수 없다(대판 2003.5.16. 2001다61012).

05 행정행위 　　　　　　　　　　　정답 ③

① [×] 공정거래위원회는 관계 행정기관의 장에게 해당 사업자에 대한 입찰참가자격제한 요청 결정을 하게 되며, 이를 요청받은 관계 행정기관의 장은 특별한 사정이 없는 한 그 사업자에 대하여 입찰참가자격을 제한하는 처분을 해야 하므로, 사업자로서는 입찰참가자격제한 요청 결정이 있으면 장차 후속 처분으로 입찰참가자격이 제한될 수 있는 법률상 불이익이 존재한다. 이때 입찰참가자격제한 요청 결정이 있음을 알고 있는 사업자로 하여금 입찰참가자격제한처분에 대하여만 다툴 수 있도록 하는 것보다는 그에 앞서 직접 입찰참가자격제한 요청 결정의 적법성을 다툴 수 있도록 함으로써 분쟁을 조기에 근본적으로 해결하도록 하는 것이 법치행정의 원리에도 부합한다. 따라서 공정거래위원회의 입찰참가자격제한 요청 결정은 항고소송의 대상이 되는 처분에 해당한다(대판 2023.2.2. 2020두48260).

② [×] 국토이용관리법 21조의3 제1항 소정의 허가가 규제지역 내의 모든 국민에게 전반적으로 토지거래의 자유를 금지하고 일정한 요건을 갖춘 경우에만 금지를 해제하여 계약체결의 자유를 회복시켜 주는 성질의 것이라고 보는 것은 위 법의 입법취지를 넘어선 지나친 해석이라고 할 것이고, 규제지역 내에서도 토지거래의 자유가 인정되나 다만 위 허가를 허가 전의 유동적 무효 상태에 있는 법률행위의 효력을 완성시켜 주는 인가적 성질을 띤 것이라고 보는 것이 타당하다(대판 1991.12.24. 90다12243).

❸ [○] 개인택시운송사업면허는 특정인에게 권리나 이익을 부여하는 행정행위로서 법령에 특별한 규정이 없는 한 재량행위이고 그 면허에 필요한 기준을 정하는 것 역시 법령에 규정이 없는 한 행정청의 재량에 속하나, 이 경우에도 이는 객관적으로 타당하여야 하며 그 설정된 우선순위 결정방법이나 기준이 객관적으로 합리성을 잃은 것이라면 이에 따라 면허 여부를 결정하는 것은 재량권의 한계를 일탈한 것이 되어 위법하다(대판 2007.2.8. 2006두13886).

④ [×] 「도시 및 주거환경정비법」상 주택재건축조합설립인가처분은 강학상 특허: 행정청이 도시 및 주거환경정비법 등 관련 법령에 근거하여 행하는 조합설립인가처분은 단순히 사인들의 조합설립행위에 대한 보충행위로서의 성질을 갖는 것에 그치는 것이 아니라 법령상 요건을 갖출 경우 도시 및 주거환경정비법상 주택재건축사업을 시행할 수 있는 권한을 갖는 행정주체(공법인)로서의 지위를 부여하는 일종의 설권적 처분의 성격을 갖는다.

06 행정처분 　　　　　　　　　　　정답 ①

❶ [×] 행정처분이 무효가 되기 위해서는 그 하자가 법규의 중요한 부분을 위반한 중대한 것으로서 객관적으로 명백한 것이어야 한다는 중대·명백설은 판례가 취하고 있는 입장으로 「행정기본법」은 아직 이에 대해서 명문으로 규정하고 있지 않다.

② [○] 하자 있는 행정처분이 당연무효로 되려면 그 하자가 법규의 중요한 부분을 위반한 중대한 것이어야 할 뿐 아니라 객관적으로 명백한 것이어야 하고, 행정청이 위헌이거나 위법하여 무효인 시행령을 적용하여 한 행정처분이 당연무효로 되려면 그 규정이 행정처분의 중요한 부분에 관한 것이어서 결과적으로 그에 따른 행정처분의 중요한 부분에 하자가 있는 것으로 귀착되고, 또한 그 규정의 위헌성 또는 위법성이 객관적으로 명백하여 그에 따른 행정처분의 하자가 객관적으로 명백한 것으로 귀착되어야 하는바, 일반적으로 시행령이 헌법이나 법률에 위반된다는 사정은 그 시행령의 규정을 위헌 또는 위법하여 무효라고 선언한 대법원의 판결이 선고되지 아니한 상태에서는 그 시행령 규정의 위헌 내지 위법 여부가 해석상 다툼의 여지가 없을 정도로 명백하였다고 인정되지 아니하는 이상 객관적으로 명백한 것이라 할 수 없으므로, 이러한 시행령에 근거한 행정처분의 하자는 취소사유에 해당할 뿐 무효사유가 되지 아니한다(대판 2007.6.14. 2004두619).

③ [○] 행정처분의 무효확인을 구하는 청구에는 특별한 사정이 없는 한 그 처분의 취소를 구하는 취지까지도 포함되어 있다고 볼 수는 있으나 위와 같은 경우에 취소청구를 인용하려면 먼저 취소를 구하는 항고소송으로서의 제소요건을 구비한 경우에 한한다(대판 1986.9.23. 85누838).

④ [○] 선행처분과 후행처분이 서로 독립하여 별개의 법률효과를 목적으로 하는 때에도 선행처분이 당연무효이면 선행처분의 하자를 이유로 후행처분의 효력을 다툴 수 있다. 도시계획시설사업의 시행자가 작성한 실시계획을 인가하는 처분은 도시계획시설사업 시행자에게 도시계획시설사업의 공사를 허가하고 수용권을 부여하는 처분으로서 선행처분인 도시계획시설사업 시행자 지정 처분이 처분 요건을 충족하지 못하여 당연무효인 경우에는 사업시행자 지정 처분이 유효함을 전제로 이루어진 후행처분인 실시계획 인가처분도 무효라고 보아야 한다(대판 2017.7.11. 2016두35120).

07 행정심판 　　　　　　　　　　　정답 ④

① [×] 재결 및 같은 처분 또는 부작위에 대한 행정심판은 다시 청구할 수 없다.

> 판례　이론　**조문**
>
> 「행정심판법」제51조【행정심판 재청구의 금지】심판청구에 대한 재결이 있으면 그 재결 및 같은 처분 또는 부작위에 대하여 다시 행정심판을 청구할 수 없다.

② [×] 직권 또는 당사자의 신청에 의하여 임시처분 결정이 가능하다.

> 판례　이론　**조문**
>
> 「행정심판법」 제31조【임시처분】① 위원회는 처분 또는 부작위가 위법·부당하다고 상당히 의심되는 경우로서 처분 또는 부작위 때문에 당사자가 받을 우려가 있는 중대한 불이익이나 당사자에게 생길 급박한 위험을 막기 위하여 임시지위를 정하여야 할 필요가 있는 경우에는 직권으로 또는 당사자의 신청에 의하여 임시처분을 결정할 수 있다.

③ [×] 종전의 피청구인에 대한 행정심판이 청구된 때에 새로운 피청구인에 대한 행정심판이 청구된 것으로 본다.

> 판례　이론　**조문**
>
> 「행정심판법」 제17조【피청구인의 적격 및 경정】② 청구인이 피청구인을 잘못 지정한 경우에는 위원회는 직권으로 또는 당사자의 신청에 의하여 결정으로써 피청구인을 경정(更正)할 수 있다.
> ④ 제2항에 따른 결정이 있으면 종전의 피청구인에 대한 심판청구는 취하되고 종전의 피청구인에 대한 행정심판이 청구된 때에 새로운 피청구인에 대한 행정심판이 청구된 것으로 본다.

❹ [○] 「행정심판법」 제30조 제5항에 대한 옳은 내용이다.

> 판례　이론　**조문**
>
> 제30조【집행정지】⑤ 집행정지 신청은 심판청구와 동시에 또는 심판청구에 대한 제7조 제6항 또는 제8조 제7항에 따른 위원회나 소위원회의 의결이 있기 전까지, 집행정지 결정의 취소신청은 심판청구에 대한 제7조 제6항 또는 제8조 제7항에 따른 위원회나 소위원회의 의결이 있기 전까지 신청의 취지와 원인을 적은 서면을 위원회에 제출하여야 한다. 다만, 심판청구서를 피청구인에게 제출한 경우로서 심판청구와 동시에 집행정지 신청을 할 때에는 심판청구서 사본과 접수증명서를 함께 제출하여야 한다.

08　행정행위의 하자　정답 ③

① [○] 증액경정처분이 있는 경우 당초처분은 증액경정처분에 흡수되어 소멸하고, 소멸한 당초처분의 절차적 하자는 존속하는 증액경정처분에 승계되지 아니한다(대판 2010.6.24. 2007두16493).

② [○] 체납취득세에 대한 압류처분권한은 도지사로부터 시장에게 권한위임된 것이고 시장으로부터 압류처분권한을 내부위임받은 데 불과한 구청장으로서는 시장 명의로 압류처분을 대행처리할 수 있을 뿐이고 자신의 명의로 이를 할 수 없다 할 것이므로 구청장이 자신의 명의로 한 압류처분은 권한 없는 자에 의하여 행하여진 위법무효의 처분이다(대판 1993.5.27. 93누6621).

❸ [×] 이 사건 서훈취소 처분의 통지가 처분권한자인 대통령이 아니라 그 보좌기관인 피고에 의하여 이루어졌다고 하더라도, 그 처분이 대통령의 인식과 의사에 기초하여 이루어졌고, 앞서 보았듯이 그 통지로 이 사건 서훈취소 처분의 주체(대통령)와 내용을 알 수 있으므로, 이 사건 서훈취소 처분의 외부적 표시의 방법으로서 위 통지의 주체나 형식에 어떤 하자가 있다고 보기도 어렵다(대판 2014.9.26. 2013두2518).

④ [○] 담당 소방공무원이 행정처분인 위 명령을 구술로 고지한 것은 행정절차법 제24조를 위반한 것으로 하자가 중대하고 명백하여 당연무효이다(대판 2011.11.10. 2011도11109).

09　정보공개청구　정답 ②

① [×] 청구인이 정보공개거부처분의 취소를 구하는 소송에서 공공기관이 청구정보를 증거 등으로 법원에 제출하여 법원을 통하여 그 사본을 청구인에게 교부 또는 송달되게 하여 결과적으로 청구인에게 정보를 공개하는 셈이 되었다고 하더라도, 이러한 우회적인 방법은 정보공개법이 예정하고 있지 아니한 방법으로서 정보공개법에 의한 공개라고 볼 수는 없으므로, 당해 정보의 비공개결정의 취소를 구할 소의 이익은 소멸되지 않는다(대판 2016.12.15. 2012두11409·11416).

❷ [○] 공공기관의 정보공개에 관한 법률 제9조 제1항 본문은 "공공기관이 보유관리하는 정보는 공개대상이 된다."고 규정하면서 그 단서 제1호에서는 '다른 법률 또는 법률이 위임한 명령(국회규칙·대법원규칙·중앙선거관리위원회규칙·대통령령 및 조례에 한한다)에 의하여 비밀 또는 비공개 사항으로 규정된 정보'는 이를 공개하지 아니할 수 있다고 규정하고 있는 바, 그 입법 취지는 비밀 또는 비공개 사항으로 다른 법률 등에 규정되어 있는 경우는 이를 존중함으로써 법률 간의 마찰을 피하기 위한 것이고, 여기에서 '법률에 의한 명령'은 정보의 공개에 관하여 법률의 구체적인 위임 아래 제정된 법규명령(위임명령)을 의미한다(대판 2010.6.10. 2010두2913).

③ [×] 정보공개법 제9조 제1항 제6호 본문의 규정에 따라 비공개대상이 되는 정보에는 공공기관의 정보공개에 관한 법률의 이름·주민등록번호 등 정보 형식이나 유형을 기준으로 비공개대상 정보에 해당하는지를 판단하는 '개인식별정보'뿐만 아니라 그 외에 정보의 내용을 구체적으로 살펴 '개인에 관한 사항의 공개로 개인의 내밀한 내용의 비밀 등이 알려지게 되고, 그 결과 인격적·정신적 내면생활에 지장을 초래하거나 자유로운 사생활을 영위할 수 없게 될 위험성이 있는 정보'도 포함된다(대판 2012.6.18. 2011두2361).

④ [×] 정보공개의 청구를 받으면 그 청구를 받은 날부터 10일 이내에 공개 여부를 결정하여야 한다.

> 판례　이론　**조문**
>
> 「공공기관의 정보공개에 대한 법률」 제11조【정보공개 여부의 결정】① 공공기관은 제10조에 따라 정보공개의 청구를 받으면 그 청구를 받은 날부터 10일 이내에 공개 여부를 결정하여야 한다.
> ② 공공기관은 부득이한 사유로 제1항에 따른 기간 이내에 공개 여부를 결정할 수 없을 때에는 그 기간이 끝나는 날의 다음 날부터 기산(起算)하여 10일의 범위에서 공개 여부 결정기간을 연장할 수 있다. 이 경우 공공기관은 연장된 사실과 연장 사유를 청구인에게 지체 없이 문서로 통지하여야 한다.
> ③ 공공기관은 공개 청구된 공개 대상 정보의 전부 또는 일부가 제3자와 관련이 있다고 인정할 때에는 그 사실을 제3자에게 지체 없이 통지하여야 하며, 필요한 경우에는 그의 의견을 들을 수 있다.

④ 공공기관은 다른 공공기관이 보유·관리하는 정보의 공개 청구를 받았을 때에는 지체 없이 이를 소관 기관으로 이송하여야 하며, 이송한 후에는 지체 없이 소관 기관 및 이송 사유 등을 분명히 밝혀 청구인에게 문서로 통지하여야 한다.

⑤ 공공기관은 정보공개 청구가 다음 각 호의 어느 하나에 해당하는 경우로서 「민원 처리에 관한 법률」에 따른 민원으로 처리할 수 있는 경우에는 민원으로 처리할 수 있다.

1. 공개 청구된 정보가 공공기관이 보유·관리하지 아니하는 정보인 경우
2. 공개 청구의 내용이 진정·질의 등으로 이 법에 따른 정보공개 청구로 보기 어려운 경우

10 사인의 공법행위   정답 ③

① [O] 행정주체의 공법행위와는 달리 사인의 공법행위에는 공정력, 자력집행력 등이 인정되지 않는다.

② [O] 전역지원의 의사표시가 진의 아닌 의사표시라고 하더라도 그 무효에 관한 법리를 선언한 민법 제107조 제1항 단서의 규정은 그 성질상 사인의 공법행위에는 적용되지 않는다 할 것이므로 그 표시된 대로 유효한 것으로 보아야 할 것이다(대판 1994.1.11. 93누10057).

❸ [×] 주민등록은 단순히 주민의 거주관계를 파악하고 인구의 동태를 명확히 하는 것 외에도 주민등록에 따라 공법관계상의 여러 가지 법률상 효과가 나타나게 되는 것으로서, 주민등록의 신고는 행정청에 도달하기만 하면 신고로서의 효력이 발생하는 것이 아니라 행정청이 수리한 경우에 비로소 신고의 효력이 발생한다. 따라서 주민등록신고서를 행정청에 제출하였다가 행정청이 이를 수리하기 전에 신고서의 내용을 수정하여 위와 같이 수정된 전입신고서가 수리되었다면 수정된 사항에 따라서 주민등록신고가 이루어진 것으로 보는 것이 타당하다(대판 2009.1.30. 2006다17850).

④ [O] 의료법 시행규칙 제22조 제3항에 의하면 의원개설신고서를 수리한 행정관청이 소정의 신고필증을 교부하도록 되어있다 하여도 이는 신고사실의 확인행위로서 신고필증을 교부하도록 규정한 것에 불과하고 그와 같은 신고필증의 교부가 없다 하여 개설신고의 효력을 부정할 수 없다 할 것이다(대판 1985. 4.23. 84도2953).

11 실효성 확보수단   정답 ④

① [O] 독점규제 및 공정거래에 관한 법률(이하 '공정거래법'이라 한다)상 기업결합 제한 위반행위자에 대한 시정조치 및 이행강제금 부과 등에 관한 구 공정거래법(1999.2.5. 법률 제5813호로 개정되기 전의 것) 제17조 제3항, 공정거래법 제7조 제1항 제1호, 제16조 제1항 제7호, 제17조의3 제1항 제1호·제2항, 독점규제 및 공정거래에 관한 법률 시행령 제23조의4 제1항·제3항을 종합적·체계적으로 살펴보면, 공정거래법 제17조의3은 같은 법 제16조에 따른 시정조치를 그 정한 기간 내에 이행하지 아니하는 자에 대하여 이행강제금을 부과할 수 있는 근거 규정이고, 시정조치가 공정거래법 제16조 제1항 제7호에 따른 부작위 의무를 명하는 내용이더라도 마찬가지로 보아야 한다. 나아가 이러한 이행강제금이 부과되기 전에 시정조치를 이행하거나 부작위 의무를 명하는 시정조치 불이행을 중단한 경우 과거의 시정조치 불이행기간에 대하여 이행강제금을 부과할 수 있다고 봄이 타당하다(대판 2019.12.12. 2018두63563).

② [O] 건축법상의 이행강제금은 시정명령의 불이행이라는 과거의 위반행위에 대한 제재가 아니라, 의무자에게 시정명령을 받은 의무의 이행을 명하고 그 이행기간 안에 의무를 이행하지 않으면 이행강제금이 부과된다는 사실을 고지함으로써 의무자에게 심리적 압박을 주어 의무의 이행을 간접적으로 강제하는 행정상의 간접강제 수단에 해당한다. 이러한 이행강제금의 본질상 시정명령을 받은 의무자가 이행강제금이 부과되기 전에 그 의무를 이행한 경우에는 비록 시정명령에서 정한 기간을 지나서 이행한 경우라도 이행강제금을 부과할 수 없다(대판 2018.1.25. 2015두35116).

③ [O] 농지법 제62조 제6항·제7항이 위와 같이 이행강제금 부과처분에 대한 불복절차를 분명하게 규정하고 있으므로, 이와 다른 불복절차를 허용할 수는 없다. 설령 관할청이 이행강제금 부과처분을 하면서 재결청에 행정심판을 청구하거나 관할 행정법원에 행정소송을 할 수 있다고 잘못 안내하거나 관할 행정심판위원회가 각하재결이 아닌 기각재결을 하면서 관할 법원에 행정소송을 할 수 있다고 잘못 안내하였다고 하더라도, 그러한 잘못된 안내로 행정법원의 항고소송 재판관할이 생긴다고 볼 수도 없다(대판 2019.4.11. 2018두42955).

❹ [×] 체납자 등에 대한 공매통지는 국가의 강제력에 의하여 진행되는 공매에서 체납자 등의 권리 내지 재산상의 이익을 보호하기 위하여 법률로 규정한 절차적 요건이라고 보아야 하며, 공매처분을 하면서 체납자 등에게 공매통지를 하지 않았거나 공매통지를 하였더라도 그것이 적법하지 아니한 경우에는 절차상의 흠이 있어 그 공매처분이 위법하게 되는 것이지만, 공매통지 자체가 그 상대방인 체납자 등의 법적 지위나 권리·의무에 직접적인 영향을 주는 행정처분에 해당한다고 할 것은 아니므로 다른 특별한 사정이 없는 한 체납자 등은 공매통지의 결여나 위법을 들어 공매처분의 취소 등을 구할 수 있는 것이지 공매통지 자체를 항고소송의 대상으로 삼아 그 취소 등을 구할 수는 없다(대판 2011.3.24. 2010두25527).

12 신뢰보호원칙 정답 ④

옳지 않은 것은 ㄷ, ㄹ이다.

ㄱ, ㄴ. [O] 행정청의 공적 견해표명이 있었는지의 여부를 판단하는 데 있어 반드시 행정조직상의 형식적인 권한분장에 구애될 것은 아니고 담당자의 조직상의 지위와 임무, 당해 언동을 하게 된 구체적인 경위 및 그에 대한 상대방의 신뢰가능성에 비추어 실질에 의하여 판단하여야 한다고 할 것이다(대판 1997.9.12. 96누18380).

ㄷ. [×]

> 판례 이론 **조문**
>
> 「행정기본법」제12조【신뢰보호의 원칙】① 행정청은 공익 또는 제3자의 이익을 현저히 해칠 우려가 있는 경우를 제외하고는 행정에 대한 국민의 정당하고 합리적인 신뢰를 보호하여야 한다.
> ② 행정청은 권한 행사의 기회가 있음에도 불구하고 장기간 권한을 행사하지 아니하여 국민이 그 권한이 행사되지 아니할 것으로 믿을 만한 정당한 사유가 있는 경우에는 그 권한을 행사해서는 아니 된다. 다만, 공익 또는 제3자의 이익을 현저히 해칠 우려가 있는 경우는 예외로 한다.

ㄹ. [×] 특정 사항에 관하여 신뢰보호원칙상 행정청이 그와 배치되는 조치를 할 수 없다고 할 수 있을 정도의 행정관행이 성립되었다고 하려면 상당한 기간에 걸쳐 그 사항에 관하여 동일한 처분을 하였다는 객관적 사실이 존재할 뿐만 아니라, 행정청이 그 사항에 관하여 다른 내용의 처분을 할 수 있음을 알면서도 어떤 특별한 사정 때문에 그러한 처분을 하지 않는다는 의사가 있고 이와 같은 의사가 명시적 또는 묵시적으로 표시되어야 한다(대판 2020.7.23. 2020두33824).

ㅁ. [O] 신뢰보호의 원칙은 행정청이 공적인 견해를 표명할 당시의 사정이 그대로 유지됨을 전제로 적용되는 것이 원칙이므로, 사후에 그와 같은 사정이 변경된 경우에는 그 공적 견해가 더 이상 개인에게 신뢰의 대상이 된다고 보기 어려운 만큼, 특별한 사정이 없는 한 행정청이 그 견해표명에 반하는 처분을 하더라도 신뢰보호의 원칙에 위반된다고 할 수 없다(대판 2020.6.25. 2018두34732).

13 위헌법령에 근거한 처분의 효력 정답 ②

옳은 것은 ㄱ, ㄴ이다.

ㄱ. [O] 법률에 근거하여 행정처분이 발하여진 후에 헌법재판소가 그 행정처분의 근거가 된 법률을 위헌으로 결정하였다면 결과적으로 위 행정처분은 법률의 근거가 없이 행하여진 것과 마찬가지가 되어 하자가 있는 것이 된다고 할 것이다. 그러나 하자 있는 행정처분이 당연무효가 되기 위하여는 그 하자가 중대할 뿐만 아니라 명백한 것이어야 하는데, 일반적으로 법률이 헌법에 위반된다는 사정이 헌법재판소의 위헌결정이 있기 전에는 객관적으로 명백한 것이라고 할 수는 없으므로 헌법재판소의 위헌결정 전에 행정처분의 근거되는 당해 법률이 헌법에 위반된다는 사유는 특별한 사정이 없는 한 그 행정처분의 취소소송의 전제가 될 수 있을 뿐 당연무효사유는 아니라고 봄이 상당하다(대판 2014.3.27. 2011두24057).

ㄴ. [O] 위헌인 법률에 근거한 행정처분이 당연무효인지의 여부는 위헌결정의 소급효와는 별개의 문제로서, 위헌결정의 소급효가 인정된다고 하여 위헌인 법률에 근거한 행정처분이 당연무효가 된다고는 할 수 없고 오히려 이미 취소소송의 제기기간을 경과하여 확정력이 발생한 행정처분에는 위헌결정의 소급효가 미치지 않는다고 보아야 할 것이다(대판 2014.3.27. 2011두24057).

ㄷ. [×] 헌법재판소법 제47조 제1항은 "법률의 위헌결정은 법원 기타 국가기관 및 지방자치단체를 기속한다."고 규정하고 있는데, 이러한 위헌결정의 기속력과 헌법을 최고규범으로 하는 법질서의 체계적 요청에 비추어 국가기관 및 지방자치단체는 위헌으로 선언된 법률규정에 근거하여 새로운 행정처분을 할 수 없음은 물론이고, 위헌결정 전에 이미 형성된 법률관계에 기한 후속처분이라도 그것이 새로운 위헌적 법률관계를 생성·확대하는 경우라면 이를 허용할 수 없다. 따라서 조세 부과의 근거가 되었던 법률규정이 위헌으로 선언된 경우, 비록 그에 기한 과세처분이 위헌결정 전에 이루어졌고, 과세처분에 대한 제소기간이 이미 경과하여 조세채권이 확정되었으며, 조세채권의 집행을 위한 체납처분의 근거규정 자체에 대하여는 따로 위헌결정이 내려진 바 없다고 하더라도, 위와 같은 위헌결정 이후에 조세채권의 집행을 위한 새로운 체납처분에 착수하거나 이를 속행하는 것은 더 이상 허용되지 않고, 나아가 이러한 위헌결정의 효력에 위배하여 이루어진 체납처분은 그 사유만으로 하자가 중대하고 객관적으로 명백하여 당연무효라고 보아야 한다(대판 2012.2.16. 2010두10907).

14 정보공개청구 정답 ③

옳은 것은 ㄱ, ㄷ, ㄹ이다.

ㄱ. [O] 공공기관의 정보공개에 관한 법률상 공개청구의 대상이 되는 정보란 공공기관이 직무상 작성 또는 취득하여 현재 보유·관리하고 있는 문서에 한정되는 것이기는 하나, 그 문서가 반드시 원본일 필요는 없다(대판 2006.5.25. 2006두3049).

ㄴ. [×] 국민의 정보공개청구권은 법률상 보호되는 구체적인 권리이므로, 공공기관에 대하여 정보의 공개를 청구하였다가 공개거부처분을 받은 청구인은 행정소송을 통하여 그 공개거부처분의 취소를 구할 법률상의 이익이 있고, 공개청구의 대상이 되는 정보가 이미 다른 사람에게 공개되어 널리 알려져 있다거나 인터넷 등을 통하여 공개되어 인터넷 검색 등을 통하여 쉽게 알 수 있다는 사정만으로는 소의 이익이 없다거나 비공개결정이 정당화될 수 없다(대판 2010.12.23. 2008두13101).

ㄷ. [O] 공개를 구하는 정보를 공공기관이 한때 보유·관리하였으나 후에 그 정보가 담긴 문서들이 폐기되어 존재하지 않게 된 것이라면 그 정보를 더 이상 보유·관리하고 있지 않다는 점에 대한 증명책임은 공공기관에 있다.

ㄹ. [O] 「공공기관의 정보공개에 관한 법률」제19조 제2항에 대한 옳은 내용이다.

> 판례 이론 **조문**
>
> 제19조【행정심판】② 청구인은 제18조에 따른 이의신청 절차를 거치지 아니하고 행정심판을 청구할 수 있다.

15 원고적격, 소의 이익　　　　정답 ①

옳은 것은 ㄱ, ㄴ, ㄹ이고, 옳지 않은 것은 ㄷ이다.

ㄱ. [O] 정보공개청구권은 법률상 보호되는 구체적인 권리이므로 청구인이 공공기관에 대하여 정보공개를 청구하였다가 거부처분을 받은 것 자체가 법률상 이익의 침해에 해당한다(대판 2003. 12.12. 2003두8050).

ㄴ. [O] 환경상 이익에 대한 침해 또는 침해 우려가 있는 것으로 사실상 추정되어 원고적격이 인정되는 사람에는 환경상 침해를 받으리라고 예상되는 영향권 내의 주민들을 비롯하여 그 영향권 내에서 농작물을 경작하는 등 현실적으로 환경상 이익을 향유하는 사람도 포함된다. 그러나 단지 그 영향권 내의 건물·토지를 소유하거나 환경상 이익을 일시적으로 향유하는 데 그치는 사람은 포함되지 않는다(대판 2009.9.24. 2009두2825).

ㄷ. [X] 인가·허가 등 수익적 행정처분을 신청한 여러 사람이 서로 경원관계에 있어서 한 사람에 대한 허가 등 처분이 다른 사람에 대한 불허가 등으로 귀결될 수밖에 없을 때 허가 등 처분을 받지 못한 사람은 신청에 대한 거부처분의 직접 상대방으로서 원칙적으로 자신에 대한 거부처분의 취소를 구할 원고적격이 있다(대판 2015.10.29. 2013두27517).

ㄹ. [O] 법무사규칙 제37조 제4항이 이의신청 절차를 규정한 것은 채용승인을 신청한 법무사뿐만 아니라 사무원이 되려는 사람의 이익도 보호하려는 취지로 볼 수 있다. 따라서 지방법무사회의 사무원 채용승인 거부처분 또는 채용승인 취소처분에 대해서는 처분 상대방인 법무사뿐만 아니라 그 때문에 사무원이 될 수 없게 된 사람도 이를 다툴 원고적격이 인정되어야 한다(대판 2020.4.9. 2015다34444).

16 국가배상　　　　정답 ①

❶ [O] 보호관찰관의 위치추적 전자장치(이하 '전자장치'라 한다) 피부착자에 대한 지도·감독과 원호 업무는 재범의 위험성이 매우 높은 전자장치 피부착자가 재범으로 나아가지 않게 함으로써 건전한 사회복귀를 촉진하고 일반 국민이 전자장치 피부착자의 재범에 따른 피해를 입지 않도록 하는 데 중요한 역할을 한다. 구체적인 상황에서 전자장치 피부착자에 대한 지도·감독이나 원호 업무를 어떻게 수행할 것인지는 원칙적으로 보호관찰관의 전문적, 합리적 재량에 위임되었지만, 전자장치 피부착자의 재범을 효과적으로 방지하기 위해서는 전자장치 피부착자의 성향이나 환경 및 개별 관찰 결과에 맞추어 재범 방지에 유효한 실질적인 조치를 선택하여 적극적으로 수행하여야 한다. 만약 보호관찰관이 이러한 조치를 하지 아니한 것이 현저하게 불합리하다면 직무상의 의무를 위반한 것이어서 위법하다고 보아야 한다(대판 2022.7.14. 2017다290538).

② [X] 헌법소원심판을 청구한 자로서는 헌법재판소 재판관이 일자 계산을 정확하게 하여 본안판단을 할 것으로 기대하는 것이 당연하고, 따라서 헌법재판소 재판관의 위법한 직무집행의 결과 잘못된 각하결정을 함으로써 청구인으로 하여금 본안판단을 받을 기회를 상실하게 한 이상, 설령 본안판단을 하였더라도 어차피 청구가 기각되었을 것이라는 사정이 있다고 하더라도 잘못된 판단으로 인하여 헌법소원심판 청구인의 위와 같은 합리적인 기대를 침해한 것이고 이러한 기대는 인격적 이익으로서 보호할 가치가 있다고 할 것이므로 그 침해로 인한 정신상 고통에 대하여는 위자료를 지급할 의무가 있다(대판 2003. 7.11. 99다24218).

③ [X] 경과실이 있는 공무원이 피해자에 대하여 손해배상책임을 부담하지 아니함에도 피해자에게 손해를 배상하였다면 그것은 채무자 아닌 사람이 타인의 채무를 변제한 경우에 해당하고, 이는 민법 제469조의 '제3자의 변제' 또는 민법 제744조의 '도의관념에 적합한 비채변제'에 해당하여 피해자는 공무원에 대하여 이를 반환할 의무가 없고, 그에 따라 피해자의 국가에 대한 손해배상청구권이 소멸하여 국가는 자신의 출연 없이 채무를 면하게 되므로, 피해자에게 손해를 직접 배상한 경과실이 있는 공무원은 특별한 사정이 없는 한 국가에 대하여 국가의 피해자에 대한 손해배상책임의 범위 내에서 공무원이 변제한 금액에 관하여 구상권을 취득한다(대판 2014.8.20. 2012다54478).

④ [X] 국민의 생명, 신체, 재산 등에 대하여 절박하고 중대한 위험상태가 발생하였거나 발생할 우려가 있어서 국민의 생명, 신체, 재산 등을 보호하는 것을 본래적 사명으로 하는 국가가 초법규적·일차적으로 그 위험 배제에 나서지 아니하면 국민의 생명, 신체, 재산 등을 보호할 수 없는 경우 형식적 의미의 법령에 근거가 없더라도 국가나 관련 공무원에 대하여 위험을 배제할 작위의무를 인정할 수 있다(대판 2004.6.25. 2003다69652).

17 행정행위의 하자　　　　정답 ③

① [O] 구 사립학교법 제20조 제1항·제2항은 학교법인의 이사장·이사·감사 등의 임원은 이사회의 선임을 거쳐 관할청의 승인을 받아 취임하도록 규정하고 있는바, 관할청의 임원취임승인행위는 학교법인의 임원선임행위의 법률상 효력을 완성케 하는 보충적 법률행위이다(대판 2007.12.27. 2005두9651).

② [O] 수정인가는 허용되지 않는다.

❸ [X] 기본행위인 사법상의 임원선임행위에 하자가 있다 하여 그 선임행위의 효력에 관하여 다툼이 있는 경우에 민사쟁송으로서 그 선임행위의 취소 또는 무효확인을 구하는 것은 별론으로 하고 기본행위의 불성립 또는 무효를 내세워 바로 그에 대한 감독청의 취임승인처분의 취소 또는 무효확인을 구하는 것은 특단의 사정이 없는 한 소구할 법률상의 이익이 있다고 할 수 없다(대판 1987.8.18. 86누152).

④ [O] 사립학교법 제20조 제2항에 의한 학교법인의 임원에 대한 감독청의 취임승인은 학교법인의 임원선임행위를 보충하여 그 법률상의 효력을 완성케 하는 보충적 행정행위로서 성질상 기본행위를 떠나 승인처분 그 자체만으로는 법률상 아무런 효력도 발생할 수 없으므로 기본행위인 학교법인의 임원선임행위가 불성립 또는 무효인 경우에는 비록 그에 대한 감독청의 취임승인이 있었다 하여도 이로써 무효인 그 선임행위가 유효한 것으로 될 수는 없다(대판 1987.8.18. 86누152).

18 과징금 정답 ②

① [O] 구 청소년 보호법 제49조 제1항·제2항에 따른 같은 법 시행령 제40조 [별표 6]의 위반행위의 종별에 따른 과징금처분기준은 법규명령이다(대판 2001.3.9. 99두5207).

❷ [X] 처분을 할 것인지 여부와 처분의 정도에 관하여 재량이 인정되는 과징금 납부명령에 대하여 그 명령이 재량권을 일탈하였을 경우, 법원으로서는 재량권의 일탈 여부만 판단할 수 있을 뿐이지 재량권의 범위 내에서 어느 정도가 적정한 것인지에 관하여는 판단할 수 없어 그 전부를 취소할 수밖에 없고, 법원이 적정하다고 인정하는 부분을 초과한 부분만 취소할 수는 없다(대판 2009.6.23. 2007두18062).

③ [O] 위법한 행정처분의 취소판결이 있어야만, 그 행정처분의 위법임을 이유로 한 손해배상 청구를 할 수 있는 것은 아니다(대판 1972.4.28. 72다337).

④ [O] 「행정소송법」 제6조 제1항에 대한 옳은 내용이다.

> 판례 이론 **조문**
>
> 제6조【명령·규칙의 위헌판결 등 공고】① 행정소송에 대한 대법원판결에 의하여 명령·규칙이 헌법 또는 법률에 위반된다는 것이 확정된 경우에는 대법원은 지체 없이 그 사유를 행정안전부장관에게 통보하여야 한다.

19 행정행위 정답 ③

① [O] 처분의 취소·철회는 별도의 법적 근거 없이 가능하다(대판 1992.1.17. 91누3130).

② [O] 조례에 근거한 처분 후 근거 조례가 위법 무효라는 판결이 있는 경우 그 처분은 원칙적으로 취소사유이다(대판 2009.10.29. 2007두26285).

❸ [X] 일반적으로 행정처분이나 행정심판 재결이 불복기간의 경과로 인하여 확정될 경우 그 확정력은, 그 처분으로 인하여 법률상 이익을 침해받은 자가 당해 처분이나 재결의 효력을 더 이상 다툴 수 없다는 의미일 뿐, 더 나아가 판결에 있어서와 같은 기판력이 인정되는 것은 아니어서 그 처분의 기초가 된 사실관계나 법률적 판단이 확정되고 당사자들이나 법원이 이에 기속되어 모순되는 주장이나 판단을 할 수 없게 되는 것은 아니다(대판 2004.7.8. 2002두11288).

④ [O] 부관이 행정행위의 본질적 요소인 경우 부관이 위법하면 부관부 행정행위 전체가 위법하게 된다(대판 1985.7.9. 84누604).

20 개인정보 보호 정답 ③

① [O] 「개인정보 보호법」 제39조 제1항에 대한 옳은 내용이다.

> 판례 이론 **조문**
>
> 제39조【손해배상책임】① 정보주체는 개인정보처리자가 이 법을 위반한 행위로 손해를 입으면 개인정보처리자에게 손해배상을 청구할 수 있다. 이 경우 그 개인정보처리자는 고의 또는 과실이 없음을 입증하지 아니하면 책임을 면할 수 없다.

② [O] 개인정보자기결정권은 헌법 제17조의 사생활의 비밀과 자유, 헌법 제10조 제1문의 인간의 존엄과 가치 및 행복추구권, 그 밖에 헌법상의 국민주권의 원리, 자유민주적 기본질서 등을 이념적 기초로 하는 독자적 기본권으로서 헌법에 명시되지 아니한 기본권이다(헌재 2005.5.26. 99헌마513).

❸ [X] 공정거래위원회에 등록한 후 1년이 아닌 3년이 경과한 소비자단체이다.

> 판례 이론 **조문**
>
> 「개인정보 보호법」 제51조【단체소송의 대상 등】다음 각 호의 어느 하나에 해당하는 단체는 개인정보처리자가 제49조에 따른 집단분쟁조정을 거부하거나 집단분쟁조정의 결과를 수락하지 아니한 경우에는 법원에 권리침해 행위의 금지·중지를 구하는 소송(이하 "단체소송"이라 한다)을 제기할 수 있다.
> 1. 「소비자기본법」 제29조에 따라 공정거래위원회에 등록한 소비자단체로서 다음 각 목의 요건을 모두 갖춘 단체
>   가. 정관에 따라 상시적으로 정보주체의 권익증진을 주된 목적으로 하는 단체일 것
>   나. 단체의 정회원수가 1천명 이상일 것
>   다. 「소비자기본법」 제29조에 따른 등록 후 3년이 경과하였을 것

④ [O] 「개인정보 보호법」 제49조 제1항에 대한 옳은 내용이다.

> 판례 이론 **조문**
>
> 제49조【집단분쟁조정】① 국가 및 지방자치단체, 개인정보 보호단체 및 기관, 정보주체, 개인정보처리자는 정보주체의 피해 또는 권리침해가 다수의 정보주체에게 같거나 비슷한 유형으로 발생하는 경우로서 대통령령으로 정하는 사건에 대하여는 분쟁조정위원회에 일괄적인 분쟁조정(이하 "집단분쟁조정"이라 한다)을 의뢰 또는 신청할 수 있다.

정답

p. 22

01	③	I	06	③	VI	11	②	VI
02	②	IV	07	③	IV	12	③	II
03	④	II	08	②	III	13	②	II
04	②	V	09	③	II	14	①	II
05	①	II	10	③	IV	15	①	III

16	②	II
17	④	III
18	③	II
19	④	VI
20	④	V

취약 단원 분석표

단원	맞힌 답의 개수
I	/ 1
II	/ 8
III	/ 3
IV	/ 3
V	/ 2
VI	/ 3
TOTAL	/ 20

I 행정법 서론 / II 행정작용법 / III 행정절차와 행정공개 / IV 행정의 실효성 확보수단 / V 행정상 손해전보 / VI 행정쟁송

---

01 행정법의 일반원칙 　　　　　　　　정답 ③

① [×] 국가가 공무원임용결격사유가 있는 자에 대하여 결격사유가 있는 것을 알지 못하고 공무원으로 임용하였다가 사후에 결격사유가 있는 자임을 발견하고 공무원 임용행위를 취소하는 것은 당사자에게 원래의 임용행위가 당초부터 당연무효이었음을 통지하여 확인시켜 주는 행위에 지나지 아니하는 것이므로, 그러한 의미에서 당초의 임용처분을 취소함에 있어서는 신의칙 내지 신뢰의 원칙을 적용할 수 없고 또 그러한 의미의 취소권은 시효로 소멸하는 것도 아니다(대판 1987.4.14. 86누459).

② [×] 비과세 관행 존중의 원칙도 비과세에 관하여 일반적으로 납세자에게 받아들여진 세법의 해석 또는 국세행정의 관행이 존재하여야 적용될 수 있는 것으로서, 이는 비록 잘못된 해석 또는 관행이라도 특정 납세자가 아닌 불특정한 일반 납세자에게 정당한 것으로 이의 없이 받아들여져 납세자가 그와 같은 해석 또는 관행을 신뢰하는 것이 무리가 아니라고 인정될 정도에 이른 것을 의미하고, 단순히 세법의 해석기준에 관한 공적인 견해의 표명이 있었다는 사실만으로 그러한 해석 또는 관행이 있다고 볼 수는 없으며, 그러한 해석 또는 관행의 존재에 대한 증명책임은 그 주장자인 납세자에게 있다(대판 2013.12.26. 2011두5940).

❸ [O] 평등의 원칙은 본질적으로 같은 것을 자의적으로 다르게 취급함을 금지하는 것이고, 위법한 행정처분이 수차례에 걸쳐 반복적으로 행하여졌다 하더라도 그러한 처분이 위법한 것인 때에는 행정청에 대하여 자기구속력을 갖게 된다고 할 수 없다(대판 2009.6.25. 2008두13132).

④ [×]

　판례　　이론　　**조문**

「행정기본법」제12조【신뢰보호의 원칙】② 행정청은 권한 행사의 기회가 있음에도 불구하고 장기간 권한을 행사하지 아니하여 국민이 그 권한이 행사되지 아니할 것으로 믿을 만한 정당한 사유가 있는 경우에는 그 권한을 행사해서는 아니 된다. 다만, 공익 또는 제3자의 이익을 현저히 해칠 우려가 있는 경우는 예외로 한다.

---

02 행정벌 　　　　　　　　　　　　정답 ②

① [×] 국가가 본래 그의 사무의 일부를 지방자치단체의 장에게 위임하여 처리하게 하는 기관위임사무의 경우 지방자치단체는 국가기관의 일부로 볼 수 있고, 지방자치단체가 그 고유의 자치사무를 처리하는 경우 지방자치단체는 국가기관의 일부가 아니라 국가기관과는 별도의 독립한 공법인으로서 양벌규정에 의한 처벌대상이 되는 법인에 해당한다(대판 2009.6.11. 2008도6530).

❷ [O] 통고처분은 상대방의 임의의 승복을 발효건건으로 하기 때문에 통고처분 그 자체만으로는 통고이행을 강제하거나 상대방에게 아무런 권리의무를 형성하지 않는다(헌재 1998.5.28. 96헌바4).

③ [×] 변경된 법률을 적용한다.

　판례　　이론　　**조문**

「질서위반행위규제법」제3조【법 적용의 시간적 범위】③ 행정청의 과태료 처분이나 법원의 과태료 재판이 확정된 후 법률이 변경되어 그 행위가 질서위반행위에 해당하지 아니하게 된 때에는 변경된 법률에 특별한 규정이 없는 한 과태료의 징수 또는 집행을 면제한다.

④ [×] 스스로 심신장애 상태를 일으켜 질서위반행위를 한 자에 대하여는 과태료를 감면하지 아니한다.

　판례　　이론　　**조문**

「질서위반행위규제법」 제10조【심신장애】① 심신(心神) 장애로 인하여 행위의 옳고 그름을 판단할 능력이 없거나 그 판단에 따른 행위를 할 능력이 없는 자의 질서위반행위는 과태료를 부과하지 아니한다.
② 심신장애로 인하여 제1항에 따른 능력이 미약한 자의 질서위반행위는 과태료를 감경한다.
③ 스스로 심신장애 상태를 일으켜 질서위반행위를 한 자에 대하여는 제1항 및 제2항을 적용하지 아니한다.

03 공법상 계약 정답 ④

옳은 것은 ㄴ, ㄷ, ㄹ이다.

ㄱ. [X] 지방자치단체를 당사자로 하는 계약에 관한 법률(이하 '지방계약법'이라고 한다)은 지방자치단체를 당사자로 하는 계약에 관한 기본적인 사항을 정함으로써 계약업무를 원활하게 수행할 수 있도록 함을 목적으로 하고(제1조), 지방자치단체가 계약상대자와 체결하는 수입 및 지출의 원인이 되는 계약 등에 대하여 적용하며(제2조), 지방자치단체를 당사자로 하는 계약에 관하여는 다른 법률에 특별한 규정이 있는 경우 외에는 이 법에서 정하는 바에 따른다고 규정하고 있다(제4조). 따라서 다른 법률에 특별한 규정이 있는 경우이거나 또는 지방계약법의 개별 규정의 규율내용이 매매, 도급 등과 같은 특정한 유형·내용의 계약을 규율대상으로 하고 있는 경우가 아닌 한, 지방자치단체를 당사자로 하는 계약에 관하여는 그 계약의 성질이 공법상 계약인지 사법상 계약인지와 상관없이 원칙적으로 지방계약법의 규율이 적용된다고 보아야 한다(대판 2020.12.10. 2019다234617).

ㄴ. [O] 중소기업기술정보진흥원장이 甲 주식회사와 중소기업 정보화지원사업 지원대상인 사업의 지원에 관한 협약을 체결하였는데, 협약이 甲 회사에 책임이 있는 사업실패로 해지되었다는 이유로 협약에서 정한 대로 지급받은 정부지원금을 반환할 것을 통보한 사안에서, 중소기업 정보화지원사업에 따른 지원금 출연을 위하여 중소기업청장이 체결하는 협약은 공법상 대등한 당사자 사이의 의사표시의 합치로 성립하는 공법상 계약에 해당한다(대판 2015.8.27. 2015두41449).

ㄷ. [O] 지방자치단체가 일방 당사자가 되는 이른바 '공공계약'이 사경제의 주체로서 상대방과 대등한 위치에서 체결하는 사법상 계약에 해당하는 경우 그에 관한 법령에 특별한 정함이 있는 경우를 제외하고는 사적 자치와 계약자유의 원칙 등 사법의 원리가 그대로 적용된다(대판 2018.2.13. 2014두11328).

ㄹ. [O] 「행정기본법」 제27조 제1항에 대한 옳은 내용이다.

> 판례 이론 **조문**
>
> 제27조 【공법상 계약의 체결】 ① 행정청은 법령등을 위반하지 아니하는 범위에서 행정목적을 달성하기 위하여 필요한 경우에는 공법상 법률관계에 관한 계약(이하 "공법상 계약"이라 한다)을 체결할 수 있다. 이 경우 계약의 목적 및 내용을 명확하게 적은 계약서를 작성하여야 한다.

04 행정상 손실보상 정답 ②

옳은 것은 ㄱ, ㄴ이다.

ㄱ. [O] 하천법 제50조에 의한 하천수 사용권(2007.4.6. 하천법 개정 이전에 종전의 규정에 따라 유수의 점용·사용을 위한 관리청의 허가를 받음으로써 2007.4.6. 개정 하천법 부칙 제9조에 따라 현행 하천법 제50조에 의한 하천수 사용허가를 받은 것으로 보는 경우를 포함한다. 이하 같다)은 하천법 제33조에 의한 하천의 점용허가에 따라 해당 하천을 점용할 수 있는 권리와 마찬가지로 특허에 의한 공물사용권의 일종으로서, 양도가 가능하고 이에 대한 민사집행법상의 집행 역시 가능한 독립된 재산적 가치가 있는 구체적인 권리라고 보아야 한다.

따라서 하천법 제50조에 의한 하천수 사용권은 공익사업을 위한 토지 등의 취득 및 보상에 관한 법률 제76조 제1항이 손실보상의 대상으로 규정하고 있는 '물의 사용에 관한 권리'에 해당한다. 물건 또는 권리 등에 대한 손실보상액 산정의 기준이나 방법에 관하여 구체적으로 정하고 있는 법령의 규정이 없는 경우에는, 그 성질상 유사한 물건 또는 권리 등에 대한 관련 법령상의 손실보상액 산정의 기준이나 방법에 관한 규정을 유추적용할 수 있다(대판 2018.12.27. 2014두11601).

ㄴ. [O] 손실보상은 공공필요에 의한 행정작용에 의하여 사인에게 발생한 특별한 희생에 대한 전보라는 점에서 그 사인에게 특별한 희생이 발생하여야 하는 것은 당연히 요구되는 것이고, 공유수면 매립면허의 고시가 있다고 하여 반드시 그 사업이 시행되고 그로 인하여 손실이 발생한다고 할 수 없으므로, 매립면허 고시 이후 매립공사가 실행되어 관행어업권자에게 실질적이고 현실적인 피해가 발생한 경우에만 공유수면매립법에서 정하는 손실보상청구권이 발생하였다고 할 것이다(대판 2010.12.9. 2007두6571).

ㄷ. [X] 공공사업의 시행 결과 공공사업시행지구 밖에서 발생한 간접손실에 관하여 그 피해자와 사업시행자 사이에 협의가 이루어지지 아니하고, 그 보상에 관한 명문의 근거 법령이 없는 경우라고 하더라도, 헌법 제23조 제3항 및 구 토지수용법 등의 개별 법률의 규정, 구 공공용지의 취득 및 손실보상에 관한 특례법 제3조 제1항 및 같은 법 시행규칙 제23조의2 내지 7 등의 규정 취지에 비추어 보면, 공공사업의 시행으로 인하여 그러한 손실이 발생하리라는 것을 쉽게 예견할 수 있고, 그 손실의 범위도 구체적으로 이를 특정할 수 있는 경우에는 그 손실의 보상에 관하여 구 공공용지의 취득 및 손실보상에 관한 특례법 시행규칙의 관련 규정 등을 유추적용할 수 있다(대판 2004.9.23. 2004다25581).

ㄹ. [X] 이주대책은 헌법 제23조 제3항에 규정된 정당한 보상에 포함되는 것이라기보다는 이에 부가하여 이주자들에게 종전의 생활상태를 회복시키기 위한 생활보상의 일환으로서 국가의 정책적인 배려에 의하여 마련된 제도라고 볼 것이다. 따라서 이주대책의 실시 여부는 입법자의 입법정책적 재량의 영역에 속하므로 공익사업을 위한 토지 등의 취득 및 보상에 관한 법률시행령 제40조 제3항 제3호가 이주대책의 대상자에서 세입자를 제외하고 있는 것이 세입자의 재산권을 침해하는 것이라 볼 수 없다(헌재 2006.2.23. 2004헌마19).

05 행정지도 정답 ①

❶ [X] 행정지도에 대해서도 「행정절차법」이 적용된다.

> 판례 이론 **조문**
>
> 「행정절차법」 제3조 【적용범위】 ① 처분, 신고, 확약, 위반사실 등의 공표, 행정계획, 행정상 입법예고, 행정예고 및 행정지도의 절차(이하 "행정절차"라 한다)에 관하여 다른 법률에 특별한 규정이 있는 경우를 제외하고는 이 법에서 정하는 바에 따른다.

② [O] 교육인적자원부장관의 대학총장들에 대한 이 사건 학칙시정요구는 고등교육법 제6조 제2항, 동법 시행령 제4조 제3항에 따른 것으로서 그 법적 성격은 대학총장의 임의적인 협력을 통하여 사실상의 효과를 발생시키는 행정지도의 일종이지만, 그에 따르지 않을 경우 일정한 불이익조치를 예정하고 있어 사실상 상대방에게 그에 따를 의무를 부과하는 것과 다를 바 없으므로 단순한 행정지도로서의 한계를 넘어 규제적·구속적 성격을 상당히 강하게 갖는 것으로서 헌법소원의 대상이 되는 공권력의 행사라고 볼 수 있다(헌재 2003.6.26. 2002헌마337).

③ [O] 건축법 제69조 제2항, 제3항의 규정에 비추어 보면, 행정청이 위법 건축물에 대한 시정명령을 하고 나서 위반자가 이를 이행하지 아니하여 전기·전화의 공급자에게 그 위법 건축물에 대한 전기·전화공급을 하지 말아 줄 것을 요청한 행위는 권고적 성격의 행위에 불과한 것으로서 전기·전화공급자나 특정인의 법률상 지위에 직접적인 변동을 가져오는 것은 아니므로 이를 항고소송의 대상이 되는 행정처분이라고 볼 수 없다(대판 1996.3.22. 96누433).

④ [O] 행정관청이 토지거래계약신고에 관하여 공시된 기준지가를 기준으로 매매가격을 신고하도록 행정지도하여 왔고 그 기준가격 이상으로 매매가격을 신고한 경우에는 거래신고서를 접수하지 않고 반려하는 것이 관행화되어 있다 하더라도 이는 법에 어긋나는 관행이라 할 것이므로 그와 같은 위법한 관행에 따라 허위신고행위에 이르렀다고 하여 그 범법행위가 사회상규에 위배되지 않는 정당한 행위라고는 볼 수 없다(대판 1992.4.24. 91도1609).

② [O] 지방보훈청장이 허혈성심장질환이 있는 甲에게 재심 서면판정 신체검사를 실시한 다음 종전과 동일하게 전(공)상군경 7급 국가유공자로 판정하는 '고엽제후유증전환재심신체검사 무변동처분 통보서'를 송달하자 甲이 위 처분의 취소를 구한 사안에서, 위 처분이 甲에게 고지되어 처분이 있다는 사실을 현실적으로 알았을 때 행정소송법 제20조 제1항에서 정한 제소기간이 진행한다고 보아야 함에도, 甲이 통보서를 송달받기 전에 자신의 의무기록에 관한 정보공개를 청구하여 위 처분을 하는 내용의 통보서를 비롯한 일체의 서류를 교부받은 날부터 제소기간을 기산하여 위 소는 90일이 지난 후 제기한 것으로서 부적법하다고 본 원심판결에 법리를 오해한 위법이 있다(대판 2014.9.25. 2014두8254).

❸ [X] 행정처분의 효력발생요건으로서의 도달이란 처분상대방이 처분서의 내용을 현실적으로 알았을 필요까지는 없고 처분상대방이 알 수 있는 상태에 놓임으로써 충분하며, 처분서가 처분상대방의 주민등록상 주소지로 송달되어 처분상대방의 사무원 등 또는 그 밖에 우편물 수령권한을 위임받은 사람이 수령하면 처분상대방이 알 수 있는 상태가 되었다고 할 것이다(대판 2017.3.9. 2016두60577).

④ [O] 특정인에 대한 행정처분을 주소불명 등의 이유로 송달할 수 없어 관보·공보·게시판·일간신문 등에 공고한 경우에는, 공고가 효력을 발생하는 날에 상대방이 그 행정처분이 있음을 알았다고 볼 수는 없고, 상대방이 당해 처분이 있었다는 사실을 현실적으로 안 날에 그 처분이 있음을 알았다고 보아야 한다(대판 2006.4.28. 2005두14851).

---

06 취소소송 정답 ③

① [O] 제소기간이 도과한 후에 소를 제기한 경우에 있어서 피고 행정청이 이를 다투지 않고 변론에 응하더라도 제소기간에 대한 요건의 흠결은 치유되지 않는다.

> **판례** 이론 조문
>
> 이미 제소기간이 지남으로써 불가쟁력이 발생하여 불복청구를 할 수 없었던 경우라면 그 이후에 행정청이 행정심판청구를 할 수 있다고 잘못 알렸다고 하더라도 그 때문에 처분 상대방이 적법한 제소기간 내에 취소소송을 제기할 수 있는 기회를 상실하게 된 것은 아니므로 이러한 경우에 잘못된 안내에 따라 청구된 행정심판재결서 정본을 송달받은 날부터 다시 취소소송의 제소기간이 기산되는 것은 아니다. 불가쟁력이 발생하여 더 이상 불복청구를 할 수 없는 처분에 대하여 행정청의 잘못된 안내가 있었다고 하여 처분 상대방의 불복청구 권리가 새로이 생겨나거나 부활한다고 볼 수는 없기 때문이다(대판 2012.9.27. 2011두27247).

07 간접강제 정답 ③

① [X] 원심판결의 이유는 위법하지만 결론이 정당하다는 이유로 상고기각판결이 선고되어 원심판결이 확정된 경우 행정소송법 제30조 제2항에서 규정하고 있는 '판결의 취지'는 상고심판결의 이유와 원심판결의 결론을 의미한다(대판 2004.1.15. 2002두2444).

② [X] 행정소송법 제38조 제1항이 무효확인판결에 관하여 취소판결에 관한 규정을 준용함에 있어서 같은 법 제30조 제2항을 준용한다고 규정하면서도 같은 법 제34조는 이를 준용한다는 규정을 두지 않고 있으므로, 행정처분에 대하여 무효확인판결이 내려진 경우에는 그 행정처분이 거부처분인 경우에도 행정청에 판결의 취지에 따른 재처분의무가 인정될 뿐 그에 대하여 간접강제까지 허용되는 것은 아니라고 할 것이다(대결 1998.12.24. 98무37).

❸ [O] 새로이 건축허가제한을 한 것은 종전 거부처분 취소소송의 변론종결일 이후임이 분명하므로 새 거부처분 사유는 변론종결 이후에 발생한 사유라 할 것이고, 결국 새 거부처분은 행정소송법 제30조 제2항에 규정된 유효한 재처분에 해당한다 할 것이다(대결 2004.1.15. 2002무30).

④ [X] 간접강제결정은 그 행정청이 소속하는 국가 또는 공공단체에 효력을 미친다.

> 판례 이론 **조문**
>
> 「행정소송법」제33조【소송비용에 관한 재판의 효력】소송비용에 관한 재판이 확정된 때에는 피고 또는 참가인이었던 행정청이 소속하는 국가 또는 공공단체에 그 효력을 미친다.

08   행정절차   정답 ②

① [O] 신청에 따른 처분이 이루어지지 아니한 경우에는 아직 당사자에게 권익이 부과되지 아니하였으므로, 특별한 사정이 없는 한 신청에 대한 거부처분이라고 하더라도 직접 당사자의 권익을 제한하는 것은 아니어서 여기에서 말하는 '당사자의 권익을 제한하는 처분'에 해당한다고 할 수 없고, 따라서 처분의 사전통지대상이나 의견청취대상이 된다고 할 수 없다(대판 2003.11.28. 2003두674).

❷ [X] 행정절차법 제22조 제1항 제1호에 정한 청문제도는 행정처분의 사유에 대하여 당사자에게 변명과 유리한 자료를 제출할 기회를 부여함으로써 위법사유의 시정가능성을 고려하고 처분의 신중과 적정을 기하려는 데 그 취지가 있으므로, 행정청이 특히 침해적 행정처분을 할 때 그 처분의 근거 법령 등에서 청문을 실시하도록 규정하고 있다면, 행정절차법 등 관련 법령상 청문을 실시하지 않아도 되는 예외적인 경우에 해당하지 않는 한 반드시 청문을 실시하여야 하며, 그러한 절차를 결여한 처분은 위법한 처분으로서 취소사유에 해당한다(대판 2007.11.16. 2005두15700).

③ [O] 행정청이 당사자와 사이에 도시계획사업의 시행과 관련한 협약을 체결하면서 관계 법령 및 행정절차법에 규정된 청문의 실시 등 의견청취절차를 배제하는 조항을 두었다고 하더라도, 국민의 행정참여를 도모함으로써 행정의 공정성·투명성 및 신뢰성을 확보하고 국민의 권익을 보호한다는 행정절차법의 목적 및 청문제도의 취지 등에 비추어 볼 때, 위와 같은 협약의 체결로 청문의 실시에 관한 규정의 적용을 배제할 수 있다고 볼 만한 법령상의 규정이 없는 한, 이러한 협약이 체결되었다고 하여 청문의 실시에 관한 규정의 적용이 배제된다거나 청문을 실시하지 않아도 되는 예외적인 경우에 해당한다고 할 수 없다(대판 2004.7.8. 2002두8350).

④ [O] 국방부장관이 환경영향평가 대상사업에 해당하는 군부대 이전사업에 관하여 환경영향평가가 실시되지 않은 상태에서 그 사업의 실시계획을 승인하는 처분을 한 사안에서, 그 처분에 중대하고 명백한 하자가 존재하여 당연무효에 해당한다(서울행정 2009.10.9. 2009구합3316).

09   행정행위   정답 ③

① [O] 노동조합규약의 변경보완시정명령은 조합규약의 내용이 노동조합법에 위반된다고 보아 구체적 사실에 관한 법집행으로서 소정의 명령권을 발동하여 조합규약의 해당 조항을 지적된 법률조항에 위반되지 않도록 적절히 변경보완할 것을 명하는 노동행정에 관한 행정관청의 의사를 조합에게 직접 표시한 것이므로 행정소송법에서 규정하고 있는 행정처분에 해당된다(대판 1993.5.11. 91누10787).

② [O] 행정관청은 일단 제출된 설립신고서와 규약의 내용을 기준으로 노동조합법 각 목의 해당 여부를 심사하되, 설립신고서를 접수할 당시 그 해당 여부가 문제된다고 볼 만한 객관적인 사정이 있는 경우에 한하여 설립신고서와 규약 내용 외의 사항에 대하여 실질적인 심사를 거쳐 반려 여부를 결정할 수 있다(대판 2014.4.10. 2011두6998).

❸ [X] 법외노조 통보는 이미 법률에 의하여 법외노조가 된 것을 사후적으로 고지하거나 확인하는 행위가 아니라 그 통보로써 비로소 법외노조가 되도록 하는 형성적 행정처분이다(대판 2020.9.3. 2016두32992).

④ [O] 법외노조 통보는 단순히 노동조합에 대한 법률상 보호만을 제거하는 것에 그치지 않고 헌법상 노동3권을 실질적으로 제약한다. 그런데 노동조합 및 노동관계조정법(이하 '노동조합법'이라 한다)은 법상 설립요건을 갖추지 못한 단체의 노동조합 설립신고서를 반려하도록 규정하면서도, 그보다 더 침익적인 설립 후 활동 중인 노동조합에 대한 법외노조 통보에 관하여는 아무런 규정을 두고 있지 않고, 이를 시행령에 위임하는 명문의 규정도 두고 있지 않다. 더욱이 법외노조 통보 제도는 입법자가 반성적 고려에서 폐지한 노동조합 해산명령 제도와 실질적으로 다를 바 없다. 결국 노동조합법 시행령 제9조 제2항은 법률이 정하고 있지 아니한 사항에 관하여, 법률의 구체적이고 명시적인 위임도 없이 헌법이 보장하는 노동3권에 대한 본질적인 제한을 규정한 것으로서 법률유보원칙에 반한다(대판 2020.9.3. 2016두32992).

10   실효성 확보수단   정답 ③

① [O] 「행정기본법」 제31조 제5항에 대한 옳은 내용이다.

> 판례 이론 **조문**
>
> 제31조【이행강제금의 부과】① 이행강제금 부과의 근거가 되는 법률에는 이행강제금에 관한 다음 각 호의 사항을 명확하게 규정하여야 한다. 다만, 제4호 또는 제5호를 규정할 경우 입법목적이나 입법취지를 훼손할 우려가 크다고 인정되는 경우로서 대통령령으로 정하는 경우는 제외한다.
> ⑤ 행정청은 의무자가 행정상 의무를 이행할 때까지 이행강제금을 반복하여 부과할 수 있다. 다만, 의무자가 의무를 이행하면 새로운 이행강제금의 부과를 즉시 중지하되, 이미 부과한 이행강제금은 징수하여야 한다.

② [O] 경찰서장이 범칙행위에 대하여 통고처분을 한 이상, 범칙자의 위와 같은 절차적 지위를 보장하기 위하여 통고처분에서 정한 범칙금 납부기간까지는 원칙적으로 경찰서장은 즉결심판을 청구할 수 없고, 검사도 동일한 범칙행위에 대하여 공소를 제기할 수 없다. 또한 범칙자가 범칙금 납부기간이 지나도록 범칙금을 납부하지 아니하였다면 경찰서장이 즉결심판을 청구하여야 하고, 검사는 동일한 범칙행위에 대하여 공소를 제기할 수 없다(대판 2021.4.1. 2020도15194).

❸ [X] 행정청이 행정대집행의 방법으로 건물철거의무의 이행을 실현할 수 있는 경우에는 건물철거 대집행 과정에서 부수적으로 건물의 점유자들에 대한 퇴거 조치를 할 수 있고, 점유자들이 적법한 행정대집행을 위력을 행사하여 방해하는 경우 형법상 공무집행방해죄가 성립하므로, 필요한 경우에는 '경찰관 직무집행법'에 근거한 위험발생 방지조치 또는 형법상 공무집행방해죄의 범행방지 내지 현행범체포의 차원에서 경찰의 도움을 받을 수도 있다(대판 2017.4.28. 2016다213916).

④ [O] 가맹사업법 제35조 제1항에 의하면, 공정거래위원회는 가맹사업법 위반행위에 대하여 과징금을 부과할 것인지와 만일 과징금을 부과할 경우 가맹사업법과 가맹사업법 시행령이 정하고 있는 일정한 범위 안에서 과징금의 액수를 구체적으로 얼마로 정할 것인지를 재량으로 판단할 수 있으므로, 공정거래위원회의 법 위반행위자에 대한 과징금 부과처분은 재량행위이다(대판 2021.9.30. 2020두48857).

11 취소소송　　　　　　　　　　정답 ②

① [×] 부당해고 구제신청에 관한 중앙노동위원회의 명령 또는 결정의 취소를 구하는 소송에서 그 명령 또는 결정이 적법한지는 그 명령 또는 결정이 이루어진 시점을 기준으로 판단하여야 하고, 그 명령 또는 결정 후에 생긴 사유를 들어 적법 여부를 판단할 수는 없으나, 그 명령 또는 결정의 기초가 된 사실이 동일하다면 노동위원회에서 주장하지 아니한 사유도 행정소송에서 주장할 수 있다(대판 2021.7.29. 2016두64876).

❷ [O] 행정소송에서 쟁송의 대상이 되는 행정처분의 존부는 소송요건으로서 직권조사사항이고, 자백의 대상이 될 수 없는 것이므로, 설사 그 존재를 당사자들이 다투지 아니한다 하더라도 그 존부에 관하여 의심이 있는 경우에는 이를 직권으로 밝혀 보아야 할 것이고, 사실심에서 변론종결시까지 당사자가 주장하지 않던 직권조사사항에 해당하는 사항을 상고심에서 비로소 주장하는 경우 그 직권조사사항에 해당하는 사항은 상고심의 심판범위에 해당한다(대판 2004.12.24. 2003두15195).

③ [×] 행정청이 공무원에 대하여 새로운 직위해제사유에 기한 직위해제처분을 한 경우 그 이전에 한 직위해제처분은 이를 묵시적으로 철회하였다고 봄이 상당하므로, 그 이전 처분의 취소를 구하는 부분은 존재하지 않는 행정처분을 대상으로 한 것으로서 그 소의 이익이 없어 부적법하다(대판 2003.10.10. 2003두5945).

④ [×] 처분청의 직권취소에도 완전한 원상회복이 이루어지지 않아 무효확인 또는 취소로써 회복할 수 있는 다른 권리나 이익이 남아 있거나 또는 동일한 소송 당사자 사이에서 그 행정처분과 동일한 사유로 위법한 처분이 반복될 위험성이 있어 행정처분의 위법성 확인 내지 불분명한 법률문제에 대한 해명이 필요한 경우 행정의 적법성 확보와 그에 대한 사법통제, 국민의 권리구제의 확대 등의 측면에서 예외적으로 그 처분의 취소를 구할 소의 이익을 인정할 수 있다(대판 2020.4.9. 2019두49953).

12 행정행위의 하자　　　　　　　정답 ③

① [O] 성비위행위의 경우 각 행위가 이루어진 상황에 따라 그 행위의 의미 및 피해자가 느끼는 불쾌감 등이 달라질 수 있으므로, 징계대상자의 방어권을 보장하기 위해서 각 행위의 일시, 장소, 상대방, 행위 유형 및 구체적 상황이 다른 행위들과 구별될 수 있을 정도로 특정되어야 함이 원칙이다. 그러나 각 징계 혐의사실이 서로 구별될 수 있을 정도로 특정되어 있고, 징계대상자가 징계사유의 구체적인 내용과 피해자를 충분히 알 수 있다고 인정되는 경우에는 징계대상자에게 피해자의 '실명' 등 구체적인 인적사항이 공개되지 않는다고 하더라도, 그와 같은 사정만으로 징계대상자의 방어권 행사에 실질적인 지장이 초래된다고 볼 수 없다. 특히 성희롱 피해자의 경우 2차 피해 등의 우려가 있어 실명 등 구체적 인적사항 공개에 더욱 신중히 처리할 필요가 있다는 점에서 더욱 그러하다(대판 2022.7.14. 2022두33323).

② [O] 토지 또는 건축물 소유자의 동의서가 추가로 제출됨으로써 토지 또는 건축물 소유자의 4분의 3 이상의 동의율 요건이 충족되었으므로 2008.11.20.자 설립인가처분의 흠이 치유되었거나 그 요건이 보완되었다는 피고의 주장에 대하여, 구 도시정비법 제16조 제2항, 제3항에서 정하는 조합설립인가처분은 설권적 처분의 성질을 가지고 있고, 흠 있는 2008.11.20.자 설립인가처분의 치유나 전환을 인정하더라도 원고들을 비롯한 토지 또는 건축물 소유자에게 아무런 손해가 발생하지 않는다고 단정할 수 없다는 점 등을 이유로 이를 배척하였다(대판 2014.5.16. 2011두13736).

❸ [×] 행정청이 침해적 행정처분을 하면서 당사자에게 위와 같은 사전통지를 하거나 의견제출의 기회를 주지 않았다면, 사전통지를 하지 않거나 의견제출의 기회를 주지 않아도 되는 예외적인 경우에 해당하지 않는 한, 그 처분은 위법하여 취소를 면할 수 없다. 이 사건 처분은 대통령기록물 관리에 관한 법률에서 5년 임기의 별정직 공무원으로 규정한 대통령기록관장으로 임용된 원고를 직권면직한 처분으로서, 이 사건 처분이 구 행정절차법 제21조 제4항 제3호, 제22조 제4항에 따라 원고에게 사전통지를 하지 않거나 의견제출의 기회를 주지 아니하여도 되는 예외적인 경우에 해당한다고 할 수 없다는 이유로, 원고에게 사전통지를 하지 않고 의견제출의 기회를 주지 아니한 이 사건 처분은 구 행정절차법 제21조 제1항, 제22조 제3항을 위반한 절차상 하자가 있어 위법하다고 판단하였다(대판 2013.1.16. 2011두30687).

④ [O] 과세관청이 납세자에 대한 체납처분으로서 제3자의 소유 물건을 압류하고 공매하더라도 그 처분으로 인하여 제3자가 소유권을 상실하는 것이 아니고, 체납처분으로서 압류의 요건을 규정하는 국세징수법 제24조 각 항의 규정을 보면 어느 경우에나 압류의 대상을 납세자의 재산에 국한하고 있으므로, 납세자가 아닌 제3자의 재산을 대상으로 한 압류처분은 그 처분의 내용이 법률상 실현될 수 없는 것이어서 당연무효이다(대판 2006.4.13. 2005두15151).

13 행정기본법 정답 ②

① [O] 「행정기본법」 제6조 제2항 제1호에 대한 옳은 내용이다.

> 판례 | 이론 | **조문**
>
> 제6조【행정에 관한 기간의 계산】 ② 법령등 또는 처분에서 국민의 권익을 제한하거나 의무를 부과하는 경우 권익이 제한되거나 의무가 지속되는 기간의 계산은 다음 각 호의 기준에 따른다. 다만, 다음 각 호의 기준에 따르는 것이 국민에게 불리한 경우에는 그러하지 아니하다.
> 1. 기간을 일, 주, 월 또는 연으로 정한 경우에는 기간의 첫날을 산입한다.

❷ [X]

> 판례 | 이론 | **조문**
>
> 「행정기본법」 제6조【행정에 관한 기간의 계산】 ② 법령등 또는 처분에서 국민의 권익을 제한하거나 의무를 부과하는 경우 권익이 제한되거나 의무가 지속되는 기간의 계산은 다음 각 호의 기준에 따른다. 다만, 다음 각 호의 기준에 따르는 것이 국민에게 불리한 경우에는 그러하지 아니하다.
> 2. 기간의 말일이 토요일 또는 공휴일인 경우에도 기간은 그 날로 만료한다.

③ [O] 「행정기본법」 제7조의2에 대한 옳은 내용이다.

> 판례 | 이론 | **조문**
>
> 제7조의2【행정에 관한 나이의 계산 및 표시】 행정에 관한 나이는 다른 법령등에 특별한 규정이 있는 경우를 제외하고는 출생일을 산입하여 만(滿) 나이로 계산하고, 연수(年數)로 표시한다. 다만, 1세에 이르지 아니한 경우에는 월수(月數)로 표시할 수 있다.

④ [O] 「행정기본법」 제7조에 대한 옳은 내용이다.

> 판례 | 이론 | **조문**
>
> 제7조【법령등 시행일의 기간 계산】 법령등(훈령·예규·고시·지침 등을 포함한다. 이하 이 조에서 같다)의 시행일을 정하거나 계산할 때에는 다음 각 호의 기준에 따른다.
> 1. 법령등을 공포한 날부터 시행하는 경우에는 공포한 날을 시행일로 한다.
> 2. 법령등을 공포한 날부터 일정 기간이 경과한 날부터 시행하는 경우 법령등을 공포한 날을 첫날에 산입하지 아니한다.
> 3. 법령등을 공포한 날부터 일정 기간이 경과한 날부터 시행하는 경우 그 기간의 말일이 토요일 또는 공휴일인 때에는 그 말일로 기간이 만료한다.

14 행정행위 정답 ①

❶ [O] 상대방 있는 행정처분은 특별한 규정이 없는 한 의사표시에 관한 일반법리에 따라 상대방에게 고지되어야 효력이 발생하고, 상대방 있는 행정처분이 상대방에게 고지되지 아니한 경우에는 상대방이 다른 경로를 통해 행정처분의 내용을 알게 되었다고 하더라도 행정처분의 효력이 발생한다고 볼 수 없다(대판 2019.8.9. 2019두38656).

② [X] 종전의 허가가 기한의 도래로 실효한 이상 원고가 종전 허가의 유효기간이 지나서 신청한 이 사건 기간연장신청은 그에 대한 종전의 허가처분을 전제로 하여 단순히 그 유효기간을 연장하여 주는 행정처분을 구하는 것이라기보다는 종전의 허가처분과는 별도의 새로운 허가를 내용으로 하는 행정처분을 구하는 것이라고 보아야 할 것이어서, 이러한 경우 허가권자는 이를 새로운 허가신청으로 보아 법의 관계 규정에 의하여 허가요건의 적합 여부를 새로이 판단하여 그 허가 여부를 결정하여야 할 것이다(대판 1995.11.10. 94누11866).

③ [X] 지목은 토지소유권을 제대로 행사하기 위한 전제요건으로서 토지소유자의 실체적 권리관계에 밀접하게 관련되어 있으므로 지적공부 소관청의 지목변경신청 반려행위는 국민의 권리관계에 영향을 미치는 것으로서 항고소송의 대상이 되는 행정처분에 해당한다(대판 2004.4.22. 2003두9015 전합).

④ [X] 구 도시계획법상의 개발제한구역 내에서의 건축물 용도변경에 대한 허가가 가지는 예외적인 허가로서의 성격과 그 재량행위로서의 성격에 비추어 보면, 그 용도변경의 허가는 개발제한구역에 속한다는 것 이외에 다른 공익상의 사유가 있어야만 거부할 수가 있고 그렇지 아니하면 반드시 허가를 하여야만 하는 것이 아니라 그 용도변경이 개발제한구역의 지정 목적과 그 관리에 위배되지 아니한다는 등의 사정이 특별히 인정될 경우에 한하여 그 허가가 가능한 것이고, 또 그에 관한 행정청의 판단이 사실오인, 비례·평등의 원칙 위배, 목적위반 등에 해당하지 아니하면 이를 재량권의 일탈·남용이라고 하여 위법하다고 할 수가 없다(대판 2001.2.9. 98두17593).

15 정보공개법 정답 ①

❶ [O] 2015.12.28 일본군위안부 피해자 합의와 관련된 협의가 비공개로 진행되었고, 대한민국과 일본 모두 그 협의 관련 문서를 비공개문서로 분류하여 취급하고 있는데 우리나라가 그 협의 내용을 일방적으로 공개할 경우 우리나라와 일본 사이에 쌓아온 외교적 신뢰관계에 심각한 타격이 있을 수 있는 점, 이에 따라 향후 일본은 물론 다른 나라와 협상을 진행하는 데에도 큰 어려움이 발생할 수 있는 점, 12·28 일본군위안부 피해자 합의에 사용된 표현이 다소 추상적이고 모호하기는 하나 이는 협상 과정에서 양국이 나름의 숙고와 조율을 거쳐 채택된 표현으로서 그 정확한 의미에 대한 해석이 요구된다기보다 오히려 표현된 대로 이해하는 것이 적절한 점 등을 종합하여, 위 합의를 위한 협상 과정에서 일본군과 관헌에 의한 위안부 '강제연행'의 존부 및 사실인정 문제에 대해 협의한 정보를 공개하지 않은 처분이 적법하다고 본 원심판단이 정당하다고 한 사례(대판 2023.6.1. 2019두41324)

② [×] 보안관찰관련 통계자료를 제외한 나머지 정보들(이하 '이 사건 나머지 정보들'이라 한다)에 대하여 공공기관의 정보공개에 관한 법률 제2조 제2호는 '공개'라 함은 공공기관이 이법의 규정에 의하여 정보를 열람하게 하거나 그 사본 또는 복제물을 교부하는 것 등을 말한다고 정의하고 있는데, 정보공개방법에 대하여 법 시행령 제14조 제1항은 문서·도면·사진 등은 열람 또는 사본의 교부의 방법 등에 의하도록 하고 있고, 제2항은 공공기관은 정보를 공개함에 있어서 본인 또는 그 정당한 대리인임을 직접 확인할 필요가 없는 경우에는 청구인의 요청에 의하여 사본 등을 우편으로 송부할 수 있도록 하고 있으며, 한편 법 제15조 제1항은 정보의 공개 및 우송 등에 소요되는 비용은 실비의 범위 안에서 청구인의 부담으로 하도록 하고 있는바, 청구인이 정보공개거부처분의 취소를 구하는 소송에서 공공기관이 청구정보를 증거 등으로 법원에 제출하여 법원을 통하여 그 사본을 청구인에게 교부 또는 송달하게 하여 결과적으로 청구인에게 정보를 공개하는 셈이 되었다고 하더라도, 이러한 우회적인 방법은 법이 예정하고 있지 아니한 방법으로서 법에 의한 공개라고 볼 수는 없으므로, 당해 문서의 비공개결정의 취소를 구할 소의 이익은 소멸되지 않는다고 할 것이다 (대판 2004.3.26. 2002두6583).

③ [×] 법원이 행정기관의 정보공개거부처분의 위법 여부를 심리한 결과 공개를 거부한 정보에 비공개사유에 해당하는 부분과 그렇지 않은 부분이 혼합되어 있고, 공개청구의 취지에 어긋나지 않는 범위 안에서 두 부분을 분리할 수 있는 경우, 공개가 가능한 정부에 한하여 일부 취소를 명할 수 있다 할 것이고, 공개청구 취지에 어긋나지 않는 범위 안에서 비공개대상 정보 해당 부분과 공개가 가능 부분을 분리할 수 있다고 함은, 물리적으로 분리가능한 경우를 의미하는 것이 아니고 당해 정보의 공개방법 및 절차에 비추어 비공개대상 정보에 관련된 기술 등을 제외·삭제하고 나머지 정보만을 공개하는 것이 가능하고 나머지 부분의 정보만으로도 공개의 가치가 있는 경우를 의미한다고 해석해야 한다(대판 2004.12.9. 2003두12707).

판례   이론   **조문**

> 「공공기관의 정보공개에 관한 법률」 제14조 【부분공개】
> 공개청구한 정보가 제9조(비공개 대상 정보) 제1항 각 호의 1에 해당하는 부분과 공개가 가능한 부분이 혼합되어 있는 경우로서 공개청구의 취지에 어긋나지 아니하는 범위 안에서 두 부분을 분리할 수 있는 때에는 제9조 제1항 각 호의 1에 해당하는 부분을 제외하고 공개하여야 한다.

④ [×] 구 공공기관의 정보공개에 관한 법률(2013.8.6. 법률 제11991호로 개정되기 전의 것, 이하 '구 정보공개법'이라고 한다)은, 청구인이 정보공개방법도 아울러 지정하여 정보공개를 청구할 수 있도록 하고 있고, 전자적 형태의 정보를 전자적으로 공개하여 줄 것을 요청한 경우에는 공공기관은 원칙적으로 그 요청에 응할 의무가 있고, 나아가 비전자적 형태의 정보에 관해서도 전자적 형태로 공개하여 줄 것을 요청하면 재량판단에 따라 전자적 형태로 변환하여 공개할 수 있도록 하고 있다. 이는 정보의 효율적 활용을 도모하고 청구인의 편의를 제고함으로써 정보공개법의 목적인 국민의 알 권리를 충실하게 보장하려는 것이므로, 청구인에게는 특정한 공개방법을 지정하여 정보공개를 청구할 수 있는 법령상 신청권이 있다고 보아야 한다. 따라서 공공기관이 공개청구의 대상이 된 정보를 공개는 하되, 청구인이 신청한 공개방법 이외의 방법으로 공개하기로 하는 결정을 하였다면, 이는 정보공개청구 중 정보공개방법에 관한 부분에 대하여 일부 거부처분을 한 것으로 보아야 하고, 청구인은 그에 대하여 항고소송으로 다툴 수 있다(대판 2016.11.10. 2016두44674).

---

16   행정행위의 부관   정답 ②

① [O] 「행정기본법」 제17조 제2항에 대한 옳은 내용이다.

판례   이론   **조문**

> 제17조 【부관】 ② 행정청은 처분에 재량이 없는 경우에는 법률에 근거가 있는 경우에 부관을 붙일 수 있다.

❷ [×] 사도개설허가에서 정해진 공사기간 내에 사도로 준공검사를 받지 못한 경우, 이 공사기간을 사도개설허가 자체의 존속기간(유효기간)으로 볼 수 없으므로 사도개설허가가 당연히 실효되는 것은 아니다(대판 2004.11.25. 2004두7023).

③ [O] 행정행위의 부관은 부담의 경우를 제외하고는 독립하여 행정소송의 대상이 될 수 없는 것인바, 행정청이 한 공유수면매립준공인가 중 매립지 일부에 대하여 한 국가귀속처분은 매립준공인가를 함에 있어서 매립의 면허를 받은 자의 매립지에 대한 소유권취득을 규정한 공유수면매립법 제14조의 효과 일부를 배제하는 부관을 붙인 것이므로 이러한 행정행위의 부관에 대하여는 독립하여 행정소송의 대상으로 삼을 수 없다(대판 1991.12.13. 90누8503).

④ [O] 공익법인의 기본재산의 처분에 관한 공익법인의 설립·운영에 관한 법률 제11조 제3항의 규정은 강행규정으로서 이에 위반하여 주무관청의 허가를 받지 않고 기본재산을 처분하는 것은 무효라 할 것인데, 위 처분허가에 부관을 붙인 경우 그 처분허가의 법률적 성질이 형성적 행정행위로서의 인가에 해당한다고 하여 조건으로서의 부관의 부과가 허용되지 아니한다고 볼 수는 없고, 다만 구체적인 경우에 그것이 조건, 기한, 부담, 철회권의 유보 중 어느 종류의 부관에 해당하는지는 당해 부관의 내용, 경위 기타 제반 사정을 종합하여 판단하여야 할 것이다(대판 2005.9.28. 2004다50044).

---

17   행정절차, 항고소송의 대상   정답 ④

옳은 것은 ㄱ, ㄷ, ㄹ이다.

ㄱ. [O] 행정절차법 제21조 제1항은 행정청은 당사자에게 의무를 과하거나 권익을 제한하는 처분을 하는 경우에는 … 당사자 등에게 통지하도록 하고 있는바, 신청에 따른 처분이 이루어지지 아니한 경우에는 아직 당사자에게 권익이 부과되지 아니하였으므로 특별한 사정이 없는 한 신청에 대한 거부처분이라고 하더라도 직접 당사자의 권익을 제한하는 것은 아니어서 신청에 대한 거부처분을 여기에서 말하는 '당사자의 권익을 제한하는 처분'에 해당한다고 할 수 없는 것이어서 처분의 사전통지 대상이 된다고 할 수 없다(대판 2003.11.28. 2003두674).

ㄴ. [×] 법률상 이익이란 당해 처분의 근거 법률에 의하여 보호되는 직접적이고 구체적인 이익이 있는 경우를 말하며, 간접적이거나 사실적·경제적 이해관계를 가지는 데 불과한 경우는 포함되지 아니한다. 사증발급 거부처분을 다투는 외국인은, 아직 대한민국에 입국하지 않은 상태에서 대한민국에 입국하게 해달라고 주장하는 것으로, 해당 처분의 취소를 구할 법률상 이익을 인정하여야 할 법정책적 필요성도 크지 않다. 따라서 중국 국적자인 원고에게는 사증발급 거부처분의 취소를 구할 법률상 이익이 인정되지 않는다(대판 2018.5.15. 2014두42506).

ㄷ. [O] 사증발급 거부처분을 다투는 외국인은, 아직 대한민국에 입국하지 않은 상태에서 대한민국에 입국하게 해달라고 주장하는 것으로, 대한민국과의 실질적 관련성 내지 대한민국에서 법적으로 보호가치 있는 이해관계를 형성한 경우는 아니어서, 해당 처분의 취소를 구할 법률상 이익을 인정하여야 할 법정책적 필요성도 크지 않다. 반면, 국적법상 귀화불허가처분이나 출입국관리법상 체류자격변경 불허가처분, 강제퇴거명령 등을 다투는 외국인은 대한민국에 적법하게 입국하여 상당한 기간을 체류한 사람이므로, 이미 대한민국과의 실질적 관련성 내지 대한민국에서 법적으로 보호가치 있는 이해관계를 형성한 경우이어서, 해당 처분의 취소를 구할 법률상 이익이 인정된다고 보아야 한다(대판 2018.5.15. 2014두42506).

ㄹ. [O] 행정절차법 제3조 제2항 제9호, 시행령 제2조 제2호 등 관련 규정들의 내용을 행정의 공정성, 투명성, 신뢰성을 확보하고 처분상대방의 권익보호를 목적으로 하는 행정절차법의 입법목적에 비추어 보면, 행정절차법의 적용이 제외되는 '외국인의 출입국에 관한 사항'이란 해당 행정작용의 성질상 행정절차를 거치기 곤란하거나 거칠 필요가 없다고 인정되는 사항이나 행정절차에 준하는 절차를 거친 사항으로서 행정절차법 시행령으로 정하는 사항만을 가리킨다. '외국인의 출입국에 관한 사항'이라고 하여 행정절차를 거칠 필요가 당연히 부정되는 것은 아니다. 외국인의 사증발급 신청에 대한 거부처분은 당사자에게 의무를 부과하거나 적극적으로 권익을 제한하는 처분이 아니므로, 행정절차법 제21조 제1항에서 정한 '처분의 사전통지'와 제22조 제3항에서 정한 '의견제출 기회 부여'의 대상은 아니다. 그러나 사증발급 신청에 대한 거부처분이 성질상 행정절차법 제24조에서 정한 '처분서 작성·교부'를 할 필요가 없거나 곤란하다고 일률적으로 단정하기 어렵다. 또한 출입국관리법령에 사증발급 거부처분서 작성에 관한 규정을 따로 두고 있지 않으므로, 외국인의 사증발급 신청에 대한 거부처분을 하면서 행정절차법 제24조에 정한 절차를 따르지 않고 '행정절차에 준하는 절차'로 대체할 수도 없다(대판 2019.7.11. 2017두38874).

---

18 기속행위와 재량행위 정답 ③

① [O] 산림훼손행위는 국토의 유지와 환경의 보전에 직접적으로 영향을 미치는 행위이므로 법령이 규정하는 산림훼손 금지 또는 제한지역에 해당하는 경우는 물론 금지 또는 제한지역에 해당하지 않더라도 허가관청은 산림훼손허가신청 대상토지의 현상과 위치 및 주위의 상황 등을 고려하여 국토 및 자연의 유지와 환경의 보전 등 중대한 공익상 필요가 있다고 인정될 때에는 허가를 거부할 수 있고, 그 경우 법규에 명문의 근거가 없더라도 거부처분을 할 수 있다(대판 1997.9.12. 97누1228).

② [O] 재량행위에 대한 사법심사의 경우, 행정청의 재량에 기한 공익판단의 여지를 감안하여 법원은 독자의 결론을 도출함이 없이 당해 행위에 재량권의 일탈·남용이 있는지 여부만을 심사하게 되고, 이러한 재량권의 일탈·남용 여부에 대한 심사는 사실오인, 비례·평등의 원칙 위배 등을 그 판단 대상으로 한다(대판 2001.2.9. 98두17593).

❸ [X] 여객자동차 운수사업법에 의한 개인택시운송사업의 면허는 특정인에게 권리나 이익을 부여하는 행정청의 재량행위이고 위법과 그 시행규칙의 범위 내에서 면허를 위하여 필요한 기준을 정하는 것 역시 행정청의 재량에 속하는 것이므로, 그 설정된 기준이 객관적으로 합리적이 아니라거나 타당하지 않다고 볼 만한 다른 특별한 사정이 없는 이상 행정청의 의사는 가능한 한 존중되어야 하는바, 행정청이 개인택시운송사업의 면허를 함에 있어 택시 운전경력이 버스 등 다른 차종의 운전경력보다 개인택시의 운전업무에 더 유용할 수 있다는 점 등을 고려하여 택시의 운전경력을 다소 우대하는 것이 객관적으로 합리적이 아니라거나 타당하지 않다고 볼 수 없고, 또한 해당 지역에서 일정기간 거주하여야 한다는 요건 이외에 해당 지역 운수업체에서 일정기간 근무한 경력이 있는 경우에만 개인택시운송사업면허에서 우선권을 부여한다는 개인택시 면허사무처리지침은 개인택시 면허제도의 성격, 운송사업의 공익성, 지역에서의 장기간 근속을 장려할 필요성, 기준의 명확성 요청 등의 제반 사정에 비추어 합리적인 제한이라고 볼 것이다(대판 2007.6.1. 2006두17987).

④ [O] 「행정소송법」 제27조에 대한 옳은 내용이다.

판례 이론 **조문**

> **제27조【재량처분의 취소】** 행정청의 재량에 속하는 처분이라도 재량권의 한계를 넘거나 그 남용이 있는 때에는 법원은 이를 취소할 수 있다.

---

19 당사자소송 정답 ④

해당하는 것은 ㄱ, ㄷ이다.

ㄱ. [O] 사업주가 당연가입자가 되는 고용보험 및 산재보험에서 보험료 납부의무 부존재확인의 소는 공법상의 법률관계 자체를 다투는 소송으로서 공법상 당사자소송이다(대판 2016.10.13. 2016다221658).

ㄴ. [X] 취소소송(항고소송) 사건이다.

판례 이론 조문

> 과학기술기본법령상 사업 협약의 해지 통보는 단순히 대등 당사자의 지위에서 형성된 공법상 계약을 계약당사자의 지위에서 종료시키는 의사표시에 불과한 것이 아니라 행정청이 우월적 지위에서 연구개발비의 회수 및 관련자에 대한 국가연구개발사업 참여제한 등의 법률상 효과를 발생시키는 행정처분에 해당하므로, 이로 인하여 자신의 법률상 지위에 영향을 받는 연구자 등은 적어도 그 이해관계를 대변하는 연구팀장을 통해서 협약 해지 통보의 효력을 다툴 개별적·직접적·구체적 이해관계가 있다고 보이는 점 등 제반 사정을 앞서 본 법리에 비추어 살펴보면, 이 사건 사업의 연구팀장인 원고는 이 사건 사업에 관한 협약의 해지 통보의 효력을 다툴 법률상 이익이 있다(대판 2014.12.11. 2012두28704).

ㄷ. [O] 지방자치단체가 보조금 지급결정을 하면서 일정 기한 내에 보조금을 반환하도록 하는 교부조건을 부가한 사안에서, 보조사업자의 지방자치단체에 대한 보조금 반환의무는 행정처분인 위 보조금 지급결정에 부가된 부관상 의무이고, 이러한 부관상 의무는 보조사업자가 지방자치단체에 부담하는 공법상 의무이므로, 보조사업자에 대한 지방자치단체의 보조금반환청구는 공법상 권리관계의 일방 당사자를 상대로 하여 공법상 의무이행을 구하는 청구로서 행정소송법 제3조 제2호에 규정한 당사자소송의 대상이다(대판 2011.6.9. 2011다2951).

20 국가배상책임   정답 ④

① [O] 헌법 제29조 제2항, 「국가배상법」 제2조 제1항에 대한 옳은 내용이다.

> 판례   이론   **조문**
>
> 헌법 제29조 ② 군인·군무원·경찰공무원 기타 법률이 정하는 자가 전투·훈련 등 직무집행과 관련하여 받은 손해에 대하여는 법률이 정하는 보상 외에 국가 또는 공공단체에 공무원의 직무상 불법행위로 인한 배상은 청구할 수 없다.
>
> 제2조 【배상책임】 ① … 다만, 군인·군무원·경찰공무원 또는 예비군대원이 전투·훈련 등 직무 집행과 관련하여 전사(戰死)·순직(殉職)하거나 공상(公傷)을 입은 경우에 본인이나 그 유족이 다른 법령에 따라 재해보상금·유족연금·상이연금 등의 보상을 지급받을 수 있을 때에는 이 법 및 민법에 따른 손해배상을 청구할 수 없다.

② [O] 공무원이 직무수행 중 불법행위로 타인에게 손해를 입힌 경우에 국가 등이 국가배상책임을 부담하는 외에 공무원 개인도 고의 또는 중과실이 있는 경우에는 불법행위로 인한 손해배상책임을 진다고 할 것이지만, 공무원에게 경과실뿐인 경우에는 공무원 개인은 손해배상책임을 부담하지 아니한다고 해석하는 것이 헌법 제29조 제1항 본문과 단서 및 국가배상법 제2조의 입법취지에 조화되는 올바른 해석이다(대판 1996.2.15. 95다38677).

③ [O] 국가배상법 제2조 제1항 단서 중 군인에 관련되는 부분을, 일반국민이 직무집행 중인 군인과의 공동불법행위로 직무집행 중인 다른 군인에게 공상을 입혀 그 피해자에게 공동의 불법행위로 인한 손해를 배상한 다음 공동불법행위자인 군인의 부담부분에 관하여 국가에 대하여 구상권을 행사하는 것을 허용하지 않는다고 해석한다면, 이는 위 단서 규정의 헌법상 근거 규정인 헌법 제29조가 구상권의 행사를 배제하지 아니하는데도 이를 배제하는 것으로 해석하는 것으로서 합리적인 이유 없이 일반국민을 국가에 대하여 지나치게 차별하는 경우에 해당하므로 헌법 제11조, 제29조에 위반되며, 또한 국가에 대한 구상권은 헌법 제23조 제1항에 의하여 보장되는 재산권이고 위와 같은 해석은 그러한 재산권의 제한에 해당하며 재산권의 제한은 헌법 제37조 제2항에 의한 기본권제한의 한계 내에서만 가능한데, 위와 같은 해석은 헌법 제37조 제2항에 의하여 기본권을 제한할 때 요구되는 비례의 원칙에 위배하여 일반국민의 재산권을 과잉제한하는 경우에 해당하여 헌법 제23조 제1항 및 제37조 제2항에도 위반된다(헌재 1994.12.29. 93헌바21).

❹ [X] 헌법 제29조 제2항, 국가배상법 제2조 제1항 단서의 입법취지를 관철하기 위하여는, 국가배상법 제2조 제1항 단서가 적용되는 공무원의 직무상 불법행위로 인하여 직무집행과 관련하여 피해를 입은 군인 등에 대하여 위 불법행위에 관련된 일반국민이 공동불법행위책임, 사용자책임, 자동차운행자책임 등에 의하여 그 손해를 자신의 귀책부분을 넘어서 배상한 경우에도, 국가 등은 피해 운행자책임 등에 의하여 그 손해를 자신의 귀책부분을 넘어서 배상한 경우에도, 국가 등은 피해 군인 등에 대한 국가배상책임을 면할 뿐만 아니라, 나아가 민간인에 대한 국가의 귀책비율에 따른 구상의무도 부담하지 않는다고 하여야 할 것이다. … 공동불법행위자 등이 부진정연대채무자로서 각자 피해자의 손해 전부를 배상할 의무를 부담하는 공동불법행위의 일반적인 경우와 달리 예외적으로 민간인은 피해 군인 등에 대하여 그 손해 중 국가 등이 민간인에 대한 구상의무를 부담한다면 그 내부적인 관계에서 부담하여야 할 부분을 제외한 나머지 자신의 부담부분에 한하여 손해배상의무를 부담하고, 한편 국가 등에 대하여는 그 귀책부분의 구상을 청구할 수 없다(대판 2001.2.15. 96다42420 전합).

정답

p. 29

01	①	III	**06**	②	II	**11**	③	VI	**16**	①	II
02	③	II	**07**	③	VI	**12**	②	IV	**17**	④	I
03	②	VI	**08**	③	V	**13**	④	IV	**18**	①	VI
04	④	V	**09**	②	III	**14**	①	II	**19**	②	II
05	②	II	**10**	④	II	**15**	①	I	**20**	③	III

취약 단원 분석표

단원	맞힌 답의 개수
I	/ 2
II	/ 7
III	/ 3
IV	/ 2
V	/ 2
VI	/ 4
TOTAL	/ 20

I 행정법 서론 / II 행정작용법 / III 행정절차와 행정공개 / IV 행정의 실효성 확보수단 / V 행정상 손해전보 / VI 행정쟁송

---

01 정보공개 정답 ①

❶ [X] 청구인이 정보공개거부처분의 취소를 구하는 소송에서 공공기관이 청구정보를 증거 등으로 법원에 제출하여 법원을 통하여 그 사본을 청구인에게 교부 또는 송달하게 하여 결과적으로 청구인에게 정보를 공개하는 셈이 되었다고 하더라도, 이러한 우회적인 방법은 법이 예정하고 있지 아니한 방법으로서 법에 의한 공개라고 볼 수는 없으므로, 당해 문서의 비공개결정의 취소를 구할 소의 이익은 소멸되지 않는다고 할 것이다(대판 2004.3.26. 2002두6583).

② [O] 「공공기관의 정보공개에 관한 법률」 제11조 제3항에 대한 옳은 내용이다.

> 판례 이론 **조문**
>
> 제11조 【정보공개 여부의 결정】 ③ 공공기관은 공개 청구된 공개 대상 정보의 전부 또는 일부가 제3자와 관련이 있다고 인정할 때에는 그 사실을 제3자에게 지체 없이 통지하여야 하며, 필요한 경우에는 그의 의견을 들을 수 있다.

③ [O] 「공공기관의 정보공개에 관한 법률」 제11조의2 제1항 제1호에 대한 옳은 내용이다.

> 판례 이론 **조문**
>
> 제11조의2 【반복 청구 등의 처리】 ① 공공기관은 제11조에도 불구하고 제10조 제1항 및 제2항에 따른 정보공개 청구가 다음 각 호의 어느 하나에 해당하는 경우에는 정보공개 청구 대상 정보의 성격, 종전 청구와의 내용적 유사성·관련성, 종전 청구와 동일한 답변을 할 수밖에 없는 사정 등을 종합적으로 고려하여 해당 청구를 종결 처리할 수 있다. 이 경우 종결 처리 사실을 청구인에게 알려야 한다.
> 1. 정보공개를 청구하여 정보공개 여부에 대한 결정의 통지를 받은 자가 정당한 사유 없이 해당 정보의 공개를 다시 청구하는 경우
> 2. 정보공개 청구가 제11조 제5항에 따라 민원으로 처리되었으나 다시 같은 청구를 하는 경우

④ [O] 「공공기관의 정보공개에 관한 법률」 제21조 제2항에 대한 옳은 내용이다.

> 판례 이론 **조문**
>
> 제21조 【제3자의 비공개 요청 등】 ① 제11조 제3항에 따라 공개 청구된 사실을 통지받은 제3자는 그 통지를 받은 날부터 3일 이내에 해당 공공기관에 대하여 자신과 관련된 정보를 공개하지 아니할 것을 요청할 수 있다.
> ② 제1항에 따른 비공개 요청에도 불구하고 공공기관이 공개 결정을 할 때에는 공개 결정 이유와 공개 실시일을 분명히 밝혀 지체 없이 문서로 통지하여야 하며, 제3자는 해당 공공기관에 문서로 이의신청을 하거나 행정심판 또는 행정소송을 제기할 수 있다. 이 경우 이의신청은 통지를 받은 날부터 7일 이내에 하여야 한다.

---

02 위임입법 정답 ③

옳은 것은 ㄱ, ㄹ이다.

ㄱ. [O] 법령의 규정이 특정 행정기관에게 법령 내용의 구체적 사항을 정할 수 있는 권한을 부여하면서 권한행사의 절차나 방법을 특정하지 아니한 경우에는 수임 행정기관은 행정규칙이나 규정 형식으로 법령 내용이 될 사항을 구체적으로 정할 수 있다. 이 경우 행정규칙 등은 당해 법령의 위임한계를 벗어나지 않는 한 대외적 구속력이 있는 법규명령으로서 효력을 가지게 되지만, 이는 행정규칙이 갖는 일반적 효력이 아니라 행정기관에 법령의 구체적 내용을 보충할 권한을 부여한 법령 규정의 효력에 근거하여 예외적으로 인정되는 것이다. 따라서 그 행정규칙이나 규정이 상위법령의 위임범위를 벗어난 경우에는 법규명령으로서 대외적 구속력을 인정할 여지는 없다(대판 2012.7.5. 2010다72076).

ㄴ. [X] 국회가 입법으로 행정기관에게 구체적인 범위를 정하여 위임한 사항에 관하여는 당해 행정기관이 법 정립의 권한을 갖게 되고, 입법자가 그 규율의 형식도 선택할 수 있다고 보아야 하므로, 헌법이 인정하고 있는 위임입법의 형식은 예시적인 것으로 보아야 한다. 법률이 일정한 사항을 행정규칙에 위임하더라도 그 행정규칙은 위임된 사항만을 규율할 수 있으므로, 국회입법의 원칙과 상치되지 않는다(헌재 2014.7.24. 2013헌바183).

ㄷ. [X] 법령의 규정이 특정 행정기관에게 법령 내용의 구체적 사항을 정할 수 있는 권한을 부여하면서 권한행사의 절차나 방법을 특정하지 아니한 경우에는 수임 행정기관은 행정규칙이나 규정 형식으로 법령 내용이 될 사항을 구체적으로 정할 수 있다. 이 경우 행정규칙 등은 당해 법령의 위임한계를 벗어나지 않는 한 대외적 구속력이 있는 법규명령으로서 효력을 가지게 되지만, 이는 행정규칙이 갖는 일반적 효력이 아니라 행정기관에 법령의 구체적 내용을 보충할 권한을 부여한 법령 규정의 효력에 근거하여 예외적으로 인정되는 것이다. 따라서 그 행정규칙이나 규정이 상위법령의 위임범위를 벗어난 경우에는 법규명령으로서 대외적 구속력을 인정할 여지는 없다.
이는 행정규칙이나 규정 '내용'이 위임범위를 벗어난 경우뿐 아니라 상위법령의 위임규정에서 특정하여 정한 권한행사의 '절차'나 '방식'에 위배되는 경우도 마찬가지이므로, 상위법령에서 세부사항 등을 시행규칙으로 정하도록 위임하였음에도 이를 고시 등 행정규칙으로 정하였다면 그 역시 대외적 구속력을 가지는 법규명령으로서 효력이 인정될 수 없다(대판 2012.7.5. 2010다72076).

ㄹ. [O] 법규명령의 위임의 근거가 되는 법률에 대하여 위헌결정이 선고되면 그 위임규정에 근거하여 제정된 법규명령도 원칙적으로 효력을 상실한다(대판 1998.4.10. 96다52359).

---

03 행정소송의 심리   정답 ②

옳은 것은 ㄱ, ㄷ이다.

ㄱ. [O] 「행정소송법」은 「민사소송법」을 준용하고 있고, 「민사소송법」은 처분권주의를 규정하고 있다. 그러므로 행정소송에서도 처분권주의가 적용된다.

> 판례 이론 **조문**
>
> 「민사소송법」 제203조 【처분권주의】 법원은 당사자가 신청하지 아니한 사항에 대하여는 판결하지 못한다.
> 「행정소송법」 제8조 【법적용예】 ② 행정소송에 관하여 이 법에 특별한 규정이 없는 사항에 대하여는 법원조직법과 민사소송법 및 민사집행법의 규정을 준용한다.

ㄴ. [X] 행정소송에 있어서도 행정소송법 제14조에 의하여 민사소송법 제188조가 준용되어 법원은 당사자가 신청하지 아니한 사항에 대하여는 판결할 수 없는 것이고, 행정소송법 제26조에서 직권심리주의를 채용하고 있으나 이는 행정소송에 있어서 원고의 청구범위를 초월하여 그 이상의 청구를 인용할 수 있다는 의미가 아니라 원고의 청구범위를 유지하면서 그 범위 내에서 필요에 따라 주장외의 사실에 관하여도 판단할 수 있다는 뜻이다(대판 1987.11.10. 86누491).

ㄷ. [O] 「행정소송법」 제25조에 대한 옳은 내용이다.

> 판례 이론 **조문**
>
> 제25조 【행정심판기록의 제출명령】 ① 법원은 당사자의 신청이 있는 때에는 결정으로써 재결을 행한 행정청에 대하여 행정심판에 관한 기록의 제출을 명할 수 있다.
> ② 제1항의 규정에 의한 제출명령을 받은 행정청은 지체 없이 당해 행정심판에 관한 기록을 법원에 제출하여야 한다.

ㄹ. [X] 사실심에서 변론종결시까지 당사자가 주장하지 않던 직권조사사항에 해당하는 사항을 상고심에서 비로소 주장하는 경우 그 직권조사사항에 해당하는 사항은 상고심의 심판범위에 포함된다(대판 2009.10.29. 2008다37247).

---

04 토지보상법   정답 ④

① [X] 이의신청을 거친 경우 90일이 아닌 재결서를 받은 날부터 60일 이내에 행정소송을 제기하여야 한다.

> 판례 이론 **조문**
>
> 「공익사업을 위한 토지 등의 취득 및 보상에 관한 법률」 제85조 【행정소송의 제기】 ① 사업시행자, 토지소유자 또는 관계인은 제34조에 따른 재결에 불복할 때에는 재결서를 받은 날부터 90일 이내에, 이의신청을 거쳤을 때에는 이의신청에 대한 재결서를 받은 날부터 60일 이내에 각각 행정소송을 제기할 수 있다. 이 경우 사업시행자는 행정소송을 제기하기 전에 제84조에 따라 늘어난 보상금을 공탁하여야 하며, 보상금을 받을 자는 공탁된 보상금을 소송이 종결될 때까지 수령할 수 없다.

② [X] 수용재결에 불복하여 취소소송을 제기하는 때에는 이의신청을 거친 경우에도 수용재결을 한 중앙토지수용위원회 또는 지방토지수용위원회를 피고로 하여 수용재결의 취소를 구하여야 하고, 다만 이의신청에 대한 재결 자체에 고유한 위법이 있음을 이유로 하는 경우에는 그 이의재결을 한 중앙토지수용위원회를 피고로 하여 이의재결의 취소를 구할 수 있다고 보아야 한다(대판 2010.1.28. 2008두1504).

③ [X] 공익사업의 시행자는 해당 공익사업을 위한 공사에 착수하기 이전에 토지소유자와 관계인에게 보상액 전액을 지급하여야 한다. 공익사업의 시행자가 토지소유자와 관계인에게 보상액을 지급하지 않고 승낙도 받지 않은 채 공사에 착수함으로써 토지소유자와 관계인이 손해를 입은 경우, 토지소유자와 관계인에 대하여 불법행위가 성립할 수 있고, 사업시행자는 그로 인한 손해를 배상할 책임을 진다(대판 2021.11.11. 2018다204022).

❹ [O] 토지보상법령상 손실보상대상에 해당함에도 관할 토지수용위원회가 사실을 오인하거나 법리를 오해함으로써 손실보상대상에 해당하지 않는다고 잘못된 내용의 재결을 한 경우에는, 피보상자는 관할 토지수용위원회를 상대로 그 재결에 대한 취소소송을 제기할 것이 아니라, 사업시행자를 상대로 토지보상법 제85조 제2항에 따른 보상금증감소송을 제기하여야 한다(대판 2010.8.19. 2008두822).

05 행정행위의 부관 정답 ②

① [O] 부담은 주된 행정행위와 별도로 독립하여 취소소송의 대상이 될 수 있다.
❷ [X] 토지의 기부채납은 대체적 작위의무가 아니므로 부관상의 의무 불이행에 대해 행정대집행을 할 수 없다.
③ [O] 주된 행정행위의 철회가 가능한 것이지 곧바로 주된 행정행위가 효력을 상실하는 것은 아니다.

> **판례** 이론 조문
>
> 부담부 행정처분에 있어서 처분의 상대방이 부담을 이행하지 아니한 경우에 처분행정청으로서는 이를 들어 당해 처분을 취소·철회할 수 있는 것이다(대판 1989.10.24. 89누2431).

④ [O] 부담을 부가하기 이전에 상대방과 협의하여 부담의 내용을 협약의 형식으로 미리 정한 다음 행정처분을 하면서 이를 부가할 수도 있다(대판 2009.2.12. 2005다65500).

06 행정입법 정답 ②

① [O] 법 제31조 제1항은 입찰 참가자격 제한 대상을 계약당사자로 명시하지 않고 '경쟁의 공정한 집행 또는 계약의 적정한 이행을 해칠 우려가 있는 자' 또는 '그 밖에 입찰에 참가시키는 것이 부적합하다고 인정되는 자'로 규정한 다음, 이러한 부정당업자에 대해서는 대통령령으로 정하는 바에 따라 입찰 참가자격을 제한하여야 한다고 정한다. 따라서 시행령 제92조 제1항부터 제3항까지의 규정에 따라 입찰 참가자격의 제한을 받은 법인이나 단체(이하 '법인 등'이라 한다)의 대표자가 입찰 참가자격 제한 대상에 포함되는 것으로 본다고 하여 이 문언의 통상적인 의미에 따른 위임의 한계를 벗어난 것으로 단정할 수 없다(대판 2022.7.14. 2022두37141).
❷ [X] 제재적 행정처분의 기준이 부령의 형식으로 규정되어 있더라도 그것은 행정청 내부의 사무처리준칙을 정한 것에 지나지 아니하여 대외적으로 국민이나 법원을 기속하는 효력이 없고, 당해 처분의 적법 여부는 위 처분기준만이 아니라 관계 법령의 규정 내용과 취지에 따라 판단되어야 하므로, 위 처분기준에 적합하다 하여 곧바로 당해 처분이 적법한 것이라고 할 수는 없지만, 위 처분기준이 그 자체로 헌법 또는 법률에 합치되지 아니하거나 위 처분기준에 따른 제재적 행정처분이 그 처분사유가 된 위반행위의 내용 및 관계 법령의 규정 내용과 취지에 비추어 현저히 부당하다고 인정할 만한 합리적인 이유가 없는 한 섣불리 그 처분이 재량권의 범위를 일탈하였거나 재량권을 남용한 것이라고 판단해서는 안 된다(대판 2007.9.20. 2007두6946).
③ [O] 건강보험심사평가원(이하 '심사평가원'이라 한다)의 원장이 보건복지부장관의 고시(요양급여비용 심사·지급업무 처리기준)에 따라 진료심사평가위원회의 심의를 거쳐 정한 요양급여비용의 심사기준 또는 심사지침은 심사평가원이 법령에서 정한 요양급여의 인정 기준을 구체적 진료행위에 적용하기 위하여 마련한 내부적 업무처리 기준으로서 행정규칙에 불과하다(대판 2012.11.29. 2008두21669).

④ [O] 법률의 시행령은 모법인 법률의 위임 없이 법률이 규정한 개인의 권리·의무에 관한 내용을 변경·보충하거나 법률에서 규정하지 아니한 새로운 내용을 규정할 수 없고, 특히 법률의 시행령이 형사처벌에 관한 사항을 규정하면서 법률의 명시적인 위임 범위를 벗어나 처벌의 대상을 확장하는 것은 죄형법정주의의 원칙에도 어긋나는 것이므로, 그러한 시행령은 위임입법의 한계를 벗어난 것으로서 무효이다(대판 2017.2.16. 2015도16014 전합).

07 취소판결의 효력 정답 ③

옳은 것은 ㄱ, ㄴ, ㄹ이다.
ㄱ. [O] 사정판결은 취소소송에서만 인정되며, 무효등확인소송에는 허용되지 않는다.
ㄴ. [O] 취소소송은 사실심 변론종결시까지 관련청구소송을 병합할 수 있다.

> 판례 이론 **조문**
>
> 「행정소송법」 제10조 【관련청구소송의 이송 및 병합】② 취소소송에는 사실심의 변론종결시까지 관련청구소송을 병합하거나 피고 외의 자를 상대로 한 관련청구소송을 취소소송이 계속된 법원에 병합하여 제기할 수 있다.

ㄷ. [X] 취소청구가 「행정소송법」 제28조 사정판결의 규정에 의하여 기각되거나 행정청이 처분 등을 취소 또는 변경함으로 인하여 청구가 각하 또는 기각된 경우에는 소송비용은 피고의 부담으로 한다(「행정소송법」 제32조).
ㄹ. [O] 처분의 위법 여부의 판단은 처분시를 기준으로 하지만, 사정판결의 필요성, 즉 공공복리 적합성의 판단시점은 변론종결시(판결시)이다.
ㅁ. [X] 법원은 직권으로 사정판결을 할 수 있고, 원고나 피고는 사정판결에 대해서 상소할 수 있다(대판 1992.2.14. 90누9032).

08 국가배상법 제2조 정답 ③

① [O] 행위 자체의 외관을 객관적으로 관찰하여 공무원의 직무행위로 보여질 때에는 비록 그것이 실질적으로 직무행위가 아니거나 또는 행위자로서는 주관적으로 공무집행의 의사가 없었다고 하더라도 그 행위는 공무원이 '직무를 집행함에 당하여' 한 것으로 보아야 한다(대판 1995.4.21. 93다14240).
② [O] 유흥주점에 감금된 채 윤락을 강요받으며 생활하던 여종업원들이 유흥주점에 화재가 났을 때 미처 피신하지 못하고 유독가스에 질식해 사망한 사안에서, 지방자치단체의 담당 공무원이 식품위생법상 취하여야 할 조치를 게을리 한 직무상 의무 위반행위와 위 사망의 결과 사이의 상당인과관계를 인정하지 않은 사례(대판 2008.4.10. 2005다48994)

❸ [×] 국가배상책임은 공무원의 직무집행이 법령에 위반한 것임을 요건으로 하는 것으로서, 공무원의 직무집행이 법령이 정한 요건과 절차에 따라 이루어진 것이라면 특별한 사정이 없는 한 이는 법령에 적합한 것이고 그 과정에서 개인의 권리가 침해되는 일이 생긴다고 하여 그 법령적합성이 곧바로 부정되는 것은 아니라고 할 것인바, 불법시위를 진압하는 경찰관들의 직무집행이 법령에 위반한 것이라고 하기 위하여는 그 시위진압이 불필요하거나 또는 불법시위의 태양 및 시위 장소의 상황 등에서 예측되는 피해 발생의 구체적 위험성의 내용에 비추어 시위진압의 계속 수행 내지 그 방법 등이 현저히 합리성을 결하여 이를 위법하다고 평가할 수 있는 경우이어야 한다(대판 1997.7.25. 94다2480).

④ [O] 국가가 일정한 사항에 관하여 헌법에 의하여 부과되는 구체적인 입법의무를 부담하고 있음에도 불구하고 그 입법에 필요한 상당한 기간이 경과하도록 고의 또는 과실로 이러한 입법의무를 이행하지 아니하는 등 극히 예외적인 사정이 인정되는 사안에 한정하여 국가배상법 소정의 배상책임이 인정될 수 있으며, 위와 같은 구체적인 입법의무 자체가 인정되지 않는 경우에는 애당초 부작위로 인한 불법행위가 성립할 여지가 없다(대판 2008.5.29. 2004다33469).

09 정보공개법　　　　　　　　　　정답 ②

① [O] 공공기관의 정보공개에 관한 법률은 … 정보공개 청구권자가 공개를 청구하는 정보와 어떤 관련성을 가질 것을 요구하거나 정보공개청구의 목적에 특별한 제한을 두고 있지 아니하므로 정보공개 청구권자의 권리구제 가능성 등은 정보의 공개 여부 결정에 아무런 영향을 미치지 못한다(대판 2017.9.7. 2017두44558).

❷ [×] 정보의 효율적 활용을 도모하고 청구인의 편의를 제고함으로써 구 정보공개법의 목적인 국민의 알 권리를 충실하게 보장하려는 것이므로, 청구인에게는 특정한 공개방법을 지정하여 정보공개를 청구할 수 있는 법령상 신청권이 있다. 따라서 공공기관이 공개청구의 대상이 된 정보를 공개는 하되, 청구인이 신청한 공개방법 이외의 방법으로 공개하기로 하는 결정을 하였다면, 이는 정보공개청구 중 정보공개방법에 관한 부분에 대하여 일부 거부처분을 한 것이고, 청구인은 그에 대하여 항고소송으로 다툴 수 있다(대판 2016.11.10. 2016두44674).

③ [O] 법원으로서는 마땅히 정보공개법 제20조 제2항의 규정에 따라 피고에게 그가 보유·관리하고 있는 공개청구정보를 제출하도록 하여 이를 비공개로 열람·심사하는 등의 방법으로 공개청구정보의 내용과 범위를 특정시켜야 할 것이고, 나아가 위와 같은 방법으로도 특정이 불가능한 경우에는 특정되지 않은 부분과 나머지 부분을 분리할 수 있고 나머지 부분에 대한 비공개결정이 위법한 경우라고 하여도 원고의 청구 중 특정되지 않은 부분에 대한 비공개결정이 취소를 구하는 부분은 나머지 부분과 분리하여서 이를 기각해야 할 것이다(대판 2007.6.1. 2007두2555).

④ [O] 견책의 징계처분을 받은 甲이 사단장에게 징계위원회에 참여한 징계위원의 성명과 직위에 대한 정보공개청구를 하였으나 위 정보가 공공기관의 정보공개에 관한 법률 제9조 제1항 제1호, 제2호, 제5호, 제6호에 해당한다는 이유로 공개를 거부한 사안에서, 비록 징계처분 취소사건에서 甲의 청구를 기각하는 판결이 확정되었더라도 이러한 사정만으로 위 처분의 취소를 구할 이익이 없어지지 않고, 사단장이 甲의 정보공개청구를 거부한 이상 甲으로서는 여전히 정보공개거부처분의 취소를 구할 법률상 이익이 있다(대판 2022.5.26. 2022두33439).

10 행정입법　　　　　　　　　　정답 ④

① [O] 이 사건 복무규율조항이 법률유보 원칙을 준수하였는지를 살펴보면, 군인사법 제47조의2는 헌법이 대통령에게 부여한 군통수권을 실질적으로 존중한다는 차원에서 군인의 복무에 관한 사항을 규율할 권한을 대통령령에 위임한 것이라 할 수 있고, 대통령령으로 규정될 내용 및 범위에 관한 기본적인 사항을 다소 광범위하게 위임하였다 하더라도 포괄위임금지원칙에 위배된다고 볼 수 없다. 따라서 이 사건 복무규율조항은 이와 같은 군인사법 조항의 위임에 의하여 제정된 정당한 위임의 범위 내의 규율이라 할 것이므로 법률유보원칙을 준수한 것이다(헌재 2010.10.28. 2008헌마638).

② [O] 법령에서 행정처분의 요건 중 일부 사항을 부령으로 정할 것을 위임한 데 따라 시행규칙 등 부령에서 이를 정한 경우에 그 부령의 규정은 국민에 대해서도 구속력이 있는 법규명령에 해당한다고 할 것이지만, 법령의 위임이 없음에도 법령에 규정된 처분 요건에 해당하는 사항을 부령에서 변경하여 규정한 경우에는 그 부령의 규정은 행정청 내부의 사무처리 기준 등을 정한 것으로서 행정조직 내에서 적용되는 행정명령의 성격을 지닐 뿐 국민에 대한 대외적 구속력은 없다고 보아야 한다(대판 2013.9.12. 2011두10584).

③ [O] 법률이 행정부가 아니거나 행정부에 속하지 않는 공법적 기관의 정관에 특정 사항을 정할 수 있다고 위임하는 경우에는 그러한 권력분립의 원칙을 훼손할 여지가 없다. 이는 자치입법에 해당되는 영역이므로 자치적으로 정하는 것이 바람직하다. 따라서 법률이 정관에 자치법적 사항을 위임한 경우에는 헌법 제75조, 제95조가 정하는 포괄적인 위임입법의 금지는 원칙적으로 적용되지 않는다고 봄이 상당하다(헌재 2006.3.30. 2005헌바31).

❹ [×] 부령에 재위임하는 경우에도 구체적 위임의 요구는 적용된다.

> **판례** 이론　조문
>
> 기본권을 제한하는 작용을 하는 법률이 입법위임을 할 때에는 대통령령, 총리령, 부령 등 법규명령에 위임함이 바람직하고, 고시와 같은 형식으로 입법위임을 할 때에는 적어도 행정규제기본법 제4조 제2항 단서에서 정한 바와 같이 법령이 전문적·기술적 사항이나 경미한 사항으로서 업무의 성질상 위임이 불가피한 사항에 한정된다 할 것이고, 그러한 사항이라 하더라도 포괄위임금지의 원칙상 법률의 위임은 반드시 구체적·개별적으로 한정된 사항에 대하여 행하여져야 한다(헌재 2006.12.28. 2005헌바59).

11 행정소송의 종류   정답 ③

① [O] 부가가치세법령이 환급세액의 정의 규정, 그 지급시기와 산출방법에 관한 구체적인 규정과 함께 부가가치세 납세의무를 부담하는 사업자(이하 '납세의무자'라 한다)에 대한 국가의 환급세액 지급의무를 규정한 이유는, 입법자가 과세 및 징수의 편의를 도모하고 중복과세를 방지하는 등의 조세 정책적 목적을 달성하기 위한 입법적 결단을 통하여, 최종 소비자에 이르기 전의 각 거래단계에서 재화 또는 용역을 공급하는 사업자가 그 공급을 받는 사업자로부터 매출세액을 징수하여 국가에 납부하고, 그 세액을 징수당한 사업자는 이를 국가로부터 매입세액으로 공제·환급받는 과정을 통하여 그 세액의 부담을 다음 단계의 사업자에게 차례로 전가하여 궁극적으로 최종 소비자에게 이를 부담시키는 것을 근간으로 하는 전단계세액공제 제도를 채택한 결과, 어느 과세기간에 거래징수된 세액이 거래징수를 한 세액보다 많은 경우에는 그 납세의무자가 창출한 부가가치에 상응하는 세액보다 많은 세액이 거래징수되게 되므로 이를 조정하기 위한 과세기술상, 조세 정책적인 요청에 따라 특별히 인정한 것이라고 할 수 있다. 따라서 이와 같은 부가가치세법령의 내용, 형식 및 입법 취지 등에 비추어 보면, 납세의무자에 대한 국가의 부가가치세 환급세액 지급의무는 그 납세의무자로부터 어느 과세기간에 과다하게 거래징수된 세액 상당을 국가가 실제로 납부받았는지와 관계없이 부가가치세법령의 규정에 의하여 직접 발생하는 것으로서, 그 법적 성질은 정의와 공평의 관념에서 수익자와 손실자 사이의 재산상태 조정을 위해 인정되는 부당이득 반환의무가 아니라 부가가치세법령에 의하여 그 존부나 범위가 구체적으로 확정되고 조세 정책적 관점에서 특별히 인정되는 공법상 의무라고 봄이 타당하다. 그렇다면 납세의무자에 대한 국가의 부가가치세 환급세액 지급의무에 대응하는 국가에 대한 납세의무자의 부가가치세 환급세액 지급청구는 민사소송이 아니라 행정소송법 제3조 제2호에 규정된 당사자소송의 절차에 따라야 한다(대판 2013.3.21. 2011다95564 전합).

② [O] 하천법 부칙(1984.12.31.) 제2조와 '법률 제3782호 하천법 중 개정법률 부칙 제2조의 규정에 의한 보상청구권의 소멸시효가 만료된 하천구역 편입토지 보상에 관한 특별조치법' 제2조, 제6조의 각 규정들을 종합하면, 위 규정들에 의한 손실보상청구권은 1984.12.31. 전에 토지가 하천구역으로 된 경우에는 당연히 발생되는 것이지, 관리청의 보상금지급결정에 의하여 비로소 발생하는 것은 아니므로, 위 규정들에 의한 손실보상금의 지급을 구하거나 손실보상청구권의 확인을 구하는 소송은 행정소송법 제3조 제2호 소정의 당사자소송에 의하여야 한다(대판 2006.5.18. 2004다6207 전합).

❸ [X] 민주화운동관련자 명예회복 및 보상 등에 관한 법률 제17조는 보상금 등의 지급에 관한 소송의 형태를 규정하고 있지 않지만, 위 규정 전단에서 말하는 보상금 등의 지급에 관한 소송은 '민주화운동관련자 명예회복 및 보상 심의위원회'의 보상금 등의 지급신청에 관하여 전부 또는 일부를 기각하는 결정에 대한 불복을 구하는 소송이므로 취소소송을 의미한다고 보아야 하며, 후단에서 보상금 등의 지급신청을 한 날부터 90일을 경과한 때에는 그 결정을 거치지 않고 위 소송을 제기할 수 있도록 한 것은 관련자 등에 대한 신속한 권리구제를 위하여 위 기간 내에 보상금 등의 지급 여부 등에 대한 결정을 받지 못한 때에는 지급 거부 결정이 있는 것으로 보아 곧바로 법원에 심의위원회를 상대로 그에 대한 취소소송을 제기할 수 있다고 규정한 취지라고 해석될 뿐, 위 규정이 보상금 등의 지급에 관한 처분의 취소소송을 제한하거나 또는 심의위원회에 의하여 관련자 등으로 결정되지 아니한 신청인에게 국가를 상대로 보상금 등의 지급을 구하는 이행소송을 직접 제기할 수 있도록 허용하는 취지라고 풀이할 수는 없다(대판 2008.4.17. 2005두16185 전합).

> **판례** 이론 조문
>
> 광주민주화운동관련자 보상 등에 관한 법률 제15조 본문의 규정에서 말하는 광주민주화운동관련자보상심의위원회의 결정을 거치는 것은 보상금 지급에 관한 소송을 제기하기 위한 전치요건에 불과하다고 할 것이므로 위 보상심의위원회의 결정은 취소소송의 대상이 되는 행정처분이라고 할 수 없다. … 같은 법에 의거하여 관련자 및 유족들이 갖게 되는 보상 등에 관한 권리는 헌법 제23조 제3항에 따른 재산권침해에 대한 손실보상청구나 국가배상법에 따른 손해배상청구와는 그 성질을 달리하는 것으로서 법률이 특별히 인정하고 있는 공법상의 권리라고 하여야 할 것이므로 그에 관한 소송은 행정소송법 제3조 제2호 소정의 당사자소송에 의하여야 할 것이며 보상금 등의 지급에 관한 법률관계의 주체는 대한민국이다(대판 1992.12.24. 92누3335).

④ [O] 구 공무원연금법 소정의 퇴직연금 등의 급여는 급여를 받을 권리를 가진 자가 당해 공무원이 소속하였던 기관장의 확인을 얻어 신청하는 바에 따라 공무원연금관리공단이 그 지급결정을 함으로써 그 구체적인 권리가 발생하는 것이므로, 공무원연금관리공단의 급여에 관한 결정은 국민의 권리에 직접 영향을 미치는 것이어서 행정처분에 해당할 것이지만, 공무원연금관리공단의 인정에 의하여 퇴직연금을 지급받아 오던 중 구 공무원연금법령의 개정 등으로 퇴직연금 중 일부 금액의 지급이 정지된 경우에는 당연히 개정된 법령에 따라 퇴직연금이 확정되는 것이지 같은 법 제26조 제1항에 정해진 공무원연금관리공단의 퇴직연금 결정과 통지에 의하여 비로소 그 금액이 확정되는 것이 아니므로, 공무원연금관리공단이 퇴직연금 중 일부 금액에 대하여 지급거부의 의사표시를 하였다고 하더라도 그 의사표시는 퇴직연금 청구권을 형성·확정하는 행정처분이 아니라 공법상의 법률관계의 한쪽 당사자로서 그 지급의무의 존부 및 범위에 관하여 나름대로의 사실상·법률상 의견을 밝힌 것일 뿐이어서, 이를 행정처분이라고 볼 수는 없고, 이 경우 미지급퇴직연금에 대한 지급청구권은 공법상 권리로서 그의 지급을 구하는 소송은 공법상의 법률관계에 관한 소송인 공법상 당사자소송에 해당한다(대판 2004.7.8. 2004두244).

12 실효성 확보수단   정답 ②

옳은 것은 ㄱ, ㄹ이다.

ㄱ. [○] 전통적으로 행정대집행은 대체적 작위의무에 대한 강제집행수단으로, 이행강제금은 부작위의무나 비대체적 작위의무에 대한 강제집행수단으로 이해되어 왔으나, 이는 이행강제금제도의 본질에서 오는 제약은 아니며, 이행강제금은 대체적 작위의무의 위반에 대하여도 부과될 수 있다. 현행 건축법상 위법건축물에 대한 이행강제수단으로 대집행과 이행강제금(제83조 제1항)이 인정되고 있는데, 양 제도는 각각의 장·단점이 있으므로 행정청은 개별사건에 있어서 위반내용, 위반자의 시정의지 등을 감안하여 대집행과 이행강제금을 선택적으로 활용할 수 있으며, 이처럼 그 합리적인 재량에 의해 선택하여 활용하는 이상 중첩적인 제재에 해당한다고 볼 수 없다. 건축법 제78조에 의한 무허가 건축행위에 대한 형사처벌과 건축법 제83조 제1항에 의한 시정명령 위반에 대한 이행강제금의 부과는 그 처벌 내지 제재대상이 되는 기본적 사실관계로서의 행위를 달리하며, 또한 그 보호법익과 목적에서도 차이가 있으므로 헌법 제13조 제1항이 금지하는 이중처벌에 해당한다고 할 수 없다(대판 2004.2.26. 2001헌바80).

ㄴ. [×] 대표자의 고의에 의한 위반행위에 대하여는 법인 자신의 고의에 의한 책임을, 대표자의 과실에 의한 위반행위에 대하여는 법인 자신의 과실에 의한 책임을 져야 한다. 이처럼 양벌규정 중 법인의 대표자 관련 부분은 대표자의 책임을 요건으로 하여 법인을 처벌하는 것이지 그 대표자의 처벌까지 전제조건이 되는 것은 아니다(대판 2022.11.17. 2021도701).

ㄷ. [×] 관계 법령상 행정대집행의 절차가 인정되어 행정청이 행정대집행의 방법으로 건물의 철거 등 대체적 작위의무의 이행을 실현할 수 있는 경우에는 따로 민사소송의 방법으로 그 의무의 이행을 구할 수 없다. 한편 건물의 점유자가 철거의무자일 때에는 건물철거의무에 퇴거의무도 포함되어 있는 것이어서 별도로 퇴거를 명하는 집행권원이 필요하지 않다(대판 2017.4.28. 2016다213916).

ㄹ. [○] 구 건축법상 이행강제금은 시정명령의 불이행이라는 과거의 위반행위에 대한 제재가 아니라, 시정명령을 이행하지 않고 있는 건축주·공사시공자·현장관리인·소유자·관리자 또는 점유자(이하 '건축주 등'이라 한다)에 대하여 다시 상당한 이행기한을 부여하고 기한 안에 시정명령을 이행하지 않으면 이행강제금이 부과된다는 사실을 고지함으로써 의무자에게 심리적 압박을 주어 시정명령에 따른 의무의 이행을 간접적으로 강제하는 행정상의 간접강제 수단에 해당한다. 그리고 구 건축법 제80조 제1항, 제4항에 의하면 문언상 최초의 시정명령이 있었던 날을 기준으로 1년 단위별로 2회에 한하여 이행강제금을 부과할 수 있고, 이 경우에도 매 1회 부과 시마다 구 건축법 제80조 제1항 단서에서 정한 1회분 상당액의 이행강제금을 부과한 다음 다시 시정명령의 이행에 필요한 상당한 이행기한을 정하여 그 기한까지 시정명령을 이행할 수 있는 기회(이하 '시정명령의 이행 기회'라 한다)를 준 후 비로소 다음 1회분 이행강제금을 부과할 수 있다. 따라서 비록 건축주 등이 장기간 시정명령을 이행하지 아니하였더라도, 그 기간 중에는 시정명령의 이행 기회가 제공되지 아니하였다가 뒤늦게 시정명령의 이행 기회가 제공된 경우라면, 시정명령의 이행 기회 제공을 전제로 한 1회분의 이행강제금만을 부과할 수 있고, 시정명령의 이행 기회가 제공되지 아니한 과거의 기간에 대한 이행강제금까지 한꺼번에 부과할 수는 없다. 그리고 이를 위반하여 이루어진 이행강제금 부과처분은 과거의 위반행위에 대한 제재가 아니라 행정상의 간접강제 수단이라는 이행강제금의 본질에 반하여 구 건축법 제80조 제1항, 제4항 등 법규의 중요한 부분을 위반한 것으로서, 그러한 하자는 중대할 뿐만 아니라 객관적으로도 명백하다(대판 2010.4.29. 2009다97925).

13 행정조사기본법   정답 ④

① [×] 10일이 아닌 7일 이내에 통지하여야 한다.

> 판례 이론 **조문**
>
> 「행정조사기본법」 제24조【조사결과의 통지】행정기관의 장은 법령등에 특별한 규정이 있는 경우를 제외하고는 행정조사의 결과를 확정한 날부터 7일 이내에 그 결과를 조사대상자에게 통지하여야 한다.

② [×] 유사하거나 동일한 사안에 대해서 공동조사 하는 것을 원칙으로 하고 있다.

> 판례 이론 **조문**
>
> 「행정조사기본법」 제14조【공동조사】① 행정기관의 장은 다음 각 호의 어느 하나에 해당하는 행정조사를 하는 경우에는 공동조사를 하여야 한다.
> 1. 당해 행정기관 내의 2 이상의 부서가 동일하거나 유사한 업무분야에 대하여 동일한 조사대상자에게 행정조사를 실시하는 경우
> 2. 서로 다른 행정기관이 대통령령으로 정하는 분야에 대하여 동일한 조사대상자에게 행정조사를 실시하는 경우

③ [×] 위법행위가 의심되는 새로운 증거를 확보한 경우에는 재조사할 수 있다.

> 판례 이론 **조문**
>
> 「행정조사기본법」 제15조【중복조사의 제한】① 제7조에 따라 정기조사 또는 수시조사를 실시한 행정기관의 장은 동일한 사안에 대하여 동일한 조사대상자를 재조사 하여서는 아니 된다. 다만, 당해 행정기관이 이미 조사를 받은 조사대상자에 대하여 위법행위가 의심되는 새로운 증거를 확보한 경우에는 그러하지 아니하다.

❹ [○] 군사시설·군사기밀보호 또는 방위사업에 관한 사항은 「행정조사기본법」의 적용 예외에 해당하지만, 행정조사의 기본원칙은 적용된다.

> 판례 이론 **조문**
>
> 「행정조사기본법」 제3조【적용범위】① 행정조사에 관하여 다른 법률에 특별한 규정이 있는 경우를 제외하고는 이 법으로 정하는 바에 따른다.
> ② 다음 각 호의 어느 하나에 해당하는 사항에 대하여는 이 법을 적용하지 아니한다.
> 2. 국방 및 안전에 관한 사항 중 다음 각 목의 어느 하나에 해당하는 사항
>   가. 군사시설·군사기밀보호 또는 방위사업에 관한 사항
> ③ 제2항에도 불구하고 제4조(행정조사의 기본원칙), 제5조(행정조사의 근거) 및 제28조(정보통신수단을 통한 행정조사)는 제2항 각 호의 사항에 대하여 적용한다.

14 행정행위의 하자 승계 정답 ①

❶ [×] 사업인정처분 자체의 위법은 사업인정단계에서 다투어야 하고 이미 그 쟁송기간이 도과한 수용재결단계에서는 사업인정처분이 당연무효라고 볼 만한 특단의 사정이 없는 한 그 위법을 이유로 재결의 취소를 구할 수는 없다(대판 1992.3.13. 91누4324).

② [○] 후행처분인 대집행영장발부통보처분의 취소청구소송에서 선행처분인 계고처분이 위법하다는 이유로 대집행영장발부통보처분도 위법한 것이라는 주장을 할 수 있다(대판 1996.2.9. 95누12507).

③ [○] 국립보건원장의 안경사시험합격무효처분과 보건사회부장관(현 보건복지부장관)의 안경사면허취소처분은 선행처분과 후행처분의 관계에 있다(대판 1993.2.9. 92누4567).

④ [○] 甲을 친일반민족행위자로 결정한 친일반민족행위진상규명위원회의 최종발표(선행처분)에 따라 지방보훈지청장이 독립유공자 예우에 관한 법률 적용 대상자로 보상금 등의 예우를 받던 甲의 유가족 乙 등에 대하여 독립유공자 예우에 관한 법률 적용 배제자 결정(후행처분)을 한 사안에서, 선행처분의 후행처분에 대한 구속력을 인정할 수 없어 선행처분의 위법을 이유로 후행처분의 효력을 다툴 수 있다(대판 2013.3.14. 2012두6964).

15 행정상 법률관계 정답 ①

❶ [×] 구 공익사업을 위한 토지 등의 취득 및 보상에 관한 법률 제79조 제2항, 공익사업을 위한 토지 등의 취득 및 보상에 관한 법률 시행규칙 제57조에 따른 사업폐지 등에 대한 보상청구권은 공익사업의 시행 등 적법한 공권력의 행사에 의한 재산상 특별한 희생에 대하여 전체적인 공평부담의 견지에서 공익사업의 주체가 손해를 보상하여 주는 손실보상의 일종으로 공법상 권리임이 분명하므로 그에 관한 쟁송은 민사소송이 아닌 행정소송절차에 의하여야 한다(대판 2012.10.11. 2010다23210).

② [○] 법무사 사무원 채용승인은 본래 법무사에 대한 감독권한을 가지는 소관 지방법원장에 의한 국가사무였다가 지방법무사회로 이관되었으나, 이후에도 소관 지방법원장은 지방법무사회로부터 채용승인 사실의 보고를 받고 이의신청을 직접 처리하는 등 지방법무사회의 업무수행 적정성에 대한 감독을 하고 있다. 또한 법무사가 사무원 채용에 관하여 법무사법이나 법무사규칙을 위반하는 경우에는 소관 지방법원장으로부터 징계를 받을 수 있으므로, 법무사에 대하여 지방법무사회로부터 채용승인을 얻어 사무원을 채용할 의무는 법무사법에 의하여 강제되는 공법적 의무이다(대판 2020.4.9. 2015다34444).

③ [○] 甲 주식회사 소유의 유조선에서 원유가 유출되는 사고가 발생하자 해상 방제업 등을 영위하는 乙 주식회사가 피해 방지를 위해 해양경찰의 직접적인 지휘를 받아 방제작업을 보조한 사안에서, 甲 회사의 조치만으로는 원유 유출사고에 따른 해양오염을 방지하기 곤란할 정도로 긴급방제조치가 필요한 상황이었고, 위 방제작업은 乙 회사가 국가를 위해 처리할 수 있는 국가의 의무 영역과 이익 영역에 속하는 사무이며, 乙 회사가 방제작업을 하면서 해양경찰의 지시·통제를 받았던 점 등에 비추어 乙 회사는 국가의 사무를 처리한다는 의사로 방제작업을 한 것으로 볼 수 있으므로, 乙 회사는 사무관리에 근거하여 국가에 방제비용을 청구할 수 있다(대판 2014.12.11. 2012다15602).

④ [○] 국유재산의 관리청이 그 무단점유자에 대하여 하는 변상금부과처분은 순전히 사경제 주체로서 행하는 사법상의 법률행위라 할 수 없고 이는 관리청이 공권력을 가진 우월적 지위에서 행한 것으로서 행정소송의 대상이 되는 행정처분이라고 보아야 한다(대판 1988.2.23. 87누1046·1047).

16 행정행위의 직권취소 및 철회 정답 ①

옳은 것은 ㄱ이다.

ㄱ. [○] 행정행위의 취소사유는 성립 당시의 존재하였던 하자(원시적 하자)를 이유로 행정행위의 효력을 소멸시킨다는 점에서, 아무런 하자 없이 처음부터 적법·유효하게 성립한 행정행위를 사후에 발생한 새로운 사정에 의하여 장래에 향하여 효력을 소멸시키는 철회와 구별된다.

ㄴ. [×] 행정행위를 한 행정청은, 별도의 명시적인 법적 근거가 없어도, 행정행위의 성립에 하자가 있다면 직권으로 이를 취소할 수 있다.

ㄷ. [×] 행정행위를 한 행정청은, 별도의 명시적인 법적 근거가 없어도, 원래의 행정행위를 그대로 존속시킬 필요가 없게 된 사정변경이나 중대한 공익상 필요에 의해 이를 철회할 수 있다.

17 공권과 공의무 정답 ④

① [○] 헌법 제35조 제1항에서 정하고 있는 환경권에 관한 규정만으로는 그 권리의 주체·대상·내용·행사방법 등이 구체적으로 정립되어 있다고 볼 수 없고, 환경정책기본법 제6조도 그 규정 내용 등에 비추어 국민에게 구체적인 권리를 부여한 것으로 볼 수 없다는 이유로, 환경영향평가 대상지역 밖에 거주하는 주민에게 헌법상의 환경권 또는 환경정책기본법에 근거하여 공유수면매립면허처분과 농지개량사업 시행인가처분의 무효확인을 구할 원고적격이 없다(대판 2006.3.16. 2006두330).

② [○] 행정처분에 있어서 불이익처분의 상대방은 직접 개인적 이익의 침해를 받은 자로서 원고적격이 인정되지만 수익처분의 상대방은 그의 권리나 법률상 보호되는 이익이 침해되었다고 볼 수 없으므로 달리 특별한 사정이 없는 한 취소를 구할 이익이 없다(대판 1995.8.22. 94누8129).

③ [○] 상수원보호구역 설정의 근거가 되는 수도법 제5조 제1항 및 동 시행령 제7조 제1항이 보호하고자 하는 것은 상수원의 확보와 수질보전일 뿐이고, 그 상수원에서 급수를 받고 있는 지역주민들이 가지는 상수원의 오염을 막아 양질의 급수를 받을 이익은 직접적이고 구체적으로는 보호하고 있지 않음이 명백하여 위 지역주민들이 가지는 이익은 상수원의 확보와 수질보호라는 공공의 이익이 달성됨에 따라 반사적으로 얻게 되는 이익에 불과하므로 지역주민들에 불과한 원고들에게는 위 상수원보호구역변경처분의 취소를 구할 법률상의 이익이 없다(대판 1995.9. 26. 94누14544).

❹ [×] 이행강제금 납부의무는 상속인 기타의 사람에게 승계될 수 없는 일신전속적인 성질의 것이므로 이미 사망한 사람에게 이행강제금을 부과하는 내용의 처분이나 결정은 취소사유가 아닌 당연무효이다(대판 2006.12.8. 2006마470).

18 행정소송의 대상   정답 ①

❶ [O] 근로복지공단이 고용산재보험료징수법령 등에서 위임된 사항과 그 시행을 위하여 필요한 사항을 규정할 목적으로 제정한 '적용 및 부과업무 처리 규정' 등 관련 규정들의 내용과 체계 등을 살펴보면, 근로복지공단이 사업주에 대하여 하는 '개별 사업장의 사업종류 변경결정'은 행정청이 행하는 구체적 사실에 관한 법집행으로서의 공권력의 행사인 '처분'에 해당한다(대판 2020.4.9. 2019두61137).

② [×] 업무상 재해를 당한 甲의 요양급여 신청에 대하여 근로복지공단이 요양승인 처분을 하면서 사업주를 乙 주식회사로 보아 요양승인 사실을 통지하자, 乙 회사가 甲이 자신의 근로자가 아니라고 주장하면서 사업주 변경신청을 하였으나 근로복지공단이 거부 통지를 한 사안에서, 산업재해보상보험법, 고용보험 및 산업재해보상보험의 보험료징수 등에 관한 법률 등 관련 법령은 사업주가 이미 발생한 업무상 재해와 관련하여 당시 재해근로자의 사용자가 자신이 아니라 제3자임을 근거로 사업주 변경신청을 할 수 있도록 하는 규정을 두고 있지 않으므로 법규상으로 신청권이 인정된다고 볼 수 없고, 산업재해보상보험에서 보험가입자인 사업주와 보험급여를 받을 근로자에 해당하는지는 해당 사실의 실질에 의하여 결정되는 것일 뿐이고 근로복지공단의 결정에 따라 보험가입자(당연가입자) 지위가 발생하는 것은 아닌 점 등을 종합하면, 사업주 변경신청과 같은 내용의 조리상 신청권이 인정된다고 볼 수도 없으므로, 근로복지공단이 신청을 거부하였더라도 乙 회사의 권리나 법적 이익에 어떤 영향을 미치는 것은 아니어서, 위 통지는 항고소송의 대상이 되는 행정처분이 되지 않는다(대판 2016.7.14. 2014두47426).

③ [×] 한국수력원자력 주식회사가 자신의 '공급자관리지침'에 근거하여 등록된 공급업체에 대하여 하는 '등록취소 및 그에 따른 일정 기간의 거래제한조치'는 행정청이 행하는 구체적 사실에 관한 법집행으로서의 공권력의 행사인 '처분'에 해당한다(대판 2020.5.28. 2017두66541).

④ [×] 지방자치단체의 장이 「공유재산법」에 근거하여 기부채납 및 사용·수익허가 방식으로 민간투자사업을 추진하는 과정에서 사업시행자를 지정하기 위한 전 단계에서 공모제안을 받아 일정한 심사를 거쳐 우선협상대상자를 선정하는 행위와 이미 선정된 우선협상대상자를 그 지위에서 배제하는 행위는 민간투자사업의 세부내용에 관한 협상을 거쳐 「공유재산법」에 따른 공유재산의 사용·수익허가를 우선적으로 부여받을 수 있는 지위를 설정하거나 또는 이미 설정한 지위를 박탈하는 조치이므로 모두 항고소송의 대상이 되는 행정처분으로 보아야 한다. 행정청이 당사자에게 의무를 부과하거나 권익을 제한하는 처분을 하는 경우에는 미리 '처분의 제목', '처분하려는 원인이 되는 사실과 처분의 내용 및 법적 근거', '이에 대하여 의견을 제출할 수 있다는 뜻과 의견을 제출하지 아니하는 경우의 처리방법', '의견제출기관의 명칭과 주소', '의견제출기한' 등의 사항을 당사자 등에게 통지하여야 하고, 의견제출기한은 의견제출에 필요한 상당한 기간을 고려하여 정하여야 하며, 다른 법령 등에서 필수적으로 청문을 하거나 공청회를 개최하도록 규정하고 있지 아니한 경우에도 당사자 등에게 의견제출의 기회를 주어야 하며, 다만 '해당 처분의 성질상 의견청취가 현저히 곤란하거나 명백히 불필요하다고 인정될 만한 상당한 이유가 있는 경우' 등에 한하여 처분의 사전통지나 의견청취를 하지 아니할 수 있다.

따라서 행정청이 침해적 행정처분을 하면서 당사자에게 위와 같은 사전통지를 하거나 의견제출의 기회를 주지 아니하였다면, 그 사전통지나 의견제출의 예외적인 경우에 해당하지 아니하는 한, 그 처분은 위법하여 취소를 면할 수 없다. 이처럼 행정절차법이 당사자에게 의무를 부과하거나 권익을 제한하는 처분을 하는 경우에 사전통지 및 의견청취를 하도록 규정한 것은 불이익처분 상대방의 방어권 행사를 실질적으로 보장하기 위함이다. 이러한 행정절차법의 규정 내용과 체계에 의하면, 행정청이 당사자에게 의무를 부과하거나 권익을 제한하는 처분을 하는 경우에는 원칙적으로 행정절차법 제21조 제1항에 따른 사전통지를 하고, 제22조 제3항에 따른 의견제출 기회를 주는 것으로 족하며, 다른 법령 등에서 반드시 청문을 실시하도록 규정한 경우이거나 행정청이 필요하다고 인정하는 경우 등에 한하여 청문을 실시할 의무가 있다(대판 2020.4.29. 2017두31064).

19 행정법의 해석과 적용   정답 ②

① [O] 석유정제업자·석유수출입업자 또는 석유판매업자(이하 '석유정제업자 등'이라 한다)로부터 일단 부과금을 징수하였다가 구 석유 및 석유대체연료 사업법이 정한 바에 따라 부과금 중 일부를 환급함으로써 석유정제업자 등이 최종적으로 부담하게 되는 부과금 액수가 정해지게 되는데, 이러한 석유환급금 부과·환급의 실질에 비추어 보면 환급의 대상·규모·방법 등 환급금의 산정기준에 관한 규정을 해석할 때 조세나 부담금에 관한 법률의 해석에 관한 법리가 적용된다(대판 2016.10.27. 2014두12017).

❷ [×] 어떠한 건물 신축이 건축 당시의 공법적 규제에 형식적으로 적합하다고 하더라도 현실적인 일조방해의 정도가 현저하게 커 사회통념상 수인한도를 넘은 경우에는 위법행위로 평가될 수 있다(대판 2004.9.13. 2003다64602).

③ [O] 물건 또는 권리 등에 대한 손실보상액 산정의 기준이나 방법에 관하여 구체적으로 정하고 있는 법령의 규정이 없는 경우에는, 그 성질상 유사한 물건 또는 권리 등에 대한 관련 법령상의 손실보상액 산정의 기준이나 방법에 관한 규정을 유추적용할 수 있다. 甲회사의 하천수 사용권에 대한 '물의 사용에 관한 권리'로서의 정당한 보상금액은 어업권이 취소되거나 어업면허의 유효기간 연장이 허가되지 않은 경우의 손실보상액 산정 방법과 기준을 유추적용하여 산정하는 것이 타당하다(대판 2018.12.27. 2014두11601).

④ [O] 행정재산에 대하여 사용·수익허가 처분을 하였을 경우에 인정되는 사용료 부과처분과 같은 침익적 행정처분의 근거가 되는 행정법규는 엄격하게 해석·적용되어야 하므로, 행정재산이 용도폐지로 일반재산이 된 경우에 용도폐지되기 이전의 행정재산에 대하여 한 사용허가는 소멸되며 그 사용허가나 공유재산법을 근거로 하여 사용료를 부과할 수 없다(대판 2015. 2.26. 2012두6612).

판례 이론 조문

[1] 건물 신축으로 인한 일조방해행위가 사법상 위법한 가해행위로 평가되는 경우

건물의 신축으로 인하여 그 이웃 토지상의 거주자가 직사광선이 차단되는 불이익을 받은 경우에 그 신축행위가 정당한 권리행사로서의 범위를 벗어나 사법상 위법한 가해행위로 평가되기 위해서는 그 일조방해의 정도가 사회통념상 일반적으로 인용하는 수인한도를 넘어야 한다.

[2] 일조방해에 대한 공법적 규제의 사법적 의미 및 건물 신축이 건축 당시의 공법적 규제에 형식적으로 적합하다고 하더라도 현실적인 일조방해의 정도가 현저하게 커 사회통념상 수인한도를 넘는 경우, 위법행위로 평가되는지 여부(적극)

건축법 등 관계 법령에 일조방해에 관한 직접적인 단속법규가 있다면 그 법규에 적합한지 여부가 사법상 위법성을 판단함에 있어서 중요한 판단자료가 될 것이지만, 이러한 공법적 규제에 의하여 확보하고자 하는 일조는 원래 사법상 보호되는 일조권을 공법적인 면에서도 가능한 한 보장하려는 것으로서 특별한 사정이 없는 한 일조권 보호를 위한 최소한도의 기준으로 봄이 상당하고, 구체적인 경우에 있어서는 어떠한 건물 신축이 건축 당시의 공법적 규제에 형식적으로 적합하다고 하더라도 현실적인 일조방해의 정도가 현저하게 커 사회통념상 수인한도를 넘은 경우에는 위법행위로 평가될 수 있다.

[3] 일조방해행위가 사회통념상 수인한도를 넘었는지 여부에 관한 판단 기준

일조방해행위가 사회통념상 수인한도를 넘었는지 여부는 피해의 정도, 피해이익의 성질 및 그에 대한 사회적 평가, 가해 건물의 용도, 지역성, 토지이용의 선후관계, 가해 방지 및 피해 회피의 가능성, 공법적 규제의 위반 여부, 교섭 경과 등 모든 사정을 종합적으로 고려하여 판단하여야 하고, 건축 후에 신설된 일조권에 관한 새로운 공법적 규제 역시 이러한 위법성의 평가에 있어서 중요한 자료가 될 수 있다.

[4] 조망이익이 법적인 보호의 대상이 되기 위한 요건

어느 토지나 건물의 소유자가 종전부터 향유하고 있던 경관이나 조망이 그에게 하나의 생활이익으로서의 가치를 가지고 있다고 객관적으로 인정된다면 법적인 보호의 대상이 될 수 있는 것인바, 이와 같은 조망이익은 원칙적으로 특정의 장소가 그 장소로부터 외부를 조망함에 있어 특별한 가치를 가지고 있고, 그와 같은 조망이익의 향유를 하나의 중요한 목적으로 하여 그 장소에 건물이 건축된 경우와 같이 당해 건물의 소유자나 점유자가 그 건물로부터 향유하는 조망이익이 사회통념상 독자의 이익으로 승인되어야 할 정도로 중요성을 갖는다고 인정되는 경우에 비로소 법적인 보호의 대상이 되는 것이라고 할 것이고, 그와 같은 정도에 이르지 못하는 조망이익의 경우에는 특별한 사정이 없는 한 법적인 보호의 대상이 될 수 없다.

[5] 조망이익의 침해행위가 사법상 위법한 가해행위로 평가되는 경우 및 그 침해행위가 사회통념상 수인한도를 넘었는지 여부에 관한 판단 기준

조망이익이 법적인 보호의 대상이 되는 경우에 이를 침해하는 행위가 사법상 위법한 가해행위로 평가되기 위해서는 조망이익의 침해 정도가 사회통념상 일반적으로 인용하는 수인한도를 넘어야 하고, 그 수인한도를 넘었는지 여부는 조망의 대상이 되는 경관의 내용과 피해건물이 입지하고 있는 지역에 있어서 건조물의 전체적 상황 등의 사정을 포함한 넓은 의미에서의 지역성, 피해건물의 위치 및 구조와 조망상황, 특히 조망과의 관계에서의 건물의 건축·사용목적 등 피해건물의 상황, 주관적 성격이 강한 것인지 여부와 여관·식당 등의 영업과 같이 경제적 이익과 밀접하게 결부되어 있는지 여부 등 당해 조망이익의 내용, 가해건물의 위치 및 구조와 조망방해의 상황 및 건축·사용목적 등 가해건물의 상황, 가해건물 건축의 경위, 조망방해를 회피할 수 있는 가능성의 유무, 조망방해에 관하여 가해자측이 해의를 가졌는지의 유무, 조망이익이 피해이익으로서 보호가 필요한 정도 등 모든 사정을 종합적으로 고려하여 판단하여야 한다(대판 2004.9.13. 2003다64602).

20 행정절차 정답 ③

옳지 않은 것은 ㄴ, ㄷ, ㄹ이다.

ㄱ. [O] 행정청이 개최한 공청회가 아닌 경우 행정절차법의 공청회 규정 적용 안 됨: 묘지공원과 화장장의 후보지를 선정하는 과정에서 추모공원건립추진협의회가 후보지 주민들의 의견을 청취하기 위하여 그 명의로 개최한 공청회는 행정청이 도시계획시설결정을 하면서 개최한 공청회가 아니므로, 공청회의 개최에 관하여 행정절차법에서 정한 절차를 준수하여야 하는 것은 아니다(대판 2007.4.12. 2002두1893).

ㄴ. [X] 광업법 제88조 제2항에서 처분청이 광업용 토지수용을 위한 사업인정을 하고자 할 때에 토지소유자와 토지에 관한 권리를 가진 자의 의견을 들어야 한다고 한 것은 그 사업인정 여부를 결정함에 있어서 소유자나 기타 권리자가 의견을 반영할 기회를 주어 이를 참작하도록 하고자 하는 데 있을 뿐, 처분청이 그 의견에 기속되는 것은 아니다(대판 1995.12.22. 95누30).

ㄷ. [X] 행정절차법 제2조 제4호에 의하면, '당사자 등'이란 행정청의 처분에 대하여 직접 그 상대가 되는 당사자와 행정청이 직권 또는 신청에 의하여 행정절차에 참여하게 한 이해관계인을 의미하는데, 같은 법 제9조에서는 자연인, 법인, 법인 아닌 사단 또는 재단 외에 '다른 법령등에 따라 권리·의무의 주체가 될 수 있는 자' 역시 '당사자 등'이 될 수 있다고 규정하고 있을 뿐, 국가를 '당사자 등'에서 제외하지 않고 있다(대판 2023.9.21. 2023두39724).

ㄹ. [X] 의견청취절차 배제 협약 법령상 인정 규정이 없으면 효력이 없음: 행정청이 당사자와 사이에 도시계획사업의 시행과 관련한 협약을 체결하면서 관계 법령 및 행정절차법에 규정된 청문의 실시 등 의견청취절차를 배제하는 조항을 둔 경우, 협약의 체결로 청문의 실시에 관한 규정의 적용을 배제할 수 있다고 볼 만한 법령상의 규정이 없는 한, 청문의 실시에 관한 규정의 적용이 배제되거나 청문을 실시하지 않아도 되는 예외적인 경우에 해당한다고 할 수 없다(대판 2004.7.8. 2002두8350).

정답   p. 36

01	④	I	06	④	VI	11	④	IV	16	④	II
02	④	IV	07	④	IV	12	④	I	17	①	II
03	②	VI	08	④	II	13	④	II	18	①	III
04	①	VI	09	④	VI	14	④	VI	19	①	II
05	③	V	10	①	III	15	①	II	20	④	VI

취약 단원 분석표

단원	맞힌 답의 개수
I	/ 2
II	/ 7
III	/ 2
IV	/ 3
V	/ 1
VI	/ 5
TOTAL	/ 20

I 행정법 서론 / II 행정작용법 / III 행정절차와 행정공개 / IV 행정의 실효성 확보수단 / V 행정상 손해전보 / VI 행정쟁송

01 통치행위   정답 ④

① [O] 대통령의 비상계엄의 선포나 확대 행위는 고도의 정치적·군사적 성격을 지니고 있는 행위라 할 것이므로, 그것이 누구에게도 일견하여 헌법이나 법률에 위반되는 것으로서 명백하게 인정될 수 있는 등 특별한 사정이 있는 경우라면 몰라도, 그러하지 아니한 이상 그 계엄선포의 요건 구비 여부나 선포의 당·부당을 판단할 권한이 사법부에는 없다고 할 것이나, 비상계엄의 선포나 확대가 국헌문란의 목적을 달성하기 위하여 행하여진 경우에는 법원은 그 자체가 범죄행위에 해당하는지의 여부에 관하여 심사할 수 있다(대판 1997.4.17. 96도3376).

② [O] 대통령의 긴급재정경제명령은 국가긴급권의 일종으로서 고도의 정치적 결단에 의하여 발동되는 행위이고 그 결단을 존중하여야 할 필요성이 있는 행위라는 의미에서 이른바 통치행위에 속한다(헌재 1996.2.29. 93헌마186).

③ [O] 이 사건 파견결정은 그 성격상 국방 및 외교에 관련된 고도의 정치적 결단을 요하는 문제로서, 헌법과 법률이 정한 절차를 지켜 이루어진 것임이 명백하므로, 대통령과 국회의 판단은 존중되어야 하고 헌법재판소가 사법적 기준만으로 이를 심판하는 것은 자제되어야 한다(헌재 2004.4.29. 2003헌마814).

❹ [X] 구 상훈법(2011.8.4. 법률 제10985호로 개정되기 전의 것) 제8조는 서훈취소의 요건을 구체적으로 명시하고 있고 절차에 관하여 상세하게 규정하고 있다. 그리고 서훈취소는 서훈수여의 경우와는 달리 이미 발생된 서훈대상자 등의 권리 등에 영향을 미치는 행위로서 관련 당사자에게 미치는 불이익의 내용과 정도 등을 고려하면 사법심사의 필요성이 크다. 따라서 기본권의 보장 및 법치주의의 이념에 비추어 보면, 비록 서훈취소가 대통령이 국가원수로서 행하는 행위라고 하더라도 법원이 사법심사를 자제하여야 할 고도의 정치성을 띤 행위라고 볼 수는 없다(대판 2015.4.23. 2012두26920).

02 공법상 부당이득   정답 ④

옳은 것은 ㄴ, ㄷ, ㄹ이다.

ㄱ. [X] 만일 무단으로 공유재산 등을 사용·수익·점유하는 자가 관리청의 변상금부과처분에 따라 그에 해당하는 돈을 납부한 경우라면 위 변상금부과처분이 당연 무효이거나 행정소송을 통해 먼저 취소되기 전에는 사법상 부당이득반환청구로써 위 납부액의 반환을 구할 수 없다(대판 2013.1.24. 2012다79828).

ㄴ. [O] 조세환급금은 조세채무가 처음부터 존재하지 않거나 그 후 소멸하였음에도 불구하고 국가가 법률상 원인 없이 수령하거나 보유하고 있는 부당이득에 해당하고, 환급가산금은 그 부당이득에 대한 법정이자로서의 성질을 가진다. 이 때 환급가산금의 내용에 대한 세법상의 규정은 부당이득의 반환범위에 관한 민법 제748조에 대하여 그 특칙으로서의 성질을 가진다고 할 것이므로, 환급가산금은 수익자인 국가의 선의·악의를 불문하고 그 가산금에 관한 각 규정에서 정한 기산일과 비율에 의하여 확정된다(대판 2009.9.10. 2009다11808).

ㄷ. [O] 원천징수의무자가 원천납세의무자로부터 원천징수대상이 아닌 소득에 대하여 세액을 징수·납부하였거나 징수하여야 할 세액을 초과하여 징수·납부하였다면, 국가는 원천징수의무자로부터 이를 납부받는 순간 아무런 법률상의 원인 없이 보유하는 부당이득이 되고, 구 국세기본법 제51조 제1항, 제52조 등의 규정은 환급청구권이 확정된 국세환급금 및 가산금에 대한 내부적 사무처리절차로서 과세관청의 환급절차를 규정한 것일 뿐, 그 규정에 의한 국세환급금(가산금 포함) 결정에 의하여 비로소 환급청구권이 확정되는 것은 아니므로, 국세환급금 결정이나 이 결정을 구하는 신청에 대한 환급거부결정 등은 납세의무자가 갖는 환급청구권의 존부나 범위에 구체적이고 직접적인 영향을 미치는 처분이 아니어서 항고소송의 대상이 되는 처분이라고 볼 수 없으며, 한편 위와 같은 환급청구권은 원천납세의무자가 아닌 원천징수의무자에게 귀속되는 것이므로, 원천납세의무자들이 한 원천징수세액의 환급신청을 과세관청이 거부하였다고 하더라도, 이는 항고소송의 대상이 되는 처분에 해당하지 아니한다(대판 2002.11.8. 2001두8780).

ㄹ. [O] 재결에 대하여 불복절차를 취하지 아니함으로써 그 재결에 대하여 더 이상 다툴 수 없게 된 경우에는 기업자는 그 재결이 당연무효이거나 취소되지 않는 한, 이미 보상금을 지급받은 자에 대하여 민사소송으로 그 보상금을 부당이득이라 하여 반환을 구할 수 없다(대판 2001.4.27. 2000다50237).

03 행정심판 정답 ②

① [O] 「행정심판법」 제14조에 대한 옳은 내용이다.

> 판례 이론 **조문**
>
> 제14조 【법인이 아닌 사단 또는 재단의 청구인 능력】 법인
> 이 아닌 사단 또는 재단으로서 대표자나 관리인이 정하여
> 져 있는 경우에는 그 사단이나 재단의 이름으로 심판청구
> 를 할 수 있다.

❷ [X] 「행정심판법」에서는 취소심판을 행정청의 위법 또는 부당한
처분을 취소하거나 변경하는 행정심판이라고 규정하고 있는
바, 거부처분도 처분에 해당하므로 거부처분에 대해서는 취소
심판을 제기할 수도 있다.

③ [O] 「행정심판법」 제20조 제1항에 대한 옳은 내용이다.

> 판례 이론 **조문**
>
> 제20조 【심판참가】 ① 행정심판의 결과에 이해관계가 있는
> 제3자나 행정청은 해당 심판청구에 대한 제7조 제6항 또
> 는 제8조 제7항에 따른 위원회나 소위원회의 의결이 있기
> 전까지 그 사건에 대하여 심판참가를 할 수 있다.

④ [O] 「행정심판법」 제44조 제1항에 대한 옳은 내용이다.

> 판례 이론 **조문**
>
> 제44조 【사정재결】 ① 위원회는 심판청구가 이유가 있다고
> 인정하는 경우에도 이를 인용(認容)하는 것이 공공복리에
> 크게 위배된다고 인정하면 그 심판청구를 기각하는 재결을
> 할 수 있다. 이 경우 위원회는 재결의 주문(主文)에서 그
> 처분 또는 부작위가 위법하거나 부당하다는 것을 구체적으
> 로 밝혀야 한다.

04 당사자소송 정답 ①

❶ [X] 헌법재판소에서 「행정소송법」 제43조가 위헌결정됨으로써 이
제는 국가를 상대로 하는 당사자소송의 경우에도 가집행선고
를 할 수 있다.

> **판례** 이론 조문
>
> 국가를 상대로 하는 당사자소송의 경우에는 가집행선고를
> 할 수 없다고 규정한 행정소송법 제43조(이하 '심판대상조
> 항'이라 한다)가 평등원칙에 위배되는지 여부: 적극
> 심판대상조항이 당사자소송의 피고인 국가만을 차별적으로
> 우대하는 것은 합리적인 이유가 없으므로, 이러한 점에서도
> 평등원칙에 위반된다(헌재 2022.2.24. 2020헌가12).

② [O] 취소소송에 관한 '행정심판기록의 제출명령' 규정은 당사자소
송에 준용된다.

> 판례 이론 **조문**
>
> 「행정소송법」 제25조 【행정심판기록의 제출명령】 ① 법원
> 은 당사자의 신청이 있는 때에는 결정으로써 재결을 행한
> 행정청에 대하여 행정심판에 관한 기록의 제출을 명할 수
> 있다.
> ② 제1항의 규정에 의한 제출명령을 받은 행정청은 지체 없
> 이 당해 행정심판에 관한 기록을 법원에 제출하여야 한다.
> 제44조 【준용규정】 ① 제14조 내지 제17조, 제22조, 제25
> 조, 제26조, 제30조 제1항, 제32조 및 제33조의 규정은
> 당사자소송의 경우에 준용한다.

③ [O] 행정소송법 제44조, 제10조에 의한 관련청구소송 병합은 본
래의 당사자소송이 적법할 것을 요건으로 하는 것이어서 본래
의 당사자소송이 부적법하여 각하되면 그에 병합된 관련청구
소송도 소송요건을 흠결하여 부적합하므로 각하되어야 한다
(대판 2011.9.29. 2009두10963).

④ [O] 토지의 일시 사용에 대한 동의의 의사표시를 할 의무는 '국토
의 계획 및 이용에 관한 법률'에서 특별히 인정한 공법상의 의
무이므로, 그 의무의 존부를 다투는 소송은 '공법상의 법률관
계에 관한 소송으로서 그 법률관계의 한쪽 당사자를 피고로
하는 소송', 즉 행정소송법 제3조 제2호에서 규정한 당사자소
송이라고 보아야 한다(대판 2019.9.9. 2016다262550).

05 국가배상 정답 ③

① [O] 부마항쟁보상법과 그 시행령이 규정하는 보상금등에는 정신적
손해배상에 상응하는 항목이 존재하지 아니하고, 위원회가 보
상금등을 산정함에 있어 정신적 손해를 고려할 수 있다는 규
정도 확인되지 아니한다. 따라서 보상금등의 지급만으로 정신
적 손해에 대한 적절한 배상이 이루어졌다고 보기 어렵다. 정
신적 손해에 대해 적절한 배상이 이루어지지 않은 상태에서
이 사건 화해간주조항에 따라 정신적 손해를 포함한 피해 일
체에 대해 재판상 화해가 성립한 것으로 간주한다면, 적극적·
소극적 손실이나 손해의 보상 또는 배상에 상응하는 보상금등
지급결정에 동의하였다는 사정만으로 정신적 손해에 대한 국
가배상청구를 제한하는 것으로서 국가배상청구권에 대한 과도
한 제한에 해당한다. 나아가 적절한 손실보상과 손해배상을 전
제로 한 관련자의 신속한 구제와 지급결정에 대한 안정성 부
여라는 공익에도 부합하지 아니한다. 따라서 이 사건 화해간주
조항에 따라 보상금등 지급결정에 동의함으로써 성립하는 재
판상 화해의 대상에 부마민주항쟁과 관련하여 입은 피해 중
'정신적 손해' 부분은 포함되지 아니한다고 해석함이 타당하다
(대판 2023.9.21. 2023다230476).

② [O] 국가배상법 제5조 제1항에 정하여진 '영조물 설치·관리상의 하자'라 함은 공공의 목적에 공여된 영조물이 그 용도에 따라 통상 갖추어야 할 안전성을 갖추지 못한 상태에 있음을 말하는바, 영조물의 설치 및 관리에 있어서 항상 완전무결한 상태를 유지할 정도의 고도의 안전성을 갖추지 아니하였다고 하여 영조물의 설치 또는 관리에 하자가 있다고 단정할 수 없는 것이고, 영조물의 설치자 또는 관리자에게 부과되는 방호조치의무는 영조물의 위험성에 비례하여 사회통념상 일반적으로 요구되는 정도의 것을 의미하므로 영조물인 도로의 경우도 다른 생활필수시설과의 관계나 그것을 설치하고 관리하는 주체의 재정적, 인적, 물적 제약 등을 고려하여 그것을 이용하는 자의 상식적이고 질서 있는 이용방법을 기대한 상대적인 안전성을 갖추는 것으로 족하다(대판 2002.8.23. 2002다9158).

❸ [X] 관리청이 하천법 등 관련 규정에 의해 책정한 하천정비기본계획 등에 따라 개수를 완료한 하천 또는 아직 개수 중이라 하더라도 개수를 완료한 부분에 있어서는, 위 하천정비기본계획 등에서 정한 계획홍수량 및 계획홍수위를 충족하여 하천이 관리되고 있다면 당초부터 계획홍수량 및 계획홍수위를 잘못 책정하였다거나 그 후 이를 시급히 변경해야 할 사정이 생겼음에도 불구하고 이를 해태하였다는 등의 특별한 사정이 없는 한, 그 하천은 용도에 따라 통상 갖추어야 할 안전성을 갖추고 있다고 봄이 상당하다(대판 2007.9.21. 2005다65678).

④ [O] 소음 등 공해의 위험지역으로 이주하였을 때 그 위험의 존재를 인식하고 그로 인한 피해를 용인하면서 접근한 것으로 볼 수 있다면, 그 피해가 직접 생명이나 신체에 관련된 것이 아니라 정신적 고통이나 생활방해의 정도에 그치고 침해행위에 고도의 공공성이 인정되는 경우에는, 위험에 접근한 후 실제로 입은 피해 정도가 위험에 접근할 당시 인식하고 있었던 위험의 정도를 초과하는 것이거나 위험에 접근한 후 그 위험이 특별히 증대하였다는 등의 특별한 사정이 없는 한 가해자의 면책을 인정할 수도 있을 것이다.
그러나 소음 등 공해의 위험지역으로 이주하였더라도 그 위험에 접근할 당시 위험이 존재하는 사실을 정확하게 알 수 없는 경우가 많고 근무나 가족관계 등의 사정에 따라 불가피하게 위험지역으로 이주할 수도 있는 것이므로, 위험지역에 이주하게 된 경위와 동기 등 여러 사정에 비추어 위험의 존재를 인식하고 그로 인한 피해를 용인하면서 접근한 것으로 볼 수 없는 경우에는 가해자의 면책을 인정할 수 없고 손해배상액의 산정에 있어 형평의 원칙상 이와 같은 사정을 과실상계에 준하여 감액사유로 고려할 수 있을 뿐이다. 그리고 공군비행장 주변의 항공기 소음 피해로 인한 손해배상 사건에서 공군에 속한 군인이나 군무원의 경우 일반인에 비하여 그 피해에 관하여 잘 인식하거나 인식할 수 있는 지위에 있다는 이유만으로 가해자의 면책이나 손해배상액의 감액에 있어 달리 볼 수는 없다(대판 2015.10.15. 2013다23914).

① [O] 확정판결의 기판력에 따르면, 확정판결의 주문에 포함된 법률적 판단과 동일한 사항이 소송상 문제가 되었을 때 당사자는 이에 저촉되는 주장을 할 수 없고 법원도 이에 저촉되는 판단을 할 수 없다. 후소의 소송물이 전소의 소송물과 동일하지 않더라도 전소의 소송물에 관한 판단이 후소의 선결문제가 되거나 모순관계에 있을 때에는 후소에서 전소 확정판결의 판단과 다른 주장을 하는 것도 허용되지 않는다(대판 2021.9.30. 2021두38635).

② [O] 행정처분을 취소하는 확정판결이 제3자에 대하여도 효력이 있다고 하더라도 일반적으로 판결의 효력은 주문에 포함한 것에 한하여 미치는 것이니 그 취소판결 자체의 효력으로써 그 행정처분을 기초로 하여 새로 형성된 제3자의 권리까지 당연히 그 행정처분 전의 상태로 환원되는 것이라고는 할 수 없다(대판 1986.8.19. 83다카2022).

③ [O] 취소 확정판결의 기속력은 판결의 주문 및 전제가 되는 처분 등의 구체적 위법사유에 관한 판단에도 미치나, 종전 처분이 판결에 의하여 취소되었더라도 종전 처분과 다른 사유를 들어서 새로이 처분을 하는 것은 기속력에 저촉되지 않는다. 여기에서 동일 사유인지 다른 사유인지는 확정판결에서 위법한 것으로 판단된 종전 처분사유와 기본적 사실관계에서 동일성이 인정되는지 여부에 따라 판단되어야 하고, 기본적 사실관계의 동일성 유무는 처분사유를 법률적으로 평가하기 이전의 구체적인 사실에 착안하여 그 기초인 사회적 사실관계가 기본적인 점에서 동일한지에 따라 결정된다(대판 2016.3.24. 2015두48235).

❹ [X] 특별한 사정이 없는 한 간접강제결정에서 정한 의무이행기한이 경과한 후에라도 확정판결의 취지에 따른 재처분의 이행이 있으면 배상금을 추심함으로써 심리적 강제를 꾀할 목적이 상실되어 처분상대방이 더 이상 배상금을 추심하는 것은 허용되지 않는다(대판 2004.1.15. 2002두2444).

옳은 것은 ㄴ, ㄹ, ㅁ이다.
ㄱ. [X] 국가가 본래 그의 사무의 일부를 지방자치단체의 장에게 위임하여 그 사무를 처리하게 하는 기관위임사무의 경우에는 지방자치단체는 국가기관의 일부로 볼 수 있는 것이지만, 지방자치단체가 그 고유의 자치사무를 처리하는 경우에는 지방자치단체는 국가기관의 일부가 아니라 국가기관과는 별도의 독립한 공법인이므로, 지방자치단체 소속 공무원이 지방자치단체 고유의 자치사무를 수행하던 중 도로법 제81조 내지 제85조의 규정에 의한 위반행위를 한 경우에는 지방자치단체는 도로법 제86조의 양벌규정에 따라 처벌대상이 되는 법인에 해당한다(대판 2005.11.10. 2004도2657).

ㄴ. [O] 도로교통법 제118조에서 규정하는 경찰서장의 통고처분은 행정소송의 대상이되는 행정처분이 아니므로 그 처분의 취소를 구하는 소송은 부적법하고, 도로교통법상의 통고처분을 받은 자가 그 처분에 대하여 이의가 있는 경우에는 통고처분에 따른 범칙금의 납부를 이행하지 아니함으로써 경찰서장의 즉결심판청구에 의하여 법원의 심판을 받을 수 있게 될 뿐이다(대판 1995.6.29. 95누4674).

ㄷ. [X] 건물의 소유자에게 위법건축물을 일정기간까지 철거할 것을 명함과 아울러 불이행할 때에는 대집행한다는 내용의 철거대집행 계고처분을 고지한 후 이에 불응하자 다시 제2차, 제3차 계고서를 발송하여 일정기간까지의 자진철거를 촉구하고 불이행하면 대집행을 한다는 뜻을 고지하였다면 행정대집행법상의 건물철거의무는 제1차 철거명령 및 계고처분으로서 발생하였고 제2차, 제3차의 계고처분은 새로운 철거의무를 부과한 것이 아니고, 다만 대집행기한의 연기통지에 불과하므로 행정처분이 아니다(대판 1994.10.28. 94누5144).

ㄹ. [O] 행정법규 위반에 대하여 가하는 제재조치는 행정목적의 달성을 위하여 행정법규 위반이라는 객관적 사실에 착안하여 가하는 제재이므로 반드시 현실적인 행위자가 아니라도 법령상 책임자로 규정된 자에게 부과되고 특별한 사정이 없는 한 위반자에게 고의나 과실이 없더라도 부과할 수 있다(대판 2012.5.10. 2012두1297).

ㅁ. [O] 행정대집행의 대상이 되는 대체적 작위의무는 사법상의 의무가 아닌 공법상 의무이어야 하고, 이 때의 작위의무는 일반적으로 행정처분에 의해서 부과되지만 법령에 의해 직접 부과될 수도 있다.

08 　행정기본법　　　　　　　　　정답 ④

① [X] 행정청은 적법한 처분의 경우, 당사자의 신청이 없는 경우에도 철회가 가능하다.

> 판례　이론　**조문**
>
> 「행정기본법」 제19조【적법한 처분의 철회】① 행정청은 적법한 처분이 다음 각 호의 어느 하나에 해당하는 경우에는 그 처분의 전부 또는 일부를 장래를 향하여 철회할 수 있다.
> 1. 법률에서 정한 철회 사유에 해당하게 된 경우
> 2. 법령 등의 변경이나 사정변경으로 처분을 더 이상 존속시킬 필요가 없게 된 경우
> 3. 중대한 공익을 위하여 필요한 경우

② [X] 행정청은 법률로 정하는 바에 따라 완전히 자동화된 시스템으로 처분할 수 있다. 그러나 처분에 재량이 있는 경우는 할 수 없다.

> 판례　이론　**조문**
>
> 「행정기본법」 제20조【자동적 처분】행정청은 법률로 정하는 바에 따라 완전히 자동화된 시스템(인공지능 기술을 적용한 시스템을 포함한다)으로 처분을 할 수 있다. 다만, 처분에 재량이 있는 경우는 그러하지 아니하다.

③ [X] 새로운 법령 등은 법령 등에 특별한 규정이 있는 경우를 제외하고는 그 법령 등의 효력 발생 전에 완성되거나 종결된 사실관계 또는 법률관계에 대해서는 적용되지 아니한다.

> 판례　이론　**조문**
>
> 「행정기본법」 제14조【법 적용의 기준】① 새로운 법령 등은 법령 등에 특별한 규정이 있는 경우를 제외하고는 그 법령 등의 효력 발생 전에 완성되거나 종결된 사실관계 또는 법률관계에 대해서는 적용되지 아니한다.

❹ [O] 「행정기본법」 제14조 제2항에 대한 옳은 내용이다.

> 판례　이론　**조문**
>
> 제14조【법 적용의 기준】② 당사자의 신청에 따른 처분은 법령 등에 특별한 규정이 있거나 처분 당시의 법령 등을 적용하기 곤란한 특별한 사정이 있는 경우를 제외하고는 처분 당시의 법령 등에 따른다.

09 　행정처분　　　　　　　　　　정답 ②

① [X] 행정처분의 당연무효를 주장하여 그 무효확인을 구하는 행정소송에 있어서는 원고에게 그 행정처분이 무효인 사유를 주장·입증할 책임이 있다(대판 1992.3.10. 91누6030).

❷ [O] 행정소송법 제38조 제1항이 무효확인 판결에 관하여 취소판결에 관한 규정을 준용함에 있어서 같은 법 제30조 제2항을 준용한다고 규정하면서도 같은 법 제34조는 이를 준용한다는 규정을 두지 않고 있으므로, 행정처분에 대하여 무효확인 판결이 내려진 경우에는 그 행정처분이 거부처분인 경우에도 행정청에 판결의 취지에 따른 재처분의무가 인정될 뿐 그에 대하여 간접강제까지 허용되는 것은 아니라고 할 것이다(대결 1998.12.24. 98무37).

③ [X] 어떠한 처분의 근거나 법적인 효과가 행정규칙에 규정되어 있다고 하더라도, 그 처분이 행정규칙의 내부적 구속력에 의하여 상대방에게 권리의 설정 또는 의무의 부담을 명하거나 기타 법적인 효과를 발생하게 하는 등으로 그 상대방의 권리 의무에 직접 영향을 미치는 행위라면, 이 경우에도 항고소송의 대상이 되는 행정처분에 해당한다. 행정규칙에 의한 '불문경고조치'가 비록 법률상의 징계처분은 아니지만 위 처분을 받지 아니하였다면 차후 다른 징계처분이나 경고를 받게 될 경우 징계감경사유로 사용될 수 있었던 표창공적의 사용가능성을 소멸시키는 효과와 1년 동안 인사기록카드에 등재됨으로써 그 동안은 장관표창이나 도지사표창 대상자에서 제외시키는 효과 등이 있다는 이유로 항고소송의 대상이 되는 행정처분에 해당한다(대판 2002.7.26. 2001두3532).

④ [X] 인·허가의제 대상이 되는 처분에 어떤 하자가 있더라도, 그로써 해당 인·허가의제의 효과가 발생하지 않을 여지가 있게 될 뿐이고, 그러한 사정이 주택건설사업계획 승인처분 자체의 위법사유가 될 수는 없다. 또한 의제된 인·허가는 통상적인 인·허가와 동일한 효력을 가지므로, 적어도 '부분 인·허가의제'가 허용되는 경우에는 그 효력을 제거하기 위한 법적 수단으로 의제된 인·허가의 취소나 철회가 허용될 수 있고, 이러한 직권 취소·철회가 가능한 이상 그 의제된 인·허가에 대한 쟁송취소 역시 허용된다. 따라서 주택건설사업계획 승인처분에 따라 의제된 인·허가가 위법함을 다투고자 하는 이해관계인은, 주택건설사업계획 승인처분의 취소를 구할 것이 아니라 의제된 인·허가의 취소를 구하여야 하며, 의제된 인·허가는 주택건설사업계획 승인처분과 별도로 항고소송의 대상이 되는 처분에 해당한다(대판 2018.11.29. 2016두38792).

10 행정절차   정답 ①

❶ [×] 당사자등이 요청하는 경우에 한한다.

> 판례   이론   **조문**
>
> 「행정절차법」제22조【의견청취】⑥ 행정청은 처분 후 1년
> 이내에 당사자등이 요청하는 경우에는 청문·공청회 또는
> 의견제출을 위하여 제출받은 서류나 그 밖의 물건을 반환
> 하여야 한다.

② [○] 국가공무원법상 직위해제처분은 구 행정절차법(2012.10.22.
법률 제11498호로 개정되기 전의 것) 제3조 제2항 제9호, 구
행정절차법 시행령(2011.12.21. 대통령령 제23383호로 개정
되기 전의 것) 제2조 제3호에 의하여 당해 행정작용의 성질상
행정절차를 거치기 곤란하거나 불필요하다고 인정되는 사항
또는 행정절차에 준하는 절차를 거친 사항에 해당하므로, 처분
의 사전통지 및 의견청취 등에 관한 행정절차법의 규정이 별
도로 적용되지 않는다(대판 2014.5.16. 2012두26180).

③ [○] 시흥소방서의 담당 소방공무원이 피고인에게 행정처분인 위
시정보완명령을 구두로 고지한 것은 행정절차법 제24조에 위
반한 것으로 그 하자가 중대하고 명백하여 위 시정보완명령은
당연 무효라고 할 것이고, 무효인 위 시정보완명령에 따른 피
고인의 의무위반이 생기지 아니하는 이상 피고인에게 위 시정
보완명령에 위반하였음을 이유로 소방시설 설치·유지 및 안
전관리에 관리에 관한 법률 제48조의2 제1호에 따른 행정형
벌을 부과할 수 없다(대판 2011.11.10. 2011도11109).

④ [○] 퇴직연금의 환수결정은 당사자에게 의무를 과하는 처분이기는
하나, 관련 법령에 따라 당연히 환수금액이 정하여지는 것이므
로, 퇴직연금의 환수결정에 앞서 당사자에게 의견진술의 기회
를 주지 아니하여도 행정절차법 제22조 제3항이나 신의칙에
어긋나지 아니한다(대판 2000.11.28. 99두5443).

11 질서위반행위규제법   정답 ④

① [×] 사법(私法)상 의무를 위반하여 과태료를 부과하는 행위는 「질
서위반행위규제법」상 질서위반행위에 해당하지 않는다.

> 판례   이론   **조문**
>
> 「질서위반행위규제법」제2조【정의】이 법에서 사용하는
> 용어의 뜻은 다음과 같다.
> 1. "질서위반행위"란 법률(지방자치단체의 조례를 포함한
> 다. 이하 같다)상의 의무를 위반하여 과태료를 부과하
> 는 행위를 말한다. 다만, 다음 각 목의 어느 하나에 해
> 당하는 행위를 제외한다.
>   가. 대통령령으로 정하는 사법(私法)상·소송법상 의무
>   를 위반하여 과태료를 부과하는 행위
>   나. 대통령령으로 정하는 법률에 따른 징계사유에 해당
>   하여 과태료를 부과하는 행위

② [×] 하나의 행위가 2 이상의 질서위반행위에 해당하는 경우에는
가장 중한 과태료를 부과한다(「질서위반행위규제법」제13조
제1항).

③ [×] 3년이 아닌 5년이다.

> 판례   이론   **조문**
>
> 「질서위반행위규제법」제15조【과태료의 시효】① 과태료
> 는 행정청의 과태료 부과처분이나 법원의 과태료 재판이
> 확정된 후 5년간 징수하지 아니하거나 집행하지 아니하면
> 시효로 인하여 소멸한다.

❹ [○] 「질서위반행위규제법」제25조에 대한 옳은 내용이다.

> 판례   이론   **조문**
>
> 제25조【관할 법원】과태료 사건은 다른 법령에 특별한 규
> 정이 있는 경우를 제외하고는 당사자의 주소지의 지방법원
> 또는 그 지원의 관할로 한다.

12 특별권력관계   정답 ④

① [○] 군인사법 제47조의2가 군인의 복무에 관한 사항에 관한 규율
권한을 대통령령에 위임하면서 다소 개괄적으로 위임하였다고
하여 헌법 제75조의 포괄위임금지원칙에 어긋난다고 보기 어
렵다(헌재 2010.10.28. 2007헌마890).

② [○] 금치 처분을 받은 수형자에 대한 절대적인 운동의 금지는 징
벌의 목적을 고려하더라도 그 수단과 방법에 있어서 필요한
최소한도의 범위를 벗어난 것으로서, 수형자의 헌법 제10조의
인간의 존엄과 가치 및 신체의 안전성이 훼손당하지 아니할
자유를 포함하는 제12조의 신체의 자유를 침해하는 정도에 이
르렀다고 판단된다(헌재 2004.12.16. 2002헌마478).

③ [○] 사관생도는 군 장교를 배출하기 위하여 국가가 모든 재정을
부담하는 특수교육기관인 육군3사관학교의 구성원으로서, 학
교에 입학한 날에 육군 사관생도의 병적에 편입하고 준사관에
준하는 대우를 받는 특수한 신분관계에 있다(육군3사관학교
설치법 시행령 제3조). 따라서 그 존립 목적을 달성하기 위하
여 필요한 한도 내에서 일반 국민보다 상대적으로 기본권이
더 제한될 수 있으나, 그러한 경우에도 법률유보원칙, 과잉금
지원칙 등 기본권 제한의 헌법상 원칙들을 지켜야 한다(대판
2018.8.30. 2016두60591).

❹ [×] 구 예규 및 예규 제12조에서 사관생도의 모든 사적 생활에서
까지 예외 없이 금주의무를 이행할 것을 요구하면서 제61조에
서 사관생도의 음주가 교육 및 훈련 중에 이루어졌는지 여부
나 음주량, 음주 장소, 음주 행위에 이르게 된 경위 등을 묻지
않고 일률적으로 2회 위반 시 원칙으로 퇴학 조치하도록 정한
것은 사관학교가 금주제도를 시행하는 취지에 비추어 보더라
도 사관생도의 기본권을 지나치게 침해하는 것이므로, 위 금주
조항은 사관생도의 일반적 행동자유권, 사생활의 비밀과 자유
등 기본권을 과도하게 제한하는 것으로서 무효이다(대판
2018.8.30. 2016두60591).

| 13 | 행정계획 | 정답 ④ |

① [✕] 구 도시계획법(1971.1.19. 법률 제2291호로 개정되기 전의 법률) 제7조에 의하면 건설부장관은 도시계획구역 및 도시계획을 결정하거나 도시계획사업실시계획을 인가하는 등의 처분을 하였을 때에는 지체 없이 이를 고시하여야 한다고 규정되어 있는 바, 도시계획의 공공성 및 권리침해적 성격과 위 법조의 규정취지 등에 비추어 볼 때 위 도시계획법은 "고시"를 도시계획구역, 도시계획결정등의 효력발생요건으로 규정하였다고 풀이되므로, 건설부장관 또는 그의 권한의 일부를 위임받은 서울특별시장, 도지사등 지방장관이 기안, 결재등의 과정을 거쳐 정당하게 도시계획결정등의 처분을 하였다고 하더라도 이를 관보에 게재하여 고시하지 아니한 이상 대외적으로는 아무런 효력도 발생하지 아니한다 할 것이다(대판 1985.12.10. 85누186).

② [✕] 비구속적 행정계획안이나 행정지침이라도 국민의 기본권에 직접적으로 영향을 끼치고, 앞으로 법령의 뒷받침에 의하여 그대로 실시될 것이 틀림없을 것으로 예상될 수 있을 때에는, 공권력행위로서 예외적으로 헌법소원의 대상이 될 수 있다(헌재 2000.6.1. 99헌마538 등).

③ [✕] 문화재보호구역 내에 있는 토지소유자 등으로서는 위 보호구역의 지정해제를 요구할 수 있는 법규상 또는 조리상의 신청권이 있다고 할 것이고, 이러한 신청에 대한 거부행위는 항고소송의 대상이 되는 행정처분에 해당한다(대판 2004.4.27. 2003두8821).

④ [○] 도시계획의 수립에 있어서 도시계획법 제16조의2 소정의 공청회를 열지 아니하고 공공용지의 취득 및 손실보상에 관한 특례법 제8조 소정의 이주대책을 수립하지 아니하였다 하더라도 이는 절차상의 위법으로서 취소사유에 불과하고 그 하자가 도시계획결정 또는 도시계획사업시행인가가 무효라고 할 수 있을 정도로 중대하고 명백하다고는 할 수 없으므로 이러한 위법을 선행처분인 도시계획결정이나 사업시행인가 단계에서 다투지 아니하였다면 그 쟁송기간이 이미 도과한 후인 수용재결 단계에 있어서는 위 도시계획수립행위의 위와 같은 위법을 들어 재결처분의 취소를 구할 수는 없다고 할 것이다(대판 1990.1.23. 87누947).

| 14 | 공법상 계약 | 정답 ④ |

① [✕] 「행정기본법」 규정상 공법상 계약은 문서(계약서)의 방식으로 하여야 한다.

> 판례 이론 **조문**
>
> 「행정기본법」 제27조【공법상 계약의 체결】① 행정청은 법령등을 위반하지 아니하는 범위에서 행정목적을 달성하기 위하여 필요한 경우에는 공법상 법률관계에 관한 계약(이하 "공법상 계약"이라 한다)을 체결할 수 있다. 이 경우 계약의 목적 및 내용을 명확하게 적은 계약서를 작성하여야 한다.
> ② 행정청은 공법상 계약의 상대방을 선정하고 계약 내용을 정할 때 공법상 계약의 공공성과 제3자의 이해관계를 고려하여야 한다.

② [✕] 여객자동차 운수사업법(이하 '여객자동차법'이라 한다) 제85조 제1항 제38호에 의하면, 운송사업자에 대한 면허에 붙인 조건을 위반한 경우 감차 등이 따르는 사업계획변경명령(이하 '감차명령'이라 한다)을 할 수 있는데, 감차명령의 사유가 되는 '면허에 붙인 조건을 위반한 경우'에서 '조건'에는 운송사업자가 준수할 일정한 의무를 정하고 이를 위반할 경우 감차명령을 할 수 있다는 내용의 '부관'도 포함된다. 그리고 부관은 면허 발급 당시에 붙이는 것뿐만 아니라 면허 발급 이후에 붙이는 것도 법률에 명문의 규정이 있거나 변경이 미리 유보되어 있는 경우 또는 상대방의 동의가 있는 경우 등에는 특별한 사정이 없는 한 허용된다. 따라서 관할 행정청은 면허 발급 이후에도 운송사업자의 동의하에 여객자동차운송사업의 질서 확립을 위하여 운송사업자가 준수할 의무를 정하고 이를 위반할 경우 감차명령을 할 수 있다는 내용의 면허 조건을 붙일 수 있고, 운송사업자가 조건을 위반하였다면 여객자동차법 제85조 제1항 제38호에 따라 감차명령을 할 수 있으며, 감차명령은 행정소송법 제2조 제1항 제1호가 정한 처분으로서 항고소송의 대상이 된다(대판 2016.11.24. 2016두45028).

③ [✕] 광주광역시문화예술회관장의 단원 위촉은 광주광역시문화예술회관장이 행정청으로서 공권력을 행사하여 행하는 행정처분이 아니라 공법상의 근무관계의 설정을 목적으로 하여 광주광역시와 단원이 되고자 하는 자 사이에 대등한 지위에서 의사가 합치되어 성립하는 공법상 근로계약에 해당한다고 보아야 할 것이므로, 광주광역시립합창단원으로서 위촉기간이 만료되는 자들의 재위촉 신청에 대하여 광주광역시문화예술회관장이 실기와 근무성적에 대한 평정을 실시하여 재위촉을 하지 아니한 것을 항고소송의 대상이 되는 불합격처분이라고 할 수는 없다(대판 2001.12.11. 2001두7794).

④ [○] 甲 지방자치단체가 乙 주식회사 등 4개 회사로 구성된 공동수급체를 자원회수시설과 부대시설의 운영·유지관리 등을 위탁할 민간사업자로 선정하고 乙 회사 등의 공동수급체와 위 시설에 관한 위·수탁 운영 협약을 체결하였는데, … 위 협약은 甲 지방자치단체가 사인인 乙 회사 등에 위 시설의 운영을 위탁하고 그 위탁운영비용을 지급하는 것을 내용으로 하는 용역계약으로서 상호 대등한 입장에서 당사자의 합의에 따라 체결한 사법상 계약에 해당한다(대판 2019.10.17. 2018두60588).

| 15 | 행정기본법 | 정답 ① |

① [✕]

> 판례 이론 **조문**
>
> 「행정기본법」 제38조【행정의 입법활동】① 국가나 지방자치단체가 법령등을 제정·개정·폐지하고자 하거나 그와 관련된 활동(법률안의 국회 제출과 조례안의 지방의회 제출을 포함하며, 이하 이 장에서 "행정의 입법활동"이라 한다)을 할 때에는 헌법과 상위 법령을 위반해서는 아니 되며, 헌법과 법령등에서 정한 절차를 준수하여야 한다.

②③④ [O] 「행정기본법」 제38조 제2항·제3항·제4항에 대한 옳은 내용이다.

판례 이론 **조문**

제38조【행정의 입법활동】 ② 행정의 입법활동은 다음 각 호의 기준에 따라야 한다.
  1. 일반 국민 및 이해관계자로부터 의견을 수렴하고 관계 기관과 충분한 협의를 거쳐 책임 있게 추진되어야 한다.
  2. 법령등의 내용과 규정은 다른 법령등과 조화를 이루어야 하고, 법령등 상호 간에 중복되거나 상충되지 아니하여야 한다.
  3. 법령등은 일반 국민이 그 내용을 쉽고 명확하게 이해할 수 있도록 알기 쉽게 만들어져야 한다.
  ③ 정부는 매년 해당 연도에 추진할 법령안 입법계획(이하 "정부입법계획"이라 한다)을 수립하여야 한다.
  ④ 행정의 입법활동의 절차 및 정부입법계획의 수립에 관하여 필요한 사항은 정부의 법제업무에 관한 사항을 규율하는 대통령령으로 정한다.

16 행정행위의 취소   정답 ④

① [O] 원래 행정처분을 한 처분청은 그 행위에 하자가 있는 경우에는 원칙적으로 별도의 법적 근거가 없더라도 스스로 이를 직권으로 취소할 수 있는 것이고, 행정처분에 대한 법정의 불복기간이 지나면 직권으로도 취소할 수 없게 되는 것은 아니다(대판 1995.9.15. 95누6311).

② [O] 무효인 처분에 대하여 취소소송이 제기되었다면 당연무효를 선언하는 의미에서의 취소를 구하는 취지까지 포함되어 있다고 보아야 하므로 소송제기요건이 구비되었다면 법원은 무효를 선언하는 의미의 취소판결을 하여야 한다.

③ [O] 형식적 존속력인 불가쟁력과 실질적 존속력인 불가변력은 서로 직접적인 구속력이 없으므로 불가쟁력이 발생해도 불가변력이 발생하지 않은 이상 당해 행정청은 처분의 직권취소·변경이 가능하다.

❹ [×] 지방병무청장이 재신체검사 등을 거쳐 현역병입영대상편입처분을 보충역편입처분이나 제2국민역편입처분으로 변경하거나 보충역편입처분을 제2국민역편입처분으로 변경하는 경우 비록 새로운 병역처분의 성립에 하자가 있다고 하더라도 그것이 당연무효가 아닌 한 일단 유효하게 성립하고 제소기간의 경과 등 형식적 존속력이 생김과 동시에 종전의 병역처분의 효력은 취소 또는 철회되어 확정적으로 상실된다고 보아야 할 것이므로 그 후 새로운 병역처분의 성립에 하자가 있었음을 이유로 하여 이를 취소한다고 하더라도 종전의 병역처분의 효력이 되살아난다고 할 수 없다(대판 2002.5.28. 2001두9653).

17 행정행위의 하자   정답 ①

❶ [×] 조세 부과의 근거가 되었던 법률규정이 위헌으로 선언된 경우, 비록 그에 기한 과세처분이 위헌결정 전에 이루어졌고, 과세처분에 대한 제소기간이 이미 경과하여 조세채권이 확정되었으며, 조세채권의 집행을 위한 체납처분의 근거규정 자체에 대하여는 따로 위헌결정이 내려진 바 없다고 하더라도, 위와 같은 위헌결정 이후에 조세채권의 집행을 위한 새로운 체납처분에 착수하거나 이를 속행하는 것은 더 이상 허용되지 않고, 나아가 이러한 위헌결정의 효력에 위배하여 이루어진 체납처분은 그 사유만으로 하자가 중대하고 객관적으로 명백하여 당연무효라고 보아야 한다(대판 2012.2.16. 2010두10907 전합).

② [O] 행정청이 어느 법률관계나 사실관계에 대하여 어느 법률의 규정을 적용하여 행정처분을 한 경우에 그 법률관계나 사실관계에 대하여는 그 법률의 규정을 적용할 수 없다는 법리가 명백히 밝혀져 그 해석에 다툼의 여지가 없음에도 불구하고 행정청이 위 규정을 적용하여 처분을 한 때에는 그 하자가 중대하고 명백하다고 할 것이다(대판 2014.5.16. 2011두27094).

③ [O] 구 폐기물처리시설 설치촉진 및 주변지역 지원 등에 관한 법률에 정한 입지선정위원회가 그 구성방법 및 절차에 관한 같은 법 시행령의 규정에 위배하여 군수와 주민대표가 선정·추천한 전문가를 포함시키지 않은 채 임의로 구성되어 의결을 한 경우, 그에 터잡아 이루어진 폐기물처리시설 입지결정 처분의 하자는 중대한 것이고 객관적으로도 명백하므로 무효사유에 해당한다(대판 2007.4.12. 2006두20150).

④ [O] 행정절차법 제12조 제1항 제3호, 제2항, 제11조 제4항 본문에 따르면, 당사자 등은 변호사를 대리인으로 선임할 수 있고, 대리인으로 선임된 변호사는 당사자 등을 위하여 행정절차에 관한 모든 행위를 할 수 있다고 규정되어 있다. 위와 같은 행정절차법령의 규정과 취지, 헌법상 법치국가원리와 적법절차원칙에 비추어 징계와 같은 불이익처분절차에서 징계심의대상자에게 변호사를 통한 방어권의 행사를 보장하는 것이 필요하고, 징계심의대상자가 선임한 변호사가 징계위원회에 출석하여 징계심의대상자를 위하여 필요한 의견을 진술하는 것은 방어권 행사의 본질적 내용에 해당하므로, 행정청은 특별한 사정이 없는 한 이를 거부할 수 없다(대판 2018.3.13. 2016두33339).

18 사전통지 및 의견청취 정답 ①

❶ [O] 「행정절차법」 제21조 제3항에 대한 옳은 내용이다.

> 판례 이론 **조문**
>
> 제21조【처분의 사전 통지】① 행정청은 당사자에게 의무를 부과하거나 권익을 제한하는 처분을 하는 경우에는 미리 다음 각 호의 사항을 당사자등에게 통지하여야 한다.
> 1. 처분의 제목
> 2. 당사자의 성명 또는 명칭과 주소
> 3. 처분하려는 원인이 되는 사실과 처분의 내용 및 법적 근거
> 4. 제3호에 대하여 의견을 제출할 수 있다는 뜻과 의견을 제출하지 아니하는 경우의 처리방법
> 5. 의견제출기관의 명칭과 주소
> 6. 의견제출기한
> 7. 그 밖에 필요한 사항
> ③ 제1항 제6호에 따른 기한은 의견제출에 필요한 기간을 10일 이상으로 고려하여 정하여야 한다.

② [X] 행정절차법의 규정과 행정의 공정성·투명성 및 신뢰성 확보라는 행정절차법의 입법취지 등을 고려해보면, 행정기관의 처분에 의하여 불이익을 입게 되는 국가를 일반 국민과 달리 취급할 이유가 없다. 따라서 국가에 대한 행정처분을 함에 있어서도 앞서 본 사전 통지, 의견청취, 이유 제시와 관련한 행정절차법이 그대로 적용된다고 보아야 한다(대판 2023.9.21. 2023두39724).

③ [X] 행정청이 침해적 행정처분을 하면서 당사자에게 사전통지를 하거나 의견제출의 기회를 주지 아니하였다면, 사전통지나 의견제출의 예외적인 경우에 해당하지 아니하는 한, 처분은 위법하여 취소를 면할 수 없다. 그리고 여기에서 '의견청취가 현저히 곤란하거나 명백히 불필요하다고 인정될 만한 상당한 이유가 있는 경우'에 해당하는 지는 해당 행정처분의 성질에 비추어 판단하여야 하며, 처분상대방이 이미 행정청에 위반사실을 시인하였다거나 처분의 사전통지 이전에 의견을 진술할 기회가 있었다는 사정을 고려하여 판단할 것은 아니다. 피고 소속 공무원 소외인이 위 현장조사에 앞서 원고에게 전화로 통지한 것은 행정조사의 통지이지 이 사건 처분에 대한 사전통지로 볼 수 없다. 그리고 위 소외인이 현장조사 당시 위반경위에 관하여 원고에게 의견진술기회를 부여하였다 하더라도, 이 사건 처분이 현장조사 바로 다음 날 이루어진 사정에 비추어 보면, 의견제출에 필요한 상당한 기간을 고려하여 의견제출기한이 부여되었다고 보기도 어렵다. 그리고 현장조사에서 원고가 위반사실을 시인하였다거나 위반경위를 진술하였다는 사정만으로는 행정절차법 제21조 제4항 제3호가 정한 '의견청취가 현저히 곤란하거나 명백히 불필요하다고 인정될 만한 상당한 이유가 있는 경우'로서 처분의 사전통지를 하지 아니하여도 되는 경우에 해당한다고 볼 수도 없다. 따라서 행정청인 피고가 침해적 행정처분인 이 사건 처분을 하면서 원고에게 행정절차법에 따른 적법한 사전통지를 하거나 의견제출의 기회를 부여하였다고 볼 수 없다(대판 2016.10.27. 2016두41811).

④ [X] 처분의 성질상 의견청취가 현저히 곤란하거나 명백히 불필요하다고 인정될 만한 상당한 이유가 있는 경우에는 사전통지를 아니할 수 있다.

> 판례 이론 **조문**
>
> 「행정절차법」 제21조【처분의 사전 통지】④ 다음 각 호의 어느 하나에 해당하는 경우에는 제1항에 따른 통지를 하지 아니할 수 있다.
> 1. 공공의 안전 또는 복리를 위하여 긴급히 처분을 할 필요가 있는 경우
> 2. 법령등에서 요구된 자격이 없거나 없어지게 되면 반드시 일정한 처분을 하여야 하는 경우에 그 자격이 없거나 없어지게 된 사실이 법원의 재판 등에 의하여 객관적으로 증명된 경우
> 3. 해당 처분의 성질상 의견청취가 현저히 곤란하거나 명백히 불필요하다고 인정될 만한 상당한 이유가 있는 경우

19 인가 정답 ①

인가에 해당하지 않는 것은 ㄱ이다.

ㄱ. [X] 공유재산의 관리청이 행정재산의 사용·수익에 대한 허가는 순전히 사경제주체로서 행하는 사법상의 행위가 아니라 관리청이 공권력을 가진 우월적 지위에서 행하는 행정처분으로서 특정인에게 행정재산을 사용할 수 있는 권리를 설정하여 주는 강학상 특허에 해당한다(대판 1998.2.27. 97누1105).

ㄴ. [O] 민법 제45조와 제46조에서 말하는 재단법인의 정관변경 '허가'는 법률상의 표현이 허가로 되어 있기는 하나, 그 성질에 있어 법률행위의 효력을 보충해 주는 것이지 일반적 금지를 해제하는 것이 아니므로, 그 법적 성격은 인가라고 보아야 한다(대판 1996.5.16. 95누4810 전합).

ㄷ. [O] 「도시 및 주거환경정비법」상 도시환경정비사업조합이 수립한 사업시행계획인가의 법적 성질은 인가에 해당한다.

> **판례** 이론 조문
>
> 도시 및 주거환경정비법(2007.12.21. 법률 제8785호로 개정되기 전의 것, 이하 '도정법'이라 한다)에 기초하여 도시환경정비사업조합이 수립한 사업시행계획은 그것이 인가·고시를 통해 확정되면 이해관계인에 대한 구속적 행정계획으로서 독립된 행정처분에 해당하므로, 사업시행계획을 인가하는 행정청의 행위는 도시환경정비사업조합의 사업시행계획에 대한 법률상의 효력을 완성시키는 보충행위에 해당한다(대판 2010.12.9. 2010두1248).

ㄹ. [O] 관리처분계획에 대한 행정청의 인가는 관리처분계획의 법률상 효력을 완성시키는 보충행위로서의 성질을 갖는데, … 행정청이 관리처분계획에 대한 인가 여부를 결정할 때에는 그 관리처분계획에 도시정비법 제48조 및 그 시행령 제50조에 규정된 사항이 포함되어 있는지, 그 계획의 내용이 도시정비법 제48조 제2항의 기준에 부합하는지 여부 등을 심사·확인하여 그 인가 여부를 결정할 수 있을 뿐 기부채납과 같은 다른 조건을 붙일 수는 없다(대판 2012.8.30. 2010두24951).

20 행정쟁송   정답 ④

① [✕] 행정처분이 있음을 알고 처분에 대하여 곧바로 취소소송을 제기하는 방법을 선택한 때에는 처분이 있음을 안 날부터 90일 이내에 취소소송을 제기하여야 하고, 행정심판을 청구하는 방법을 선택한 때에는 처분이 있음을 안 날부터 90일 이내에 행정심판을 청구하고 행정심판의 재결서를 송달받은 날부터 90일 이내에 취소소송을 제기하여야 한다. 따라서 처분이 있음을 안 날부터 90일 이내에 행정심판을 청구하지도 않고 취소소송을 제기 하지도 않은 경우에는 그 후 제기된 취소소송은 제소기간을 경과한 것으로서 부적법하고, 처분이 있음을 안 날부터 90일을 넘겨 청구한 부적법한 행정심판청구에 대한 재결이 있은 후 재결서를 송달받은 날부터 90일 이내에 원래의 처분에 대하여 취소소송을 제기하였다고 하여 취소소송이 다시 제소기간을 준수한 것으로 되는 것은 아니다(대판 2011.11.24. 2011두18786).

② [✕] 제3자효를 수반하는 행정행위에 대한 행정심판청구에 있어서 그 청구를 인용하는 내용의 재결로 인하여 비로소 권리이익을 침해받게 되는 자는 그 인용재결에 대하여 다툴 필요가 있고, 그 인용재결은 원처분과 내용을 달리하는 것이므로 그 인용재결의 취소를 구하는 것은 원처분에 없는 재결에 고유한 하자를 주장하는 셈이어서 당연히 항고소송의 대상이 된다(대판 2001.5.29. 99두10292).

③ [✕] 국민의 적극적 행위 신청에 대하여 행정청이 그 신청에 따른 행위를 하지 않겠다고 거부한 행위가 항고소송의 대상이 되는 행정처분에 해당하는 것이라고 하려면, 그 신청한 행위가 공권력의 행사 또는 이에 준하는 행정작용이어야 하고, 그 거부행위가 신청인의 법률관계에 어떤 변동을 일으키는 것이어야 하며, 그 국민에게 그 행위발동을 요구할 법규상 또는 조리상의 신청권이 있어야 하는바, 여기에서 '신청인의 법률관계에 어떤 변동을 일으키는 것'이라는 의미는 신청인의 실체상의 권리관계에 직접적인 변동을 일으키는 것은 물론, 그렇지 않다 하더라도 신청인이 실체상의 권리자로서 권리를 행사함에 중대한 지장을 초래하는 것도 포함한다(대판 2007.10.11. 2007두1316).

❹ [○] 행정처분시나 그 이후 행정청으로부터 행정심판 제기기간에 관하여 법정 심판청구기간보다 긴 기간으로 잘못 통지받은 경우에 보호할 신뢰 이익은 그 통지받은 기간 내에 행정심판을 제기한 경우에 한하는 것이지 행정소송을 제기한 경우에까지 확대된다고 할 수 없으므로, 당사자가 행정처분시나 그 이후 행정청으로부터 행정심판 제기기간에 관하여 법정 심판청구기간보다 긴 기간으로 잘못 통지받아 행정소송법상 법정 제소기간을 도과하였다고 하더라도, 그것이 당사자가 책임질 수 없는 사유로 인한 것이라고 할 수는 없다(대판 2001.5.8. 2000두6916).

> **정답**   p. 42

> **정답**

01	④	VI	06	④	IV	11	③	II	16	③	VI
02	④	II	07	①	VI	12	④	III	17	②	II
03	④	IV	08	②	II	13	④	V	18	④	VI
04	④	II	09	③	V	14	④	II	19	①	I
05	③	II	10	②	II	15	④	VI	20	③	V

> **취약 단원 분석표**

단원	맞힌 답의 개수
I	/ 1
II	/ 8
III	/ 1
IV	/ 2
V	/ 3
VI	/ 5
TOTAL	/ 20

Ⅰ 행정법 서론 / Ⅱ 행정작용법 / Ⅲ 행정절차와 행정공개 / Ⅳ 행정의 실효성 확보수단 / Ⅴ 행정상 손해전보 / Ⅵ 행정쟁송

---

01   항고소송의 대상   정답 ④

항고소송의 대상이 되는 것은 ㄱ, ㄴ, ㄷ, ㅁ이다.

ㄱ. [O] 국유재산법 제51조 제1항은 국유재산의 무단점유자에 대하여는 대부 또는 사용 수익허가 등을 받은 경우에 납부하여야 할 대부료 또는 사용료 상당액 외에도 그 징벌적 의미에서 국가 측이 일방적으로 그 2할 상당액을 추가하여 변상금을 징수토록 하고 있으며 동조 제2항은 변상금의 체납시 국세징수법에 의하여 강제징수토록 하고 있는 점 등에 비추어 보면 국유재산의 관리청이 그 무단점유자에 대하여 하는 변상금부과처분은 순전히 사경제 주체로서 행하는 사법상의 법률행위라 할 수 없고 이는 관리청이 공권력을 가진 우월적 지위에서 행한 것으로서 행정소송의 대상이 되는 행정처분이라고 보아야 한다(대판 1988.2.23. 87누1046).

ㄴ. [O] 건축물대장의 용도는 건축물의 소유권을 제대로 행사하기 위한 전제요건으로서 건축물 소유자의 실체적 권리관계에 밀접하게 관련되어 있으므로 건축물대장 소관청의 용도변경신청 거부행위는 국민의 권리관계에 영향을 미치는 것으로서 항고소송의 대상이 되는 행정처분에 해당한다(대판 2009.1.30. 2007두7277).

ㄷ. [O] 건축물대장은 건축물에 대한 공법상의 규제, 지방세의 과세대상, 손실보상가액의 산정 등 건축행정의 기초자료로서 공법상의 법률관계에 영향을 미칠 뿐만 아니라, 건축물에 관한 소유권보존등기 또는 소유권이전등기를 신청하려면 이를 등기소에 제출하여야 하는 점 등을 종합해 보면, 건축물대장은 건축물의 소유권을 제대로 행사하기 위한 전제요건으로서 건축물 소유자의 실체적 권리관계에 밀접하게 관련되어 있으므로, 이러한 건축물대장을 직권말소한 행위는 국민의 권리관계에 영향을 미치는 것으로서 항고소송의 대상이 되는 행정처분에 해당한다(대판 2010.5.27. 2008두22655).

ㄹ. [X] 구 국세기본법 제51조의 오납액과 초과납부액은 조세채무가 처음부터 존재하지 않거나 그 후 소멸되었음에도 불구하고 국가가 법률상 원인 없이 수령하거나 보유하고 있는 부당이득에 해당하고, 그 국세환급금결정에 관한 규정은 이미 납세의무자의 환급청구권이 확정된 국세환급금에 대하여 내부적 사무처리절차로서 과세관청의 환급절차를 규정한 것에 지나지 않고 위 규정에 의한 국세환급금결정에 의하여 비로소 환급청구권이 확정되는 것은 아니므로, 위 국세환급금결정이나 이 결정을 구하는 신청에 대한 환급거부결정은 납세의무자가 갖는 환급청구권의 존부나 범위에 구체적이고 직접적인 영향을 미치는 처분이 아니어서 항고소송의 대상이 되는 처분이라고 볼 수 없다(대판 2009.11.26. 2007두4018).

ㅁ. [O] 甲 등이 인터넷 포털사이트 등의 개인정보 유출사고로 자신들의 주민등록번호 등 개인정보가 불법 유출되자 이를 이유로 관할 구청장에게 주민등록번호를 변경해 줄 것을 신청하였으나 구청장이 '주민등록번호가 불법 유출된 경우 주민등록법상 변경이 허용되지 않는다'는 이유로 주민등록번호 변경을 거부하는 취지의 통지를 한 사안에서, 피해자의 의사와 무관하게 주민등록번호가 불법 유출된 경우 개인의 사생활뿐만 아니라 생명·신체에 대한 위해나 재산에 대한 피해를 입을 우려가 있고, 실제 유출된 주민등록번호가 다른 개인정보와 연계되어 각종 광고 마케팅에 이용되거나 사기, 보이스피싱 등의 범죄에 악용되는 등 사회적으로 많은 피해가 발생하고 있는 것이 현실인 점, 반면 주민등록번호가 유출된 경우 그로 인하여 이미 발생하였거나 발생할 수 있는 피해 등을 최소화할 수 있는 충분한 권리구제방법을 찾기 어려운데도 구 주민등록법에서는 주민등록번호 변경에 관한 아무런 규정을 두고 있지 않은 점, 주민등록법령상 주민등록번호 변경에 관한 규정이 없다거나 주민등록번호 변경에 따른 사회적 혼란 등을 이유로 위와 같은 불이익을 피해자가 부득이한 것으로 받아들여야 한다고 보는 것은 피해자의 개인정보자기결정권 등 국민의 기본권 보장의 측면에서 타당하지 않은 점, 주민등록번호를 관리하는 국가로서는 주민등록번호가 유출된 경우 그로 인한 피해가 최소화되도록 제도를 정비하고 보완해야 할 의무가 있으며, 일률적으로 주민등록번호를 변경할 수 없도록 할 것이 아니라 만약 주민등록번호 변경이 필요한 경우가 있다면 그 변경에 관한 규정을 두어서 이를 허용해야 하는 점 등을 종합하면, 피해자의 의사와 무관하게 주민등록번호가 유출된 경우에는 조리상 주민

등록번호의 변경을 요구할 신청권을 인정함이 타당하고, 구청장의 주민등록번호 변경신청 거부행위는 항고소송의 대상이 되는 행정처분에 해당한다(대판 2017.6.15. 2013두2945).

---

02 행정계획 정답 ④

① [O] 구 국토의 계획 및 이용에 관한 법률 시행령(2010.4.20. 대통령령 제22128호로 개정되기 전의 것, 이하 '시행령'이라 한다) 제22조 제5항이 관할 행정청으로 하여금 도시관리계획을 입안할 때 해당 도시관리계획안의 내용을 주민에게 공고 · 열람하도록 한 것은 다수 이해관계자의 이익을 합리적으로 조정하여 국민의 권리에 대한 부당한 침해를 방지하고 행정의 민주화와 신뢰를 확보하기 위하여 국민의 의사를 그 과정에 반영시키는 데 그 취지가 있다(대판 2015.1.29. 2012두11164).

② [O] 공유수면 점용허가를 필요로 하는 채광계획 인가신청에 대하여도, 공유수면 관리청이 재량적 판단에 의하여 공유수면 점용을 허가 여부를 결정할 수 있고, 그 결과 공유수면 점용을 허용하지 않기로 결정하였다면, 채광계획 인가관청은 이를 사유로 하여 채광계획을 인가하지 아니할 수 있는 것이다(대판 2002.10.11. 2001두151).

③ [O] 도시계획법 제12조 소정의 고시된 도시계획결정은 특정 개인의 권리 내지 법률상의 이익을 개별적이고 구체적으로 규제하는 효과를 가져오게 하는 행정청의 처분이라 할 것이고, 이는 행정소송의 대상이 된다(대판 1982.3.9. 80누105).

❹ [X] 도시계획법상 주민이 도시계획 및 그 변경에 대하여 어떤 신청을 할 수 있음에 관한 규정이 없을 뿐만 아니라, 도시계획과 같이 장기성 · 종합성이 요구되는 행정계획에 있어서는 그 계획이 일단 확정된 후에 어떤 사정의 변동이 있다고 하여 지역주민에게 일일이 그 계획의 변경을 청구할 권리를 인정해 줄 수도 없는 이치이므로 도시계획시설변경신청을 불허한 행위는 항고소송의 대상이 되는 행정처분이라고 볼 수 없다(대판 1984.10.23. 84누227).

---

03 행정대집행 정답 ④

① [O] 관계 법령상 행정대집행의 절차가 인정되어 행정청이 행정대집행의 방법으로 건물의 철거 등 대체적 작위의무의 이행을 실현할 수 있는 경우에는 따로 민사소송의 방법으로 그 의무의 이행을 구할 수 없다. 한편 건물의 점유자가 철거의무자일 때에는 건물철거의무에 퇴거의무도 포함되어 있는 것이어서 별도로 퇴거를 명하는 집행권원이 필요하지 않다(대판 2017. 4.28. 2016다213916).

② [O] 「행정대집행법」 제4조 제2항에 대한 옳은 내용이다.

> 판례 이론 **조문**
>
> **제4조【대집행의 실행 등】** ② 행정청은 대집행을 할 때 대집행 과정에서의 안전 확보를 위하여 필요하다고 인정하는 경우 현장에 긴급 의료장비나 시설을 갖추는 등 필요한 조치를 하여야 한다.

③ [O] 대집행의 각 절차(계고, 대집행영장통지, 대집행실행, 대집행비용납부명령)는 처분성이 인정되므로 「행정기본법」에 따른 이의신청을 할 수 있고, 「행정심판법」에 따른 행정심판도 청구할 수 있다.

> 판례 이론 **조문**
>
> **「행정대집행법」 제7조【행정심판】** 대집행에 대하여는 행정심판을 제기할 수 있다.
> **「행정기본법」 제36조【처분에 대한 이의신청】** ① 행정청의 처분(「행정심판법」 제3조에 따라 같은 법에 따른 행정심판의 대상이 되는 처분을 말한다. 이하 이 조에서 같다)에 이의가 있는 당사자는 처분을 받은 날부터 30일 이내에 해당 행정청에 이의신청을 할 수 있다.

❹ [X] 해가 지기 전에 대집행을 착수한 경우는 대집행을 해도 된다.

> 판례 이론 **조문**
>
> **「행정대집행법」 제4조【대집행의 실행 등】** ① 행정청(제2조에 따라 대집행을 실행하는 제3자를 포함한다. 이하 이 조에서 같다)은 해가 뜨기 전이나 해가 진 후에는 대집행을 하여서는 아니 된다. 다만, 다음 각 호의 어느 하나에 해당하는 경우에는 그러하지 아니하다.
> 2. 해가 지기 전에 대집행을 착수한 경우

---

04 행정입법 정답 ④

① [O] 명령 · 규칙에 대한 심사기준이 되는 법률은 형식적 의미의 법률 외에 법률과 동일한 효력을 갖는 국회의 동의를 받은 조약이나 대통령의 긴급명령도 당연히 포함된다고 본다.

② [O] 법원의 심사결과 위헌 위법성이 인정된 명령 규칙의 효력이 어떠한 것인지에 대해서 구체적규범통제의 관점에서 재판의 전제가 된 당해 사건에서만 적용이 거부된다는 개별적 효력설이 다수설이다.

③ [O] 이른바 행정규칙은 일반적으로 행정조직 내부에서만 효력을 가지는 것이고 대외적인 구속력을 갖는 것이 아니다. 다만, 행정규칙이 법령의 규정에 의하여 행정관청에 법령의 구체적 내용을 보충할 권한을 부여한 경우, 또는 재량권 행사의 준칙인 규칙이 그 정한 바에 따라 되풀이 시행되어 행정관행이 이룩되게 되면 평등의 원칙이나 신뢰보호의 원칙에 따라 행정기관은 그 상대방에 대한 관계에서 그 규칙에 따라야 할 자기구속을 당하게 되는 경우에는 대외적인 구속력을 가지게 된다(헌재 1990.9.3. 90헌마13). 법령의 직접적인 위임에 따라 위임행정기관이 그 법령을 시행하는데 필요한 구체적 사항을 정한 것이면 그 제정형식은 비록 법규명령이 아닌 고시, 훈령, 예규 등과 같은 행정규칙이더라도 그것이 상위법령의 위임한계를 벗어나지 아니하는 한, 상위법령과 결합하여 대외적인 구속력을 갖는 법규명령으로서 기능하게 된다고 보아야 할 것인바 청구인이 법령과 예규의 관계규정으로 말미암아 직접 기본권침해를 받았다면 이에 대하여 바로 헌법소원심판을 청구할 수 있다(헌재 1992.6.26. 91헌마25).

❹ [×] 행정소송은 구체적 사건에 대한 법률상 분쟁을 법에 의하여 해결함으로써 법적 안정을 기하자는 것이므로 부작위위법확인소송의 대상이 될 수 있는 것은 구체적 권리의무에 관한 분쟁이어야 하고 추상적인 법령에 관하여 제정의 여부 등은 그 자체로서 국민의 구체적인 권리의무에 직접적 변동을 초래하는 것이 아니어서 그 소송의 대상이 될 수 없다(대판 1992.5.8. 91누11261). 그러나 행정입법부작위는 헌법 제68조 제1항상의 공권력의 불행사에 해당되고 대법원 판례에 의하면 행정소송의 대상이 되지 아니하므로 보충성의 예외에 해당되어 이를 대상으로 헌법소원을 제기하는 것은 가능하다.

---

05 행정입법부작위 　　　　정답 ③

옳은 것은 ㄱ, ㄴ, ㄹ이고, 옳지 않은 것은 ㄷ이다.
ㄱ. [○] 삼권분립의 원칙, 법치행정의 원칙을 당연한 전제로 하고 있는 우리 헌법 하에서 행정권의 행정입법 등 집행의무는 헌법적 의무라고 보아야 할 것이다. 그런데 이는 행정입법의 제정이 법률의 집행에 필수불가결한 경우로서 행정입법을 제정하지 아니하는 것이 곧 행정권에 의한 입법권 침해의 결과를 초래하는 경우를 말하는 것이므로, 만일 하위 행정입법의 제정 없이 상위 법령의 규정만으로도 집행이 이루어질 수 있는 경우라면 하위 행정입법을 하여야 할 헌법적 작위의무는 인정되지 아니한다(헌재 2005.12.22. 2004헌마66).
ㄴ. [○] 행정소송은 구체적 사건에 대한 법률상 분쟁을 법에 의하여 해결함으로써 법적 안정을 기하자는 것이므로 부작위위법확인소송의 대상이 될 수 있는 것은 구체적 권리의무에 관한 분쟁이어야 하고 추상적인 법령에 관하여 제정의 여부 등은 그 자체로서 국민의 구체적인 권리의무에 직접적 변동을 초래하는 것이 아니어서 그 소송의 대상이 될 수 없다(대판 1992.5.8. 91누11261).
ㄷ. [×] 헌법에서 기본권 보장을 위하여 법령에 명시적인 입법위임을 하였을 때, 헌법해석상 특정인에게 구체적인 기본권이 생겨 이를 보장하기 위한 국가의 행위의무 내지 보호의무가 발생하였을 때에는 입법권자인 국회에게 헌법상의 입법의무가 부여되었다고 할 수 있는 예외적인 경우에는 헌법에 의하여 부여된 입법의무를 행하지 않는 입법부작위가 위헌 내지 위법한 것으로 평가될 수 있다(서울지법 1999.2.25. 98가합15904).
ㄹ. [○] 일반적으로 법률의 위임에 따라 효력을 갖는 법규명령의 경우에 위임의 근거가 없어 무효였더라도 나중에 법 개정으로 위임의 근거가 부여되면 그때부터는 유효한 법규명령으로 볼 수 있다(대판 2017.4.20. 2015두45700).

---

06 행정조사 　　　　정답 ④

① [○] 「행정조사기본법」 제5조에 대한 옳은 내용이다.

[판례][이론]**조문**

제5조【행정조사의 근거】행정기관은 법령 등에서 행정조사를 규정하고 있는 경우에 한하여 행정조사를 실시할 수 있다. 다만, 조사대상자의 자발적인 협조를 얻어 실시하는 행정조사의 경우에는 그러하지 아니하다.

② [○] 세무공무원이 어느 세목의 특정 과세기간에 대하여 모든 항목에 걸쳐 세무조사를 한 경우는 물론 그 과세기간의 특정 항목에 대하여만 세무조사를 한 경우에도 다시 그 세목의 같은 과세기간에 대하여 세무조사를 하는 것은 구 국세기본법 제81조의4 제2항에서 금지하는 재조사에 해당하고, 세무공무원이 당초 세무조사를 한 특정 항목을 제외한 다른 항목에 대하여만 다시 세무조사를 함으로써 세무조사의 내용이 중첩되지 아니하였다고 하여 달리 볼 것은 아니다(대판 2015.2.26. 2014두12062).
③ [○] 「행정조사기본법」 제4조에 대한 옳은 내용이다.

[판례][이론]**조문**

제4조【행정조사의 기본원칙】① 행정조사는 조사목적을 달성하는데 필요한 최소한의 범위 안에서 실시하여야 하며, 다른 목적 등을 위하여 조사권을 남용하여서는 아니 된다.
② 행정기관은 조사목적에 적합하도록 조사대상자를 선정하여 행정조사를 실시하여야 한다.
③ 행정기관은 유사하거나 동일한 사안에 대하여는 공동조사 등을 실시함으로써 행정조사가 중복되지 아니하도록 하여야 한다.
④ 행정조사는 법령 등의 위반에 대한 처벌보다는 법령 등을 준수하도록 유도하는 데 중점을 두어야 한다.
⑤ 다른 법률에 따르지 아니하고는 행정조사의 대상자 또는 행정조사의 내용을 공표하거나 직무상 알게 된 비밀을 누설하여서는 아니 된다.
⑥ 행정기관은 행정조사를 통하여 알게 된 정보를 다른 법률에 따라 내부에서 이용하거나 다른 기관에 제공하는 경우를 제외하고는 원래의 조사목적 이외의 용도로 이용하거나 타인에게 제공하여서는 아니 된다.

❹ [×] 세무공무원이 어느 세목의 특정 과세기간에 대하여 모든 항목에 걸쳐 세무조사를 한 경우는 물론 그 과세기간의 특정 항목에 대하여만 세무조사를 한 경우에도 다시 그 세목의 같은 과세기간에 대하여 세무조사를 하는 것은 구 국세기본법 제81조의4 제2항에서 금지하는 재조사에 해당하고, 세무공무원이 당초 세무조사를 한 특정 항목을 제외한 다른 항목에 대하여만 다시 세무조사를 함으로써 세무조사의 내용이 중첩되지 아니하였다고 하여 달리 볼 것은 아니다. 다만, 당초의 세무조사가 다른 세목이나 다른 과세기간에 대한 세무조사 도중에 해당 세목이나 과세기간에도 동일한 잘못이나 세금탈루 혐의가 있다고 인정되어 관련 항목에 대하여 세무조사 범위가 확대됨에 따라 부분적으로만 이루어진 경우와 같이 당초 세무조사 당시 모든 항목에 걸쳐 세무조사를 하는 것이 무리였다는 등의 특별한 사정이 있는 경우에는 당초 세무조사를 한 항목을 제외한 나머지 항목에 대하여 향후 다시 세무조사를 하는 것은 구 국세기본법 제81조의4 제2항에서 금지하는 재조사에 해당하지 아니한다(대판 2015.2.26. 2014두12062).

07 행정심판법상의 직접 처분 정답 ①

❶ [×] '당사자의 신청을 거부하거나 부작위로 방치한 처분의 이행을 명하는 재결'에도 불구하고 처분을 하지 아니하는 경우에 직접 처분을 할 수 있다.

② [O] '직접 처분'은 「행정소송법」에는 존재하지 않으나, 「행정심판법」에는 존재한다.

③ [O] 「행정심판법」 제50조의 위원회는 행정심판위원회를 의미한다.

> 판례 이론 **조문**
>
> 제49조【재결의 기속력 등】③ 당사자의 신청을 거부하거나 부작위로 방치한 처분의 이행을 명하는 재결이 있으면 행정청은 지체 없이 이전의 신청에 대하여 재결의 취지에 따라 처분을 하여야 한다.
>
> 제50조【위원회의 직접 처분】① 위원회는 피청구인이 제49조 제3항에도 불구하고 처분을 하지 아니하는 경우에는 당사자가 신청하면 기간을 정하여 서면으로 시정을 명하고 그 기간에 이행하지 아니하면 직접 처분을 할 수 있다. 다만, 그 처분의 성질이나 그 밖의 불가피한 사유로 위원회가 직접 처분을 할 수 없는 경우에는 그러하지 아니하다.

④ [O] 직접 처분은 의무이행심판에만 적용된다.

08 공법상 계약 정답 ②

①③④ [O]

> 판례 이론 **조문**
>
> 「행정기본법」 제27조【공법상 계약의 체결】① 행정청은 법령등을 위반하지 아니하는 범위에서 행정목적을 달성하기 위하여 필요한 경우에는 공법상 법률관계에 관한 계약(이하 "공법상 계약"이라 한다)을 체결할 수 있다. 이 경우 계약의 목적 및 내용을 명확하게 적은 계약서를 작성하여야 한다.
>
> ② 행정청은 공법상 계약의 상대방을 선정하고 계약 내용을 정할 때 공법상 계약의 공공성과 제3자의 이해관계를 고려하여야 한다.

❷ [×] 위 운영계약의 실질은 행정재산인 위 부설주차장에 대한 국유재산법 제24조 제1항에 의한 사용·수익 허가로서 이루어진 것임을 알 수 있으므로, 이는 위 국립의료원이 원고의 신청에 의하여 공권력을 가진 우월적 지위에서 행한 행정처분으로서 특정인에게 행정재산을 사용할 수 있는 권리를 설정하여 주는 강학상 특허에 해당한다 할 것이고 순전히 사경제주체로서 원고와 대등한 위치에서 행한 사법상의 계약으로 보기 어렵다고 할 것이다(대판 2006.3.9. 2004다31074).

09 국가배상 정답 ③

① [O] 우리 헌법이 채택하고 있는 의회민주주의하에서 국회는 다원적 의견이나 각가지 이익을 반영시킨 토론과정을 거쳐 다수결의 원리에 따라 통일적인 국가의사를 형성하는 역할을 담당하는 국가기관으로서 그 과정에 참여한 국회의원은 입법에 관하여 원칙적으로 국민 전체에 대한 관계에서 정치적 책임을 질 뿐 국민 개개인의 권리에 대응하여 법적 의무를 지는 것은 아니므로, 국회의원의 입법행위는 그 입법 내용이 헌법의 문언에 명백히 위배됨에도 불구하고 국회가 굳이 당해 입법을 한 것과 같은 특수한 경우가 아닌 한 국가배상법 제2조 제1항 소정의 위법행위에 해당한다고 볼 수 없고, 같은 맥락에서 국가가 일정한 사항에 관하여 헌법에 의하여 부과되는 구체적인 입법의무를 부담하고 있음에도 불구하고 그 입법에 필요한 상당한 기간이 경과하도록 고의 또는 과실로 이러한 입법의무를 이행하지 아니하는 등 극히 예외적인 사정이 인정되는 사안에 한정하여 국가배상법 소정의 배상책임이 인정될 수 있으며, 위와 같은 구체적인 입법의무 자체가 인정되지 않는 경우에는 애당초 부작위로 인한 불법행위가 성립할 여지가 없다(대판 2008.5.29. 2004다33469).

② [O] 보호관찰관의 위치추적 전자장치(이하 '전자장치'라고 한다) 피부착자에 대한 지도·감독과 원호 업무는 재범의 위험성이 매우 높은 전자장치 피부착자가 재범으로 나아가지 않게 함으로써 건전한 사회복귀를 촉진하고 일반 국민이 전자장치 피부착자의 재범에 따른 피해를 입지 않도록 하는 데 중요한 역할을 한다. 구체적인 상황에서 전자장치 피부착자에 대한 지도·감독이나 원호 업무를 어떻게 수행할 것인지는 원칙적으로 보호관찰관의 전문적, 합리적 재량에 위임되었지만, 전자장치 피부착자의 재범을 효과적으로 방지하기 위해서는 전자장치 피부착자의 성향이나 환경 및 개별 관찰 결과에 맞추어 재범 방지에 유효한 실질적인 조치를 선택하여 적극적으로 수행하여야 한다. 만약 보호관찰관이 이러한 조치를 하지 아니한 것이 현저하게 불합리하다면 직무상의 의무를 위반한 것이어서 위법하다고 보아야 한다(2022.7.14. 2017다290538).

❸ [×] 헌법재판소는 1998.7.16. 법령의 위임에 따라 치과전문의제도의 실시를 위한 구체적 조치를 마련할 보건복지부장관의 행정입법 의무가 있음에도, 20년 이상이 경과하도록 제도적 조치를 취하지 아니하여 전공의 수련과정을 사실상 마친 사람들의 기본권을 침해한다는 이유로, 보건복지부장관이 구 의료법 제55조 및 구 전문의 규정 제17조의 위임에 따라 치과전문의 자격시험제도를 실시할 수 있는 절차를 마련하지 아니하는 입법부작위는 위헌임을 확인하는 결정(헌재 1998.7.16. 96헌마246 결정, 이하 '이 사건 위헌결정'이라고 한다)을 하였다. 즉 이 사건 위헌결정은 보건복지부장관에게 구 의료법 및 구 전문의 규정의 위임에 따라 치과의사전문의 자격시험제도를 실시하기 위하여 필요한 시행규칙의 개정 등 절차를 마련하여야 할 헌법상 입법의무가 부과되어 있다고 판시하였을 뿐, 사실상 전공의 수련과정을 수료한 치과의사들에게 그 수련경력에 대한 기득권을 인정하는 경과조치를 마련하지 아니한 보건복지부장관의 행정입법부작위가 위헌·위법하다고까지 판시한 것은 아니다. 따라서 이 사건 위헌결정의 기속력이 곧바로 위와 같은 경과조치 마련에 대하여까지 미친다고는 볼 수 없다(대판 2018.6.15. 2017다249769).

④ [O] 공무원이 직무수행 중 불법행위로 타인에게 손해를 입힌 경우에 국가 등이 국가배상책임을 부담하는 외에 공무원 개인도 고의 또는 중과실이 있는 경우에는 불법행위로 인한 손해배상책임을 지고, 공무원에게 경과실이 있을 뿐인 경우에는 공무원 개인은 손해배상책임을 부담하지 아니한다. 이처럼 경과실이 있는 공무원이 피해자에 대하여 손해배상책임을 부담하지 아니함에도 피해자에게 손해를 배상하였다면 그것은 채무자 아닌 사람이 타인의 채무를 변제한 경우에 해당하고, 이는 민법 제469조의 '제3자의 변제' 또는 민법 제744조의 '도의관념에 적합한 비채변제'에 해당하여 피해자는 공무원에 대하여 이를 반환할 의무가 없고, 그에 따라 피해자의 국가에 대한 손해배상청구권이 소멸하여 국가가 자신의 출연 없이 채무를 면하게 되므로, 피해자에게 손해를 직접 배상한 경과실이 있는 공무원은 특별한 사정이 없는 한 국가에 대하여 국가의 피해자에 대한 손해배상책임의 범위 내에서 공무원이 변제한 금액에 관하여 구상권을 취득한다고 봄이 타당하다(대판 2014.8.20. 2012다54478).

10 행정입법 정답 ②

① [O] 주택건설촉진법 시행령 제10조의3 제1항 [별표 1]은 주택건설촉진법 제7조 제2항의 위임규정에 터잡은 규정형식상 대통령령이므로 그 성질이 부령인 시행규칙이나 또는 지방자치단체의 규칙과 같이 통상적으로 행정조직 내부에 있어서의 행정명령에 지나지 않는 것이 아니라 대외적으로 국민이나 법원을 구속하는 힘이 있는 법규명령에 해당한다(대판 1997.12.26. 97누15418).

❷ [X] 국토의 계획 및 이용에 관한 법률 시행령 제124조의3 제3항은 토지이용의무를 위반한 유형을 토지거래계약 허가를 받아 토지를 취득한 자가 '당초의 목적대로 이용하지 아니하고 방치한 경우', '직접 이용하지 아니하고 임대한 경우', '행정청의 승인을 얻지 아니하고 당초의 이용목적을 변경하여 이용하는 경우' 및 '그 이외의 경우' 등 4가지 유형으로 구분하여 각 유형별로 이행강제금액을 '토지 취득가액의 100분의 10, 100분의 7, 100분의 5에 상당하는 금액'으로 차별하여 규정하고 있다. … 국토의 계획 및 이용에 관한 법률(이하 '국토계획법'이라 한다) 제124조의2 제1항·제2항 및 국토의 계획 및 이용에 관한 법률 시행령 제124조의3 제3항이 토지이용에 관한 이행명령의 불이행에 대하여 법령 자체에서 토지이용의무 위반을 유형별로 구분하여 이행강제금을 차별하여 규정하고 있는 등 규정의 체계, 형식 및 내용에 비추어 보면, 국토계획법 및 국토의 계획 및 이용에 관한 법률 시행령이 정한 이행강제금의 부과기준은 단지 상한을 정한 것에 불과한 것이 아니라, 위반행위 유형별로 계산된 특정 금액을 규정한 것이므로 행정청에 이와 다른 이행강제금액을 결정할 재량권이 없다고 보아야 한다(대판 2014.11.27. 2013두8653).

③ [O] 재산제세조사사무처리규정이 국세청장의 훈령형식으로 되어 있다 하더라도 이에 의한 거래지정은 소득세법 시행령의 위임에 따라 그 규정의 내용을 보충하는 기능을 가지면서 그와 결합하여 대외적인 구속력이 있는 법령명령으로서의 효력을 갖게 된다(대판 1988.5.10. 87누1028).

④ [O] 도로교통법 시행규칙 제53조 제1항이 정한 [별표 16]의 운전면허행정처분기준은 부령의 형식으로 되어 있으나, 규정의 성질과 내용이 운전면허의 취소처분 등에 관한 사무처리 기준과 처분절차 등 행정청 내부의 사무처리준칙을 규정한 것에 지나지 아니하므로 대외적으로 국민이나 법원을 기속하는 효력이 없다(대판 1995.4.7. 94누14360).

11 위헌법령에 근거한 처분의 효력 정답 ③

① [O] 법률에 근거하여 행정처분이 발하여진 후에 헌법재판소가 그 행정처분의 근거가 된 법률을 위헌으로 결정하였다면 결과적으로 행정처분은 법률의 근거가 없이 행하여진 것과 마찬가지가 되어 하자가 있는 것이 되나, 하자 있는 행정처분이 당연무효가 되기 위하여는 그 하자가 중대할 뿐만 아니라 명백한 것이어야 하는데, 일반적으로 법률이 헌법에 위반된다는 사정이 헌법재판소의 위헌결정이 있기 전에는 객관적으로 명백한 것이라고 할 수는 없으므로 헌법재판소의 위헌결정 전에 행정처분의 근거되는 당해 법률이 헌법에 위반된다는 사유는 특별한 사정이 없는 한 그 행정처분의 취소소송의 전제가 될 수 있을 뿐 당연무효사유는 아니라고 봄이 상당하다(대판 1994.10.28. 92누9463).

② [O] 구 택지소유상한에 관한 법률(1998.9.19. 법률 제5571호로 폐지) 제30조는 "부담금의 납부의무자가 독촉장을 받고 지정된 기한까지 부담금 및 가산금 등을 완납하지 아니한 때에는 건설교통부장관은 국세체납처분의 예에 의하여 이를 징수할 수 있다."고 규정함으로써 국세징수법 제3장의 체납처분규정에 의하여 체납 택지초과소유부담금을 강제징수할 수 있었으나, 1999.4.29. 같은 법 전부에 대한 위헌결정으로 위 제30조 규정 역시 그 날로부터 효력을 상실하게 되었고, 나아가 위헌법률에 기한 행정처분의 집행이나 집행력을 유지하기 위한 행위는 위헌결정의 기속력에 위반되어 허용되지 않는다고 보아야 할 것이다(대판 2002.8.23. 2001두2959).

❸ [X] 위헌결정의 효력은 그 결정 이후에 당해 법률이 재판의 전제가 되었음을 이유로 법원에 제소된 일반사건에도 미치므로, 당해 법률에 근거하여 행정처분이 발하여진 후에 헌법재판소가 그 행정처분의 근거가 된 법률을 위헌으로 결정하였다면 결과적으로 행정처분은 법률의 근거가 없이 행하여진 것과 마찬가지가 되어 하자가 있는 것이 되나, 이미 취소소송의 제기기간을 경과하여 확정력이 발생한 행정처분의 경우에는 위헌결정의 소급효가 미치지 않는다고 보아야 할 것이고, 일반적으로 법률이 헌법에 위반된다는 사정은 헌법재판소의 위헌결정이 있기 전에는 객관적으로 명백한 것이라고 할 수는 없으므로 헌법재판소의 위헌결정 전에 행정처분의 근거되는 당해 법률이 헌법에 위반된다는 사유는 특별한 사정이 없는 한 그 행정처분의 취소소송의 전제가 될 수 있을 뿐 당연무효사유는 아니라고 봄이 상당하다(대판 2002.11.8. 2001두3181).

④ [O] 세무공무원이 국세가산금을 청구인에게 환급해 줄 당시에는 법률을 집행하는 세무공무원으로서 법률이 헌법에 위반되는지 여부를 심사할 권한이 없고, 이 사건 법률조항에 따라 계산된 국세가산금 환급액을 지급하기만 할 뿐이어서 당해 세무공무원에게 고의 또는 과실이 있다 할 수 없다(헌재 2008.4.24. 2006헌바72).

12 행정절차법   정답 ④

① [O] 행정절차법 시행령 제2조 제8호는 '학교·연수원 등에서 교육·훈련의 목적을 달성하기 위하여 학생·연수생들을 대상으로 하는 사항'을 행정절차법의 적용이 제외되는 경우로 규정하고 있으나, 이는 교육과정과 내용의 구체적 결정, 과제의 부과, 성적의 평가, 공식적 징계에 이르지 아니한 질책·훈계 등과 같이 교육·훈련의 목적을 직접 달성하기 위하여 행하는 사항을 말하는 것으로 보아야 하고, 생도에 대한 퇴학처분과 같이 신분을 박탈하는 징계처분은 여기에 해당한다고 볼 수 없다(대판 2018.3.13. 2016두33339).

② [O] 육군3사관학교의 사관생도에 대한 징계절차에서 징계심의대상자가 대리인으로 선임한 변호사가 징계위원회 심의에 출석하여 진술하려고 하였음에도, 징계권자나 그 소속 직원이 변호사가 징계위원회의 심의에 출석하는 것을 막았다면 징계위원회 심의·의결의 절차적 정당성이 상실되어 그 징계의결에 따른 징계처분은 위법하여 원칙적으로 취소되어야 한다(대판 2018.3.13. 2016두33339).

③ [O] 지방병무청장이 병역법 제41조 제1항 제1호, 제40조 제2호의 규정에 따라 산업기능요원에 대하여 한 산업기능요원 편입취소처분은, 행정처분을 할 경우 '처분의 사전통지'와 '의견제출 기회의 부여'를 규정한 행정절차법 제21조 제1항, 제22조 제3항에서 말하는 '당사자의 권익을 제한하는 처분'에 해당하는 한편, 행정절차법의 적용이 배제되는 사항인 행정절차법 제3조 제2항 제9호, 같은 법 시행령 제2조 제1호에서 규정하는 '병역법에 의한 소집에 관한 사항'에는 해당하지 아니하므로, 행정절차법상의 '처분의 사전통지'와 '의견제출 기회의 부여' 등의 절차를 거쳐야 한다(대판 2002.9.6. 2002두554).

❹ [✕] 한국방송공사의 설치·운영에 관한 사항을 정하고 있는 방송법은 제50조 제2항에서 "사장은 이사회의 제청으로 대통령이 임명한다."고 규정하고 있는데, 한국방송공사 사장에 대한 해임에 관하여는 명시적 규정을 두고 있지 않다. 그러나 감사원은 한국방송공사에 대한 외부감사를 실시하고(방송법 제63조 제3항), 임용권자 또는 임용제청권자에게 임원 등의 해임을 요구할 수 있는데(감사원법 제32조 제9항) 이는 대통령에게 한국방송공사 사장 해임권한이 있음을 전제로 한 것으로 볼 수 있는 점, 방송법 제정으로 폐지된 구 한국방송공사법(2000.1.12. 법률 제6139호 방송법 부칙 제2조 제3호로 폐지) 제15조 제1항은 대통령이 한국방송공사 사장을 '임면'하도록 규정되어 있었고, 방송법 제정으로 대통령의 해임권을 제한하기 위해 '임명'이라는 용어를 사용하였다면 해임 제한에 관한 규정을 따로 두어 이를 명확히 할 수 있었을텐데도 방송법에 한국방송공사 사장의 해임 제한 등 신분보장에 관한 규정이 없는 점 등에 비추어, 방송법에서 '임면' 대신 '임명'이라는 용어를 사용한 입법 취지가 대통령의 해임권을 배제하기 위한 것으로 보기 어려운 점 등 방송법의 입법 경과와 연혁, 다른 법률과의 관계, 입법 형식 등을 종합하면, 한국방송공사 사장의 임명권자인 대통령에게 해임권한도 있다고 보는 것이 타당하다(대판 2012.2.23. 2011두5001).

13 토지보상법   정답 ④

① [O] 토지소유자 등이 토지보상법 제85조 제2항에 따라 보상금 증액 청구의 소를 제기한 경우, 그 손실보상금 채권에 관하여 압류 및 추심명령이 있다고 하더라도 추심채권자가 그 절차에 참여할 자격을 취득하는 것은 아니므로, 보상금 증액 청구의 소를 제기한 토지소유자 등의 지위에 영향을 미친다고 볼 수 없다. 따라서 보상금 증액 청구의 소의 청구채권에 관하여 압류 및 추심명령이 있더라도 토지소유자 등이 그 소송을 수행할 당사자적격을 상실한다고 볼 것은 아니다(대판 2022.11.24. 2018두67).

② [O] 「공익사업을 위한 토지 등의 취득 및 보상에 관한 법률」 제72조에 대한 옳은 내용이다.

> 판례   이론   **조문**

> **제72조【사용하는 토지의 매수청구 등】** 사업인정고시가 된 후 다음 각 호의 어느 하나에 해당할 때에는 해당 토지소유자는 사업시행자에게 해당 토지의 매수를 청구하거나 관할 토지수용위원회에 그 토지의 수용을 청구할 수 있다. 이 경우 관계인은 사업시행자나 관할 토지수용위원회에 그 권리의 존속(存續)을 청구할 수 있다.
> 1. 토지를 사용하는 기간이 3년 이상인 경우
> 2. 토지의 사용으로 인하여 토지의 형질이 변경되는 경우
> 3. 사용하려는 토지에 그 토지소유자의 건축물이 있는 경우

③ [O] 「공익사업을 위한 토지 등의 취득 및 보상에 관한 법률」 제65조에 대한 옳은 내용이다.

> 판례   이론   **조문**

> **제65조【일괄보상】** 사업시행자는 동일한 사업지역에 보상 시기를 달리하는 동일인 소유의 토지등이 여러 개 있는 경우 토지소유자나 관계인이 요구할 때에는 한꺼번에 보상금을 지급하도록 하여야 한다.

❹ [✕]
> 판례   이론   **조문**

> 「공익사업을 위한 토지 등의 취득 및 보상에 관한 법률」 제66조【사업시행 이익과의 상계금지】 사업시행자는 동일한 소유자에게 속하는 일단(一團)의 토지의 일부를 취득하거나 사용하는 경우 해당 공익사업의 시행으로 인하여 잔여지(殘餘地)의 가격이 증가하거나 그 밖의 이익이 발생한 경우에도 그 이익을 그 취득 또는 사용으로 인한 손실과 상계(相計)할 수 없다.

14 취소와 철회   정답 ④

옳은 것은 ㄱ, ㄷ, ㄹ이다.

ㄱ. [O] 「행정기본법」 제18조에 대한 옳은 내용이다.

> 판례 이론 **조문**
>
> **제18조【위법 또는 부당한 처분의 취소】** ① 행정청은 위법 또는 부당한 처분의 전부나 일부를 소급하여 취소할 수 있다. 다만, 당사자의 신뢰를 보호할 가치가 있는 등 정당한 사유가 있는 경우에는 장래를 향하여 취소할 수 있다.
> ② 행정청은 제1항에 따라 당사자에게 권리나 이익을 부여하는 처분을 취소하려는 경우에는 취소로 인하여 당사자가 입게 될 불이익을 취소로 달성되는 공익과 비교·형량(衡量)하여야 한다. 다만, 다음 각 호의 어느 하나에 해당하는 경우에는 그러하지 아니하다.
> 1. 거짓이나 그 밖의 부정한 방법으로 처분을 받은 경우
> 2. 당사자가 처분의 위법성을 알고 있었거나 중대한 과실로 알지 못한 경우

ㄴ. [X] 철회사유는 후발적 사유다.

> **판례** 이론 조문
>
> 행정행위의 취소는 일단 유효하게 성립한 행정행위를 그 행위에 위법 또는 부당한 하자가 있음을 이유로 소급하여 그 효력을 소멸시키는 별도의 행정처분이고, 행정행위의 철회는 적법요건을 구비하여 완전히 효력을 발하고 있는 행정행위를 사후적으로 그 행위의 효력의 전부 또는 일부를 장래에 향해 소멸시키는 행정처분이므로, 행정행위의 취소사유는 행정행위의 성립 당시에 존재하였던 하자를 말하고, 철회사유는 행정행위가 성립된 이후에 새로이 발생한 것으로서 행정행위의 효력을 존속시킬 수 없는 사유를 말한다(대판 2003.5.30. 2003다6422).

ㄷ. [O] 「행정기본법」 제19조 제1항에 대한 옳은 내용이다.

> 판례 이론 **조문**
>
> **제19조【적법한 처분의 철회】** ① 행정청은 적법한 처분이 다음 각 호의 어느 하나에 해당하는 경우에는 그 처분의 전부 또는 일부를 장래를 향하여 철회할 수 있다.
> 3. 중대한 공익을 위하여 필요한 경우

ㄹ. [O] 「행정기본법」 제19조 제2항에 대한 옳은 내용이다.

> 판례 이론 **조문**
>
> **제19조【적법한 처분의 철회】** ② 행정청은 제1항에 따라 처분을 철회하려는 경우에는 철회로 인하여 당사자가 입게 될 불이익을 철회로 달성되는 공익과 비교·형량하여야 한다.

15 원고적격   정답 ④

① [O] 행정처분으로서의 통보에 대하여는 그 직접 상대방이 아닌 제3자라도 그 취소를 구할 법률상의 이익이 있는 경우에는 원고적격이 인정되는바, 회사가 정하는 자격기준에 준하는 자로서 입회승인을 받은 회원은 일정한 입회금을 납부하고 회사가 지정한 시설을 이용할 때에는 회사가 정한 요금을 지불하여야 하며 회사는 회원의 입회금을 상환하도록 정해져 있는 이른바 예탁금회원제 골프장에 있어서, 체육시설업자 또는 그 사업계획의 승인을 얻은 자가 회원모집계획서를 제출하면서 허위의 사업시설 설치공정확인서를 첨부하거나 사업계획의 승인을 받을 때 정한 예정인원을 초과하여 회원을 모집하는 내용의 회원모집계획서를 제출하여 그에 대한 시·도지사 등의 검토결과 통보를 받는다면 이는 기존회원의 골프장에 대한 법률상의 지위에 영향을 미치게 되므로, 이러한 경우 기존회원은 위와 같은 회원모집계획서에 대한 시·도지사의 검토결과 통보의 취소를 구할 법률상의 이익이 있다고 보아야 한다(대판 2009.2.26. 2006두16243).

② [O] 일반적으로 면허나 인·허가 등의 수익적 행정처분의 근거가 되는 법률이 해당 업자들 사이의 과당경쟁으로 인한 경영의 불합리를 방지하는 것도 목적으로 하고 있는 경우, 다른 업자에 대한 면허나 인·허가 등의 수익적 행정처분에 대하여 미리 같은 종류의 면허나 인·허가 등의 수익적 행정처분을 받아 영업을 하고 있는 기존의 업자는 경업자에 대하여 이루어진 면허나 인·허가 등 행정처분의 상대방이 아니라고 하더라도 당해 행정처분의 무효확인 또는 취소를 구할 이익이 있다. 그러나 경업자에 대한 행정처분이 경업자에게 불리한 내용이라면 그와 경쟁관계에 있는 기존의 업자에게는 특별한 사정이 없는 한 유리할 것이므로 기존의 업자가 그 행정처분의 무효확인 또는 취소를 구할 이익은 없다고 보아야 한다(대판 2020.4.9. 2019두49953).

③ [O] 근로자가 부당해고 구제신청을 할 당시 이미 정년에 이르거나 근로계약기간 만료, 폐업 등의 사유로 근로계약관계가 종료하여 근로자의 지위에서 벗어난 경우에는 노동위원회의 구제명령을 받을 이익이 소멸하였다고 보는 것이 타당하다(대판 2022.7.14. 2020두54852).

❹ [X] 구 사립학교법과 구 사립학교법 시행령 및 乙 법인 정관 규정은 헌법 제31조 제4항에 정한 교육의 자주성과 대학의 자율성에 근거한 甲 대학교 교수협의회와 총학생회의 학교운영참여권을 구체화하여 이를 보호하고 있다고 해석되므로, 甲 대학교 교수협의회와 총학생회는 이사선임처분을 다툴 법률상 이익을 가지지만, … 학교의 직원으로 구성된 노동조합이 교육받을 권리나 학문의 자유를 실현하는 수단으로서 직접 기능한다고 볼 수는 없으므로, 전국대학노동조합 甲 대학교 지부는 법률상 이익이 없다(대판 2015.7.23. 2012두19496).

16 처분사유의 추가·변경   정답 ③

① [×] 처분사유의 추가·변경은 사실심의 변론종결시까지만 허용되는 시간적 한계가 있다(대판 1999.8.20. 98두17043). 사실심의 확정판결시까지가 아니다.

② [×] 행정처분의 취소를 구하는 항고소송에 있어서, 처분청은 당초 처분의 근거로 삼은 사유와 기본적 사실관계가 동일성이 있다고 인정되는 한도 내에서만 다른 사유를 추가하거나 변경할 수 있고, 여기서 기본적 사실관계의 동일성 유무는 처분사유를 법률적으로 평가하기 이전의 구체적인 사실에 착안하여 그 기초인 사회적 사실관계가 기본적인 점에서 동일한지 여부에 따라 결정되며, 추가 또는 변경된 사유가 당초의 처분시 그 사유를 명기하지 않았을 뿐 처분시에 이미 존재하고 있었고 당사자도 그 사실을 알고 있었다 하여 당초의 처분사유와 동일성이 있는 것이라 할 수 없다(대판 2003.12.11. 2003두8395).

❸ [O] 외국인 甲이 법무부장관에게 귀화신청을 하였으나 법무부장관이 심사를 거쳐 '품행 미단정'을 불허사유로 국적법상의 요건을 갖추지 못하였다며 신청을 받아들이지 않는 처분을 하였는데, 법무부장관이 甲을 '품행 미단정'이라고 판단한 이유에 대하여 제1심 변론절차에서 자동차관리법위반죄로 기소유예를 받은 전력 등을 고려하였다고 주장하였다가 원심 변론절차에서 불법 체류한 전력이 있다는 추가적인 사정까지 고려하였다고 주장한 사안에서, 법무부장관이 원심에서 추가로 제시한 불법 체류 전력 등의 제반 사정은 처분사유의 근거가 되는 기초사실 내지 평가요소에 지나지 않으므로, 추가로 주장할 수 있다(대판 2018.12.13. 2016두31616).

④ [×] 피고(미래창조과학부장관)가 원고의 정보공개청구에 대하여 별다른 이유를 제시하지 않은 채 이동통신요금과 관련한 총괄원가액수만을 공개한 것은, 이 사건 원가 관련 정보에 대하여 비공개결정을 하면서 비공개이유를 명시하지 않은 경우에 해당하여 위법하고, 피고가 이 사건 소송에서 비로소 이 사건 원가 관련 정보가 법인의 영업상 비밀에 해당한다는 비공개사유를 주장하는 것은, 그 기본적 사실관계가 동일하다고 볼 수 없는 사유를 추가하는 것이어서 허용될 수 없다(대판 2018.4.12. 2014두5477).

17 취소판결의 효력   정답 ②

① [×] 행정처분의 위법 여부는 행정처분이 행하여진 때의 법령과 사실을 기준으로 판단하므로, 확정판결의 당사자인 처분 행정청은 종전 처분 후에 발생한 새로운 사유를 내세워 다시 처분을 할 수 있고, 새로운 처분의 처분사유가 종전 처분의 처분사유와 기본적 사실관계에서 동일하지 않은 다른 사유에 해당하는 이상, 처분사유가 종전 처분 당시 이미 존재하고 있었고 당사자가 이를 알고 있었더라도 이를 내세워 새로이 처분을 하는 것은 확정판결의 기속력에 저촉되지 않는다(대판 2016.3.24. 2015두48235).

❷ [O] 거부처분에 대한 취소의 확정판결이 있음에도 행정청이 아무런 재처분을 하지 아니하거나, 재처분을 하였다 하더라도 그것이 종전 거부처분에 대한 취소의 확정판결의 기속력에 반하는 등으로 당연무효라면 이는 아무런 재처분을 하지 아니한 때와 마찬가지라 할 것이므로 이러한 경우에는 위 규정에 의한 간접강제신청에 필요한 요건을 갖춘 것으로 보아야 할 것이다(대결 2002.12.11. 2002무22).

③ [×] 확정판결의 당사자인 처분행정청이 그 행정소송의 사실심 변론종결 이전의 사유를 내세워 다시 확정판결과 저촉 되는 행정처분을 하는 것은 허용되지 않는 것으로서 이러한 행정처분은 그 하자가 중대하고도 명백한 것이어서 당연무효라 할 것이다(대판 1990.12.11. 90누3560).

④ [×] 행정소송법 제34조 소정의 간접강제결정에 기한 배상금은 거부처분취소판결이 확정된 경우 그 처분을 행한 행정청으로 하여금 확정판결의 취지에 따른 재처분의무의 이행을 확실히 담보하기 위한 것으로서, 확정판결의 취지에 따른 재처분의무 내용의 불확정성과 그에 따른 재처분에의 해당 여부에 관한 쟁송으로 인하여 간접강제 정에서 정한 재처분의무의 기한 경과에 따른 배상금이 증가될 가능성이 자칫 행정청으로 하여금 인용처분을 강제하여 행정청의 재량권을 박탈하는 결과를 초래할 위험성이 있는 점 등을 감안하면, 이는 확정판결의 취지에 따른 재처분의 지연에 대한 제재나 손해배상이 아니고 재처분의 이행에 관한 심리적 강제수단에 불과한 것으로 보아야 하므로, 특별한 사정이 없는 한 간접강제결정에서 정한 의무이행기한이 경과한 후라도 확정판결의 취지에 따른 재처분의 이행이 있으면 배상금을 추심함으로써 심리적 강제를 꾀할 목적이 상실되어 처분상대방이 더 이상 배상금을 추심하는 것은 허용되지 않는다(대판 2004.1.15. 2002두2444).

18 행정처분   정답 ④

① [×] 이유제시는 침익적 행정처분, 수익적 행정처분 모두에 공통된 절차이다.

② [×] 부적격사유가 없는 후보자들 사이에서 어떤 후보자를 상대적으로 더욱 적합하다고 판단하여 임용제청하는 경우라면, 이는 후보자의 경력, 인격, 능력, 대학운영계획 등 여러 요소를 종합적으로 고려하여 총장임용의 적격성을 정성적으로 평가하는 것으로 그 판단결과를 수치화하거나 이유제시를 하기 어려울 수 있다. 이 경우에는 교육부장관이 어떤 후보자를 총장으로 임용제청하는 행위 자체에 그가 총장으로 더욱 적합하다는 정성적 평가결과가 당연히 포함되어 있는 것으로, 이로써 행정절차법상 이유제시의무를 다한 것이라고 보아야 한다. 여기에서 나아가 교육부장관에게 개별 심사항목이나 고려요소에 대한 평가결과를 더 자세히 밝힐 의무까지는 없다(대판 2018.6.15. 2016두57564).

③ [×] 당사자가 요청하는 경우에도 근거와 이유를 제시하지 않아도 된다.

> 판례   이론   **조문**
>
> 「행정절차법」 제23조 【처분의 이유 제시】 ① 행정청은 처분을 할 때에는 다음 각 호의 어느 하나에 해당하는 경우를 제외하고는 당사자에게 그 근거와 이유를 제시하여야 한다.
> 1. 신청 내용을 모두 그대로 인정하는 처분인 경우
> 2. 단순·반복적인 처분 또는 경미한 처분으로서 당사자가 그 이유를 명백히 알 수 있는 경우
> 3. 긴급히 처분을 할 필요가 있는 경우
> ② 행정청은 제1항 제2호 및 제3호의 경우에 처분 후 당사자가 요청하는 경우에는 그 근거와 이유를 제시하여야 한다.

❹ [O] 세액산출근거가 누락된 납세고지서에 의한 과세처분의 하자의
치유를 허용하려면 늦어도 과세처분에 대한 불복여부의 결정
및 불복신청에 편의를 줄 수 있는 상당한 기간 내에 하여야
한다고 할 것이므로 위 과세처분에 대한 전심절차가 모두 끝
나고 상고심의 계류중에 세액산출근거의 통지가 있었다고 하
여 이로써 위 과세처분의 하자가 치유되었다고는 볼 수 없다
(대판 1984.4.10. 83누393).

19 신뢰보호원칙 정답 ①

❶ [×] 개발이익환수에 관한 법률에 정한 개발사업을 시행하기 전에,
행정청이 토지 지상에 예식장 등을 건축하는 것이 관계 법령
상 가능한지 여부를 질의하는 민원예비심사에 대하여 관련부
서 의견으로 개발이익환수에 관한 법률에 '저촉사항 없음'이라
고 기재하였다고 하더라도, 이후의 개발부담금부과처분에 관
하여 신뢰보호의 원칙을 적용하기 위한 요건인, 개인에 대하여
신뢰의 대상이 되는 공적인 견해표명을 한 것이라고는 보기
어렵다(대판 2006.6.9. 2004두46).
② [O] 도시계획구역 내 생산녹지로 답인 토지에 대하여 종교회관 건
립을 이용목적으로 하는 토지거래계약의 허가를 받으면서 담
당공무원이 관련 법규상 허용된다 하여 이를 신뢰하고 건축준
비를 하였으나 그 후 토지형질변경허가신청을 불허가 한 것이
신뢰보호원칙에 반한다(대판 1997.9.12. 96누18380).
③ [O] 병무청 담당부서의 담당공무원에게 공적 견해의 표명을 구하
는 정식의 서면질의 등을 하지 아니한 채 총무과 민원팀장에
불과한 공무원이 민원봉사차원에서 상담에 응하여 안내한 것
을 신뢰한 경우, 신뢰보호원칙이 적용되지 아니한다고 한 사례
이다(대판 2003.12.26. 2003두1875).
④ [O] 교통사고가 일어난지 1년 10개월이 지난 뒤 그 교통사고를
일으킨 택시에 대하여 운송사업면허를 취소하였더라도 처분관
할관청이 위반행위를 적발한 날로부터 10일 이내에 처분을 하
여야 한다는 교통부령인 자동차운수사업법 제31조 등의 규정
에 의한 사업면허의 취소 등의 처분에 관한 규칙 제4조 제2항
본문을 강행규정으로 볼 수 없을 뿐만 아니라 택시운송사업자
로서는 자동차운수사업법의 내용을 잘 알고 있어 교통사고를
낸 택시에 대하여 운송사업면허가 취소될 가능성을 예상할 수
도 있었을 터이니, 자신이 별다른 행정조치가 없을 것으로 믿
고 있었다 하여 바로 신뢰의 이익을 주장할 수는 없으므로 그
운송사업면허의 취소가 행정에 대한 국민의 신뢰를 저버리고
국민의 법생활의 안정을 해치는 것이어서 재량권의 범위를 일
탈한 것이라고 보기는 어렵다(대판 1989.6.27. 88누6283).

20 국가배상법 제2조 정답 ③

① [O] 국가배상법 제2조 제1항 단서는 헌법 제29조 제1항에 의하여
보장되는 국가배상청구권을 헌법 내재적으로 제한하는 헌법 제
29조 제2항에 직접 근거하고, 실질적으로 그 내용을 같이하는
것이므로 헌법에 위반되지 아니한다(헌재 2001.2.22. 2000헌
바38). 국가배상법 제2조 제1항 단서에는 군인, 군무원, 경찰
공무원 또는 향토예비군대원이 전투, 훈련 기타 직무집행과 관
련하여 전사, 순직 또는 공상을 입은 경우와 그들이 국방 또는
치안유지의 목적상 사용하는 시설 및 자동차, 함선, 항공기 기
타 운반기구 안에서 전사, 순직 또는 공상을 입은 경우에 관한
것을 규정하고 있어, 헌법 제29조 제2항에서 규정하고 있는
군인, 군무원, 경찰공무원 기타 법률이 정하는 자가 전투, 훈련
등 직무집행과 관련하여 손해를 입은 경우보다 범위를 확대한
것같이 보이지만, 국가배상법에서 국방 또는 치안유지의 목적
상 사용하는 시설 및 자동차, 함선, 항공기 기타 운반기구 안에
서 사망하거나 부상한 경우 중 전사, 순직 또는 공상을 입은
경우에 한하여 그 배상청구를 제한하고 있어 결국 헌법 제29
조 제2항에서 규정하고 있는 전투, 훈련등 직무집행과 관련하
여 사망하거나 부상을 입은 경우에 해당된다 할 것이므로, 국
가배상법 제2조 제1항 단서가 헌법 제29조 제2항의 위임범위
를 벗어났다고 할 수 없다(대판 1994.12.13. 93다29969).
② [O] 경비교도로 임용된 자는, 군인의 신분을 상실하고 군인과는 다
른 경비교도로서의 신분을 취득하게 되었다고 할 것이어서 국
가배상법 제2조 제1항 단서가 정하는 군인 등에 해당하지 아니
한다(대판 1998.2.10. 97다45914). 공익근무요원이 국가배상
법 제2조 제1항 단서의 규정에 의하여 국가배상법상 손해배상
청구가 제한되는 군인·군무원·경찰공무원 또는 향토예비군대
원에 해당한다고 할 수 없다(대판 1997.3.28. 97다4036). 전
투경찰순경은 헌법 제29조 제2항 및 국가배상법 제2조 제1항
단서 중의 '경찰공무원'에 해당한다고 보아야 할 것이다(헌재
1996.6.13. 94헌마118).
❸ [×] 대법원은 공동불법행위자인 군인의 부담부분에 관하여 국가에
대한 구상권은 허용되지 않는다는 입장이지만, 헌법재판소는
국가에 대한 구상권 청구가 허용된다는 입장이다.
④ [O] 경찰서지서의 숙직실은 국가배상법 제2조 제1항 단서에서 말
하는 전투·훈련에 관련된 시설이라고 볼 수 없으므로 위 숙직
실에서 순직한 경찰공무원의 유족들은 국가배상법 제2조 제1항
본문에 의하여 국가배상법 및 민법의 규정에 의한 손해배상을
청구할 권리가 있다(대판 1979.1.30. 77다2389).

p. 49

정답

01	①	Ⅵ	06	①	Ⅲ	11	②	Ⅱ	16	②	Ⅲ
02	①	Ⅰ	07	④	Ⅱ	12	③	Ⅲ	17	②	Ⅱ
03	③	Ⅵ	08	②	Ⅱ	13	④	Ⅵ	18	④	Ⅲ
04	②	Ⅱ	09	①	Ⅱ	14	①	Ⅳ	19	③	Ⅱ
05	③	Ⅳ	10	④	Ⅵ	15	①	Ⅴ	20	④	Ⅲ

취약 단원 분석표

단원	맞힌 답의 개수
Ⅰ	/ 1
Ⅱ	/ 7
Ⅲ	/ 5
Ⅳ	/ 2
Ⅴ	/ 1
Ⅵ	/ 4
TOTAL	/ 20

Ⅰ 행정법 서론 / Ⅱ 행정작용법 / Ⅲ 행정절차와 행정공개 / Ⅳ 행정의 실효성 확보수단 / Ⅴ 행정상 손해전보 / Ⅵ 행정쟁송

---

01 항고소송의 대상 정답 ①

❶ [X] 구 건축법 제29조 제1항·제2항, 제11조 제1항 등의 규정 내용에 의하면, 건축협의의 실질은 지방자치단체 등에 대한 건축허가와 다르지 않으므로, 지방자치단체 등이 건축물을 건축하려는 경우 등에는 미리 건축물의 소재지를 관할하는 허가권자인 지방자치단체의 장과 건축협의를 하지 않으면, 지방자치단체라 하더라도 건축물을 건축할 수 없다. 그리고 구 지방자치법 등 관련 법령을 살펴보아도 지방자치단체의 장이 다른 지방자치단체를 상대로 한 건축협의 취소에 관하여 다툼이 있는 경우에 법적 분쟁을 실효적으로 해결할 구제수단을 찾기도 어렵다. 따라서 건축협의 취소는 상대방이 다른 지방자치단체 등 행정주체라 하더라도 '행정청이 행하는 구체적 사실에 관한 법집행으로서의 공권력 행사'(행정소송법 제2조 제1항 제1호)로서 처분에 해당한다고 볼 수 있고, 지방자치단체인 원고가 이를 다툴 실효적 해결 수단이 없는 이상, 원고는 건축물 소재지 관할 허가권자인 지방자치단체의 장을 상대로 항고소송을 통해 건축협의 취소의 취소를 구할 수 있다(대판 2014.2.27. 2012두22980).

② [O] 국가공무원법 제69조에 의하면 공무원이 제33조 각 호의 1에 해당할 때에는 당연히 퇴직한다고 규정하고 있으므로, 국가공무원법상 당연퇴직은 결격사유가 있을 때 법률상 당연히 퇴직하는 것이지 공무원관계를 소멸시키기 위한 별도의 행정처분을 요하는 것이 아니며, 당연퇴직의 인사발령은 법률상 당연히 발생하는 퇴직사유를 공적으로 확인하여 알려주는 이른바 관념의 통지에 불과하고 공무원의 신분을 상실시키는 새로운 형성적 행위가 아니므로 행정소송의 대상이 되는 독립한 행정처분이라고 할 수 없다(대판 1995.11.14. 95누2036).

③ [O] 구 지적법 제20조, 제38조 제2항의 규정은 토지소유자에게 지목변경신청권과 지목정정신청권을 부여한 것이고, 한편 지목은 토지에 대한 공법상의 규제, 개발부담금의 부과대상, 지방세의 과세대상, 공시지가의 산정, 손실보상가액의 산정 등 토지행정의 기초로서 공법상의 법률관계에 영향을 미치고, 토지소유자는 지목을 토대로 토지의 사용·수익·처분에 일정한 제한을 받게 되는 점 등을 고려하면, 지목은 토지소유권을 제대로 행사하기 위한 전제요건으로서 토지소유자의 실체적 권리관계에 밀접하게 관련되어 있으므로 지적공부 소관청의 지목변경신청 반려행위는 국민의 권리관계에 영향을 미치는 것으로서 항고소송의 대상이 되는 행정처분에 해당한다(대판 2004.4.22. 2003두9015).

④ [O] 행정규칙에 의한 '불문경고조치'가 비록 법률상의 징계처분은 아니지만 위 처분을 받지 아니하였다면 차후 다른 징계처분이나 경고를 받게 될 경우 징계감경사유로 사용될 수 있었던 표창공적의 사용가능성을 소멸시키는 효과와 1년 동안 인사기록카드에 등재됨으로써 그 동안은 장관표창이나 도지사표창 대상자에서 제외시키는 효과 등이 있다는 이유로 항고소송의 대상이 되는 행정처분에 해당한다(대판 2002.7.26. 2001두3532).

---

02 신뢰보호의 원칙 정답 ①

❶ [X] 사업자등록증의 교부는 이와 같은 등록사실을 증명하는 증서의 교부행위에 불과한 것으로 과세관청이 납세의무자에게 면세사업자등록증을 교부하고 수년간 면세사업자로서 한 부가가치세 예정신고 및 확정신고를 받은 행위만으로는 과세관청이 납세의무자에게 그가 영위하는 사업에 관하여 부가가치세를 과세하지 아니함을 시사하는 언동이나 공적인 견해를 표명한 것이라 할 수 없다(대판 2002.9.4. 2001두9370).

② [O] 폐기물관리법령에 의한 폐기물처리업 사업계획에 대한 적정통보와 국토이용관리법령에 의한 국토이용계획변경은 각기 그 제도적 취지와 결정단계에서 고려해야 할 사항들이 다르다는 이유로, 폐기물처리업 사업계획에 대하여 적정통보를 한 것만으로 그 사업부지 토지에 대한 국토이용계획변경신청을 승인하여 주겠다는 취지의 공적인 견해표명을 한 것으로 볼 수 없다(대판 2005.4.28. 2004두8828).

③ [O] 행정청이 상대방에게 장차 어떤 처분을 하겠다고 확약 또는 공적인 의사표명을 하였다고 하더라도 그 자체에서 상대방으로 하여금 언제까지 처분의 발령을 신청을 하도록 유효기간을 두었는데도 그 기간 내에 상대방의 신청이 없었다거나 확약 또는 공적인 의사표명이 있은 후에 사실적·법률적 상태가 변경되었다면 그와 같은 확약 또는 공적인 의사표명은 행정청의 별다른 의사표시를 기다리지 않고 실효된다고 할 것이다(대판 1996.8.20. 95누10877).

④ [O] 운전면허 취소사유에 해당하는 음주운전을 적발한 경찰관의 소속 경찰서장이 사무착오로 위반자에게 운전면허정지처분을 한 상태에서 위반자의 주소지 관할 지방경찰청장이 위반자에게 운전면허취소처분을 한 것은 선행처분에 대한 당사자의 신뢰 및 법적 안정성을 저해하는 것으로서 허용될 수 없다(대판 2000.2.25. 99두10520).

---

03 행정심판법 정답 ③

옳지 않은 것은 ㄷ, ㄹ이다.
ㄱ. [O]「행정심판법」제3조 제2항에 대한 옳은 내용이다.

> 판례 이론 **조문**
>
> **제3조【행정심판의 대상】**② 대통령의 처분 또는 부작위에 대하여는 다른 법률에서 행정심판을 청구할 수 있도록 정한 경우 외에는 행정심판을 청구할 수 없다.

ㄴ. [O]「행정심판법」제5조 제3호에 대한 옳은 내용이다.

> 판례 이론 **조문**
>
> **제5조【행정심판의 종류】**행정심판의 종류는 다음 각 호와 같다.
> 3. 의무이행심판: 당사자의 신청에 대한 행정청의 위법 또는 부당한 거부처분이나 부작위에 대하여 일정한 처분을 하도록 하는 행정심판

ㄷ. [X] 행정심판청구에 대한 재결이 있으면 그 재결 및 같은 처분 또는 부작위에 대하여 다시 행정심판을 청구할 수 없다.

> 판례 이론 **조문**
>
> 「행정심판법」제51조【행정심판 재청구의 금지】심판청구에 대한 재결이 있으면 그 재결 및 같은 처분 또는 부작위에 대하여 다시 행정심판을 청구할 수 없다.

ㄹ. [X] 피청구인은 재결의 기속력으로 인해 불복할 수 없다.

> 판례 이론 **조문**
>
> 「행정심판법」제49조【재결의 기속력 등】① 심판청구를 인용하는 재결은 피청구인과 그 밖의 관계 행정청을 기속(羈束)한다.

---

04 허가 정답 ②

① [X] 허가로 인하여 특정 행위에 대한 관계법상의 금지를 해제하여 줄 뿐 타법상의 제한까지 모두 해제하여 주는 것은 아니다. 예컨대, 공무원이「식품위생법」상 음식점 영업허가를 받더라도 식품위생법상의 금지는 해제되나,「국가공무원법」상의 영리행위금지의무는 해제되지 않는다.

❷ [O] 허가신청 후 법령개정시 원칙적으로 개정법령을 적용하여 불허가 처분을 한 것은 적법행정행위는 처분 당시에 시행 중인 법령 및 허가기준에 의하여 하는 것이 원칙이고, 인·허가신청 후 처분 전에 관계법령이 개정·시행된 경우, 신법령 부칙에서 신법령 시행 전에 이미 허가신청이 있는 때에는 종전의 규정에 의한다는 취지의 경과규정을 두지 아니한 이상 당연히 허가신청 당시의 법령에 의하여 허가 여부를 판단하여야 하는 것은 아니며, 소관행정청이 허가신청을 수리하고도 정당한 이유 없이 처리를 늦추어 그 사이에 법령 및 허가기준이 변경된 것이 아닌 한 새로운 법령 및 허가기준에 따라서 한 불허가처분이 위법하다고 할 수 없다(대판 1992.12.8. 92누13813).

③ [X] 경업자소송에서 허가를 통해 얻는 이익은 주로 반사적 이익에 해당한다. 따라서 甲은 乙에 대한 신규허가를 다툴 수 있는 원고적격은 인정되지 않는 것이 원칙이다.

④ [X] 허가가 거부된 경우나 무허가행위의 경우 행정상 강제집행이나 행정벌의 대상이 될 뿐 무허가행위 자체의 효력에는 원칙적으로 영향을 줄 수 없어 유효하다. 다만, 행정벌에 의한 제재만으로는 행정상 목적을 달성할 수 없는 경우에는 당해 법률행위 자체를 무효로 하는 경우도 있다. 甲에 대해 허가가 거부되었음에도 불구하고 甲이 영업을 한 경우, 당해 영업행위는 원칙적으로 사법(私法)상 효력이 있다.

---

05 행정상 즉시강제 정답 ③

옳은 것은 ㄱ, ㄹ, ㅁ이다.
ㄱ. [O] 통설은 선행하는 의무불이행의 존재 여부를 기준으로 행정상 강제집행과 행정상 즉시강제를 구별하고 있다. 즉, 행정상 강제집행은 행정법상 의무불이행을 전제로 하여 이 의무를 강제하는 것인데 반하여 행정상 즉시강제는 급박한 상황하에서 의무를 명할 수 없는 경우에 행하여지는 행정강제로서 행정법상의 의무불이행을 전제로 하지 않는다는 점에서 구분된다. 따라서 행정상 즉시강제는 직접강제와는 달리 행정상 강제집행에 해당하지 않는다.

ㄴ. [X] 행정상 즉시강제는 장래를 향하여 행정상 필요한 상태를 실현하는 행정작용이므로 과거에 의무위반에 대하여 가해지는 제재인 행정벌과 구별된다.

ㄷ. [X] 영장주의가 행정상 즉시강제에도 적용되는지에 관하여는 논란이 있으나, 행정상 즉시강제는 상대방의 임의이행을 기다릴 시간적 여유가 없을 때 하명 없이 바로 실력을 행사하는 것으로서, 그 본질상 급박성을 요건으로 하고 있어 법관의 영장을 기다려서는 그 목적을 달성할 수 없다고 할 것이므로, 원칙적으로 영장주의가 적용되지 않는다고 보아야 할 것이다. 관계행정청이 등급분류를 받지 아니하거나 등급분류를 받은 게임물과 다른 내용의 게임물을 발견한 경우 관계공무원으로 하여금 이를 수거·폐기하게 할 수 있도록 한 구 음반·비디오물 및 게임물에 관한 법률이 비록 영장 없는 수거를 인정한다고 하더라도 이를 두고 헌법상 영장주의에 위배되는 것으로는 볼 수 없다(헌재 2002.10.31. 2000헌가12).

ㄹ. [O]「감염병의 예방 및 관리에 관한 법률」상 감염병환자의 강제격리·강제입원 및 강제건강진단·치료·예방접종은 대인적 강제수단에 해당한다.

ㅁ. [O] 위법한 즉시강제로 인하여 손해를 입은 자는 국가·지방자치단체를 상대로「국가배상법」에 따라 손해배상을 청구할 수 있다. 사실상 가장 효과적인 권리구제수단이 된다.

06 정보공개법 정답 ①

❶ [○] 정보공개제도는 공공기관이 보유·관리하는 정보를 그 상태대로 공개하는 제도로서 공개를 구하는 정보를 공공기관이 보유·관리하고 있을 상당한 개연성이 있다는 점에 대하여는 원칙적으로 공개청구자에게 입증책임이 있지만, 공개를 구하는 정보를 공공기관이 한때 보유·관리하였으나 후에 그 정보가 담긴 문서 등이 폐기되어 존재하지 않게 된 것이라면 그 정보를 더 이상 보유·관리하고 있지 아니하다는 점에 대한 입증책임은 공공기관에게 있다(대판 2010.2.25. 2007두9877).

② [×] 공공기관의 정보공개에 관한 법률(이하 '정보공개법'이라 한다)의 입법 목적, 정보공개의 원칙, 비공개대상정보의 규정 형식과 취지 등을 고려하면, 법원 이외의 공공기관이 정보공개법 제9조 제1항 제4호에서 정한 '진행 중인 재판에 관련된 정보'에 해당한다는 사유로 정보공개를 거부하기 위하여는 반드시 그 정보가 진행 중인 재판의 소송기록 자체에 포함된 내용일 필요는 없다. 그러나 재판에 관련된 일체의 정보가 그에 해당하는 것은 아니고 진행 중인 재판의 심리 또는 재판결과에 구체적으로 영향을 미칠 위험이 있는 정보에 한정된다고 보는 것이 타당하다(대판 2011.11.24. 2009두19021).

③ [×] 청구인이 정보공개거부처분의 취소를 구하는 소송에서 공공기관이 청구정보를 증거 등으로 법원에 제출하여 법원을 통하여 그 사본을 청구인에게 교부 또는 송달되게 하여 결과적으로 청구인에게 정보를 공개하는 셈이 되었다고 하더라도, 이러한 우회적인 방법은 정보공개법이 예정하고 있지 아니한 방법으로서 정보공개법에 의한 공개라고 볼 수는 없으므로, 당해 정보의 비공개결정의 취소를 구할 소의 이익은 소멸되지 않는다(대판 2016.12.15. 2012두11409·11416).

④ [×] 법원이 정보공개거부처분의 위법 여부를 심리한 결과, 공개가 거부된 정보에 비공개대상정보에 해당하는 부분과 공개가 가능한 부분이 혼합되어 있으며, 공개청구의 취지에 어긋나지 아니하는 범위 안에서 두 부분을 분리할 수 있다고 인정할 수 있을 때에는, 공개가 거부된 정보 중 공개가 가능한 부분을 특정하고, 판결의 주문에 정보공개거부처분 중 공개가 가능한 정보에 관한 부분만을 취소한다고 표시하여야 한다(대판 2010.2.11. 2009두6001).

07 행정기본법 정답 ④

① [○] 「행정기본법」 제23조 제1항에 대한 옳은 내용이다.

> 판례 이론 **조문**
>
> 제23조【제재처분의 제척기간】① 행정청은 법령등의 위반행위가 종료된 날부터 5년이 지나면 해당 위반행위에 대하여 제재처분(인허가의 정지·취소·철회, 등록 말소, 영업소 폐쇄와 정지를 갈음하는 과징금 부과를 말한다. 이하 이 조에서 같다)을 할 수 없다.

② [○] 「행정기본법」 제36조 제1항에 대한 옳은 내용이다.

> 판례 이론 **조문**
>
> 제36조【처분에 대한 이의신청】① 행정청의 처분(「행정심판법」 제3조에 따라 같은 법에 따른 행정심판의 대상이 되는 처분을 말한다. 이하 이 조에서 같다)에 이의가 있는 당사자는 처분을 받은 날부터 30일 이내에 해당 행정청에 이의신청을 할 수 있다.

③ [○] 「행정기본법」 제17조 제4항에 대한 옳은 내용이다.

> 판례 이론 **조문**
>
> 제17조【부관】④ 부관은 다음 각 호의 요건에 적합하여야 한다.
> 1. 해당 처분의 목적에 위배되지 아니할 것
> 2. 해당 처분과 실질적인 관련이 있을 것
> 3. 해당 처분의 목적을 달성하기 위하여 필요한 최소한의 범위일 것

❹ [×] 행정청은 사정이 변경되어 종전의 부관을 변경하지 아니하면 해당 처분의 목적을 달성할 수 없다고 인정되는 경우에는 법률에 근거가 없어도 종전의 부관을 변경할 수 있다.

> 판례 이론 **조문**
>
> 「행정기본법」 제17조【부관】③ 행정청은 부관을 붙일 수 있는 처분이 다음 각 호의 어느 하나에 해당하는 경우에는 그 처분을 한 후에도 부관을 새로 붙이거나 종전의 부관을 변경할 수 있다.
> 1. 법률에 근거가 있는 경우
> 2. 당사자의 동의가 있는 경우
> 3. 사정이 변경되어 부관을 새로 붙이거나 종전의 부관을 변경하지 아니하면 해당 처분의 목적을 달성할 수 없다고 인정되는 경우

08 행정행위의 부관 정답 ②

옳지 않은 것은 ㄴ, ㄹ, ㅁ이다.

ㄱ. [○] 조건과 달리 부담부 행정행위의 경우에는 처음부터 효력이 발생하고, 부담은 독립하여 행정쟁송의 대상이 될 수 있기 때문에 상대방에게 유리한 부담으로 해석하는 것이 통설이다.

ㄴ. [×] 부담부 행정행위의 경우에는 처음부터 효력이 발생한다. 정지조건부 행정행위의 경우에는 조건이 성취된 시점부터 효력이 발생한다는 점에서 차이가 있다.

ㄷ. [○] 수익적 행정행위에 대하여 철회권이 유보된 경우 행정청은 해당 조건이 성취되면 행정청은 철회할 수 있다. 그러나 유보된 철회사유가 발생하더라도 자유롭게 철회할 수 있는 것은 아니며, 조리상의 제한을 받는 범위 내에서 인정된다.

ㄹ. [×] 귀화허가 등과 같은 포괄적 신분설정행위는 성질상 부관을 붙일 수 없다.

ㅁ. [×] 부관 중에서 부담만이 독립하여 행정쟁송의 대상이 된다.

ㅂ. [O] 공무원이 인·허가 등 수익적 행정처분을 하면서 상대방에게 그 처분과 관련하여 이른바 부관으로서 부담을 붙일 수 있다 하더라도, 그러한 부담은 법치주의와 사유재산 존중, 조세법률 주의 등 헌법의 기본원리에 비추어 비례의 원칙이나 부당결부의 원칙에 위반되지 않아야만 적법한 것인바, 행정처분과 부관 사이에 실제적 관련성이 있다고 볼 수 없는 경우 공무원이 위와 같은 공법상의 제한을 회피할 목적으로 행정처분의 상대방과 사이에 사법상 계약을 체결하는 형식을 취하였다면 이는 법치행정의 원리에 반하는 것으로서 위법하다.

판례 이론 조문

지방자치단체가 골프장사업계획승인과 관련하여 사업자로부터 기부금을 지급받기로 한 증여계약은 공무수행과 결부된 금전적 대가로서 그 조건이나 동기가 사회질서에 반하므로 민법 제103조에 의해 무효라고 본 사례(대판 2009.12.10. 2007다63966)

09 행정행위의 효력 정답 ③

옳지 않은 것은 ㄷ, ㄹ이다.
ㄱ. [O] 「행정절차법」 제2조 제1호 나목에 대한 옳은 내용이다.

판례 이론 **조문**

제2조【정의】이 법에서 사용하는 용어의 뜻은 다음과 같다.
1. "행정청"이란 다음 각 목의 자를 말한다.
  나. 그 밖에 법령 또는 자치법규(이하 "법령 등"이라 한다)에 따라 행정권한을 가지고 있거나 위임 또는 위탁받은 공공단체 또는 그 기관이나 사인(私人)
공무수탁사인은 위임받은 범위 내에서는 행정청인 동시에 행정주체이므로 행정행위를 할 수 있다.

ㄴ. [O] 행정행위는 국민에 대하여 직접적인 법적 효과를 발생하게 하는 행위이므로 행정조직 내부의 행위는 행정행위가 아니다.
ㄷ. [X] 일정한 불복기간이 경과하거나 쟁송수단을 다 거친 후에는 상대방 또는 이해관계인이 더 이상 행정행위를 다툴 수 없게 되는 효력은 행정행위의 불가쟁력이다.
ㄹ. [X] 행정행위의 집행력은 별도의 법적 근거가 있어야만 인정된다고 본다.
ㅁ. [O] 지방경찰청장이 도로교통법 제10조 제1항에 의하여 횡단보도를 설치한 경우 보행자는 횡단보도를 통해서만 도로를 횡단하여야 하고 차의 운전자는 횡단보도 앞에서 일시정지하는 등으로 횡단보도를 통행하는 보행자를 보호할 의무가 있음을 규정하는 도로교통법의 취지에 비추어 볼 때 지방경찰청장이 횡단보도를 설치하여 보행자의 통행방법 등을 규제하는 것은 행정청이 특정사항에 대하여 의무의 부담을 명하는 행위이고 이는 국민의 권리의무에 직접 관계가 있는 행위로서 행정처분이라고 보아야 할 것이다(대판 2000.10.27. 98두8964).

10 제소기간 정답 ④

옳은 것은 ㄹ이고, 옳지 않은 것은 ㄱ, ㄴ, ㄷ이다.
ㄱ. [X] 행정청이 행정심판청구를 할 수 있다고 잘못 알려 행정심판을 청구한 경우에는 처분이 있음을 안 날이 아니라 재결서 정본을 송달받은 날부터 제소기간이 기산된다.

판례 이론 **조문**

「행정소송법」제20조【제소기간】① 취소소송은 처분 등이 있음을 안 날부터 90일 이내에 제기하여야 한다. 다만, 제18조 제1항 단서에 규정한 경우와 그 밖에 행정심판청구를 할 수 있는 경우 또는 행정청이 행정심판청구를 할 수 있다고 잘못 알린 경우에 행정심판청구가 있은 때의 기간은 재결서의 정본을 송달받은 날부터 기산한다.

ㄴ. [X] 이미 제소기간이 지남으로써 불가쟁력이 발생하여 불복청구를 할 수 없었던 경우라면 그 이후에 행정청이 행정심판청구를 할 수 있다고 잘못 알렸다고 하더라도 그 때문에 처분 상대방이 적법한 제소기간 내에 취소소송을 제기할 수 있는 기회를 상실하게 된 것은 아니므로 이러한 경우에 잘못된 안내에 따라 청구된 행정심판 재결서 정본을 송달받은 날부터 다시 취소소송의 제소기간이 기산되는 것은 아니다. 불가쟁력이 발생하여 더 이상 불복청구를 할 수 없는 처분에 대하여 행정청의 잘못된 안내가 있었다고 하여 처분 상대방의 불복청구 권리가 새로이 생겨나거나 부활한다고 볼 수는 없기 때문이다(대판 2012.9.27. 2011두27247).
ㄷ. [X] 처분서의 송달 전에 정보공개청구를 통하여 처분서를 확인한 경우 그 행정처분에 대한 취소소송의 제소기간이 진행하는 것은 아니다.

판례 이론 조문

지방보훈청장이 허혈성심장질환이 있는 甲에게 재심 서면판정 신체검사를 실시한 다음 종전과 동일하게 전(공)상군경 7급 국가유공자로 판정하는 '고엽제후유증전환 재심신체검사 무변동처분' 통보서를 송달하자 甲이 위 처분의 취소를 구한 사안에서, 위 처분이 甲에게 고지되어 처분이 있다는 사실을 현실적으로 알았을 때 행정소송법 제20조 제1항에서 정한 제소기간이 진행한다고 보아야 함에도, 甲이 통보서를 송달받기 전에 자신의 의무기록에 관한 정보공개를 청구하여 위 처분을 하는 내용의 통보서를 비롯한 일체의 서류를 교부받은 날부터 제소기간을 기산하여 위 소는 90일이 지난 후 제기한 것으로서 부적법하다고 본 원심판결에 법리를 오해한 위법이 있다(대판 2014.9.25. 2014두8254).

ㄹ. [O] 「행정소송법」제20조에 대한 옳은 내용이다.

판례 이론 **조문**

제20조【제소기간】① 취소소송은 처분 등이 있음을 안 날부터 90일 이내에 제기하여야 한다. 다만, 제18조 제1항 단서에 규정한 경우와 그 밖에 행정심판청구를 할 수 있는 경우 또는 행정청이 행정심판청구를 할 수 있다고 잘못 알린 경우에 행정심판청구가 있은 때의 기간은 재결서의 정본을 송달받은 날부터 기산한다.
② 취소소송은 처분 등이 있은 날부터 1년(제1항 단서의 경우는 재결이 있은 날부터 1년)을 경과하면 이를 제기하지 못한다. 다만, 정당한 사유가 있는 때에는 그러하지 아니하다.
③ 제1항의 규정에 의한 기간은 불변기간으로 한다.

ㄷ. [×] 개인정보처리자는 고의 또는 과실이 없음을 입증하면 책임을 면할 수 있다.

> 판례 이론 **조문**
>
> 「개인정보 보호법」 제39조 【손해배상책임】 ③ 개인정보처리자의 고의 또는 중대한 과실로 인하여 개인정보가 분실·도난·유출·위조·변조 또는 훼손된 경우로서 정보주체에게 손해가 발생한 때에는 법원은 그 손해액의 5배를 넘지 아니하는 범위에서 손해배상액을 정할 수 있다. 다만, 개인정보처리자가 고의 또는 중대한 과실이 없음을 증명한 경우에는 그러하지 아니하다.

---

11 인·허가의제 정답 ②

① [O] 의제인·허가 행정청의 권한이 주된 인·허가행정청으로 이동함에 따라 인·허가의제는 행정청의 소관사항과 관련하여 권한행사의 변경을 가져오므로 법령의 근거를 필요로 한다.

❷ [×] 의제된 인·허가는 통상적인 인·허가와 동일한 효력을 가지므로, 적어도 '부분 인·허가의제'가 허용되는 경우에는 그 효력을 제거하기 위한 법적 수단으로 의제된 인·허가의 취소나 철회가 허용될 수 있고, 이러한 직권 취소·철회가 가능한 이상 그 의제된 인·허가에 대한 쟁송취소 역시 허용된다. 따라서 주택건설사업계획 승인처분에 따라 의제된 인·허가가 위법함을 다투고자 하는 이해관계인은, 주택건설사업계획 승인처분의 취소를 구할 것이 아니라 의제된 인·허가의 취소를 구하여야 하며, 의제된 인·허가는 주택건설사업계획 승인처분과 별도로 항고소송의 대상이 되는 처분에 해당한다(대판 2018.11.29. 2016두38792).

③ [O] 건축물의 건축이 국토계획법상 개발행위에 해당할 경우 그에 대한 건축허가를 하는 허가권자는 건축허가에 배치·저촉되는 관계 법령상 제한 사유의 하나로 국토계획법령의 개발행위허가기준을 확인하여야 하므로, 국토계획법상 건축물의 건축에 관한 개발행위허가가 의제되는 건축허가신청이 국토계획법령이 정한 개발행위허가기준에 부합하지 아니하면 허가권자로서는 이를 거부할 수 있고, 이는 건축법 제16조 제3항에 의하여 개발행위허가의 변경이 의제되는 건축허가사항의 변경허가에서도 마찬가지이다(대판 2016.8.24. 2016두35762).

④ [O] 건축불허가처분을 하면서 그 처분사유로 건축불허가 사유뿐만 아니라 형질변경불허가 사유나 농지전용불허가 사유를 들고 있다고 하여 그 건축불허가처분 외에 별개로 형질변경불허가처분이나 농지전용불허가처분이 존재하는 것이 아니므로, 그 건축불허가처분을 받은 사람은 그 건축불허가처분에 관한 쟁송에서 건축법상의 건축불허가 사유뿐만 아니라 같은 도시계획법상의 형질변경불허가 사유나 농지법상의 농지전용불허가 사유에 관하여도 다툴 수 있는 것이다(대판 2001.1.16. 99두10988).

---

12 개인정보 보호 정답 ③

옳지 않은 것은 ㄷ이다.

ㄱ. [O] 「개인정보 보호법」 제2조 제2호에 대한 옳은 내용이다.

> 판례 이론 **조문**
>
> 제2조 【정의】 이 법에서 사용하는 용어의 뜻은 다음과 같다.
> 2. "처리"란 개인정보의 수집, 생성, 연계, 연동, 기록, 저장, 보유, 가공, 편집, 검색, 출력, 정정(訂正), 복구, 이용, 제공, 공개, 파기(破棄), 그 밖에 이와 유사한 행위를 말한다.

ㄴ. [O] 개인정보자기결정권은 자신에 관한 정보가 언제 누구에게 어느 범위까지 알려지고 또 이용되도록 할 것인지를 그 정보주체가 스스로 결정할 수 있는 권리이다. 즉 정보주체가 개인정보의 공개와 이용에 관하여 스스로 결정할 권리를 말한다(헌재 2005.7.21. 2003헌마282).

---

13 행정소송 정답 ④

① [×] 주택재건축정비사업조합(이하 '재건축조합'이라 한다)이 관리처분계획의 수립 혹은 변경을 통한 집단적인 의사결정 방식 외에 전체 조합원의 일부인 개별 조합원과 사적으로 그와 관련한 약정을 체결한 경우에도, 구속적 행정계획으로서 재건축조합이 행하는 독립된 행정처분에 해당하는 관리처분계획의 본질 및 전체 조합원 공동의 이익을 목적으로 하는 재건축조합의 행정주체로서 갖는 공법상 재량권에 비추어 재건축조합이 개별 조합원 사이의 사법상 약정에 직접적으로 구속된다고 보기는 어렵다. 따라서 그 개별 약정의 내용과 취지 등을 감안하여 유효·적법한 관리처분계획 수립의 범위 내에서 그 약정의 취지를 가능한 한 성실하게 반영하기 위한 조치를 취하여야 할 의무가 인정될 수 있음은 별론으로 하더라도, 이를 초과하여 개별 조합원과의 약정을 절대적으로 반영한 관리처분계획을 수립하여야만 하는 구체적인 민사상 의무까지 인정될 수는 없고, 약정의 당사자인 개별 조합원 역시 재건축조합에 대하여 약정 내용대로의 관리처분계획 수립을 강제할 수 있는 민사상 권리를 가진다고 볼 수 없다(대판 2022.7.14. 2022다206391).

② [×] 입주자나 입주예정자들은 사용검사처분의 무효확인을 받거나 그 처분을 취소하지 않고도 민사소송 등을 통하여 분양계약에 따른 법률관계 및 하자 등을 주장·증명함으로써 사업주체 등으로부터 하자의 제거·보완 등에 관한 권리구제를 받을 수 있으므로, 사용검사처분의 무효확인 또는 취소 여부에 의하여 그 법률적인 지위가 달라진다고 할 수 없으며, 구 주택공급에 관한 규칙에서 주택공급계약에 관하여 사용검사와 관련된 규정을 두고 있다고 하더라도 달리 볼 것은 아니다. … 입주자나 입주예정자는 사용검사처분의 무효확인 또는 취소를 구할 법률상 이익이 없다고 할 것이다(대판 2015.1.29. 2013두24976).

③ [×] 설령 참가인 조합이 이 사건 조합설립인가 처분 후 새로이 조합설립인가 처분을 받는 것과 동일한 요건과 절차를 거쳐 이 사건 변경인가 처분을 받았더라도, 이 사건 조합설립인가 처분의 유효를 전제로 참가인 조합이 시공사 선정 등의 후속행위를 한 이상, 원고들에게는 이 사건 조합설립인가 처분의 무효확인을 구할 소의 이익이 있다고 보아야 한다(대판 2014.5.16. 2011두27094).

❹ [O] 처분청이 당초의 운전면허 취소처분을 신뢰보호의 원칙과 형평의 원칙에 반하는 너무무거운 처분으로 보아 이를 철회하고 새로이 265일간의 운전면허 정지처분을 하였다면, 당초의 처분인 운전면허 취소처분은 철회로 인하여 그 효력이 상실되어 더 이상 존재하지 않는 것이고 그 후의 운전면허 정지처분만이 남아 있는 것이라 할 것이며, 한편 존재하지 않는 행정처분을 대상으로 한 취소소송은 소의 이익이 없어 부적법하다(대판 1997.9.26. 96누1931).

14 질서위반행위규제법 정답 ①

❶ [X] 자동차의 등록번호판이 영치된 당사자가 해당 자동차를 직접적인 생계유지 목적으로 사용하고 있어 자동차 등록번호판을 영치할 경우 생계유지가 곤란하다고 인정되는 경우 자동차 등록번호판을 내주고 영치를 일시 해제할 수 있다. 다만, 그 밖의 다른 과태료를 체납하고 있는 당사자에 대하여는 그러하지 아니하다(「질서위반행위규제법」 제55조 제4항).

판례 **이론** 조문

「질서위반행위규제법」 최신개정 내용
1. 개정이유
현행법은 과태료를 신용카드, 직불카드 등으로 납부할 수 있는지 여부에 대해 명문의 규정을 두고 있지 않아 실제 납부업무수행에 있어 혼선이 있다. 현행법은 자동차 관련 과태료를 납부하지 아니한 자에 대하여는 자동차의 등록번호판을 영치할 수 있도록 하고 있으나 해당 자동차를 직접적인 생계유지 목적으로 사용하고 있는 사람들에 대한 일시 해제 규정을 두고 있지 않아 이들의 생계 곤란에 대한 구제수단이 마련되어 있지 아니하다.
2. 주요내용
이에 신용카드로 과태료를 납부할 수 있도록 명문의 규정을 마련하고, 경제적 형편이 어려운 과태료 체납자의 부담을 완화하기 위하여 가산금을 100분의 5에서 100분의 3으로 인하하며, 과태료에 대한 분할납부와 납부연기에 관한 규정을 법률에 직접 규정하는 한편, 등록번호판의 영치를 일시 해제할 수 있는 규정을 마련하려는 것이다.

② [O] 「질서위반행위규제법」 제54조 제1항에 대한 옳은 내용이다.

판례 이론 **조문**

제54조【고액·상습체납자에 대한 제재】① 법원은 검사의 청구에 따라 결정으로 30일의 범위 이내에서 과태료의 납부가 있을 때까지 다음 각 호의 사유에 모두 해당하는 경우 체납자(법인인 경우에는 대표자를 말한다. 이하 이 조에서 같다)를 감치에 처할 수 있다.
1. 과태료를 3회 이상 체납하고 있고, 체납발생일부터 각 1년이 경과하였으며, 체납금액의 합계가 1천만원 이상인 체납자 중 대통령령으로 정하는 횟수와 금액 이상을 체납한 경우
2. 과태료 납부능력이 있음에도 불구하고 정당한 사유 없이 체납한 경우

③ [O] 「질서위반행위규제법」 제17조의2 제1항에 대한 옳은 내용이다.

판례 이론 **조문**

제17조의2【신용카드 등에 의한 과태료의 납부】① 당사자는 과태료, 제24조에 따른 가산금, 중가산금 및 체납처분비를 대통령령으로 정하는 과태료 납부대행기관을 통하여 신용카드, 직불카드 등(이하 "신용카드 등"이라 한다)으로 낼 수 있다.

④ [O] 「질서위반행위규제법」 제24조 제1항에 대한 옳은 내용이다.

판례 이론 **조문**

제24조【가산금 징수 및 체납처분 등】① 행정청은 당사자가 납부기한까지 과태료를 납부하지 아니한 때에는 납부기한을 경과한 날부터 체납된 과태료에 대하여 100분의 3에 상당하는 가산금을 징수한다.

15 국가배상법 제5조 정답 ①

❶ [X] 「민법」 제758조는 점유자 면책조항을 두고 있지만, 「국가배상법」 제5조는 그러한 면책규정이 없다.
② [O] 영조물의 설치 또는 관리상의 하자로 인한 사고라 함은 영조물의 설치 또는 관리상의 하자만이 손해발생의 원인이 되는 경우만을 말하는 것이 아니고, 다른 자연적 사실이나 제3자의 행위 또는 피해자의 행위와 경합하여 손해가 발생하더라도 영조물의 설치 또는 관리상의 하자가 공동원인의 하나가 되는 이상 그 손해는 영조물의 설치 또는 관리상의 하자에 의하여 발생한 것이라고 해석함이 상당하다(대판 1994.11.22. 94다32924).
③ [O] 「국가배상법」 제6조 제1항에 대한 옳은 내용이다.

판례 이론 **조문**

제6조【비용부담자 등의 책임】① 제2조·제3조 및 제5조에 따라 국가나 지방자치단체가 손해를 배상할 책임이 있는 경우에 공무원의 선임·감독 또는 영조물의 설치·관리를 맡은 자와 공무원의 봉급·급여, 그 밖의 비용 또는 영조물의 설치·관리 비용을 부담하는 자가 동일하지 아니하면 그 비용을 부담하는 자도 손해를 배상하여야 한다.

④ [O] 영조물 설치의 '하자'라 함은 영조물의 축조에 불완전한 점이 있어 이 때문에 영조물 자체가 통상 갖추어야 할 완전성을 갖추지 못한 상태에 있음을 말한다고 할 것인바 그 '하자' 유무는 객관적 견지에서 본 안전성의 문제이고 그 설치자의 재정사정이나 영조물의 사용목적에 의한 사정은 안전성을 요구하는데 대한 정도 문제로서 참작사유에는 해당할지언정 안전성을 결정지을 절대적 요건에는 해당하지 아니한다 할 것이다(대판 1967.2.21. 66다1723).

16 행정절차법 정답 ②

①④ [O] 행정절차법 제22조 제1항 제1호에 정한 청문제도는 행정처분의 사유에 대하여 당사자에게 변명과 유리한 자료를 제출할 기회를 부여함으로써 위법사유의 시정가능성을 고려하고 처분의 신중과 적정을 기하려는 데 그 취지가 있으므로, 행정청이 특히 침해적 행정처분을 할 때 그 처분의 근거 법령 등에서 청문을 실시하도록 규정하고 있다면, 행정절차법 등 관련 법령상 청문을 실시하지 않아도 되는 예외적인 경우에 해당하지 않는 한 반드시 청문을 실시하여야 하며, 그러한 절차를 결여한 처분은 위법한 처분으로서 취소사유에 해당한다(대판 2007.11.16. 2005두15700).

❷ [X] '선정하여야 한다'가 아닌 '선정할 수 있다'이다.

> 판례 이론 **조문**
>
> 「행정절차법」제28조【청문 주재자】① 행정청은 소속 직원 또는 대통령령으로 정하는 자격을 가진 사람 중에서 청문 주재자를 공정하게 선정하여야 한다.
> ② 행정청은 다음 각 호의 어느 하나에 해당하는 처분을 하려는 경우에는 청문 주재자를 2명 이상으로 선정할 수 있다. 이 경우 선정된 청문 주재자 중 1명이 청문 주재자를 대표한다.
> 1. 다수 국민의 이해가 상충되는 처분

③ [O] 「행정절차법」제28조 제3항에 대한 옳은 내용이다.

> 판례 이론 **조문**
>
> 제28조【청문 주재자】③ 행정청은 청문이 시작되는 날부터 7일 전까지 청문 주재자에게 청문과 관련한 필요한 자료를 미리 통지하여야 한다.

17 공법상 계약 정답 ②

옳은 것은 ㄴ이다.

ㄱ. [X] 지방자치법 제9조 제2항 제5호 가목의 규정에 의하면, 피고 경기도에 의하여 설립된 이 사건 학교의 활동은 지방자치단체인 피고 경기도의 사무로서 그 공공적 업무수행의 일환으로 이루어진다고 해석되고, 형식적으로는 피고 한국애니메이션학교장과 원고가 근로계약을 체결하였다 하더라도 위 근로계약은 공법상의 근무관계의 설정을 목적으로 하여 피고 경기도와 원고(丙) 사이에 대등한 지위에서 의사가 합치되어 성립하는 공법상 근로계약에 해당하므로, 그 갱신 거절의 무효확인을 구하는 소의 피고적격은 피고 경기도(甲)에 있다(대판 2015.4.9. 2013두11499).

ㄴ. [O] 지방자치단체와 채용계약에 의하여 채용된 계약직공무원이 그 계약기간 만료 이전에 채용계약 해지 등의 불이익을 받은 후 그 계약기간이 만료된 때에는 그 채용계약 해지의 의사표시가 무효라고 하더라도, 지방공무원법이나 지방계약직공무원규정 등에서 계약기간이 만료되는 계약직공무원에 대한 재계약의무를 부여하는 근거 규정이 없으므로 계약기간의 만료로 당연히 계약직공무원의 신분을 상실하고 계약직공무원의 신분을 회복할 수 없는 것이므로, 그 해지의사표시의 무효확인청구는 과거의 법률관계의 확인청구에 지나지 않는다 할 것이고, 한편 과거의 법률관계라 할지라도 현재의 권리 또는 법률상 지위에 영향을 미치고 있고 현재의 권리 또는 법률상 지위에 대한 위험이나 불안을 제거하기 위하여 그 법률관계에 관한 확인판결을 받는 것이 유효 적절한 수단이라고 인정될 때에는 그 법률관계의 확인소송은 즉시확정의 이익이 있다고 보아야 할 것이나, 계약직공무원에 대한 채용계약이 해지된 경우에는 공무원 등으로 임용되는 데에 있어서 법령상의 아무런 제약사유가 되지 않을 뿐만 아니라, 계약기간 만료 전에 채용계약이 해지된 전력이 있는 사람이 공무원 등으로 임용되는 데에 있어서 그러한 전력이 없는 사람보다 사실상 불이익한 장애사유로 작용한다고 하더라도 그것만으로는 법률상의 이익이 침해되었다고 볼 수는 없으므로 그 무효확인을 구할 이익이 없다. 또한, 이 사건과 같이 이미 채용기간이 만료되어 소송 결과에 의해 법률상 그 직위가 회복되지 않는 이상 채용계약 해지의 의사표시의 무효확인만으로는 당해 소송에서 추구하는 권리구제의 기능이 있다고 할 수 없고, 침해된 급료지급청구권이나 사실상의 명예를 회복하는 수단은 바로 급료의 지급을 구하거나 명예훼손을 전제로 한 손해배상을 구하는 등의 이행청구소송으로 직접적인 권리구제방법이 있는 이상 무효확인소송은 적절한 권리구제수단이라 할 수 없어 확인소송의 또 다른 소송요건을 구비하지 못하고 있다 할 것이며, 위와 같이 직접적인 권리구제의 방법이 있는 이상 무효확인 소송을 허용하지 않는다고 해서 당사자의 권리구제를 봉쇄하는 것도 아니다(대판 2008.6.12. 2006두16328).

ㄷ. [X] 계약직공무원에 관한 현행 법령의 규정에 비추어 볼 때, 계약직공무원 채용계약해지의 의사표시는 일반공무원에 대한 징계처분과는 달라서 항고소송의 대상이 되는 처분 등의 성격을 가진 것으로 인정되지 아니하고, 일정한 사유가 있을 때에 국가 또는 지방자치단체가 채용계약 관계의 한쪽 당사자로서 대등한 지위에서 행하는 의사표시로 취급되는 것으로 이해되므로, 이를 징계해고 등에서와 같이 그 징계사유에 한하여 효력 유무를 판단하여야 하거나, 행정처분과 같이 행정절차법에 의하여 근거와 이유를 제시하여야 하는 것은 아니다(대판 2002.11.26. 2002두5948).

18 개인정보 보호법 정답 ④

① [O] 옥외집회·시위에 대한 경찰의 촬영행위에 의해 취득한 자료는 '개인정보'의 보호에 관한 일반법인 '개인정보 보호법'이 적용될 수 있다(헌재 2018.8.30. 2014헌마843).

② [O] 시장·군수 또는 구청장이 개인의 지문정보를 수집하고, 경찰청장이 이를 보관·전산화하여 범죄수사목적에 이용하는 것은 모두 개인정보자기결정권을 제한하는 것이다(헌재 2005.5.26. 99헌마513·2004헌마190).

③ [○] 개인정보자기결정권의 보호대상이 되는 개인정보는 개인의 신체, 신념, 사회적 지위, 신분 등과 같이 개인의 인격주체성을 특징짓는 사항으로서 개인의 동일성을 식별할 수 있게 하는 일체의 정보이고, 반드시 개인의 내밀한 영역에 속하는 정보에 국한되지 아니하며 공적 생활에서 형성되었거나 이미 공개된 개인정보까지 포함한다. 또한 개인정보를 대상으로 한 조사·수집·보관·처리·이용 등의 행위는 모두 원칙적으로 개인정보자기결정권에 대한 제한에 해당한다(대판 2016.8.17. 2014다235080).

❹ [×] 판례 이론 **조문**

> 「개인정보 보호법」 제36조【개인정보의 정정·삭제】① 제35조에 따라 자신의 개인정보를 열람한 정보주체는 개인정보처리자에게 그 개인정보의 정정 또는 삭제를 요구할 수 있다. 다만, 다른 법령에서 그 개인정보가 수집 대상으로 명시되어 있는 경우에는 그 삭제를 요구할 수 없다.

19 행정행위 정답 ③

① [×] 행정청이 상대방에게 장차 어떤 처분을 하겠다고 확약 또는 공적인 의사표명을 하였다고 하더라도, 그 자체에서 상대방으로 하여금 언제까지 처분의 발령을 신청을 하도록 유효기간을 두었는데도 그 기간 내에 상대방의 신청이 없었다거나 확약 또는 공적인 의사표명이 있은 후에 사실적·법률적 상태가 변경되었다면, 그와 같은 확약 또는 공적인 의사표명은 행정청의 별다른 의사표시를 기다리지 않고 실효된다(대판 1996.8.20. 95누1087).

② [×] 제소기간이 이미 도과하여 불가쟁력이 생긴 행정처분에 대하여는 개별 법규에서 그 변경을 요구할 신청권을 규정하고 있거나 관계 법령의 해석상 그러한 신청권이 인정될 수 있는 등 특별한 사정이 없는 한 국민에게 그 행정처분의 변경을 구할 신청권이 있다 할 수 없다. 그러한 이상 그 거부행위인 이 사건 통지는 항고소송의 대상이 되는 행정처분이 될 수 없다(대판 2007.4.26. 2005두11104).

❸ [○] 영업의 금지를 명한 영업허가취소처분 자체가 나중에 행정쟁송절차에 의하여 취소되었다면 그 영업허가취소처분은 그 처분시에 소급하여 효력을 잃게 되며, 그 영업허가취소처분에 복종할 의무가 원래부터 없었음이 확정되었다고 봄이 타당하고, 영업허가취소처분이 장래에 향하여서만 효력을 잃게 된다고 볼 것은 아니므로 그 영업허가취소처분 이후의 영업행위를 무허가영업이라고 볼 수는 없다(대판 1993.6.25. 93도277).

④ [×] 행정처분이나 행정심판 재결이 불복기간의 경과로 인하여 확정될 경우 확정력(불가쟁력)은 처분으로 인하여 법률상 이익을 침해받은 자가 처분이나 재결의 효력을 더 이상 다툴 수 없다는 의미일 뿐 판결에 있어서와 같은 기판력이 인정되는 것은 아니어서 처분의 기초가 된 사실관계나 법률적 판단이 확정되고 당사자들이나 법원이 이에 기속되어 모순되는 주장이나 판단을 할 수 없게 되는 것은 아니다(대판 1993.4.13. 92누17181).

20 정보공개 정답 ④

옳은 것은 ㄴ, ㄷ, ㄹ이다.

ㄱ. [×] 정보공개청구권은 법률상 보호되는 구체적인 권리이므로 청구인이 공공기관에 대하여 정보공개를 청구하였다가 거부처분을 받은 것 자체가 법률상 이익의 침해에 해당한다(대판 2003.12.12. 2003두8050).

ㄴ. [○] 공공기관의 정보공개에 관한 법률상 공개청구의 대상이 되는 정보란 공공기관이 직무상 작성 또는 취득하여 현재 보유·관리하고 있는 문서에 한정되는 것이기는 하나, 그 문서가 반드시 원본일 필요는 없다(대판 2006.5.25. 2006두3049).

ㄷ. [○] 「공공기관의 정보공개에 관한 법률」 제6조의2에 대한 옳은 내용이다.

판례 이론 **조문**

> 제6조의2【정보공개 담당자의 의무】공공기관의 정보공개 담당자(정보공개 청구 대상 정보와 관련된 업무 담당자를 포함한다)는 정보공개 업무를 성실하게 수행하여야 하며, 공개 여부의 자의적인 결정, 고의적인 처리 지연 또는 위법한 공개 거부 및 회피 등 부당한 행위를 하여서는 아니 된다.

ㄹ. [○] 「공공기관의 정보공개에 관한 법률」 제13조 제3항에 대한 옳은 내용이다.

판례 이론 **조문**

> 제13조【정보공개 여부 결정의 통지】③ 공공기관은 공개 대상 정보의 양이 너무 많아 정상적인 업무수행에 현저한 지장을 초래할 우려가 있는 경우에는 해당 정보를 일정 기간별로 나누어 제공하거나 사본·복제물의 교부 또는 열람과 병행하여 제공할 수 있다.

정답

p. 56

01	④	V	06	④	Ⅲ	11	③	Ⅳ	16	①	Ⅱ
02	④	Ⅰ	07	④	Ⅲ	12	④	Ⅳ	17	④	Ⅵ
03	①	V	08	③	Ⅵ	13	④	V	18	④	Ⅰ
04	④	Ⅱ	09	③	Ⅵ	14	③	Ⅱ	19	④	Ⅱ
05	②	Ⅱ	10	①	Ⅱ	15	④	Ⅵ	20	②	Ⅱ

취약 단원 분석표

단원	맞힌 답의 개수
Ⅰ	/ 2
Ⅱ	/ 6
Ⅲ	/ 2
Ⅳ	/ 2
V	/ 4
Ⅵ	/ 4
TOTAL	/ 20

Ⅰ 행정법 서론 / Ⅱ 행정작용법 / Ⅲ 행정절차와 행정공개 / Ⅳ 행정의 실효성 확보수단 / V 행정상 손해전보 / Ⅵ 행정쟁송

---

01 행정상 손해배상
정답 ④

① [O] 주민등록사무를 담당하는 공무원이 개명으로 인한 주민등록상 성명정정을 본적지 관할관청에 통보하지 아니한 직무상 의무 위배행위와 甲과 같은 이름으로 개명허가를 받은 듯이 호적등본을 위조하여 주민등록상 성명을 위법하게 정정한 乙이 甲의 부동산에 관하여 불법적으로 근저당권설정등기를 경료함으로써 甲이 입은 손해 사이에는 상당인과관계가 있다(대판 2003. 4.25. 2001다59842).

② [O] 재판에 대하여 따로 불복절차 또는 시정절차가 마련되어 있는 경우에는 재판의 결과로 불이익 내지 손해를 입었다고 여기는 사람은 그 절차에 따라 자신의 권리 내지 이익을 회복하도록 함이 법이 예정하는 바이므로, 불복에 의한 시정을 구할 수 없었던 것 자체가 법관이나 다른 공무원의 귀책사유로 인한 것이라거나 그와 같은 시정을 구할 수 없었던 부득이한 사정이 있었다는 등의 특별한 사정이 없는 한, 스스로 그와 같은 시정을 구하지 아니한 결과 권리 내지 이익을 회복하지 못한 사람은 원칙적으로 국가배상에 의한 권리구제를 받을 수 없다고 봄이 상당하다고 하겠으나, 재판에 대하여 불복절차 내지 시정절차 자체가 없는 경우에는 부당한 재판으로 인하여 불이익 내지 손해를 입은 사람은 국가배상 이외의 방법으로는 자신의 권리 내지 이익을 회복할 방법이 없으므로, 이와 같은 경우에는 배상책임의 요건이 충족되는 한 국가배상책임을 인정하지 않을 수 없다(대판 2003.7.11. 99다24218).

③ [O] 국가배상책임은 공무원의 직무집행이 법령에 위반한 것임을 요건으로 하는 것으로서, 공무원의 직무집행이 법령이 정한 요건과 절차에 따라 이루어진 것이라면 특별한 사정이 없는 한 이는 법령에 적합한 것이고 그 과정에서 개인의 권리가 침해되는 일이 생긴다고 하여 그 법령적합성이 곧바로 부정되는 것은 아니다(대판 2000.11.10. 2000다26807).

❹ [×] 개별공시지가는 개발부담금의 부과, 토지 관련 조세 부과 등 다른 법령이 정하는 목적을 위해 지가를 산정하는 경우에 그 산정 기준이 되는 관계로 납세자인 국민 등의 재산상 권리·의무에 직접적인 영향을 미치게 되므로, 개별공시지가 산정업무를 담당하는 공무원으로서는 당해 토지의 실제 이용상황 등 토지특성을 정확하게 조사하고 당해 토지와 토지이용상황이 유사한 비교표준지를 선정하여 그 특성을 비교하는 등 법령 및 '개별공시지가의 조사·산정 지침'에서 정한 기준과 방법에 의하여 개별공시지가를 산정하고, 산정지가의 검증을 의뢰받은 감정평가업자나 시·군·구 부동산평가위원회로서는 위 산정지가 또는 검증지가가 위와 같은 기준과 방법에 의하여 제대로 산정된 것인지 여부를 검증, 심의함으로써 적정한 개별공시지가가 결정·공시되도록 조치할 직무상의 의무가 있고, 이러한 직무상 의무는 단순히 공공 일반의 이익을 위한 것이거나 행정기관 내부의 질서를 규율하기 위한 것이 아니고 전적으로 또는 부수적으로 국민 개개인의 재산권 보장을 목적으로 하여 규정된 것이라고 봄이 상당하다. 따라서 개별공시지가 산정업무 담당공무원 등이 그 직무상 의무에 위반하여 현저하게 불합리한 개별공시지가가 결정되도록 함으로써 국민 개개인의 재산권을 침해한 경우에는 그 손해에 대하여 상당인과관계 있는 범위 내에서 그 담당공무원 등이 소속된 지방자치단체가 배상책임을 지게 된다(대판 2010.7.22. 2010다13527).

---

02 공무수탁사인
정답 ④

① [O] 공무수탁사인은 위임받은 범위 내에서는 행정청인 동시에 행정주체이므로 단순한 기술적 집행만을 하는 행정보조인과는 구별된다.

② [O] 국가가 자신의 임무를 그 스스로 수행할 것인지 아니면 그 임무의 기능을 민간부문으로 하여금 수행하게 할 것인지 하는 문제, 즉 국가가 어떤 임무수행방법을 선택할 것인가 하는 문제는 입법자가 당해 사무의 성격과 수행방식의 효율성 정도 및 비용, 공무원 수의 증가 또는 정부부문의 비대화 문제, 민간부문의 자본능력과 기술력의 성장 정도, 시장여건의 성숙도, 민영화에 대한 사회적·정치적 합의 등을 종합적으로 고려하여 판단해야 할 사항으로서 그 판단에 관하여는 입법자에게 광범위한 입법재량 내지 형성의 자유가 인정된다(헌재 2007.6.28. 2004헌마262).

③ [O] 원천징수하는 소득세에 있어서는 납세의무자의 신고나 과세관청의 부과결정이 없이 법령이 정하는 바에 따라 그 세액이 자동적으로 확정되고, 원천징수의무자는 소득세법 제142조 및 제143조의 규정에 의하여 이와 같이 자동적으로 확정되는 세액을 수급자로부터 징수하여 과세관청에 납부하여야 할 의무를 부담하고 있으므로, 원천징수의무자가 비록 과세관청과 같은 행정청이더라도 그의 원천징수행위는 법령에서 규정된 징수 및 납부의무를 이행하기 위한 것에 불과한 것이지, 공권력의 행사로서의 행정처분을 한 경우에 해당되지 아니한다(대판 1990.3.23. 89누4789).

❹ [X] 행정청에는 법령에 의하여 행정권한의 위임 또는 위탁을 받은 행정기관, 공공단체 및 그 기관 또는 사인이 포함된다(「행정소송법」 제2조 제2항). 취소소송은 다른 법률에 특별한 규정이 없는 한 그 처분 등을 행한 행정청을 피고로 한다(「행정소송법」 제13조). 따라서 공무수탁사인이 행한 처분에 대하여 항고소송을 제기하는 경우 피고는 공무수탁사인이 된다.

03　토지보상법　정답 ①

❶ [X] '전액 또는 일부'가 아니라 '전액'이다.

> 판례　이론　**조문**
>
> 「공익사업을 위한 토지 등의 취득 및 보상에 관한 법률」 제62조【사전보상】사업시행자는 해당 공익사업을 위한 공사에 착수하기 이전에 토지소유자와 관계인에게 보상액 전액(全額)을 지급하여야 한다. 다만, 제38조에 따른 천재지변 시의 토지 사용과 제39조에 따른 시급한 토지 사용의 경우 또는 토지소유자 및 관계인의 승낙이 있는 경우에는 그러하지 아니하다.

② [O] 「공익사업을 위한 토지 등의 취득 및 보상에 관한 법률」 제71조 제1항에 대한 옳은 내용이다.

> 판례　이론　**조문**
>
> 제71조【사용하는 토지의 보상 등】① 협의 또는 재결에 의하여 사용하는 토지에 대하여는 그 토지와 인근 유사토지의 지료(地料), 임대료, 사용방법, 사용기간 및 그 토지의 가격 등을 고려하여 평가한 적정가격으로 보상하여야 한다.

③ [O] 「공익사업을 위한 토지 등의 취득 및 보상에 관한 법률」 제70조 제2항에 대한 옳은 내용이다.

> 판례　이론　**조문**
>
> 제70조【취득하는 토지의 보상】② 토지에 대한 보상액은 가격시점에서의 현실적인 이용상황과 일반적인 이용방법에 의한 객관적 상황을 고려하여 산정하되, 일시적인 이용 상황과 토지소유자나 관계인이 갖는 주관적 가치 및 특별한 용도에 사용할 것을 전제로 한 경우 등은 고려하지 아니한다.

④ [O] 「공익사업을 위한 토지 등의 취득 및 보상에 관한 법률」 제85조 제1항에 대한 옳은 내용이다.

> 판례　이론　**조문**
>
> 제85조【행정소송의 제기】① 사업시행자, 토지소유자 또는 관계인은 제34조에 따른 재결에 불복할 때에는 재결서를 받은 날부터 90일 이내에, 이의신청을 거쳤을 때에는 이의신청에 대한 재결서를 받은 날부터 60일 이내에 각각 행정소송을 제기할 수 있다. 이 경우 사업시행자는 행정소송을 제기하기 전에 제84조에 따라 늘어난 보상금을 공탁하여야 하며, 보상금을 받을 자는 공탁된 보상금을 소송이 종결될 때까지 수령할 수 없다.

04　법규명령　정답 ④

① [O] 일반적으로 법률의 위임에 의하여 효력을 갖는 법규명령의 경우, 구법에 위임의 근거가 없어 무효였더라도 사후에 법개정으로 위임의 근거가 부여되면 그 때부터는 유효한 법규명령이 되나, 반대로 구법의 위임에 의한 유효한 법규명령이 법개정으로 위임의 근거가 없어지게 되면 그 때부터 무효인 법규명령이 되므로, 어떤 법령의 위임 근거 유무에 따른 유효 여부를 심사하려면 법개정의 전·후에 걸쳐 모두 심사하여야만 그 법규명령의 시기에 따른 유효·무효를 판단할 수 있다(대판 1995.6.30. 93추83).

② [O] 위임입법이 필요한 분야라고 하더라도 입법권의 위임은 법치주의의 원칙과 의회민주주의의 원칙, 권력분립의 원칙에 비추어 구체적으로 범위를 정하여 하는 경우만 허용된다. 더구나 처벌규정의 위임은 처벌대상인 행위가 어떠한 것일 것이라고 이를 예측할 수 있을 정도로 구체적으로 정하고 형벌의 종류 및 그 상한과 폭을 명백히 규정하여야 한다(헌재 2004.9.23. 2002헌가26).

③ [O] 법률에서 위임받은 사항을 전혀 규정하지 않고 재위임하는 것은 복위임금지 원칙에 반할 뿐 아니라 위임명령의 제정 형식에 관한 수권법의 내용을 변경하는 것이 되므로 허용되지 않으나 위임받은 사항에 관하여 대강을 정하고 그 중의 특정사항을 범위를 정하여 하위법령에 다시 위임하는 경우에는 재위임이 허용된다(대판 2015.1.15. 2013두14238).

❹ [X] 상급행정기관이 하급행정기관에 대하여 업무처리지침이나 법령의 해석적용에 관한 기준을 정하여 발하는 이른바 행정규칙은 일반적으로 행정조직 내부에서만 효력을 가질 뿐 대외적인 구속력을 갖지 않지만, 법령의 규정이 특정 행정기관에게 그 법령 내용의 구체적 사항을 정할 수 있는 권한을 부여하면서 그 권한 행사의 절차나 방법을 특정하고 있지 않아 수임행정기관이 행정규칙의 형식으로 그 법령의 내용이 될 사항을 구체적으로 정하고 있다면, 그와 같은 행정규칙은 위에서 본 행정규칙이 갖는 일반적 효력으로서가 아니라 행정기관에 법령의 구체적 내용을 보충할 권한을 부여한 법령 규정의 효력에 의하여 그 내용을 보충하는 기능을 갖게 되고, 따라서 이와 같은 행정규칙은 당해 법령의 위임 한계를 벗어나지 않는 한 그것들과 결합하여 대외적인 구속력이 있는 법규명령으로서의 효력을 가진다(대판 2008.3.27. 2006두3742).

05 행정행위의 효력　　　　　　정답 ②

옳은 것은 ㄴ, ㄹ이다.

ㄱ. [X] 법령등을 공포한 날부터 일정 기간이 경과한 날부터 시행하는 경우 그 기간의 말일이 토요일 또는 공휴일인 때에는 그 말일로 기간이 만료한다.

> **판례 이론 조문**
>
> 「행정기본법」제7조【법령등 시행일의 기간 계산】법령등(훈령·예규·고시·지침 등을 포함한다. 이하 이 조에서 같다)의 시행일을 정하거나 계산할 때에는 다음 각 호의 기준에 따른다.
> 3. 법령등을 공포한 날부터 일정 기간이 경과한 날부터 시행하는 경우 그 기간의 말일이 토요일 또는 공휴일인 때에는 그 말일로 기간이 만료한다.

ㄴ. [O] 「법령 등 공포에 관한 법률」제11조 제2항에 대한 옳은 내용이다.

> **판례 이론 조문**
>
> 제11조【공포 및 공고의 절차】② 「국회법」제98조 제3항 전단에 따라 하는 국회의장의 법률 공포는 서울특별시에서 발행되는 둘 이상의 일간신문에 게재함으로써 한다.

ㄷ. [X] 종이관보와 전자관보는 동일한 효력을 가진다.

> **판례 이론 조문**
>
> 「법령 등 공포에 관한 법률」제11조【공포 및 공고의 절차】④ 관보의 내용 해석 및 적용 시기 등에 대하여 종이관보와 전자관보는 동일한 효력을 가진다.

ㄹ. [O] 「행정기본법」제14조 제3항에 대한 옳은 내용이다.

> **판례 이론 조문**
>
> 제14조【법 적용의 기준】③ 법령등을 위반한 행위의 성립과 이에 대한 제재처분은 법령등에 특별한 규정이 있는 경우를 제외하고는 법령등을 위반한 행위 당시의 법령등에 따른다. 다만, 법령등을 위반한 행위 후 법령등의 변경에 의하여 그 행위가 법령등을 위반한 행위에 해당하지 아니하거나 제재처분 기준이 가벼워진 경우로서 해당 법령등에 특별한 규정이 없는 경우에는 변경된 법령등을 적용한다.

06 위법성 판단시기　　　　　　정답 ④

① [O] 행정행위는 처분 당시에 시행 중인 법령과 허가기준에 의하여 하는 것이 원칙이고, 인·허가신청 후 처분 전에 관계 법령이 개정 시행된 경우 신법령 부칙에 그 시행 전에 이미 허가신청이 있는 때에는 종전의 규정에 의한다는 취지의 경과규정을 두지 아니한 이상 당연히 허가신청 당시의 법령에 의하여 허가 여부를 판단하여야 하는 것은 아니며, 소관 행정청이 허가신청을 수리하고도 정당한 이유 없이 처리를 늦추어 그 사이에 법령 및 허가기준이 변경된 것이 아닌 한 변경된 법령 및 허가기준에 따라서 한 불허가처분은 위법하다고 할 수 없다(대판 2005.7.29. 2003두3550).

② [O] 행정소송에서 행정처분의 위법 여부는 행정처분이 있을 때의 법령과 사실상태를 기준으로 하여 판단하여야 하고, 처분 후 법령의 개폐나 사실상태의 변동에 의하여 영향을 받지는 않는다고 할 것이고, 하자 있는 행정행위의 치유는 행정행위의 성질이나 법치주의의 관점에서 볼 때 원칙적으로 허용될 수 없는 것이고, 예외적으로 행정행위의 무용한 반복을 피하고 당사자의 법적 안정성을 위해 이를 허용하는 때에도 국민의 권리나 이익을 침해하지 않는 범위에서 구체적 사정에 따라 합목적적으로 인정하여야 한다(대판 2002.7.9. 2001두10684).

③ [O] 조세법률주의의 원칙상 조세의무는 각 세법에 정한 과세요건이 완성된 때에 성립된다고 할 것이나, 조세법령이 일단 효력을 발생하였다가 폐지 또는 개정된 경우 조세법령이 정한 과세요건 사실이 폐지 또는 개정된 당시까지 완료된 때에는 다른 경과규정이 없는 한 그 과세요건 사실에 대하여는 종전의 조세법령이 계속 효력을 가지며, 조세법령의 폐지 또는 개정 후에 발생된 행위사실에 대하여만 효력을 잃는 것이라고 보아야 할 것이므로, 조세법령의 폐지 또는 개정 전에 종결된 과세요건 사실에 대하여 폐지 또는 개정 전의 조세법령을 적용하는 것이 조세법률주의의 원칙에 위배된다고 할 수 없다(대판 1993.5.11. 92누18399).

❹ [X] 법령이 변경된 경우 신법령이 피적용자에게 유리하여 이를 적용하도록 하는 경과규정을 두는 등의 특별한 규정이 없는 한 헌법 제13조 등의 규정에 비추어 볼 때 그 변경 전에 발생한 사항에 대하여는 변경 후의 신법령이 아니라 변경 전의 구법령이 적용되어야 한다. 구 건설업법 시행 당시에 건설업자가 도급받은 건설공사 중 전문공사를 그 전문공사를 시공할 자격 없는 자에게 하도급한 행위에 대하여 건설산업기본법 시행 이후에 과징금 부과처분을 하는 경우, 과징금의 부과상한은 건설산업기본법 부칙 제5조 제1항에 의하여 피적용자에게 유리하게 개정된 건설산업기본법 제82조 제2항에 따르되, 구체적인 부과기준에 대하여는 처분시의 시행령이 행위시의 시행령보다 불리하게 개정되었고 어느 시행령을 적용할 것인지에 대하여 특별한 규정이 없으므로, 행위시의 시행령을 적용하여야 한다(대판 2002.12.10. 2001두3228).

07 사전통지 및 의견청취　　　　　　정답 ④

① [X] 신청에 따른 처분이 이루어지지 아니한 경우에는 아직 당사자에게 권익이 부과되지 아니하였으므로 특별한 사정이 없는 한 신청에 대한 거부처분이라고 하더라도 직접 당사자의 권익을 제한하는 것은 아니어서 신청에 대한 거부처분을 여기에서 말하는 '당사자의 권익을 제한하는 처분'에 해당한다고 할 수 없는 것이어서 처분의 사전통지 대상이 된다고 할 수 없다(대판 2003.11.28. 2003두674).

② [X] 행정청이 온천지구임을 간과하여 지하수개발·이용신고를 수리하였다가 행정절차법상의 사전통지를 하거나 의견제출의 기회를 주지 아니한 채 그 신고수리처분을 취소하고 원상복구명령의 처분을 한 경우, 행정지도방식에 의한 사전고지나 그에 따른 당사자의 자진 폐공의 약속 등의 사유만으로는 사전통지 등을 하지 않아도 되는 행정절차법 소정의 예외의 경우에 해당한다고 볼 수 없다(대판 2000.11.14. 99두5870).

③ [×] '고시'의 방법으로 불특정 다수인을 상대로 의무를 부과하거나 권익을 제한하는 처분은 성질상 의견제출의 기회를 주어야 하는 상대방을 특정할 수 없으므로, 이와 같은 처분에 있어서까지 의견제출의 기회를 주어야 한다고 해석할 것은 아니다(대판 2014.10.27. 2012두7745).

❹ [○] 유원시설업자 또는 체육시설업자 지위승계신고를 수리하는 처분을 하는 경우, 종전 유원시설업자 또는 체육시설업자에 대하여 처분의 사전통지를 하여야 한다. 지위승계신고를 수리하는 처분은 종전 유원시설업자 또는 체육시설업자의 권익을 제한하는 처분이고, 종전유원 시설업자 또는 체육시설업자는 그 처분에 대하여 직접 그 상대가 되는 자에 해당한다고 보는 것이 타당하므로, 행정청이 그 신고를 수리하는 처분을 할 때에는 행정절차법 규정에서 정한 당사자에 해당하는 종전 유원시설업자 또는 체육시설업자에 대하여 위 규정에서 정한 행정절차를 실시하고 처분을 하여야 한다(대판 2012.12.13. 2011두29144).

---

08 행정소송 정답 ③

① [○] 행정소송법 제14조에 의한 피고경정은 사실심변론종결에 이르기까지 허용되는 것으로 해석하여야 할 것이고, 굳이 제1심 단계에서만 허용되는 것으로 해석할 근거는 없다(대판 2006.2.23. 2005부4).

② [○] 행정청의 위법한 처분 등의 취소 또는 변경을 구하는 취소소송의 대상이 될 수 있는 것은 구체적인 권리의무에 관한 분쟁이어야 하고 일반적, 추상적인 법령이나 규칙 등은 그 자체로서 국민의 구체적인 권리의무에 직접적 변동을 초래케 하는 것이 아니므로 그 대상이 될 수 없다(대판 1992.3.10. 91누12639).

❸ [×] 90일이 아닌 60일이다.

> 판례 이론 **조문**
>
> 「행정소송법」 제22조 【처분변경으로 인한 소의 변경】 ① 법원은 행정청이 소송의 대상인 처분을 소가 제기된 후 변경한 때에는 원고의 신청에 의하여 결정으로써 청구의 취지 또는 원인의 변경을 허가할 수 있다.
> ② 제1항의 규정에 의한 신청은 처분의 변경이 있음을 안 날로부터 60일 이내에 하여야 한다.

④ [○] 「행정소송법」 제32조에 대한 옳은 내용이다.

> 판례 이론 **조문**
>
> 제32조 【소송비용의 부담】 취소청구가 제28조의 규정에 의하여 기각되거나 행정청이 처분등을 취소 또는 변경함으로 인하여 청구가 각하 또는 기각된 경우에는 소송비용은 피고의 부담으로 한다.

---

09 항고소송의 대상 정답 ③

옳은 것은 ㄱ, ㄹ이다.

ㄱ. [○] 교육공무원법과 교육공무원임용령에 따르면 임용권자는 3배수의 범위 안에 들어간 후보자들을 대상으로 승진임용 여부를 심사하여야 하고, 이에 따라 승진후보자 명부에 포함된 후보자는 임용권자로부터 정당한 심사를 받게 될 것에 관한 절차적 기대를 하게 된다. 그런데 임용권자 등이 자의적인 이유로 승진후보자 명부에 포함된 후보자를 승진임용에서 제외하는 처분을 한 경우에, 이러한 승진임용제외처분을 항고소송의 대상이 되는 처분으로 보지 않는다면, 달리 이에 대하여는 불복하여 침해된 권리 또는 법률상 이익을 구제받을 방법이 없다. 따라서 교육공무원법상 승진후보자 명부에 의한 승진심사 방식으로 행해지는 승진임용에서 승진후보자 명부에 포함되어 있던 후보자를 승진임용인사발령에서 제외하는 행위는 불이익처분으로서 항고소송의 대상인 처분에 해당한다고 보아야 한다(대판 2018.3.27. 2015두47492).

ㄴ. [×] 금융기관검사 및 제재에 관한 규정(이하 '제재규정'이라 한다) 제22조는 금융기관의 임원이 문책경고를 받은 경우에는 금융업 관련 법 및 당해 금융기관의 감독 관련 규정에서 정한 바에 따라 일정기간 동안 임원선임의 자격제한을 받는다고 규정하고 있고, 은행법 제18조 제3항의 위임에 기한 구 은행업감독규정 제17조 제2호 다목, 제18조 제1호는 제재규정에 따라 문책경고를 받은 자로서 문책경고일로부터 3년이 경과하지 아니한 자는 은행장, 상근감사위원, 상임이사, 외국은행지점 대표자가 될 수 없다고 규정하고 있어서, 문책경고는 그 상대방에 대한 직업선택의 자유를 직접 제한하는 효과를 발생하게 하는 등 상대방의 권리의무에 직접 영향을 미치는 행위로서 행정처분에 해당한다(대판 2005.2.17. 2003두14765).

ㄷ. [×] 병무청 인터넷 홈페이지에 공개 대상자의 인적사항 등이 게시되는 경우 그의 명예가 훼손되므로, 공개 대상자는 자신에 대한 공개결정이 병역법령에서 정한 요건과 절차를 준수한 것인지를 다툴 법률상 이익이 있다. 병무청장이 인터넷 홈페이지 등에 게시하는 사실행위를 함으로써 공개 대상자의 인적사항 등이 이미 공개되었더라도, 재판에서 병무청장의 공개결정이 위법함이 확인되어 취소판결이 선고되는 경우, 병무청장은 취소판결의 기속력에 따라 위법한 결과를 제거하는 조치를 할 의무가 있으므로 공개 대상자의 실효적 권리구제를 위해 병무청장의 공개결정을 행정처분으로 인정할 필요성이 있다. 만약 병무청장의 공개결정을 항고소송의 대상이 되는 처분으로 보지 않는다면 국가배상청구 외에는 침해된 권리 또는 법률상 이익을 구제받을 적절한 방법이 없다. 관할 지방병무청장의 공개 대상자 결정의 경우 상대방에게 통보하는 등 외부에 표시하는 절차가 관계 법령에 규정되어 있지 않아, 행정실무상으로도 상대방에게 통보되지 않는 경우가 많다. 또한 관할 지방병무청장이 위원회의 심의를 거쳐 공개 대상자를 1차로 결정하기는 하지만, 병무청장에게 최종적으로 공개 여부를 결정할 권한이 있으므로, 관할 지방병무청장의 공개 대상자 결정은 병무청장의 최종적인 결정에 앞서 이루어지는 행정기관 내부의 중간적 결정에 불과하다. 가까운 시일 내에 최종적인 결정과 외부적인 표시가 예정된 상황에서, 외부에 표시되지 않은 행정기관 내부의 결정을 항고소송의 대상인 처분으로 보아야 할 필요성은 크지 않다.

관할 지방병무청장이 1차로 공개 대상자 결정을 하고, 그에 따라 병무청장이 같은 내용으로 최종적 공개결정을 하였다면, 공개 대상자는 병무청장의 최종적 공개결정만을 다투는 것으로 충분하고, 관할 지방병무청장의 공개 대상자 결정을 별도로 다툴 소의 이익은 없어진다(대판 2019.6.27. 2018두49130).

ㄹ. [○] 건축주가 토지 소유자로부터 토지사용승낙서를 받아 그 토지 위에 건축물을 건축하는 대물적(대물적) 성질의 건축허가를 받았다가 착공에 앞서 건축주의 귀책사유로 해당 토지를 사용할 권리를 상실한 경우, 건축허가의 존재로 말미암아 토지에 대한 소유권 행사에 지장을 받을 수 있는 토지 소유자로서는 건축허가의 철회를 신청할 수 있다고 보아야 한다. 따라서 토지 소유자의 위와 같은 신청을 거부한 행위는 항고소송의 대상이 된다(대판 2017.3.15. 2014두41190).

---

10 행정지도 정답 ①

❶ [×] 행정기관인 방송통신심의위원회의 시정요구는 정보통신서비스제공자 등에게 조치결과 통지의무를 부과하고 있고, 정보통신서비스제공자 등이 이에 따르지 않는 경우 방송통신위원회의 해당 정보의 취급거부·정지 또는 제한명령이라는 법적 조치가 예정되어 있으며, 행정기관인 방송통신심의위원회가 표현의 자유를 제한하게 되는 결과의 발생을 의도하거나 또는 적어도 예상하였다 할 것이므로, 이는 단순한 행정지도로서의 한계를 넘어 규제적·구속적 성격을 갖는 것으로서 헌법소원 또는 항고소송의 대상이 되는 공권력의 행사라고 봄이 상당하다(헌재 2012.2.23. 2011헌가13).

② [○] 기획재정부장관이 2008.8.11.부터 2009.3.31.까지 사이에 6차에 걸쳐 공공기관 선진화 추진계획을 확정, 공표한 행위는 공권력 행사에 해당하지 않는다(헌재 2011.12.29. 2009헌마330 등).

판례 이론 조문

[1] 기획재정부장관이 2008.8.11.부터 2009.3.31.까지 사이에 6차에 걸쳐 공공기관 선진화 추진계획을 확정, 공표한 행위(이하 '이 사건 선진화 계획'이라 한다)가 공권력행사에 해당하는지 여부(소극)
이 사건 선진화 계획은 그 법적 성격이 행정계획이라고 할 것인바, 국민의 기본권에 직접적인 영향을 미친다고 볼 수 없고, 장차 법령의 뒷받침에 의하여 그대로 실시될 것이 틀림없을 것으로 예상된다고 보기도 어려우므로, 헌법소원의 대상이 되는 공권력의 행사에 해당한다고 할 수 없다.

[2] 노동부장관이 2009.4.노동부 산하 7개 공공기관의 단체협약내용을 분석하여 2009.5.1.경 불합리한 요소를 개선하라고 요구한 행위(이하 '이 사건 개선요구'라 한다)가 공권력행사에 해당하는지 여부(소극)
이 사건 개선요구는 이를 따르지 않을 경우의 불이익을 명시적으로 예정하고 있다고 보기 어렵고, 행정지도로서의 한계를 넘어 규제적·구속적 성격을 강하게 갖는다고 할 수 없어 헌법소원의 대상이 되는 공권력의 행사에 해당한다고 볼 수 없다.

[3] 감사원장이 2009.4.경 60개 공공기관에 대하여 공공기관 선진화 계획의 이행실태, 노사관계 선진화 추진실태 등을 점검하고, 2009.6.30. 공공기관 감사책임자회의에서 자율시정하도록 개선방향을 제시한 행위(이하 '이 사건 점검 및 개선 제시'라 한다)가 공권력행사에 해당하는지 여부(소극)
이 사건 점검 및 개선 제시 중, 점검행위는 감사원 내부의 자료수집에 불과하고, 개선 제시는 이를 따르지 않을 경우의 불이익을 명시적으로 예정하고 있다고 보기 어려우므로 행정지도로서의 한계를 넘어 규제적·구속적 성격을 강하게 갖는다고 볼 수 없다. 따라서 이 사건 점검 및 개선 제시는 헌법소원의 대상이 되는 공권력의 행사라고 보기 어렵다(헌재 2011.12.29. 2009헌마330 등).

③ [○] 교육인적자원부장관의 대학총장들에 대한 이 사건 학칙시정요구는 고등교육법 제6조 제2항, 동법 시행령 제4조 제3항에 따른 것으로서 그 법적 성격은 대학총장의 임의적인 협력을 통하여 사실상의 효과를 발생시키는 행정지도의 일종이지만, 그에 따르지 않을 경우 일정한 불이익조치를 예정하고 있어 사실상 상대방에게 그에 따를 의무를 부과하는 것과 다를 바 없으므로 단순한 행정지도로서의 한계를 넘어 규제적·구속적 성격을 상당히 강하게 갖는 것으로서 헌법소원의 대상이 되는 공권력의 행사라고 볼 수 있다(헌재 2003.6.26. 2002헌마337).

④ [○] 행정지도가 강제성을 띠지 않은 비권력적 작용으로서 행정지도의 한계를 일탈하지 아니하였다면, 그로 인하여 상대방에게 어떤 손해가 발생하였다 하더라도 행정기관은 그에 대한 손해배상책임이 없다(대판 2008.9.25. 2006다18228).

---

11 행정상 의무이행 확보수단 정답 ③

① [○] 여객자동차 운수사업법 제88조 제1항의 과징금부과처분은 제재적 행정처분으로서 여객자동차 운수사업에 관한 질서를 확립하고 여객의 원활한 운송과 여객자동차 운수사업의 종합적인 발달을 도모하여 공공복리를 증진한다는 행정목적의 달성을 위하여 행정법규 위반이라는 객관적 사실에 착안하여 가하는 제재이므로 반드시 현실적인 행위자가 아니라도 법령상 책임자로 규정된 자에게 부과되고 원칙적으로 위반자의 고의·과실을 요하지 아니하나, 위반자의 의무 해태를 탓할 수 없는 정당한 사유가 있는 등의 특별한 사정이 있는 경우에는 이를 부과할 수 없다(대판 2014.10.15. 2013두5005).

② [○] 건축법상의 이행강제금은 시정명령의 불이행이라는 과거의 위반행위에 대한 제재가 아니라, 의무자에게 시정명령을 받은 의무의 이행을 명하고 그 이행기간 안에 의무를 이행하지 않으면 이행강제금이 부과된다는 사실을 고지함으로써 의무자에게 심리적 압박을 주어 의무의 이행을 간접적으로 강제하는 행정상의 간접강제 수단에 해당한다. 이러한 이행강제금의 본질상 시정명령을 받은 의무자가 이행강제금이 부과되기 전에 그 의무를 이행한 경우에는 비록 시정명령에서 정한 기간을 지나서 이행한 경우라도 이행강제금을 부과할 수 없다(대판 2018.1.25. 2015두35116).

❸ [X] 가산세는 세법에서 규정하는 의무의 성실한 이행을 확보하기 위하여 세법에 따라 산출한 본세의 세액에 가산하여 징수하는 독립된 조세로서, 본세에 감면사유가 인정된다고 해서 가산세도 당연히 감면대상에 포함되는 것은 아니다(대판 2018.11.29. 2016두53180).

④ [O] 세법상 가산세는 과세권의 행사 및 조세채권의 실현을 용이하게 하기 위하여 납세자가 정당한 이유 없이 법에 규정된 신고, 납세 등 각종 의무를 위반한 경우에 개별세법이 정하는 바에 따라 부과되는 행정상의 제재로서 납세자의 고의, 과실은 고려되지 않는 반면, 납세의무자가 그 의무를 알지 못한 것이 무리가 아니었다고 할 수 있어 그를 정당시할 수 있는 사정이 있거나 그 의무의 이행을 당사자에게 기대하는 것이 무리라고 하는 사정이 있을 때 등 그 의무해태를 탓할 수 없는 정당한 사유가 있는 경우에는 이를 부과할 수 없다(대판 1997.8.22. 96누15404).

12 행정조사 정답 ④

① [X] 판례 이론 **조문**

> 「행정조사기본법」제12조【시료채취】① 조사원이 조사목적의 달성을 위하여 시료채취를 하는 경우에는 그 시료의 소유자 및 관리자의 정상적인 경제활동을 방해하지 아니하는 범위 안에서 최소한도로 하여야 한다.
> ② 행정기관의 장은 제1항에 따른 시료채취로 조사대상자에게 손실을 입힌 때에는 대통령령으로 정하는 절차와 방법에 따라 그 손실을 보상하여야 한다.

② [X] 판례 이론 **조문**

> 「행정조사기본법」제5조【행정조사의 근거】행정기관은 법령등에서 행정조사를 규정하고 있는 경우에 한하여 행정조사를 실시할 수 있다. 다만, 조사대상자의 자발적인 협조를 얻어 실시하는 행정조사의 경우에는 그러하지 아니하다.

③ [X] 행정기관의 장은 인터넷 등 정보통신망을 통하여 조사대상자로 하여금 자료의 제출 등을 하게 할 수 있다.

판례 이론 **조문**

> 「행정조사기본법」제28조【정보통신수단을 통한 행정조사】① 행정기관의 장은 인터넷 등 정보통신망을 통하여 조사대상자로 하여금 자료의 제출 등을 하게 할 수 있다.

❹ [O] 「행정조사기본법」제14조 제1항 제1호에 대한 옳은 내용이다.

판례 이론 **조문**

> 제14조【공동조사】① 행정기관의 장은 다음 각 호의 어느 하나에 해당하는 행정조사를 하는 경우에는 공동조사를 하여야 한다.
> 1. 당해 행정기관 내의 2 이상의 부서가 동일하거나 유사한 업무분야에 대하여 동일한 조사대상자에게 행정조사를 실시하는 경우

13 국가배상 정답 ④

① [O] 공무원의 행위를 원인으로 한 국가배상책임을 인정하려면 '공무원이 직무를 집행하면서 고의 또는 과실로 법령을 위반하여 타인에게 손해를 입힌 때'라고 하는 국가배상법 제2조 제1항의 요건이 충족되어야 한다. 보통 일반의 공무원을 표준으로 공무원이 객관적 주의의무를 소홀히 하고 그로 말미암아 객관적 정당성을 잃었다고 볼 수 있으면 국가배상법 제2조가 정한 국가배상책임이 성립할 수 있다(대판 2021.10.28. 2017다219218).

② [O] 기관위임사무의 경우 사무귀속주체로서 배상책임주체는 위임기관이 속한 행정주체이다.

판례 이론 조문

> 지방자치단체장 간의 기관위임의 경우에 위임받은 하위 지방자치단체장은 상위 지방자치단체 산하 행정기관의 지위에서 그 사무를 처리하는 것이므로 사무귀속의 주체가 달라진다고 할 수 없고, 따라서 하위 지방자치단체장을 보조하는 하위 지방자치단체 소속 공무원이 위임사무처리에 있어 고의 또는 과실로 타인에게 손해를 가하였더라도 상위 지방자치단체는 여전히 그 사무귀속 주체로서 손해배상책임을 진다(대판 1996.11.8. 96다21331).

③ [O] 국가배상책임에 있어 공무원의 가해행위는 법령을 위반한 것이어야 하고, 법령을 위반하였다 함은 엄격한 의미의 법령 위반뿐 아니라 인권존중, 권력남용금지, 신의성실과 같이 공무원으로서 마땅히 지켜야 할 준칙이나 규범을 지키지 아니하고 위반한 경우를 포함하여 널리 그 행위가 객관적인 정당성을 결여하고 있음을 뜻하는 것이므로, 경찰관이 범죄수사를 함에 있어 경찰관으로서 의당 지켜야 할 법규상 또는 조리상의 한계를 위반하였다면 이는 법령을 위반한 경우에 해당한다(대판 2008.6.12. 2007다64365).

❹ [X] 공법인이 국가로부터 위탁받은 공행정사무를 집행하는 과정에서 공법인의 임직원이나 피용인이 고의 또는 과실로 법령을 위반하여 타인에게 손해를 입힌 경우에는, 공법인은 위탁받은 공행정사무에 관한 행정주체의 지위에서 배상책임을 부담하여야 하지만, 공법인의 임직원이나 피용인은 실질적인 의미에서 공무를 수행한 사람으로서 국가배상법 제2조에서 정한 공무원에 해당하므로 고의 또는 중과실이 있는 경우에만 배상책임을 부담하고 경과실이 있는 경우에는 배상책임을 면한다(대판 2021.1.28. 2019다260197).

14 국가배상 정답 ③

① [×] 음주운전으로 적발된 주취운전자가 도로 밖으로 차량을 이동 하겠다며 단속 경찰관으로부터 보관 중이던 차량열쇠를 반환 받아 몰래 차량을 운전하여 가던 중 사고를 일으킨 경우, 국가 배상 책임이 인정된다(대판 1998.5.8. 97다54482).

② [×] 보통 일반의 공무원을 표준으로 공무원이 직무를 집행하면서 객관적 주의의무를 소홀히 하고 그로 말미암아 그 직무행위가 객관적 정당성을 잃었다고 볼 수 있는 때에 「국가배상법」 제2 조가 정한 국가배상책임이 성립할 수 있다. 공무원의 직무행위 가 객관적 정당성을 잃었는지는 행위의 양태와 목적, 피해자의 관여 여부와 정도, 침해된 이익의 종류와 손해의 정도 등 여러 사정을 종합하여 판단하되, 손해의 전보책임을 국가가 부담할 만한 실질적 이유가 있는지도 살펴보아야 한다.

> **판례** 이론 조문
>
> 구 국가안전과 공공질서의 수호를 위한 대통령긴급조치 (1975.5.13. 대통령긴급조치 제9호, 이하 '긴급조치 제9호' 라고 한다)는 위헌·무효임이 명백하고 긴급조치 제9호 발령 으로 인한 국민의 기본권 침해는 그에 따른 강제수사와 공소 제기, 유죄판결의 선고를 통하여 현실화되었다. 이러한 경우 긴급조치 제9호의 발령부터 적용·집행에 이르는 일련의 국 가작용은, 전체적으로 보아 공무원이 직무를 집행하면서 객 관적 주의의무를 소홀히 하여 그 직무행위가 객관적 정당성 을 상실한 것으로서 위법하다고 평가되고, 긴급조치 제9호의 적용·집행으로 강제수사를 받거나 유죄판결을 선고받고 복 역함으로써 개별 국민이 입은 손해에 대해서는 국가배상책임 이 인정될 수 있다(대판 2022.8.30. 2018다212610 전합).

❸ [○] 공무원에 대한 전보인사가 법령이 정한 기준과 원칙에 위배되 거나 인사권을 다소 부적절하게 행사한 것으로 볼 여지가 있 다 하더라도 그러한 사유만으로 그 전보인사가 당연히 불법행 위를 구성한다고 볼 수는 없고, 인사권자가 당해 공무원에 대 한 보복감정 등 다른 의도를 가지고 인사재량권을 일탈·남용 하여 객관적 정당성을 상실하였음이 명백한 경우 등 전보인사 가 우리의 건전한 사회통념이나 사회상규상 도저히 용인될 수 없음이 분명한 경우에, 그 전보인사는 위법하게 상대방에게 정 신적 고통을 가하는 것이 되어 당해 공무원에 대한 관계에서 불법행위를 구성한다(대판 2009.5.28. 2006다16215).

④ [×] 전투·훈련 등 직무집행과 관련하여 공상을 입은 군인·군무 원·경찰공무원 또는 향토예비군대원이 먼저 국가배상법에 따 라 손해배상금을 지급받은 다음 보훈보상대상자 지원에 관한 법률이 정한 보상금 등 보훈급여금의 지급을 청구하는 경우, … 국가배상법 제2조 제1항 단서가 보훈보상자법 등에 의한 보상을 받을 수 있는 경우 국가배상법에 따른 손해배상청구를 하지 못한다는 것을 넘어 국가배상법상 손해배상금을 받은 경 우 보훈보상자법상 보상금 등 보훈급여금의 지급을 금지하는 것으로 해석하기는 어려운 점 등에 비추어, 국가보훈처장은 국 가배상법에 따라 손해배상을 받았다는 사정을 들어 보상금 등 보훈급여금의 지급을 거부할 수 없다(대판 2017.2.3. 2015두 60075).

15 항고소송 정답 ④

① [×] 교육공무원법상 승진후보자 명부에 의한 승진심사 방식으로 행해지는 승진임용에서 승진후보자 명부에 포함되어 있던 후 보자를 승진임용인사발령에서 제외하는 행위는 불이익처분으 로서 항고소송의 대상인 처분에 해당한다고 보아야 한다(대판 2018.3.27. 2015두47492).

② [×] 위 거래정지 조치는 비록 추가특수조건이라는 사법상 계약에 근거한 것이지만 행정청인 조달청이 행하는 구체적 사실에 관 한 법집행으로서의 공권력의 행사로서 그 상대방인 甲 회사의 권리·의무에 직접 영향을 미치므로 항고소송의 대상이 되는 행정처분에 해당한다(대판 2018.11.29. 2015두52395).

③ [×] 甲 등이 인터넷 포털사이트 등의 개인정보 유출사고로 자신들 의 주민등록번호 등 개인정보가 불법 유출되자 이를 이유로 관할 구청장에게 주민등록번호를 변경해 줄 것을 신청하였으 나 구청장이 '주민등록번호가 불법 유출된 경우 주민등록법상 변경이 허용되지 않는다'는 이유로 주민등록번호 변경을 거부 하는 취지의 통지를 한 사안에서, 피해자의 의사와 무관하게 주민등록번호가 유출된 경우에는 조리상 주민등록번호의 변경 을 요구할 신청권을 인정함이 타당하고, 구청장의 주민등록번 호 변경신청 거부행위는 항고소송의 대상이 되는 행정처분에 해당한다(대판 2017.6.15. 2013두2945).

❹ [○] 공정거래위원회가 부당한 공동행위를 행한 사업자로서 구 독점 규제 및 공정거래에 관한 법률(2013.7.16. 법률 제11937호로 개정되기 전의 것) 제22조의2에서 정한 자진신고자나 조사협 조자에 대하여 과징금 부과처분(이하 '선행처분'이라 한다)을 한 뒤, 독점규제 및 공정거래에 관한 법률 시행령 제35조 제3항 에 따라 다시 자진신고자 등에 대한 사건을 분리하여 자진신고 등을 이유로 한 과징금 감면처분(이하 '후행처분'이라 한다)을 하였다면, 후행처분은 자진신고 감면까지 포함하여 처분 상대 방이 실제로 납부하여야 할 최종적인 과징금액을 결정하는 종 국적 처분이고, 선행처분은 이러한 종국적 처분을 예정하고 있 는 일종의 잠정적 처분으로서 후행처분이 있을 경우 선행처분 은 후행처분에 흡수되어 소멸한다. 따라서 위와 같은 경우에 선행처분의 취소를 구하는 소는 이미 효력을 잃은 처분의 취소 를 구하는 것으로 부적법하다(대판 2015.2.12. 2013두987).

16 행정행위의 부관 정답 ①

❶ [×] 행정행위의 부관은 부담의 경우를 제외하고는 독립하여 행정 소송의 대상이 될 수 없는 것인바, 행정청이 한 공유수면매립 준공인가 중 매립지 일부에 대하여 한 국가귀속처분은 매립준 공인가를 함에 있어서 매립의 면허를 받은 자의 매립지에 대 한 소유권취득을 규정한 공유수면매립법 제14조의 효과 일부 를 배제하는 부관을 붙인 것이므로 이러한 행정행위의 부관에 대하여는 독립하여 행정소송의 대상으로 삼을 수 없다(대판 1991.12.13. 90누8503).

② [○] 수익적 행정처분에 있어서는 법령에 특별한 근거규정이 없다 고 하더라도 그 부관으로서 부담을 붙일 수 있고, 그와 같은 부담은 행정청이 행정처분을 하면서 일방적으로 부가할 수도 있지만 부담을 부가하기 이전에 상대방과 협의하여 부담의 내 용을 협약의 형식으로 미리 정한 다음 행정처분을 하면서 이 를 부가할 수도 있다(대판 2009.2.12. 2005다65500).

③ [O] 「행정기본법」 제17조에 대한 옳은 내용이다.

> 제17조 【부관】 ① 행정청은 처분에 재량이 있는 경우에는
> 부관(조건, 기한, 부담, 철회권의 유보 등을 말한다. 이하
> 이 조에서 같다)을 붙일 수 있다.
> ② 행정청은 처분에 재량이 없는 경우에는 법률에 근거가
> 있는 경우에 부관을 붙일 수 있다.

④ [O] 기선선망어업의 허가를 하면서 운반선, 등선 등 부속선을 사용할 수 없도록 제한한 부관은 그 어업허가의 목적달성을 사실상 어렵게 하여 그 본질적 효력을 해하는 것일 뿐만 아니라 위 시행령의 규정에도 어긋나는 것이며, 더욱이 어업조정이나 기타 공익상 필요하다고 인정되는 사정이 없는 이상 위법한 것이다(대판 1990.4.27. 89누6808).

❹ [X] 기간제법 제13조 제1항에서 차별적 처우의 시정신청에 따라 발하는 노동위원회의 시정명령 내용 중 하나로 들고 있는 금전보상명령 또는 배상명령은 과거에 있었던 차별적 처우의 결과로 남아 있는 불이익을 금전적으로 전보하기 위한 것으로서, 그 성질상 근로계약기간이 만료한 경우에도 발할 수 있다고 해석된다. 아울러 차별적 처우를 받은 기간제근로자의 근로계약기간이 만료하였다고 하여 기간제법 제15조의2에서 정한 고용노동부장관의 직권에 의한 사용자에 대한 시정요구나 고용노동부장관의 통보에 따른 노동위원회의 시정절차 진행이 불가능하게 된다고 보기도 어렵다. … 위와 같은 시정절차 관련 규정의 내용과 그 입법목적, 시정절차의 기능, 시정명령의 내용 등을 종합하여 보면, 시정신청 당시에 혹은 시정절차 진행 도중에 근로계약기간이 만료하였다는 이유만으로 기간제근로자가 차별적 처우의 시정을 구할 시정이익이 소멸하지는 아니한다고 보아야 한다(대판 2016.12.1. 2014두43288).

17 소의 이익 정답 ④

① [O] 거부처분에 대한 취소의 확정판결이 있음에도 행정청이 아무런 재처분을 하지 아니하거나, 재처분을 하였다 하더라도 그것이 종전 거부처분에 대한 취소의 확정판결의 기속력에 반하는 등으로 당연무효라면 이는 아무런 재처분을 하지 아니한 때와 마찬가지라 할 것이므로 이러한 경우에는 행정소송법 제30조 제2항, 제34조 제1항 등에 의한 간접강제신청에 필요한 요건을 갖춘 것으로 보아야 한다(대판 2002.12.11. 2002무22).

② [O] 이 사건 토지는 위 도시관리계획변경결정 전후를 통하여 개발제한구역으로 지정된 상태에 있으므로 위 도시관리계획변경결정으로 인하여 그 소유자인 원고가 위 토지를 사용·수익·처분하는데 새로운 공법상의 제한을 받거나 종전과 비교하여 더 불이익한 지위에 있게 되는 것은 아니다. 또한, 위 도시관리계획변경결정 중 중리취락부분이 취소된다 하더라도 그 결과 위 도시관리계획변경결정으로 개발제한구역에서 해제된 제3자 소유의 토지들이 종전과 같이 개발제한구역으로 남게 되는 결과가 될 뿐, 원고 소유의 이 사건 토지가 개발제한구역에서 해제되는 것도 아니다. 따라서 원고에게 제3자 소유의 토지에 관한 위 도시관리계획변경결정의 취소를 구할 직접적·구체적인 이익이 있다고 할 수 없다(대판 2008.7.10. 2007두10242).

③ [O] 일반적으로 면허나 인·허가 등의 수익적 행정처분의 근거가 되는 법률이 해당 업자들 사이의 과당경쟁으로 인한 경영의 불합리를 방지하는 것도 목적으로 하고 있는 경우, 다른 업자에 대한 면허나 인·허가 등의 수익적 행정처분에 대하여 미리 같은 종류의 면허나 인·허가 등의 수익적 행정처분을 받아 영업을 하고 있는 기존의 업자는 경업자에 대하여 이루어진 면허나 인·허가 등 행정처분의 상대방이 아니라고 하더라도 당해 행정처분의 무효확인 또는 취소를 구할 이익이 있다. 그러나 경업자에 대한 행정처분이 경업자에게 불리한 내용이라면 그와 경쟁관계에 있는 기존의 업자에게는 특별한 사정이 없는 한 유리할 것이므로 기존의 업자가 그 행정처분의 무효확인 또는 취소를 구할 이익은 없다(대판 2020.4.9. 2019두49953).

18 행정법의 법원 정답 ④

① [O] 법률의 효력을 갖는 조약에 위반한 명령은 무효라는 것이 일반적 견해이며 판례도 이러한 입장을 취하고 있다.

판례 이론 조문

> '1994년 관세 및 무역에 관한 일반협정'(General Agreement on Tariffs and Trade 1994, 이하 'GATT'라 한다)은 1994.12.16. 국회의 동의를 얻어 같은 달 23. 대통령의 비준을 거쳐 같은 달 30. 공포되고 1995.1.1. 시행된 조약인 '세계무역기구(WTO) 설립을 위한 마라케쉬협정'(Agreement Establishing the WTO)(조약 1265호)의 부속 협정(다자간 무역협정)이고, '정부조달에 관한 협정'(Agreement on Government Procurement, 이하 'AGP'라 한다)은 1994.12.16. 국회의 동의를 얻어 1997.1.3. 공포시행된 조약(조약 1363호, 복수국가간 무역협정)으로서 각 헌법 제6조 제1항에 의하여 국내법령과 동일한 효력을 가지므로 지방자치단체가 제정한 조례가 GATT나 AGP에 위반되는 경우에는 그 효력이 없다(대판 2005.9.9. 2004추10).

② [O] 사회의 거듭된 관행으로 생성된 사회생활규범이 관습법으로 승인되었다고 하더라도 사회 구성원들이 그러한 관행의 법적 구속력에 대하여 확신을 갖지 않게 되었다거나, 사회를 지배하는 기본적 이념이나 사회질서의 변화로 인하여 그러한 관습법을 적용하여야 할 시점에 있어서의 전체 법질서에 부합하지 않게 되었다면 그러한 관습법은 법적 규범으로서의 효력이 부정될 수밖에 없다(대판 2005.7.21. 2002다1178 전합).

③ [O] 일반적으로 평등원칙은 본질적으로 같은 것은 같게, 본질적으로 다른 것은 다르게 취급할 것을 요구하는 것으로서, 일체의 차별적 대우를 부정하는 절대적 평등을 의미하는 것이 아니라 입법과 법의 적용에 있어서 합리적인 근거가 없는 차별을 배제하는 상대적 평등을 뜻하는 것이므로, 합리적 근거가 있는 차별은 평등원칙에 반하는 것이 아니다(헌재 2018.6.28. 2017헌마238).

❹ [×] 우리나라가 1994.12.16. 국회의 비준동의를 얻어 1995.1.1. 발효된 '1994년 국제무역기구 설립을 위한 마라케쉬협정'의 일부인 '1994년 관세 및 무역에 관한 일반협정 제6조의 이행에 관한 협정'은 국가와 국가 사이의 권리·의무관계를 설정하는 국제협정으로, 그 내용 및 성질에 비추어 이와 관련한 법적 분쟁은 위 WTO 분쟁해결기구에서 해결하는 것이 원칙이고, 사인에 대하여는 위 협정의 직접 효력이 미치지 아니한다고 보아야 할 것이므로, 위 협정에 따른 회원국 정부의 반덤핑부과처분이 WTO 협정 위반이라는 이유만으로 사인이 직접 국내 법원에 회원국 정부를 상대로 그 처분의 취소를 구하는 소를 제기하거나 위 협정 위반을 처분의 독립된 취소사유로 주장할 수는 없다 할 것이다(대판 2009.1.30. 2008두17936).

19　행정입법　　　　　정답 ④

① [O] 일반적으로 법률이 헌법에 위반된다는 사정은 헌법재판소의 위헌결정이 있기 전에는 객관적으로 명백한 것이라고 할 수는 없으므로 헌법재판소의 위헌결정 전에 행정처분의 근거되는 당해 법률이 헌법에 위반된다는 사유는 특별한 사정이 없는 한 그 행정처분의 취소소송의 전제가 될 수 있을 뿐 당연무효 사유는 아니라고 봄이 상당하다(대판 2002.11.8. 2001두3181).

② [O] 서초구의회가 의결한 '시가표준액 9억 원 이하의 1가구 1개 주택을 소유한 개인에 대하여 지방세법이 정한 재산세의 세율을 표준세율의 100분의 50으로 감경하는' 내용의 '서울특별시 서초구 구세 조례 일부 개정 조례안'에 대하여 서울특별시장이 지방세법 위반의 소지가 있다는 이유로 재의요구를 지시하였으나 구청장이 따르지 않고 공포하자 조례안 의결의 효력 배제를 구하는 무효확인의 소를 제기한 사안에서, 위 조례안의 근거조항인 지방세법 제111조 제1항 제3호 (나)목의 취지, 과세표준 구간이나 누진 정도의 의미를 고려하면, 위 조례안이 감경하는 세율의 적용 대상을 한정하여 그에 따라 과세표준 구간이 창설되고 과세표준 구간별 누진 정도가 변경되더라도 이는 근거조항이 조례로 감경하는 세율의 적용 대상을 한정할 수 있도록 함으로써 생기는 반사적 효과에 불과하거나 근거조항이 예정하고 있는 것이고, '1가구 1개 주택' 등에 관한 내용을 분명히 알 수 있거나 예측할 수 있으며, 지방세특례제한법은 근거조항과는 목적, 요건과 효과 등을 달리하고, 위 조례안에 따라 존재하는 차별에는 합리적인 이유가 있다는 이유로, 위 조례안이 근거조항의 위임범위의 한계를 일탈하였다거나 조세법률주의, 포괄위임금지 원칙, 조세법률의 명확성 원칙, 지방세특례제한법의 절차, 조세평등주의 등에 위배되어 무효라고 볼 수 없다(대판 2022.4.14. 2020추5169).

③ [O] 부령 형식의 '운전면허 취소·정지처분 기준'의 법적 성격에 관하여 대법원은, 행정청 내부의 사무처리준칙을 규정한 것에 불과하므로 대외적으로 국민이나 법원을 구속하는 힘이 없는 것으로 보고 있다. 따라서 제재적 행정처분의 기준이 부령으로 정해진 경우 해당 처분의 적법 여부는 부령에 정해진 기준에의 적합 여부에 따라 판단하는 것이 아니라 관계 법령의 규정 및 그 취지에 적합한 것인지 여부에 따라 개별적, 구체적으로 판단하여야 한다(헌재 2019.8.29. 2018헌바4).

❹ [×] 법률이 공법적 단체 등의 정관에 자치법적 사항을 위임한 경우에는 헌법 제75조가 정하는 포괄적인 위임입법의 금지는 원칙적으로 적용되지 않는다고 봄이 상당하고, 그렇다 하더라도 그 사항이 국민의 권리·의무에 관련되는 것일 경우에는 적어도 국민의 권리·의무에 관한 기본적이고 본질적인 사항은 국회가 정하여야 한다(대판 2007.10.12. 2006두14476).

20　건축허가와 건축신고　　　　　정답 ②

① [×] 토지의 형질변경허가는 그 금지요건이 불확정개념으로 규정되어 있어 그 금지요건에 해당하는지 여부를 판단함에 있어서 행정청에게 재량권이 부여되어 있다고 할 것이므로, 같은 법에 의하여 지정된 도시지역 안에서 토지의 형질변경행위를 수반하는 건축허가는 결국 재량행위에 속한다(대판 2005.7.14. 2004두6181).

❷ [O] 건축주 명의변경신고 수리거부행위는 행정청이 허가대상건축물 양수인의 건축주 명의변경신고라는 구체적인 사실에 관한 법집행으로서 그 신고를 수리하여야 할 법령상의 의무를 지고 있음에도 불구하고 그 신고의 수리를 거부함으로써, 양수인이 건축공사를 계속하기 위하여 또는 건축공사를 완료한 후 자신의 명의로 소유권보존등기를 하기 위하여 가지는 구체적인 법적 이익을 침해하는 결과가 되었다고 할 것이므로, 비록 건축허가가 대물의 허가로서 그 허가의 효과가 허가대상건축물에 대한 권리변동에 수반하여 이전된다고 하더라도, 양수인의 권리·의무에 직접 영향을 미치는 것으로서 취소소송의 대상이 되는 처분이라고 하지 않을 수 없다(대판 1992.3.31. 91누4911).

③ [×] '건축기간 동안 자재 등을 도로에 불법적치하지 말 것'은 부작위의무를 부과한 부담에 해당한다. 부작위의무는 작위의무로의 전환 없이 곧바로 행정대집행을 할 수 없다.

④ [×] 甲이 위 부관에 위반하였음을 이유로 관할 행정청이 건축허가의 효력을 소멸시키려면 행정청은 건축허가를 철회하여야 한다. 행정행위의 철회는 법령상의 근거가 없이도 할 수 있다.

정답

p. 63

01	①	I	**06**	③	I	**11**	②	II	**16**	④	V
02	③	VI	**07**	②	II	**12**	③	II	**17**	③	V
03	③	I	**08**	④	II	**13**	④	II	**18**	③	VI
04	④	IV	**09**	①	I	**14**	④	II	**19**	②	II
05	③	II	**10**	①	II	**15**	③	III	**20**	④	VI

취약 단원 분석표

단원	맞힌 답의 개수
I	/ 3
II	/ 10
III	/ 1
IV	/ 1
V	/ 2
VI	/ 3
TOTAL	/ 20

I 행정법 서론 / II 행정작용법 / III 행정절차와 행정공개 / IV 행정의 실효성 확보수단 / V 행정상 손해전보 / VI 행정쟁송

01　신뢰보호원칙　　　　　　정답 ①

❶ [X] 폐기물관리법령에 의한 폐기물처리업 사업계획에 대한 적정통보와 국토이용관리법령에 의한 국토이용계획변경은 각기 그 제도적 취지와 결정단계에서 고려해야 할 사항들이 다르다는 이유로, 폐기물처리업 사업계획에 대하여 적정통보를 한 것만으로 그 사업부지 토지에 대한 국토이용계획변경신청을 승인하여 주겠다는 취지의 공적인 견해표명을 한 것으로 볼 수 없다(대판 2005.4.28. 2004두8828).

② [O] 재량권행사의 준칙인 행정규칙이 그 정한 바에 따라 되풀이 시행되어 행정관행이 이루어지게 되면 평등의 원칙이나 신뢰보호의 원칙에 따라 행정기관은 그 상대방에 대한 관계에서 그 규칙에 따라야 할 자기구속을 당하게 되고, 그러한 경우에는 대외적인 구속력을 가지게 된다 할 것이다(헌재 1990.9.3. 90헌마13).

③ [O] 준농림지역(이후 자연녹지지역으로 변경)에서 레미콘 공장을 설립하여 운영하던 甲 주식회사가 아스콘 공장을 추가로 설립하기 위하여 관할 시장으로부터 공장설립 변경승인을 받고 아스콘 공장 증설에 따른 대기오염물질 배출시설 설치 변경신고를 마친 다음 아스콘 공장을 운영하였는데, 위 공장에 대하여 실시한 배출검사에서 대기환경보전법상 특정대기유해물질에 해당하는 포름알데히드 등이 검출되자 시장이 자연녹지지역 안에서 허가받지 않은 특정대기유해물질 배출시설을 설치·운영하였다는 사유로 대기환경보전법 제38조 단서에 따라 위 공장의 대기오염물질 배출시설 및 방지시설을 폐쇄하라는 명령을 한 사안에서, 위 공장설립 당시의 관계 법령에 따르면 준농림지역 안에서 특정대기유해물질이 발생하는 위 공장의 설치가 금지되어 있었고, 위 공장은 국토의 계획 및 이용에 관한 법률 시행령 제71조 제1항 제16호 [별표 17] 제2호 차목에 따라 처분 당시 변경된 자연녹지지역에 설치가 금지된 경우에 해당하므로 대기환경보전법 제38조 단서에 따른 폐쇄명령의 대상이며, 공장설립 당시에 甲 회사가 위 공장에서 특정대기유해물질은 배출되지 않고 토석의 저장·혼합 및 연료 사용에 따라 먼지와 배기가스만 배출될 것이라는 전제에서 허위이거나 부실한 배출시설 및 방지시설 설치 계획서를 제출하였으므로 시장이 만연히 甲 회사의 계획서를 그대로 믿은 데에 과실이 있더라도, 시장의 착오는 甲 회사가 유발한 것이므로, 위 공장에 대하여 특정대기유해물질 관련 규제가 적용되지 않으리라는 甲

회사의 기대는 보호가치가 없다는 등의 이유로, 위 처분이 신뢰보호원칙, 행정의 자기구속 법리, 실효의 원칙에 위배되지 않는다고 본 원심판단을 수긍한 사례(대판 2020.4.9. 2019두51499)

④ [O] 정책의 주무 부처인 중앙행정기관이 그 소관 사항에 대하여 입안한 법령안은 법제처 심사 등의 절차를 거쳐 공포함으로써 확정되므로, 법령이 확정되기 이전에는 법적 효과가 발생할 수 없다. 따라서 입법 예고를 통해 법령안의 내용을 국민에게 예고한 적이 있다고 하더라도 그것이 법령으로 확정되지 아니한 이상 국가가 이해관계자들에게 위 법령안에 관련된 사항을 약속하였다고 볼 수 없으며, 이러한 사정만으로 어떠한 신뢰를 부여하였다고 볼 수도 없다(대판 2008.5.29. 2004다33469).

02　취소소송　　　　　　정답 ③

① [X] 행정소송법 제26조, 제28조 제1항 전단의 각 규정에 비추어 보면, 법원은 행정소송에 있어서 행정처분이 위법하여 운전자의 청구가 이유 있다고 인정하는 경우에도 그 처분 등을 취소하는 것이 현저히 공공복리에 적합하지 아니하다고 인정하는 때에는 원고의 청구를 기각하는 사정판결을 할 수 있고, 이러한 사정판결을 할 필요가 있다고 인정하는 때에는 당사자의 명백한 주장이 없는 경우에도 일건 기록에 나타난 사실을 기초로 하여 직권으로 사정판결을 할 수 있다(대판 1995.7.28. 95누4629). 당사자의 신청 없이 직권으로 가능하다.

② [X] 사정판결의 대상인 처분의 위법 여부는 일반원칙에 따라 처분시를 기준으로 판단하지만, 사정판결의 필요성 여부는 판결시를 기준으로 판단하여야 한다. 사정판결은 처분 이후에 변화된 사정을 고려하는 제도이기 때문이다.

❸ [O] 질문의 '취소소송에서 법원이 원고의 청구를 기각할 때 판결의 주문에서 취소대상인 처분이 위법함을 명시하여야 하는 경우'란 사정판결을 말하는 것이다.

판례 이론 **조문**

「행정소송법」 제32조 【소송비용의 부담】 취소청구가 제28
조의 규정에 의하여 기각되거나 행정청이 처분등을 취소
또는 변경함으로 인하여 청구가 각하 또는 기각된 경우에
는 소송비용은 피고의 부담으로 한다.

④ [X] 기속력은 처분등을 취소하는 확정판결에만 발생하므로 사정판
결에서는 발생하지 않는다. 한편 기판력은 확정판결에 발생하
므로 사정판결에서도 발생한다.

판례 이론 **조문**

「행정소송법」 제30조 【취소판결등의 기속력】 ① 처분등을
취소하는 확정판결은 그 사건에 관하여 당사자인 행정청과
그 밖의 관계행정청을 기속한다.

03 공법관계와 사법관계 정답 ③

공법관계에 속하는 것은 4개(ㄱ, ㄴ, ㄷ, ㄹ)이다.

ㄱ. [O] 국유재산법 제51조 제1항은 국유재산의 무단점유자에 대하여
는 대부 또는 사용, 수익허가 등을 받은 경우에 납부하여야 할
대부료 또는 사용료 상당액 외에도 그 징벌적 의미에서 국가
측이 일방적으로 그 2할 상당액을 추가하여 변상금을 징수토
록 하고 있으며 동조 제2항은 변상금의 체납시 국세징수법에
의하여 강제징수토록 하고 있는 점 등에 비추어 보면 국유재
산의 관리청이 그 무단점유자에 대하여 하는 변상금 부과처분
은 순전히 사경제 주체로서 행하는 사법상의 법률행위라 할
수 없고 이는 관리청이 공권력을 가진 우월적 지위에서 행한
것으로서 행정소송의 대상이 되는 행정처분이라고 보아야 한다
(대판 1988.2.23. 87누1046).

ㄴ. [O] 구 공무원연금법 소정의 퇴직연금 등의 급여는 급여를 받을
권리를 가진 자가 당해 공무원이 소속하였던 기관장의 확인을
얻어 신청하는 바에 따라 공무원연금관리공단이 그 지급결정
을 함으로써 그 구체적인 권리가 발생하는 것이므로, 공무원연
금관리공단의 급여에 관한 결정은 국민의 권리에 직접 영향을
미치는 것이어서 행정처분에 해당할 것이지만, 공무원연금관
리공단의 인정에 의하여 퇴직연금을 지급받아 오던 중 구 공
무원연금법령의 개정 등으로 퇴직연금 중 일부 금액의 지급이
정지된 경우에는 당연히 개정된 법령에 따라 퇴직연금이 확정
되는 것이지 같은 법 제26조 제1항에 정해진 공무원연금관리
공단의 퇴직연금 결정과 통지에 의하여 비로소 그 금액이 확
정되는 것이 아니므로, 공무원연금관리공단이 퇴직연금 중 일
부 금액에 대하여 지급거부의 의사표시를 하였다고 하더라도
그 의사표시는 퇴직연금 청구권을 형성·확정하는 행정처분이
아니라 공법상의 법률관계의 한쪽 당사자로서 그 지급의무의
존부 및 범위에 관하여 나름대로의 사실상·법률상 의견을 밝
힌 것일 뿐이어서, 이를 행정처분이라고 볼 수는 없고, 이 경
우 미지급퇴직연금에 대한 지급청구권은 공법상 권리로서 그
의 지급을 구하는 소송은 공법상의 법률관계에 관한 소송인
공법상 당사자소송에 해당한다(대판 2004.7.8. 2004두244).

ㄷ. [O] 광주광역시문화예술회관장의 단원 위촉은 광주광역시문화예술회
관장이 행정청으로서 공권력을 행사하여 행하는 행정처분이 아
니라 공법상의 근무관계의 설정을 목적으로 하여 광주광역시와
단원이 되고자 하는 자 사이에 대등한 지위에서 의사가 합치되어
성립하는 공법상 근로계약에 해당한다고 보아야 할 것이므로, 광
주광역시립합창단원으로서 위촉기간이 만료되는 자들의 재위촉
신청에 대하여 광주광역시문화예술회관장이 실기와 근무성적에
대한 평정을 실시하여 재위촉을 하지 아니한 것을 항고소송의 대
상이 되는 불합격처분이라고 할 수는 없다. 공법상의 법률관계를
다투는 당사자소송은 행정소송법 제3조 제2호, 제39조에 의하여
그 법률관계의 한쪽 당사자인 국가·공공단체 그 밖의 권리주체
가 피고적격을 가진다(대판 2001.12.11. 2001두7794).

ㄹ. [O] 원고 회사가 피고(부산직할시장) 산하 구청장으로부터 수급한
공사의 일부를 건설업면허가 없는 소외인에게 하도급하여 시
공케 한 것은 예산회계법 시행령 제89조 제1항 제8호에 해당
하므로 원고의 일반경쟁 입찰참가 자격을 6개월간 제한한 피
고의 처분은 정당하다. 행정행위가 일단 성립하면 그에 따른
특정의 새로운 법질서가 성립하게 되고 특히 허가, 면허, 인
가, 특허 등과 같이 그 상대방에게 어떤 이익을 생기게 하는
행정행위는 이를 취소하면 그 국민의 기득권을 침해하는 것이
되므로 비록 취소사유가 있다고 하더라도 그 취소권의 행사는
그 공익상의 이유와 당사자가 받는 불이익을 비교 교량하여
결정하여야 한다(대판 1983.7.12. 83누127).

ㅁ. [X] 예산회계법에 따라 체결되는 계약은 사법상의 계약이라고 할
것이고 동법 제70조의5의 입찰보증금은 낙찰자의 계약체결의
무이행의 확보를 목적으로 하여 그 불이행시에 이를 국고에
귀속시켜 국가의 손해를 전보하는 사법상의 손해배상 예정으
로서의 성질을 갖는 것이라고 할 것이므로 입찰보증금의 국고
귀속조치는 국가가 사법상의 재산권의 주체로서 행위하는 것
이지 공권력을 행사하는 것이거나 공권력작용과 일체성을 가
진 것이 아니라 할 것이므로 이에 관한 분쟁은 행정소송이 아
닌 민사소송의 대상이 될 수 밖에 없다고 할 것이다(대판
1983.12.27. 81누366).

ㅂ. [X] 공익사업을 위한 토지 등의 취득 및 보상에 관한 법령(이하
'공익사업법령'이라고 한다)에 의한 협의취득은 사법상의 법률
행위이므로 당사자 사이의 자유로운 의사에 따라 채무불이행
책임이나 매매대금 과부족금에 대한 지급의무를 약정할 수 있
다. 그리고 협의취득을 위한 매매계약을 해석함에 있어서도 처
분문서 해석의 일반원칙으로 돌아와 매매계약서에 기재되어
있는 문언대로의 의사표시의 존재와 내용을 인정하여야 하고,
당사자 사이에 계약의 해석을 둘러싸고 이견이 있어 처분문서
에 나타난 당사자의 의사해석이 문제되는 경우에는 그 문언의
내용, 그러한 약정이 이루어진 동기와 경위, 그 약정에 의하여
달성하려는 목적, 당사자의 진정한 의사 등을 종합적으로 고찰
하여 논리와 경험칙에 따라 합리적으로 해석하여야 한다(대판
2012.2.23. 2010다91206).

04 이행강제금 정답 ④

① [O] 건축법상의 이행강제금은 시정명령의 불이행이라는 과거의 위반행위에 대한 제재가 아니라, 의무자에게 시정명령을 받은 의무의 이행을 명하고 그 이행기간 안에 의무를 이행하지 않으면 이행강제금이 부과된다는 사실을 고지함으로써 의무자에게 심리적 압박을 주어 의무의 이행을 간접적으로 강제하는 행정상의 간접강제 수단에 해당한다(대판 2018.1.25. 2015두35116).

② [O] 구 건축법(2005.11.8. 법률 제7696호로 개정되기 전의 것)상의 이행강제금은 구 건축법의 위반행위에 대하여 시정명령을 받은 후 시정기간 내에 당해 시정명령을 이행하지 아니한 건축주 등에 대하여 부과되는 간접강제의 일종으로서 그 이행강제금 납부의무는 상속인 기타의 사람에게 승계될 수 없는 일신전속적인 성질의 것이다(대판 2006.12.8. 2006마470).

③ [O] 이 사건 법률조항에서 규정하고 있는 이행강제금은 일정한 기한까지 의무를 이행하지 않을 때에는 일정한 금전적 부담을 과할 뜻을 미리 계고함으로써 의무자에게 심리적 압박을 주어 장래에 그 의무를 이행하게 하려는 행정상 간접적인 강제집행 수단의 하나로서 과거의 일정한 법률위반 행위에 대한 제재로서의 형벌이 아니라 장래의 의무이행의 확보를 위한 강제수단일 뿐이어서 범죄에 대하여 국가가 형벌권을 실행한다고 하는 과벌에 해당하지 아니하므로 헌법 제13조 제1항이 금지하는 이중처벌금지의 원칙이 적용될 여지가 없다(헌재 2011.10.25. 2009헌바140).

❹ [X] 농지법 제62조 제6항, 제7항이 위와 같이 이행강제금 부과처분에 대한 불복절차를 분명하게 규정하고 있으므로, 이와 다른 불복절차를 허용할 수는 없다. 설령 관할청이 이행강제금 부과처분을 하면서 재결청에 행정심판을 청구하거나 관할 행정법원에 행정소송을 할 수 있다고 잘못 안내하거나 관할 행정심판위원회가 각하재결이 아닌 기각재결을 하면서 관할 법원에 행정소송을 할 수 있다고 잘못 안내하였다고 하더라도, 그러한 잘못된 안내로 행정법원의 항고소송 재판관할이 생긴다고 볼 수도 없다(대판 2019.4.11. 2018두42955).

05 행정법의 효력 정답 ③

옳은 것은 ㄱ, ㄷ, ㄹ이다.
ㄱ. [O] 「행정기본법」 제7조 제3호에 대한 옳은 내용이다.

판례 이론 **조문**

> 제7조 【법령등 시행일의 기간 계산】 법령등(훈령·예규·고시·지침 등을 포함한다. 이하 이 조에서 같다)의 시행일을 정하거나 계산할 때에는 다음 각 호의 기준에 따른다.
> 3. 법령등을 공포한 날부터 일정 기간이 경과한 날부터 시행하는 경우 그 기간의 말일이 토요일 또는 공휴일인 때에는 그 말일로 기간이 만료한다.

ㄴ. [X] 관보가 아닌 서울특별시에서 발행되는 둘 이상의 일간신문에 게재함으로써 한다.

판례 이론 **조문**

> 「법령 등 공포에 관한 법률」 제11조 【공포 및 공고의 절차】 ② 「국회법」 제98조 제3항 전단에 따라 하는 국회의장의 법률 공포는 서울특별시에서 발행되는 둘 이상의 일간신문에 게재함으로써 한다.

ㄷ. [O] 「법령 등 공포에 관한 법률」 제11조 제4항에 대한 옳은 내용이다.

판례 이론 **조문**

> 제11조 【공포 및 공고의 절차】 ④ 관보의 내용 해석 및 적용 시기 등에 대하여 종이관보와 전자관보는 동일한 효력을 가진다.

ㄹ. [O] 「행정기본법」 제14조 제3항에 대한 옳은 내용이다.

판례 이론 **조문**

> 제14조 【법 적용의 기준】 ③ 법령등을 위반한 행위의 성립과 이에 대한 제재처분은 법령등에 특별한 규정이 있는 경우를 제외하고는 법령등을 위반한 행위 당시의 법령등에 따른다. 다만, 법령등을 위반한 행위 후 법령등의 변경에 의하여 그 행위가 법령등을 위반한 행위에 해당하지 아니하거나 제재처분 기준이 가벼워진 경우로서 해당 법령등에 특별한 규정이 없는 경우에는 변경된 법령등을 적용한다.

06 공권과 공의무 정답 ③

① [O] 헌법 제35조 제1항에서 정하고 있는 환경권에 관한 규정만으로는 그 권리의 주체·대상·내용·행사방법 등이 구체적으로 정립되어 있다고 볼 수 없고, 환경정책기본법 제6조도 그 규정 내용 등에 비추어 국민에게 구체적인 권리를 부여한 것으로 볼 수 없다는 이유로, 환경영향평가 대상지역 밖에 거주하는 주민에게 헌법상의 환경권 또는 환경정책기본법에 근거하여 공유수면매립면허처분과 농지개량사업 시행인가처분의 무효확인을 구할 원고적격이 없다(대판 2006.3.16. 2006두330).

② [O] 행정처분에 있어서 불이익처분의 상대방은 직접 개인적 이익의 침해를 받은 자로서 원고적격이 인정되지만 수익처분의 상대방은 그의 권리나 법률상 보호되는 이익이 침해되었다고 볼 수 없으므로 달리 특별한 사정이 없는 한 취소를 구할 이익이 없다(대판 1995.8.22. 94누8129).

❸ [X] 상수원보호구역 설정의 근거가 되는 수도법 제5조 제1항 및 동법 시행령 제7조 제1항이 보호하고자 하는 것은 상수원의 확보와 수질보전일 뿐이고, 그 상수원에서 급수를 받고 있는 지역주민들이 가지는 상수원의 오염을 막아 양질의 급수를 받을 이익은 직접적이고 구체적으로는 보호하고 있지 않음이 명백하여 위 지역주민들이 가지는 이익은 상수원의 확보와 수질보호라는 공공의 이익이 달성됨에 따라 반사적으로 얻게 되는 이익에 불과하므로 지역주민들에 불과한 원고들에게는 위 상수원보호구역변경처분의 취소를 구할 법률상의 이익이 없다(대판 1995.9.26. 94누14544).

④ [O] 이행강제금 납부의무는 상속인 기타의 사람에게 승계될 수 없는 일신전속적인 성질의 것이므로 이미 사망한 사람에게 이행강제금을 부과하는 내용의 처분이나 결정은 당연무효이다(대판 2006.12.8. 2006마470).

07 허가 정답 ②

옳은 것은 ㄱ, ㄹ이다.

ㄱ. [O] 일반적으로 행정처분에 효력기간이 정하여져 있는 경우에는 그 기간의 경과로 그 행정처분의 효력은 상실되며, 다만 허가에 붙은 기한이 그 허가된 사업의 성질상 부당하게 짧은 경우에는 이를 그 허가 자체의 존속기간이 아니라 그 허가조건의 존속기간으로 보아 그 기한이 도래함으로써 그 조건의 개정을 고려한다는 뜻으로 해석할 수 있다(대판 2004.3.25. 2003두12837).

ㄴ. [X] 허가의 조건의 존속기간이 종료되기 전에 연장신청이 없이 허가기간이 만료된 경우 허가의 효력은 상실된다.

ㄷ. [X] 종전의 허가가 기한의 도래로 실효되고 종전 허가의 유효기간이 지나서 기간연장을 신청하였다면 그 신청은 종전 허가의 유효기간을 연장하여 주는 행정처분을 구한 것으로 볼 수 없고, 종전 허가와는 별개로 새로운 허가를 내용으로 하는 행정처분을 구한 것으로 보아야 한다.

ㄹ. [O] 「행정절차법」 제23조 제1항에 대한 옳은 내용이다.

판례 이론 **조문**

> 제23조 【처분의 이유 제시】 ① 행정청은 처분을 할 때에는 다음 각 호의 어느 하나에 해당하는 경우를 제외하고는 당사자에게 그 근거와 이유를 제시하여야 한다.
> 1. 신청 내용을 모두 그대로 인정하는 처분인 경우
> 2. 단순·반복적인 처분 또는 경미한 처분으로서 당사자가 그 이유를 명백히 알 수 있는 경우
> 3. 긴급히 처분을 할 필요가 있는 경우

08 인·허가의제 정답 ④

① [O] 행정청이 주된 인허가를 불허하는 처분을 하면서 의제되는 인허가를 사유로 함께 제시한 경우 주된 인허가에 대한 거부처분을 대상으로 쟁송을 제기하여 다퉈야 한다(대판 2001.1.16. 99두10988).

② [O] 건축물의 건축이 국토계획법상 개발행위에 해당할 경우 그에 대한 건축허가를 하는 허가권자는 건축허가에 배치·저촉되는 관계 법령상 제한 사유의 하나로 국토계획법령의 개발행위허가기준을 확인하여야 하므로, 국토계획법상 건축물의 건축에 관한 개발행위허가가 의제되는 건축허가신청이 국토계획법령이 정한 개발행위허가기준에 부합하지 아니하면 허가권자로서는 이를 거부할 수 있고, 이는 건축법 제16조 제3항에 의하여 개발행위허가의 변경이 의제되는 건축허가사항의 변경허가에서도 마찬가지이다(대판 2016.8.24. 2016두35762).

③ [O] 주택건설사업계획 승인처분에 따라 의제된 인허가가 위법함을 다투고자 하는 이해관계인은, 주택건설사업계획 승인처분의 취소를 구할 것이 아니라 의제된 인허가의 취소를 구하여야 하며, 의제된 인허가는 주택건설사업계획 승인처분과 별도로 항고소송의 대상이 되는 처분에 해당한다(대판 2018.11.29. 2016두38792).

❹ [X] 미리 협의할 의무가 있다.

판례 이론 **조문**

> 「행정기본법」 제24조 【인허가의제의 기준】 ③ 주된 인허가 행정청은 주된 인허가를 하기 전에 관련 인허가에 관하여 미리 관련 인허가 행정청과 협의하여야 한다.

09 행정행위의 부관 정답 ①

❶ [X] 부관 중 부담행정청이 한 공유수면매립준공인가 중 매립지 일부에 대하여 한 국가귀속처분은 매립준공인가를 함에 있어서 매립의 면허를 받은 자의 매립지에 대한 소유권취득을 규정한 공유수면매립법 제14조의 효과 일부를 배제하는 부관을 붙인 것이므로 이러한 행정행위의 부관에 대하여는 독립하여 행정소송의 대상으로 삼을 수 없다(대판 1993.10.8. 90누8503).

② [O] 기선선망어업의 허가를 하면서 운반선, 등선 등 부속선을 사용할 수 없도록 제한한 부관은 그 어업허가의 목적달성을 사실상 어렵게 하여 그 본질적 효력을 해하는 것일 뿐만 아니라 위 시행령의 규정에도 어긋나는 것이며, 더욱이 어업조정이나 기타 공익상 필요하다고 인정되는 사정이 없는 이상 위법한 것이다(대판 1990.4.27. 89누6808). 이 경우 기선선망어업 허가를 하면서 부속선을 사용할 수 있도록 어업허가사항변경신청을 한 다음 그것이 거부된 경우에 거부처분취소소송을 제기할 수 있다.

③ [O] 행정청이 수익적 행정처분을 하면서 부가한 부담의 위법 여부는 처분 당시 법령을 기준으로 판단하여야 하고, 부담이 처분 당시 법령을 기준으로 적법하다면 처분 후 부담의 전제가 된 주된 행정처분의 근거법령이 개정됨으로써 행정청이 더 이상 부관을 붙일 수 없게 되었다 하더라도 곧바로 위법하게 되거나 그 효력이 소멸하게 되는 것은 아니다. 따라서 행정처분의 상대방이 수익적 행정처분을 얻기 위하여 행정청과 사이에 행정처분에 부가할 부담에 관한 협약을 체결하고 행정청이 수익적 행정처분을 하면서 협약상의 의무를 부담으로 부가하였으나 부담의 전제가 된 주된 행정처분의 근거법령이 개정됨으로써 행정청이 더 이상 부관을 붙일 수 없게 된 경우에도 곧바로 협약의 효력이 소멸하는 것은 아니다(대판 2009.2.12. 2005다65500).

④ [O] 도로점용허가의 점용기간은 행정행위의 본질적인 요소에 해당한다고 볼 것이어서 부관인 점용기간을 정함에 있어서 위법사유가 있다면 이로써 도로점용허가 처분 전부가 위법하게 된다(대판 1985.7.9. 84누604).

10 인가 정답 ①

옳은 것은 ㄱ, ㄴ이다.

ㄱ. [O] 인가는 기본행위인 재단법인의 정관변경에 대한 법률상의 효력을 완성시키는 보충행위로서, 그 기본이 되는 정관변경 결의에 하자가 있을 때에는 그에 대한 인가가 있었다 하여도 기본행위인 정관변경 결의가 유효한 것으로 될 수 없으므로 기본행위인 정관변경 결의가 적법 유효하고 보충행위인 인가처분 자체에만 하자가 있다면 그 인가처분의 무효나 취소를 주장할 수 있지만, 인가처분에 하자가 없다면 기본행위에 하자가 있다 하더라도 따로 그 기본행위의 하자를 다투는 것은 별론으로 하고 기본행위의 무효를 내세워 바로 그에 대한 행정청의 인가처분의 취소 또는 무효확인을 소구할 법률상의 이익이 없다(대판 1996.5.16. 95누4810).

> **판례** 이론 조문
>
> 학교법인의 임원에 대한 감독청의 취임승인은 학교법인의 임원선임행위를 보충하여 그 법률상의 효력을 완성케 하는 보충적 행정행위로서 성질상 기본행위를 떠나 승인처분 그 자체만으로는 법률상 아무런 효력도 발생할 수 없으므로 기본행위인 학교법인의 임원선임행위가 불성립 또는 무효인 경우 비록 감독청의 취임승인이 있었다 하여도 무효인 선임행위가 유효로 되는 것은 아니다(대판 1987.8.18. 86누152).

ㄴ. [O] 자동차관리법상 자동차관리사업자로 구성하는 사업자단체인 조합 또는 협회의 설립인가처분은 국토해양부장관 또는 시·도지사가 자동차관리사업자들의 단체결성행위를 보충하여 효력을 완성시키는 처분에 해당한다(대판 2015.5.29. 2013두536).

> **판례** 이론 조문
>
> 행정청이 도시정비법 등 관련 법령에 근거하여 행하는 조합설립 인가처분은 단순히 사인들의 조합설립행에 대한 보충행위로서의 성질을 갖는 것에 그치는 것이 아니라 법령상 요건을 갖출 경우 도시정비법상 주택재건축사업을 시행할 수 있는 권한을 갖는 행정주체(공법인)로서의 지위를 부여하는 일종의 설권적 처분의 성격을 갖는다고 보아야 한다 … (중략) … 조합설립 인가처분이 있은 이후에는 조합설립결의의 하자를 이유로 조합설립의 무효를 주장하는 것은 조합설립 인가처분의 취소 또는 무효확인을 구하는 항고소송의 방법에 의하여야 할 것이고, 이와는 별도로 조합설립결의만을 대상으로 그 효력 유무를 다투는 확인의 소를 제기하는 것은 확인의 이익이 없어 허용되지 아니한다 할 것이다(대판 2009.10.15. 2009다30427).

ㄷ. [X] 인가는 법률행위만을 대상으로 한다.

ㄹ. [X] 도시 및 주거환경정비법상 주택재건축정비사업조합이 같은 법 제48조에 따라 수립한 관리처분계획에 대하여 관할 행정청의 인가·고시까지 있게 되면 관리처분계획은 행정처분으로서 효력이 발생하게 되므로, 총회결의의 하자를 이유로 하여 행정처분의 효력을 다투는 항고소송의 방법으로 관리처분계획의 취소 또는 무효확인을 구하여야 하고, 그와 별도로 행정처분에 이르는 절차적 요건 중 하나에 불과한 총회결의 부분만을 따로 떼어내어 효력 유무를 다투는 확인의 소를 제기하는 것은 특별한 사정이 없는 한 허용되지 않는다(대판 2009.9.17. 2007다2428).

11 행정행위의 취소 정답 ②

① [X] 부과의 취소에 위법사유가 있다고 하더라도 당연무효가 아닌 한 일단 유효하게 성립하여 부과처분을 확정적으로 상실시키는 것이므로, 과세관청은 부과의 취소를 다시 취소함으로써 원부과처분을 소생시킬 수는 없고 납세의무자에게 종전의 과세대상에 대한 납부의무를 지우려면 다시 법률에서 정한 부과절차에 좇아 동일한 내용의 새로운 처분을 하는 수밖에 없다(대판 1995.3.10. 94누7027).

❷ [O] 원래 행정처분을 한 처분청은 그 처분에 하자가 있는 경우에는 원칙적으로 별도의 법적 근거가 없더라도 스스로 이를 직권으로 취소할 수 있지만, 그와 같이 직권취소를 할 수 있다는 사정만으로 이해관계인에게 처분청에 대하여 그 취소를 요구할 신청권이 부여된 것으로 볼 수는 없다(대판 2006.6.30. 2004두701).

③ [X] 수익적 행정처분을 취소할 때에는 이를 취소하여야 할 공익상의 필요와 그 취소로 인하여 당사자가 입게 될 기득권과 신뢰보호 및 법률생활 안정의 침해 등 불이익을 비교·교량한 후 공익상의 필요가 당사자가 입을 불이익을 정당화할 만큼 강한 경우에 한하여 취소할 수 있다. 그런데 수익적 행정처분의 하자가 당사자의 사실은폐나 기타 사위의 방법에 의한 신청행위에 기인한 것이라면, 당사자는 처분에 의한 이익을 위법하게 취득하였음을 알아 취소가능성도 예상하고 있었을 것이므로, 그 자신이 처분에 관한 신뢰이익을 원용할 수 없음은 물론, 행정청이 이를 고려하지 않았다 하여도 재량권의 남용이 되지 않고, 이 경우 당사자의 사실은폐나 기타 사위의 방법에 의한 신청행위가 제3자를 통하여 소극적으로 이루어졌다고 하여 달리 볼 것이 아니다(대판 2008.11.13. 2008두8628).

④ [X] 행정행위를 한 처분청은 그 행위에 하자가 있는 경우에는 별도의 법적 근거가 없더라도 스스로 이를 취소할 수 있다(대판 2008.11.13. 2008두8628).

12 재량행위 정답 ③

① [O] 약사법 제26조 및 동법 시행규칙 제53조에 의한 허가사항 변경허가에 있어서 소관행정청은 그 허가신청이 위 법조의 요건에 합치하는 때에는 특별한 사정이 없는 한 이를 허가하여야 하고 공익상 필요가 없음에도 불구하고 허가를 거부할 수 없다는 의미에서 그 허가여부는 기속재량에 속하는 것이다(대판 1985.12.10. 85누674).

② [O] 음주측정거부를 이유로 운전면허취소를 함에 있어서 행정청이 그 취소 여부를 선택할 수 있는 재량의 여지가 없음이 법문상 명백하므로 재량권의 일탈·남용의 문제는 생길 수 없다(대판 2004.11.12. 2003두12042).

❸ [X] 「식품위생법」상 일반(대중)음식점 영업허가는 성질상 일반적 금지의 해제에 불과하므로 허가권자는 허가 신청이 법에서 정한 요건을 구비한 때에는 허가하여야 하고, 관계 법령에서 정하는 제한사유 외에 공공복리 등의 사유를 들어 허가신청을 거부할 수는 없고, 이러한 법리는 일반음식점 허가사항의 변경허가에 관하여도 마찬가지이다(대판 2000.3.24. 97누12532).

④ [O] 구 자동차운수사업법(1997.12.13. 법률 제5448호 여객자동차 운수사업법으로 전문개정되기 전의 것) 제4조 제1항, 제3항, 같은 법 시행규칙(1998.8.20. 건설교통부령 제147호 여객자동차 운수사업법 시행규칙으로 전문 개정되기 전의 것) 제14조의2 등의 관련규정에 의하면 마을버스운송사업면허의 허용 여부는 사업구역의 교통수요, 노선결정, 운송업체의 수송능력, 공급능력 등에 관하여 기술적·전문적인 판단을 요하는 분야로서 이에 관한 행정처분은 운수행정을 통한 공익실현과 아울러 합목적성을 추구하기 위하여 보다 구체적 타당성에 적합한 기준에 의하여야 할 것이므로 그 범위 내에서는 법령이 특별히 규정한 바가 없으면 행정청의 재량에 속하는 것이라고 보아야 할 것이고, 또한 마을버스 한정면허시 확정되는 마을버스 노선을 정함에 있어서도 기존 일반노선버스의 노선과의 중복 허용정도에 대한 판단도 행정청의 재량에 속한다(대판 2001.1.19. 99두3812).

13 행정입법 　　　　　　　　　　　　정답 ④

① [O] 법령에서 행정처분의 요건 중 일부 사항을 부령으로 정할 것을 위임한 데 따라 시행규칙 등 부령에서 이를 정한 경우에 그 부령의 규정은 국민에 대해서도 구속력이 있는 법규명령에 해당한다고 할 것이지만, 법령의 위임이 없음에도 법령에 규정된 처분 요건에 해당하는 사항을 부령에서 변경하여 규정한 경우에는 그 부령의 규정은 행정청 내부의 사무처리 기준 등을 정한 것으로서 행정조직 내에서 적용되는 행정명령의 성격을 지닐 뿐 국민에 대한 대외적 구속력은 없다고 보아야 한다(대판 2013.9.12. 2011두10584).

② [O] 일반적으로 법률의 위임에 따라 효력을 갖는 법규명령의 경우에 위임의 근거가 없어 무효였더라도 나중에 법 개정으로 위임의 근거가 부여되면 그때부터는 유효한 법규명령으로 볼 수 있다(대판 2017.4.20. 2015두45700).

③ [O] 행정소송은 구체적 사건에 대한 법률상 분쟁을 법에 의하여 해결함으로써 법적 안정을 기하자는 것이므로 부작위위법확인소송의 대상이 될 수 있는 것은 구체적 권리의무에 관한 분쟁이어야 하고 추상적인 법령에 관하여 제정의 여부 등은 그 자체로서 국민의 구체적인 권리의무에 직접적 변동을 초래하는 것이 아니어서 그 소송의 대상이 될 수 없다(대판 1992.5.8. 91누11261).

❹ [×] 어떤 행정처분이 그와 같이 법규성이 없는 시행규칙 등의 규정(내부의 사무처리 기준)에 위배된다고 하더라도 그 이유만으로 처분이 위법하게 되는 것은 아니라 할 것이고, 또 그 규칙 등에서 정한 요건에 부합한다고 하여 반드시 그 처분이 적법한 것이라고 할 수도 없다. 이 경우 처분의 적법 여부는 그러한 규칙 등에서 정한 요건에 합치하는지 여부가 아니라 일반 국민에 대하여 구속력을 가지는 법률 등 법규성이 있는 관계 법령의 규정을 기준으로 판단하여야 한다(대판 2013.9.12. 2011두10584).

14 행정행위 　　　　　　　　　　　　정답 ④

① [O] 도로점용의 허가는 특정인에게 일정한 내용의 공물사용권을 설정하는 설권행위로서, 공물관리자가 신청인의 적격성, 사용목적 및 공익상의 영향 등을 참작하여 허가를 할 것인지의 여부를 결정하는 재량행위이다(대판 2002.10.25. 2002두5795).

② [O] 수익적 행정처분에 있어서는 법령에 특별한 근거규정이 없다고 하더라도 그 부관으로서 부담을 붙일 수 있고, 그와 같은 부담은 행정청이 행정처분을 하면서 일방적으로 부가할 수도 있지만 부담을 부가하기 이전에 상대방과 협의하여 부담의 내용을 협약의 형식으로 미리 정한 다음 행정처분을 하면서 이를 부가할 수도 있다(대판 2009.2.12. 2005다65500).

③ [O] 적법한 사용인지 무단 사용인지의 여부에 관한 판단은 사용관계에 관한 사실 인정과 법적 판단을 수반하는 것으로 반드시 명료하다고 할 수 없으므로, 그러한 판단을 그르쳐 변상금 부과처분을 할 것을 사용료 부과처분을 하거나 반대로 사용료 부과처분을 할 것을 변상금 부과처분을 하였다고 하여 그와 같은 부과처분의 하자를 중대한 하자라고 할 수는 없다(대판 2013.4.26. 2012두20663).

❹ [×] 도로점용허가는 도로의 일부에 대한 특정사용을 허가하는 것으로서 도로의 일반사용을 저해할 가능성이 있으므로 그 범위는 점용목적 달성에 필요한 한도로 제한되어야 한다. 도로관리청이 도로점용허가를 하면서 특별사용의 필요가 없는 부분을 점용장소 및 점용면적에 포함하는 것은 그 재량권 행사의 기초가 되는 사실인정에 잘못이 있는 경우에 해당하므로 그 도로점용허가 중 특별사용의 필요가 없는 부분은 위법하다. 이러한 경우 도로점용허가를 한 도로관리청은 위와 같은 흠이 있다는 이유로 유효하게 성립한 도로점용허가 중 특별사용의 필요가 없는 부분을 직권취소할 수 있음이 원칙이다(대판 2019.1.17. 2016두56721·2016두56738).

15 행정절차법 　　　　　　　　　　　　정답 ③

① [O] 「행정절차법」 제21조 제4항에 대한 옳은 내용이다.

> 판례　이론　**조문**

> 제21조 【처분의 사전 통지】 ④ 다음 각 호의 어느 하나에 해당하는 경우에는 제1항에 따른 통지를 하지 아니할 수 있다.
> 1. 공공의 안전 또는 복리를 위하여 긴급히 처분을 할 필요가 있는 경우
> 2. 법령 등에서 요구된 자격이 없거나 없어지게 되면 반드시 일정한 처분을 하여야 하는 경우에 그 자격이 없거나 없어지게 된 사실이 법원의 재판 등에 의하여 객관적으로 증명된 경우
> 3. 해당 처분의 성질상 의견청취가 현저히 곤란하거나 명백히 불필요하다고 인정될 만한 상당한 이유가 있는 경우

② [○] 행정청이 구 관광진흥법 또는 구 체육시설법의 규정에 의하여 유원시설업자 또는 체육시설업자 지위승계신고를 수리하는 처분은 종전 유원시설업자 또는 체육시설업자의 권익을 제한하는 처분이고, 종전 유원시설업자 또는 체육시설업자는 그 처분에 대하여 직접 그 상대가 되는 자에 해당한다고 보는 것이 타당하므로, 행정청이 그 신고를 수리하는 처분을 할 때에는 행정절차법 규정에서 정한 당사자에 해당하는 종전 유원시설업자 또는 체육시설업자에 대하여 위 규정에서 정한 행정절차를 실시하고 처분을 하여야 한다(대판 2012.12.13. 2011두29144).

❸ [×] 이 사건 처분은 대통령기록물 관리에 관한 법률에서 5년 임기의 별정직 공무원으로 규정한 대통령기록관장으로 임용된 원고를 직권면직한 처분으로서, 원고에 대하여 의무를 과하거나 원고의 권익을 제한하는 처분이고, 별정직 공무원에 대한 직권면직의 경우에는 행정절차에 준하는 절차를 거치도록 하는 규정이 없으며, 이 사건 처분이 성질상 행정절차를 거치기 곤란하거나 불필요하다고 인정되는 처분에도 해당하지 아니하므로 이 사건 처분이 구 행정절차법 제21조 제4항 제3호, 제22조 제4항에 따라 원고에게 사전통지를 하지 않거나 의견제출의 기회를 주지 아니하여도 되는 예외적인 경우에 해당한다고 할 수 없다. 따라서 원고에게 사전통지를 하지 않고 의견제출의 기회를 주지 아니한 이 사건 처분은 구 행정절차법 제21조 제1항, 제22조 제3항을 위반한 절차상 하자가 있어 위법하다(대판 2013.1.16. 2011두30687).

④ [○] 행정청이 당사자와 사이에 도시계획사업의 시행과 관련한 협약을 체결하면서 관계 법령 및 행정절차법에 규정된 청문의 실시 등 의견청취절차를 배제하는 조항을 두었다고 하더라도, 국민의 행정참여를 도모함으로써 행정의 공정성·투명성 및 신뢰성을 확보하고 국민의 권익을 보호한다는 행정절차법의 목적 및 청문제도의 취지 등에 비추어 볼 때, 위와 같은 협약의 체결로 청문의 실시에 관한 규정의 적용을 배제할 수 있다고 볼 만한 법령상의 규정이 없는 한, 이러한 협약이 체결되었다고 하여 청문의 실시에 관한 규정의 적용이 배제된다거나 청문을 실시하지 않아도 되는 예외적인 경우에 해당한다고 할 수 없다(대판 2004.7.8. 2002두8350).

---

③ [×] 울산세관의 통관지원과에서 인사업무를 담당하면서 울산세관 공무원들의 공무원증 및 재직증명서 발급업무를 하는 공무원인 甲이 울산세관의 다른 공무원의 공무원증 등을 위조하는 행위는 비록 그것이 실질적으로는 직무행위에 속하지 아니한다 할지라도 적어도 외관상으로는 공무원증과 재직증명서를 발급하는 행위로서 직무집행으로 보여지므로 결국 소외인의 공무원증 등 위조행위는 국가배상법 제2조 제1항 소정의 공무원이 직무를 집행함에 당하여 한 행위로 인정되고, 소외인이 실제로는 공무원증 및 재직증명서의 발급권자인 울산세관장의 직무를 보조하는 데 불과한 지위에 있다거나, 신청자의 발급신청 없이 정상의 발급절차를 거치지 아니하고 이를 발급하였으며, 위 공무원증 등 위조행위가 원고로부터 대출을 받기 위한 목적으로 행하여졌다 하더라도 이를 달리 볼 수 없다(대판 2005.1.14. 2004다26805).

❹ [○] 지방자치단체의 담당 공무원이 위 유흥주점의 용도변경, 무허가 영업 및 시설기준에 위배된 개축에 대하여 시정명령 등 식품위생법상 취하여야 할 조치를 게을리 한 직무상 의무위반행위와 위 종업원들의 사망 사이에 상당인과관계가 존재하지 않는다고 하였다(대판 2008.4.10. 2005다48994).

> **판례** 이론 조문
>
> [1] 유흥주점에 감금된 채 윤락을 강요받으며 생활하던 여종업원들이 유흥주점에 화재가 났을 때 미처 피신하지 못하고 유독가스에 질식해 사망한 사안에서, 지방자치단체의 담당 공무원이 위 유흥주점의 용도변경, 무허가 영업 및 시설기준에 위배된 개축에 대하여 시정명령 등 식품위생법상 취하여야 할 조치를 게을리 한 직무상 의무위반행위와 위 종업원들의 사망 사이에 상당인과관계가 존재하지 않는다.
>
> [2] 유흥주점에 감금된 채 윤락을 강요받으며 생활하던 여종업원들이 유흥주점에 화재가 났을 때 미처 피신하지 못하고 유독가스에 질식해 사망한 사안에서, 소방공무원이 위 유흥주점에 대하여 화재 발생 전 실시한 소방점검 등에서 구 소방법상 방염 규정 위반에 대한 시정조치 및 화재 발생시 대피에 장애가 되는 잠금장치의 제거 등 시정조치를 명하지 않은 직무상 의무 위반은 현저히 불합리한 경우에 해당하여 위법하고, 이러한 직무상 의무 위반과 위 사망의 결과 사이에 상당인과관계가 존재한다(대판 2008.4.10. 2005다48994).

16 　국가배상책임　　　　　　　정답 ④

① [×] 국가배상법 제2조 소정의 '공무원'이라 함은 국가공무원법이나 지방공무원법에 의하여 공무원으로서의 신분을 가진 자에 국한하지 않고, 널리 공무를 위탁받아 실질적으로 공무에 종사하고 있는 일체의 자를 가리키는 것으로서, 공무의 위탁이 일시적이고 한정적인 사항에 관한 활동을 위한 것이어도 달리 볼 것은 아니다(대판 2001.1.5. 98다39060).

② [×] 국가배상법이 정한 손해배상청구의 요건인 '공무원의 직무'에는 국가나 지방자치단체의 권력적 작용뿐만 아니라 비권력적 작용도 포함되지만 단순한 사경제의 주체로서 하는 작용은 포함되지 않는다(대판 2004.4.9. 2002다10691).

17 행정상 손실보상   정답 ③

① [O] 헌법 제23조 제3항은 "공공필요에 의한 재산권의 수용·사용 또는 제한 및 그에 대한 보상은 법률로써 하되 정당한 보상을 지급하여야 한다."라고 규정하고 있는바, 이 헌법의 규정은 보상청구권의 근거에 관하여서 뿐만 아니라 보상의 기준과 방법에 관하여서도 법률의 규정에 유보하고 있는 것으로 보아야 하고, 위 구 토지수용법과 지가공시법의 규정들은 바로 헌법에서 유보하고 있는 그 법률의 규정들로 보아야 할 것이다. 그리고 "정당한 보상"이라 함은 원칙적으로 피수용재산의 객관적인 재산가치를 완전하게 보상하여야 한다는 완전보상을 뜻하는 것이라 할 것이나 투기적인 거래에 의하여 형성되는 가격은 정상적인 객관적 재산가치로는 볼 수 없으므로 이를 배제한다고 하여 완전보상의 원칙에 어긋나는 것은 아니며 공익사업의 시행으로 지가가 상승하여 발생하는 개발이익은 궁극적으로는 국민 모두에게 귀속되어야 할 성질의 것이므로 이는 완전보상의 범위에 포함되는 피수용토지의 객관적 가치 내지 피수용자의 손실이라고는 볼 수 없다(대판 1993.7.13. 93누2131).

② [O] 토지의 수용에 대한 보상을 표준지 공시지가를 기준으로 하도록 한 지가공시 및 토지 등의 평가에 관한 법률 제10조 제1항 제1호가 헌법 제23조 제3항의 정당한 보상 규정 등을 위배되지 않는다(헌재 2001.4.26. 2000헌바31).

❸ [X] 사업시행자에게 이주대책의 수립·실시의무를 부과하고 있다고 하여 그 규정 자체만에 의하여 이주자에게 사업시행자가 수립한 이주대책상의 택지분양권이나 아파트 입주권 등을 받을 수 있는 구체적인 권리(수분양권)가 직접 발생하는 것이라고는 도저히 볼 수 없으며 사업시행자가 이주대책에 관한 구체적인 계획을 수립하여 이를 해당자에게 통지 내지 공고한 후 이주자가 수분양권을 취득하기를 희망하여 이주대책에 정한 절차에 따라 사업시행자에게 이주대책대상자 선정신청을 하고 사업시행자가 이를 받아들여 이주대책대상자로 확인 결정하여야만 비로소 구체적인 수분양권이 발생하게 된다(대판 1994.5.24. 92다35783).

④ [O] 보상금증감청구소송에서 구 「토지수용법」은 재결청을 피고로 포함하여 판례는 필요적 공동소송으로 보았으나, 현행법은 소송제기자가 토지소유자 또는 관계인인 경우에는 사업시행자를 소송제기자가 사업시행자인 경우에는 토지소유자 또는 관계인을 피고로 한다(「공익사업을 위한 토지 등의 취득 및 보상에 관한 법률」 제85조 제2항).

18 항고소송   정답 ③

① [O] 행정처분의 무효확인 또는 취소를 구하는 소에서, 비록 행정처분의 위법을 이유로 무효확인 또는 취소 판결을 받더라도 처분에 의하여 발생한 위법상태를 원상으로 회복시키는 것이 불가능한 경우에는 원칙적으로 무효확인 또는 취소를 구할 법률상 이익이 없고, 다만 원상회복이 불가능하더라도 무효확인 또는 취소로써 회복할 수 있는 다른 권리나 이익이 남아 있는 경우 예외적으로 법률상 이익이 인정될 수 있을 뿐이다(대판 2016.6.10. 2013두1638).

② [O] 처분이 있음을 안 날부터 90일 이내에 행정심판을 청구하지도 않고 취소소송을 제기하지도 않은 경우에는 그 후 제기된 취소소송은 제소기간을 경과한 것으로서 부적법하고, 처분이 있음을 안 날부터 90일을 넘겨 청구한 부적법한 행정심판청구에 대한 재결이 있은 후 재결서를 송달받은 날부터 90일 이내에 원래의 처분에 대하여 취소소송을 제기하였다고 하여 취소소송이 다시 제소기간을 준수한 것으로 되는 것은 아니다(대판 2011.11.24. 2011두18786).

❸ [X] 농지법 제62조 제6항, 제7항이 이행강제금 부과처분에 대한 불복절차(비송사건절차법에 따른 재판절차)를 분명하게 규정하고 있으므로, 이와 다른 불복절차를 허용할 수는 없다. 설령 관할청이 이행강제금 부과처분을 하면서 재결청에 행정심판을 청구하거나 관할 행정법원에 행정소송을 할 수 있다고 잘못 안내하거나 관할 행정심판위원회가 각하재결이 아닌 기각재결을 하면서 관할 법원에 행정소송을 할 수 있다고 잘못 안내하였다고 하더라도, 그러한 잘못된 안내로 행정법원의 항고소송 재판관할이 생긴다고 볼 수도 없다(대판 2019.4.11. 2018두42955).

④ [O] 부작위위법확인소송에서 부작위는 소송요건에 해당한다. 소송요건은 사실심변론종결시는 물론 상고심에서도 존속하여야 하는바, 제2심에서 피고행정청의 허가처분으로 부작위라는 소송요건의 흠결이 있게 되므로 각하판결을 하게 된다.

19 행정규칙   정답 ②

① [O] 상위법령에서 세부사항 등을 시행규칙으로 정하도록 위임하였음에도 이를 고시 등 행정규칙으로 정하였다면 그 역시 대외적 구속력을 가지는 법규명령으로서 효력이 인정될 수 없다(대판 2012.7.5. 2010다72076).

❷ [X] 전결과 같은 행정권한의 내부위임은 법령상 처분권자인 행정관청이 내부적인 사무처리의 편의를 도모하기 위하여 그의 보조기관 또는 하급 행정관청으로 하여금 그의 권한을 사실상 행사하게 하는 것으로서 법률이 위임을 허용하지 않는 경우에도 인정되는 것이므로, 설사 행정관청 내부의 사무처리규정에 불과한 전결규정에 위반하여 원래의 전결권자 아닌 보조기관 등이 처분권자인 행정관청의 이름으로 행정처분을 하였다고 하더라도 그 처분이 권한 없는 자에 의하여 행하여진 무효의 처분이라고는 할 수 없다(대판 1998.2.27. 97누1105).

③ [O] 검찰보존사무규칙이 검찰청법 제11조에 기하여 제정된 법무부령이기는 하지만, 그 사실만으로 같은 규칙 내의 모든 규정이 법규적 효력을 가지는 것은 아니다(대판 2006.5.25. 2006두3049).

④ [O] 어떠한 고시가 일반적·추상적 성격을 가질 때에는 법규명령 또는 행정규칙에 해당할 것이지만, 다른 집행행위의 매개 없이 그 자체로서 직접 국민의 구체적인 권리의무나 법률관계를 규율하는 성격을 가질 때에는 항고소송의 대상이 되는 행정처분에 해당한다(대판 2003.10.9. 2003무23).

20   행정심판   정답 ④

① [✕] 3명 이하의 선정대표자를 선정할 수 있다.

> 판례   이론   **조문**
>
> 「행정심판법」제15조【선정대표자】① 여러 명의 청구인이
> 공동으로 심판청구를 할 때에는 청구인들 중에서 3명 이하
> 의 선정대표자를 선정할 수 있다.

② [✕] 비록 제목이 '진정서'로 되어 있고, 재결청의 표시, 심판청구의
취지 및 이유, 처분을 한 행정청의 고지의 유무 및 그 내용 등
행정심판법 제19조 제2항 소정의 사항들을 구분하여 기재하
고 있지 아니하여 행정심판청구서로서의 형식을 다 갖추고 있
다고 볼 수는 없으나, 피청구인인 처분청과 청구인의 이름과
주소가 기재되어 있고, 청구인의 기명이 되어 있으며, 문서의
기재 내용에 의하여 심판청구의 대상이 되는 행정처분의 내용
과 심판청구의 취지 및 이유, 처분이 있은 것을 안 날을 알 수
있는 경우, 위 문서에 기재되어 있지 않은 재결청, 처분을 한
행정청의 고지의 유무 등의 내용과 날인 등의 불비한 점은 보
정이 가능하므로 위 문서를 행정처분에 대한 행정심판청구로
보는 것이 옳다(대판 2000.6.9. 98두2621).

③ [✕] 행정심판의 경우에도 사정재결이 인정된다.

❹ [○] 행정심판법 제32조 제3항에 의하면 재결청은 취소심판의 청구
가 이유 있다고 인정할 때에는 처분을 취소·변경하거나 처분청
에게 취소·변경할 것을 명한다고 규정하므로, 행정심판 재결의
내용이 처분청에게 처분의 취소를 명하는 것이 아니라 재결청
이 스스로 처분을 취소하는 것일 때에는 그 재결의 형성력에
의하여 당해 처분은 별도의 행정처분을 기다릴 것 없이 당연히
취소되어 소멸되는 것이다(대판 1998.4.24. 97누17131).

정답

p. 68

01	②	IV	06	①	VI	11	①	II	16	④	I
02	③	III	07	①	II	12	①	III	17	②	VI
03	③	I	08	①	V	13	②	VI	18	①	VI
04	③	II	09	④	VI	14	③	II	19	②	II
05	③	II	10	①	II	15	①	II	20	①	II

취약 단원 분석표

단원	맞힌 답의 개수
I	/ 2
II	/ 9
III	/ 2
IV	/ 1
V	/ 1
VI	/ 5
TOTAL	/ 20

I 행정법 서론 / II 행정작용법 / III 행정절차와 행정공개 / IV 행정의 실효성 확보수단 / V 행정상 손해전보 / VI 행정쟁송

01 과징금 정답 ②

① [O] 구 여객자동차 운수사업법(2012.2.1. 법률 제11295호로 개정되기 전의 것) 제88조 제1항의 과징금부과처분은 제재적 행정처분으로서 여객자동차 운수사업에 관한 질서를 확립하고 여객의 원활한 운송과 여객자동차 운수사업의 종합적인 발달을 도모하여 공공복리를 증진한다는 행정목적의 달성을 위하여 행정법규 위반이라는 객관적 사실에 착안하여 가하는 제재이므로 반드시 현실적인 행위자가 아니라도 법령상 책임자로 규정된 자에게 부과되고 원칙적으로 위반자의 고의·과실을 요하지 아니하나, 위반자의 의무 해태를 탓할 수 없는 정당한 사유가 있는 등의 특별한 사정이 있는 경우에는 이를 부과할 수 없다(대판 2014.10.15. 2013두5005).

❷ [×] 구 독점규제 및 공정거래에 관한 법률 제24조의2에 의한 부당내부거래에 대한 과징금은 그 취지와 기능, 부과의 주체와 절차 등을 종합할 때 부당내부거래 억지라는 행정목적을 실현하기 위하여 그 위반행위에 대하여 제재를 가하는 행정상의 제재금으로서의 기본적 성격에 부당이득환수적 요소도 부가되어 있는 것이라 할 것이고, 이를 두고 헌법 제13조 제1항에서 금지하는 국가형벌권 행사로서의 '처벌'에 해당한다고는 할 수 없다(헌재 2003.7.24. 2001헌가25).

③ [O] 독점규제 및 공정거래에 관한 법률(이하 '공정거래법'이라 한다) 제22조에 의한 과징금은 법 위반행위에 따르는 불법적인 경제적 이익을 박탈하기 위한 부당이득환수의 성격과 함께 위법행위에 대한 제재로서의 성격을 가지는 것이다(대판 2017.4.27. 2016두33360).

④ [O] 「행정기본법」 제28조 제2항에 대한 옳은 내용이다.

> 판례 이론 **조문**
>
> **제28조【과징금의 기준】** ① 행정청은 법령등에 따른 의무를 위반한 자에 대하여 법률로 정하는 바에 따라 그 위반행위에 대한 제재로서 과징금을 부과할 수 있다.
> ② 과징금의 근거가 되는 법률에는 과징금에 관한 다음 각 호의 사항을 명확하게 규정하여야 한다.
> 1. 부과·징수 주체
> 2. 부과 사유
> 3. 상한액
> 4. 가산금을 징수하려는 경우 그 사항
> 5. 과징금 또는 가산금 체납 시 강제징수를 하려는 경우 그 사항

02 행정절차법 정답 ③

① [O] 「행정절차법」 제40조의3 제6항·제7항에 대한 옳은 내용이다.

> 판례 이론 **조문**
>
> **제40조의3【위반사실 등의 공표】** ⑥ 위반사실등의 공표는 관보, 공보 또는 인터넷 홈페이지 등을 통하여 한다.
> ⑦ 행정청은 위반사실등의 공표를 하기 전에 당사자가 공표와 관련된 의무의 이행, 원상회복, 손해배상 등의 조치를 마친 경우에는 위반사실등의 공표를 하지 아니할 수 있다.

② [O] 「행정절차법」 제46조 제3항·제4항에 대한 옳은 내용이다.

> 판례 이론 **조문**
>
> **제46조【행정예고】** ③ 행정예고기간은 예고 내용의 성격 등을 고려하여 정하되, 20일 이상으로 한다.
> ④ 제3항에도 불구하고 행정목적을 달성하기 위하여 긴급한 필요가 있는 경우에는 행정예고기간을 단축할 수 있다. 이 경우 단축된 행정예고기간은 10일 이상으로 한다.

❸ [×] 행정절차에 드는 비용은 행정청이 부담한다.

> 판례 이론 **조문**
>
> **「행정절차법」 제54조【비용의 부담】** 행정절차에 드는 비용은 행정청이 부담한다. 다만, 당사자등이 자기를 위하여 스스로 지출한 비용은 그러하지 아니하다.
> **제55조【참고인 등에 대한 비용 지급】** ① 행정청은 행정절차의 진행에 필요한 참고인이나 감정인 등에게 예산의 범위에서 여비와 일당을 지급할 수 있다.

④ [O] 「행정절차법」 제18조에 대한 옳은 내용이다.

> 판례 이론 **조문**
>
> **제18조【다수의 행정청이 관여하는 처분】** 행정청은 다수의 행정청이 관여하는 처분을 구하는 신청을 접수한 경우에는 관계 행정청과의 신속한 협조를 통하여 그 처분이 지연되지 아니하도록 하여야 한다.

03 사인의 공법행위 정답 ③

옳은 것은 ㄴ, ㄷ, ㄹ이다.

ㄱ. [×] 이른바 1980년의 공직자숙정계획의 입안과 실행이 전두환 등이 한 내란행위를 구성하는 폭동의 일환에 해당한다는 점만으로 원고의 사직원 제출행위가 강압에 의하여 의사결정의 자유를 박탈당한 상태에서 이루어진 것이라고 할 수는 없고, 비록 사직원 제출자의 내심의 의사가 사직할 뜻이 아니었다 하더라도 그 의사가 외부에 객관적으로 표시된 이상 그 의사는 표시된 대로 효력을 발하는 것이며, 민법 제107조 제1항 단서의 비진의 의사표시의 무효에 관한 규정은 그 성질상 사인의 공법행위에 적용되지 아니하므로 원고의 사직원을 받아들여 의원면직처분한 것을 당연무효라고 할 수 없다(대판 2001.8.24. 99두9971).

ㄴ. [○] 공무원이 한 사직 의사표시의 철회나 취소는 그에 터잡은 의원면직처분이 있을 때까지 할 수 있는 것이고, 일단 면직처분이 있고 난 이후에는 철회나 취소할 여지가 없다(대판 2001. 8.24. 99두9971).

ㄷ. [○] 사직서의 제출이 감사기관이나 상급관청 등의 강박에 의한 경우에는 그 정도가 의사결정의 자유를 박탈할 정도에 이른 것이라면 그 의사표시가 무효로 될 것이고 그렇지 않고 의사결정의 자유를 제한하는 정도에 그친 경우라면 그 성질에 반하지 아니하는 한 의사표시에 관한 민법 제110조의 규정을 준용하여 그 효력을 따져보아야 할 것이다(대판 1997.12.12. 97누13962).

ㄹ. [○] 건축법 제14조 제2항에 의한 인·허가의제 효과를 수반하는 건축신고는 일반적인 건축신고와는 달리, 특별한 사정이 없는 한 행정청이 그 실체적 요건에 관한 심사를 한 후 수리하여야 하는 이른바 '수리를 요하는 신고'로 보는 것이 옳다(대판 2011.1.20. 2010두14954 전합).

ㅁ. [×] 국토의 계획 및 이용에 관한 법률상의 개발행위허가로 의제되는 건축신고가 개발행위허가의 기준을 갖추지 못한 경우, 행정청이 수리를 거부할 수 있다(대판 2011.1.20. 2010두14954). 즉, 인·허가의제 효과를 갖는 건축신고는 수리를 요하는 신고이므로 건축법상 적법한 요건을 갖춘 신고만으로 건축을 할 수 있는 것이 아니라 행정청의 수리 등 별단의 조치를 기다려야 한다.

04 재량행위 정답 ③

① [○] 국가공무원법 제73조 제2항의 문언에 비추어 복직명령은 기속행위이므로 휴직사유가 소멸하였음을 이유로 신청하는 경우 임용권자는 지체 없이 복직명령을 하여야 한다(대판 2014.6. 12. 2012두4852).

② [○] 위 법 제16조 제3항에 의한 용도변경승인은 특정인에게만 용도 외의 사용을 허용해주는 권리나 이익을 부여하는 이른바 수익적 행정행위로서 법령에 특별한 규정이 없는 한 재량행위이다(대판 2011.1.27. 2010두23033).

❸ [×] 체류자격 변경허가는 신청인에게 당초의 체류자격과 다른 체류자격에 해당하는 활동을 할 수 있는 권한을 부여하는 일종의 설권적 처분의 성격을 가지므로, 허가권자는 신청인이 관계 법령에서 정한 요건을 충족하였더라도, 신청인의 적격성, 체류 목적, 공익상의 영향 등을 참작하여 허가 여부를 결정할 수 있는 재량을 가진다(대판 2016.7.14. 2015두48846).

④ [○] 가축분뇨 처리방법 변경 불허가처분에 대한 사법심사는 법원이 허가권자의 재량권을 대신 행사하는 것이 아니라 허가권자의 공익판단에 관한 재량의 여지를 감안하여 원칙적으로 재량권의 일탈·남용이 있는지 여부만을 판단하여야 하고, 사실오인과 비례·평등원칙 위반 여부 등이 그 판단 기준이 된다(대판 2021.6.30. 2021두35681).

05 행정행위 정답 ③

① [○] 기부금품모집규제법상의 기부금품모집허가는 공익목적을 위하여 일반적·상대적으로 제한된 기본권적 자유를 다시 회복시켜주는 강학상의 허가에 해당한다(대판 1999.7.23. 99두3690).

② [○] 재단법인의 임원취임이 사법인인 재단법인의 정관에 근거한다 할지라도 이에 대한 행정청의 승인(인가)행위는 법인에 대한 주무관청의 감독권에 연유하는 이상 그 인가행위 또는 인가거부행위는 공법상의 행정처분으로서, 그 임원취임을 인가 또는 거부할 것인지 여부는 주무관청의 권한에 속하는 사항이라고 할 것이고, 재단법인의 임원취임승인 신청에 대하여 주무관청이 이에 기속되어 이를 당연히 승인(인가)하여야 하는 것은 아니다(대판 2000.1.28. 98두16996).

❸ [×] 구 여객자동차 운수사업법 제14조 제4항에 의하면 개인택시 운송사업을 양수한 사람은 양도인의 운송사업자로서의 지위를 승계하므로, 관할 관청은 개인택시 운송사업의 양도·양수에 대한 인가를 한 후에도 그 양도·양수 이전에 있었던 양도인에 대한 운송사업면허 취소사유를 들어 양수인의 사업면허를 취소할 수 있다(대판 2010.11.11. 2009두14934).

④ [○] 국가공무원법 제74조에 의하면 공무원이 소정의 정년에 달하면 그 사실에 대한 효과로서 공무담임권이 소멸되어 당연히 퇴직되고 따로 그에 대한 행정처분이 행하여져야 비로소 퇴직되는 것은 아니라 할 것이며 피고(영주지방철도청장)의 원고에 대한 정년퇴직 발령은 정년퇴직 사실을 알리는 이른바 관념의 통지에 불과하므로 행정소송의 대상이 되지 아니한다(대판 1983.2.8. 81누263).

06 관련청구소송의 이송 및 병합 정답 ①

옳은 것은 ㄱ, ㄴ, ㄷ이고 옳지 않은 것은 ㄹ이다.

ㄱ. [○] 「행정소송법」 제10조 제1항·제2항에 대한 옳은 내용이다.

> 판례 이론 **조문**
>
> 제10조 【관련청구소송의 이송 및 병합】 ① 취소소송과 다음 각 호의 1에 해당하는 소송(이하 "관련청구소송"이라 한다)이 각각 다른 법원에 계속되고 있는 경우에 관련청구소송이 계속된 법원이 상당하다고 인정하는 때에는 당사자의 신청 또는 직권에 의하여 이를 취소소송이 계속된 법원으로 이송할 수 있다.
> 1. 당해 처분 등과 관련되는 손해배상·부당이득반환·원상회복 등 청구소송
> 2. 당해 처분 등과 관련되는 취소소송
> ② 취소소송에는 사실심의 변론종결시까지 관련청구소송을 병합하거나 피고외의 자를 상대로 한 관련청구소송을 취소소송이 계속된 법원에 병합하여 제기할 수 있다.

ㄴ. [○] 행정소송법 제10조 제1항 제1호는 행정소송에 병합될 수 있는 관련청구에 관하여 '당해 처분 등과 관련되는 손해배상·부당이득반환·원상회복 등의 청구'라고 규정함으로써 그 병합요건으로 본래의 행정소송과의 관련성을 요구하고 있는바, 손해배상청구 등의 민사소송이 행정소송에 관련청구로 병합되기 위해서는 그 청구의 내용 또는 발생원인이 행정소송의 대상인 처분 등과 법률상 또는 사실상 공통되거나, 그 처분의 효력이나 존부 유무가 선결문제로 되는 등의 관계에 있어야 함이 원칙이다(대판 2000.10.27. 99두561).

ㄷ. [○] 행정소송법 제38조, 제10조에 의한 관련청구소송의 병합은 본래의 항고소송이 적법할 것을 요건으로 하는 것이어서 본래의 항고소송이 부적법하여 각하되면 그에 병합된 관련청구도 소송요건을 흠결한 부적합한 것으로 각하되어야 한다(대판 2001.11.27. 2000두697).

ㄹ. [×] 관련청구소송의 이송 및 병합에 관한 「행정소송법」 제10조의 규정은 당사자소송에 준용된다.

> 판례 이론 **조문**
>
> 「행정소송법」 제44조 【준용규정】 ② 제10조의 규정은 당사자소송과 관련청구소송이 각각 다른 법원에 계속되고 있는 경우의 이송과 이들 소송의 병합의 경우에 준용한다.

07 영업양도 정답 ①

모두 옳은 내용이다.

ㄱ. [○] 식품위생법 제25조 제3항에 의한 영업양도에 따른 지위승계신고를 수리하는 허가관청의 행위는 단순히 양도·양수인 사이에 이미 발생한 사법상의 사업양도의 법률효과에 의하여 양수인이 그 영업을 승계하였다는 사실의 신고를 접수하는 행위에 그치는 것이 아니라, 영업허가자의 변경이라는 법률효과를 발생시키는 행위라고 할 것이다(대판 1995.2.24. 94누9146).

ㄴ. [○] 사실상 영업이 양도·양수되었지만 아직 승계신고 및 그 수리처분이 있기 이전에는 여전히 종전의 영업자인 양도인이 영업허가자이고, 양수인은 영업허가자가 되지 못한다 할 것이어서 행정제재처분의 사유가 있는지 여부 및 그 사유가 있다고 하여 행하는 행정제재처분은 영업허가자인 양도인을 기준으로 판단하여 그 양도인에 대하여 행하여야 할 것이다(대판 1995.2.24. 94누9146).

ㄷ. [○] 채석허가가 유효하게 존속하고 있다는 것이 양수인의 명의변경신고의 전제가 된다는 의미에서 관할 행정청이 양도인에 대하여 채석허가를 취소하는 처분을 하였다면 이는 양수인의 지위에 대한 직접적 침해가 된다고 할 것이므로 양수인은 채석허가를 취소하는 처분의 취소를 구할 법률상 이익을 가진다(대판 2003.7.11. 2001두6289).

ㄹ. [○] 사업양도·양수에 따른 허가관청의 지위승계신고의 수리는 적법한 사업의 양도·양수가 있었음을 전제로 하는 것이므로 그 수리대상인 사업양도·양수가 존재하지 아니하거나 무효인 때에는 수리를 하였다 하더라도 그 수리는 유효한 대상이 없는 것으로서 당연히 무효라 할 것이고, 사업의 양도행위가 무효라고 주장하는 양도자는 민사쟁송으로 양도·양수행위의 무효를 구함이 없이 막바로 허가관청을 상대로 하여 행정소송으로 위 신고수리처분의 무효확인을 구할 법률상 이익이 있다(대판 2005.12.23. 2005두3554).

08 토지보상법 정답 ①

❶ [×] 토지소유자 등이 토지보상법 제85조 제2항에 따라 보상금 증액 청구의 소를 제기한 경우, 그 손실보상금 채권에 관하여 압류 및 추심명령이 있다고 하더라도 추심채권자가 그 절차에 참여할 자격을 취득하는 것은 아니므로, 보상금 증액 청구의 소를 제기한 토지소유자 등의 지위에 영향을 미친다고 볼 수 없다. 따라서 보상금 증액 청구의 소의 청구채권에 관하여 압류 및 추심명령이 있더라도 토지소유자 등이 그 소송을 수행할 당사자적격을 상실한다고 볼 것은 아니다(대판 2022.11.24. 2018두67).

② [○] 「공익사업을 위한 토지 등의 취득 및 보상에 관한 법률」 제71조 제1항에 대한 옳은 내용이다.

> 판례 이론 **조문**
>
> 제71조 【사용하는 토지의 보상 등】 ① 협의 또는 재결에 의하여 사용하는 토지에 대하여는 그 토지와 인근 유사토지의 지료(地料), 임대료, 사용방법, 사용기간 및 그 토지의 가격 등을 고려하여 평가한 적정가격으로 보상하여야 한다.

③ [○] 「공익사업을 위한 토지 등의 취득 및 보상에 관한 법률」 제70조 제2항에 대한 옳은 내용이다.

> 판례 이론 **조문**
>
> 제70조 【취득하는 토지의 보상】 ② 토지에 대한 보상액은 가격시점에서의 현실적인 이용상황과 일반적인 이용방법에 의한 객관적 상황을 고려하여 산정하되, 일시적인 이용상황과 토지소유자나 관계인이 갖는 주관적 가치 및 특별한 용도에 사용할 것을 전제로 한 경우 등은 고려하지 아니한다.

④ [O] 「공익사업을 위한 토지 등의 취득 및 보상에 관한 법률」 제85조 제1항에 대한 옳은 내용이다.

판례 이론 **조문**

> 제85조【행정소송의 제기】① 사업시행자, 토지소유자 또는 관계인은 제34조에 따른 재결에 불복할 때에는 재결서를 받은 날부터 90일 이내에, 이의신청을 거쳤을 때에는 이의신청에 대한 재결서를 받은 날부터 60일 이내에 각각 행정소송을 제기할 수 있다. 이 경우 사업시행자는 행정소송을 제기하기 전에 제84조에 따라 늘어난 보상금을 공탁하여야 하며, 보상금을 받을 자는 공탁된 보상금을 소송이 종결될 때까지 수령할 수 없다.

09 의무이행심판 정답 ④

① [O] 「행정심판법」 제5조 제3호에 대한 옳은 내용이다.

판례 이론 **조문**

> 제5조【행정심판의 종류】행정심판의 종류는 다음 각 호와 같다.
> 1. 취소심판: 행정청의 위법 또는 부당한 처분을 취소하거나 변경하는 행정심판
> 2. 무효등확인심판: 행정청의 처분의 효력 유무 또는 존재 여부를 확인하는 행정심판
> 3. 의무이행심판: 당사자의 신청에 대한 행정청의 위법 또는 부당한 거부처분이나 부작위에 대하여 일정한 처분을 하도록 하는 행정심판

② [O] 「행정심판법」 제49조 제3항에 대한 옳은 내용이다.

판례 이론 **조문**

> 제49조【재결의 기속력】③ 당사자의 신청을 거부하거나 부작위로 방치한 처분의 이행을 명하는 재결이 있으면 행정청은 지체 없이 이전의 신청에 대하여 재결의 취지에 따라 처분을 하여야 한다.

③ [O] 「행정심판법」 제50조의2 제1항에 대한 옳은 내용이다.

판례 이론 **조문**

> 제50조의2【위원회의 간접강제】① 위원회는 피청구인이 제49조 제2항(제49조 제4항에서 준용하는 경우를 포함한다) 또는 제3항에 따른 처분을 하지 아니하면 청구인의 신청에 의하여 결정으로 상당한 기간을 정하고 피청구인이 그 기간 내에 이행하지 아니하는 경우에는 그 지연기간에 따라 일정한 배상을 하도록 명하거나 즉시 배상을 할 것을 명할 수 있다.

❹ [X] 피청구인인 행정청이 의무이행심판의 이행명령재결에도 불구하고 처분을 하지 않는 경우 인용재결의 기속력 확보를 위해 행정심판위원회는 당사자가 신청하면 직접 처분을 할 수 있다.

10 행정행위의 효력 정답 ①

옳은 것은 ㄱ, ㄴ이다.
ㄱ. [O] 무효인 행정행위, 즉 중대하고 명백한 하자 있는 행정행위에는 공정력이 인정되지 않는다.
ㄴ. [O] 연령미달의 결격자인 피고인이 소외인(자신의 형)의 이름으로 운전면허시험에 응시, 합격하여 교부받은 운전면허는 당연무효가 아니고 도로교통법 제65조 제3호의 사유에 해당함에 불과하여 취소되지 않는 한 유효하므로 피고인의 운전행위는 무면허운전에 해당하지 아니한다(대판 1982.6.8. 80도2646).
ㄷ. [X] 불가쟁력이 발생한 행정행위라도 처분청은 이를 직권취소하거나 철회할 수 있다.
ㄹ. [X] 불가변력이 발생한 행정행위라도 쟁송제기기간이 경과하기 전에는 그 효력을 다툴 수 있다.

11 행정작용 정답 ①

❶ [O] 이 사건 협약은 지방자치단체인 피고가 사인인 원고 등에게 이 사건 시설의 운영을 위탁하고 그 위탁운영비용을 지급하는 것을 내용으로 하는 용역계약으로서, 상호 대등한 입장에서 당사자의 합의에 따라 체결한 사법상 계약에 해당한다. 따라서 이 사건 협약의 해석에는 아래에서 보는 계약의 해석 방법에 관한 일반 법리가 그대로 적용된다. 당사자 사이에 계약의 해석을 둘러싸고 이견이 있어 처분문서에 나타난 당사자의 의사 해석이 문제 되는 경우에는 그 문언의 내용, 약정이 이루어진 동기와 경위, 약정으로 달성하려는 목적, 당사자의 진정한 의사 등을 종합적으로 고찰하여 논리와 경험의 법칙에 따라 합리적으로 해석하여야 한다. 이 경우 문언의 객관적인 의미가 명확하다면, 특별한 사정이 없는 한 문언대로 의사표시의 존재와 내용을 인정하여야 한다. 이 사건 협약에 따른 위탁운영비용 정산의무의 존부는 민사 법률관계에 해당하므로 이를 소송물로 다투는 소송은 민사소송에 해당한다. 그러나 원심이 이 사건 소송을 행정소송 절차로 진행하였더라도, 행정사건의 심리절차는 행정소송의 특수성을 감안하여 행정소송법이 정하고 있는 특칙이 적용될 수 있는 점을 제외하고는 민사소송 절차와 큰 차이가 없으므로, 특별한 사정이 없는 한 민사사건을 행정소송 절차로 진행한 것 자체가 위법하다고 볼 것은 아니다(대판 2019.10.17. 2018두60588).

② [X] 공법상 계약은(처분성 없는 행정작용이므로) 공정력이 인정되지 않는다. 따라서 공법상 계약에 하자가 있는 경우(그 하자가 중대명백하든 중대명백하지 않든) 무효에 해당한다. 즉 공법상 계약은 하자가 있는 경우 취소사유가 될 수 없다. 공법상 계약은 처분성 없는 행정작용이므로 항고소송을 제기할 수는 없고 이에 대한 다툼은 당사자소송에 의하여야 한다.

③ [X] 관할 행정청은 면허 발급 이후에도 운송사업자의 동의하에 여객자동차운송사업의 질서 확립을 위하여 운송사업자가 준수할 의무를 정하고 이를 위반할 경우 감차명령을 할 수 있다는 내용의 면허 조건을 붙일 수 있고, 운송사업자가 조건을 위반하였다면 여객자동차법 제85조 제1항 제38호에 따라 감차명령을 할 수 있으며, 감차명령은 행정소송법 제2조 제1항 제1호가 정한 처분으로서 항고소송의 대상이 된다(대판 2016.11.24. 2016두45028).

④ [X] 국가를 당사자로 하는 계약에 관한 법률에 따라 국가가 당사자가 되는 이른바 공공계약은 사경제 주체로서 상대방과 대등한 위치에서 체결하는 사법상 계약으로서 본질적인 내용은 사인 간의 계약과 다를 바가 없으므로, 그에 관한 법령에 특별한 정함이 있는 경우를 제외하고는 사적 자치와 계약자유의 원칙 등 사법의 원리가 그대로 적용된다(대판 2020.5.14. 2018다298409).

12 정보공개법 정답 ①

❶ [X] 정보공개청구권자인 '모든 국민'에는 자연인 외에 법인, 권리능력 없는 사단·재단이 포함된다. 그러나 지방자치단체는 정보공개청구권자인 국민에 해당하지 않는다.

> **판례** 이론 조문
>
> 공공기관의 정보공개에 관한 법률은 국민을 정보공개청구권자로, 지방자치단체를 국민에 대응하는 정보공개의무자로 상정하고 있다고 할 것이므로, 지방자치단체는 공공기관의 정보공개에 관한 법률 제5조에서 정한 정보공개청구권자인 '국민'에 해당되지 아니한다(서울행정 2005.10.12. 2005구합10484).

② [O] 「공공기관의 정보공개에 관한 법률」 제9조 제1항 제6호 마목에 대한 옳은 내용이다.

> 판례 이론 **조문**
>
> 제9조【비공개 대상 정보】① 공공기관이 보유·관리하는 정보는 공개 대상이 된다. 다만, 다음 각 호의 어느 하나에 해당하는 정보는 공개하지 아니할 수 있다.
> 6. 해당 정보에 포함되어 있는 성명·주민등록번호 등 「개인정보 보호법」 제2조 제1호에 따른 개인정보로서 공개될 경우 사생활의 비밀 또는 자유를 침해할 우려가 있다고 인정되는 정보. 다만, 다음 각 목에 열거한 사항은 제외한다.
> 마. 공개하는 것이 공익을 위하여 필요한 경우로서 법령에 따라 국가 또는 지방자치단체가 업무의 일부를 위탁 또는 위촉한 개인의 성명·직업

③ [O] 「공공기관의 정보공개에 관한 법률」 제9조 제1항 제2호에 대한 옳은 내용이다.

> 판례 이론 **조문**
>
> 제9조【비공개 대상 정보】① 공공기관이 보유·관리하는 정보는 공개 대상이 된다. 다만, 다음 각 호의 어느 하나에 해당하는 정보는 공개하지 아니할 수 있다.
> 2. 국가안전보장·국방·통일·외교관계 등에 관한 사항으로서 공개될 경우 국가의 중대한 이익을 현저히 해칠 우려가 있다고 인정되는 정보

④ [O] 「공공기관의 정보공개에 관한 법률」 제8조의2에 대한 옳은 내용이다.

> 판례 이론 **조문**
>
> 제8조의2【공개대상 정보의 원문공개】공공기관 중 중앙행정기관 및 대통령령으로 정하는 기관은 전자적 형태로 보유·관리하는 정보 중 공개대상으로 분류된 정보를 국민의 정보공개 청구가 없더라도 정보통신망을 활용한 정보공개시스템 등을 통하여 공개하여야 한다.

13 취소소송 정답 ②

① [O] 법령이 특정한 행정기관 등으로 하여금 다른 행정기관을 상대로 제재적 조치를 취할 수 있도록 하면서, 그에 따르지 않으면 그 행정기관에 대하여 과태료를 부과하거나 형사처벌을 할 수 있도록 정하는 경우가 있다. 이러한 경우에는 단순히 국가기관이나 행정기관의 내부적 문제라거나 권한 분장에 관한 분쟁으로만 볼 수 없다. 행정기관의 제재적 조치의 내용에 따라 '구체적 사실에 대한 법집행으로서 공권력의 행사'에 해당할 수 있고, 그러한 조치의 상대방인 행정기관이 입게 될 불이익도 명확하다. 그런데도 그러한 제재적 조치를 기관소송이나 권한쟁의심판을 통하여 다툴 수 없다면, 제재적 조치는 그 성격상 단순히 행정기관 등 내부의 권한 행사에 머무는 것이 아니라 상대방에 대한 공권력 행사로서 항고소송을 통한 주관적 구제 대상이 될 수 있다고 보아야 한다. 기관소송 법정주의를 취하면서 제한적으로만 이를 인정하고 있는 현행 법령의 체계에 비추어 보면, 이 경우 항고소송을 통한 구제의 길을 열어주는 것이 법치국가 원리에도 부합한다. 따라서 이러한 권리구제나 권리보호의 필요성이 인정된다면 예외적으로 그 제재적 조치의 상대방인 행정기관 등에게 항고소송 원고로서의 당사자능력과 원고적격을 인정할 수 있다(대판 2018.8.1. 2014두35379).

❷ [X] 국민권익위원회가 소방청장에게 인사와 관련하여 부당한 지시를 한 사실이 인정된다며 이를 취소할 것을 요구하기로 의결하고 그 내용을 통지하자 소방청장이 국민권익위원회 조치요구의 취소를 구하는 소송을 제기한 사안에서, 처분성이 인정되는 국민권익위원회의 조치요구에 불복하고자 하는 소방청장으로서는 조치요구의 취소를 구하는 항고소송을 제기하는 것이 유효·적절한 수단으로 볼 수 있으므로 소방청장이 예외적으로 당사자능력과 원고적격을 가진다(대판 2018.8.1. 2014두35379).

③ [O] 교사에 대한 임용권자가 교육공무원법 제12조에 따라 임용지원자를 특별채용할 것인지 여부는 임용권자의 판단에 따른 재량에 속하는 것이고, 임용권자가 임용지원자의 임용 신청에 기속을 받아 그를 특별채용하여야 할 의무는 없으며 임용지원자로서도 자신의 임용을 요구할 법규상 또는 조리상 권리가 있다고 할 수 없다. 이 사건에 있어, 교육공무원법 제12조 및 교육공무원임용령 제9조의2 제2호의 규정에 의한 특별채용 대상자로서의 자격을 갖추고 있고, 원고 등과 유사한 지위에 있는 전임강사에 대하여는 피고가 정규교사로 특별채용한 전례가 있다 하더라도 그러한 사정만으로 임용지원자에 불과한 원고 등에게 피고에 대하여 교사로의 특별채용을 요구할 법규상 또는 조리상의 권리가 있다고 할 수는 없으므로, 피고가 원고 등의 특별채용 신청을 거부하였다고 하여도 그 거부로 인하여 원고 등의 권리나 법적 이익에 어떤 영향을 주는 것이 아니어서 그 거부행위가 항고소송의 대상이 되는 행정처분에 해당한다고 할 수 없다(대판 2005.4.15. 2004두11626).

④ [O] 지방법무사회가 법무사의 사무원 채용승인 신청을 거부하거나 채용승인을 얻어 채용 중인 사람에 대한 채용승인을 취소하면, 상대방인 법무사로서도 그 사람을 사무원으로 채용할 수 없게 되는 불이익을 입게 될 뿐만 아니라, 그 사람도 법무사 사무원으로 채용되어 근무할 수 없게 되는 불이익을 입게 된다. 법무사규칙 제37조 제4항이 이의신청 절차를 규정한 것은 채용승인을 신청한 법무사뿐만 아니라 사무원이 되려는 사람의 이익도 보호하려는 취지로 볼 수 있다. 따라서 지방법무사회의 사무원 채용승인 거부처분 또는 채용승인 취소처분에 대해서는 처분 상대방인 법무사뿐만 아니라 그 때문에 사무원이 될 수 없게 된 사람도 이를 다툴 원고적격이 인정되어야 한다(대판 2020.4.9. 2015다34444).

| **14** | 인허가의제 | 정답 ③ |

① [O] 인허가의제 제도는 관련 인허가 행정청의 권한을 제한하거나 박탈하는 효과를 가진다는 점에서 법률 또는 법률의 위임에 따른 법규명령의 근거가 있어야 한다(대판 2022.9.7. 2020두40327).

② [O] 건축물의 건축이 국토계획법상 개발행위에 해당할 경우 그에 대한 건축허가를 하는 허가권자는 건축허가에 배치·저촉되는 관계 법령상 제한 사유의 하나로 국토계획법령의 개발행위허가기준을 확인하여야 하므로, 국토계획법상 건축물의 건축에 관한 개발행위허가가 의제되는 건축허가신청이 국토계획법령이 정한 개발행위허가기준에 부합하지 아니하면 허가권자로서는 이를 거부할 수 있고, 이는 건축법 제16조 제3항에 의하여 개발행위허가의 변경이 의제되는 건축허가사항의 변경허가에서도 마찬가지이다(대판 2016.8.24. 2016두35762).

❸ [X] 주택건설사업계획 승인처분에 따라 의제된 인허가가 위법함을 다투고자 하는 이해관계인은, 주택건설사업계획 승인처분의 취소를 구할 것이 아니라 의제된 인허가의 취소를 구하여야 하며, 의제된 인허가는 주택건설사업계획 승인처분과 별도로 항고소송의 대상이 되는 처분에 해당한다(대판 2018.11.29. 2016두38792).

④ [O] 「행정기본법」 제24조 제3항에 대한 옳은 내용이다.

> 판례 이론 **조문**
>
> 제24조【인허가의제의 기준】③ 주된 인허가 행정청은 주된 인허가를 하기 전에 관련 인허가에 관하여 미리 관련 인허가 행정청과 협의하여야 한다.

| **15** | 재량행위 | 정답 ① |

❶ [X] 국가공무원법 제73조 제2항의 문언에 비추어 복직명령은 기속행위이므로 휴직사유가 소멸하였음을 이유로 신청하는 경우 임용권자는 지체 없이 복직명령을 하여야 한다(대판 2014.6.12. 2012두4852).

② [O] 위 법 제16조 제3항에 의한 용도변경승인은 특정인에게만 용도 외의 사용을 허용해주는 권리나 이익을 부여하는 이른바 수익적 행정행위로서 법령에 특별한 규정이 없는 한 재량행위이다(대판 2011.1.27. 2010두23033).

③ [O] 체류자격 변경허가는 신청인에게 당초의 체류자격과 다른 체류자격에 해당하는 활동을 할 수 있는 권한을 부여하는 일종의 설권적 처분의 성격을 가지므로, 허가권자는 신청인이 관계 법령에서 정한 요건을 충족하였더라도, 신청인의 적격성, 체류 목적, 공익상의 영향 등을 참작하여 허가 여부를 결정할 수 있는 재량을 가진다(대판 2016.7.14. 2015두48846).

④ [O] 가축분뇨 처리방법 변경 불허가처분에 대한 사법심사는 법원이 허가권자의 재량권을 대신 행사하는 것이 아니라 허가권자의 공익판단에 관한 재량의 여지를 감안하여 원칙적으로 재량권의 일탈·남용이 있는지 여부만을 판단하여야 하고, 사실오인과 비례·평등원칙 위반 여부 등이 그 판단 기준이 된다(대판 2021.6.30. 2021두35681).

| **16** | 행정상 법률관계 | 정답 ④ |

① [O] 행정청이 자신과 상대방 사이의 법률관계를 일방적인 의사표시로 종료시켰다고 하더라도 곧바로 의사표시가 행정청으로서 공권력을 행사하여 행하는 행정처분이라고 단정할 수는 없고, 관계 법령이 상대방의 법률관계에 관하여 구체적으로 어떻게 규정하고 있는지에 따라 의사표시가 항고소송의 대상이 되는 행정처분에 해당하는지 아니면 공법상 계약관계의 일방 당사자로서 대등한 지위에서 행하는 의사표시인지를 개별적으로 판단하여야 한다(대판 2015.8.27. 2015두41449).

② [O] 공무원이 인·허가 등 수익적 행정처분을 하면서 상대방에게 그 처분과 관련하여 이른바 부관으로서 부담을 붙일 수 있다 하더라도, 그러한 부담은 법치주의와 사유재산 존중, 조세법률주의 등 헌법의 기본원리에 비추어 비례의 원칙이나 부당결부의 원칙에 위반되지 않아야만 적법한 것인바, 행정처분과 부관 사이에 실제적 관련성이 있다고 볼 수 없는 경우 공무원이 위와 같은 공법상의 제한을 회피할 목적으로 행정처분의 상대방과 사이에 사법상 계약을 체결하는 형식을 취하였다면 이는 법치행정의 원리에 반하는 것으로서 위법하다(대판 2009.12.10. 2007다63966).

③ [O] 현행 실정법이 전문직공무원인 공중보건의사의 채용계약 해지의 의사표시는 일반공무원에 대한 징계처분과는 달라서 항고소송의 대상이 되는 처분 등의 성격을 가진 것으로 인정되지 아니하고, 일정한 사유가 있을 때에 관할 도지사가 채용계약 관계의 한쪽 당사자로서 대등한 지위에서 행하는 의사표시로 취급하고 있는 것으로 이해되므로, 공중보건의사 채용계약 해지의 의사표시에 대하여는 대등한 당사자간의 소송형식인 공법상의 당사자소송으로 그 의사표시의 무효확인을 청구할 수 있는 것이지, 이를 항고소송의 대상이 되는 행정처분이라는 전제하에서 그 취소를 구하는 항고소송을 제기할 수는 없다(대판 1996.5.31. 95누10617).

❹ [X] 과학기술기본법령상 사업 협약의 해지 통보는 단순히 대등 당사자의 지위에서 형성된 공법상 계약을 계약당사자의 지위에서 종료시키는 의사표시에 불과한 것이 아니라 행정청이 우월적 지위에서 연구개발비의 회수 및 관련자에 대한 국가연구개발사업 참여제한 등의 법률상 효과를 발생시키는 행정처분에 해당한다(대판 2014.12.11. 2012두28704).

17 항고소송의 대상 　　　정답 ②

① [O] 구 국세기본법상 경정청구기간이 도과한 후에 제기된 경정청구는 부적법하여 과세관청이 과세표준 및 세액을 결정 또는 경정하거나 거부처분을 할 의무가 없으므로, 과세관청이 경정을 거절하였다고 하더라도 이를 항고소송의 대상이 되는 거부처분으로 볼 수 없다(대판 2017.8.23. 2017두38812).

❷ [X] 증액경정처분이 있는 경우, 당초 신고나 결정은 증액경정처분에 흡수됨으로써 독립한 존재가치를 잃게 된다고 보아야 하므로, 원칙적으로는 당초 신고나 결정에 대한 불복기간의 경과 여부 등에 관계없이 증액경정처분만이 항고소송의 심판대상이 되고, 납세의무자는 그 항고소송에서 당초 신고나 결정에 대한 위법사유도 함께 주장할 수 있다고 해석함이 타당하다(대판 2009.5.14. 2006두17390).

③ [O] 증액경정처분이 있는 경우 당초처분은 증액경정처분에 흡수되어 소멸하고, 소멸한 당초처분의 절차적 하자는 존속하는 증액경정처분에 승계되지 아니한다(대판 2010.6.24. 2007두16493).

④ [O] 과세표준과 세액을 감액하는 경정처분은 당초의 부과처분과 별개 독립의 과세처분이 아니라 그 실질은 당초의 부과처분의 변경이고, 그 경정처분으로도 아직 취소되지 아니하고 남아 있는 부분이 위법하다 하여 다투는 경우, 항고소송의 대상은 당초의 부과처분 중 경정처분에 의하여 아직 취소되지 않고 남은 부분이고, 그 경정처분이 항고소송의 대상이 되는 것은 아니며, 이 경우 적법한 전심절차를 거쳤는지 여부도 당초 처분을 기준으로 판단하여야 한다(대판 2009.5.28. 2006두16403).

18 행정소송법상 가구제 　　　정답 ①

❶ [X] 적법한 본안소송이 계속 중이어야 하는 것도 집행정지결정의 요건이나, 무효확인소송과 달리 집행정지의 대상인 처분이 존재하지 않는 부작위위법확인소송은 「행정소송법」 제23조의 집행정지가 준용되지 아니한다. 따라서 집행정지를 결정하기 위해서는 본안으로 취소소송과 무효확인소송이 계속 중이어야 하고, 부작위위법확인이 본안소송인 경우에는 집행정지가 허용되지 않는다. 이외에도 제22조(처분변경으로 인한 소의 변경), 제23조(집행정지), 제28조(사정판결) 등은 부작위위법확인소송에 준용되지 않는다.

> **조문**
>
> 「행정소송법」 제38조【준용규정】② 제9조, 제10조, 제13조 내지 제19조, 제20조, 제25조 내지 제27조, 제29조 내지 제31조, 제33조 및 제34조의 규정은 부작위위법확인소송의 경우에 준용한다.

② [O] 신청에 대한 거부처분의 효력을 정지하더라도 거부처분이 없었던 것과 같은 상태, 즉 거부처분이 있기 전의 신청상태로 되돌아가는데 불과하고 행정청에게 신청에 따른 처분을 하여야 할 의무가 생기는 것이 아니므로, 거부처분의 효력정지는 그 거부처분으로 인하여 신청인에게 생길 손해를 방지하는 데 아무런 보탬이 되지 아니하여 그 효력정지를 구할 이익이 없다(대결 1995.6.21. 95두26).

③ [O] 항고소송의 대상이 되는 행정처분의 효력이나 집행 혹은 절차 속행의 정지를 구하는 신청은 행정소송법상 집행정지신청의 방법으로서만 가능할 뿐 민사소송법상의 가처분의 방법으로는 허용될 수 없다(대결 2009.11.2. 2009마596).

④ [O] 당사자소송에 대하여는 행정소송법 제23조 제2항의 집행정지에 관한 규정이 준용되지 아니하므로(행정소송법 제44조 제1항), 이를 본안으로 하는 가처분에 대하여는 행정소송법 제8조 제2항에 따라 민사집행법상 가처분에 관한 규정이 준용되어야 한다(대결 2015.8.21. 2015무26).

19 행정행위의 효력 　　　정답 ②

① [X] 쟁송취소도 소급효가 있다.

> **판례** ｜ 이론 ｜ 조문
>
> 피고인이 행정청으로부터 자동차 운전면허취소처분을 받았으나 나중에 그 행정처분 자체가 행정쟁송절차에 의하여 취소되었다면, 위 운전면허취소처분은 그 처분시에 소급하여 효력을 잃게 되고, 피고인은 위 운전면허취소처분에 복종할 의무가 원래부터 없음이 후에 확정되었다고 봄이 타당할 것이고, 행정행위에 공정력의 효력이 인정된다고 하여 행정소송에 의하여 적법하게 취소된 운전면허취소처분이 단지 장래에 향하여서만 효력을 잃게 된다고 볼 수는 없다(대판 1999.2.5. 98도4239).

❷ [O] 위법한 행정대집행이 완료되면 그 처분의 무효확인 또는 취소를 구할 소의 이익은 없다 하더라도, 미리 그 행정처분의 취소판결이 있어야만, 그 행정처분의 위법임을 이유로 한 손해배상청구를 할 수 있는 것은 아니다(대판 1972.4.28. 72다337).

③ [X] 일반적으로 행정처분이나 행정심판재결이 불복기간의 경과로 인하여 확정될 경우, 그 확정력은 그 처분으로 인하여 법률상 이익을 침해받은 자가 당해 처분이나 재결의 효력을 더이상 다툴 수 없다는 의미일 뿐, 더 나아가 판결에 있어서와 같은 기판력이 인정되는 것은 아니어서 그 처분의 기초가 된 사실관계나 법률적 판단이 확정되고 당사자들이나 법원이 이에 기속되어 모순되는 주장이나 판단을 할 수 없게 되는 것은 아니다(대판 1994.11.8. 93누21927).

④ [X] 국민의 권리와 이익을 옹호하고 법적안정을 도모하기 위하여 특정한 행위에 대하여는 행정청이라 하여도 이것을 자유로이 취소, 변경 및 철회할 수 없다는 행정행위의 불가변력은 당해 행정행위에 대하여서만 인정되는 것이고, 동종의 행정행위라 하더라도 그 대상을 달리할 때에는 이를 인정할 수 없다(대판 1974.12.10. 73누129).

20 행정행위의 효력   정답 ①

❶ [×] 공정력이란 행정행위의 성립상 하자가 있어도 그 하자가 중대·명백하여 당연 무효가 되는 경우를 제외하고는 권한 있는 기관에 의하여 취소하기 전까지는 일응 유효한 것으로 통용되는 힘을 말한다. 과거에는 공정력을 실체법상 적법성을 추정하는 효력으로 이해하였지만, 오늘날에는 권한있는 기관에 의하여 취소되기까지 잠정적으로 통용되는 효력으로 이해한다.

② [○] 파면처분에 취소사유인 하자가 존재하는 경우, 공정력으로 인해 파면이 유효한 것으로 된다. 즉, 공무원의 신분을 전제로 하는 당사자소송(예 공무원지위확인소송)이 불가능하다.

③ [○] 과세처분에 관한 이의신청 절차에서 과세관청이 이의신청 사유가 옳다고 인정하여 과세처분을 직권으로 취소한 이상 그 후 특별한 사유 없이 이를 번복하고 종전 처분을 되풀이하는 것은 허용되지 않는다(대판 2010.9.30. 2009두1020).

④ [○] 어업권면허에 선행하는 우선순위결정은 행정청이 우선권자로 결정된 자의 신청이 있으면 어업권면허처분을 하겠다는 것을 약속하는 행위로서 강학상 확약에 불과하고 행정처분은 아니므로, 우선순위결정에 공정력이나 불가쟁력과 같은 효력은 인정되지 아니하며, 따라서 우선순위결정이 잘못되었다는 이유로 종전의 어업권면허처분이 취소되면 행정청은 종전의 우선순위결정을 무시하고 다시 우선순위를 결정한 다음 새로운 우선순위결정에 기하여 새로운 어업권면허를 할 수 있다(대판 1995.1.20. 94누6529).

정답   p. 74

01	④	Ⅱ	06	③	Ⅵ	11	②	Ⅱ	16	①	Ⅲ
02	①	Ⅰ	07	④	Ⅲ	12	④	Ⅱ	17	①	Ⅱ
03	③	Ⅱ	08	④	Ⅱ	13	④	Ⅵ	18	③	Ⅴ
04	②	Ⅱ	09	④	Ⅱ	14	③	Ⅳ	19	①	Ⅱ
05	③	Ⅲ	10	①	Ⅱ	15	④	Ⅲ	20	③	Ⅵ

취약 단원 분석표

단원	맞힌 답의 개수
Ⅰ	/ 1
Ⅱ	/ 10
Ⅲ	/ 4
Ⅳ	/ 1
Ⅴ	/ 1
Ⅵ	/ 3
TOTAL	/ 20

Ⅰ 행정법 서론 / Ⅱ 행정작용법 / Ⅲ 행정절차와 행정공개 / Ⅳ 행정의 실효성 확보수단 / Ⅴ 행정상 손해전보 / Ⅵ 행정쟁송

01   행정행위의 하자   정답 ④

① [O] 과세관청이 납세자에 대한 체납처분으로서 제3자의 소유 물건을 압류하고 공매하더라도 그 처분으로 인하여 제3자가 소유권을 상실하는 것이 아니고, 체납처분으로서 압류의 요건을 규정하는 국세징수법 제24조 각 항의 규정을 보면 어느 경우에나 압류의 대상을 납세자의 재산에 국한하고 있으므로, 납세자가 아닌 제3자의 재산을 대상으로 한 압류처분은 그 처분의 내용이 법률상 실현될 수 없는 것이어서 당연무효이다(대판 2006.4.13. 2005두15151).

② [O] 적법한 권한 위임 없이 세관출장소장에 의하여 행하여진 관세부과처분이 그 하자가 중대하기는 하지만 객관적으로 명백하다고 할 수 없어 당연무효는 아니다(대판 2004.11.26. 2003두2403).

③ [O] 행정청이 청문서 도달기간을 다소 어겼다하더라도 영업자가 이에 대하여 이의하지 아니한 채 스스로 청문일에 출석하여 그 의견을 진술하고 변명하는 등 방어의 기회를 충분히 가졌다면 청문서 도달기간을 준수하지 아니한 하자는 치유되었다고 봄이 상당하다(대판 1992.10.23. 92누2844).

❹ [×] 절차상 또는 형식상 하자로 인하여 무효인 행정처분이 있은 후 행정청이 관계 법령에서 정한 절차 또는 형식을 갖추어 다시 동일한 행정처분을 하였다면 당해 행정처분은 종전의 무효인 행정처분과 관계없이 새로운 행정처분이라고 보아야 한다(대판 2007.12.27. 2006두3933).

02   신고   정답 ①

❶ [×] 의원개설 신고서를 수리한 행정관청이 소정의 신고필증을 교부하도록 되어있다 하여도 이는 신고사실의 확인행위로서 신고필증을 교부하도록 규정한 것에 불과하고 그와 같은 신고필증의 교부가 없다 하여 개설신고의 효력을 부정할 수 없다 할 것이다(대판 1985.4.23. 84도2953).

② [O] 건축주 등은 신고제하에서도 건축신고가 반려될 경우 당해 건축물의 건축을 개시하면 시정명령 이행강제금 벌금의 대상이 되거나 당해 건축물을 사용하여 행할 행위의 허가가 거부될 우려가 있어 불안정한 지위에 놓이게 된다. 따라서 건축신고 반려행위가 이루어진 단계에서 당사자로 하여금 반려행위의 적법성을 다투어 그 법적 불안을 해소한 다음 건축행위에 나아가도록 함으로써 장차 있을지도 모르는 위험에서 미리 벗어날 수 있도록 길을 열어 주고 위법한 건축물의 양산과 그 철거를 둘러싼 분쟁을 조기에 근본적으로 해결할 수 있게 하는 것이 법치행정의 원리에 부합한다. 그러므로 건축신고반려행위는 항고소송의 대상이 된다고 보는 것이 옳다(대판 2010.11.18. 2008두167 전합).

③ [O] 장사법령의 관계 규정들에 비추어 보면 장사법 제14조 제1항에 의한 사설납골시설의 설치신고는 같은 법 제15조 각 호에 정한 사설납골시설설치 금지지역에 해당하지 아니하고 같은 법 제14조 제3항 및 같은 법 시행령 제13조 제1항의 [별표 3]에 정한 설치기준에 부합하는 한 수리하여야 하나, 보건위생상의 위해를 방지하거나 국토의 효율적 이용 및 공공복리의 증진(장사법 제1조 참조 등) 중대한 공익상 필요가 있는 경우에는 그 수리를 거부할 수 있다고 봄이 상당하다(대판 2010.9.9. 2008두22631).

④ [O] 신고납부방식의 조세로서 이러한 유형의 조세에 있어서는 원칙적으로 납세의무자가 스스로 과세표준과 세액을 정하여 신고하는 행위에 의하여 납세의무가 구체적으로 확정되고, 그 납부행위는 신고에 의하여 확정된 구체적 납세의무의 이행으로 하는 것이며 지방자치단체는 그와 같이 확정된 조세채권에 기하여 납부된 세액을 보유하는 것이므로 납세의무자의 신고행위가 중대하고 명백한 하자로 인하여 당연무효로 되지 아니하는 한 그것이 바로 부당이득에 해당한다고 할 수 없다. 여기에서 신고행위의 하자가 중대하고 명백하여 당연무효에 해당하는지의 여부에 관하여는 신고행위의 근거가 되는 법규의 목적 의미 기능 및 하자 있는 신고행위에 대한 법적 구제수단 등을 목적론적으로 고찰함과 동시에 신고행위에 이르게 된 구체적 사정을 개별적으로 파악하여 합리적으로 판단하여야 한다(대판 2009.4.23. 2006다81257).

03　행정기본법　정답 ③

제재처분을 할 수 있는 경우는 3개(ㄱ, ㄴ, ㄷ)이다.
ㄱ, ㄴ, ㄷ. [O]「행정기본법」제23조에 대한 옳은 내용이다.

판례 이론 **조문**

> 제23조【제재처분의 제척기간】① 행정청은 법령등의 위반
> 행위가 종료된 날부터 5년이 지나면 해당 위반행위에 대
> 하여 제재처분(인허가의 정지·취소·철회, 등록 말소, 영
> 업소 폐쇄와 정지를 갈음하는 과징금 부과를 말한다. 이하
> 이 조에서 같다)을 할 수 없다.
> ② 다음 각 호의 어느 하나에 해당하는 경우에는 제1항을
> 적용하지 아니한다.
> 　1. 거짓이나 그 밖의 부정한 방법으로 인허가를 받거나 신
> 　　고를 한 경우
> 　2. 당사자가 인허가나 신고의 위법성을 알고 있었거나 중
> 　　대한 과실로 알지 못한 경우
> 　3. 정당한 사유 없이 행정청의 조사·출입·검사를 기피·
> 　　방해·거부하여 제척기간이 지난 경우
> 　4. 제재처분을 하지 아니하면 국민의 안전·생명 또는 환
> 　　경을 심각하게 해치거나 해칠 우려가 있는 경우
> ③ 행정청은 제1항에도 불구하고 행정심판의 재결이나 법원
> 의 판결에 따라 제재처분이 취소·철회된 경우에는 재결이나
> 판결이 확정된 날부터 1년(합의제행정기관은 2년)이 지나기
> 전까지는 그 취지에 따른 새로운 제재처분을 할 수 있다.
> ④ 다른 법률에서 제1항 및 제3항의 기간보다 짧거나 긴
> 기간을 규정하고 있으면 그 법률에서 정하는 바에 따른다.

ㄹ. [X]「행정기본법」제23조 제2항 제2호에서는 경과실이 아닌 중과
실로 규정하고 있다.

04　준법률행위적 행정행위　정답 ②

① [O] 준법률행위적 행정행위로서 확인에 대한 내용이다.
❷ [X] 자동차운전면허대장상 일정한 사항의 등재행위는 운전면허행
정사무집행의 편의와 사실증명의 자료로 삼기 위한 것일 뿐
그 등재행위로 인하여 당해 운전면허 취득자에게 새로이 어떠
한 권리가 부여되거나 변동 또는 상실되는 효력이 발생하는
것은 아니므로 이는 행정소송의 대상이 되는 독립한 행정처분
으로 볼 수 없고, 운전경력증명서상의 기재행위 역시 당해 운
전면허 취득자에 대한 자동차운전면허대장상의 기재사항을 옮
겨 적는 것에 불과할 뿐이므로 운전경력증명서에 한 등재의
말소를 구하는 소는 부적법하다 할 것이다(대판 1991.9.24.
91누1400).
③ [O] 당연퇴직의 통보는 법률상 당연히 발생하는 퇴직사유를 공적으
로 확인하여 알려 주는 사실의 통보에 불과한 것이지 그 통보
자체가 징계파면이나 직권면직과 같이 공무원의 신분을 상실시
키는 새로운 형성적 행위는 아니므로 항고소송의 대상이 되는
독립한 행정처분이 될 수는 없다(대판 1985.7.23. 84누374).

④ [O] 친일반민족행위자 재산의 국가귀속에 관한 특별법 제3조 제1항
본문, 제9조 규정들의 취지와 내용에 비추어 보면, 같은 법 제2조
제2호에 정한 친일재산은 친일반민족행위자재산조사위원회가
국가귀속결정을 하여야 비로소 국가의 소유로 되는 것이 아니
라 특별법의 시행에 따라 그 취득·증여 등 원인행위시에 소급
하여 당연히 국가의 소유로 되고, 위 위원회의 국가귀속결정은
당해 재산이 친일재산에 해당한다는 사실을 확인하는 이른바
준법률행위적 행정행위의 성격을 가진다(대판 2008.11.13.
2008두13491).

05　행정절차　정답 ③

① [X] 공익 또는 제3자의 정당한 이익을 현저히 해칠 우려가 있는
경우는 제외된다.

판례 이론 **조문**

>「행정절차법」제4조【신의성실 및 신뢰보호】② 행정청은
> 법령 등의 해석 또는 행정청의 관행이 일반적으로 국민들에
> 게 받아들여졌을 때에는 공익 또는 제3자의 정당한 이익을
> 현저히 해칠 우려가 있는 경우를 제외하고는 새로운 해석 또
> 는 관행에 따라 소급하여 불리하게 처리하여서는 아니 된다.

② [X] 사전통지도 생략이 가능하다.

판례 이론 **조문**

>「행정절차법」제21조【처분의 사전 통지】① 행정청은 당
> 사자에게 의무를 부과하거나 권익을 제한하는 처분을 하는
> 경우에는 미리 다음 각 호의 사항을 당사자 등에게 통지하
> 여야 한다.
> 　1. 처분의 제목
> 　2. 당사자의 성명 또는 명칭과 주소
> 　3. 처분하려는 원인이 되는 사실과 처분의 내용 및 법적
> 　　근거
> 　4. 제3호에 대하여 의견을 제출할 수 있다는 뜻과 의견을
> 　　제출하지 아니하는 경우의 처리방법
> 　5. 의견제출기관의 명칭과 주소
> 　6. 의견제출기한
> 　7. 그 밖에 필요한 사항
> ② 행정청은 청문을 하려면 청문이 시작되는 날부터 10일
> 전까지 제1항 각 호의 사항을 당사자 등에게 통지하여야
> 한다. 이 경우 제1항 제4호부터 제6호까지의 사항은 청문
> 주재자의 소속·직위 및 성명, 청문의 일시 및 장소, 청문
> 에 응하지 아니하는 경우의 처리방법 등 청문에 필요한 사
> 항으로 갈음한다.
> ③ 제1항 제6호에 따른 기한은 의견제출에 필요한 상당한
> 기간을 10일 이상으로 고려하여 정하여야 한다.
> ④ 다음 각 호의 어느 하나에 해당하는 경우에는 제1항에
> 따른 통지를 하지 아니할 수 있다.
> 　1. 공공의 안전 또는 복리를 위하여 긴급히 처분을 할 필
> 　　요가 있는 경우
> 　2. 법령 등에서 요구된 자격이 없거나 없어지게 되면 반드
> 　　시 일정한 처분을 하여야 하는 경우에 그 자격이 없거
> 　　나 없어지게 된 사실이 법원의 재판 등에 의하여 객관
> 　　적으로 증명된 경우

3. 해당 처분의 성질상 의견청취가 현저히 곤란하거나 명백
히 불필요하다고 인정될 만한 상당한 이유가 있는 경우
제22조【의견청취】 ① 행정청이 처분을 할 때 다음 각 호
의 어느 하나에 해당하는 경우에는 청문을 한다.
1. 다른 법령 등에서 청문을 하도록 규정하고 있는 경우
2. 행정청이 필요하다고 인정하는 경우
3. 다음 각 목의 처분을 하는 경우
　가. 인·허가 등의 취소
　나. 신분·자격의 박탈
　다. 법인이나 조합 등의 설립허가의 취소
② 행정청이 처분을 할 때 다음 각 호의 어느 하나에 해당
하는 경우에는 공청회를 개최한다.
1. 다른 법령 등에서 공청회를 개최하도록 규정하고 있는
경우
2. 해당 처분의 영향이 광범위하여 널리 의견을 수렴할 필
요가 있다고 행정청이 인정하는 경우
3. 국민생활에 큰 영향을 미치는 처분으로서 대통령령으로
정하는 처분에 대하여 대통령령으로 정하는 수 이상의
당사자등이 공청회 개최를 요구하는 경우
③ 행정청이 당사자에게 의무를 부과하거나 권익을 제한
하는 처분을 할 때 제1항 또는 제2항의 경우 외에는 당사
자 등에게 의견제출의 기회를 주어야 한다.
④ 제1항부터 제3항까지의 규정에도 불구하고 제21조 제
4항 각 호의 어느 하나에 해당하는 경우와 당사자가 의견
진술의 기회를 포기한다는 뜻을 명백히 표시한 경우에는
의견청취를 하지 아니할 수 있다.

❸ [○] 「행정절차법」 제30조에 대한 옳은 내용이다.

> 판례 | 이론 | **조문**
>
> **제30조【청문의 공개】** 청문은 당사자가 공개를 신청하거나
> 청문 주재자가 필요하다고 인정하는 경우 공개할 수 있다.
> 다만, 공익 또는 제3자의 정당한 이익을 현저히 해칠 우려
> 가 있는 경우에는 공개하여서는 아니 된다.

④ [×] 행정절차법 제21조 제4항 제3호는 침해적 행정처분을 할 경
우 청문을 실시하지 않을 수 있는 사유로서 "당해 처분의 성
질상 의견청취가 현저히 곤란하거나 명백히 불필요하다고 인
정될 만한 상당한 이유가 있는 경우"를 규정하고 있으나, 여기
에서 말하는 '의견청취가 현저히 곤란하거나 명백히 불필요하
다고 인정될 만한 상당한 이유가 있는지 여부'는 당해 행정처
분의 성질에 비추어 판단하여야 하는 것이지, 청문통지서의 반
송 여부, 청문통지의 방법 등에 의하여 판단할 것은 아니며,
또한 행정처분의 상대방이 통지된 청문일시에 불출석하였다는
이유만으로 행정청이 관계 법령상 그 실시가 요구되는 청문을
실시하지 아니한 채 침해적 행정처분을 할 수는 없을 것이므
로, 행정처분의 상대방에 대한 청문통지서가 반송되었다거나,
행정처분의 상대방이 청문일시에 불출석하였다는 이유로 청문
을 실시하지 아니하고 한 침해적 행정처분은 위법하다(대판
2001.4.13. 2000두3337).

06　소의 변경　　　　　　　　　　정답 ③

① [×] 직권이 아닌 원고의 신청에 의하여 소의 변경을 허가할 수 있다.

> 판례 | 이론 | **조문**
>
> 「행정소송법」제21조【소의 변경】① 법원은 취소소송을
> 당해 처분 등에 관계되는 사무가 귀속하는 국가 또는 공공
> 단체에 대한 당사자소송 또는 취소소송외의 항고소송으로
> 변경하는 것이 상당하다고 인정할 때에는 청구의 기초에
> 변경이 없는 한 사실심의 변론종결시까지 원고의 신청에
> 의하여 결정으로써 소의 변경을 허가할 수 있다.

② [×] 새로이 피고로 될 자의 의견을 들어야 한다.

> 판례 | 이론 | **조문**
>
> 「행정소송법」제21조【소의 변경】② 제1항의 규정에 의
> 한 허가를 하는 경우 피고를 달리하게 될 때에는 법원은
> 새로이 피고로 될 자의 의견을 들어야 한다.

❸ [○] 「행정소송법」 제22조에 대한 옳은 내용이다.

> 판례 | 이론 | **조문**
>
> 제22조【처분변경으로 인한 소의 변경】① 법원은 행정청
> 이 소송의 대상인 처분을 소가 제기된 후 변경한 때에는
> 원고의 신청에 의하여 결정으로써 청구의 취지 또는 원인
> 의 변경을 허가할 수 있다.
> ② 제1항의 규정에 의한 신청은 처분의 변경이 있음을 안
> 날로부터 60일 이내에 하여야 한다.
> ③ 제1항의 규정에 의하여 변경되는 청구는 제18조 제1항
> 단서의 규정에 의한 요건을 갖춘 것으로 본다.

④ [×] 변경되는 청구가 필요적 행정심판전치의 대상이 되는 행위라
도 행정심판을 거칠 필요는 없다.

07　행정절차법　　　　　　　　　　정답 ④

① [○] 처분기준의 설정·공표의 규정은 침익적 처분뿐만 아니라 수
익적 처분의 경우에도 적용된다.

> 판례 | 이론 | **조문**
>
> 「행정절차법」제20조【처분기준의 설정·공표】① 행정청
> 은 필요한 처분기준을 해당 처분의 성질에 비추어 되도록
> 구체적으로 정하여 공표하여야 한다. 처분기준을 변경하는
> 경우에도 또한 같다.

② [○] 「행정절차법」 제15조 제2항에 대한 옳은 내용이다.

> 판례 | 이론 | **조문**
>
> 제15조【송달의 효력 발생】② 제14조 제3항에 따라 정보
> 통신망을 이용하여 전자문서로 송달하는 경우에는 송달받
> 을 자가 지정한 컴퓨터 등에 입력된 때에 도달된 것으로
> 본다.

③ [O] 공청회가 개최는 되었으나 정상적으로 진행되지 못하고 무산된 횟수가 3회 이상인 경우 온라인공청회를 단독으로 개최할 수 있다.

> [판례] [이론] **[조문]**
>
> 「행정절차법」 제38조의2【온라인공청회】 ① 행정청은 제38조에 따른 공청회와 병행하여서만 정보통신망을 이용한 공청회(이하 "온라인공청회"라 한다)를 실시할 수 있다.
> ② 제1항에도 불구하고 다음 각 호의 어느 하나에 해당하는 경우에는 온라인공청회를 단독으로 개최할 수 있다.
> 2. 제38조에 따른 공청회가 행정청이 책임질 수 없는 사유로 개최되지 못하거나 개최는 되었으나 정상적으로 진행되지 못하고 무산된 횟수가 3회 이상인 경우

❹ [X] 국가에 대한 행정처분을 함에 있어서도 앞서 본 사전 통지, 의견청취, 이유 제시와 관련한 행정절차법이 그대로 적용된다. 국가에 대하여 방송수신료를 부과하는 이 사건 처분을 함에 있어 행정절차법 제21조 내지 23조에서 규정한 사전 통지, 의견청취, 이유 제시 절차를 거치지 아니한 점은 위법하다(대판 2023.9.21. 2023두39724).

08 행정행위의 직권취소   정답 ④

① [X] 변상금 부과처분에 대한 취소소송이 진행중이라도 그 부과권자로서는 위법한 처분을 스스로 취소하고 그 하자를 보완하여 다시 적법한 부과처분을 할 수도 있는 것이어서 그 권리행사에 법률상의 장애사유가 있는 경우에 해당한다고 할 수 없으므로, 그 처분에 대한 취소소송이 진행되는 동안에도 그 부과권의 소멸시효가 진행된다(대판 2006.2.10. 2003두5686).

② [X] 수익적 행정처분에 대한 취소권 등의 행사는 기득권의 침해를 정당화할 만한 중대한 공익상의 필요 또는 제3자의 이익보호의 필요가 있는 때에 한하여 허용될 수 있다는 법리는, 처분청이 수익적 행정처분을 직권으로 취소·철회하는 경우에 적용되는 법리일 뿐 쟁송취소의 경우에는 적용되지 않는다(대판 2019.10.17. 2018두104).

③ [X] 산림법령에는 채석허가처분을 한 처분청이 산림을 복구한 자에 대하여 복구설계서승인 및 복구준공통보를 한 경우 그 취소신청과 관련하여 아무런 규정을 두고 있지 않고, 원래 행정처분을 한 처분청은 그 처분에 하자가 있는 경우에는 원칙적으로 별도의 법적 근거가 없더라도 스스로 이를 직권으로 취소할 수 있지만, 그와 같이 직권취소를 할 수 있다는 사정만으로 이해관계인에게 처분청에 대하여 그 취소를 요구할 신청권이 부여된 것으로 볼 수는 없으므로, 처분청이 위와 같이 법규상 또는 조리상의 신청권이 없이 한 이해관계인의 복구준공통보 등의 취소신청을 거부하더라도, 그 거부행위는 항고소송의 대상이 되는 처분에 해당하지 않는다(대판 2006.6.30. 2004두701).

❹ [O] 일정한 행정처분으로 국민이 일정한 이익과 권리를 취득하였을 경우에 종전 행정처분에 하자가 있음을 전제로 직권으로 이를 취소하는 행정처분은 이미 취득한 국민의 기존 이익과 권리를 박탈하는 별개의 행정처분으로, 취소될 행정처분에 하자가 있어야 하고, 나아가 행정처분에 하자가 있다고 하더라도 취소해야 할 공익상 필요와 취소로 당사자가 입게 될 기득권과 신뢰보호 및 법률생활안정의 침해 등 불이익을 비교·교량한 후 공익상 필요가 당사자가 입을 불이익을 정당화할 만큼 강한 경우에 한하여 취소할 수 있는 것이며, 하자나 취소해야 할 필요성에 관한 증명책임은 기존 이익과 권리를 침해하는 처분을 한 행정청에 있다(대판 2014.11.27. 2014두9226).

09 위원회의 사전심의·의결   정답 ④

① [O] 대학교수의 임용 여부는 임용권자가 교육법상 대학교수 등에게 요구되는 고도의 전문적인 학식과 교수능력 및 인격 등을 고려하여 합목적으로 판단할 자유재량에 속하고, 특히 교육공무원법 제25조에서 대학의 장이 교수를 임용 또는 임용제청함에 있어 대학 인사위원회의 동의를 얻도록 한 것은 교수 임용권자 또는 임용제청권자의 자의를 억제하고 객관적인 기준에 따른 인사질서를 확립함으로써 우수한 교원을 확보함과 동시에 대학의 자치 및 자율권과 교원의 신분보장을 도모하고자 하는 데 있으므로, 대학의 장이 대학 인사위원회에서 임용동의안이 부결되었음을 이유로 하여 교수의 임용 또는 임용제청을 거부하는 행위는 그것이 사회통념상 현저히 타당성을 잃었다고 볼 만한 특별한 사정이 없는 이상 재량권을 일탈·남용하였다고 볼 수 없다(대판 2006.9.28. 2004두7818).

② [O] 제척사유가 있는 위원이 관여한 법학교육위원회의 심의결과에 따라 이루어진 법학전문대학원인가처분은 하자가 있다 할 것이나, 이 사건 제척조항의 해석에 논의의 여지가 있는 점, 교수위원들도 나름대로 제척조항을 준수하려고 노력하였던 점, 전남대는 서울 외 권역 대학 중 2순위로 평가받아 어차피 설치인가를 받을 수 있었다고 보이는 점 등에 비추어 보면, 위와 같은 하자가 중대하고 명백한 하자라고는 할 수 없어 이 사건 처분 중 전남대에 대한 부분이 당연무효라고 할 수는 없고, 취소사유에 불과하다고 할 것이다(서울고법 2009.4.30. 2008누26857 ; 대판 2009.12.10. 2009두8359).

③ [O] 민간투자심의위원회는 2002.4.30. 이 사건 사업의 제3자공고(안)에 대한 심의회에 일부 위원은 불출석, 일부 위원은 대리출석을 하여 심의의결을 하였고, 이 사건 실시협약(안)에 대해서는 2004.2.23. 서면심의 상정을 하여 같은 해 3.13. 서면의결을 함으로써 그 절차규정을 위반하였음을 알 수 있다. 그러나 심의위원회는 스스로 민간제안사업의 민간투자사업 추진 여부나 사업시행자 지정 여부를 결정하는 것이 아니고 의사결정권자의 자문에 응하여 심의하는 기관에 불과하므로, 위와 같은 절차규정 위반은 이 사건 사업시행자지정처분을 무효로 할 만한 중대하고 명백한 하자라고 볼 수 없다(대판 2009.4.23. 2007두13159).

❹ [X] 폐기물처리시설 입지선정위원회가 규정에 위배하여 군수와 주민대표가 선정·추천한 전문가를 포함시키지 않은 채 임의로 구성되어 의결한 경우, 그에 터잡아 이루어진 폐기물처리시설 입지결정처분의 하자는 중대한 것이고 객관적으로도 명백하므로 무효사유에 해당한다(대판 2007.4.12. 2006두20150).

10 행정행위   정답 ①

❶ [✕] 상대방 있는 행정처분은 특별한 규정이 없는 한 의사표시에 관한 일반법리에 따라 상대방에게 고지되어야 효력이 발생하고, 상대방 있는 행정처분이 상대방에게 고지되지 아니한 경우에는 상대방이 다른 경로를 통해 행정처분의 내용을 알게 되었다고 하더라도 행정처분의 효력이 발생한다고 볼 수 없다(대판 2019.8.9. 2019두38656).

② [○] 행정처분의 외부적 성립은 행정의사가 외부에 표시되어 행정청이 자유롭게 취소·철회할 수 없는 구속을 받게 되는 시점을 확정하는 의미를 가지므로, 어떠한 처분의 외부적 성립 여부는 행정청에 의해 행정의사가 공식적인 방법으로 외부에 표시되었는지를 기준으로 판단하여야 한다(대판 2017.7.11. 2016두35120).

③ [○] 「행정절차법」 제14조 제2항에 대한 옳은 내용이다.

> 판례 | 이론 | **조문**
>
> 제14조【송달】② 교부에 의한 송달은 수령확인서를 받고 문서를 교부함으로써 하며, 송달하는 장소에서 송달받을 자를 만나지 못한 경우에는 그 사무원·피용자(被傭者) 또는 동거인으로서 사리를 분별할 지능이 있는 사람(이하 이 조에서 "사무원등"이라 한다)에게 문서를 교부할 수 있다. 다만, 문서를 송달받을 자 또는 그 사무원등이 정당한 사유 없이 송달받기를 거부하는 때에는 그 사실을 수령확인서에 적고, 문서를 송달할 장소에 놓아둘 수 있다.

④ [○] 통상 고시 또는 공고에 의하여 행정처분을 하는 경우에는 그 처분의 상대방이 불특정 다수인이고, 그 처분의 효력이 불특정 다수인에게 일률적으로 적용되는 것이므로, 그 행정처분에 이해관계를 갖는 자는 고시 또는 공고가 있었다는 사실을 현실적으로 알았는지 여부에 관계없이 고시가 효력을 발생하는 날에 행정처분이 있음을 알았다고 보아야 한다(대판 2006.4.14. 2004두3847).

11 행정행위의 하자   정답 ②

① [✕] 징계처분이 중대하고 명백한 흠 때문에 당연무효의 것이라면 징계처분을 받은 자가 이를 용인하였다 하여 그 흠이 치유되는 것은 아니다(대판 1989.12.12. 88누8869).

❷ [○] 절차상 또는 형식상 하자로 인하여 무효인 행정처분이 있은 후 행정청이 관계 법령에서 정한 절차 또는 형식을 갖추어 다시 동일한 행정처분을 하였다면 당해 행정처분은 종전의 무효인 행정처분과 관계없이 새로운 행정처분이라고 보아야 한다(대판 2014.3.13. 2012두1006).

③ [✕] 적법한 건축물에 대한 철거명령은 그 하자가 중대하고 명백하여 당연무효라고 할 것이고, 그 후행행위인 건축물철거 대집행 계고처분 역시 당연무효이다(대판 1999.4.27. 97누6780).

④ [✕] 계고처분의 후속절차인 대집행에 위법이 있다고 하더라도, 후속절차인 대집행에 위법성이 있다는 점을 들어 선행절차인 계고처분이 부적법하다는 사유로 삼을 수는 없다(대판 1997.2.14. 96누15428).

12 공법상 계약   정답 ④

① [○] 수익적 행정처분에 있어서는 법령에 특별한 근거규정이 없다고 하더라도 그 부관으로서 부담을 붙일 수 있고, 그와 같은 부담은 행정청이 행정처분을 하면서 일방적으로 부가할 수도 있지만 부담을 부가하기 이전에 상대방과 협의하여 부담의 내용을 협약의 형식으로 미리 정한 다음 행정처분을 하면서 이를 부가할 수도 있다(대판 2009.2.12. 2005다65500).

② [○] 현행 실정법이 지방전문직공무원 채용계약 해지의 의사표시를 일반공무원에 대한 징계처분과는 달리 항고소송의 대상이 되는 처분 등의 성격을 가진 것으로 인정하지 아니하고, 지방전문직공무원규정 제7조 각 호의 1에 해당하는 사유가 있을 때 지방자치단체가 채용계약관계의 한쪽 당사자로서 대등한 지위에서 행하는 의사표시로 취급하고 있는 것으로 이해되므로, 지방전문직공무원 채용계약 해지의 의사표시에 대하여는 대등한 당사자간의 소송형식인 공법상 당사자소송으로 그 의사표시의 무효확인을 청구할 수 있다(대판 1993.9.14. 92누4611).

③ [○] 피고의 단원 위촉은 피고가 행정청으로서 공권력을 행사하여 행하는 행정처분이 아니라 공법상의 근무관계의 설정을 목적으로 하여 광주광역시와 단원이 되고자 하는 자 사이에 대등한 지위에서 의사가 합치되어 성립하는 공법상 근로계약에 해당한다고 보아야 한다(대판 2001.12.11. 2001두7794).

❹ [✕] 환수통보는 행정처분이 아니다.

> **판례** | 이론 | 조문
>
> 중소기업기술정보진흥원장이 甲 주식회사와 중소기업 정보화지원사업 지원대상인 사업의 지원에 관한 협약을 체결하였는데, 협약이 甲 회사에 책임이 있는 사업실패로 해지되었다는 이유로 협약에서 정한 대로 지급받은 정부지원금을 반환할 것을 통보한 사안에서, 중소기업 정보화지원사업에 따른 지원금 출연을 위하여 중소기업청장이 체결하는 협약은 공법상 대등한 당사자 사이의 의사표시의 합치로 성립하는 공법상 계약에 해당하는 점, 구 중소기업 기술혁신 촉진법(2010.3.31. 법률 제10220호로 개정되기 전의 것) 제32조 제1항은 제10조가 정한 기술혁신사업과 제11조가 정한 산학협력 지원사업에 관하여 출연한 사업비의 환수에 적용될 수 있을 뿐 이와 근거 규정을 달리하는 중소기업 정보화지원사업에 관하여 출연한 지원금에 대하여는 적용될 수 없고 달리 지원금 환수에 관한 구체적인 법령상 근거가 없는 점 등을 종합하면, 협약의 해지 및 그에 따른 환수통보는 공법상 계약에 따라 행정청이 대등한 당사자의 지위에서 하는 의사표시로 보아야 하고, 이를 행정청이 우월한 지위에서 행하는 공권력의 행사로서 행정처분에 해당한다고 볼 수는 없다(대판 2015.8.27. 2015두41449).

13 항고소송의 대상 정답 ④

항고소송의 대상이 되는 것은 ㄴ, ㄹ, ㅁ, ㅂ이다.

ㄱ. [×] 국민건강보험공단이 甲 등에게 '직장가입자 자격상실 및 자격변동 안내' 통보 및 '사업장 직권탈퇴에 따른 가입자 자격상실 안내' 통보를 한 사안에서, 국민건강보험 직장가입자 또는 지역가입자 자격 변동은 법령이 정하는 사유가 생기면 별도 처분 등의 개입 없이 사유가 발생한 날부터 변동의 효력이 당연히 발생하므로, 국민건강보험공단이 甲 등에 대하여 가입자 자격이 변동되었다는 취지의 '직장가입자 자격상실 및 자격변동 안내' 통보를 하였거나, 그로 인하여 사업장이 국민건강보험법상의 적용대상사업장에서 제외되었다는 취지의 '사업장 직권탈퇴에 따른 가입자 자격상실 안내' 통보를 하였더라도, 이는 甲 등의 가입자 자격의 변동 여부 및 시기를 확인하는 의미에서 한 사실상 통지행위에 불과할 뿐, 위 각 통보에 의하여 가입자 자격이 변동되는 효력이 발생한다고 볼 수 없고, 또한 위 각 통보로 甲 등에게 지역가입자로서의 건강보험료를 납부하여야 하는 의무가 발생함으로써 甲 등의 권리의무에 직접적 변동을 초래하는 것도 아니라는 이유로, 위 각 통보의 처분성이 인정되지 않는다(대판 2019.2.14. 2016두41729).

ㄴ. [○] 국방전력발전업무훈령 제113조의5 제1항에 의한 연구개발확인서 발급은 개발업체가 '업체투자연구개발' 방식 또는 '정부·업체공동투자연구개발' 방식으로 전력지원체계 연구개발사업을 성공적으로 수행하여 군사용 적합판정을 받고 국방규격이 제·개정된 경우에 사업관리기관이 개발업체에게 해당 품목의 양산과 관련하여 경쟁입찰에 부치지 않고 수의계약의 방식으로 국방조달계약을 체결할 수 있는 지위(경쟁입찰의 예외사유)가 있음을 인정해 주는 '확인적 행정행위'로서 공권력의 행사인 '처분'에 해당하고, 연구개발확인서 발급 거부는 신청에 따른 처분 발급을 거부하는 '거부처분'에 해당한다(대판 2020.1.16. 2019다264700).

ㄷ. [×] 농지법은 농지 처분명령에 대한 이행강제금 부과처분에 불복하는 자가 그 처분을 고지받은 날부터 30일 이내에 부과권자에게 이의를 제기할 수 있고, 이의를 받은 부과권자는 지체 없이 관할 법원에 그 사실을 통보하여야 하며, 그 통보를 받은 관할 법원은 비송사건절차법에 따른 과태료 재판에 준하여 재판을 하도록 정하고 있다(제62조 제1항·제6항·제7항). 따라서 농지법 제62조 제1항에 따른 이행강제금 부과처분에 불복하는 경우에는 비송사건절차법에 따른 재판절차가 적용되어야 하고, 행정소송법상 항고소송의 대상은 될 수 없다(대판 2019.4.11. 2018두42955).

ㄹ. [○] 건축물대장은 건축물의 소유권을 제대로 행사하기 위한 전제요건으로서 건축물 소유자의 실체적 권리관계에 밀접하게 관련되어 있으므로, 건축물대장을 직권말소한 행위는 국민의 권리관계에 영향을 미치는 것으로서 항고소송의 대상이 되는 행정처분에 해당한다(대판 2010.5.27. 2008두22655).

ㅁ. [○] 법무사의 사무원 채용승인 신청에 대하여 소속 지방법무사회가 '채용승인을 거부'하는 조치 또는 일단 채용승인을 하였으나 법무사규칙 제37조 제6항을 근거로 '채용승인을 취소'하는 조치는 공법인인 지방법무사회가 행하는 구체적 사실에 관한 법집행으로서 공권력의 행사 또는 그 거부에 해당하므로 항고소송의 대상인 '처분'이라고 보아야 한다(대판 2020.4.9. 2015다34444).

판례 이론 조문

법무사가 사무원을 채용하기 위하여 지방법무사회의 승인을 받도록 한 것은, 그 사람이 법무사법 제23조 제2항 각 호에서 정한 결격사유에 해당하는지 여부를 미리 심사함으로써 법무사 사무원의 비리를 예방하고 법무사 직역에 대한 일반 국민의 신뢰를 확보하기 위함이다. 법무사 사무원 채용승인은 본래 법무사에 대한 감독권한을 가지는 소관 지방법원장에 의한 국가사무였다가 지방법무사회로 이관되었으나, 이후에도 소관 지방법원장은 지방법무사회로부터 채용승인 사실의 보고를 받고 이의신청을 직접 처리하는 등 지방법무사회의 업무수행 적정성에 대한 감독을 하고 있다. 또한 법무사가 사무원 채용에 관하여 법무사법이나 법무사규칙을 위반하는 경우에는 소관 지방법원장으로부터 징계를 받을 수 있으므로, 법무사에 대하여 지방법무사회로부터 채용승인을 얻어 사무원을 채용할 의무는 법무사법에 의하여 강제되는 공법적 의무이다. 이러한 법무사 사무원 채용승인 제도의 법적 성질 및 연혁, 사무원 채용승인 거부에 대한 불복절차로서 소관 지방법원장에게 이의신청을 하도록 제도를 규정한 점 등에 비추어 보면, 지방법무사회의 법무사 사무원 채용승인은 단순히 지방법무사회와 소속법무사 사이의 내부 법률문제라거나 지방법무사회의 고유사무라고 볼 수 없고, 법무사감독이라는 국가사무를 위임받아 수행하는 것이라고 보아야 한다. 따라서 지방법무사회는 법무사 감독 사무를 수행하기 위하여 법률에 의하여 설립과 법무사의 회원 가입이 강제된 공법인으로서 법무사 사무원 채용승인에 관한 한 공권력 행사의 주체라고 보아야 한다(대판 2020.4.9. 2015다34444).

ㅂ. [○] 검찰총장이 사무검사 및 사건평정을 기초로 … 검사에 대하여 하는 '경고조치'는 일정한 서식에 따라 검사에게 개별 통지를 하고 이의신청을 할 수 있으며, 검사가 검찰총장의 경고를 받으면 1년 이상 감찰관리 대상자로 선정되어 특별관리를 받을 수 있고, 경고를 받은 사실이 인사자료로 활용되어 복무평정, 직무성과금 지급, 승진·전보인사에서도 불이익을 받게 될 가능성이 높아지며, 향후 다른 징계사유로 징계처분을 받게 될 경우에 징계양정에서 불이익을 받게 될 가능성이 높아지므로, 검사의 권리 의무에 영향을 미치는 행위로서 항고소송의 대상이 되는 처분이라고 보아야 한다(대판 2021.2.10. 2020두47564).

판례 이론 조문

항고소송의 대상이 되는 행정처분이란 원칙적으로 행정청의 공법상 행위로서 특정 사항에 대하여 법규에 의한 권리의 설정 또는 의무의 부담을 명하거나 기타 법률상 효과를 발생하게 하는 등으로 일반 국민의 권리 의무에 직접 영향을 미치는 행위를 가리키는 것이지만, 어떠한 처분의 근거나 법적인 효과가 행정규칙에 규정되어 있다고 하더라도, 그 처분이 행정규칙의 내부적 구속력에 의하여 상대방에게 권리의 설정 또는 의무의 부담을 명하거나 기타 법적인 효과를 발생하게 하는 등으로 그 상대방의 권리 의무에 직접 영향을 미치는 행위라면, 이 경우에도 항고소송의 대상이 되는 행정처분에 해당한다고 보아야 한다(대판 2021.2.10. 2020두47564).

14 행정조사 정답 ③

① [O] 선거관리위원회의 본질적 기능은 선거의 공정한 관리 등 행정 기능이고, 그 효과적인 기능 수행과 집행의 실효성을 확보하기 위한 수단으로서 선거범죄 조사권을 인정하고 있다. 심판대상 조항에 의한 자료제출요구는 위와 같은 조사권의 일종으로서 행정조사에 해당하고, 선거범죄 혐의 유무를 명백히 하여 공소의 제기와 유지 여부를 결정하려는 목적으로 범인을 발견·확보하고 증거를 수집·보전하기 위한 수사기관의 활동인 수사와는 근본적으로 그 성격을 달리한다(헌재 2019.9.26. 2016헌바381).

② [O] 부과처분을 위한 과세관청의 질문조사권이 행하여지는 세무조사의 경우 납세자 또는 그 납세자와 거래가 있다고 인정되는 자 등은 세무공무원의 과세자료 수집을 위한 질문에 대답하고 검사를 수인하여야 할 법적 의무를 부담한다(대판 2017.10.26. 2017두42255).

❸ [X] 판례 이론 **조문**

> 「행정조사기본법」제17조【조사의 사전통지】① 행정조사를 실시하고자 하는 행정기관의 장은 제9조에 따른 출석요구서, 제10조에 따른 보고요구서·자료제출요구서 및 제11조에 따른 현장출입조사서(이하 "출석요구서등"이라 한다)를 조사개시 7일 전까지 조사대상자에게 서면으로 통지하여야 한다. 다만, 다음 각 호의 어느 하나에 해당하는 경우에는 행정조사의 개시와 동시에 출석요구서등을 조사대상자에게 제시하거나 행정조사의 목적 등을 조사대상자에게 구두로 통지할 수 있다.
> 1. 행정조사를 실시하기 전에 관련 사항을 미리 통지하는 때에는 증거인멸 등으로 행정조사의 목적을 달성할 수 없다고 판단되는 경우
> 2. 「통계법」제3조 제2호에 따른 지정통계의 작성을 위하여 조사하는 경우

④ [O] 음주운전 여부에 대한 조사 과정에서 운전자 본인의 동의를 받지 아니하고 또한 법원의 영장도 없이 채혈조사를 한 결과를 근거로 한 운전면허 정지·취소 처분은 도로교통법 제44조 제3항을 위반한 것으로서 특별한 사정이 없는 한 위법한 처분으로 볼 수밖에 없다(대판 2016.12.27. 2014두46850).

15 행정절차 정답 ④

① [O] 당사자등이 요청하는 경우에 한해서 반환한다.

 판례 이론 **조문**

> 「행정절차법」제22조【의견청취】⑥ 행정청은 처분 후 1년 이내에 당사자등이 요청하는 경우에는 청문·공청회 또는 의견제출을 위하여 제출받은 서류나 그 밖의 물건을 반환하여야 한다.

② [O] 국가공무원법상 직위해제처분은 구 행정절차법(2012.10.22. 법률 제11498호로 개정되기 전의 것) 제3조 제2항 제9호, 구 행정절차법 시행령(2011.12.21. 대통령령 제23383호로 개정되기 전의 것) 제2조 제3호에 의하여 당해 행정작용의 성질상 행정절차를 거치기 곤란하거나 불필요하다고 인정되는 사항 또는 행정절차에 준하는 절차를 거친 사항에 해당하므로, 처분의 사전통지 및 의견청취 등에 관한 행정절차법의 규정이 별도로 적용되지 않는다(대판 2014.5.16. 2012두26180).

③ [O] 시흥소방서의 담당 소방공무원이 피고인에게 행정처분인 위 시정보완명령을 구두로 고지한 것은 행정절차법 제24조에 위반한 것으로 그 하자가 중대하고 명백하여 위 시정보완명령은 당연 무효라고 할 것이고, 무효인 위 시정보완명령에 따른 피고인의 의무위반이 생기지 아니하는 이상 피고인에게 위 시정보완명령에 위반하였음을 이유로 소방시설 설치·유지 및 안전관리에 관리에 관한 법률 제48조의2 제1호에 따른 행정형벌을 부과할 수 없다(대판 2011.11.10. 2011도11109).

❹ [X] 퇴직연금의 환수결정은 당사자에게 의무를 과하는 처분이기는 하나, 관련 법령에 따라 당연히 환수금액이 정하여지는 것이므로, 퇴직연금의 환수결정에 앞서 당사자에게 의견진술의 기회를 주지 아니하여도 행정절차법 제22조 제3항이나 신의칙에 어긋나지 아니한다(대판 2000.11.28. 99두5443).

16 개인정보 정답 ①

❶ [X] 옥외집회·시위에 대한 경찰의 촬영행위에 의해 취득한 자료는 '개인정보'의 보호에 관한 일반법인 '개인정보 보호법'이 적용될 수 있다(헌재 2018.8.30. 2014헌마843).

② [O] 시장·군수 또는 구청장이 개인의 지문정보를 수집하고, 경찰청장이 이를 보관·전산화하여 범죄수사목적에 이용하는 것은 모두 개인정보자기결정권을 제한하는 것이다(헌재 2005.5.26. 99헌마513·2004헌마190).

③ [O] 개인정보자기결정권의 보호대상이 되는 개인정보는 개인의 신체, 신념, 사회적 지위, 신분 등과 같이 개인의 인격주체성을 특징짓는 사항으로서 개인의 동일성을 식별할 수 있게 하는 일체의 정보이고, 반드시 개인의 내밀한 영역에 속하는 정보에 국한되지 아니하며 공적 생활에서 형성되었거나 이미 공개된 개인정보까지 포함한다. 또한 개인정보를 대상으로 한 조사·수집·보관·처리·이용 등의 행위는 모두 원칙적으로 개인정보자기결정권에 대한 제한에 해당한다(대판 2016.8.17. 2014다235080).

④ [O] 「개인정보 보호법」제36조 제1항에 대한 옳은 내용이다.

 판례 이론 **조문**

> 제36조【개인정보의 정정·삭제】① 제35조에 따라 자신의 개인정보를 열람한 정보주체는 개인정보처리자에게 그 개인정보의 정정 또는 삭제를 요구할 수 있다. 다만, 다른 법령에서 그 개인정보가 수집 대상으로 명시되어 있는 경우에는 그 삭제를 요구할 수 없다.

17 공정력과 선결문제 정답 ①

❶ [X] 조세의 과오납이 부당이득이 되기 위하여는 납세 또는 조세의 징수가 실체법적으로나 절차법적으로 전혀 법률상의 근거가 없거나 과세처분의 하자가 중대하고 명백하여 당연무효이어야 하고, 과세처분의 하자가 단지 취소할 수 있는 정도에 불과할 때에는 과세관청이 이를 스스로 취소하거나 항고소송절차에 의하여 취소되지 않는 한 그로 인한 조세의 납부가 부당이득이 된다고 할 수 없다(대판 1994.11.11. 94다28000). 사전통지 및 의견제출절차를 거치지 않은 절차적 하자는 취소사유에 불과하므로 민사법원은 권한 있는 기관에 의해 취소되지 않는 한 행정행위의 효력을 부인할 수 없다.

② [O] 위법한 행정대집행이 완료되면 그 처분의 무효확인 또는 취소를 구할 소의 이익은 없다 하더라도, 미리 그 행정처분의 취소판결이 있어야만, 그 행정처분의 위법임을 이유로 한 손해배상청구를 할 수 있는 것은 아니다(대판 1972.4.28. 72다337).

③ [O] 조세의 과오납이 부당이득이 되기 위하여는 납세 또는 조세의 징수가 실체법적으로 나 절차법적으로 전혀 법률상의 근거가 없거나 과세처분의 하자가 중대하고 명백하여 당연무효이어야 하고, 과세처분의 하자가 단지 취소할 수 있는 정도에 불과할 때에는 과세관청이 이를 스스로 취소하거나 항고소송절차에 의하여 취소되지 않는 한 그로 인한 조세의 납부가 부당이득이 된다고 할 수 없다(대판 1994.11.11. 94다28000).

④ [O] 민사소송에 있어서 어느 행정처분의 당연무효 여부가 선결문제로 되는 때에는 이를 판단하여 당연무효임을 전제로 판결할 수 있고 반드시 행정소송 등의 절차에 의하여 그 취소나 무효확인을 받아야 하는 것은 아니다(대판 2010.4.8. 2009다90092).

18 국가배상청구 정답 ③

① [O] 경찰관 직무집행법 등에 의하여 경찰관에게 부여된 여러 가지 권한이 일반적으로 경찰관의 합리적인 재량에 위임되어 있다 하더라도, 경찰관이 권한을 행사하여 필요한 조치를 하지 아니하는 것이 현저하게 불합리하다고 인정되는 경우에는 권한의 불행사가 직무상의 의무를 위반한 것이 되어 위법하게 된다(대판 2004.9.23. 2003다49009).

② [O] 교육부장관이 甲 등을 비롯한 국·공립학교 기간제교원을 구 공무원수당 등에 관한 규정(2011.7.4. 대통령령 제23015호로 개정되기 전의 것, 이하 같다)에 따른 성과상여금 지급대상에서 제외하는 내용의 '교육공무원 성과상여금 지급 지침'을 발표한 사안에서, 위 지침에서 甲 등을 포함한 기간제교원을 성과상여금 지급대상에서 제외한 것은 구 공무원수당 등에 관한 규정 제7조의2 제1항의 해석에 관한 법리에 따른 것이므로, 국가가 甲 등에 대하여 불법행위로 인한 손해배상책임을 진다고 볼 수 없다(대판 2017.2.9. 2013다205778).

❸ [X] 국가배상책임이 성립하기 위해서는 공무원의 직무집행이 위법하다는 점만으로는 부족하고, 그로 인해 타인의 권리와 이익이 침해되어 구체적 손해가 발생하여야 한다. 진주의료원 폐업과 관련하여 폐업입원환자 등의 생명과 건강에 대한 어떤 구체적인 손상이나 침해가 있었다고 인정할 증거가 없으므로, 원고에게 손해가 발생하였다고 보기 어렵고, 따라서 피고 3이나 그가 소속된 피고 경상남도의 불법행위책임이 성립한다고 볼 수 없다(대판 2016.8.30. 2015두60617).

④ [O] 수익적 행정처분은 그 성질상 특별한 사정이 없는 한 그 처분이 이루어지는 것이 신청인의 이익에 부합하고, 이에 대한 법규상의 제한은 공공의 이익을 위한 것이어서 그러한 법규상의 제한 사유가 없는 한 원칙적으로 이를 허용할 것이 요청된다고 할 것이므로, 수익적 행정처분이 신청인에 대한 관계에서 국가배상법 제2조 제1항의 위법성이 있는 것으로 평가되기 위하여는 당해 행정처분에 관한 법령의 내용, 그 성질과 법률적 효과, 그로 인하여 신청인이 무익한 비용을 지출할 개연성에 관한 구체적 사정 등을 종합적으로 고려하여 객관적으로 보아 그 행위로 인하여 신청인이 손해를 입게 될 것임이 분명하다고 할 수 있어 신청인을 위하여도 당해 행정처분을 거부할 것이 요구되는 경우이어야 할 것이다(대판 2001.5.29. 99다37047).

19 행정규칙 정답 ①

❶ [X] 상위법령의 위임을 받아 중앙행정기관의 장이 정한 훈령·예규 및 고시 등 행정규칙은 「행정기본법」상의 '법령'에 해당한다.

> 판례 이론 **조문**
>
> 「행정기본법」 제2조 【정의】 이 법에서 사용하는 용어의 뜻은 다음과 같다.
> 1. "법령등"이란 다음 각 목의 것을 말한다.
>   가. 법령: 다음의 어느 하나에 해당하는 것
>   1) 법률 및 대통령령·총리령·부령
>   2) 국회규칙·대법원규칙·헌법재판소규칙·중앙선거관리위원회규칙 및 감사원규칙
>   3) 1) 또는 2)의 위임을 받아 중앙행정기관(「정부조직법」 및 그 밖의 법률에 따라 설치된 중앙행정기관을 말한다. 이하 같다)의 장이 정한 훈령·예규 및 고시 등 행정규칙

② [O] 법령의 규정이 특정 행정기관에게 법령 내용의 구체적 사항을 정할 수 있는 권한을 부여하면서 권한행사의 절차나 방법을 특정하지 아니한 경우에는 수임 행정기관은 행정규칙이나 규정 형식으로 법령 내용이 될 사항을 구체적으로 정할 수 있다. 이 경우 행정규칙 등은 당해 법령의 위임한계를 벗어나지 않는 한 대외적 구속력이 있는 법규명령으로서 효력을 가지게 되지만, 이는 행정규칙이 갖는 일반적 효력이 아니라 행정기관에 법령의 구체적 내용을 보충할 권한을 부여한 법령 규정의 효력에 근거하여 예외적으로 인정되는 것이다(대판 2012.7.5. 2010다72076).

③ [O] 상급행정기관이 하급행정기관에 대하여 업무처리지침이나 법령의 해석적용에 관한 기준을 정하여 발하는 이른바 '행정규칙이나 내부지침'은 일반적으로 행정조직 내부에서만 효력을 가질 뿐 대외적인 구속력을 갖는 것은 아니므로 행정처분이 그에 위반하였다고 하여 그러한 사정만으로 곧바로 위법하게 되는 것은 아니다(대판 2009.12.24. 2009두7967).

④ [O] 행정규칙의 내용이 상위법령이나 법의 일반원칙에 반하는 것이라면 법치국가원리에서 파생되는 법질서의 통일성과 모순금지 원칙에 따라 그것은 법질서상 당연무효이고, 행정내부적 효력도 인정될 수 없다(대판 2020.5.28. 2017두66541).

20 행정심판과 행정소송 정답 ③

옳지 않은 것은 ㄴ, ㄷ이다.

ㄱ. [O] 「행정심판법」 제47조 제2항에 대한 옳은 내용이다.

> 판례 이론 **조문**
>
> 제47조【재결의 범위】 ② 위원회는 심판청구의 대상이 되는 처분보다 청구인에게 불리한 재결을 하지 못한다.

ㄴ. [X] 무효등확인소송은 제소기간의 제한이 없다. 행정심판의 재결서 정본을 송달받은 날부터 90일 이내에 소송을 제기하여야 하는 것은 취소소송과 부작위위법확인소송이다.

ㄷ. [X] 행정심판청구에 대한 재결이 있으면 그 재결 및 같은 처분 또는 부작위에 대하여 다시 행정심판을 청구할 수 없다(「행정심판법」 제51조). 그리고 재결 자체에 고유한 위법이 있는 경우에는 재결 자체의 취소를 구하는 행정소송을 제기할 수 있는 것이지 행정심판을 제기하는 것이 아니다.

ㄹ. [O] 기속력 중 재처분의무에 대한 설명이다. 「행정심판법」 제49조 제2항은 "재결에 의하여 취소되거나 무효 또는 부존재로 확인되는 처분이 당사자의 신청을 거부하는 것을 내용으로 하는 경우에는 그 처분을 한 행정청은 재결의 취지에 따라 다시 이전의 신청에 대한 처분을 하여야 한다."고 규정하고 있다.

ㅁ. [O] 「도로교통법」에 따른 처분으로서 해당 처분에 대한 행정소송은 행정심판의 재결을 거치지 아니하면 제기할 수 없다(「도로교통법」 제142조).

정답

p. 80

01	①	I	06	④	V	11	④	II	16	④	V
02	①	V	07	③	II	12	③	IV	17	④	III
03	④	II	08	④	V	13	②	III	18	④	III
04	④	IV	09	④	VI	14	④	IV	19	③	II
05	②	VI	10	③	VI	15	②	VI	20	②	I

취약 단원 분석표

단원	맞힌 답의 개수
I	/ 2
II	/ 4
III	/ 3
IV	/ 3
V	/ 4
VI	/ 4
TOTAL	/ 20

I 행정법 서론 / II 행정작용법 / III 행정절차와 행정공개 / IV 행정의 실효성 확보수단 / V 행정상 손해전보 / VI 행정쟁송

01 　신뢰보호원칙　　　　　정답 ①

❶ [×] 신뢰보호의 원칙은 행정청이 공적인 견해를 표명할 당시의 사정이 그대로 유지됨을 전제로 적용되는 것이 원칙이므로, 사후에 그와 같은 사정이 변경된 경우에는 그 공적 견해가 더 이상 개인에게 신뢰의 대상이 된다고 보기 어려운 만큼, 특별한 사정이 없는 한 행정청이 그 견해표명에 반하는 처분을 하더라도 신뢰보호의 원칙에 위반된다고 할 수 없다(대판 2020.6. 25. 2018두34732).

② [O] 건설기술자의 품위 유지와 복리 증진, 건설공사의 건설시공과 품질관리의 향상을 주된 목적으로 하여 설립된 한국건설기술인협회가 구 지방세법 제288조 제2항에 정한 '기술진흥단체'에 해당하지 않는다. … 취득세 등이 면제되는 구 지방세법 제288조 제2항에 정한 '기술진흥단체'인지 여부에 관한 질의에 대하여 건설교통부장관과 내무부장관이 비과세 의견으로 회신한 경우, 공적인 견해표명에 해당한다(대판 2008.6.15. 2008두1115).

③ [O] 국세기본법 제18조 제3항에서 말하는 비과세관행이 성립하려면 상당한 기간에 걸쳐 과세를 하지 아니한 객관적 사실이 존재할 뿐만 아니라 과세관청 자신이 그 사항에 관하여 과세할 수 있음을 알면서도 어떤 특별한 사정 때문에 과세하지 않는다는 의사가 있어야 하며, 공적 견해나 의사는 묵시적으로 표시될 수도 있지만 묵시적 표시가 있다고 하기 위하여는 단순한 과세누락과는 달리 과세관청이 상당기간의 비과세상태에 대하여 과세하지 않겠다는 의사표시를 한 것으로 볼 수 있는 사정이 있어야 한다(대판 1993.2.23. 92누12919).

④ [O] 재건축조합에서 일단 내부 규범이 정립되면 조합원들은 특별한 사정이 없는 한 그것이 존속하리라는 신뢰를 가지게 되므로, 내부 규범 변경을 통해 달성하려는 이익이 종전 내부 규범의 존속을 신뢰한 조합원들의 이익보다 우월해야 한다(대판 2020.6.25. 2018두34732).

02 　국가배상　　　　　정답 ①

모두 옳은 내용이다.

ㄱ. [O] 상호보증은 외국의 법령, 판례 및 관례 등에 의하여 발생요건을 비교하여 인정되면 충분하고 반드시 당사국과의 조약이 체결되어 있을 필요는 없으며, 당해 외국에서 구체적으로 우리나라 국민에게 국가배상청구를 인정한 사례가 없더라도 실제로 인정될 것이라고 기대할 수 있는 상태이면 충분하다(대판 2015.6.11. 2013다208388).

ㄴ. [O] 피고들이 위 법령에서 정한 인증신제품 구매의무를 위반하였다고 하더라도, 이를 이유로 원고에 대하여 국가배상법 제2조가 정한 배상책임이나 불법행위를 이유로 한 손해배상책임을 지는 것은 아니라고 할 것이다(대판 2015.5.28. 2013다41431).

ㄷ. [O] 공법인이 국가로부터 위탁받은 공행정사무를 집행하는 과정에서 공법인의 임직원이나 피용인이 고의 또는 과실로 법령을 위반하여 타인에게 손해를 입힌 경우에는, 공법인은 위탁받은 공행정사무에 관한 행정주체의 지위에서 배상책임을 부담하여야 하지만, 공법인의 임직원이나 피용인은 실질적인 의미에서 공무를 수행한 사람으로서 국가배상법 제2조에서 정한 공무원에 해당하므로 고의 또는 중과실이 있는 경우에만 배상책임을 부담하고 경과실이 있는 경우에는 배상책임을 면한다(대판 2021.1.28. 2019다260197).

03 행정행위의 취소, 철회　　　　　　정답 ④

옳은 것은 ㄱ, ㄷ, ㄹ이다.

ㄱ. [O] 「행정기본법」 제18조에 대한 옳은 내용이다.

> `판례` `이론` **조문**
>
> 제18조【위법 또는 부당한 처분의 취소】① 행정청은 위법 또는 부당한 처분의 전부나 일부를 소급하여 취소할 수 있다. 다만, 당사자의 신뢰를 보호할 가치가 있는 등 정당한 사유가 있는 경우에는 장래를 향하여 취소할 수 있다.
> ② 행정청은 제1항에 따라 당사자에게 권리나 이익을 부여하는 처분을 취소하려는 경우에는 취소로 인하여 당사자가 입게 될 불이익을 취소로 달성되는 공익과 비교·형량(衡量)하여야 한다. 다만, 다음 각 호의 어느 하나에 해당하는 경우에는 그러하지 아니하다.
> 1. 거짓이나 그 밖의 부정한 방법으로 처분을 받은 경우
> 2. 당사자가 처분의 위법성을 알고 있었거나 중대한 과실로 알지 못한 경우

ㄴ. [X] 철회사유는 후발적 사유다.

> `판례` `이론` `조문`
>
> 행정행위의 취소는 일단 유효하게 성립한 행정행위를 그 행위에 위법 또는 부당한 하자가 있음을 이유로 소급하여 그 효력을 소멸시키는 별도의 행정처분이고, 행정행위의 철회는 적법요건을 구비하여 완전히 효력을 발하고 있는 행정행위를 사후적으로 그 행위의 효력의 전부 또는 일부를 장래에 향해 소멸시키는 행정처분이므로, 행정행위의 취소사유는 행정행위의 성립 당시에 존재하였던 하자를 말하고, 철회사유는 행정행위가 성립된 이후에 새로이 발생한 것으로서 행정행위의 효력을 존속시킬 수 없는 사유를 말한다(대판 2003.5.30. 2003다6422).

ㄷ. [O] 「행정기본법」 제19조 제1항 제3호에 대한 옳은 내용이다.

> `판례` `이론` **조문**
>
> 제19조【적법한 처분의 철회】① 행정청은 적법한 처분이 다음 각 호의 어느 하나에 해당하는 경우에는 그 처분의 전부 또는 일부를 장래를 향하여 철회할 수 있다.
> 3. 중대한 공익을 위하여 필요한 경우

ㄹ. [O] 「행정기본법」 제19조 제2항에 대한 옳은 내용이다.

> `판례` `이론` **조문**
>
> 제19조【적법한 처분의 철회】② 행정청은 제1항에 따라 처분을 철회하려는 경우에는 철회로 인하여 당사자가 입게 될 불이익을 철회로 달성되는 공익과 비교·형량하여야 한다.

04 대집행　　　　　　정답 ④

① [X] 법률에 의해 직접 부과된 의무도 대집행의 대상이다.

> `판례` `이론` **조문**
>
> 「행정대집행법」 제2조【대집행과 그 비용징수】법률(법률의 위임에 의한 명령, 지방자치단체의 조례를 포함한다. 이와 같다)에 의하여 직접 명령되었거나 또는 법률에 의거한 행정청의 명령에 의한 행위로서 타인이 대신하여 행할 수 있는 행위를 의무자가 이행하지 아니하는 경우 다른 수단으로써 그 이행을 확보하기 곤란하고 또한 그 불이행을 방치함이 심히 공익을 해할 것으로 인정될 때에는 당해 행정청은 스스로 의무자가 하여야 할 행위를 하거나 또는 제3자로 하여금 이를 하게 하여 그 비용을 의무자로부터 징수할 수 있다.

② [X] 행정대집행의 절차가 인정되어 행정청이 행정대집행의 방법으로 건물의 철거 등 대체적 작위의무의 이행을 실현할 수 있는 경우에는 따로 민사소송의 방법으로 그 의무의 이행을 구할 수 없다(대판 2017.4.28. 2016다213916).

③ [X] 대집행의 계고·대집행영장에 의한 통지·대집행의·실행·대집행에 요한 비용의 납부명령 등은, 타인이 대신하여 행할 수 있는 행정의무의 이행을 의무자의 비용부담하에 확보하고자 하는, 동일한 행정목적을 달성하기 위하여 단계적인 일련의 절차로 연속하여 행하여지는 것으로서, 서로 결합하여 하나의 법률효과를 발생시키는 것이므로, 선행처분인 계고처분이 하자가 있는 위법한 처분이라면, 비록 하자가 중대하고도 명백한 것이 아니어서 당연무효의 처분이라고 볼 수 없고 대집행의 실행이 이미 사실행위로서 완료되어 계고처분의 취소를 구할 법률상 이익이 없게 되었으며, 또 대집행비용납부명령 자체에는 아무런 하자가 없다 하더라도, 후행처분인 대집행비용납부명령의 취소를 청구하는 소송에서 청구원인으로 선행처분인 계고처분이 위법한 것이기 때문에 그 계고처분을 전제로 행하여진 대집행비용납부명령도 위법한 것이라는 주장을 할 수 있다(대판 1993.11.9. 93누14271).

❹ [O] 행정청이 행정대집행의 방법으로 건물의 철거 등 대체적 작위의무의 이행을 실현할 수 있는 경우, 민사소송의 방법으로 그 의무의 이행을 구할 수 없으며, 행정청이 건물철거 대집행 과정에서 부수적으로 건물의 점유자들에 대한 퇴거 조치를 할 수 있고 이 경우 필요하면 경찰의 도움을 받을 수 있다(대판 2017.4.28. 2016다213916).

> **판례** `이론` `조문`
>
> [1] 행정청이 행정대집행의 방법으로 건물의 철거 등 대체적 작위의무의 이행을 실현할 수 있는 경우, 민사소송의 방법으로 그 의무의 이행을 구할 수 있는지 여부(소극) 및 건물의 점유자가 철거의무자인 경우 별도로 퇴거를 명하는 집행권원이 필요한지 여부(소극)
> 관계 법령상 행정대집행의 절차가 인정되어 행정청이 행정대집행의 방법으로 건물의 철거 등 대체적 작위의무의 이행을 실현할 수 있는 경우에는 따로 민사소송의 방법으로 그 의무의 이행을 구할 수 없다. 한편 건물의 점유자가 철거의무자일 때에는 건물철거의무에 퇴거의무도 포함되어 있는 것이어서 별도로 퇴거를 명하는 집행권원이 필요하지 않다.

[2] 행정청이 건물철거 대집행 과정에서 부수적으로 건물의 점유자들에 대한 퇴거 조치를 할 수 있는지 여부(적극) 및 이 경우 필요하면 경찰의 도움을 받을 수 있는지 여부(적극)

행정청이 행정대집행의 방법으로 건물철거의무의 이행을 실현할 수 있는 경우에는 건물철거 대집행 과정에서 부수적으로 건물의 점유자들에 대한 퇴거 조치를 할 수 있고, 점유자들이 적법한 행정대집행을 위력을 행사하여 방해하는 경우 형법상 공무집행방해죄가 성립하므로, 필요한 경우에는 '경찰관 직무집행법'에 근거한 위험발생방지조치 또는 형법상 공무집행방해죄의 범행방지 내지 현행범포의 차원에서 경찰의 도움을 받을 수도 있다(대판 2017.4.28. 2016다213916).

05 취소소송의 대상 정답 ②

① [X] 이 사건 서면 통보행위는 어떠한 법적 근거에 기하여 발하여진 것이 아니고, 단지 종합금융회사의 업무와 재산상황에 대한 일반적인 검사권한을 가진 피고가 소외 주식회사에 대하여 검사를 실시한 결과, 원고가 소외 주식회사의 대표이사로 근무할 당시 행한 것으로 인정된 위법·부당행위 사례에 관한 단순한 사실의 통지에 불과한 것으로서, 다만 원고가 재직중인 임원이었다고 한다면 이는 금융기관 검사 및 제재에 관한 규정 제18조 제1항 제3호 소정의 문책경고의 제재에 해당하는 사례라는 취지로 '문책경고장(상당)'이라는 제목을 붙인 것일 뿐 금융업 관련 법규에 근거한 문책경고의 제재처분 자체와는 다르고, 위 통보행위로 인하여 이미 소외 주식회사로부터 퇴직한 후의 원고의 권리의무에 직접적 변동을 초래하는 하등의 법률상의 효과가 발생하거나 그러한 법적 불안이 존재한다고 할 수 없으므로, 이 사건 서면 통보행위는 항고소송의 대상이 되는 행정처분에 해당하지 않는다(대판 2005.2.17. 2003두10312).

❷ [O] 대학의 추천을 받은 총장 후보자는 교육부장관으로부터 정당한 심사를 받을 것이라는 기대를 하게 된다. 만일 교육부장관이 자의적으로 대학에서 추천한 복수의 총장 후보자들 전부 또는 일부를 임용제청하지 않는다면 대통령으로부터 임용을 받을 기회를 박탈하는 효과가 있다. 이를 항고소송의 대상이 되는 처분으로 보지 않는다면, 침해된 권리 또는 법률상 이익을 구제받을 방법이 없다. 따라서 교육부장관이 대학에서 추천한 복수의 총장 후보자들 전부 또는 일부를 임용제청에서 제외하는 행위는 제외된 후보자들에 대한 불이익처분으로서 항고소송의 대상이 되는 처분에 해당한다고 보아야 한다. 다만, 교육부장관이 특정 후보자를 임용제청에서 제외하고 다른 후보자를 임용제청함으로써 대통령이 임용제청된 다른 후보자를 총장으로 임용한 경우에는, 임용제청에서 제외된 후보자는 대통령이 자신에 대하여 총장 임용 제외처분을 한 것으로 보아 이를 다투어야 한다[대통령의 처분의 경우 소속 장관이 행정소송의 피고가 된다(국가공무원법 제16조 제2항)]. 이러한 경우에는 교육부장관의 임용제청 제외처분을 별도로 다툴 소의 이익이 없어진다(대판 2018.6.15. 2016두57564).

③ [X] 지방의회를 대표하고 의사를 정리하며 회의장 내의 질서를 유지하고 의회의 사무를 감독하며 위원회에 출석하여 발언할 수 있는 등의 직무권한을 가지는 지방의회 의장에 대한 불신임의결은 의장으로서의 권한을 박탈하는 행정처분의 일종으로서 항고소송의 대상이 된다(대판 1994.10.11. 94두23).

④ [X] 甲 주식회사가 조달청과 물품구매계약을 체결하고 국가종합전자조달시스템인 나라장터 종합쇼핑몰 인터넷 홈페이지를 통해 요구받은 제품을 수요기관에 납품하였는데, 조달청이 계약이행내역 점검 결과 일부 제품이 계약 규격과 다르다는 이유로 물품구매계약 추가특수조건 규정에 따라 甲 회사에 대하여 6개월의 나라장터 종합쇼핑몰 거래정지조치를 한 사안에서, 조달청이 계약상대자에 대하여 나라장터 종합쇼핑몰에서의 거래를 일정기간 정지하는 조치는 전자조달의 이용 및 촉진에 관한 법률, 조달사업에 관한 법률 등에 의하여 보호되는 계약상대자의 직접적이고 구체적인 법률상 이익인 나라장터를 통하여 수요기관의 전자입찰에 참가하거나 나라장터 종합쇼핑몰에서 등록된 물품을 수요기관에 직접 판매할 수 있는 지위를 직접 제한하거나 침해하는 행위에 해당하는 점 등을 종합하면, 위 거래정지조치는 비록 추가특수조건이라는 사법상 계약에 근거한 것이지만 행정청인 조달청이 행하는 구체적 사실에 관한 법집행으로서의 공권력의 행사로서 그 상대방인 甲 회사의 권리·의무에 직접 영향을 미치므로 항고소송의 대상이 되는 행정처분에 해당하고, 다만 추가특수조건에서 정한 제재조치의 발동요건조차 갖추지 못한 경우에는 위 거래정지조치가 위법하므로 甲 회사의 행위가 추가특수조건에서 정한 거래정지조치의 사유에 해당하는지, 추가특수조건의 내용이나 그에 기한 거래정지조치가 국가를 당사자로 하는 계약에 관한 법령 등을 위반하였거나 평등원칙, 비례원칙, 신뢰보호원칙 등을 위반하였는지 등에 관하여 나아가 살폈어야 하는데도, 위 거래정지조치가 사법상 계약에 근거한 의사표시에 불과하고 항고소송의 대상이 되는 행정처분으로 볼 수 없다고 판단하여 소를 각하한 원심판결에 법리를 오해한 잘못이 있다(대판 2018.11.29. 2015두52395).

06 국가배상 정답 ④

① [O] 경찰관 직무집행법 제5조는 경찰관은 인명 또는 신체에 위해를 미치거나 재산에 중대한 손해를 끼칠 우려가 있는 위험한 사태가 있을 때에는 그 각 호의 조치를 취할 수 있다고 규정하여 형식상 경찰관에게 재량에 의한 직무수행권한을 부여한 것처럼 되어 있으나, 경찰관에게 그러한 권한을 부여한 취지와 목적에 비추어 볼 때 구체적인 사정에 따라 경찰관이 그 권한을 행사하여 필요한 조치를 취하지 아니하는 것이 현저하게 불합리하다고 인정되는 경우에는 그러한 권한의 불행사는 직무상의 의무를 위반한 것이 되어 위법하게 된다(대판 1998.8.25. 98다16890).

② [O] 국가배상책임은 공무원에 의한 가해행위의 태양이 확정될 수 있으면 성립되고 구체적인 행위자가 반드시 특정될 것을 요하지 않는다(대판 2011.1.27. 2010다6680).

③ [O] 경찰공무원이 낙석사고 현장 주변 교통정리를 위하여 사고현장 부근으로 이동하던 중 대형 낙석이 순찰차를 덮쳐 사망하자, 도로를 관리하는 지방자치단체가 국가배상법 제2조 제1항 단서에 따른 면책을 주장한 사안에서, 경찰공무원 등이 '전투 · 훈련 등 직무집행과 관련하여' 순직 등을 한 경우 같은 법 및 민법에 의한 손해배상책임을 청구할 수 없다고 정한 국가배상법 제2조 제1항 단서의 면책조항은 구 국가배상법(2005.7.13. 법률 제7584호로 개정되기 전의 것) 제2조 제1항 단서의 면책조항과 마찬가지로 전투 · 훈련 또는 이에 준하는 직무집행 뿐만 아니라 '일반 직무집행'에 관하여도 국가나 지방자치단체의 배상책임을 제한하는 것이라고 해석하여, 위 면책 주장을 받아들인 원심판단을 정당하다고 한 사례(대판 2011.3.10. 2010다85942)

❹ [×] 경찰공무원인 피해자가 구 공무원연금법에 따라 공무상 요양비를 지급받은 후 추가로 국가배상법에 따라 치료비의 지급을 구하는 경우나 반대로 국가배상법에 따라 치료비를 지급받은 후 추가로 구 공무원연금법에 따라 공무상 요양비의 지급을 구하는 경우, 공무상 요양비와 치료비는 실제 치료에 소요된 비용에 대하여 지급되는 것으로서 같은 종류의 급여라고 할 것이므로, 치료비나 공무상 요양비가 추가로 지급될 때 구 공무원연금법 제33조 등을 근거로 먼저 지급된 공무상 요양비나 치료비 상당액이 공제될 수 있을 뿐이다. 한편 군인연금법과 구 공무원연금법은 취지나 목적에서 유사한 면이 있으나, 별도의 규정체계를 통해 서로 다른 적용대상을 규율하고 있는 만큼 서로 상이한 내용들로 규정되어 있기도 하므로, 군인연금법이 국가배상법 제2조 제1항 단서에서 정한 '다른 법령'에 해당한다고 하여, 구 공무원연금법도 군인연금법과 동일하게 취급되어야 하는 것은 아니다(대판 2019.5.30. 2017다16174).

07 행정행위의 부관 정답 ③

① [O] 공무원이 인 · 허가 등 수익적 행정처분을 하면서 상대방에게 그 처분과 관련하여 이른바 부관으로서 부담을 붙일 수 있다 하더라도, 그러한 부담은 법치주의와 사유재산 존중, 조세법률주의 등 헌법의 기본원리에 비추어 비례의 원칙이나 부당결부의 원칙에 위반되지 않아야만 적법한 것인바, 행정처분과 부관 사이에 실제적 관련성이 있다고 볼 수 없는 경우 공무원이 위와 같은 공법상의 제한을 회피할 목적으로 행정처분의 상대방과 사이에 사법상 계약을 체결하는 형식을 취하였다면 이는 법치행정의 원리에 반하는 것으로서 위법하다. 지방자치단체가 골프장사업계획승인과 관련하여 사업자로부터 기부금을 지급받기로 한 증여계약은 공무수행과 결부된 금전적 대가로서 그 조건이나 동기가 사회질서에 반하므로 민법 제103조에 의해 무효이다(대판 2009.12.10. 2007다63966).

② [O] 행정처분에 이미 부담이 부가되어 있는 상태에서 그 의무의 범위 또는 내용 등을 변경하는 부관의 사후변경은, 법률에 명문의 규정이 있거나 그 변경이 미리 유보되어 있는 경우 또는 상대방의 동의가 있는 경우에 한하여 허용되는 것이 원칙이지만, 사정변경으로 인하여 당초에 부담을 부가한 목적을 달성할 수 없게 된 경우에도 그 목적달성에 필요한 범위 내에서 예외적으로 허용된다(대판 1997.5.30. 97누2627).

❸ [×] 행정처분에 부담인 부관을 붙인 경우 부관의 무효화에 의하여 본체인 행정처분 자체의 효력에도 영향이 있게 될 수는 있지만, 그 처분을 받은 사람이 부담의 이행으로 사법상 매매 등의 법률행위를 한 경우에는 그 부관은 특별한 사정이 없는 한 법률행위를 하게 된 동기 내지 연유로 작용하였을 뿐이므로 이는 법률행위의 취소사유가 될 수 있음은 별론으로 하고 그 법률행위 자체를 당연히 무효화하는 것은 아니다(대판 2009.6.25. 2006다18174).

④ [O] 행정처분에 이미 부담이 부가되어 있는 상태에서 그 의무의 범위 또는 내용 등을 변경하는 부관의 사후변경은, 법률에 명문의 규정이 있거나 그 변경이 미리 유보되어 있는 경우 또는 상대방의 동의가 있는 경우에 한하여 허용되는 것이 원칙이지만, 사정변경으로 인하여 당초에 부담을 부가한 목적을 달성할 수 없게 된 경우에도 그 목적달성에 필요한 범위 내에서 예외적으로 허용된다(대판 1997.5.30. 97누2627).

08 국가배상법 제2조 정답 ④

① [O] 국가나 지방자치단체에 근무하는 청원경찰은 국가공무원법이나 지방공무원법상의 공무원은 아니지만, 다른 청원경찰과는 달리 그 임용권자가 행정기관의 장이고 국가나 지방자치단체로부터 보수를 받으며, 산업재해보상보험법이나 근로기준법이 아닌 공무원연금법에 따른 재해보상과 퇴직급여를 지급받고, 직무상의 불법행위에 대하여도 민법이 아닌 국가배상법이 적용되는 등의 특질이 있으며 그외 임용자격, 직무, 복무의무 내용 등을 종합하여 볼 때, 그 근무관계를 사법상의 고용계약관계로 보기는 어려우므로 그에 대한징계처분의 시정을 구하는 소는 행정소송의 대상이지 민사소송의 대상이 아니다(대판 1993.7.13. 92다47564).

② [O] 「국가배상법」 제2조 제2항에 따르면 공무원은 고의 또는 중과실이 있는 경우에만 구상책임 및 공무원의 대외적 책임이 인정된다는 판례에 의해 공무원의 대외적 책임과 구상책임의 범위는 동일하다.

③ [O] 공무원이 직무상 불법행위를 한 경우에 국가 또는 지방자치단체가 배상책임을 부담하는 외에 공무원 개인도 고의 또는 중과실이 있는 경우에는 불법행위로 인한 손해배상책임을 지지만, 공무원에게 경과실뿐인 경우에는 공무원 개인은 손해배상책임을 부담하지 않는다(대판 1996.8.23. 96다19833).

❹ [×] 국가배상법에 따른 손해배상책임을 부담시키기 위한 전제로서, 공무원이 행한 행정처분이 위법하다고 하기 위하여서는 법령을 위반하는 등으로 행정처분을 하였음이 인정되어야 하므로, 수익적 행정처분인 허가 등을 신청한 사안에서 행정처분을 통하여 달성하고자 하는 신청인의 목적 등을 자세하게 살펴 목적 달성에 필요한 안내나 배려 등을 하지 않았다는 사정만으로 직무집행에 있어 위법한 행위를 한 것이라고 보아서는 아니 된다(대판 2017.6.29. 2017다211726).

09 행정소송   정답 ④

① [O] 원고가 행정소송법상 항고소송으로 제기해야 할 사건을 민사소송으로 잘못 제기한 경우에 수소법원이 그 항고소송에 대한 관할을 가지고 있지 아니하여 관할법원에 이송하는 결정을 하였고, 그 이송결정이 확정된 후 원고가 항고소송으로 소 변경을 하였다면, 그 항고소송에 대한 제소기간의 준수 여부는 원칙적으로 처음에 소를 제기한 때를 기준으로 판단하여야 한다(대판 2022.11.17. 2021두44425).

② [O] 행정처분의 적법 여부는 특별한 사정이 없는 한 그 처분 당시를 기준으로 하여 판단하여야 한다(대판 1996.12.20. 96누9799). 사정판결의 공공복리 적합성 판단의 기준시점은 변론종결시이다(대판 1970.3.24. 69누29).

③ [O] 행정소송법 제23조 제3항에서 집행정지의 요건으로 규정하고 있는 '공공복리에 중대한 영향을 미칠 우려'가 없을 것이라고 할 때의 '공공복리'는 그 처분의 집행과 관련된 구체적이고도 개별적인 공익을 말하는 것으로서 이러한 집행정지의 소극적 요건에 대한 주장·소명책임은 행정청에게 있다(대판 1999.12.20. 99무42).

❹ [X] 항고소송의 대상은 조합설립인가처분이 된다. 행정청이 도시 및 주거환경정비법 등 관련 법령에 근거하여 행하는 조합설립인가처분은 단순히 사인들의 조합설립행위에 대한 보충행위로서의 성질을 갖는 것에 그치는 것이 아니라 법령상 요건을 갖출 경우 도시 및 주거환경정비법상 주택재건축사업을 시행할 수 있는 권한을 갖는 행정주체(공법인)로서의 지위를 부여하는 일종의 설권적 처분의 성격을 갖는다고 보아야 한다. 그리고 그와 같이 보는 이상 조합설립결의는 조합설립인가처분이라는 행정처분을 하는 데 필요한 요건 중 하나에 불과한 것이어서, 조합설립결의에 하자가 있다면 그 하자를 이유로 직접 항고소송의 방법으로 조합설립인가처분의 취소 또는 무효확인을 구하여야 하고, 이와는 별도로 조합설립결의 부분만을 따로 떼어내어 그 효력 유무를 다투는 확인의 소를 제기하는 것은 원고의 권리 또는 법률상의 지위에 현존하는 불안·위험을 제거하는 데 가장 유효·적절한 수단이라 할 수 없어 특별한 사정이 없는 한 확인의 이익은 인정되지 아니한다(대판 2009.9.24. 2008다60568).

10 행정심판   정답 ③

① [X] 행정심판법 제37조 제1항은 "재결은 피청구인인 행정청과 그 밖의 관계행정청을 기속한다."고 규정하였고, 이에 따라 처분행정청은 재결에 기속되어 재결의 취지에 따른 처분의무를 부담하게 되므로 이에 불복하여 행정소송을 제기할 수 없다(대판 1998.5.8. 97누15432).

② [X] 자동차운수사업법 제31조 등의 규정에 의한 사업면허의 취소의 처분에 관한 규칙(교통부령) 제7조 제3항의 고지절차에 관한 규정은 행정처분의 상대방이 그 처분에 대한 행정심판의 절차를 밟는 데 있어 편의를 제공하려는 데 있으며 처분청이 위 규정에 따른 고지의무를 이행하지 아니하였다고 하더라도 경우에 따라서는 행정심판의 제기기간이 연장될 수 있는 것에 그치고 이로 인하여 심판의 대상이 되는 행정처분에 어떤 하자가 수반된다고 할 수 없다(대판 1987.11.24. 87누529).

❸ [O] 행정심판청구를 인용하는 재결이 행정청을 기속하도록 규정한 행정심판법 제49조 제1항이 헌법 제101조 제1항, 제107조 제2항 및 제3항에 위배되지 않는다(헌재 2014.6.26. 2013헌바123).

판례   이론   조문

[1] 지방자치단체의 장이 기본권 주체가 될 수 없다고 본 사례

공권력의 행사자인 국가, 지방자치단체나 그 기관 또는 국가조직의 일부나 공법인은 기본권의 주체가 아니라 단지 국민의 기본권을 보호 내지 실현해야 할 책임과 의무를 지는 지위에 있을 뿐이므로, 지방자치단체의 장인 이 사건 청구인은 기본권의 주체가 될 수 없다.

[2] 행정심판청구를 인용하는 재결이 행정청을 기속하도록 규정한 행정심판법(2010.1.25. 법률 제9968호로 전부개정된 것) 제49조 제1항(이하 '이 사건 법률조항'이라 한다)이 헌법 제101조 제1항, 제107조 제2항 및 제3항에 위배되는지 여부(소극)

헌법 제101조 제1항과 제107조 제2항은 입법권 및 행정권으로부터 독립된 사법권의 권한과 심사범위를 규정한 것일 뿐이다. 헌법 제107조 제3항은 행정심판의 심리절차에서도 관계인의 충분한 의견진술 및 자료제출과 당사자의 자유로운 변론 보장 등과 같은 대심구조적 사법절차가 준용되어야 한다는 취지일 뿐, 사법절차의 심급제에 따른 불복할 권리까지 준용되어야 한다는 취지는 아니다. 그러므로 이 사건 법률조항은 헌법 제101조 제1항, 제107조 제2항 및 제3항에 위배되지 아니한다.

[3] 이 사건 법률조항이 평등원칙에 위배되는지 여부(소극)

이 사건 법률조항은 행정청의 자율적 통제와 국민 권리의 신속한 구제라는 행정심판의 취지에 맞게 행정청으로 하여금 행정심판을 통하여 스스로 내부적 판단을 종결시키고자 하는 것으로서 그 합리성이 인정되고, 반면 국민이 행정청의 행위를 법원에서 다툴 수 없도록 한다면 재판받을 권리를 제한하는 것이 되므로 국민은 행정심판의 재결에도 불구하고 행정소송을 제기할 수 있도록 한 것일 뿐이므로, 평등원칙에 위배되지 아니한다.

[4] 이 사건 법률조항이 지방자치제도의 본질적 부분을 침해하는지 여부(소극)

행정심판제도가 행정통제기능을 수행하기 위해서는 중앙정부와 지방정부를 포함하여 행정청 내부에 어느 정도 그 판단기준의 통일성이 갖추어져야 하고, 행정청이 가진 전문성을 활용하고 신속하게 문제를 해결하여 분쟁해결의 효과성과 효율성을 높이기 위해 사안에 따라 국가단위로 행정심판이 이루어지는 것이 더욱 바람직할 수 있다. 이 사건 법률조항은 다층적·다면적으로 설계된 현행 행정심판제도 속에서 각 행정심판기관의 인용재결의 기속력을 인정한 것으로서, 이로 인하여 중앙행정기관이 지방행정기관을 통제하는 상황이 발생한다고 하여 그 자체로 지방자치제도의 본질적 부분을 훼손하는 정도에 이른다고 보기 어렵다. 그러므로 이 사건 법률조항은 지방자치제도의 본질적 부분을 침해하지 아니한다(헌재 2014.6.26. 2013헌마122).

④ [×] 중앙행정심판위원회는 위원장 1명을 포함하여 70명 이내의 위원으로 구성하되, 위원 중 상임위원은 4명 이내로 한다.

> 판례 이론 **조문**
>
> 「행정심판법」 제8조 【중앙행정심판위원회의 구성】 ① 중앙행정심판위원회는 위원장 1명을 포함하여 70명 이내의 위원으로 구성하되, 위원 중 상임위원은 4명 이내로 한다.

11 행정행위   정답 ④

① [O] 건축허가는 대물적 성질을 갖는 것이어서 행정청으로서는 허가를 할 때에 건축주 또는 토지 소유자가 누구인지 등 인적 요소에 관하여는 형식적 심사만 한다(대판 2017.3.15. 2014두41190).

② [O] 구 공중위생관리법 … 영업정지나 영업장폐쇄명령 모두 대물적 처분으로 보아야 할 이치이고, … 공중위생영업의 양도가 가능함을 전제로 한 것이라 할 것이므로, 양수인이 그 양수 후 행정청에 새로운 영업소개설통보를 하였다 하더라도, 그로 인하여 영업양도·양수로 영업소에 관한 권리의무가 양수인에게 이전하는 법률효과까지 부정되는 것은 아니라 할 것인바, 만일 어떠한 공중위생영업에 대하여 그 영업을 정지할 위법사유가 있다면, 관할 행정청은 그 영업이 양도·양수되었다 하더라도 그 업소의 양수인에 대하여 영업정지처분을 할 수 있다고 봄이 상당하다(대판 2001.6.29. 2001두1611).

③ [O] 국유재산 중 잡종재산에 관한 법률관계는 사경제주체로서 국가를 거래 당사자로 하는 것이어서 사법의 적용을 받음이 원칙임에도, 구 국유재산법 제51조는 잡종재산의 무단점유자에 대해서까지 대부료의 120%에 상당하는 중한 변상금을 부과하고, 국세징수법의 체납처분에 관한 규정을 준용하여 이를 강제징수할 수 있도록 함으로써 특별한 공법적 규율을 하고 있다. 나아가 구 국유재산법 제51조 제1항에 의하여 국유재산의 무단점유자에게 변상금을 부과하는 것은 행정주체의 재량이 허용되지 않는 기속행위로서, 행정주체의 선택에 의하여 부과 여부가 결정될 수 있는 성질의 것도 아니다(대판 2014.7.16. 2011다76402 전합).

④ [×] 서울특별시장 또는 도지사의 의료유사업자 자격증 갱신발급행위는 유사의료업자의 자격을 부여 내지 확인하는 것이 아니라 특정한 사실 또는 법률관계의 존부를 공적으로 증명하는 소위 공증행위에 속하는 행정행위라 할 것이다(대판 1977.5.24. 76누295).

12 행정조사   정답 ③

① [O] 「행정조사기본법」 제25조 제1항에 대한 옳은 내용이다.

> 판례 이론 **조문**
>
> 제25조 【자율신고제도】 ① 행정기관의 장은 법령등에서 규정하고 있는 조사사항을 조사대상자로 하여금 스스로 신고하도록 하는 제도를 운영할 수 있다.

② [O] 음주운전 여부에 대한 조사 과정에서 운전자 본인의 동의를 받지 아니하고 또한 법원의 영장도 없이 채혈조사를 한 결과를 근거로 한 운전면허 정지·취소 처분은 도로교통법 제44조 제3항을 위반한 것으로서 특별한 사정이 없는 한 위법한 처분으로 볼 수밖에 없다(대판 2016.12.27. 2014두46850).

❸ [×] 우편물 통관검사절차에서 이루어지는 우편물의 개봉, 시료채취, 성분분석 등의 검사는 수출입물품에 대한 적정한 통관 등을 목적으로 한 행정조사의 성격을 가지는 것으로서 수사기관의 강제처분이라고 할 수 없으므로, 압수·수색영장 없이 우편물의 개봉, 시료채취, 성분분석 등의 검사가 진행되었다 하더라도 특별한 사정이 없는 한 위법하다고 볼 수 없다(대판 2013.9.26. 2013도7718).

④ [O] 「행정조사기본법」 제22조 제1항에 대한 옳은 내용이다.

> 판례 이론 **조문**
>
> 제22조 【조사원 교체신청】 ① 조사대상자는 조사원에게 공정한 행정조사를 기대하기 어려운 사정이 있다고 판단되는 경우에는 행정기관의 장에게 당해 조사원의 교체를 신청할 수 있다.

13 행정상 공표   정답 ②

① [O] 「행정절차법」 제40조의3 제7항에 대한 옳은 내용이다.

> 판례 이론 **조문**
>
> 제40조의3 【위반사실 등의 공표】 ⑦ 행정청은 위반사실등의 공표를 하기 전에 당사자가 공표와 관련된 의무의 이행, 원상회복, 손해배상 등의 조치를 마친 경우에는 위반사실등의 공표를 하지 아니할 수 있다.

❷ [×] 피고가 원고들을 병역의무 기피자로 판단하여 인적사항 등을 병무청 인터넷 홈페이지에 게시하는 방법으로 공개하기로 결정한 것은 항고소송의 대상이 되는 행정처분에 해당한다고 판단된다(대판 2019.6.27. 2018두49130).

③ [O] 헌법 제13조 제1항에서 말하는 '처벌'은 원칙적으로 범죄에 대한 국가의 형벌권 실행으로서의 과벌을 의미하는 것이고, 국가가 행하는 일체의 제재나 불이익처분을 모두 그 '처벌'에 포함시킬 수는 없다. 법 제20조 제1항은 "청소년의 성을 사는 행위 등의 범죄방지를 위한 계도"가 신상공개제도의 주된 목적임을 명시하고 있는바, 이 제도가 당사자에게 일종의 수치심과 불명예를 줄 수 있다고 하여도, 이는 어디까지나 신상공개제도가 추구하는 입법목적에 부수적인 것이지 주된 것은 아니다. 또한, 공개되는 신상과 범죄사실은 이미 공개재판에서 확정된 유죄판결의 일부로서, 개인의 신상 내지 사생활에 관한 새로운 내용이 아니고, 공익목적을 위하여 이를 공개하는 과정에서 부수적으로 수치심 등이 발생된다고 하여 이것을 기존의 형벌 외에 또 다른 형벌로서 수치형이나 명예형에 해당한다고 볼 수는 없다. 그렇다면, 신상공개제도는 헌법 제13조의 이중처벌금지 원칙에 위배되지 않는다(헌재 2003.6.26. 2002헌가14).

④ [O] 「행정절차법」 제40조의3 제8항에 대한 옳은 내용이다.

판례 이론 조문

제40조의3【위반사실 등의 공표】⑧ 행정청은 공표된 내용이 사실과 다른 것으로 밝혀지거나 공표에 포함된 처분이 취소된 경우에는 그 내용을 정정하여, 정정한 내용을 지체 없이 해당 공표와 같은 방법으로 공표된 기간 이상 공표하여야 한다. 다만, 당사자가 원하지 아니하면 공표하지 아니할 수 있다.

14 행정벌 정답 ④

① [O] 「지방자치법」 제156조 제2항·제3항에 대한 옳은 내용이다.

판례 이론 조문

제156조【사용료의 징수조례 등】② 사기나 그 밖의 부정한 방법으로 사용료·수수료 또는 분담금의 징수를 면한 자에게는 그 징수를 면한 금액의 5배 이내의 과태료를, 공공시설을 부정사용한 자에게는 50만원 이하의 과태료를 부과하는 규정을 조례로 정할 수 있다.
③ 제2항에 따른 과태료의 부과·징수, 재판 및 집행 등의 절차에 관한 사항은 「질서위반행위규제법」에 따른다.

② [O] 경찰서장이 범칙행위에 대하여 통고처분을 한 이상, 범칙자의 위와 같은 절차적 지위를 보장하기 위하여 통고처분에서 정한 범칙금 납부기간까지는 원칙적으로 경찰서장은 즉결심판을 청구할 수 없고, 검사도 동일한 범칙행위에 대하여 공소를 제기할 수 없다고 보아야 한다(대판 2020.4.29. 2017도13409).

③ [O] 「질서위반행위규제법」 제15조 제1항에 대한 옳은 내용이다.

판례 이론 조문

제15조【과태료의 시효】① 과태료는 행정청의 과태료 부과처분이나 법원의 과태료 재판이 확정된 후 5년간 징수하지 아니하거나 집행하지 아니하면 시효로 인하여 소멸한다.

❹ [X] 과태료 재판이 확정된 후 법률이 변경되어 그 행위가 질서위반행위에 해당하지 아니하게 된 때에는 변경된 법률에 특별한 규정이 없는 한 과태료의 징수 또는 집행을 면제한다.

판례 이론 조문

「질서위반행위규제법」 제3조【법 적용의 시간적 범위】③ 행정청의 과태료 처분이나 법원의 과태료 재판이 확정된 후 법률이 변경되어 그 행위가 질서위반행위에 해당하지 아니하게 된 때에는 변경된 법률에 특별한 규정이 없는 한 과태료의 징수 또는 집행을 면제한다.

15 과세처분 및 체납처분 정답 ②

옳은 것은 1개(ㄹ)이다.

ㄱ. [X] 조세 부과의 근거가 되었던 법률규정이 위헌으로 선언된 경우, 비록 그에 기한 과세처분이 위헌결정 전에 이루어졌고, 과세처분에 대한 제소기간이 이미 경과하여 조세채권이 확정되었으며, 조세채권의 집행을 위한 체납처분의 근거규정 자체에 대하여는 따로 위헌결정이 내려진 바 없다고 하더라도, 위와 같은 위헌결정 이후에 조세채권의 집행을 위한 새로운 체납처분에 착수하거나 이를 속행하는 것은 더 이상 허용되지 않고, 나아가 이러한 위헌결정의 효력에 위배하여 이루어진 체납처분은 그 사유만으로 하자가 중대하고 객관적으로 명백하여 당연무효라고 보아야 한다(대판 2012.2.16. 2010두10907).

ㄴ. [X] 국세기본법은 제81조의4 제1항에서 "세무공무원은 적정하고 공평한 과세를 실현하기 위하여 필요한 최소한의 범위에서 세무조사를 하여야 하며, 다른 목적 등을 위하여 조사권을 남용해서는 아니 된다."라고 규정하고 있다. 이 조항은 세무조사의 적법 요건으로 객관적 필요성, 최소성, 권한 남용의 금지 등을 규정하고 있는데, 이는 법치국가원리를 조세절차법의 영역에서도 관철하기 위한 것으로서 그 자체로서 구체적인 법규적 효력을 가진다. 따라서 세무조사가 과세자료의 수집 또는 신고내용의 정확성 검증이라는 본연의 목적이 아니라 부정한 목적을 위하여 행하여진 것이라면 이는 세무조사에 중대한 위법사유가 있는 경우에 해당하고 이러한 세무조사에 의하여 수집된 과세자료를 기초로 한 과세처분 역시 위법하다(대판 2016.12.15. 2016두47659).

ㄷ. [X] 체납자 등에 대한 공매통지는 국가의 강제력에 의하여 진행되는 공매에서 체납자 등의 권리 내지 재산상의 이익을 보호하기 위하여 법률로 규정한 절차적 요건이라고 보아야 하며, 공매처분을 하면서 체납자 등에게 공매통지를 하지 않았거나 공매통지를 하였더라도 그것이 적법하지 아니한 경우에는 절차상의 흠이 있어 그 공매처분은 위법하다. 다만, 체납자 등은 자신에 대한 공매통지의 하자만을 공매처분의 위법사유로 주장할 수 있을 뿐 다른 권리자에 대한 공매통지의 하자를 들어 공매처분의 위법사유로 주장하는 것은 허용되지 않는다(대판 2008.11.20. 2007두18154).

ㄹ. [O] 과세처분의 취소소송은 당해 과세처분의 적부가 심리의 대상이 되는 것이며, 과세처분 취소청구를 기각하는 판결이 확정되면 그 처분이 적법하다는 점에 관하여 기판력이 생기고 그 후 원고가 이를 무효라 하여 무효확인을 소구할 수 없는 것이어서 과세처분의 취소소송에서 청구가 기각된 확정판결의 기판력은 그 과세처분의 무효확인을 구하는 소송에도 미친다(대판 1998.7.24. 98다10854).

16 행정상 손해배상　　　　　　　정답 ④

① [O] 국가배상법 제2조 소정의 '공무원'이라 함은 국가공무원법이나 지방공무원법에 의하여 공무원으로서의 신분을 가진 자에 국한하지 않고, 널리 공무를 위탁받아 실질적으로 공무에 종사하고 있는 일체의 자를 가리키는 것으로서, 공무의 위탁이 일시적이고 한정적인 사항에 관한 활동을 위한 것이어도 달리 볼 것은 아니다(대판 2001.1.5. 98다39060).

② [O] 일반적으로 국가 또는 지방자치단체가 권한을 행사할 때에는 국민에 대한 손해를 방지하여야 하고, 국민의 안전을 배려하여야 하며, 소속 공무원이 전적으로 또는 부수적으로라도 국민 개개인의 안전과 이익을 보호하기 위하여 법령에서 정한 직무상 의무를 위반하여 국민에게 손해를 가하면 상당인과관계가 인정되는 범위 안에서 국가 또는 지방자치단체가 배상책임을 부담하는 것이지만, 공무원이 직무를 수행하면서 근거되는 법령의 규정에 따라 구체적으로 의무를 부여받았어도 그것이 국민의 이익과는 관계없이 순전히 행정기관 내부의 질서를 유지하기 위한 것이거나, 또는 국민의 이익과 관련된 것이라도 직접 국민 개개인의 이익을 위한 것이 아니라 전체적으로 공공 일반의 이익을 도모하기 위한 것이라면 그 의무를 위반하여 국민에게 손해를 가하여도 국가 또는 지방자치단체는 배상책임을 부담하지 아니한다(대판 2015.5.28. 2013다41431).

③ [O] 어떠한 행정처분이 후에 항고소송에서 취소되었다고 할지라도 그 기판력에 의하여 당해 행정처분이 곧바로 공무원의 고의 또는 과실로 인한 것으로서 불법행위를 구성한다고 단정할 수는 없는 것이고, 그 행정처분의 담당공무원이 보통 일반의 공무원을 표준으로 하여 볼 때 객관적 주의의무를 결하여 그 행정처분이 객관적 정당성을 상실하였다고 인정될 정도에 이른 경우에 국가배상법 제2조 소정의 국가배상책임의 요건을 충족하였다고 봄이 상당하다(대판 2000.5.12. 99다70600).

❹ [X] 공직선거법이 위와 같이 후보자가 되고자 하는 자와 그 소속 정당에게 전과기록을 조회할 권리를 부여하고 수사기관에 회보의무를 부과한 것은 단순히 유권자의 알 권리 보호 등 공공 일반의 이익만을 위한 것이 아니라, 그와 함께 후보자가 되고자 하는 자가 자신의 피선거권 유무를 정확하게 확인할 수 있게 하고, 정당이 후보자가 되고자 하는 자의 범죄경력을 파악함으로써 부적격자를 공천함으로 인하여 생길 수 있는 정당의 신뢰도 하락을 방지할 수 있게 하는 등의 개별적인 이익도 보호하기 위한 것이라고 할 수 있다(대판 2011.9.8. 2011다34521).

17 처분의 이유제시　　　　　　　정답 ④

① [X] 이유제시는 침익적 행정처분, 수익적 행정처분, 복효적 행정처분 모두에 공통된 절차이다.

> 판례　이론　**조문**
>
> • **공통절차**: 이유부기, 처분기준의 설정·공표, 처분의 방식 (원칙: 문서), 처분의 정정, 고지
> • **침익적 행정처분**: 사전통지, 의견제출기회부여
> • **수익적 행정처분**: 처분의 신청, 처리기간의 설정·공표

② [X] 부적격사유가 없는 후보자들 사이에서 어떤 후보자를 상대적으로 더욱 적합하다고 판단하여 임용제청하는 경우라면, 이는 후보자의 경력, 인격, 능력, 대학운영계획 등 여러 요소를 종합적으로 고려하여 총장임용의 적격성을 정성적으로 평가하는 것으로 그 판단결과를 수치화하거나 이유제시를 하기 어려울 수 있다. 이 경우에는 교육부장관이 어떤 후보자를 총장으로 임용제청하는 행위 자체에 그가 총장으로 더욱 적합하다는 정성적 평가결과가 당연히 포함되어 있는 것으로, 이로써 행정절차법상 이유제시의무를 다한 것이라고 보아야 한다. 여기에서 나아가 교육부장관에게 개별 심사항목이나 고려요소에 대한 평가결과를 더 자세히 밝힐 의무까지는 없다(대판 2018.6.15. 2016두57564).

③ [X] 당사자가 요청하는 경우에도 근거와 이유를 제시하지 않아도 된다.

> 판례　이론　**조문**
>
> 「행정절차법」 제23조 【처분의 이유 제시】 ① 행정청은 처분을 할 때에는 다음 각 호의 어느 하나에 해당하는 경우를 제외하고는 당사자에게 그 근거와 이유를 제시하여야 한다.
> 　1. 신청 내용을 모두 그대로 인정하는 처분인 경우
> 　2. 단순·반복적인 처분 또는 경미한 처분으로서 당사자가 그 이유를 명백히 알 수 있는 경우
> 　3. 긴급히 처분을 할 필요가 있는 경우
> 　② 행정청은 제1항 제2호 및 제3호의 경우에 처분 후 당사자가 요청하는 경우에는 그 근거와 이유를 제시하여야 한다.

❹ [O] 세액산출근거가 누락된 납세고지서에 의한 과세처분의 하자의 치유를 허용하려면 늦어도 과세처분에 대한 불복여부의 결정 및 불복신청에 편의를 줄 수 있는 상당한 기간내에 하여야 한다고 할 것이므로 위 과세처분에 대한 전심절차가 모두 끝나고 상고심의 계류중에 세액산출근거의 통지가 있었다고 하여 이로써 위 과세처분의 하자가 치유되었다고는 볼 수 없다(대판 1984.4.10. 83누393).

18 행정절차　　　　　　　정답 ④

① [O] 「행정절차법」 제17조 제2항에 대한 옳은 내용이다.

> 판례　이론　**조문**
>
> 제17조 【처분의 신청】 ① 행정청에 처분을 구하는 신청은 문서로 하여야 한다. 다만, 다른 법령등에 특별한 규정이 있는 경우와 행정청이 미리 다른 방법을 정하여 공시한 경우에는 그러하지 아니하다.
> 　② 제1항에 따라 처분을 신청할 때 전자문서로 하는 경우에는 행정청의 컴퓨터 등에 입력된 때에 신청한 것으로 본다.

② [O] 「행정절차법」 제42조 제2항에 대한 옳은 내용이다.

> 판례　이론　**조문**
>
> 제42조 【예고방법】 ② 행정청은 대통령령을 입법예고하는 경우 국회 소관 상임위원회에 이를 제출하여야 한다.

③ [O]「행정절차법」제39조의3에 대한 옳은 내용이다.

판례　이론　**조문**

> **제39조의3【공청회의 재개최】** 행정청은 공청회를 마친 후 처분을 할 때까지 새로운 사정이 발견되어 공청회를 다시 개최할 필요가 있다고 인정할 때에는 공청회를 다시 개최할 수 있다.

❹ [X] 지방자치단체의 장이 공유재산 및 물품관리법에 근거하여 민간투자사업을 추진하던 중 우선협상대상자 지위를 박탈하는 처분을 하기 위하여 반드시 청문을 실시할 의무가 있다고 볼 수는 없다(대판 2020.4.29. 2017두31064).

19　재량권의 일탈·남용　정답 ③

옳은 것은 ㄴ, ㄷ이다.

ㄱ. [X] 행정소송에서의 증명책임은 원칙적으로 민사소송 일반원칙에 따라 당사자간에 분배되고, 항고소송의 경우에는 그 특성에 따라 처분의 적법성을 주장하는 피고에게 그 적법사유에 대한 증명책임이 있다(대판 2017.6.15. 2015두2826). 자유재량에 의한 행정처분이 그 재량권의 한계를 벗어난 것이어서 위법하다는 점은 그 행정처분의 효력을 다투는 자가 이를 주장·입증하여야 하고 처분청이 그 재량권의 행사가 정당한 것이었다는 점까지 주장·입증할 필요는 없다(대판 1987.12.8. 87누861).

ㄴ. [O] 병무청장이 법무부장관에게 '가수 甲이 공연을 위하여 국외여행허가를 받고 출국한 후 미국 시민권을 취득함으로써 사실상 병역의무를 면탈하였다'는 이유로 입국금지를 요청함에 따라 법무부장관이 甲의 입국금지결정을 하였는데, 甲이 재외공관의 장에게 재외동포(F-4) 체류자격의 사증발급을 신청하자 재외공관장이 처분이유를 기재한 사증발급 거부처분서를 작성해 주지 않은 채 甲의 아버지에게 전화로 사증발급이 불허되었다고 통보한 사안에서, 甲의 재외동포(F-4) 체류자격 사증발급 신청에 대하여 재외공관장이 6일 만에 한 사증발급 거부처분이 문서에 의한 처분 방식의 예외로 행정절차법 제24조 제1항 단서에서 정한 '신속히 처리할 필요가 있거나 사안이 경미한 경우'에 해당한다고 볼 수도 없으므로 사증발급 거부처분에는 행정절차법 제24조 제1항을 위반한 하자가 있음에도, 외국인의 사증발급 신청에 대한 거부처분이 성질상 행정절차를 거치기 곤란하거나 불필요하다고 인정되는 처분에 해당하여 행정절차법의 적용이 배제된다고 판단하고, 재외공관장이 자신에게 주어진 재량권을 전혀 행사하지 않고 오로지 13년 7개월 전에 입국금지결정이 있었다는 이유만으로 그에 구속되어 사증발급 거부처분을 한 것이 비례의 원칙에 반하는 것인지 판단했어야 함에도, 입국금지결정에 따라 사증발급 거부처분을 한 것이 적법하다고 본 원심판단에 법리를 오해한 잘못이 있다(대판 2019.7.11. 2017두38874).

ㄷ. [O] 처분의 근거법령이 행정청에 처분의 요건과 효과 판단에 일정한 재량을 부여하였는데도, 행정청이 자신에게 재량권이 없다고 오인한 나머지 처분으로 달성하려는 공익과 그로써 처분상대방이 입게 되는 불이익의 내용과 정도를 전혀 비교형량 하지 않은 채 처분을 하였다면, 이는 재량권 불행사로서 그 자체로 재량권 일탈·남용으로 해당 처분을 취소하여야 할 위법사유가 된다(대판 2019.7.11. 2017두38874).

ㄹ. [X] 식품위생법상 대중음식점영업허가는 성질상 일반적 금지에 대한 해제에 불과하므로 허가권자는 허가신청이 법에서 정한 요건을 구비한 때에는 허가하여야 하고 관계법규에서 정하는 제한사유 이외의 사유를 들어 허가신청을 거부할 수 없다(대판 1993.5.27. 93누2216).

20　신고　정답 ②

① [O] 대규모 점포의 개설 등록은 이른바 '수리를 요하는 신고'로서 행정처분에 해당한다(대판 2015.11.19. 2015두295).

❷ [X] 정신과의원을 개설하려는 자가 법령에 규정되어 있는 요건을 갖추어 개설신고를 한 때에, 행정청은 원칙적으로 이를 수리하여 신고필증을 교부하여야 하고, 법령에서 정한 요건 이외의 사유를 들어 의원급 의료기관 개설신고의 수리를 거부할 수는 없다(대판 2018.10.25. 2018두44302).

③ [O] 건축법에서 인·허가의제 제도를 둔 취지는, 인·허가의제 사항과 관련하여 건축허가 또는 건축신고의 관할 행정청으로 그 창구를 단일화하고 절차를 간소화하며 비용과 시간을 절감함으로써 국민의 권익을 보호하려는 것이지, 인·허가의제 사항 관련 법률에 따른 각각의 인·허가 요건에 관한 일체의 심사를 배제하려는 것으로 보기는 어렵다. … 인·허가의제 효과를 수반하는 건축신고는 일반적인 건축신고와는 달리, 특별한 사정이 없는 한 행정청이 그 실체적 요건에 관한 심사를 한 후 수리하여야 하는 이른바 '수리를 요하는 신고'로 보는 것이 옳다(대판 2011.1.20. 2010두14954).

④ [O] 가설건축물 존치기간을 연장하려는 건축주 등이 법령에 규정되어 있는 제반 서류와 요건을 갖추어 행정청에 연장신고를 한 때에는 행정청은 원칙적으로 이를 수리하여 신고필증을 교부하여야 하고, 법령에서 정한 요건 이외의 사유를 들어 수리를 거부할 수는 없다. 따라서 행정청으로서는 법령에서 요구하고 있지도 아니한 '대지사용승낙서' 등의 서류가 제출되지 아니하였거나, 대지소유권자의 사용승낙이 없다는 등의 사유를 들어 가설건축물 존치기간 연장신고의 수리를 거부하여서는 아니 된다(대판 2018.1.25. 2015두35116).

▶ 정답   p. 86

01	③	II	06	③	VI	11	④	VI	16	②	VI
02	②	III	07	②	V	12	①	V	17	④	V
03	④	VI	08	①	II	13	④	V	18	③	VI
04	②	II	09	①	II	14	②	II	19	③	I
05	④	IV	10	④	II	15	①	VI	20	②	VI

▶ 취약 단원 분석표

단원	맞힌 답의 개수
I	/ 1
II	/ 6
III	/ 1
IV	/ 1
V	/ 4
VI	/ 7
TOTAL	/ 20

I 행정법 서론 / II 행정작용법 / III 행정절차와 행정공개 / IV 행정의 실효성 확보수단 / V 행정상 손해전보 / VI 행정쟁송

---

01 행정행위의 하자   정답 ③

① [O] 행정청이 식품위생법상의 청문절차를 이행함에 있어 소정의 청문서 도달기간을 지키지 아니하였다면 이는 청문의 절차적 요건을 준수하지 아니한 것이므로 이를 바탕으로 한 행정처분은 일단 위법하다고 보아야 할 것이지만 이러한 청문제도의 취지는 처분으로 말미암아 받게 될 영업자에게 미리 변명과 유리한 자료를 제출할 기회를 부여함으로써 부당한 권리침해를 예방하려는 데에 있는 것임을 고려하여 볼 때, 가령 행정청이 청문서 도달기간을 다소 어겼다하더라도 영업자가 이에 대하여 이의하지 아니한 채 스스로 청문일에 출석하여 그 의견을 진술하고 변명하는 등 방어의 기회를 충분히 가졌다면 청문서 도달기간을 준수하지 아니한 하자는 치유되었다고 봄이 상당하다(대판 1992.10.23. 92누2844).

② [O] 철회의 경우, 감독청은 법률에 명문의 규정이 미비해도 철회를 할 수 있는 처분청과 달리, 법률에 명문의 규정이 있어야만 철회를 할 수 있다.

❸ [X] 수개의 처분사유 중 일부가 적법하지 않다고 하더라도 다른 처분사유로서 그 처분의 정당성이 인정되는 경우 그 처분을 위법하다고 할 수 없다(대판 2004.3.25. 2003두1264).

④ [O] 甲 등이 '4대강 살리기 사업' 중 한강 부분에 관한 각 하천공사시행계획 및 각 실시계획승인처분에 보의 설치와 준설 등에 대한 구 국가재정법 제38조 등에서 정한 예비타당성조사를 하지 않은 절차상 하자가 있다는 이유로 각 처분의 취소를 구한 사안에서, 예산이 각 처분 등으로써 이루어지는 '4대강 살리기 사업' 중 한강 부분을 위한 재정 지출을 내용으로 하고 예산의 편성에 절차상 하자가 있다는 사정만으로 곧바로 각 처분에 취소사유에 이를 정도의 하자가 존재한다고 보기 어렵다(대판 2015.12.10. 2011두32515).

---

02 정보공개   정답 ②

① [O] 방송법이라는 특별법에 의하여 설립 운영되는 한국방송공사(KBS)는 공공기관의 정보공개에 관한 법률 시행령 제2조 제4호의 '특별법에 의하여 설립된 특수법인'으로서 정보공개의무가 있는 공공기관의 정보공개에 관한 법률 제2조 제3호의 '공공기관'에 해당한다(대판 2010.12.23. 2008두13101).

❷ [X] 비공개 대상 정보가 아니다.

> 판례 이론 **조문**
>
> 「공공기관의 정보공개에 관한 법률」 제9조 【비공개 대상 정보】 ① 공공기관이 보유·관리하는 정보는 공개 대상이 된다. 다만, 다음 각 호의 어느 하나에 해당하는 정보는 공개하지 아니할 수 있다.
> 6. 해당 정보에 포함되어 있는 성명·주민등록번호 등 「개인정보 보호법」 제2조 제1호에 따른 개인정보로서 공개될 경우 사생활의 비밀 또는 자유를 침해할 우려가 있다고 인정되는 정보. 다만, 다음 각 목에 열거한 사항은 제외한다.
> 라. 직무를 수행한 공무원의 성명·직위

③ [O] 공개청구의 대상이 되는 정보가 이미 다른 사람에게 공개하여 널리 알려져 있다거나 인터넷이나 관보 등을 통하여 공개하여 인터넷검색이나 도서관에서의 열람 등을 통하여 쉽게 알 수 있다는 사정만으로는 소의 이익이 없다거나 비공개결정이 정당화될 수는 없다(대판 2008.11.27. 2005두15694).

④ [O] 공공기관이 공개청구의 대상이 된 정보를 공개는 하되, 청구인이 신청한 공개방법 이외의 방법으로 공개하기로 하는 결정을 하였다면, 이는 정보공개청구 중 정보공개방법에 관한 부분에 대하여 일부 거부처분을 한 것이고, 청구인은 그에 대하여 항고소송으로 다툴 수 있다(대판 2016.11.10. 2016두44674).

03 행정처분 정답 ④

옳은 것은 ㄱ, ㄴ, ㄹ이다.
ㄱ. [O] 「식품위생법」 제37조에 대한 옳은 내용이다.

> 판례 이론 **조문**
>
> 제37조【영업허가 등】① 제36조 제1항 각 호에 따른 영업 중 대통령령으로 정하는 영업을 하려는 자는 대통령령으로 정하는 바에 따라 영업 종류별 또는 영업소별로 식품의약품안전처장 또는 특별자치시장·특별자치도지사·시장·군수·구청장의 허가를 받아야 한다. 허가받은 사항 중 대통령령으로 정하는 중요한 사항을 변경할 때에도 또한 같다.
> ② 식품의약품안전처장 또는 특별자치시장·특별자치도지사·시장·군수·구청장은 제1항에 따른 영업허가를 하는 때에는 필요한 조건을 붙일 수 있다.

ㄴ. [O] 식품위생법 시행규칙에 따른 행정처분의 기준을 정하였다고 하더라도, 형식은 부령으로 되어 있으나 성질은 행정기관 내부의 사무처리준칙을 정한 것에 불과한 것으로서, 보건사회부 장관이 관계 행정기관 및 직원에 대하여 직무권한 행사의 지침을 정하여 주기 위하여 발한 행정명령의 성질을 가지는 것이지 같은 법 제58조 제1항의 규정에 보장된 재량권을 기속하는 것이라고 할 수 없고 대외적으로 국민이나 법원을 기속하는 힘이 있는 것은 아니므로, 같은 법 제58조 제1항에 의한 처분의 적법 여부는 같은 법 시행규칙에 적합한 것인가의 여부에 따라 판단할 것이 아니라 같은 법 규정 및 그 취지에 적합한 것인가의 여부에 따라 판단하여야 할 것이며, 따라서 행정처분이 위 기준에 위반되었다는 사정만으로 그 처분이 위법한 것으로 되는 것은 아니다(대판 1994.10.14. 94누4370).

ㄷ. [X] 제재적 행정처분의 가중사유나 전제요건에 관한 규정이 법령이 아니라 규칙의 형식으로 되어 있다고 하더라도, 그러한 규칙이 법령에 근거를 두고 있는 이상 그 법적 성질이 대외적·일반적 구속력을 갖는 법규명령인지 여부와는 상관없이, 관할 행정청이나 담당공무원은 이를 준수할 의무가 있으므로 이들이 그 규칙에 정해진 바에 따라 행정작용을 할 것이 당연히 예견되고, 그 결과 행정작용의 상대방인 국민으로서는 그 규칙의 영향을 받을 수밖에 없다. 따라서 그러한 규칙이 정한 바에 따라 선행처분을 받은 상대방이 그 처분의 존재로 인하여 장래에 받을 불이익, 즉 후행처분의 위험은 구체적이고 현실적인 것이므로, 상대방에게는 선행처분의 취소소송을 통하여 그 불이익을 제거할 필요가 있다. … 규칙이 정한 바에 따라 선행처분을 가중사유 또는 전제요건으로 하는 후행처분을 받을 우려가 현실적으로 존재하는 경우에는, 선행처분을 받은 상대방은 비록 그 처분에서 정한 제재기간이 경과하였다 하더라도 그 처분의 취소소송을 통하여 그러한 불이익을 제거할 권리보호의 필요성이 충분히 인정된다고 할 것이므로, 선행처분의 취소를 구할 법률상 이익이 있다고 보아야 한다(대판 2006.6.22. 2003두1684 전합).

ㄹ. [O] 위법한 행정대집행이 완료되면 그 처분의 무효확인 또는 취소를 구할 소의 이익은 없다 하더라도, 미리 그 행정처분의 취소판결이 있어야만, 그 행정처분의 위법임을 이유로 한 손해배상청구를 할 수 있는 것은 아니다(대판 1972.4.28. 72다337).

04 위임명령의 한계 정답 ②

① [O] 법률이 공법적 단체 등의 정관에 자치법적 사항을 위임한 경우에는 헌법 제75조가 정하는 포괄적인 위임입법의 금지는 원칙적으로 적용되지 않는다고 봄이 상당하고, 그렇다 하더라도 그 사항이 국민의 권리·의무에 관련되는 것일 경우에는 적어도 국민의 권리·의무에 관한 기본적이고 본질적인 사항은 국회가 정하여야 한다(대판 2007.10.12. 2006두14476).

❷ [X] 일반적으로 법률의 위임에 의하여 효력을 갖는 법규명령의 경우, 구법에 위임의 근거가 없어 무효였더라도 사후에 법개정으로 위임의 근거가 부여되면 그때부터는 유효한 법규명령이 되나, 반대로 구법의 위임에 의한 유효한 법규명령이 법개정으로 위임의 근거가 없어지게 되면 그 때부터 무효인 법규명령이 되므로, 어떤 법령의 위임 근거 유무에 따른 유효 여부를 심사하려면 법개정의 전·후에 걸쳐 모두 심사하여야만 그 법규명령의 시기에 따른 유효·무효를 판단할 수 있다(대판 1995.6.30. 93추83).

③ [O] 법률에서 위임받은 사항을 전혀 규정하지 않고 재위임하는 것은 복위임금지 원칙에 반할 뿐 아니라 위임명령의 제정 형식에 관한 수권법의 내용을 변경하는 것이 되므로 허용되지 않으나 위임받은 사항에 관하여 대강을 정하고 그 중의 특정사항을 범위를 정하여 하위법령에 다시 위임하는 경우에는 재위임이 허용된다. 이러한 법리는 조례가 지방자치법 제22조 단서에 따라 주민의 권리제한 또는 의무부과에 관한 사항을 법률로부터 위임받은 후, 이를 다시 지방자치단체장이 정하는 '규칙'이나 '고시' 등에 재위임하는 경우에도 마찬가지이다(대판 2015.1.15. 2013두14238).

④ [O] 공공기관의 정보공개에 관한 법률 제9조 제1항 본문은 "공공기관이 보유관리하는 정보는 공개대상이 된다."고 규정하면서 그 단서 제1호에서는 "다른 법률 또는 법률이 위임한 명령(국회규칙·대법원규칙·중앙선거관리위원회규칙·대통령령 및 조례에 한한다)에 의하여 비밀 또는 비공개 사항으로 규정된 정보"는 이를 공개하지 아니할 수 있다고 규정하고 있는 바, 그 입법 취지는 비밀 또는 비공개 사항으로 다른 법률 등에 규정되어 있는 경우는 이를 존중함으로써 법률 간의 마찰을 피하기 위한 것이고, 여기에서 '법률에 의한 명령'은 정보의 공개에 관하여 법률의 구체적인 위임 아래 제정된 법규명령(위임명령)을 의미한다(대판 2010.6.10. 2010두2913).

05 행정질서벌 정답 ④

① [O] 어떤 행정법규위반의 행위에 대하여 이를 단지 간접적으로 행정상의 질서에 장애를 줄 위험성이 있음에 불과한 경우로 보아 행정질서벌인 과태료를 과할 것인지 아니면 직접적으로 행정목적과 공익을 침해한 행위로 보아 행정형벌을 과할 것인지는 기본적으로 입법권자가 제반사정을 고려하여 결정할 입법재량에 속하는 문제이다(헌재 1998.5.28. 96헌바83).

② [O] 「질서위반행위규제법」 제12조 제2항에 대한 옳은 내용이다.

> 판례 이론 **조문**
>
> 제12조【다수인의 질서위반행위 가담】② 신분에 의하여 성립하는 질서위반행위에 신분이 없는 자가 가담한 때에는 신분이 없는 자에 대하여도 질서위반행위가 성립한다.

③ [O] 「질서위반행위규제법」 제7조에 대한 옳은 내용이다.

> 판례 이론 **조문**
>
> **제7조【고의 또는 과실】** 고의 또는 과실이 없는 질서위반행위는 과태료를 부과하지 아니한다.

❹ [X] 담보의 제공을 요구할 수 있다.

> 판례 이론 **조문**
>
> 「질서위반행위규제법」 제24조의3【과태료의 징수유예 등】
> ① 행정청은 당사자가 다음 각 호의 어느 하나에 해당하여 과태료(체납된 과태료와 가산금, 중가산금 및 체납처분비를 포함한다. 이하 이 조에서 같다)를 납부하기가 곤란하다고 인정되면 1년의 범위에서 대통령령으로 정하는 바에 따라 과태료의 분할납부나 납부기일의 연기(이하 "징수유예등"이라 한다)를 결정할 수 있다.
> 5. 불의의 재난으로 피해를 당한 사람
> ③ 행정청은 제1항에 따라 징수유예등을 하는 경우 그 유예하는 금액에 상당하는 담보의 제공이나 제공된 담보의 변경을 요구할 수 있고, 그 밖에 담보보전에 필요한 명령을 할 수 있다.

06 원고적격 　　　　　　정답 ③

① [O] 한정면허를 받은 시외버스운송사업자라고 하더라도 다 같이 운행계통을 정하고 여객을 운송하는 노선여객자동차운송사업을 한다는 점에서 일반면허를 받은 시외버스운송사업자와 본질적 차이가 없으므로, 일반면허를 받은 시외버스운송사업자에 대한 사업계획변경 인가처분으로 인하여 기존에 한정면허를 받은 시외버스운송사업자의 노선 및 운행계통과 일반면허를 받은 시외버스운송사업자의 그것이 일부 중복되게 되고 기존업자의 수익감소가 예상된다면, 기존의 한정면허를 받은 시외버스운송사업자와 일반면허를 받은 시외버스운송사업자는 경업관계에 있는 것으로 보는 것이 타당하고, 따라서 기존의 한정면허를 받은 시외버스운송사업자는 일반면허 시외버스운송사업자에 대한 사업계획변경인가처분의 취소를 구할 법률상의 이익이 있다(대판 2018.4.26. 2015두53824).

② [O] 행정처분의 근거 법규 또는 관련 법규에 그 처분으로써 이루어지는 행위 등 사업으로 인하여 환경상 침해를 받으리라고 예상되는 영향권의 범위가 구체적으로 규정되어 있는 경우에는, 그 영향권 내의 주민들에 대하여는 당해 처분으로 인하여 직접적이고 중대한 환경피해를 입으리라고 예상할 수 있고, 이와 같은 환경상의 이익은 주민 개개인에 대하여 개별적으로 보호되는 직접적·구체적 이익으로서 그들에 대하여는 특단의 사정이 없는 한 환경상 이익에 대한 침해 또는 침해 우려가 있는 것으로 사실상 추정되어 법률상 보호되는 이익으로 인정됨으로써 원고적격이 인정된다(대판 2010.4.15. 2007두16127).

❸ [X] 국적법상 귀화불허가처분이나 출입국관리법상 체류자격변경 불허가처분, 강제퇴거명령 등을 다투는 외국인은 대한민국에 적법하게 입국하여 상당한 기간을 체류한 사람이므로, 이미 대한민국과의 실질적 관련성 내지 대한민국에서 법적으로 보호가치 있는 이해관계를 형성한 경우이어서, 해당 처분의 취소를 구할 법률상 이익이 인정된다고 보아야 한다(대판 2018.5.15. 2014두42506).

④ [O] 법령이 특정한 행정기관 등으로 하여금 다른 행정기관을 상대로 제재적 조치를 취할 수 있도록 하면서, 그에 따르지 않으면 그 행정기관에 대하여 과태료를 부과하거나 형사처벌을 할 수 있도록 정하는 경우가 있다. 이러한 경우에는 단순히 국가기관이나 행정기관의 내부적 문제라거나 권한 분장에 관한 분쟁으로만 볼 수 없다. 행정기관의 제재적 조치의 내용에 따라 '구체적 사실에 대한 법집행으로서 공권력의 행사'에 해당할 수 있고, 그러한 조치의 상대방인 행정기관이 입게 될 불이익도 명확하다. 그런데도 그러한 제재적 조치를 기관소송이나 권한쟁의심판을 통하여 다툴 수 없다면, 제재적 조치는 그 성격상 단순히 행정기관 등 내부의 권한 행사에 머무는 것이 아니라 상대방에 대한 공권력 행사로서 항고소송을 통한 주관적 구제대상이 될 수 있다고 보아야 한다. 기관소송 법정주의를 취하면서 제한적으로만 이를 인정하고 있는 현행 법령의 체계에 비추어 보면, 이 경우 항고소송을 통한 구제의 길을 열어주는 것이 법치국가 원리에도 부합한다. 따라서 이러한 권리구제나 권리보호의 필요성이 인정된다면 예외적으로 그 제재적 조치의 상대방인 행정기관 등에게 항고소송 원고로서의 당사자능력과 원고적격을 인정할 수 있다(대판 2018.8.1. 2014두35379).

07 손실보상 　　　　　　정답 ②

① [O] 민간기업을 수용의 주체로 규정한 자체를 두고 위헌이라고 할 수 없으며, 나아가 이 사건 수용조항을 통해 민간기업에게 사업시행에 필요한 토지를 수용할 수 있도록 규정할 필요가 있다는 입법자의 인식에도 합리적인 이유가 있다 할 것이다(헌재 2009.9.24. 2007헌바114).

❷ [X] 보상규정이 없더라도 다른 법령의 손실보상에 관한 규정을 유추적용하여 보상을 청구할 수 있다고 본 판례가 있다.

> **판례** 이론 조문
>
> 공공사업의 시행 결과 공공사업의 기업지 밖에서 발생한 간접손실에 대하여 사업시행자와 협의가 이루어지지 아니하고, 그 보상에 관한 명문의 법령이 없는 경우, 피해자는 공공용지의 취득 및 손실보상에 관한 특례법 시행규칙상의 손실보상에 관한 규정을 유추적용하여 사업시행자에게 보상을 청구할 수 있는지 여부: 적극
>
> 공공사업의 시행 결과 그 공공사업의 시행이 기업지 밖에 미치는 간접손실에 관하여 그 피해자와 사업시행자 사이에 협의가 이루어지지 아니하고 그 보상에 관한 명문의 근거 법령이 없는 경우라고 하더라도, 헌법 제23조 제3항은 "공공필요에 의한 재산권의 수용·사용 또는 제한 및 그에 대한 보상은 법률로써 하되, 정당한 보상을 지급하여야 한다."고 규정하고 있고, 이에 따라 국민의 재산권을 침해하는 행위 그 자체는 반드시 형식적 법률에 근거하여야 하며, 토지수용법 등의 개별 법률에서 공익사업에 필요한 재산권 침해의 근거와 아울러 그로 인한 손실보상 규정을 두고 있는 점, 공공용지의 취득 및 손실보상에 관한 특례법 제3조 제1항은 "공공사업을 위한 토지 등의 취득 또는 사용으로 인하여 토지 등의 소유자가 입은 손실은 사업시행자가 이를 보상하여야 한다."고 규정하고, 같은 법 시행규칙 제23조의2 내지 7에서 공공사업시행지구 밖에 위치한 영업과 공작물 등에 대한 간접손실에 대하여도 일정한 조건하에서 이를 보상하도록 규정하고

있는 점에 비추어, 공공사업의 시행으로 인하여 그러한 손실이 발생하리라는 것을 쉽게 예견할 수 있고 그 손실의 범위도 구체적으로 이를 특정할 수 있는 경우라면 그 손실의 보상에 관하여 공공용지의 취득 및 손실보상에 관한 특례법 시행규칙의 관련 규정 등을 유추적용할 수 있다고 해석함이 상당하다(대판 1999.10.8. 99다27231).

③ [O] 헌법 제23조 제3항이 규정하는 '정당한 보상'이란 원칙적으로 피수용 재산의 객관적인 재산가치를 완전하게 보상하여야 한다는 완전보상을 뜻하는 것이다(헌재 2009.9.24. 2008헌바112).

④ [O] 하나의 재결에서 피보상자별로 여러 가지의 토지, 물건, 권리 또는 영업(이처럼 손실보상 대상에 해당하는지, 나아가 그 보상금액이 얼마인지를 심리·판단하는 기초 단위를 이하 '보상항목'이라고 한다)의 손실에 관하여 심리·판단이 이루어졌을 때, 피보상자 또는 사업시행자가 반드시 재결 전부에 관하여 불복하여야 하는 것은 아니며, 여러 보상항목들 중 일부에 관해서만 불복하는 경우에는 그 부분에 관해서만 개별적으로 불복의 사유를 주장하여 행정소송을 제기할 수 있다. 이러한 보상금 증감 소송에서 법원의 심판범위는 하나의 재결 내에서 소송당사자가 구체적으로 불복신청을 한 보상항목들로 제한된다(대판 2018.5.15. 2017두41221).

08 행정행위의 부관 정답 ①

❶ [X] 행정행위의 부관은 부담의 경우를 제외하고는 독립하여 행정소송의 대상이 될 수 없는 것인바, 행정청이 한 공유수면매립준공인가 중 매립지 일부에 대하여 한 국가귀속처분은 매립준공인가를 함에 있어서 매립의 면허를 받은 자의 매립지에 대한 소유권취득을 규정한 공유수면매립법 제14조의 효과 일부를 배제하는 부관을 붙인 것이므로 이러한 행정행위의 부관에 대하여는 독립하여 행정소송의 대상으로 삼을 수 없다(대판 1991.12.13. 90누8503).

② [O] 수익적 행정처분에 있어서는 법령에 특별한 근거규정이 없다고 하더라도 그 부관으로서 부담을 붙일 수 있고, 그와 같은 부담은 행정청이 행정처분을 하면서 일방적으로 부가할 수도 있지만 부담을 부가하기 이전에 상대방과 협의하여 부담의 내용을 협약의 형식으로 미리 정한 다음 행정처분을 하면서 이를 부가할 수도 있다(대판 2009.2.12. 2005다65500).

③ [O] 「행정기본법」 제17조 제2항에 대한 옳은 내용이다.

> 판례 이론 **조문**
>
> 제17조 【부관】 ② 행정청은 처분에 재량이 없는 경우에는 법률에 근거가 있는 경우에 부관을 붙일 수 있다.

④ [O] 기선선망어업의 허가를 하면서 운반선, 등선 등 부속선을 사용할 수 없도록 제한한 부관은 그 어업허가의 목적달성을 사실상 어렵게하여 그 본질적 효력을 해하는 것일 뿐만 아니라 위 시행령의 규정에도 어긋나는 것이며, 더욱이 어업조정이나 기타 공익상 필요하다고 인정되는 사정이 없는 이상 위법한 것이다(대판 1990.4.27. 89누6808).

09 행정행위 정답 ①

옳은 것은 ㄱ, ㄴ이다.

ㄱ. [O] 사립학교법 제20조 제2항에 의한 학교법인의 임원에 대한 감독청의 취임승인은 학교법인의 임원선임행위를 보충하여 그 법률상의 효력을 완성케하는 보충적 행정행위로서 성질상 기본행위를 떠나 승인처분 그 자체만으로는 법률상 아무런 효력도 발생할 수 없으므로 기본행위인 학교법인의 임원선임행위가 불성립 또는 무효인 경우에는 비록 그에 대한 감독청의 취임승인이 있었다 하여도 이로써 무효인 그 선임행위가 유효한 것으로 될 수는 없다(대판 1987.8.18. 86누152).

ㄴ. [O] 토지 등 소유자들이 직접 시행하는 도시환경정비사업에서 토지 등 소유자에 대한 사업시행인가처분은 단순히 사업시행계획에 대한 보충행위로서의 성질을 가지는 것이 아니라 구 도시정비법상 정비사업을 시행할 수 있는 권한을 가지는 행정주체로서의 지위를 부여하는 일종의 설권적 처분의 성격을 가진다. 도시환경정비사업을 직접 시행하려는 토지 등 소유자들은 시장·군수로부터 사업시행인가를 받기 전에는 행정주체로서의 지위를 가지지 못한다. 따라서 그가 작성한 사업시행계획은 인가처분의 요건 중 하나에 불과하고 항고소송의 대상이 되는 독립된 행정처분에 해당하지 아니한다고 할 것이다(대판 2013.6.13. 2011두19994).

ㄷ. [X] 구 도시 및 주거환경정비법 제20조 제3항은 조합이 정관을 변경하고자 하는 경우에는 총회를 개최하여 조합원 과반수 또는 3분의 2 이상의 동의를 얻어 시장·군수의 인가를 받도록 규정하고 있다. 여기서 시장 등의 인가는 그 대상이 되는 기본행위를 보충하여 법률상 효력을 완성시키는 행위로서 이러한 인가를 받지 못한 경우 변경된 정관은 효력이 없고, 시장 등이 변경된 정관을 인가하더라도 정관변경의 효력이 총회의 의결이 있었던 때로 소급하여 발생한다고 할 수 없다(대판 2014.7.10. 2013도11532).

ㄹ. [X] 토지거래허가가 규제지역 내의 모든 국민에게 전반적으로 토지거래의 자유를 금지하고 일정한 요건을 갖춘 경우에만 금지를 해제하여 계약체결의 자유를 회복시켜 주는 성질의 것이라고 보는 것은 위 법의 입법취지를 넘어선 지나친 해석이라고 할 것이고, 규제지역 내에서도 토지거래의 자유가 인정되나 다만 위 허가를 허가 전의 유동적 무효 상태에 있는 법률행위의 효력을 완성시켜 주는 인가적 성질을 띤 것이라고 보는 것이 타당하다(대판 1991.12.24. 90다12243).

10 행정행위의 하자 정답 ④

① [O] 행정행위를 한 처분청은 그 행위에 하자가 있는 경우에는 별도의 법적 근거가 없더라도 스스로 이를 직권으로 취소할 수 있다(대판 2006.5.25. 2003두4669).

② [O] 지방병무청장이 재신체검사 등을 거쳐 현역병입영대상편입처분을 보충역편입처분이나 제2국민역편입처분으로 변경하거나 보충역편입처분을 제2국민역편입처분으로 변경하는 경우 비록 새로운 병역처분의 성립에 하자가 있다고 하더라도 그것이 당연무효가 아닌 한 일단 유효하게 성립하고 제소기간의 경과 등 형식적 존속력이 생김과 동시에 종전의 병역처분의 효력은 취소 또는 철회되어 확정적으로 상실된다고 보아야 할 것이므로 그 후 새로운 병역처분의 성립에 하자가 있었음을 이유로 하여 이를 취소한다고 하더라도 종전의 병역처분의 효력이 되살아난다고 할 수 없다(대판 2002.5.28. 2001두9653).

③ [O] 구 헌법재판소법 제47조 제1항은 "법률의 위헌결정은 법원 기타 국가기관 및 지방자치단체를 기속한다."고 규정하고 있는데, 이러한 위헌결정의 기속력과 헌법을 최고규범으로 하는 법질서의 체계적 요청에 비추어 국가기관 및 지방자치단체는 위헌으로 선언된 법률규정에 근거하여 새로운 행정처분을 할 수 없음은 물론이고, 위헌결정 전에 이미 형성된 법률관계에 기한 후속처분이라도 그것이 새로운 위헌적 법률관계를 생성·확대하는 경우라면 이를 허용할 수 없다. 따라서 조세 부과의 근거가 되었던 법률규정이 위헌으로 선언된 경우, 비록 그에 기한 과세처분이 위헌결정 전에 이루어졌고, 과세처분에 대한 제소기간이 이미 경과하여 조세채권이 확정되었으며, 조세채권의 집행을 위한 체납처분의 근거규정 자체에 대하여는 따로 위헌결정이 내려진 바 없다고 하더라도, 위와 같은 위헌결정 이후에 조세채권의 집행을 위한 새로운 체납처분에 착수하거나 이를 속행하는 것은 더 이상 허용되지 않고, 나아가 이러한 위헌결정의 효력에 위배하여 이루어진 체납처분은 그 사유만으로 하자가 중대하고 객관적으로 명백하여 당연무효라고 보아야 한다(대판 2012.2.16. 2010두10907).

❹ [X] 적법한 건축물에 대한 철거명령은 그 하자가 중대하고 명백하여 당연무효라 할 것이고, 그 후임행위인 건축물철거 대집행계고처분 역시 당연무효라고 할 것이다(대판 1999.4.27. 97누6780).

---

11 행정소송상 주장책임과 입증책임   정답 ④

모두 옳은 내용이다.

ㄱ. [O] 사정판결은 당사자의 명백한 주장이 없는 경우에도 기록에 나타난 여러 사정을 기초로 직권으로 할 수 있는 것이나, 그 요건인 현저히 공공복리에 적합하지 아니한지 여부는 위법한 행정처분을 취소·변경하여야 할 필요와 그 취소·변경으로 인하여 발생할 수 있는 공공복리에 반하는 사태 등을 비교·교량하여 판단하여야 한다(대판 2006.9.22. 2005두2506).

ㄴ. [O] 국민으로부터 보유·관리하는 정보에 대한 공개를 요구받은 공공기관으로서는 법 제7조 제1항 각 호에서 정하고 있는 비공개사유에 해당하지 않는 한 이를 공개하여야 하고, 이를 거부하는 경우라 할지라도 대상이 된 정보의 내용을 구체적으로 확인·검토하여 어느 부분이 어떠한 법익 또는 기본권과 충돌되어 법 제7조 제1항 몇 호에서 정하고 있는 비공개사유에 해당하는지를 주장·입증하여야만 하며, 그에 이르지 아니한 채 개괄적인 사유만을 들어 공개를 거부하는 것은 허용되지 아니한다(대판 2007.2.8. 2006두4899).

ㄷ. [O] 행정처분의 당연무효를 주장하여 그 무효확인을 구하는 행정소송에 있어서는 원고에게 그 행정처분이 무효인 사유를 주장·입증할 책임이 있다(대판 1992.3.10. 91누6030).

ㄹ. [O] 국가유공자 인정 요건, 즉 공무수행으로 상이를 입었다는 점이나 그로 인한 신체장애의 정도가 법령에 정한 등급 이상에 해당한다는 점은 국가유공자 등록신청인이 증명할 책임이 있지만, 그 상이가 '불가피한 사유 없이 본인의 과실이나 본인의 과실이 경합된 사유로 입은 것'이라는 사정, 즉 지원대상자 요건에 해당한다는 사정은 국가유공자 등록신청에 대하여 지원대상자로 등록하는 처분을 하는 처분청이 증명책임을 진다고 보아야 한다(대판 2013.8.22. 2011두26589).

---

12 국가배상법 제2조   정답 ①

❶ [O] 국민에게 공급된 수돗물의 상수원의 수질이 수질기준에 미달한 경우가 있고, 이로 말미암아 국민이 법령에 정하여진 수질기준에 미달한 상수원수로 생산된 수돗물을 마심으로써 건강상의 위해 발생에 대한 염려 등에 따른 정신적 고통을 받았다고 하더라도, 이러한 사정만으로는 국가 또는 지방자치단체가 국민에게 손해배상책임을 부담하지 아니한다. 또한 상수원수 2급에 미달하는 상수원수는 고도의 정수처리 후 사용하여야 한다는 환경정책기본법령상의 의무 역시 위에서 본 수질기준 유지의무와 같은 성질의 것이므로, 지방자치단체가 상수원수의 수질기준에 미달하는 하천수를 취수하거나 상수원수 3급 이하의 하천수를 취수하여 고도의 정수처리가 아닌 일반적 정수처리 후 수돗물을 생산·공급하였다고 하더라도, 그렇게 공급된 수돗물이 음용수 기준에 적합하고 몸에 해로운 물질이 포함되어 있지 아니한 이상, 지방자치단체의 위와 같은 수돗물 생산·공급행위가 국민에 대한 불법행위가 되지 아니한다(대판 2001.10.23. 99다36280).

② [X] 국가배상법이 정한 손해배상청구의 요건인 '공무원의 직무'에는 국가나 지방자치단체의 권력적 작용뿐만 아니라 비권력적 작용도 포함되지만 단순한 사경제의 주체로서 하는 작용은 포함되지 않는다(대판 2004.4.9. 2002다10691).

③ [X] 공무원의 과실을 입증함에 있어서 가해공무원의 특정이 필수적인 것은 아니다. 누구의 행위인지가 판명되지 않더라도 손해의 발생상황으로 보아 공무원의 행위에 의한 것이 인정되면 국가는 배상책임을 지게 된다.

④ [X] 국가가 가해 공무원에 대하여 구상권을 행사하는 경우 국가가 배상한 배상액 전액에 대하여 구상권을 행사하는 것이 아니라 기본적으로 손해의 발생에 기여한 정도에 따라 국가와 공무원 사이에 손해의 공평한 분담이라는 견지에서 국가의 공무원에 대한 구상권을 행사할 수 있다는 것이 판례의 입장이다.

> **판례** 이론 조문
>
> 국가 또는 지방자치단체의 산하 공무원이 그 직무를 집행함에 당하여 중대한 과실로 인하여 법령에 위반하여 타인에게 손해를 가함으로써 국가 또는 지방자치단체가 손해배상책임을 부담하고, 그 결과로 손해를 입게 된 경우에는 국가 등은 당해 공무원의 직무내용, 당해 불법행위의 상황, 손해발생에 대한 당해 공무원의 기여정도, 당해 공무원의 평소 근무태도, 불법행위의 예방이나 손실분산에 관한 국가 또는 지방자치단체의 배려의 정도 등 제반사정을 참작하여 손해의 공평한 분담이라는 견지에서 신의칙상 상당하다고 인정되는 한도 내에서만 당해 공무원에 대하여 구상권을 행사할 수 있다고 봄이 상당하다(대판 1991.5.10. 91다6764).

13 토지보상법 정답 ④

① [×] 사업시행자의 이주대책 수립·실시의무를 정하고 있는 구 공익사업법 제78조 제1항은 물론 그 이주대책의 내용에 관하여 규정하고 있는 같은 법 제78조 제4항 본문 역시 당사자의 합의 또는 사업시행자의 재량에 의하여 그 적용을 배제할 수 없는 강행법규이다(대판 2013.6.28. 2011다40465).

② [×] 이주대책은 헌법 제23조 제3항에 규정된 정당한 보상에 포함되는 것이라기보다는 이에 부가하여 이주자들에게 종전의 생활상태를 회복시키기 위한 생활보상의 일환으로서 국가의 정책적인 배려에 의하여 마련된 제도라고 볼 것이다. 따라서 이주대책의 실시 여부는 입법자의 입법정책적 재량의 영역에 속하므로 공익사업을 위한 토지 등의 취득 및 보상에 관한 법률 시행령 제40조 제3항 제3호(이하 '이 사건 조항'이라 한다)가 이주대책의 대상자에서 세입자를 제외하고 있는 것이 세입자의 재산권을 침해하는 것이라 볼 수 없다(헌재 2006.2.23. 2004헌마19).

③ [×] 사업시행자는 이주대책기준을 정하여 이주대책대상자 중에서 이주대책을 수립·실시하여야 할 자를 선정하여 그들에게 공급할 택지 또는 주택의 내용이나 수량을 정할 수 있고, 이를 정하는 데 재량을 가지므로, 이를 위해 사업시행자가 설정한 기준은 그것이 객관적으로 합리적이 아니라거나 타당하지 않다고 볼 만한 다른 특별한 사정이 없는 한 존중되어야 한다(대판 2009.3.12. 2008두12610).

❹ [○] 같은 법 제8조 제1항이 사업시행자에게 이주대책의 수립·실시의무를 부과하고 있다고 하여 그 규정 자체만에 의하여 이주자에게 사업시행자가 수립한 이주대책상의 택지분양권이나 아파트 입주권 등을 받을 수 있는 구체적인 권리(수분양권)가 직접 발생하는 것이라고는 도저히 볼 수 없으며, 사업시행자가 이주대책에 관한 구체적인 계획을 수립하여 이를 해당자에게 통지 내지 공고한 후, 이주자가 수분양권을 취득하기를 희망하여 이주대책에 정한 절차에 따라 사업시행자에게 이주대책대상자 선정신청을 하고 사업시행자가 이를 받아들여 이주대책대상자로 확인·결정하여야만 비로소 구체적인 수분양권이 발생하게 된다(대판 1994.5.24. 92다35783).

14 행정계획 정답 ②

① [○] 도시계획구역 내 토지 등을 소유하고 있는 사람과 같이 당해 도시계획시설결정에 이해관계가 있는 주민으로서는 도시시설계획의 입안권자 내지 결정권자에게 도시시설계획의 입안 내지 변경을 요구할 수 있는 법규상 또는 조리상의 신청권이 있고, 이러한 신청에 대한 거부행위는 항고소송의 대상이 되는 행정처분에 해당한다(대판 2015.3.26. 2014두42742).

❷ [×] 구 도시 및 주거환경정비법에 따른 주택재건축정비사업조합은 관할 행정청의 감독 아래 위 법상 주택재건축사업을 시행하는 공법인으로서, 그 목적 범위 내에서 법령이 정하는 바에 따라 일정한 행정작용을 행하는 행정주체의 지위를 가진다 할 것인데, 재건축정비사업조합이 이러한 행정주체의 지위에서 위 법에 기초하여 수립한 사업시행계획은 인가·고시를 통해 확정되면 이해관계인에 대한 구속적 행정계획으로서 독립된 행정처분에 해당한다(대결 2009.11.2. 2009마596).

③ [○] 문화재보호구역 내 토지소유자 등으로서는 보호구역의 지정해제를 요구할 수 있는 법규상 또는 조리상의 신청권이 있다고 할 것이고, 이러한 신청에 대한 거부행위는 항고소송의 대상이 되는 행정처분에 해당한다(대판 2004.4.27. 2003두8821).

④ [○] 장기미집행 도시계획시설결정의 실효제도는 도시계획시설부지로 하여금 도시계획시설결정으로 인한 사회적 제약으로부터 벗어나게 하는 것으로서 결과적으로 개인의 재산권이 보다 보호되는 측면이 있는 것은 사실이나, 이와 같은 보호는 입법자가 새로운 제도를 마련함에 따라 얻게 되는 법률에 기한 권리일 뿐 헌법상 재산권으로부터 당연히 도출되는 권리는 아니다(헌재 2005.9.29. 2002헌바84·89 ; 2003헌마678·943).

15 행정심판 정답 ①

❶ [○] 「행정심판법」에서는 조정이 재결의 기속력, 간접강제 규정을 준용한다고 명시하고 있다.

> 판례 이론 **조문**
>
> 「행정심판법」 제43조의2【조정】① 위원회는 당사자의 권리 및 권한의 범위에서 당사자의 동의를 받아 심판청구의 신속하고 공정한 해결을 위하여 조정을 할 수 있다. 다만, 그 조정이 공공복리에 적합하지 아니하거나 해당 처분의 성질에 반하는 경우에는 그러하지 아니하다.
> ④ 제3항에 따른 조정에 대하여는 제48조부터 제50조까지, 제50조의2, 제51조의 규정을 준용한다.
> 제49조【재결의 기속력 등】① 심판청구를 인용하는 재결은 피청구인과 그 밖의 관계 행정청을 기속(羈束)한다.
> 제50조의2【위원회의 간접강제】① 위원회는 피청구인이 제49조 제2항(제49조 제4항에서 준용하는 경우를 포함한다) 또는 제3항에 따른 처분을 하지 아니하면 청구인의 신청에 의하여 결정으로 상당한 기간을 정하고 피청구인이 그 기간 내에 이행하지 아니하는 경우에는 그 지연기간에 따라 일정한 배상을 하도록 명하거나 즉시 배상을 할 것을 명할 수 있다.

② [×] 중앙행정심판위원회가 아니라 감사원에 두는 행정심판위원회에서 한다.

> 판례 이론 **조문**
>
> 「행정심판법」 제6조【행정심판위원회의 설치】① 다음 각 호의 행정청 또는 그 소속 행정청(행정기관의 계층구조와 관계없이 그 감독을 받거나 위탁을 받은 모든 행정청을 말하되, 위탁을 받은 행정청은 그 위탁받은 사무에 관하여는 위탁한 행정청의 소속 행정청으로 본다. 이하 같다)의 처분 또는 부작위에 대한 행정심판의 청구(이하 "심판청구"라 한다)에 대하여는 다음 각 호의 행정청에 두는 행정심판위원회에서 심리·재결한다.
> 1. 감사원, 국가정보원장, 그 밖에 대통령령으로 정하는 대통령 소속기관의 장

③ [X] 피청구인에게도 제출할 수 있다.

> 판례 이론 **조문**
>
> 「행정심판법」제23조【심판청구서의 제출】① 행정심판을 청구하려는 자는 제28조에 따라 심판청구서를 작성하여 <u>피청구인이나 위원회에 제출하여야 한다.</u> 이 경우 피청구인의 수만큼 심판청구서 부본을 함께 제출하여야 한다.

④ [X] 종전의 피청구인에 대한 행정심판이 청구된 때에 행정심판이 청구된 것으로 본다. 즉 소급효를 인정하고 있다.

> 판례 이론 **조문**
>
> 「행정심판법」제17조【피청구인의 적격 및 경정】④ 제2항에 따른 결정이 있으면 종전의 피청구인에 대한 심판청구는 취하되고 종전의 피청구인에 대한 행정심판이 청구된 때에 새로운 피청구인에 대한 행정심판이 청구된 것으로 본다.

---

16 항고소송 　　　　　　　　　정답 ②

① [X] 법률상 이익이 있다.

> **판례** 이론 조문
>
> 구 지방자치법 등 관련 법령을 살펴보아도 지방자치단체의 장이 다른 지방자치단체를 상대로 한 건축협의 취소에 관하여 다툼이 있는 경우에 법적 분쟁을 실효적으로 해결할 구제 수단을 찾기도 어렵다. 따라서 건축협의 취소는 상대방이 다른 지방자치단체 등 행정주체라 하더라도 '행정청이 행하는 구체적 사실에 관한 법집행으로서의 공권력 행사'(행정소송법 제2조 제1항 제1호)로서 처분에 해당한다고 볼 수 있고, <u>지방자치단체인 원고가 이를 다툴 실효적 해결 수단이 없는 이상, 원고는 건축물 소재지 관할 허가권자인 지방자치단체의 장을 상대로 항고소송을 통해 건축협의 취소의 취소를 구할 수 있다</u>(대판 2014.2.27. 2012두22980).

❷ [O] 국민권익위원회가 소방청장에게 인사와 관련하여 부당한 지시를 한 사실이 인정된다며 이를 취소할 것을 요구하기로 의결하고 그 내용을 통지하자 소방청장이 국민권익위원회 조치요구의 취소를 구하는 소송을 제기한 사안에서, 행정기관인 국민권익위원회가 행정기관의 장에게 일정한 의무를 부과하는 내용의 조치요구를 한 것에 대하여 그 조치요구의 상대방인 행정기관의 장이 다투고자 할 경우에 법률에서 행정기관 사이의 기관소송을 허용하는 규정을 두고 있지 않으므로 이러한 조치요구를 이행할 의무를 부담하는 행정기관의 장으로서는 기관소송으로 조치요구를 다툴 수 없고, 위 조치요구에 관하여 정부조직 내에서 그 처분의 당부에 대한 심사·조정을 할 수 있는 다른 방도도 없으며, 국민권익위원회는 헌법 제111조 제1항 제4호에서 정한 '헌법에 의하여 설치된 국가기관'이라고 할 수 없으므로 그에 관한 권한쟁의심판도 할 수 없고, 별도의 법인격이 인정되는 국가기관이 아닌 소방청장은 질서위반행위규제법에 따른 구제를 받을 수도 없는 점, 부패방지 및 국민권익위원회의 설치와 운영에 관한 법률은 소방청장에게 국민권익위원회의 조치요구에 따라야 할 의무를 부담시키는 외에 별도로 그 의무를 이행하지 않을 경우 과태료나 형사처벌까지 정하고 있으므로 위와 같은 조치요구에 불복하고자 하는 '소속기관 등의 장'에게는 조치요구를 다툴 수 있는 소송상의 지위를 인정할

필요가 있는 점에 비추어, 처분성이 인정되는 국민권익위원회의 조치요구에 불복하고자 하는 소방청장으로서는 조치요구의 취소를 구하는 항고소송을 제기하는 것이 유효·적절한 수단으로 볼 수 있으므로 소방청장은 예외적으로 당사자능력과 원고적격을 가진다(대판 2018.8.1. 2014두35379).

③ [X] 교원소청심사위원회의 결정에 대하여 행정소송을 제기할 수 있는 자에는 교원지위 향상을 위한 특별법 제10조 제3항에서 명시하고 있는 교원, 사립학교법 제2조에 의한 학교법인, 사립학교 경영자뿐 아니라 소청심사의 피청구인이 된 학교의 장도 포함된다고 보는 것이 타당하다(대판 2011.6.24. 2008두9317).

④ [X] 사증발급의 법적 성질, 출입국관리법의 입법 목적, 사증발급 신청인의 대한민국과의 실질적 관련성, 상호주의원칙 등을 고려하면, 우리 출입국관리법의 해석상 외국인에게는 사증발급 거부처분의 취소를 구할 법률상 이익이 인정되지 않는다(대판 2018.5.15. 2014두42506).

---

17 국가배상제도 　　　　　　　　정답 ④

① [O] 「국가배상법」제9조에 대한 옳은 내용이다.

> 판례 이론 **조문**
>
> 제9조【소송과 배상신청의 관계】이 법에 따른 손해배상의 소송은 배상심의회(이하 "심의회"라 한다)에 배상신청을 하지 아니하고도 제기할 수 있다.

② [O] 법령의 해석이 복잡·미묘하여 어렵고 학설·판례가 통일되지 않을 때에 공무원이 신중을 기해 그 중 어느 한 설을 취하여 처리한 경우에는 그 해석이 결과적으로 위법한 것이었다 하더라도 국가배상법상 공무원의 과실을 인정할 수 없다(대판 1973.10.10. 72다12583).

③ [O] 한국토지공사는 이러한 법령의 위탁에 의하여 대집행을 수권받은 자로서 공무인 대집행을 실시함에 따르는 권리·의무 및 책임이 귀속되는 행정주체의 지위에 있다고 볼 것이지 지방자치단체 등의 기관으로서 국가배상법 제2조 소정의 공무원에 해당한다고 볼 것은 아니다(대판 2010.1.28. 2007다82950).

❹ [X] 공무원이 자기 소유의 자동차로 공무수행 중 사고를 일으킨 경우에는 그 손해배상책임은 자동차손해배상 보장법이 정한 바에 의하게 되어, 그 사고가 자동차를 운전한 공무원의 경과실에 의한 것인지 중과실 또는 고의에 의한 것인지를 가리지 않고 그 공무원이 「자동차손해배상 보장법」제3조 소정의 '자기를 위하여 자동차를 운행하는 자'에 해당하는 한 손해배상책임을 부담한다.

> **판례** 이론 조문
>
> [1] 공무원이 자기 소유 차량을 운전하여 출근하던 중 교통사고를 일으킨 경우, 직무집행 관련성 인정 여부(소극)
> 공무원이 통상적으로 근무하는 근무지로 출근하기 위하여 자기 소유의 자동차를 운행하다가 자신의 과실로 교통사고를 일으킨 경우에는 특별한 사정이 없는 한 국가배상법 제2조 제1항 소정의 공무원이 '직무를 집행함에 당하여' 타인에게 불법행위를 한 것이라고 할 수 없으므로 그 공무원이 소속된 국가나 지방공공단체가 국가배상법상의 손해배상책임을 부담하지 않는다.

[2] 공무원이 자기 소유 차량으로 공무수행 중 사고를 일으킨 경우, 공무원 개인의 손해배상책임

헌법 제29조 제1항과 국가배상법 제2조의 해석상 일반적으로 공무원이 공무수행 중 불법행위를 한 경우에, 고의 중과실에 의한 경우에는 공무원 개인이 손해배상책임을 부담하고 경과실의 경우에는 개인책임은 면책되며, 한편 공무원이 자기 소유의 자동차로 공무수행 중 사고를 일으킨 경우에는 그 손해배상책임은 자동차손해배상보장법이 정한 바에 의하게 되어, 그 사고가 자동차를 운전한 공무원의 경과실에 의한 것인지 중과실 또는 고의에 의한 것인지를 가리지 않고 그 공무원이 자동차손해배상보장법 제3조 소정의 '자기를 위하여 자동차를 운행하는 자'에 해당하는 한 손해배상책임을 부담한다(대판 1996.5.31. 94다15271).

18 행정기관 정답 ③

① [O] 정부조직법이 국가행정기관의 설치, 조직, 직무범위의 대강을 정하는데 그 목적이 있다하여 그 이유만으로 같은 법의 권한위임, 재위임에 관한 규정마저 권한위임 등에 관한 대강을 정한 것에 불과할 뿐 권한위임의 근거규정이 아니라 할 수는 없다(대판 1990.2.27. 89누5287).

② [O] 대외적으로 처분 권한이 있는 처분청이 상급행정기관의 지시를 위반하는 처분을 하였다고 해서 그러한 사정만으로 처분이 곧바로 위법하게 되는 것은 아니고, 처분이 상급행정기관의 지시를 따른 것이라고 해서 적법성이 보장되는 것도 아니다(대판 2019.7.11. 2017두38874).

❸ [X] 항고소송은 다른 법률에 특별한 규정이 없는 한 원칙적으로 소송의 대상인 행정처분을 외부적으로 행한 행정청을 피고로 하여야 하는 것이고(행정소송법 제13조 제1항 본문, 제38조 제1항), 다만 대리기관이 대리관계를 표시하고 피대리행정청을 대리하여 행정처분을 한 때에는 피대리행정청이 피고로 되어야 할 것이다(대판 2006.2.23. 2005부4).

④ [O] 한국자산관리공사가 하는 공매의 대행은 세무서장의 단순한 대리가 아니라 권한의 위임에 의한 것으로 보아야 하므로, 한국자산관리공사가 압류된 재산을 공매한 경우에 그 공매처분에 대한 항고소송은 실제 공매를 행한 한국자산관리공사를 피고로 하여야 하고, 위임청인 세무서장은 피고적격이 없다(대판 1996.9.6. 95누12026).

19 행정상 법률관계 정답 ③

옳은 것은 ㄷ, ㄹ이고, 옳지 않은 것은 ㄱ, ㄴ이다.
ㄱ. [X] 징벌적 의미에서 국가측이 일방적으로 그 2할 상당액을 추가하여 변상금을 징수토록 하고 있으며 동조 제2항은 변상금의 체납시 국세징수법에 의하여 강제징수토록 하고 있는 점 등에 비추어 보면 국유재산의 관리청이 그 무단점유자에 대하여 하는 변상금부과처분은 순전히 사경제 주체로서 행하는 사법상의 법률행위라 할 수 없고 이는 관리청이 공권력을 가진 우월적

지위에서 행한 것으로서 행정소송의 대상이 되는 행정처분이라고 보아야 한다(대판 1988.2.23. 87누1046·1047).

ㄴ. [X] 국가나 지방자치단체에 근무하는 청원경찰은 국가공무원법이나 지방공무원법상의 공무원은 아니지만, 다른 청원경찰과는 달리 그 임용권자가 행정기관의 장이고, 국가나 지방자치단체로부터 보수를 받으며, 산업재해보상보험법이나 근로기준법이 아닌 공무원연금법에 따른 재해보상과 퇴직급여를 지급받고, 직무상의 불법행위에 대하여도 민법이 아닌 국가배상법이 적용되는 등의 특질이 있으며 그 외 임용자격, 직무, 복무의무 내용 등을 종합하여 볼 때, 그 근무관계를 사법상의 고용계약관계로 보기는 어려우므로 그에 대한 징계처분의 시정을 구하는 소는 행정소송의 대상이지 민사소송의 대상이 아니다(대판 1993.7.13. 92다47564).

ㄷ. [O] 공익사업을 위한 토지 등의 취득 및 보상에 관한 법령에 의한 협의취득은 사법상의 법률행위이므로 당사자 사이의 자유로운 의사에 따라 채무불이행책임이나 매매대금 과부족금에 대한 지급의무를 약정할 수 있다(대판 2012.2.23. 2010다91206).

ㄹ. [O] 중소기업 정보화지원사업에 따른 지원금 출연을 위하여 중소기업청장이 체결하는 협약은 공법상 대등한 당사자 사이의 의사표시의 합치로 성립하는 공법상 계약에 해당하는 점, 구 중소기업 기술혁신 촉진법 제32조 제1항은 제10조가 정한 기술혁신사업과 제11조가 정한 산학협력 지원사업에 관하여 출연한 사업비의 환수에 적용될 수 있을 뿐 이와 근거 규정을 달리하는 중소기업 정보화지원사업에 관하여 출연한 지원금에 대하여는 적용될 수 없고 달리 지원금 환수에 관한 구체적인 법령상 근거가 없는 점 등을 종합하면, 협약의 해지 및 그에 따른 환수통보는 공법상 계약에 따라 행정청이 대등한 당사자의 지위에서 하는 의사표시로 보아야 하고, 이를 행정청이 우월한 지위에서 행하는 공권력의 행사로서 행정처분에 해당한다고 볼 수는 없다(대판 2015.8.27. 2015두41449).

20 부작위위법확인소송 정답 ②

① [X] 부작위위법확인소송은 있지만 부작위위법확인심판은 없다.
❷ [O] 「행정심판법」 제50조의2 제1항에 대한 옳은 내용이다.

판례 이론 **조문**

제50조의2【위원회의 간접강제】① 위원회는 피청구인이 제49조 제2항(제49조 제4항에서 준용하는 경우를 포함한다) 또는 제3항에 따른 처분을 하지 아니하면 청구인의 신청에 의하여 결정으로 상당한 기간을 정하고 피청구인이 그 기간 내에 이행하지 아니하는 경우에는 그 지연기간에 따라 일정한 배상을 하도록 명하거나 즉시 배상을 할 것을 명할 수 있다.

③ [X] 부작위위법확인소송에서는 처분이 존재하지 않기 때문에 판결시(사실심 변론종결시)를 기준으로 위법여부를 판단해야 한다.
④ [X] 행정심판 재결서의 정본을 송달받은 날부터 90일 이내에 제기하여야 한다.

▶ 정답   p. 92

01	②	V	06	②	V	11	④	VI	16	①	VI
02	③	VI	07	①	III	12	③	III	17	④	IV
03	③	VI	08	②	VI	13	②	V	18	④	III
04	④	VI	09	②	VI	14	④	VI	19	③	IV
05	①	II	10	②	I	15	③	VI	20	④	II

▶ 취약 단원 분석표

단원	맞힌 답의 개수
I	/ 1
II	/ 2
III	/ 3
IV	/ 2
V	/ 3
VI	/ 9
TOTAL	/ 20

I 행정법 서론 / II 행정작용법 / III 행정절차와 행정공개 / IV 행정의 실효성 확보수단 / V 행정상 손해전보 / VI 행정쟁송

01 　행정상 손실보상　　　　　　　　　정답 ②

옳은 것은 ㄱ, ㄴ이다.

ㄱ. [O] 헌법 제23조 제3항은 정당한 보상을 전제로 하여 재산권의 수용 등에 관한 가능성을 규정하고 있지만, 재산권 수용의 주체를 한정하지 않고 있다. 위 헌법조항의 핵심은 당해 수용이 공공필요에 부합하는가, 정당한 보상이 지급되고 있는가 여부 등에 있는 것이지, 그 수용의 주체가 국가인지 민간기업인지 여부가 아니다. 또한 국가 등의 공적 기관이 직접 수용의 주체가 되는 것이든 그러한 공적 기관의 최종적인 허부판단과 승인결정 하에 민간기업이 수용의 주체가 되는 것이든, 양자 사이에 공공필요에 대한 판단과 수용의 범위에 있어서 본질적인 차이를 가져올 것으로 보이지 않는다. 따라서 위 수용 등의 주체를 국가 등의 공적 기관에 한정하여 해석할 이유가 없다(헌재 2009.9.24. 2007헌바114).

ㄴ. [O] 손실보상은 공공필요에 의한 행정작용에 의하여 사인에게 발생한 특별한 희생에 대한 전보라는 점에서 그 사인에게 특별한 희생이 발생하여야 하는 것은 당연히 요구되는 것이고, 공유수면 매립면허의 고시가 있다고 하여 반드시 그 사업이 시행되고 그로 인하여 손실이 발생한다고 할 수 없으므로, 매립면허 고시 이후 매립공사가 실행되어 관행어업권자에게 실질적이고 현실적인 피해가 발생한 경우에만 공유수면매립법에서 정하는 손실보상청구권이 발생하였다고 할 것이다(대판 2010.12.9. 2007두6571).

ㄷ. [X] 공공사업의 시행 결과 공공사업시행지구 밖에서 발생한 간접손실에 관하여 그 피해자와 사업시행자 사이에 협의가 이루어지지 아니하고, 그 보상에 관한 명문의 근거 법령이 없는 경우라고 하더라도, 헌법 제23조 제3항 및 구 토지수용법 등의 개별 법률의 규정, 구 공공용지의 취득 및 손실보상에 관한 특례법 제3조 제1항 및 같은 법 시행규칙 제23조의2 내지 7 등의 규정 취지에 비추어 보면, 공공사업의 시행으로 인하여 그러한 손실이 발생하리라는 것을 쉽게 예견할 수 있고, 그 손실의 범위도 구체적으로 이를 특정할 수 있는 경우에는 그 손실의 보상에 관하여 구 공공용지의 취득 및 손실보상에 관한 특례법 시행규칙의 관련 규정 등을 유추적용할 수 있다(대판 2004.9.23. 2004다25581).

ㄹ. [X] 이주대책은 헌법 제23조 제3항에 규정된 정당한 보상에 포함되는 것이라기보다는 이에 부가하여 이주자들에게 종전의 생활상태를 회복시키기 위한 생활보상의 일환으로서 국가의 정책적인 배려에 의하여 마련된 제도라고 볼 것이다. 따라서 이주대책의 실시 여부는 입법자의 입법정책적 재량의 영역에 속하므로 공익사업을 위한 토지 등의 취득 및 보상에 관한 법률시행령 제40조 제3항 제3호가 이주대책의 대상자에서 세입자를 제외하고 있는 것이 세입자의 재산권을 침해하는 것이라 볼 수 없다(헌재 2006.2.23. 2004헌마19).

02 　재결에 대한 항고소송　　　　　　　정답 ③

① [X] 이른바 복효적 행정행위, 특히 제3자효를 수반하는 행정행위에 대한 행정심판청구에 있어서 그 청구를 인용하는 내용의 재결로 인하여 비로소 권리이익을 침해받게 되는 자(예컨대, 제3자가 행정심판청구인인 경우의 행정처분 상대방 또는 행정처분 상대방이 행정심판청구인인 경우의 제3자)는 재결의 당사자가 아니라고 하더라도 그 인용재결의 취소를 구하는 소를 제기할 수 있으나, 그 인용재결로 인하여 새로이 어떠한 권리이익도 침해받지 아니하는 자인 경우에는 그 재결의 취소를 구할 소의 이익이 없다(대판 1995.6.13. 94누15592).

② [X] 행정소송법 제19조는 취소소송은 행정청의 원처분을 대상으로 하되(원처분주의), 다만 "재결 자체에 고유한 위법이 있음을 이유로 하는 경우"에 한하여 행정심판의 재결도 취소소송의 대상으로 삼을 수 있도록 규정하고 있으므로 재결취소소송의 경우 재결 자체에 고유한 위법이 있는지 여부를 심리할 것이고, 재결 자체에 고유한 위법이 없는 경우에는 원처분의 당부와는 상관없이 당해 재결취소소송은 이를 기각하여야 한다(대판 1994.1.25. 93누16901).

❸ [O] 재결에 대한 취소소송은 재결 자체에 고유한 위법이 있는 경우에 한해 제기할 수 있고, 재결의 주체, 형식, 절차상의 위법뿐만 아니라 내용에 관한 위법도 포함된다. 서면에 의하지 않은 재결의 경우는 형식상 하자가 있으므로 재결에 대한 항고소송을 제기할 수 있다.

④ [×] 기각재결(원처분이 정당하다는 판단, 원처분을 유지하는 재결)은 재결 자체에 고유한 하자가 있는 것이 아니므로 원처분의 하자를 이유로 원처분을 항고소송으로 다투어야 한다.

03 항고소송   정답 ③

대상이 되는 것은 ㄴ, ㄷ, ㄹ, ㅁ이다.
ㄱ. [×] 토지대장에 기재된 일정한 사항을 변경하는 행위는, 그것이 지목의 변경이나 정정 등과 같이 토지소유권 행사의 전제요건으로서 토지소유자의 실체적 권리관계에 영향을 미치는 사항에 관한 것이 아닌 한 행정사무집행의 편의와 사실증명의 자료로 삼기 위한 것일 뿐이어서, 그 소유자 명의가 변경된다고 하여도 이로 인하여 당해 토지에 대한 실체상의 권리관계에 변동을 가져올 수 없고 토지 소유권이 지적공부의 기재만에 의하여 증명되는 것도 아니다. 따라서 소관청이 토지대장상의 소유자명의변경신청을 거부한 행위는 이를 항고소송의 대상이 되는 행정처분이라고 할 수 없다(대판 2012.1.12. 2010두12354).
ㄴ. [○] 토지대장은 토지의 소유권을 제대로 행사하기 위한 전제요건으로서 토지 소유자의 실체적 권리관계에 밀접하게 관련되어 있으므로, 토지대장을 직권으로 말소한 행위는 국민의 권리관계에 영향을 미치는 것으로서 항고소송의 대상이 되는 행정처분에 해당한다(대판 2013.10.24. 2011두13286).
ㄷ. [○] 건축물대장의 용도는 건축물의 소유권을 제대로 행사하기 위한 전제요건으로서 건축물 소유자의 실체적 권리관계에 밀접하게 관련되어 있으므로, 건축물대장 소관청의 용도변경신청 거부행위는 국민의 권리관계에 영향을 미치는 것으로서 항고소송의 대상이 되는 행정처분에 해당한다(대판 2009.1.30. 2007두7277).
ㄹ. [○] 건축물대장은 건축물의 소유권을 제대로 행사하기 위한 전제요건으로서 건축물 소유자의 실체적 권리관계에 밀접하게 관련되어 있으므로, 이러한 건축물대장을 직권말소한 행위는 국민의 권리관계에 영향을 미치는 것으로서 항고소송의 대상이 되는 행정처분에 해당한다(대판 2010.5.27. 2008두22655).
ㅁ. [○] 건축물대장의 작성은 건축물의 소유권을 제대로 행사하기 위한 전제요건으로서 건축물 소유자의 실체적 권리관계에 밀접하게 관련되어 있으므로 건축물대장 소관청의 작성신청 반려행위는 국민의 권리관계에 영향을 미치는 것으로서 항고소송의 대상이 되는 행정처분에 해당한다(대판 2009.2.12. 2007두17359).

04 취소판결의 효력   정답 ④

옳은 것은 ㄱ, ㄷ이고, 옳지 않은 것은 ㄴ, ㄹ이다.
ㄱ. [○] 취소 확정판결의 기속력은 판결의 주문 및 전제가 되는 처분 등의 구체적 위법사유에 관한 판단에도 미치나, 종전 처분이 판결에 의하여 취소되었더라도 종전 처분과 다른 사유를 들어서 새로이 처분을 하는 것은 기속력에 저촉되지 않는다. 새로운 처분의 처분사유가 종전처분의 처분사유와 기본적 사실관계에서 동일하지 않은 다른 사유에 해당하는 이상, 처분사유가 종전 처분 당시 이미 존재하고 있었고 당사자가 이를 알고 있었더라도 이를 내세워 새로이 처분을 하는 것은 확정판결의 기속력에 저촉되지 않는다(대판 2016.3.24. 2015두48235).
ㄴ. [×] 거부처분취소판결의 경우 그 처분을 한 행정청은 판결의 취지에 따라 다시 이전의 신청에 대한 처분을 하여야 한다(「행정소송법」 제30조 제2항). 이 경우 행정청은 판결의 취지를 존중하여야 되지만 반드시 신청한 내용대로 처분을 하여야 하는 것은 아니다. 즉, 기본적 사실관계의 동일성이 없는 다른 이유를 들어 다시 거부처분을 할 수 있다.
ㄷ. [○] 행정청의 거부처분을 취소하는 판결이 확정된 경우에는 처분을 행한 행정청이 판결의 취지에 따라 이전 신청에 대하여 재처분을 할 의무가 있다. 행정처분의 적법 여부는 행정처분이 행하여진 때의 법령과 사실을 기준으로 판단하는 것이므로 확정판결의 당사자인 처분 행정청은 종전 처분 후에 발생한 새로운 사유를 내세워 다시 거부처분을 할 수 있고, 그러한 처분도 위 조항에 규정된 재처분에 해당한다(대판 2011.10.27. 2011두14401).
ㄹ. [×] 확정판결의 당사자인 처분행정청이 그 행정소송의 사실심 변론종결 이전의 사유를 내세워 다시 확정판결과 저촉되는 행정처분을 하는 것은 허용되지 않는 것으로서 이러한 행정처분은 그 하자가 중대하고도 명백한 것이어서 당연무효라 할 것이다(대판 1990.12.11. 90누3560).

05 준법률행위적 행정행위   정답 ①

❶ [×] 토지대장에 기재된 소유자 명의가 변경된다고 하여도 이로 인하여 당해 토지에 대한 실체상의 권리관계에 변동을 가져올 수 없고 토지 소유권이 지적공부의 기재만에 의하여 증명되는 것도 아니다. 따라서 소관청이 토지대장상의 소유자명의변경신청을 거부한 행위는 이를 항고소송의 대상이 되는 행정처분이라고 할 수 없다(대판 2012.1.12. 2010두12354).
② [○] 국가귀속결정으로 비로소 국가의 소유로 되는 것이 아니라 그 취득·증여 등 원인행위시에 소급하여 당연히 국가의 소유로 된다(대판 2008.11.13. 2008두13491).
③ [○] 국가공무원법상 당연퇴직은 결격사유가 있을 때 법률상 당연히 퇴직하는 것이지, 공무원관계를 소멸시키기 위한 별도의 행정처분을 요하는 것이 아니며, 당연퇴직의 인사발령은 법률상 당연히 발생하는 퇴직사유를 공적으로 확인하여 알려주는 이른바 관념의 통지에 불과하고 공무원의 신분을 상실시키는 새로운 형성적 행위가 아니므로 행정소송의 대상이 되는 독립한 행정처분이라고 할 수 없다(대판 1995.11.14. 95누2036).

④ [O] 국세징수법 제21조, 제22조 소정의 가산금, 중가산금은 국세체납이 있는 경우에 위 법조에 따라 당연히 발생하고, 그 액수도 확정되는 것이기는 하나, 그에 관한 징수절차를 개시하려면 독촉장에 의하여 그 납부를 독촉함으로써 가능한 것이고 위 가산금 및 중가산금의 납부독촉이 부당하거나 그 절차에 하자가 있는 경우에는 그 징수처분에 대하여도 취소소송에 의한 불복이 가능하다(대판 1986.10.28. 86누147).

06 국가배상 정답 ②

① [O] 보호관찰관의 위치추적 전자장치(이하 '전자장치'라고 한다) 피부착자에 대한 지도·감독과 원호 업무는 재범의 위험성이 매우 높은 전자장치 피부착자가 재범으로 나아가지 않게 함으로써 건전한 사회복귀를 촉진하고 일반 국민이 전자장치 피부착자의 재범에 따른 피해를 입지 않도록 하는 데 중요한 역할을 한다. 구체적인 상황에서 전자장치 피부착자에 대한 지도·감독이나 원호 업무를 어떻게 수행할 것인지는 원칙적으로 보호관찰관의 전문적, 합리적 재량에 위임되었지만, 전자장치 피부착자의 재범을 효과적으로 방지하기 위해서는 전자장치 피부착자의 성향이나 환경 및 개별 관찰 결과에 맞추어 재범 방지에 유효한 실질적인 조치를 선택하여 적극적으로 수행하여야 한다. 만약 보호관찰관이 이러한 조치를 하지 아니한 것이 현저하게 불합리하다면 직무상의 의무를 위반한 것이어서 위법하다고 보아야 한다(대판 2022.7.14. 2017다290538).

❷ [X] 구 공무원연금법(2018.3.20. 법률 제15523호로 전부 개정되기 전의 것, 이하 '구 공무원연금법'이라고 한다)에 따라 각종 급여를 지급하는 제도는 공무원의 생활안정과 복리향상에 이바지하기 위한 것이라는 점에서 국가배상법 제2조 제1항 단서에 따라 손해배상금을 지급하는 제도와 그 취지 및 목적을 달리하므로, 경찰공무원인 피해자가 구 공무원연금법의 규정에 따라 공무상 요양비를 지급받는 것은 국가배상법 제2조 제1항 단서에서 정한 '다른 법령의 규정'에 따라 보상을 지급받는 것에 해당하지 않는다. 다만 경찰공무원인 피해자가 구 공무원연금법에 따라 공무상 요양비를 지급받은 후 추가로 국가배상법에 따라 치료비의 지급을 구하는 경우나 반대로 국가배상법에 따라 치료비를 지급받은 후 추가로 구 공무원연금법에 따라 공무상 요양비의 지급을 구하는 경우, 공무상 요양비와 치료비는 실제 치료에 소요된 비용에 대하여 지급되는 것으로서 같은 종류의 급여라고 할 것이므로, 치료비나 공무상 요양비가 추가로 지급될 때 구 공무원연금법 제33조 등을 근거로 먼저 지급된 공무상 요양비나 치료비 상당액이 공제될 수 있을 뿐이다. 한편 군인연금법과 구 공무원연금법은 취지나 목적에서 유사한 면이 있으나, 별도의 규정체계를 통해 서로 다른 적용 대상을 규율하고 있는 만큼 서로 상이한 내용들로 규정되어 있기도 하므로, 군인연금법이 국가배상법 제2조 제1항 단서에서 정한 '다른 법령'에 해당한다고 하여, 구 공무원연금법도 군인연금법과 동일하게 취급되어야 하는 것은 아니다(대판 2019.5.30. 2017다16174).

③ [O] 대통령긴급조치 제1호(1974.1.8. 대통령긴급조치 제1호, 이하 '긴급조치 제1호'라고 한다), 제4호(1974.4.3. 대통령긴급조치 제4호, 이하 '긴급조치 제4호'라고 한다)는 위헌·무효임이 명백하고 긴급조치 제1호, 제4호 발령으로 인한 국민의 기본권 침해는 그에 따른 강제수사와 공소제기, 유죄판결의 선고를 통하여 현실화되었다. 이러한 경우 긴급조치 제1호, 제4호의 발령부터 적용·집행에 이르는 일련의 국가작용은 전체적으로 보아 공무원이 직무를 집행하면서 객관적 주의의무를 소홀히 하여 그 직무행위가 객관적 정당성을 상실한 것으로서 위법하다고 평가되고, 긴급조치 제1호, 제4호의 적용·집행으로 강제수사를 받거나 유죄판결을 선고받고 복역함으로써 개별 국민이 입은 손해에 대해서는 국가배상책임이 인정될 수 있다(대판 2023.1.12. 2021다201184).

④ [O] 군인, 군무원 등 국가배상법 제2조 제1항 단서에 열거된 자가 전투·훈련 기타 직무집행과 관련하는 등으로 공상을 입은 경우라고 하더라도 군인연금법 또는 국가유공자예우등에 관한 법률에 의하여 재해보상금, 유족연금, 상이연금 등 별도의 보상을 받을 수 없는 경우에는 국가배상법 제2조 제1항 단서의 적용 대상에서 제외된다(대판 1996.12.20. 96다42178).

07 행정상 공표 정답 ①

❶ [X] 판례 이론 **조문**

> 「행정절차법」 제40조의3【위반사실 등의 공표】⑦ 행정청은 위반사실등의 공표를 하기 전에 당사자가 공표와 관련된 의무의 이행, 원상회복, 손해배상 등의 조치를 마친 경우에는 위반사실등의 공표를 하지 아니할 수 있다.

② [O] 피고가 원고들을 병역의무 기피자로 판단하여 인적사항 등을 병무청 인터넷 홈페이지에 게시하는 방법으로 공개하기로 결정한 것은 항고소송의 대상이 되는 행정처분에 해당한다고 판단된다(대판 2019.6.27. 2018두49130).

③ [O] 헌법 제13조 제1항에서 말하는 '처벌'은 원칙적으로 범죄에 대한 국가의 형벌권 실행으로서의 과벌을 의미하는 것이고, 국가가 행하는 일체의 제재나 불이익처분을 모두 그 '처벌'에 포함시킬 수는 없다. 법 제20조 제1항은 "청소년의 성을 사는 행위 등의 범죄방지를 위한 계도"가 신상공개제도의 주된 목적임을 명시하고 있는바, 이 제도가 당사자에게 일종의 수치심과 불명예를 줄 수 있다고 하여도, 이는 어디까지나 신상공개제도가 추구하는 입법목적에 부수적인 것이지 주된 것은 아니다. 또한, 공개되는 신상과 범죄사실은 이미 공개재판에서 확정된 유죄판결의 일부로서, 개인의 신상 내지 사생활에 관한 새로운 내용이 아니고, 공익목적을 위하여 이를 공개하는 과정에서 부수적으로 수치심 등이 발생된다고 하여 이것을 기존의 형벌 외에 또 다른 형벌로서 수치형이나 명예형에 해당한다고 볼 수는 없다. 그렇다면, 신상공개제도는 헌법 제13조의 이중처벌금지 원칙에 위배되지 않는다(헌재 2003.6.26. 2002헌가14).

④ [O] 「행정절차법」제40조의3 제8항에 대한 옳은 내용이다.

> 판례 이론 **조문**
>
> 제40조의3【위반사실 등의 공표】⑧ 행정청은 공표된 내용이 사실과 다른 것으로 밝혀지거나 공표에 포함된 처분이 취소된 경우에는 그 내용을 정정하여, 정정한 내용을 지체 없이 해당 공표와 같은 방법으로 공표된 기간 이상 공표하여야 한다. 다만, 당사자가 원하지 아니하면 공표하지 아니할 수 있다.

08 부작위위법확인소송 　　　정답 ②

① [X] 부작위위법확인소송의 계속중 소극적 처분이 있게 되면 부작위위법확인의 소는 소의 이익을 잃어 부적법하게 된다(대판 2009.7.23. 2008두10560).

❷ [O] 형사본안사건에서 무죄가 선고되어 확정되었다면 형사소송법 제332조 규정에 따라 검사가 압수물을 제출자나 소유자 기타 권리자에게 환부하여야 할 의무가 당연히 발생한 것이고, 권리자의 환부신청에 대한 검사의 환부결정 등 어떤 처분에 의하여 비로소 환부의무가 발생하는 것은 아니므로 압수가 해제된 것으로 간주된 압수물에 대하여 피압수자나 기타 권리자가 민사소송으로 그 반환을 구함은 별론으로 하고 검사가 피압수자의 압수물 환부신청에 대하여 아무런 결정이나 통지도 하지 아니하고 있다고 하더라도 그와 같은 부작위는 현행 행정소송법상의 부작위위법확인소송의 대상이 되지 아니한다(대판 1995.3.10. 94누14018).

③ [X] 부작위위법확인의 소는 부작위상태가 계속되는 한 그 위법의 확인을 구할 이익이 있다고 보아야 하므로 원칙적으로 제소기간의 제한을 받지 않는다. 그러나 행정소송법 제38조 제2항이 제소기간을 규정한 같은 법 제20조를 부작위위법확인소송에 준용하고 있는 점에 비추어 보면, 행정심판 등 전심절차를 거친 경우에는 행정소송법 제20조가 정한 제소기간 내에 부작위위법확인의 소를 제기하여야 한다(대판 2009.7.23. 2008두10560).

④ [X] 취소소송의 재판관할 규정은 부작위위법확인소송의 경우에 준용된다.

> 판례 이론 **조문**
>
> 「행정소송법」제9조【재판관할】① 취소소송의 제1심관할법원은 피고의 소재지를 관할하는 행정법원으로 한다.
> ② 제1항에도 불구하고 다음 각 호의 어느 하나에 해당하는 피고에 대하여 취소소송을 제기하는 경우에는 대법원소재지를 관할하는 행정법원에 제기할 수 있다.
> 1. 중앙행정기관, 중앙행정기관의 부속기관과 합의제행정기관 또는 그 장
> 2. 국가의 사무를 위임 또는 위탁받은 공공단체 또는 그 장
> ③ 토지의 수용 기타 부동산 또는 특정의 장소에 관계되는 처분등에 대한 취소소송은 그 부동산 또는 장소의 소재지를 관할하는 행정법원에 이를 제기할 수 있다.
> 제38조【준용규정】② 제9조, 제10조, 제13조 내지 제19조, 제20조, 제25조 내지 제27조, 제29조 내지 제31조, 제33조 및 제34조의 규정은 부작위위법확인소송의 경우에 준용한다.

09 취소판결의 효력 　　　정답 ②

옳은 것은 ㄱ, ㄴ이고, 옳지 않은 것은 ㄷ, ㄹ이다.

ㄱ. [O] 영업의 금지를 명한 영업허가취소처분 자체가 나중에 행정쟁송절차에 의하여 취소되었다면 그 영업허가취소처분은 그 처분시에 소급하여 효력을 잃게 되며, 그 영업허가취소처분에 복종할 의무가 원래부터 없었음이 확정되었다고 봄이 타당하고, 영업허가취소처분이 장래에 향하여서만 효력을 잃게 된다고 볼 것은 아니므로 그 영업허가취소처분 이후의 영업행위를 무허가영업이라고 볼 수는 없다(대판 1993.6.25. 93도277).

ㄴ. [O] 취소 확정판결의 기판력은 그 판결의 주문에만 미치고, 또한 소송물인 행정처분의 위법성 존부에 관한 판단 그 자체에만 미치는 것이므로 전소와 후소가 그 소송물을 달리하는 경우에는 전소 확정판결의 기판력이 후소에 미치지 아니한다(대판 1996.4.26. 95누5820).

ㄷ. [X] 취소판결이 확정된 후에 그 기속력에 위반하여 한 동일 내용의 처분은 위법하고, 그 하자가 중대·명백하여 당연무효이다(1990.12.11. 90누3560).

ㄹ. [X] 취소확정판결에는 형성력이 있다.

> **판례** 이론 조문
>
> 행정처분을 취소한다는 확정판결이 있으면 그 취소판결의 형성력에 의하여 당해 행정처분의 취소나 취소통지 등의 별도의 절차를 요하지 아니하고 당연히 취소의 효과가 발생한다(대판 1991.10.11. 90누5443).

10 서훈취소 　　　정답 ②

옳은 것은 1개(ㄷ)이다.

ㄱ. [X] 구 상훈법 제8조는 서훈취소의 요건을 구체적으로 명시하고 있고 그 절차에 관하여 상세하게 규정하고 있다. 그리고 서훈취소는 서훈수여의 경우와는 달리 이미 발생된 서훈대상자 등의 권리 등에 영향을 미치는 행위로서 관련 당사자에게 미치는 불이익의 내용과 그 정도 등을 고려하면 사법심사의 필요성이 크다. 따라서 기본권의 보장 및 법치주의의 이념에 비추어 보면, 비록 서훈취소가 대통령이 국가원수로서 행하는 행위라고 하더라도 법원이 사법심사를 자제하여야 할 고도의 정치성을 띤 행위라고 볼 수는 없다(대판 2015.4.23. 2012두26920).

ㄴ. [X] 서훈은 서훈대상자의 특별한 공적에 의하여 수여되는 고도의 일신전속적 성격을 가지는 것이다. 나아가 서훈은 단순히 서훈대상자 본인에 대한 수혜적 행위로서의 성격만을 가지는 것이 아니라, 국가에 뚜렷한 공적을 세운 사람에게 영예를 부여함으로써 국민 일반에 대하여 국가와 민족에 대한 자긍심을 높이고 국가적 가치를 통합·제시하는 행위의 성격도 있다. 서훈의 이러한 특수성으로 말미암아 상훈법은 일반적인 행정행위와 달리 사망한 사람에 대하여도 그의 공적을 영예의 대상으로 삼아 서훈을 수여할 수 있도록 규정하고 있다. 그러나 그러한 경우에도 서훈은 어디까지나 서훈대상자 본인의 공적과 영예를 기리기 위한 것이므로 비록 유족이라고 하더라도 제3자는 서훈수여 처분의 상대방이 될 수 없고, 구 상훈법 제33조, 제34조 등에 따라 망인을 대신하여 단지 사실행위로서 훈장 등을 교부받거나 보관할 수 있는 지위에 있을 뿐이다. 이러한 서훈의 일신전속적 성격은 서훈취소의 경우에도 마찬가지이므로, 망인에게 수여된 서훈의 취소에서도 유족은 그 처분의 상대방이 되는 것이 아니다(대판 2014.9.26. 2013두2518).

ㄷ. [O] 국무회의에서 건국훈장 독립장이 수여된 망인에 대한 서훈취소를 의결하고 대통령이 결재함으로써 서훈취소가 결정된 후 국가보훈처장이 망인의 유족 甲에게 '독립유공자 서훈취소결정 통보'를 하자 甲이 국가보훈처장을 상대로 서훈취소결정의 무효 확인 등의 소를 제기한 사안에서, 甲이 서훈취소 처분을 행한 행정청(대통령)이 아니라 국가보훈처장을 상대로 제기한 위 소는 피고를 잘못 지정한 경우에 해당하므로, 법원으로서는 석명권을 행사하여 정당한 피고로 경정하게 하여 소송을 진행해야 함에도 국가보훈처장이 서훈취소 처분을 한 것을 전제로 처분의 적법 여부를 판단한 원심판결에 법리오해 등의 잘못이 있다(대판 2014.9.26. 2013두2518).

ㄹ. [X] 독립유공자의 구체적 인정절차는 입법자가 헌법의 취지에 반하지 않는 한 입법재량으로 정할 수 있다. 독립유공자 인정의 전 단계로서 상훈법에 따른 서훈추천은 해당 후보자에 대한 공적심사를 거쳐서 이루어지며, 그러한 공적심사의 통과 여부는 해당 후보자가 독립유공자로서 인정될만한 사정이 있는지에 달려 있다. 이에 관한 판단에 있어서 국가는 나름대로의 재량을 지닌다. 따라서 국가보훈처장이 서훈추천 신청자에 대한 서훈추천을 하여 주어야 할 헌법적 작위의무가 있다고 할 수는 없으므로, 서훈추천을 거부한 것에 대하여 행정권력의 부작위에 대한 헌법소원으로서 다툴 수 없다(헌재 2005.6.30. 2004헌마859).

11 취소소송　　　　　　　　　　정답 ④

① [O] 행정소송법 제26조, 제28조 제1항 전단의 각 규정에 비추어 보면, 법원은 행정소송에 있어서 행정처분이 위법하여 운전자의 청구가 이유 있다고 인정하는 경우에도 그 처분 등을 취소하는 것이 현저히 공공복리에 적합하지 아니하다고 인정하는 때에는 원고의 청구를 기각하는 사정판결을 할 수 있고, 이러한 사정판결을 할 필요가 있다고 인정하는 때에는 당사자의 명백한 주장이 없는 경우에도 일건 기록에 나타난 사실을 기초로 하여 직권으로 사정판결을 할 수 있다(대판 1995.7.28. 95누4629).

② [O] 사정판결의 대상인 처분의 위법 여부는 일반원칙에 따라 처분 시를 기준으로 판단하지만, 사정판결의 필요성 여부는 판결시를 기준으로 판단하여야 한다. 사정판결은 처분 이후에 변화된 사정을 고려하는 제도이기 때문이다.

③ [O] 「행정소송법」 제32조에 대한 옳은 내용이다.

> 판례 이론 **조문**
>
> **제32조【소송비용의 부담】** 취소청구가 제28조의 규정에 의하여 기각되거나 행정청이 처분등을 취소 또는 변경함으로 인하여 청구가 각하 또는 기각된 경우에는 소송비용은 피고의 부담으로 한다.

❹ [X] 기속력은 처분등을 취소하는 확정판결에만 발생하므로 사정판결에서는 발생하지 않는다. 한편 기판력은 확정판결에 발생하므로 사정판결에서도 발생한다.

> 판례 이론 **조문**
>
> 「행정소송법」 제30조【취소판결등의 기속력】 ① 처분등을 취소하는 확정판결은 그 사건에 관하여 당사자인 행정청과 그 밖의 관계행정청을 기속한다.

12 공개대상정보　　　　　　　　　정답 ③

① [O] 공공기관의 정보공개에 관한 법률상 공개청구의 대상이 되는 정보란 공공기관이 직무상 작성 또는 취득하여 현재 보유·관리하고 있는 문서에 한정되는 것이기는 하나, 그 문서가 반드시 원본일 필요는 없다(대판 2006.5.25. 2006두3049).

② [O] 사법시험 제2차 시험의 답안지 열람은 시험문항에 대한 채점위원별 채점 결과의 열람과 달리 사법시험업무의 수행에 현저한 지장을 초래한다고 볼 수 없다(대판 2003.3.14. 2000두6114).

❸ [X] 공무원이 직무와 관련 없이 개인적인 자격으로 간담회·연찬회 등 행사에 참석하고 금품을 수령한 정보는 공공기관의 정보공개에 관한 법률 제7조 제1항 제6호 단서 다목 소정의 '공개하는 것이 공익을 위하여 필요하다고 인정되는 정보'에 해당하지 않는다(대판 2003.12.12. 2003두8050).

> **판례** 이론 조문
>
> [1] 공공기관의 정보공개에 관한 법률 제6조 제1항 소정의 국민의 범위 및 정보공개거부처분을 받은 청구인이 그 거부처분의 취소를 구할 법률상의 이익이 있는지 여부 (적극)
>
> 공공기관의 정보공개에 관한 법률 제6조 제1항은 "모든 국민은 정보의 공개를 청구할 권리를 가진다."고 규정하고 있는데, 여기에서 말하는 국민에는 자연인은 물론 법인, 권리능력 없는 사단·재단도 포함되고, 법인, 권리능력 없는 사단·재단 등의 경우에는 설립목적을 불문하며, 한편 정보공개청구권은 법률상 보호되는 구체적인 권리이므로 청구인이 공공기관에 대하여 정보공개를 청구하였다가 거부처분을 받은 것 자체가 법률상 이익의 침해에 해당한다.

[2] 정보공개를 청구하는 자가 공공기관에 대해 정보의 사본 또는 출력물의 교부의 방법으로 공개방법을 선택하여 정보공개청구를 한 경우, 공개청구를 받은 공공기관이 그 공개방법을 선택할 재량권이 있는지 여부(소극)

공공기관의 정보공개에 관한 법률 제2조 제2항, 제3조, 제5조, 제8조 제1항, 같은 법 시행령 제14조, 같은 법 시행규칙 제2조 [별지 제1호 서식] 등의 각 규정을 종합하면, 정보공개를 청구하는 자가 공공기관에 대해 정보의 사본 또는 출력물의 교부의 방법으로 공개방법을 선택하여 정보공개청구를 한 경우에 공개청구를 받은 공공기관으로서는 같은 법 제8조 제2항에서 규정한 정보의 사본 또는 복제물의 교부를 제한할 수 있는 사유에 해당하지 않는 한 정보공개청구자가 선택한 공개방법에 따라 정보를 공개하여야 하므로 그 공개방법을 선택할 재량권이 없다고 해석함이 상당하다.

[3] 공공기관의 정보공개에 관한 법률 제7조 제1항 제6호 단서 다목 소정의 '공개하는 것이 공익을 위하여 필요하다고 인정되는 정보'에 해당하는지 여부에 관한 판단기준

공공기관의 정보공개에 관한 법률 제7조 제1항 제6호 단서 다목 소정의 '공개하는 것이 공익을 위하여 필요하다고 인정되는 정보'에 해당하는지 여부는 비공개에 의하여 보호되는 개인의 사생활 보호 등의 이익과 공개에 의하여 보호되는 국민의 알 권리의 보장과 국정에 대한 국민의 참여 및 국정운영의 투명성 확보 등의 공익을 비교·교량하여 구체적 사안에 따라 개별적으로 판단하여야 한다.

[4] 공무원이 직무와 관련 없이 개인적인 자격으로 간담회·연찬회 등 행사에 참석하고 금품을 수령한 정보는 공공기관의 정보공개에 관한 법률 제7조 제1항 제6호 단서 다목 소정의 '공개하는 것이 공익을 위하여 필요하다고 인정되는 정보'에 해당하지 않는다고 한 사례

공무원이 직무와 관련 없이 개인적인 자격으로 간담회·연찬회 등 행사에 참석하고 금품을 수령한 정보는 공공기관의 정보공개에 관한 법률 제7조 제1항 제6호 단서 다목 소정의 '공개하는 것이 공익을 위하여 필요하다고 인정되는 정보'에 해당하지 않는다(대판 2003.12.12. 2003두8050).

④ [O] 사면대상자들의 사면실시건의서와 그와 관련된 국무회의 안건 자료에 관한 정보는 그 공개로 얻는 이익이 그로 인하여 침해되는 당사자들의 사생활의 비밀에 관한 이익보다 더욱 크므로 구 공공기관의 정보공개에 관한 법률(2004.1.29. 법률 제7127호로 전문 개정되기 전의 것) 제7조 제1항 제6호에서 정한 비공개사유에 해당하지 않는다(대판 2006.12.7. 2005두241).

13 국가배상제도   정답 ②

① [O] 「국가배상법」 제4조에 대한 옳은 내용이다.

판례 이론 **조문**

제4조【양도 등 금지】생명·신체의 침해로 인한 국가배상을 받을 권리는 양도하거나 압류하지 못한다.

❷ [X] 당해 외국에서 구체적으로 우리나라 국민에게 국가배상청구를 인정한 사례가 없더라도 실제로 인정될 것이라고 기대할 수 있는 상태이면 충분하다(대판 2015.6.11. 2013다208388).

판례 이론 조문

[1] 국가배상법 제7조에서 정한 '상호보증'이 있는지 판단하는 기준

국가배상법 제7조는 우리나라만이 입을 수 있는 불이익을 방지하고 국제관계에서 형평을 도모하기 위하여 외국인의 국가배상청구권의 발생요건으로 '외국인이 피해자인 경우에는 해당 국가와 상호보증이 있을 것'을 요구하고 있는데, 해당 국가에서 외국인에 대한 국가배상청구권의 발생요건이 우리나라의 그것과 동일하거나 오히려 관대할 것을 요구하는 것은 지나치게 외국인의 국가배상청구권을 제한하는 결과가 되어 국제적인 교류가 빈번한 오늘날의 현실에 맞지 아니할 뿐만 아니라 외국에서 우리나라 국민에 대한 보호를 거부하게 하는 불합리한 결과를 가져올 수 있는 점을 고려할 때, 우리나라와 외국 사이에 국가배상청구권의 발생요건이 현저히 균형을 상실하지 아니하고 외국에서 정한 요건이 우리나라에서 정한 그것보다 전체로서 과중하지 아니하여 중요한 점에서 실질적으로 거의 차이가 없는 정도라면 국가배상법 제7조가 정하는 상호보증의 요건을 구비하였다고 봄이 타당하다. 그리고 상호보증은 외국의 법령, 판례 및 관례 등에 의하여 발생요건을 비교하여 인정되면 충분하고 반드시 당사국과의 조약이 체결되어 있을 필요는 없으며, 당해 외국에서 구체적으로 우리나라 국민에게 국가배상청구를 인정한 사례가 없더라도 실제로 인정될 것이라고 기대할 수 있는 상태이면 충분하다.

[2] 일본인 甲이 대한민국 소속 공무원의 위법한 직무집행에 따른 피해에 대하여 국가배상청구를 한 사안에서, 우리나라와 일본 사이에 국가배상법 제7조가 정하는 상호보증이 있다고 한 사례

일본인 甲이 대한민국 소속 공무원의 위법한 직무집행에 따른 피해에 대하여 국가배상청구를 한 사안에서, 일본 국가배상법 제1조 제1항, 제6조가 국가배상청구권의 발생요건 및 상호보증에 관하여 우리나라 국가배상법과 동일한 내용을 규정하고 있는 점 등에 비추어 우리나라와 일본 사이에 국가배상법 제7조가 정하는 상호보증이 있다(대판 2015.6.11. 2013다208388).

③ [O] 행정입법에 관여한 공무원이 입법 당시의 상황에서 다양한 요소를 고려하여 나름대로 합리적인 근거를 찾아 어느 하나의 견해에 따라 경과규정을 두는 등의 조치 없이 새 법령을 그대로 시행하거나 적용하였다면, 그와 같은 공무원의 판단이 나중에 대법원이 내린 판단과 같지 아니하여 결과적으로 시행령 등이 신뢰보호의 원칙 등에 위배되는 결과가 되었다고 하더라도, 이러한 경우에까지 국가배상법 제2조 제1항에서 정한 국가배상책임의 성립요건인 공무원의 과실이 있다고 할 수는 없다(대판 2013.4.26. 2011다14428).

④ [O] 국민의 생명, 신체, 재산 등에 대하여 절박하고 중대한 위험상태가 발생하였거나 발생할 우려가 있어서 국민의 생명, 신체, 재산 등을 보호하는 것을 본래적 사명으로 하는 국가가 초법규적·일차적으로 그 위험 배제에 나서지 아니하면 국민의 생명, 신체, 재산 등을 보호할 수 없는 경우에는 형식적 의미의 법령에 근거가 없더라도 국가나 관련공무원에 대하여 그러한 위험을 배제할 작위의무를 인정할 수 있을 것이다.

따라서 그와 같은 절박하고 중대한 위험상태가 발생하였거나 발생할 우려가 있는 경우가 아닌 한, 원칙적으로 공무원이 관련 법령대로만 직무를 수행하였다면 그와 같은 공무원의 부작위를 가지고 '고의 또는 과실로 법령에 위반'하였다고 할 수는 없을 것이다(대판 2005.6.10. 2002다53995).

14 당사자소송   정답 ②

공법상 당사자소송에 해당하는 것은 ㄴ, ㅁ이다.

ㄱ. [×] [민사소송] 조세부과처분이 무효임을 전제로 하여 이미 납부한 세금의 반환을 청구하는 것은 민사상의 부당이득반환청구로서 민사소송절차에 따라야 한다(대결 1991.2.6. 90프2).

ㄴ. [○] [당사자소송] 부가가치세 환급세액 지급청구가 당사자소송의 대상이다(대판 2013.3.21. 2011다95564 전합).

ㄷ. [×] [항고소송] 도시재개발법에 의한 재개발조합은 조합원에 대한 법률관계에서 적어도 특수한 존립목적을 부여받은 특수한 행정주체로서 국가의 감독하에 그 존립 목적인 특정한 공공사무를 행하고 있다고 볼 수 있는 범위 내에서는 공법상의 권리의무 관계에 서 있는 것이므로 분양신청 후에 정하여진 관리처분계획의 내용에 관하여 다툼이 있는 경우에는 그 관리처분계획은 토지 등의 소유자에게 구체적이고 결정적인 영향을 미치는 것으로서 조합이 행한 처분에 해당하므로 항고소송의 방법으로 그 무효확인이나 취소를 구할 수 있다(대판 2002.12.10. 2001두6333).

ㄹ. [×] [항고소송] 민주화운동관련자 명예회복 및 보상 심의위원회'의 보상금 등의 지급 대상자에 관한 결정이 행정처분인지 여부 및 '민주화운동관련자 명예회복 및 보상 등에 관한 법률'에 따른 보상금 등의 지급을 구하는 소송의 형태(=취소소송)이다(대판 2008.4.17. 2005두16185).

ㅁ. [○] [당사자소송] 구 공익사업을 위한 토지 등의 취득 및 보상에 관한 법률에 의하면, 적법하게 시행된 공익사업으로 인하여 이주하게 된 주거용 건축물 세입자의 주거이전비 보상청구권은 공법상의 권리이고, 따라서 그 보상을 둘러싼 쟁송은 민사소송이 아니라 공법상의 법률관계를 대상으로 하는 행정소송에 의하여야 한다(대판 2008.5.29. 2007다8129).

15 무효등확인소송   정답 ③

① [○] 행정처분의 당연무효를 주장하여 그 무효확인을 구하는 소송과 그 무효확인을 구하는 뜻에서 그 처분의 취소를 구하는 소송에 있어서는 그 무효를 구하는 사람(원고)에게 행정처분에 존재하는 하자(위법성)가 중대하고 명백하다는 것을 주장 입증할 책임이 있다(대판 1976.1.13. 75누175).

② [○] 무효등확인소송에는 취소소송의 간접강제 규정이 준용되지 않는다. 따라서 거부처분에 대한 무효확인 판결에는 간접강제가 허용되지 않는다.

> 판례 이론 **조문**
>
> 「행정소송법」제38조【준용규정】① 제9조, 제10조, 제13조 내지 제17조, 제19조, 제22조 내지 제26조, 제29조 내지 제31조 및 제33조의 규정은 무효등 확인소송의 경우에 준용한다.
> 제34조【거부처분취소판결의 간접강제】① 행정청이 제30조 제2항의 규정에 의한 처분을 하지 아니하는 때에는 제1심 수소법원은 당사자의 신청에 의하여 결정으로써 상당한 기간을 정하고 행정청이 그 기간 내에 이행하지 아니하는 때에는 그 지연기간에 따라 일정한 배상을 할 것을 명하거나 즉시 손해배상을 할 것을 명할 수 있다.

❸ [×] 행정처분에 대한 무효확인과 취소청구는 서로 양립할 수 없는 청구로서 주위적·예비적 청구로서만 병합이 가능하고 선택적 청구로서의 병합이나 단순 병합은 허용되지 아니한다(대판 1999.8.20. 97누6889).

④ [○] 행정처분의 근거 법률에 의하여 보호되는 직접적이고 구체적인 이익이 있는 경우에는 행정소송법 제35조에 규정된 '무효확인을 구할 법률상 이익'이 있다고 보아야 하고, 이와 별도로 무효확인소송의 보충성이 요구되는 것은 아니므로 행정처분의 무효를 전제로 한 이행소송 등과 같은 직접적인 구제수단이 있는지 여부를 따질 필요가 없다고 해석함이 상당하다(대판 2008.3.20. 2007두6342).

16 항고소송의 대상   정답 ①

❶ [×] 정보의 효율적 활용을 도모하고 청구인의 편의를 제고함으로써 구 정보공개법의 목적인 국민의 알 권리를 충실하게 보장하려는 것이므로, 청구인에게는 특정한 공개방법을 지정하여 정보공개를 청구할 수 있는 법률상 신청권이 있다. 따라서 공공기관이 공개청구의 대상이 된 정보를 공개는 하되, 청구인이 신청한 공개방법 이외의 방법으로 공개하기로 하는 결정을 하였다면, 이는 정보공개청구 중 정보공개방법에 관한 부분에 대하여 일부 거부처분을 한 것이고, 청구인은 그에 대하여 항고소송으로 다툴 수 있다(대판 2016.11.10. 2016두44674).

② [○] 개발부담금 부과처분 후에 학교용지부담금을 납부한 개발사업 시행자는 마땅히 공제받아야 할 개발비용을 전혀 공제받지 못하는 법률상 불이익을 입게 될 수 있는데도 구 개발이익 환수에 관한 법률, 같은 법 시행령은 불복방법에 관하여 아무런 규정을 두지 않고 있다. 위와 같은 사정을 앞서 본 법리에 비추어 보면, 개발사업시행자가 납부한 개발부담금 중 부과처분 후에 납부한 학교용지부담금에 해당하는 금액에 대하여는 조리상 개발부담금 부과처분의 취소나 변경 등 개발부담금의 환급에 필요한 처분을 신청할 권리를 인정함이 타당하다(대판 2016.1.28. 2013두2938).

③ [O] 중요무형문화재 보유자의 추가인정 여부는 문화재청장의 재량에 속하고, 특정 개인이 자신을 보유자로 인정해 달라고 신청할 수 있다는 근거 규정을 별도로 두고 있지 아니하므로 법규상으로 개인에게 신청권이 있다고 할 수 없고, 전수교육 조교로서 이 사건 조사를 받았다는 사정만으로는 원고에게 중요무형문화재 보유자의 추가인정에 관한 법규상 또는 조리상 신청권이 있다고 볼 수 없다(대판 2015.12.10. 2013두20585).

④ [O] 산업재해보상보험법, 고용보험 및 산업재해보상보험의 보험료징수 등에 관한 법률 등 관련 법령은 사업주가 이미 발생한 업무상 재해와 관련하여 당시 재해근로자의 사용자가 자신이 아니라 제3자임을 근거로 사업주 변경신청을 할 수 있도록 하는 규정을 두고 있지 않으므로 법규상으로 신청권이 인정된다고 볼 수 없고, 산업재해보상보험에서 보험가입자인 사업주와 보험급여를 받을 근로자에 해당하는지는 해당 사실의 실질에 의하여 결정되는 것일 뿐이고 근로복지공단의 결정에 따라 보험가입자(당연가입자) 지위가 발생하는 것은 아닌 점 등을 종합하면, 사업주 변경신청과 같은 내용의 조리상 신청권이 인정된다고 볼 수도 없으므로, 근로복지공단이 신청을 거부하였더라도 乙회사의 권리나 법적 이익에 어떤 영향을 미치는 것은 아니어서, 위 통지는 항고소송의 대상이 되는 행정처분이 되지 않는다(대판 2016.7.14. 2014두47426).

17 실효성 확보수단   정답 ④

옳은 것은 ㄴ, ㄷ, ㄹ이다.

ㄱ. [X] 조세의 부과처분과 압류 등의 체납처분은 별개의 행정처분으로서 독립성을 가지므로 부과처분에 하자가 있더라도 그 부과처분이 취소되지 아니하는 한 그 부과처분에 의한 체납처분은 위법이라고 할 수는 없지만, 체납처분은 부과 처분의 집행을 위한 절차에 불과하므로 그 부과처분에 중대하고도 명백한 하자가 있어 무효인 경우에는 그 부과처분의 집행을 위한 체납처분도 무효라 할 것이다(대판 1987.9.22. 87누383).

ㄴ. [O] 세법상 가산세는 과세권의 행사 및 조세채권의 실현을 용이하게 하기 위하여 납세자가 정당한 이유 없이 법에 규정 된 신고, 납세 등 각종 의무를 위반한 경우에 개별 세법이 정하는 바에 따라 부과되는 행정상의 제재로서 납세자의 고의, 과실은 고려되지 않는 것이고, 다만 납세의무자가 그 의무를 알지 못한 것이 무리가 아니었다거나 그 의무의 이행을 당사자에게 기대하는 것이 무리라고 하는 사정이 있을 때 등 그 의무해태를 탓할 수 없는 정당한 사유가 있는 경우에는 이를 부과할 수 없다(대판 2003.9.5. 2001두403).

세법상 가산세는 과세권의 행사 및 조세채권의 실현을 용이하게 하기 위하여 납세자가 정당한 이유 없이 법에 규정된 신고·납세의무 등을 위반한 경우에 법이 정하는 바에 의하여 부과하는 행정상의 제재로서 납세자의 고의·과실은 고려되지 아니하는 것이며, 법령의 부지는 그 정당한 사유에 해당한다고 볼 수 없다(대판 1999.12.28. 98두3532).

ㄷ. [O] 「지방세징수법」 제34조에 대한 옳은 내용이다.

> 판례   이론   **조문**
>
> 제34조【신분증의 제시】세무공무원이 체납처분을 하기 위하여 질문·검사 또는 수색을 하거나 재산을 압류할 때에는 신분을 표시하는 증표를 지니고 관계자에게 보여 주어야 한다.

ㄹ. [O] 가산금 또는 중가산금은 국세를 납부기한까지 납부하지 아니하면 과세청의 확정절차 없이도 법률 규정에 의하여 당연히 발생하는 것이므로 가산금 또는 중가산금의 고지가 항고소송의 대상이 되는 처분이라고 볼 수 없다(대판 2005.6.10. 2005다15482).

18 사전통지 및 의견청취   정답 ④

① [X] 지방세법에 의한 압류재산 매각절차에 따라 영업시설의 전부를 인수함으로써 그 영업자의 지위를 승계한 자가 관계 행정청에 이를 신고하여 행정청이 이를 수리하는 경우에는 종전의 영업자에 대한 영업허가 등은 그 효력을 잃는다 할 것인데, 위 규정들을 종합하면 위 행정청이 구 식품위생법 규정에 의하여 영업자지위승계신고를 수리하는 처분은 종전의 영업자의 권익을 제한하는 처분이라 할 것이고 따라서 종전의 영업자는 그 처분에 대하여 직접 그 상대가 되는 자에 해당한다고 봄이 상당하므로, 행정청으로서는 위 신고를 수리하는 처분을 함에 있어서 행정절차법 규정 소정의 당사자에 해당하는 종전의 영업자에 대하여 위 규정 소정의 행정절차를 실시하고 처분을 하여야 한다(대판 2003.2.14. 2001두7015).

② [X] 피고 소속 공무원 소외인이 위 현장조사에 앞서 원고에게 전화로 통지한 것은 행정조사의 통지이지 이 사건 처분(시정명령)에 대한 사전통지로 볼 수 없다. 그리고 위 소외인이 현장조사 당시 위반경위에 관하여 원고에게 의견진술기회를 부여하였다 하더라도, 이 사건 처분(시정명령)이 현장조사 바로 다음 날 이루어진 사정에 비추어 보면, 의견제출에 필요한 상당한 기간을 고려하여 의견제출기한이 부여되었다고 보기도 어렵다. 그리고 현장조사에서 원고가 위반사실을 시인하였다거나 위반경위를 진술하였다는 사정만으로는 행정절차법 제21조 제4항 제3호가 정한 '의견청취가 현저히 곤란하거나 명백히 불필요하다고 인정될 만한 상당한 이유가 있는 경우'로서 처분의 사전통지를 하지 아니하여도 되는 경우에 해당한다고 볼 수도 없다. 따라서 행정청인 피고가 침해적 행정처분인 이 사건 처분(시정명령)을 하면서 원고에게 행정절차법에 따른 적법한 사전통지를 하거나 의견제출의 기회를 부여하였다고 볼 수 없다(대판 2016.10.27. 2016두41811).

③ [X] 원고에게 항만시설인 이 사건 대지의 사용을 불허한 이 사건 제1처분은 당사자에게 권리나 이익을 부여하는 효과를 수반하는 이른바 수익적 행위를 구하는 원고의 신청에 대한 거부처분에 해당할 뿐, 행정절차법 제21조(처분의 사전 통지)에서 말하는 당사자의 권익을 제한하는 처분에 해당한다고 볼 수 없다(대판 2017.11.23. 2014두1628).

> **판례** 이론 조문
>
> 신청에 따른 처분이 이루어지지 아니한 경우에는 아직 당사자에게 권익이 부과되지 아니하였으므로 특별한 사정이 없는 한 신청에 대한 거부처분이라고 하더라도 직접 당사자의 권익을 제한하는 것은 아니어서 신청에 대한 거부처분을 여기에서 말하는 '당사자의 권익을 제한하는 처분'에 해당한다고 할 수 없는 것이어서 처분의 사전통지대상이 된다고 할 수 없다(대판 2003.11.28. 2003두674).

❹ [O] 개발제한구역의 지정 및 관리에 관한 특별조치법(이하 '개발제한구역법'이라 한다) 제30조 제1항에 의하여 행정청으로부터 시정명령을 받은 자가 이를 위반한 경우, 그로 인하여 개발제한구역법 제32조 제2호에 정한 처벌을 하기 위하여는 시정명령이 적법한 것이라야 하고, 시정명령이 당연무효가 아니더라도 위법한 것으로 인정되는 한 개발제한구역법 제32조 제2호 위반죄가 성립될 수 없다(대판 2017.9.21. 2017도7321).

---

19 행정벌   정답 ③

① [X] 이행강제금은 장래에 의무의 이행을 강제하기 위한 제재로서 간접적으로 행정작용의 실효성을 확보하기 위한 수단이고, 행정벌은 과거의 의무위반에 대한 제재이며 간접적인 실효성 확보 수단이다.

② [X] 법률이 변경되어 그 행위가 질서위반행위에 해당하지 아니하게 된 때에는 법률에 특별한 규정이 없는 한 과태료의 징수 또는 집행을 면제한다.

> 판례 이론 **조문**
>
> 「질서위반행위규제법」 제3조 【법 적용의 시간적 범위】 ③ 행정청의 과태료 처분이나 법원의 과태료 재판이 확정된 후 법률이 변경되어 그 행위가 질서위반행위에 해당하지 아니하게 된 때에는 변경된 법률에 특별한 규정이 없는 한 과태료의 징수 또는 집행을 면제한다.

❸ [O] 「질서위반행위규제법」 제20조에 대한 옳은 내용이다.

> 판례 이론 **조문**
>
> 제20조 【이의제기】 ① 행정청의 과태료 부과에 불복하는 당사자는 제17조 제1항에 따른 과태료 부과 통지를 받은 날부터 60일 이내에 해당 행정청에 서면으로 이의제기를 할 수 있다.
> ② 제1항에 따른 이의제기가 있는 경우에는 행정청의 과태료 부과처분은 그 효력을 상실한다.

④ [X] 법원이 비송사건절차법에 따라서 하는 과태료 재판은 관할 관청이 부과한 과태료처분에 대한 당부를 심판하는 행정소송절차가 아니라 법원이 직권으로 개시·결정하는 것이므로, 원칙적으로 과태료 재판에서는 행정소송에서와 같은 신뢰보호의 원칙 위반 여부가 문제로 되지 아니하고, 다만 위반자가 그 의무를 알지 못하는 것이 무리가 아니었다고 할 수 있어 그것을 정당시할 수 있는 사정이 있을 때 또는 그 의무의 이행을 그 당사자에게 기대하는 것이 무리라고 하는 사정이 있을 때 등 그 의무 해태를 탓할 수 없는 정당한 사유가 있는 때에는 이를 부과할 수 없다(대결 2006.4.28. 2003마715).

> 판례 **이론** 조문
>
> 항고소송에서는 행정처분이 신뢰보호원칙에 위반되는 경우 위법한 처분이 되나, 과태료재판에서는 고의·과실 없는 질서위반행위인지, 위법성의 착오에 정당한 사유가 있는지를 판단하여 과태료를 부과 여부를 결정한다.

---

20 인·허가의제   정답 ④

① [O] 건설부장관이 구 주택건설촉진법 제33조에 따라 관계기관의 장과의 협의를 거쳐 사업계획승인을 한 이상 같은조 제4항의 허가·인가·결정·승인 등이 있는 것으로 볼 것이고, 그 절차와 별도로 도시계획법 제12조 등 소정의 중앙도시계획위원회의 의결이나 주민의 의견청취 등 절차를 거칠 필요는 없다(대판 1992.11.10. 92누1162).

② [O] 건축물의 건축이 국토계획법상 개발행위에 해당할 경우 그에 대한 건축허가를 하는 허가권자는 건축허가에 배치·저촉되는 관계 법령상 제한 사유의 하나로 국토계획법령의 개발행위허가기준을 확인하여야 하므로, 국토계획법상 건축물의 건축에 관한 개발행위허가가 의제되는 건축허가신청이 국토계획법령이 정한 개발행위허가기준에 부합하지 아니하면 허가권자로서는 이를 거부할 수 있고, 이는 건축법 제16조 제3항에 의하여 개발행위허가의 변경이 의제되는 건축허가사항의 변경허가에서도 마찬가지이다(대판 2016.8.24. 2016두35762).

③ [O] 인·허가의제 제도를 둔 취지는, 인·허가의제 사항과 관련하여 건축허가 또는 건축신고의 관할 행정청으로 그 창구를 단일화하고 절차를 간소화하며 비용과 시간을 절감함으로써 국민의 권익을 보호하려는 것이지, 인·허가의제 사항 관련 법률에 따른 각각의 인·허가 요건에 관한 일체의 심사를 배제하려는 것으로 보기는 어렵다(대판 2011.1.20. 2010두14954).

❹ [X] 건축불허가처분을 하면서 그 처분사유로 건축불허가 사유뿐만 아니라 형질변경불허가 사유나 농지전용불허가 사유를 들고 있다고 하여 그 건축불허가처분 외에 별개로 형질변경불허가처분이나 농지전용불허가처분이 존재하는 것이 아니므로, 그 건축불허가처분을 받은 사람은 그 건축불허가처분에 관한 쟁송에서 건축법상의 건축불허가 사유뿐만 아니라 같은 도시계획법상의 형질변경불허가 사유나 농지법상의 농지전용불허가 사유에 관하여도 다툴 수 있는 것이지, 그 건축불허가처분에 관한 쟁송과는 별개로 형질변경불허가처분이나 농지전용불허가처분에 관한 쟁송을 제기하여 이를 다투어야 하는 것은 아니며, 그러한 쟁송을 제기하지 아니하였어도 형질변경불허가 사유나 농지전용불허가 사유에 관하여 불가쟁력이 생기지 아니한다(대판 2001.1.16. 99두10988).

gosi.Hackers.com

해커스공무원 학원·인강
gosi.Hackers.com

최종점검 기출모의고사

정답   p. 102

01	③	III	06	②	I	11	④	II	16	③	II
02	①	VI	07	③	II	12	④	II	17	④	IV
03	②	IV	08	①	VI	13	①	VI	18	③	VI
04	③	IV	09	②	VI	14	④	VI	19	③	V
05	①	I	10	③	V	15	②	VI	20	③	IV

취약 단원 분석표

단원	맞힌 답의 개수
I	/ 2
II	/ 5
III	/ 1
IV	/ 4
V	/ 2
VI	/ 6
TOTAL	/ 20

I 행정법 서론 / II 행정작용법 / III 행정절차와 행정공개 / IV 행정의 실효성 확보수단 / V 행정상 손해전보 / VI 행정쟁송

24' 국가직 9급

01 행정절차   정답 ③

① [O] 「행정절차법」 제30조에 대한 옳은 내용이다.

> 판례 이론 **조문**
>
> 제30조 【청문의 공개】 청문은 당사자가 공개를 신청하거나 청문 주재자가 필요하다고 인정하는 경우 공개할 수 있다. 다만, 공익 또는 제3자의 정당한 이익을 현저히 해칠 우려가 있는 경우에는 공개하여서는 아니 된다.

② [O] 행정절차법 제23조 제1항은 행정청은 처분을 하는 때에는 당사자에게 그 근거와 이유를 제시하여야 한다고 규정하고 있는 바, 일반적으로 당사자가 근거규정 등을 명시하여 신청하는 인·허가 등을 거부하는 처분을 함에 있어 당사자가 그 근거를 알 수 있을 정도로 상당한 이유를 제시한 경우에는 당해 처분의 근거 및 이유를 구체적 조항 및 내용까지 명시하지 않았더라도 그로 말미암아 그 처분이 위법한 것이 된다고 할 수 없다. 행정청이 토지형질변경허가신청을 불허하는 근거규정으로 '도시계획법 시행령 제20조'를 명시하지 아니하고 '도시계획법'이라고만 기재하였으나, 신청인이 자신의 신청이 개발제한구역의 지정목적에 현저히 지장을 초래하는 것이라는 이유로 구 도시계획법 시행령 제20조 제1항 제2호에 따라 불허된 것임을 알 수 있었던 경우, 그 불허처분이 위법하지 아니하다(대판 2002.5.17. 2000두8912).

❸ [×] 군인사법 및 그 시행령에 이 사건 처분과 같이 진급예정자 명단에 포함된 자의 진급선발을 취소하는 처분을 함에 있어 행정절차에 준하는 절차를 거치도록 하는 규정이 없을 뿐만 아니라 위 처분이 성질상 행정절차를 거치기 곤란하거나 불필요하다고 인정되는 처분이라고 보기도 어렵다고 할 것이어서 이 사건 처분이 행정절차법의 적용이 제외되는 경우에 해당한다고 할 수 없으며, 나아가 원고가 수사과정 및 징계과정에서 자신의 비위행위에 대한 해명기회를 가졌다는 사정만으로 이 사건 처분이 행정절차법 제21조 제4항 제3호, 제22조 제4항에 따라 원고에게 사전통지를 하지 않거나 의견제출의 기회를 주지 아니하여도 되는 예외적인 경우에 해당한다고 할 수 없으므로, 피고가 이 사건 처분을 함에 있어 원고에게 의견제출의 기회를 부여하지 아니한 이상, 이 사건 처분은 절차상 하자가 있어 위법하다(2007.9.21. 2006두20631).

④ [O] 과세의 절차 내지 형식에 위법이 있어 과세처분을 취소하는 판결이 확정되었을 때는 그 확정판결의 기판력은 거기에 적시된 절차내지 형식의 위법사유에 한하여 미치는 것이므로 과세관청은 그 위법사유를 보완하여 다시 새로운 과세처분을 할 수 있고 그 새로운 과세처분은 확정판결에 의하여 취소된 종전의 과세처분과는 별개의 처분이라 할 것이어서 확정판결의 기판력에 저촉되는 것이 아니다(대판 1987.2.10. 86누91).

24' 국가직 7급

02 항고소송   정답 ①

❶ [×] 병무청장이 병역법 제81조의2 제1항에 따라 병역의무 기피자의 인적사항 등을 인터넷 홈페이지에 게시하는 등의 방법으로 공개한 경우 병무청장의 공개결정을 항고소송의 대상이 되는 행정처분으로 보아야 한다(대판 2019.6.27. 2018두49130).

② [O] 어떠한 처분의 근거나 법적인 효과가 행정규칙에 규정되어 있다고 하더라도, 그 처분이 행정규칙의 내부적 구속력에 의하여 상대방에게 권리의 설정 또는 의무의 부담을 명하거나 기타 법적인 효과를 발생하게 하는 등으로 그 상대방의 권리 의무에 직접영향을 미치는 행위라면, 이 경우에도 항고소송의 대상이 되는 행정처분에 해당한다(대판 2002.7.26. 2001두3532).

③ [O] 구 하도급거래 공정화에 관한 법률 제26조 제2항은 입찰참가자격제한 요청의 요건을 구 하도급거래 공정화에 관한 법률 시행령으로 정하는 기준에 따라 부과한 벌점의 누산점수가 일정 기준을 초과하는 경우로 구체화하고, 위 요건을 충족하는 경우 공정거래위원회는 법 제26조 제2항 후단에 따라 관계 행정기관의 장에게 해당 사업자에 대한 입찰참가자격제한 요청 결정을 하게 되며, 이를 요청받은 관계 행정기관의 장은 특별한 사정이 없는 한 그 사업자에 대하여 입찰참가자격을 제한하는 처분을 해야 하므로, 사업자로서는 입찰참가자격제한 요청 결정이 있으면 장차 후속 처분으로 입찰참가자격이 제한될 수 있는 법률상 불이익이 존재한다. 이때 입찰참가자격제한 요청 결정이 있음을 알고 있는 사업자로 하여금 입찰참가자격제한처분에 대하여만 다툴 수 있도록 하는 것보다는 그에 앞서 직접 입찰참가자격제한 요청 결정의 적법성을 다툴 수 있도록 함으로써 분쟁을 조기에 근본적으로 해결하도록 하는 것이

법치행정의 원리에도 부합한다. 따라서 공정거래위원회의 입찰참가자격제한 요청 결정은 항고소송의 대상이 되는 처분에 해당한다(대판 2023.2.2. 2020두48260).
④ [O] 산업단지개발계획상 산업단지 안의 토지 소유자로서 산업단지 개발계획에 적합한 시설을 설치하여 입주하려는 자는 산업단지 지정권자 또는 그로부터 권한을 위임받은 기관에 대하여 산업단지개발계획의 변경을 요청할 수 있는 법규상 또는 조리상 신청권이 있고, 이러한 신청에 대한 거부행위는 항고소송의 대상이 되는 행정처분에 해당한다고 보아야 한다(대판 2017.8.29. 2016두44186).

03 실효성 확보수단 정답 ②
24' 국가직 7급

① [O] 「행정기본법」 제31조 제6항에 대한 옳은 내용이다.

> 판례 이론 **조문**
> 제31조 【이행강제금의 부과】 ⑥ 행정청은 이행강제금을 부과받은 자가 납부기한까지 이행강제금을 내지 아니하면 국세강제징수의 예 또는 「지방행정제재·부과금의 징수 등에 관한 법률」에 따라 징수한다.

❷ [X] 농지법은 농지 처분명령에 대한 이행강제금 부과처분에 불복하는 자가 그 처분을 고지받은 날부터 30일 이내에 부과권자에게 이의를 제기할 수 있고, 이의를 받은 부과권자는 지체 없이 관할 법원에 그 사실을 통보하여야 하며, 그 통보를 받은 관할 법원은 비송사건절차법에 따른 과태료 재판에 준하여 재판을 하도록 정하고 있다(제62조 제1항, 제6항, 제7항). 따라서 농지법 제62조 제1항에 따른 이행강제금 부과처분에 불복하는 경우에는 비송사건절차법에 따른 재판절차가 적용되어야 하고, 행정소송법상 항고소송의 대상은 될 수 없다(대판 2019.4.11. 2018두42955).
③ [O] 구 주택건설촉진법 제52조의3 제1항 제6호는 '제32조 제2호의 규정을 위반하여 주택을 공급한 자'를 과태료에 처하도록 규정하고 있으나, 주택공급계약이 구 주택건설촉진법 제32조, 구 주택공급에 관한 규칙 제27조 제4항, 제3항에 위반하였다고 하더라도 그 사법적 효력까지 부인된다고 할 수는 없다(대판 2007.8.23. 2005다59475·59482·59499).
④ [O] 수도조례 및 하수도사용조례에 기한 과태료의 부과 여부 및 그 당부는 최종적으로 질서위반행위규제법에 의한 절차에 의하여 판단되어야 한다고 할 것이므로, 그 과태료 부과처분은 행정청을 피고로 하는 행정소송의 대상이 되는 행정처분이라고 볼 수 없다(대판 2012.10.11. 2011두19369).

04 대집행 정답 ③
24' 국가직 9급

옳은 것은 ㄱ, ㄴ, ㄹ이다.
ㄱ. [O] 명도의무는 그것을 강제적으로 실현하면서 직접적인 실력행사가 필요한 것이지 대체적 작위의무라고 볼 수 없으므로 특별한 사정이 없는 한 행정대집행법에 의한 대집행의 대상이 될 수 있는 것이 아니다(대판 2005.8.19. 2004다2809).

ㄴ. [O] 행정대집행의 방법으로 건물의 철거 등 대체적 작위의무의 이행을 실현할 수 있는 경우에는 따로 민사소송의 방법으로 그 의무의 이행을 구할 수 없다(대판 2017.4.28. 2016다213916).
ㄷ. [X] 구 토지수용법(2002.2.4. 법률 제6656호 공익사업을 위한 토지 등의 취득 및 보상에 관한 법률 부칙 제2조로 폐지) 제63조의 규정에 따라 피수용자 등이 기업자에 대하여 부담하는 수용대상 토지의 인도 또는 그 지장물의 명도의무 등이 비록 공법상의 법률관계라고 하더라도, 그 권리를 피보전권리로 하는 명도단행가처분은 그 권리에 끼칠 현저한 손해를 피하거나 급박한 위험을 방지하기 위하여 또는 그 밖의 필요한 이유가 있을 경우에는 허용될 수 있다(대판 2005.8.19. 2004다2809).
ㄹ. [O] 행정청이 행정대집행의 방법으로 건물철거의무의 이행을 실현할 수 있는 경우에는 건물철거 대집행 과정에서 부수적으로 건물의 점유자들에 대한 퇴거 조치를 할 수 있고, 점유자들이 적법한 행정대집행을 위력을 행사하여 방해하는 경우 형법상 공무집행방해죄가 성립하므로, 필요한 경우에는 '경찰관 직무집행법'에 근거한 위험발생 방지조치 또는 형법상 공무집행방해죄의 범행방지 내지 현행범체포의 차원에서 경찰의 도움을 받을 수도 있다(대판 2017.4.28. 2016다213916).

05 신뢰보호원칙 정답 ①
24' 국가직 9급

❶ [X] 개발이익환수에 관한 법률에 정한 개발사업을 시행하기 전에, 행정청이 토지 지상에 예식장 등을 건축하는 것이 관계 법령상 가능한지 여부를 질의하는 민원예비심사에 대하여 관련부서 의견으로 개발이익환수에 관한 법률에 '저촉사항 없음'이라고 기재하였다고 하더라도, 이후의 개발부담금부과처분에 관하여 신뢰보호의 원칙을 적용하기 위한 요건인, 개인에 대하여 신뢰의 대상이 되는 공적인 견해표명을 한 것이라고는 보기 어렵다(대판 2006.6.9. 2004두46).
② [O] 시의 도시계획과장과 도시계획국장이 도시계획사업의 준공과 동시에 사업부지에 편입한 토지에 대한 완충녹지 지정을 해제함과 아울러 당초의 토지소유자들에게 환매하겠다는 약속을 했음에도, 이를 믿고 토지를 협의매매한 토지소유자의 완충녹지지정해제신청을 거부한 것은, 행정상 신뢰보호의 원칙을 위반하거나 재량권을 일탈·남용한 위법한 처분이다(대판 2008.10.9. 2008두6127).
③ [O] 헌법 제53조에 따라서 국회가 의결한 법률안을 대통령이 공포하는 등의 절차를 거쳐서 법률이 확정되면 그 규정 내용에 따라서 국민의 권리·의무에 관한 새로운 법규가 형성될 수 있지만, 이와 같이 법률이 확정되기 전에는 기존 법규를 수정·변경하는 법적 효과가 발생할 수 없고, 다원적 의견이나 각가지 이익을 반영시킨 토론과정을 거쳐 다수결의 원리에 따라 통일적인 국가의사를 형성하는 국회에서 일정한 법률안을 심의하거나 의결한 적이 있다고 하더라도, 그것이 법률로 확정되지 아니한 이상 국가가 이해관계자들에게 위 법률안에 관련된 사항을 약속하였다고 볼 수 없으며, 이러한 사정만으로 어떠한 신뢰를 부여하였다고 볼 수도 없다(대판 2008.5.29. 2004다33469).

④ [O] 헌법재판소의 위헌결정은 행정청이 개인에 대하여 신뢰의 대상이 되는 공적인 견해를 표명한 것이라고 할 수 없으므로 그 결정에 관련한 개인의 행위에 대하여는 신뢰보호의 원칙이 적용되지 아니한다(대판 2003.6.27. 2002두6965).

06 행정법의 기본원칙 정답 ②

① [X] 평등의 원칙은 본질적으로 같은 것을 자의적으로 다르게 취급함을 금지하는 것이고, 위법한 행정처분이 수차례에 걸쳐 반복적으로 행하여졌다 하더라도 그러한 처분이 위법한 것인 때에는 행정청에 대하여 자기구속력을 갖게 된다고 할 수 없다(대판 2009.6.25. 2008두13132).

❷ [O] 기존의 법에 의하여 형성되어 이미 굳어진 개인의 법적 지위를 사후입법을 통하여 박탈하는 것 등을 내용으로 하는 진정소급입법은 개인의 신뢰보호와 법적 안정성을 내용으로 하는 법치국가원리에 의하여 특단의 사정이 없는 한 헌법적으로 허용되지 아니하는 것이 원칙이고, 다만 일반적으로 국민이 소급입법을 예상할 수 있었거나 법적 상태가 불확실하고 혼란스러워 보호할 만한 신뢰이익이 적은 경우와 소급입법에 의한 당사자의 손실이 없거나 아주 경미한 경우 그리고 신뢰보호의 요청에 우선하는 심히 중대한 공익상의 사유가 소급입법을 정당화하는 경우 등에는 예외적으로 진정소급입법이 허용된다(헌재 1999.7.22. 97헌바76 등).

③ [X] 어떤 행정처분이 실효의 법리를 위반하여 위법한 것이라고 하더라도, 이러한 하자의 존부는 개별·구체적인 사정을 심리한 후에야 판단할 수 있는 사항이어서 객관적으로 명백한 것이라고 할 수 없으므로, 이는 행정처분의 취소사유에 해당할 뿐 당연무효사유는 아니다(대판 2021.12.30. 2018다241458).

④ [X] 자동차운전면허는 그 성질이 대인적 면허일뿐만 아니라 도로교통법 시행규칙 제26조 별표 14에 의하면, 제1종 대형면허 소지자는 제1종 보통면허로 운전할 수 있는 자동차와 원동기장치자전거를, 제1종 보통면허 소지자는 원동기장치자전거까지 운전할 수 있도록 규정하고 있어서 제1종 보통면허로 운전할 수 있는 차량의 음주운전은 당해 운전면허뿐만 아니라 제1종 대형면허로도 가능하고, 또한 제1종 대형면허나 제1종 보통면허의 취소에는 당연히 원동기장치자전거의 운전까지 금지하는 취지가 포함된 것이어서 이들 세 종류의 운전면허는 서로 관련된 것이라고 할 것이므로 제1종 보통면허로 운전할 수 있는 차량을 음주운전한 경우에 이와 관련된 면허인 제1종 대형면허와 원동기장치자전거면허까지 취소할 수 있는 것으로 보아야 한다(대판 1994.11.25. 94누9672).

07 행정행위 정답 ③

옳은 것은 ㄷ, ㄹ이다.

ㄱ. [X] 소멸시효는 객관적으로 권리가 발생하여 그 권리를 행사할 수 있는 때로부터 진행하고 그 권리를 행사할 수 없는 동안만은 진행하지 아니하는데, 여기서 권리를 행사할 수 없는 경우라 함은 그 권리행사에 법률상의 장애사유가 있는 경우를 말하는데, 변상금 부과처분에 대한 취소소송이 진행중이라도 그 부과권자로서는 위법한 처분을 스스로 취소하고 그 하자를 보완하여 다시 적법한 부과처분을 할 수도 있는 것이어서 그 권리행사에 법률상의 장애사유가 있는 경우에 해당한다고 할 수 없으므로, 그 처분에 대한 취소소송이 진행되는 동안에도 그 부과권의 소멸시효가 진행된다(대판 2006.2.10. 2003두5686).

ㄴ. [X] 재개발조합설립인가신청에 대한 행정청의 조합설립인가처분은 단순히 사인(私人)들의 조합설립행위에 대한 보충행위로서의 성질을 가지는 것이 아니라 법령상 일정한 요건을 갖추는 경우 행정주체(공법인)의 지위를 부여하는 일종의 설권적 처분의 성질을 가진다고 보아야 한다(대판 2010.1.28. 2009두4845).

ㄷ. [O] 개인택시운송사업면허는 특정인에게 권리나 이익을 부여하는 행정행위로서 법령에 특별한 규정이 없는 한 재량행위이고, 그 면허에 필요한 기준을 정하는 것 역시 행정청의 재량에 속하는 것이므로 그 기준이 객관적으로 보아 합리적이 아니라든가 타당하지 아니하여 재량권을 남용한 것이라고 인정되지 아니하는 이상 행정청의 의사는 가능한 한 존중되어야 한다(대판 2005.4.28. 2004두8910).

ㄹ. [O] 귀화허가는 외국인에게 대한민국 국적을 부여함으로써 국민으로서의 법적 지위를 포괄적으로 설정하는 행위에 해당한다. 한편, 국적법 등 관계 법령 어디에도 외국인에게 대한민국의 국적을 취득할 권리를 부여하였다고 볼 만한 규정이 없다. 이와 같은 귀화허가의 근거 규정의 형식과 문언, 귀화허가의 내용과 특성 등을 고려해 보면, 법무부장관은 귀화신청인이 귀화 요건을 갖추었다 하더라도 귀화를 허가할 것인지 여부에 관하여 재량권을 가진다고 보는 것이 타당하다(대판 2010.10.28. 2010두6496).

08 당사자소송 정답 ①

❶ [X] 행정소송법 제39조는, "당사자소송은 국가·공공단체 그 밖의 권리주체를 피고로 한다."라고 규정하고 있다. 이것은 당사자소송의 경우 항고소송과 달리 '행정청'이 아닌 '권리주체'에게 피고적격이 있음을 규정하는 것일 뿐, 피고적격이 인정되는 권리주체를 행정주체로 한정한다는 취지가 아니므로, 이 규정을 들어 사인을 피고로 하는 당사자소송을 제기할 수 없다고 볼 것은 아니다(대판 2019.9.9. 2016다262550).

② [O] 법관이 이미 수령한 수당액이 위 규정에서 정한 정당한 명예퇴직수당액에 미치지 못한다고 주장하며 차액의 지급을 신청함에 대하여 법원행정처장이 거부하는 의사를 표시했더라도, 그 의사표시는 명예퇴직수당액을 형성·확정하는 행정처분이 아니라 공법상의 법률관계의 한쪽 당사자로서 지급의무의 존부 및 범위에 관하여 자신의 의견을 밝힌 것에 불과하므로 행정처분으로 볼 수 없다. 결국 명예퇴직한 법관이 미지급 명예퇴직수당액에 대하여 가지는 권리는 명예퇴직수당 지급대상자 결정 절차를 거쳐 명예퇴직수당규칙에 의하여 확정된 공법상 법률관계에 관한 권리로서, 그 지급을 구하는 소송은 행정소송법의 당사자소송에 해당하며, 그 법률관계의 당사자인 국가를 상대로 제기하여야 한다(대판 2016.5.24. 2013두14863).

③ [O] 도시 및 주거환경정비법상 행정주체인 주택재건축정비사업조합을 상대로 관리처분계획안에 대한 조합 총회결의의 효력을 다투는 소송은 행정처분에 이르는 절차적 요건의 존부나 효력 유무에 관한 소송으로서 소송결과에 따라 행정처분의 위법 여부에 직접영향을 미치는 공법상 법률관계에 관한 것이므로, 이는 행정소송법상 당사자소송에 해당한다. 그리고 이러한 당사자소송에 대하여는 행정소송법 제23조 제2항의 집행정지에 관한 규정이 준용되지 아니하므로, 이를 본안으로 하는 가처분에 대하여는 행정소송법 제8조 제2항에 따라 민사집행법상 가처분에 관한 규정이 준용되어야 한다(대결 2015.8.21. 2015무26).

④ [O] 공법상 계약의 한쪽 당사자가 다른 당사자를 상대로 그 이행을 청구하는 소송 또는 이행의무의 존부에 관한 확인을 구하는 소송은 공법상 법률관계에 관한 분쟁이므로 분쟁의 실질이 공법상 권리·의무의 존부·범위에 관한 다툼이 아니라 손해배상액의 구체적인 산정방법·금액에 국한되는 등의 특별한 사정이 없는 한 공법상 당사자소송으로 제기하여야 한다(대판 2023.6.29. 2021다250025).

09 재결취소소송   정답 ②

① [O] 행정처분에 대한 행정심판의 재결에 이유모순의 위법이 있다는 사유는 재결처분 자체에 고유한 하자로서 재결처분의 취소를 구하는 소송에서는 그 위법사유로서 주장할 수 있으나, 원처분의 취소를 구하는 소송에서는 그 취소를 구할 위법사유로서 주장할 수 없다(대판 1996.2.13. 95누8027).

❷ [X] 항고소송은 원칙적으로 당해 처분을 대상으로 하나, 당해 처분에 대한 재결 자체에 고유한 주체, 절차, 형식 또는 내용상의 위법이 있는 경우에 한하여 그 재결을 대상으로 할 수 있다고 해석되므로, 징계혐의자에 대한 감봉 1월의 징계처분을 견책으로 변경한 소청결정 중 그를 견책에 처한 조치는 재량권의 남용 또는 일탈로서 위법하다는 사유는 소청결정 자체에 고유한 위법을 주장하는 것으로 볼 수 없어 소청결정의 취소사유가 될 수 없다(대판 1993.8.24. 93누5673).

③ [O] 행정심판청구가 부적법하지 않음에도 각하한 재결은 심판청구인의 실체심리를 받을 권리를 박탈한 것으로서 원처분에 없는 고유한 하자가 있는 경우에 해당하고, 따라서 위 재결은 취소소송의 대상이 된다(대판 2001.7.27. 99두2970).

④ [O] 이른바 복효적 행정행위, 특히 제3자효를 수반하는 행정행위에 대한 행정심판청구에 있어서 그 청구를 인용하는 내용의 재결로 인하여 비로소 권리이익을 침해받게 되는 자는 그 인용재결에 대하여 다툴 필요가 있고, 그 인용재결은 원처분과 내용을 달리하는 것이므로 그 인용재결의 취소를 구하는 것은 원처분에는 없는 재결에 고유한 하자를 주장하는 셈이어서 당연히 항고소송의 대상이 된다(대판 2001.5.29. 99두10292).

10 국가배상   정답 ③

① [X] 배상신청을 하지 아니하고도 제기할 수 있다(임의적 전치주의).

> 판례 이론 **조문**
>
> 「국가배상법」제9조【소송과 배상신청의 관계】이 법에 따른 손해배상의 소송은 배상심의회(이하"심의회"라 한다)에 배상신청을 하지 아니하고도 제기할 수 있다.

② [X] 공무원의 직무상 불법행위로 손해를 받은 국민이 국가 또는 공공단체에 배상을 청구하는 경우 국가 또는 공공단체에 대하여 그의 불법행위를 이유로 손해배상을 구함은 국가배상법이 정한 바에 따른다 하여도 이 역시 민사상의 손해배상 책임을 특별법인 국가배상법이 정한데 불과하다(대판 1972.10.10. 69다701).

❸ [O] 군 복무 중 사망한 망인의 유족이 국가배상을 받은 경우, 국가가 사망보상금에서 정신적 손해배상금 상당액까지 공제할 수 있는지 문제 된 사안에서, 사망보상금에서 소극적 손해배상금 상당액을 공제할 수 있을 뿐 이를 넘어 정신적 손해배상금 상당액까지 공제할 수 없다(대판 2022.3.31. 2019두36711).

④ [X] 외국인에게는 해당 국가와 상호 보증이 있어야 한다.

> 판례 이론 **조문**
>
> 「국가배상법」제7조【외국인에 대한 책임】이 법은 외국인이 피해자인 경우에는 해당 국가와 상호 보증이 있을 때에만 적용한다.

11 행정계획   정답 ④

① [O] 행정계획은 특정한 행정목표를 달성하기 위하여 행정에 관한 전문적·기술적 판단을 기초로 관련되는 행정수단을 종합·조정함으로써 장래의 일정한 시점에 일정한 질서를 실현하기 위하여 설정한 활동기준이나 그 설정행위를 말한다. 행정청은 구체적인 행정계획을 입안·결정할 때 비교적 광범위한 형성의 재량을 가진다(대판 2021.7.29. 2021두33593).

② [O] 행정청의 이러한 형성의 재량이 무제한적이라고 할 수는 없고, 행정계획에서는 그에 관련되는 자들의 이익을 공익과 사익 사이에서는 물론이고 공익 사이에서나 사익 사이에서도 정당하게 비교·교량하여야 한다는 제한이 있으므로, 행정청이 행정계획을 입안·결정할 때 이익형량을 전혀 행하지 아니하거나 이익형량의 고려 대상에 마땅히 포함시켜야 할 사항을 누락한 경우 또는 이익형량을 하였으나 정당성과 객관성이 결여된 경우에는 그 행정계획 결정은 이익형량에 하자가 있어 위법하게 될 수 있다(대판 2021.7.29. 2021두33593).

③ [O] 도시계획의 결정·변경 등에 관한 권한을 가진 행정청은 이미 도시계획이 결정·고시된 지역에 대하여도 다른 내용의 도시계획을 결정·고시할 수 있고, 이 때에 후행 도시계획에 선행 도시계획과 서로 양립할 수 없는 내용이 포함되어 있다면, 특별한 사정이 없는 한 선행 도시계획은 후행 도시계획과 같은 내용으로 변경되는 것이나, 후행 도시계획의 결정을 하는 행정청이 선행 도시계획의 결정·변경 등에 관한 권한을 가지고 있지 아니한 경우에 선행 도시계획과 서로 양립할 수 없는 내용이 포함된 후행 도시계획결정을 하는 것은 아무런 권한 없이 선행 도시계획결정을 폐지하고, 양립할 수 없는 새로운 내용이 포함된 후행 도시계획결정을 하는 것으로서, 선행 도시계획결정의 폐지 부분은 권한 없는 자에 의하여 행해진 것으로서 무효이고, 같은 대상지역에 대하여 선행 도시계획결정이 적법하게 폐지되지 아니한 상태에서 그 위에 다시 한 후행 도시계획결정 역시 위법하고, 그 하자는 중대하고도 명백하여 다른 특별한 사정이 없는 한 무효라고 보아야 한다(대판 2000.9.8. 99두11257).

❹ [×] 도시계획법 제11조 제1항에는, 시장 또는 군수는 그 관할 도시계획구역 안에서 시행할 도시계획을 도시기본계획의 내용에 적합하도록 입안하여야 한다고 규정하고 있으나, 도시기본계획이라는 것은 도시의 장기적 개발방향과 미래상을 제시하는 도시계획 입안의 지침이 되는 장기적·종합적인 개발계획으로서 직접적인 구속력은 없는 것이므로, 도시계획시설결정 대상면적이 도시기본계획에서 예정했던 것보다 증가하였다 하여 그것이 도시기본계획의 범위를 벗어나 위법한 것은 아니다(대판 1998.11.27. 96누13927).

24' 지방직 7급

12 행정계획 정답 ④

① [O] 「행정절차법」 제40조의4에 대한 옳은 내용이다.

> 판례 이론 **조문**
>
> **제40조의4 【행정계획】** 행정청은 행정청이 수립하는 계획 중 국민의 권리·의무에 직접 영향을 미치는 계획을 수립하거나 변경·폐지할 때에는 관련된 여러 이익을 정당하게 형량하여야 한다.

② [O] 도시계획구역 내 토지 등을 소유하고 있는 주민으로서는 입안권자에게 도시계획입안을 요구할 수 있는 법규상 또는 조리상의 신청권이 있다고 할 것이고, 이러한 신청에 대한 거부행위는 항고소송의 대상이 되는 행정처분에 해당한다(대판 2004.4.28. 2003두1806).

③ [O] 도시기본계획은 도시의 기본적인 공간구조와 장기발전방향을 제시하는 종합계획으로서 그 계획에는 토지이용계획, 환경계획, 공원녹지계획 등 장래의 도시개발의 일반적인 방향이 제시되지만, 그 계획은 도시계획입안의 지침이 되는 것에 불과하여 일반 국민에 대한 직접적인 구속력은 없는 것이다(대판 2002.10.11. 2000두8226).

❹ [×] 택지개발촉진법 제3조에 의한 건설부장관의 택지개발예정지구의 지정과 같은 법 제8조에 의한 건설부장관의 택지개발사업시행자에 대한 택지개발계획의 승인은 그 처분의 고시에 의하여 개발할 토지의 위치, 면적, 권리내용 등이 특정되어 그 후 사업시행자에게 택지개발사업을 실시할 수 있는 권한이 설정되고, 나아가 일정한 절차를 거칠 것을 조건으로 하여 일정한 내용의 수용권이 주어지며 고시된 바에 따라 특정 개인의 권리나 법률상 이익이 개별적이고 구체적으로 규제받게 되므로 건설부장관의 위 각 처분은 행정처분의 성격을 갖는 것이다(대판 1992.8.14. 91누11582).

24' 국가직 7급

13 무효등확인소송 정답 ①

❶ [×] 행정처분의 당연무효를 선언하는 의미에서 취소를 구하는 행정소송을 제기한 경우에도 제소기간의 준수 등 취소소송의 제소요건을 갖추어야 한다(대판 1993.3.12. 92누11039).

② [O] 무효확인소송의 보충성을 규정하고 있는 외국의 일부 입법례와는 달리 우리나라 행정소송법에는 명문의 규정이 없어 이로 인한 명시적 제한이 존재하지 않는다. 이와 같은 사정을 비롯하여 행정에 대한 사법통제, 권익구제의 확대와 같은 행정소송의 기능등을 종합하여 보면, 행정처분의 근거 법률에 의하여 보호되는 직접적이고 구체적인 이익이 있는 경우에는 행정소송법 제35조에 규정된 '무효확인을 구할 법률상 이익'이 있다고 보아야 하고, 이와 별도로 무효확인소송의 보충성이 요구되는 것은 아니므로 행정처분의 무효를 전제로 한 이행소송 등과 같은 직접적인 구제수단이 있는지 여부를 따질 필요가 없다고 해석함이 상당하다(대판 2008.3.20. 2007두6342).

③ [O] 하자 있는 행정처분을 놓고 이를 무효로 볼 것인지 아니면 단순히 취소할 수 있는 처분으로 볼 것인지는 동일한 사실관계를 토대로 한 법률적 평가의 문제에 불과하고, 행정처분의 무효확인을 구하는 소에는 특단의 사정이 없는 한 그 취소를 구하는 취지도 포함되어 있다고 보아야 하는 점 등에 비추어 볼 때, 동일한 행정처분에 대하여 무효확인의 소를 제기하였다가 그 후 그 처분의 취소를 구하는 소를 추가적으로 병합한 경우, 주된 청구인 무효확인의 소가 적법한 제소기간 내에 제기되었다면 추가로 병합된 취소청구의 소도 적법하게 제기된 것으로 봄이 상당하다(대판 2005.12.23. 2005두3554).

④ [O] 행정처분의 당연무효를 구하는 소송에 있어서 그 무효를 구하는 사람에게 그 행정처분에 존재하는 하자가 중대하고 명백하다는 것을 주장·입증할 책임이 있다(대판 1984.2.28. 82누154).

14　행정행위　　　　　정답 ④

① [O] 여객자동차운송사업의 한정면허는 특정인에게 권리나 이익을 부여하는 수익적 행정행위로서, 교통수요, 운송업체의 수송 및 공급능력 등에 관한 기술적·전문적 판단이 필요하고, 원활한 운송체계의 확보, 일반 공중의 교통 편의성 제고 등 운수행정을 통한 공익적 측면과 함께 관련 운송사업자들 사이의 이해관계 조정 등 사익적 측면을 고려하는 등 합목적성과 구체적 타당성을 확보하기 위한 적합한 기준에 따라야 하므로, 그 범위 내에서는 법령이 특별히 규정한 바가 없으면 행정청이 재량을 보유하고 이는 한정면허가 기간만료로 실효되어 갱신되는 경우에도 마찬가지이다. 따라서 한정면허가 신규로 발급되는 때는 물론이고 한정면허의 갱신 여부를 결정하는 때에도 관계 법규 내에서 한정면허의 기준이 충족되었는지를 판단하는 것은 관할 행정청의 재량에 속한다. 그러므로 시·도지사가 한정면허의 기준을 충족하였는지 여부를 심사한 것이 객관적으로 합리적이지 않거나 타당하지 않다고 보이지 아니하는 한 그 의사는 가능한 존중되어야 하고, 이에 대한 사법심사는 원칙적으로 재량권의 일탈이나 남용이 있는지 여부만을 대상으로 하며, 사실오인과 비례·평등의 원칙 위반 여부 등이 판단기준이 된다(대판 2020.6.11. 2020두34384).

② [O] 구 출입국관리법 제2조 제3호, 제76조의2 제1항, 제3항, 제4항, 구 출입국관리법 시행령 제88조의2, 난민의 지위에 관한 협약 제1조, 난민의 지위에 관한 의정서 제1조의 문언, 체계와 입법 취지를 종합하면, 난민 인정에 관한 신청을 받은 행정청은 원칙적으로 법령이 정한 난민 요건에 해당하는지를 심사하여 난민 인정 여부를 결정할 수 있을 뿐이고, 이와 무관한 다른 사유만을 들어 난민 인정을 거부할 수는 없다(대판 2017.12.5. 2016두42913).

③ [O] 자동차관리법상 자동차관리사업자로 구성하는 사업자단체인 조합 또는 협회(이하 '조합 등'이라고 한다)의 설립인가처분은 국토해양부장관 또는 시·도지사(이하 '시·도지사 등'이라고 한다)가 자동차관리사업자들의 단체결성행위를 보충하여 효력을 완성시키는 처분에 해당한다. 인가권자인 국토해양부장관 또는 시·도지사는 조합 등의 설립인가 신청에 대하여 자동차관리법 제67조 제3항에 정한 설립요건의 충족 여부는 물론, 나아가 조합 등의 사업내용이나 운영계획 등이 자동차관리사업의 건전한 발전과 질서 확립이라는 사업자단체 설립의 공익적 목적에 부합하는지 등을 함께 검토하여 설립인가 여부를 결정할 재량을 가진다. 다만 이러한 재량을 행사할 때 기초가 되는 사실을 오인하였거나 비례·평등의 원칙을 위반하는 등의 사유가 있다면 이는 재량권의 일탈·남용으로서 위법하다(대판 2015.5.29. 2013두635).

④ [X] 처분허가의 법적 성질은 강학상 인가에 해당하며 부관의 부과가 허용된다.

> **판례**　이론　조문
>
> 공익법인의 기본재산의 처분에 관한 공익법인의 설립·운영에 관한 법률 제11조 제3항의 규정은 강행규정으로서 이에 위반하여 주무관청의 허가를 받지 않고 기본재산을 처분하는 것은 무효라 할 것인데, 위 처분허가에 부관을 붙인 경우 그 처분허가의 법률적 성질이 형성적 행정행위로서의 인가에 해당한다고 하여 조건으로서의 부관의 부과가 허용되지 아니한다고 볼 수는 없고, 다만 구체적인 경우에 그것이 조건, 기한, 부담, 철회권의 유보 중 어느 종류의 부관에 해당하는지는 당해 부관의 내용, 경위 기타 제반 사정을 종합하여 판단하여야 할 것이다(대판 2005.9.28. 2004다50044).

15　과세처분에 대한 위헌결정의 효력　　　정답 ②

옳지 않은 것은 ㄱ, ㄴ이다.

ㄱ. [X] 압류처분은 무효이기 때문에 당연히 다툴 수 있다.

> **판례**　이론　조문
>
> 헌법재판소법 제47조 제1항은 "법률의 위헌결정은 법원 기타 국가기관 및 지방자치단체를 기속한다."고 규정하고 있는데, 이러한 위헌결정의 기속력과 헌법을 최고규범으로 하는 법질서의 체계적 요청에 비추어 국가기관 및 지방자치단체는 위헌으로 선언된 법률규정에 근거하여 새로운 행정처분을 할 수 없음은 물론이고, 위헌결정 전에 이미 형성된 법률관계에 기한 후속처분이라도 그것이 새로운 위헌적 법률관계를 생성·확대하는 경우라면 이를 허용할 수 없다. 따라서 조세 부과의 근거가 되었던 법률규정이 위헌으로 선언된 경우, 비록 그에 기한 과세처분이 위헌결정 전에 이루어졌고, 과세처분에 대한 제소기간이 이미 경과하여 조세채권이 확정되었으며, 조세채권의 집행을 위한 체납처분의 근거규정 자체에 대하여는 따로 위헌결정이 내려진 바 없다고 하더라도, 위와 같은 위헌결정 이후에 조세채권의 집행을 위한 새로운 체납처분에 착수하거나 이를 속행하는 것은 더 이상 허용되지 않고, 나아가 이러한 위헌결정의 효력에 위배하여 이루어진 체납처분은 그 사유만으로 하자가 중대하고 객관적으로 명백하여 당연무효라고 보아야 한다(대판 2012.2.16. 2010두10907).

ㄴ. [×] 지문은 대법원의 법정의견에 대한 반대의견의 내용이다.

> **판례** 이론 조문
>
> 행정청이 어떠한 법률의 조항에 근거하여 행정처분을 한 후 헌법재판소가 그 조항을 위헌으로 결정하였다면 행정처분은 결과적으로 법률의 근거 없이 행하여진 것과 마찬가지로 되어 후발적으로 하자가 있게 된다고 할 것이나, 일반적으로 법률이 헌법에 위반된다는 사정은 헌법재판소의 위헌결정이 있기 전에는 객관적으로 명백한 것이라고 할 수 없으므로 특별한 사정이 없는 한 그러한 하자는 행정처분의 취소사유일 뿐 당연무효 사유라고 할 수 없고, 일정한 행정목적을 위하여 독립된 행위가 단계적으로 이루어진 경우 선행처분에 당연무효 또는 부존재인 하자가 있는 때를 제외하고 선행처분의 하자가 후속처분에 당연히 승계된다고 할 수는 없다. 과세처분과 압류처분은 별개의 행정처분이므로 선행처분인 과세처분이 당연무효인 경우를 제외하고는 과세처분의 하자를 이유로 후속 체납처분인 압류처분의 효력을 다툴 수 없다고 봄이 타당한 점, 압류처분 등 체납처분은 과세처분과는 별개의 행정처분으로서 과세처분 근거규정이 직접 적용되지 않고 체납처분 관련 규정이 적용될 뿐이므로, 과세처분 근거규정에 대한 <u>위헌결정의 기속력은 체납처분과는 무관하고 이에 미치지 않는다</u>고 보아야 한다는 점, 다수의견과 같이 유효한 과세처분에 대한 체납처분 절차의 진행을 금지하여 실질적으로 당해 과세처분의 효력을 부정하고 사실상 소멸시키는 데까지 위헌결정의 기속력 범위가 미친다고 새긴다면, 이는 기속력의 범위를 지나치게 확장하는 것이 되어 결과적으로 위헌결정의 소급효를 제한한 구 헌법재판소법(2011.4.5. 법률 제10546호로 개정되기 전의 것) 제47조 제2항 본문의 취지에 부합하지 않는다는 점 등에 비추어 보면, 선행처분에 해당하는 과세처분에 당연무효 사유가 없고, 과세처분에 따른 체납처분의 근거규정이 유효하게 존속하며, 외국의 일부 입법례와 같이 위헌법률의 집행력을 배제하는 명문의 규정이 없는 이상, 과세처분의 근거규정에 대한 헌법재판소의 위헌결정이 있었다는 이유만으로 체납처분이 위법하다고 보는 다수의견에는 찬성할 수 없다.

ㄷ. [○] 구 헌법재판소법 제47조 제1항은 "법률의 위헌결정은 법원 기타 국가기관 및 지방자치단체를 기속한다."고 규정하고 있는데, 이러한 위헌결정의 기속력과 헌법을 최고규범으로 하는 법질서의 체계적 요청에 비추어 국가기관 및 지방자치단체는 위헌으로 선언된 법률규정에 근거하여 새로운 행정처분을 할 수 없음은 물론이고, 위헌결정 전에 이미 형성된 법률관계에 기한 후속처분이라도 그것이 새로운 위헌적 법률관계를 생성·확대하는 경우라면 이를 허용할 수 없다. 따라서 조세 부과의 근거가 되었던 법률규정이 위헌으로 선언된 경우, 비록 그에 기한 과세처분이 위헌결정 전에 이루어졌고, 과세처분에 대한 제소기간이 이미 경과하여 조세채권이 확정되었으며, 조세채권의 집행을 위한 체납처분의 근거규정 자체에 대하여는 따로 위헌결정이 내려진 바 없다고 하더라도, 위와 같은 위헌결정 이후에 조세채권의 집행을 위한 새로운 체납처분에 착수하거나 이를 속행하는 것은 더 이상 허용되지 않고, 나아가 이러한 위헌결정의 효력에 위배하여 이루어진 체납처분은 그 사유만으로 하자가 중대하고 객관적으로 명백하여 당연무효라고 보아야 한다(대판 2012.2.16. 2010두10907).

16 행정입법   정답 ③

① [○] 「행정기본법」 제39조 제1항에 대한 옳은 내용이다.

> 판례 이론 **조문**
>
> 제39조【행정법제의 개선】① 정부는 권한 있는 기관에 의하여 위헌으로 결정되어 법령이 헌법에 위반되거나 법률에 위반되는 것이 명백한 경우 등 대통령령으로 정하는 경우에는 해당 법령을 개선하여야 한다.

② [○] 헌법 제107조 제2항의 규정에 따르면 행정입법의 심사는 일반적인 재판절차에 의하여 구체적 규범통제의 방법에 의하도록 명시하고 있으므로, 당사자는 구체적 사건의 심판을 위한 선결문제로서 행정입법의 위법성을 주장하여 법원에 대하여 당해 사건에 대한 적용 여부의 판단을 구할 수 있을 뿐 행정입법 자체의 합법성의 심사를 목적으로 하는 독립한 신청을 제기할 수는 없다(대판 1994.4.26. 93부32).

> 판례 이론 **조문**
>
> 헌법 제107조 ① 법률이 헌법에 위반되는 여부가 재판의 전제가 된 경우에는 법원은 헌법재판소에 제청하여 그 심판에 의하여 재판한다.
> ② 명령·규칙 또는 처분이 헌법이나 법률에 위반되는 여부가 재판의 전제가 된 경우에는 대법원은 이를 최종적으로 심사할 권한을 가진다.

❸ [×] 일반적으로 법률의 위임에 따라 효력을 갖는 법규명령의 경우에 위임의 근거가 없어 무효였더라도 나중에 법 개정으로 위임의 근거가 부여되면 그때부터는 유효한 법규명령으로 볼 수 있다(대판 2017.4.20. 2015두45700).

④ [○] 일반적으로 법률의 시행령은 모법인 법률에 의하여 위임받은 사항이나, 법률이 규정한 범위 내에서 법률을 현실적으로 집행하는 데 필요한 세부적인 사항만을 규정할 수 있을 뿐, 법률의 위임 없이 법률이 규정한 개인의 권리·의무에 관한 내용을 변경·보충하거나 법률에서 규정하지 아니한 새로운 내용을 규정할 수 없는 것이고, 특히 법률의 시행령이 형사처벌에 관한 사항을 규정하면서 법률의 명시적인 위임 범위를 벗어나 그 처벌의 대상을 확장하는 것은 헌법 제12조 제1항과 제13조 제1항에서 천명하고 있는 죄형법정주의의 원칙에도 어긋나는 것으로 결코 허용될 수 없다(대판 1999.2.11. 98도2816).

17 행정대집행   정답 ④

① [○] 법령상 행정대집행의 절차가 인정되어 행정청이 행정대집행의 방법으로 건물의 철거 등 대체적작위의무의 이행을 실현할 수 있는 경우에는 따로 민사소송의 방법으로 그 의무의 이행을 구할 수 없다(대판 2017.4.28. 2016다213916).

② [O] 토지 등의 협의취득은 공공사업에 필요한 토지 등을 그 소유자와의 협의에 의하여 취득하는 것으로서 공공기관이 사경제 주체로서 행하는 사법상 매매 내지 사법상 계약의 실질을 가지는 것이므로, 그 협의취득시 건물소유자가 매매대상 건물에 대한 철거의무를 부담하겠다는 취지의 약정을 하였다고 하더라도 이러한 철거의무는 공법상의 의무가 될 수 없고, 이 경우에도 행정대집행법을 준용하여 대집행을 허용하는 별도의 규정이 없는 한 위와 같은 철거의무는 행정대집행법에 의한 대집행의 대상이 되지 않는다(대판 2006.10.13. 2006두7096).

③ [O] 「행정대집행법」 제6조 제3항에 대한 옳은 내용이다.

> 판례 이론 **조문**
>
> 제6조 【비용징수】 ③ 대집행에 요한 비용을 징수하였을 때에는 그 징수금은 사무비의 소속에 따라 국고 또는 지방자치단체의 수입으로 한다.

❹ [X] 적법한 건축물에 대한 철거명령은 그 하자가 중대하고 명백하여 당연무효라고 할 것이고, 그 후행행위인 건축물철거 대집행계고처분 역시 당연무효(하자승계)라고 할 것이다.

> **판례** 이론 조문
>
> 원고의 이 사건 대문설치신고는 형식적 하자가 없는 적법한 요건을 갖춘 신고라고 할 것이어서 피고의 신고증 교부 또는 수리처분 등 별단의 조처를 기다릴 필요가 없이 그 신고의 효력이 발생하였다고 할 것이어서 이 사건 대문은 적법한 것임에도 피고가 원고에 대하여 명한 이 사건 대문의 철거명령은 그 하자가 중대하고 명백하여 당연무효라고 할 것이고, 그 후행행위인 이 사건 계고처분 역시 당연무효라고 할 것이다(대판 1999.4.27. 97누6780).

18 **행정처분의 효력** 정답 ③

① [O] 과세처분에 관한 불복절차과정에서 과세관청이 그 불복사유가 옳다고 인정하고 이에 따라 필요한 처분을 하였을 경우에는, 불복제도와 이에 따른 시정방법을 인정하고 있는 위와 같은 법규정들의 취지에 비추어 동일 사항에 관하여 특별한 사유 없이 이를 번복하고 다시 종전의 처분을 되풀이할 수는 없는 것이므로, 과세처분에 관한 이의신청 절차에서 과세관청이 이의신청 사유가 옳다고 인정하여 과세처분을 직권으로 취소한 이상 그 후 특별한 사유 없이 이를 번복하고 종전 처분을 되풀이하는 것은 허용되지 아니한다(대판 2010.9.30. 2009두1020).

② [O] 점용료 부과처분에 취소사유에 해당하는 흠이 있는 경우 도로관리청으로서는 당초 처분 자체를 취소하고 흠을 보완하여 새로운 부과처분을 하거나, 흠 있는 부분에 해당하는 점용료를 감액하는 처분을 할 수 있다. 한편 흠 있는 행정행위의 치유는 원칙적으로 허용되지 않을 뿐 아니라, 흠의 치유는 성립 당시에 적법한 요건을 갖추지 못한 흠 있는 행정행위를 그대로 존속시키면서 사후에 그 흠의 원인이 된 적법 요건을 보완하는 경우를 말한다. 그런데 앞서 본 바와 같은 흠 있는 부분에 해당하는 점용료를 감액하는 처분은 당초 처분 자체를 일부 취소하는 변경처분에 해당하고, 그 실질은 종래의 위법한 부분을 제거하는 것으로서 흠의 치유와는 차이가 있다(대판 2019.1.17. 2016두56721·2016두56738).

❸ [X] 행정처분이나 행정심판 재결이 불복기간의 경과로 인하여 확정될 경우 확정력은 처분으로 인하여 법률상 이익을 침해받은 자가 처분이나 재결의 효력을 더 이상 다툴 수 없다는 의미일 뿐 판결에 있어서와 같은 기판력이 인정되는 것은 아니어서 처분의 기초가 된 사실관계나 법률적 판단이 확정되고 당사자들이나 법원이 이에 기속되어 모순되는 주장이나 판단을 할 수 없게 되는 것은 아니다(대판 1993.4.13. 92누17181).

④ [O] 민사소송에 있어서 어느 행정처분의 당연무효 여부가 선결문제로 되는 때에는 이를 판단하여 당연무효임을 전제로 판결할 수 있고 반드시 행정소송 등의 절차에 의하여 그 취소나 무효확인을 받아야 하는 것은 아니다(대판 2010.4.8. 2009다90092).

19 **토지보상법** 정답 ③

① [O] 「공익사업을 위한 토지 등의 취득 및 보상에 관한 법률」 제9조 제1항에 대한 옳은 내용이다.

> 판례 이론 **조문**
>
> 제9조 【사업 준비를 위한 출입의 허가 등】 ① 사업시행자는 공익사업을 준비하기 위하여 타인이 점유하는 토지에 출입하여 측량하거나 조사할 수 있다.

② [O] 「공익사업을 위한 토지 등의 취득 및 보상에 관한 법률」 제61조에 대한 옳은 내용이다.

> 판례 이론 **조문**
>
> 제61조 【사업시행자 보상】 공익사업에 필요한 토지등의 취득 또는 사용으로 인하여 토지소유자나 관계인이 입은 손실은 사업시행자가 보상하여야 한다.

❸ [X]

> 판례 이론 **조문**
>
> 「공익사업을 위한 토지 등의 취득 및 보상에 관한 법률」 제67조 【보상액의 가격시점 등】 ② 보상액을 산정할 경우에 해당 공익사업으로 인하여 토지등의 가격이 변동되었을 때에는 이를 고려하지 아니한다.

④ [O] 「공익사업을 위한 토지 등의 취득 및 보상에 관한 법률」 제85조 제2항에 대한 옳은 내용이다.

> 판례 이론 **조문**
>
> 제85조 【행정소송의 제기】 ② 제1항에 따라 제기하려는 행정소송이 보상금의 증감(增減)에 관한 소송인 경우 그 소송을 제기하는 자가 토지소유자 또는 관계인일 때에는 사업시행자를, 사업시행자일 때에는 토지소유자 또는 관계인을 각각 피고로 한다.

24' 국가직 7급

20 행정조사   정답 ③

① [O] 「행정조사기본법」 제11조 제1항·제3항에 대한 옳은 내용이다.

> 판례 이론 **조문**
>
> **제11조【현장조사】** ① 조사원이 가택·사무실 또는 사업장
> 등에 출입하여 현장조사를 실시하는 경우에는 행정기관의
> 장은 다음 각 호의 사항이 기재된 현장출입조사서 또는 법
> 령등에서 현장조사시 제시하도록 규정하고 있는 문서를 조
> 사대상자에게 발송하여야 한다.
> ③ 제1항 및 제2항에 따라 현장조사를 하는 조사원은 그
> 권한을 나타내는 증표를 지니고 이를 조사대상자에게 내보
> 여야 한다.

② [O] 행정조사기본법 제5조에 의하면 행정기관은 법령 등에서 행정
조사를 규정하고 있는 경우에 한하여 행정조사를 실시할 수
있으나(본문), 한편 '조사대상자의 자발적인 협조를 얻어 실시
하는 행정조사'의 경우에는 그러한 제한이 없이 실시가 허용된
다(단서). 행정조사기본법 제5조는 행정기관이 정책을 결정하
거나 직무를 수행하는 데에 필요한 정보나 자료를 수집하기
위하여 행정조사를 실시할 수 있는 근거에 관하여 정한 것으
로서, 이러한 규정의 취지와 아울러 문언에 비추어 보면, 단서
에서 정한 '조사대상자의 자발적인 협조를 얻어 실시하는 행정
조사'는 개별 법령 등에서 행정조사를 규정하고 있는 경우에도
실시할 수 있다(대판 2016.10.27. 2016두41811).

❸ [X] 납세자 등이 대답하거나 수인할 의무가 없고 납세자의 영업의
자유 등을 침해하거나 세무조사권이 남용될 염려가 없는 조사
행위까지 재조사가 금지되는 '세무조사'에 해당한다고 볼 것은
아니다(대판 2017.3.16. 2014두8360).

④ [O] 우편물 통관검사절차에서 이루어지는 우편물의 개봉, 시료채
취, 성분분석 등의 검사는 수출입물품에 대한 적정한 통관 등
을 목적으로 한 행정조사의 성격을 가지는 것으로서 수사기관
의 강제처분이라고 할 수 없으므로, 압수·수색영장 없이 우편
물의 개봉, 시료채취, 성분분석 등 검사가 진행되었다 하더라
도 특별한 사정이 없는 한 위법하다고 볼 수 없다(대판
2013.9.26. 2013도7718).

▶ 정답   p. 110

01	③	II	06	①	III	11	②	IV	16	②	IV
02	①	I	07	③	III	12	②	II	17	④	IV
03	②	II	08	④	V	13	①	II	18	①	V
04	③	II	09	④	II	14	②	II	19	④	VI
05	①	VI	10	②	II	15	④	II	20	④	III

▶ 취약 단원 분석표

단원	맞힌 답의 개수
I	/ 1
II	/ 9
III	/ 3
IV	/ 3
V	/ 2
VI	/ 2
TOTAL	/ 20

I 행정법 서론 / II 행정작용법 / III 행정절차와 행정공개 / IV 행정의 실효성 확보수단 / V 행정상 손해전보 / VI 행정쟁송

24' 국가직 9급

01   행정기본법   정답 ③

① [O] 「행정기본법」 제6조 제1항에 대한 옳은 내용이다.

> 판례 이론 **조문**
>
> **제6조 【행정에 관한 기간의 계산】** ① 행정에 관한 기간의 계산에 관하여는 이 법 또는 다른 법령등에 특별한 규정이 있는 경우를 제외하고는 「민법」을 준용한다.

② [O] 「행정기본법」 제7조 제3호에 대한 옳은 내용이다.

> 판례 이론 **조문**
>
> **제7조 【법령등 시행일의 기간 계산】** 법령등(훈령·예규·고시·지침 등을 포함한다. 이하 이 조에서 같다)의 시행일을 정하거나 계산할 때에는 다음 각 호의 기준에 따른다.
> 3. 법령등을 공포한 날부터 일정 기간이 경과한 날부터 시행하는 경우 그 기간의 말일이 토요일 또는 공휴일인 때에는 그 말일로 기간이 만료한다.

❸ [×] 법령등을 공포한 날부터 일정 기간이 경과한 날부터 시행하는 경우 법령등을 공포한 날을 첫날에 산입하지 아니한다.

> 판례 이론 **조문**
>
> 「행정기본법」 **제7조 【법령등 시행일의 기간 계산】** 법령등(훈령·예규·고시·지침 등을 포함한다. 이하 이 조에서 같다)의 시행일을 정하거나 계산할 때에는 다음 각 호의 기준에 따른다.
> 1. 법령등을 공포한 날부터 시행하는 경우에는 공포한 날을 시행일로 한다.
> 2. <u>법령등을 공포한 날부터 일정 기간이 경과한 날부터 시행하는 경우 법령등을 공포한 날을 첫날에 산입하지 아니한다.</u>
> 3. 법령등을 공포한 날부터 일정 기간이 경과한 날부터 시행하는 경우 그 기간의 말일이 토요일 또는 공휴일인 때에는 그 말일로 기간이 만료한다.

④ [O] 「행정기본법」 제6조 제2항에 대한 옳은 내용이다.

> 판례 이론 **조문**
>
> **제6조 【행정에 관한 기간의 계산】** ② 법령등 또는 처분에서 국민의 권익을 제한하거나 의무를 부과하는 경우 권익이 제한되거나 의무가 지속되는 기간의 계산은 다음 각 호의 기준에 따른다. 다만, 다음 각 호의 기준에 따르는 것이 국민에게 불리한 경우에는 그러하지 아니하다.
> 1. 기간을 일, 주, 월 또는 연으로 정한 경우에는 기간의 첫날을 산입한다.
> 2. 기간의 말일이 토요일 또는 공휴일인 경우에도 기간은 그 날로 만료한다.

24' 지방직 9급

02   신뢰보호원칙   정답 ①

❶ [×] 신뢰보호의 원칙은 행정청이 공적인 견해를 표명할 당시의 사정이 그대로 유지됨을 전제로 적용되는 것이 원칙이므로, 사후에 그와 같은 사정이 변경된 경우에는 그 공적 견해가 더 이상 개인에게 신뢰의 대상이 된다고 보기 어려운 만큼, 특별한 사정이 없는 한 행정청이 그 견해표명에 반하는 처분을 하더라도 신뢰보호의 원칙에 위반된다고 할 수 없다(대판 2020.6.25. 2018두34732).

② [O] 귀책사유라 함은 행정청의 견해표명의 하자가 상대방 등 관계자의 사실은폐나 기타 사위의 방법에 의한 신청행위 등 부정행위에 기인한 것이거나 그러한 부정행위가 없다고 하더라도 하자가 있음을 알았거나 중대한 과실로 알지 못한 경우 등을 의미한다고 해석함이 상당하고, 귀책사유의 유무는 상대방과 그로부터 신청행위를 위임받은 수임인 등 관계자 모두를 기준으로 판단하여야 한다(대판 2002.11.8. 2001두1512).

③ [O] 행정청의 공적 견해표명이 있었는지의 여부를 판단함에 있어서는, 반드시 행정조직상의 형식적인 권한분장에 구애될 것은 아니고, 담당자의 조직상의 지위와 임무, 당해 언동을 하게 된 구체적인 경위 및 그에 대한 상대방의 신뢰가능성에 비추어 실질에 의하여 판단하여야 한다(대판 2008.1.17. 2006두10931).

④ [O] 「행정기본법」 제12조 제2항에 대한 옳은 내용이다.

> **판례 이론 조문**
>
> 제12조 【신뢰보호의 원칙】 ② 행정청은 권한 행사의 기회가 있음에도 불구하고 장기간 권한을 행사하지 아니하여 국민이 그 권한이 행사되지 아니할 것으로 믿을 만한 정당한 사유가 있는 경우에는 그 권한을 행사해서는 아니 된다. 다만, 공익 또는 제3자의 이익을 현저히 해칠 우려가 있는 경우는 예외로 한다.

24' 지방직 9급

03 행정행위의 부관 정답 ②

① [O] 행정처분에 붙은 부담인 부관이 제소기간의 도과로 확정되어 이미 불가쟁력이 생겼다면 그 하자가 중대하고 명백하여 당연무효로 보아야 할 경우 외에는 누구나 그 효력을 부인할 수 없을 것이지만, 부담의 이행으로서 하게 된 사법상 매매 등의 법률행위는 부담을 붙인 행정처분과는 어디까지나 별개의 법률행위이므로 그 부담의 불가쟁력의 문제와는 별도로 법률행위가 사회질서 위반이나 강행규정에 위반되는지 여부 등을 따져보아 그 법률행위의 유효 여부를 판단하여야 한다(대판 2009.6.25. 2006다18174).

❷ [X] 부담부 행정처분에 있어서 처분의 상대방이 부담(의무)을 이행하지 아니한 경우에 처분행정청으로서는 이를 들어 당해 처분을 취소(철회)할 수 있는 것이다(대판 1989.10.24. 89누2431).

③ [O] 행정행위의 부관은 부담의 경우를 제외하고는 독립하여 행정소송의 대상이 될 수 없는 것인바, 행정청이 한 공유수면매립준공인가 중 매립지 일부에 대하여 한 국가귀속처분은 매립준공인가를 함에 있어서 매립의 면허를 받은 자의 매립지에 대한 소유권취득을 규정한 공유수면매립법 제14조의 효과 일부를 배제하는 부관을 붙인 것이므로 이러한 행정행위의 부관에 대하여는 독립하여 행정소송의 대상으로 삼을 수 없다(대판 1991.12.13. 90누8503).

④ [O] 행정청이 수익적 행정처분을 하면서 부가한 부담의 위법 여부는 처분 당시 법령을 기준으로 판단하여야 하고, 부담이 처분 당시 법령을 기준으로 적법하다면 처분 후 부담의 전제가 된 주된 행정처분의 근거 법령이 개정됨으로써 행정청이 더 이상 부관을 붙일 수 없게 되었다 하더라도 곧바로 위법하게 되거나 그 효력이 소멸하게 되는 것은 아니다. 따라서 행정처분의 상대방이 수익적 행정처분을 얻기 위하여 행정청과 사이에 행정처분에 부가할 부담에 관한 협약을 체결하고 행정청이 수익적 행정처분을 하면서 협약상의 의무를 부담으로 부가하였으나 부담의 전제가 된 주된 행정처분의 근거 법령이 개정됨으로써 행정청이 더 이상 부관을 붙일 수 없게 된 경우에도 곧바로 협약의 효력이 소멸하는 것은 아니다(대판 2009.2.12. 2005다65500).

24' 지방직 9급

04 행정행위의 하자 정답 ③

① [O] 수익적 행정처분에 대한 취소권 등의 행사는 기득권의 침해를 정당화할 만한 중대한 공익상의 필요 또는 제3자의 이익보호의 필요가 있는 때에 한하여 허용될 수 있다는 법리는, 처분청이 수익적 행정처분을 직권으로 취소·철회하는 경우에 적용되는 법리일 뿐 쟁송취소의 경우에는 적용되지 않는다(대판 2019.10.17. 2018두104).

② [O] 금지행위 및 시설의 해제 여부에 관한 행정처분을 하면서 절차상 위와 같은 심의를 누락한 흠이 있다면 그와 같은 흠을 가리켜 위 행정처분의 효력에 아무런 영향을 주지 않는다거나 경미한 정도에 불과하다고 볼 수는 없으므로, 특별한 사정이 없는 한 이는 행정처분을 위법하게 하는 취소사유가 된다(대판 2007.3.15. 2006두15806).

❸ [X] 행정청이 식품위생법상의 청문절차를 이행함에 있어 소정의 청문서 도달기간을 지키지 아니하였다면 이는 청문의 절차적 요건을 준수하지 아니한 것이므로 이를 바탕으로 한 행정처분은 일단 위법하다고 보아야 할 것이지만 이러한 청문제도의 취지는 처분으로 말미암아 받게 될 영업자에게 미리 변명과 유리한 자료를 제출할 기회를 부여함으로써 부당한 권리침해를 예방하려는 데에 있는 것임을 고려하여 볼 때, 가령 행정청이 청문서 도달기간을 다소 어겼다 하더라도 영업자가 이에 대하여 이의하지 아니한 채 스스로 청문일에 출석하여 그 의견을 진술하고 변명하는 등 방어의 기회를 충분히 가졌다면 청문서 도달기간을 준수하지 아니한 하자는 치유되었다고 봄이 상당하다(대판 1992.10.23. 92누2844).

④ [O] 토지등급결정내용의 개별통지가 있다고 볼 수 없어 토지등급결정이 무효인 이상, 토지소유자가 그 결정 이전이나 이후에 토지등급결정내용을 알았다거나 또는 그 결정 이후 매년 정기 등급수정의 결과가 토지소유자 등의 열람에 공하여졌다 하더라도 개별통지의 하자가 치유되는 것은 아니다(대판 1997.5.28. 96누5308).

24' 국가직 9급

05 행정처분 정답 ①

❶ [X] 자동차운수사업 면허조건 등에 위반한 사업자에 대하여 행정청이 행정제재수단으로서 사업정지를 명할 것인지, 과징금을 부과할 것인지, 과징금을 부과키로 하였다면 그 금액은 얼마로 할 것인지 등에 관하여 재량권이 부여되어 있다 할 것이고, 과징금 최고한도액 5,000,000원의 부과처분만으로는 적절치 않다고 여길 경우 사업정지쪽을 택할 수도 있다 할 것이므로 과징금 부과처분이 법이 정한 한도액을 초과하여 위법할 경우 법원으로서는 그 전부를 취소할 수밖에 없고, 그 한도액을 초과한 부분이나 법원이 적정하다고 인정되는 부분을 초과한 부분만을 취소할 수는 없다(대판 1993.7.27. 93누1077).

② [O] 구 건축법 제14조 제4항의 규정은 건축물의 소유자에게 건축물대장의 용도변경신청권을 부여한 것이고, 한편 건축물의 용도는 토지의 지목에 대응하는 것으로서 건물의 이용에 대한 공법상의 규제, 건축법상의 시정명령, 지방세 등의 과세대상 등 공법상 법률관계에 영향을 미치고, 건물소유자는 용도를 토대로 건물의 사용·수익·처분에 일정한 영향을 받게 된다. 이러한 점 등을 고려해 보면, 건축물대장의 용도는 건축물의 소유권을 제대로 행사하기 위한 전제요건으로서 건축물 소유자의 실체적 권리관계에 밀접하게 관련되어 있으므로, 건축물대장 소관청의 용도변경신청 거부행위는 국민의 권리관계에 영향을 미치는 것으로서 항고소송의 대상이 되는 행정처분에 해당한다(대판 2009.1.30. 2007두7277).

③ [O] 피고가 2008.12.31. 원고에 대하여 한 공사낙찰적격심사 감점처분(이하 '이 사건 감점조치'라 한다)의 근거로 내세운 규정은 피고의 공사낙찰적격심사세부기준(이하 '이 사건 세부기준'이라 한다) 제4조 제2항인 사실, 이 사건 세부기준은 공공기관의 운영에 관한 법률 제39조 제1항, 제3항, 구 공기업·준정부기관 계약사무규칙 제12조에 근거하고 있으나, 이러한 규정은 공공기관이 사인과 사이의 계약관계를 공정하고 합리적·효율적으로 처리할 수 있도록 관계 공무원이 지켜야 할 계약사무처리에 관한 필요한 사항을 규정한 것으로서 공공기관의 내부규정에 불과하여 대외적 구속력이 없는 것이다(대판 2014.12.24. 2010두6700).

④ [O] 식품위생법과 건축법은 그 입법 목적, 규정사항, 적용범위 등을 서로 달리하고 있어 식품접객업에 관하여 식품위생법이 건축법에 우선하여 배타적으로 적용되는 관계에 있다고는 해석되지 않는다. 그러므로 식품위생법에 따른 식품접객업(일반음식점영업)의 영업신고의 요건을 갖춘 자라고 하더라도, 그 영업신고를 한 당해 건축물이 건축법 소정의 허가를 받지 아니한 무허가 건물이라면 적법한 신고를 할 수 없다(대판 2009.4.23. 2008도6829).

06 행정절차　　　정답 ①

❶ [X] 단순·반복적인 처분 또는 경미한 처분으로서 당사자가 그 이유를 명백히 알 수 있는 경우에 처분 후 당사자가 요청하는 경우에 당사자에게 그 근거와 이유를 제시하여야 한다.

> 판례 이론 **조문**
>
> 「행정절차법」제23조【처분의 이유 제시】① 행정청은 처분을 할 때에는 다음 각 호의 어느 하나에 해당하는 경우를 제외하고는 당사자에게 그 근거와 이유를 제시하여야 한다.
> 　1. 신청 내용을 모두 그대로 인정하는 처분인 경우
> 　2. 단순·반복적인 처분 또는 경미한 처분으로서 당사자가 그 이유를 명백히 알 수 있는 경우
> 　3. 긴급히 처분을 할 필요가 있는 경우
> ② 행정청은 제1항제2호 및 제3호의 경우에 처분 후 당사자가 요청하는 경우에는 그 근거와 이유를 제시하여야 한다.

② [O] 육군3사관학교의 사관생도에 대한 징계절차에서 징계심의대상자가 대리인으로 선임한 변호사가 징계위원회 심의에 출석하여 진술하려고 하였음에도 불구하고, 징계권자나 그 소속 직원이 변호사가 징계위원회의 심의에 출석하는 것을 막았다면 징계위원회 심의·의결의 절차적 정당성이 상실되어 그 징계의결에 따른 징계처분은 위법하여 원칙적으로 취소되어야 한다. 다만 징계심의대상자의 대리인이 관련된 행정절차나 소송절차에서 이미 실질적인 증거조사를 하고 의견을 진술하는 절차를 거쳐서 징계심의대상자의 방어권 행사에 실질적으로 지장이 초래되었다고 볼 수 없는 특별한 사정이 있는 경우에는, 징계권자가 징계심의대상자의 대리인에게 징계위원회에 출석하여 의견을 진술할 기회를 주지 아니하였다 하더라도 그로 인하여 징계위원회 심의에 절차적 정당성이 상실되었다고 볼 수 없으므로 징계처분을 취소할 것은 아니다(대판 2018.3.13. 2016두33339).

③ [O] 행정과정에 대한 국민의 참여와 행정의 공정성, 투명성 및 신뢰성을 확보하고 국민의 권익을 보호함을 목적으로 하는 행정절차법의 입법목적과 행정절차법 제3조 제2항 제9호의 규정 내용 등에 비추어 보면, 공무원 인사관계 법령에 의한 처분에 관한 사항 전부에 대하여 행정절차법의 적용이 배제되는 것이 아니라 성질상 행정절차를 거치기 곤란하거나 불필요하다고 인정되는 처분이나 행정절차에 준하는 절차를 거치도록 하고 있는 처분의 경우에만 행정절차법의 적용이 배제된다(대판 2007.9.21. 2006두20631).

④ [O] 진급선발을 취소하는 처분은 진급예정자로서 가지는 원고의 이익을 침해하는 처분이라 할 것이고, 한편 군인사법 및 그 시행령에 이 사건 처분과 같이 진급예정자 명단에 포함된 자의 진급선발을 취소하는 처분을 함에 있어 행정절차에 준하는 절차를 거치도록 하는 규정이 없을 뿐만 아니라 위 처분이 성질상 행정절차를 거치기 곤란하거나 불필요하다고 인정되는 처분이라고 보기도 어렵다고 할 것이어서 이 사건 처분이 행정절차법의 적용이 제외되는 경우에 해당한다고 할 수 없으며, 나아가 원고가 수사과정 및 징계과정에서 자신의 비위행위에 대한 해명기회를 가졌다는 사정만으로 이 사건 처분이 행정절차법 제21조 제4항 제3호, 제22조 제4항에 따라 원고에게 사전통지를 하지 않거나 의견제출의 기회를 주지 아니하여도 되는 예외적인 경우에 해당한다고 할 수 없으므로, 피고가 이 사건 처분을 함에 있어 원고에게 의견제출의 기회를 부여하지 아니한 이상, 이 사건 처분은 절차상 하자가 있어 위법하다고 할 것이다(대판 2007.9.21. 2006두20631).

07 정보공개　　　정답 ③

① [O] 공공기관의 정보공개에 관한 법률 제10조 제1항 제2호는 정보의 공개를 청구하는 자는 정보공개청구서에 '공개를 청구하는 정보의 내용' 등을 기재할 것을 규정하고 있는바, 청구대상정보를 기재함에 있어서는 사회일반인의 관점에서 청구대상정보의 내용과 범위를 확정할 수 있을 정도로 특정함을 요한다(대판 2007.6.1. 2007두2555).

② [O] 청구인에게는 특정한 공개방법을 지정하여 정보공개를 청구할 수 있는 법령상 신청권이 있다. 따라서 공공기관이 공개청구의 대상이 된 정보를 공개는 하되, 청구인이 신청한 공개방법 이외의 방법으로 공개하기로 하는 결정을 하였다면, 이는 정보공개청구 중 정보공개방법에 관한 부분에 대하여 일부 거부처분을 한 것이고, 청구인은 그에 대하여 항고소송으로 다툴 수 있다(대판 2016.11.10. 2016두44674).

❸ [X] 각급학교는 모두 공공기관에 해당한다.

| 판례 | 이론 | **조문** |

「공공기관의 정보공개에 관한 법률」 제2조 【정의】 이 법에서 사용하는 용어의 뜻은 다음과 같다.
　3. "공공기관"이란 다음 각 목의 기관을 말한다.
　　마. 그 밖에 대통령령으로 정하는 기관
시행령 제2조【공공기관의 범위】「공공기관의 정보공개에 관한 법률」(이하 '법'이라 한다) 제2조 제3호 마목에서 "대통령령으로 정하는 기관"이란 다음 각 호의 기관 또는 단체를 말한다.
　1. 「유아교육법」, 「초·중등교육법」, 「고등교육법」에 따른 각급 학교 또는 그 밖의 다른 법률에 따라 설치된 학교

④ [O] 「공공기관의 정보공개에 관한 법률」 제13조 제4항에 대한 옳은 내용이다.

| 판례 | 이론 | **조문** |

제13조【정보공개 여부 결정의 통지】④ 공공기관은 제1항에 따라 정보를 공개하는 경우에 그 정보의 원본이 더럽혀지거나 파손될 우려가 있거나 그 밖에 상당한 이유가 있다고 인정할 때에는 그 정보의 사본·복제물을 공개할 수 있다.

24' 국가직 9급

08 토지보상법　　　　　정답 ④

① [O] 구 토지수용법(2002.2.4. 법률 제6656호 공익사업을 위한 토지 등의 취득 및 보상에 관한 법률 부칙 제2조로 폐지) 제51조가 규정하고 있는 '영업상의 손실'이란 수용의 대상이 된 토지·건물 등을 이용하여 영업을 하다가 그 토지·건물 등이 수용됨으로 인하여 영업을 할 수 없거나 제한을 받게 됨으로 인하여 생기는 직접적인 손실을 말하는 것이므로 위 규정은 영업을 하기 위하여 투자한 비용이나 그 영업을 통하여 얻을 것으로 기대되는 이익에 대한 손실보상의 근거규정이 될 수 없고, 그 외 구 토지수용법이나 구 '공공용지의 취득 및 손실보상에 관한 특례법'(2002.2.4. 법률 제6656호 공익사업을 위한 토지 등의 취득 및 보상에 관한 법률 부칙 제2조로 폐지), 그 시행령 및 시행규칙 등 관계 법령에도 영업을 하기 위하여 투자한 비용이나 그 영업을 통하여 얻을 것으로 기대되는 이익에 대한 손실보상의 근거규정이나 그 보상의 기준과 방법 등에 관한 규정이 없으므로, 이러한 손실은 그 보상의 대상이 된다고 할 수 없다(대판 2006.1.27. 2003두13106).

② [O] 공익사업을 위한 토지 등의 취득 및 보상에 관한 법률 제85조 제2항은 토지소유자 등이 보상금 증액 청구의 소를 제기할 때에는 사업시행자를 피고로 한다고 규정하고 있다. 위 규정에 따른 보상금 증액 청구의 소는 토지소유자 등이 사업시행자를 상대로 제기하는 당사자소송의 형식을 취하고 있지만, 토지수용위원회의 재결 중 보상금 산정에 관한 부분에 불복하여 그 증액을 구하는 소이므로 실질적으로는 재결을 다투는 항고소송의 성질을 가진다(대판 2022.11.24. 2018두67).

③ [O] 「공익사업을 위한 토지 등의 취득 및 보상에 관한 법률」 제88조에 대한 옳은 내용이다.

| 판례 | 이론 | **조문** |

제88조【처분효력의 부정지】 제83조에 따른 이의의 신청이나 제85조에 따른 행정소송의 제기는 사업의 진행 및 토지의 수용 또는 사용을 정지시키지 아니한다.

❹ [X] 어떤 보상항목이 공익사업을 위한 토지 등의 취득 및 보상에 관한 법령상 손실보상대상에 해당함에도 관할 토지수용위원회가 사실을 오인하거나 법리를 오해함으로써 손실보상대상에 해당하지 않는다고 잘못된 내용의 재결을 한 경우에는, 피보상자는 관할 토지수용위원회를 상대로 그 재결에 대한 취소소송을 제기할 것이 아니라, 사업시행자를 상대로 공익사업을 위한 토지 등의 취득 및 보상에 관한 법률 제85조 제2항에 따른 보상금 증감소송을 제기하여야 한다(대판 2019.11.28. 2018두227).

24' 국가직 7급

09 건축신고　　　　　정답 ④

① [O] 건축법이 건축물의 건축 또는 대수선에 관하여 원칙적으로 허가제로 규율하면서도 일정 규모 이내의 건축물에 관하여는 신고제를 채택한 것은, 건축행위에 대한 규제를 완화하여 국민의 자유의 영역을 넓히는 한편, 행정목적상 필요한 정보를 파악·관리하기 위하여 국민으로 하여금 행정청에 미리 일정한 사항을 알리도록 하는 최소한의 규제를 가하고자 하는 데 그 취지가 있다. 따라서 건축법 제14조 제1항의 건축신고 대상 건축물에 관하여는 원칙적으로 건축 또는 대수선을 하고자 하는 자가 적법한 요건을 갖춘 신고를 하면 행정청의 수리 등 별도의 조처를 기다릴 필요 없이 건축행위를 할 수 있다고 보아야 한다(대판 2011.1.20. 2010두14954).

② [O] 인·허가의제 효과를 수반하는 건축신고는 일반적인 건축신고와는 달리, 특별한 사정이 없는 한 행정청이 그 실체적 요건에 관한 심사를 한 후 수리하여야 하는 이른바 '수리를 요하는 신고'로 보는 것이 옳다(대판 2011.1.20. 2010두14954).

③ [O] 건축주 등은 신고제하에서도 건축신고가 반려될 경우 당해 건축물의 건축을 개시하면 시정명령, 이행강제금, 벌금의 대상이 되거나 당해 건축물을 사용하여 행할 행위의 허가가 거부될 우려가 있어 불안정한 지위에 놓이게 된다. 따라서 건축신고 반려행위가 이루어진 단계에서 당사자로 하여금 반려행위의 적법성을 다투어 그 법적 불안을 해소한 다음 건축행위에 나아가도록 함으로써 장차 있을지도 모르는 위험에서 미리 벗어날 수 있도록 길을 열어 주고, 위법한 건축물의 양산과 그 철거를 둘러싼 분쟁을 조기에 근본적으로 해결할 수 있게 하는 것이 법치행정의 원리에 부합한다. 그러므로 건축신고 반려행위는 항고소송의 대상이 된다고 보는 것이 옳다(대판 2010.11.18. 2008두167).

❹ [×] 어떤 개발사업의 시행과 관련하여 여러 개별 법령에서 각각 고유한 목적과 취지를 가지고 요건과 효과를 달리하는 인허가 제도를 각각 규정하고 있다면, 그 개발사업을 시행하기 위해서는 개별 법령에 따른 여러 인허가절차를 각각 거치는 것이 원칙이다. 다만 어떤 인허가의 근거 법령에서 절차간소화를 위하여 관련 인허가를 의제 처리할 수 있는 근거 규정을 둔 경우에는, 사업시행자가 인허가를 신청하면서 하나의 절차 내에서 관련 인허가를 의제 처리해줄 것을 신청할 수 있다. 관련 인허가 의제 제도는 사업시행자의 이익을 위하여 만들어진 것이므로, 사업시행자가 반드시 관련 인허가 의제 처리를 신청할 의무가 있는 것은 아니다(대판 2020.7.23. 2019두31839).

10 공법상 계약 정답 ③

① [O] 「행정기본법」 제27조 제1항에 대한 옳은 내용이다.

> **판례 이론 조문**
>
> **제27조【공법상 계약의 체결】** ① 행정청은 법령등을 위반하지 아니하는 범위에서 행정목적을 달성하기 위하여 필요한 경우에는 공법상 법률관계에 관한 계약(이하 "공법상 계약"이라 한다)을 체결할 수 있다. 이 경우 계약의 목적 및 내용을 명확하게 적은 계약서를 작성하여야 한다.

② [O] 계약직공무원에 관한 현행 법령의 규정에 비추어 볼 때, 계약직공무원 채용계약해지의 의사표시는 일반공무원에 대한 징계처분과는 달라서 항고소송의 대상이 되는 처분 등의 성격을 가진 것으로 인정되지 아니하고, 일정한 사유가 있을 때에 국가 또는 지방자치단체가 채용계약 관계의 한쪽 당사자로서 대등한 지위에서 행하는 의사표시로 취급되는 것으로 이해되므로, 이를 징계해고 등에서와 같이 그 징계사유에 한하여 효력 유무를 판단하여야 하거나, 행정처분과 같이 행정절차법에 의하여 근거와 이유를 제시하여야 하는 것은 아니다(대판 2002.11.26. 2002두5948).

❸ [×] 서울특별시립무용단원이 가지는 지위가 공무원과 유사한 것이라면, 서울특별시립무용단 단원의 위촉은 공법상의 계약이라고 할 것이고, 따라서 그 단원의 해촉에 대하여는 공법상의 당사자소송으로 그 무효확인을 청구할 수 있다(대판 1995.12.22. 95누4636).

④ [O] 국가를 당사자로 하는 계약에 관한 법률에 따라 국가가 당사자가 되는 이른바 공공계약은 사경제 주체로서 상대방과 대등한 위치에서 체결하는 사법상 계약으로서 본질적인 내용은 사인 간의 계약과 다를 바 없으므로, 그에 관한 법령에 특별한 정함이 있는 경우를 제외하고는 사적 자치와 계약자유의 원칙 등 사법의 원리가 그대로 적용된다(대결 2012.9.20. 2012마1097).

11 실효성 확보수단 정답 ②

① [O] 행정법상의 질서벌인 과태료의 부과처분과 형사처벌은 그 성질이나 목적을 달리하는 별개의 것이므로 행정법상의 질서벌인 과태료를 납부한 후에 형사처벌을 한다고 하여 이를 일사부재리의 원칙에 반하는 것이라고 할 수는 없다(대판 1996.4.12. 96도158).

❷ [×] 계고서라는 명칭의 1장의 문서로서 일정기간 내에 위법건축물의 자진철거를 명함과 동시에 그 소정기한 내에 자진철거를 하지 아니할 때에는 대집행할 뜻을 미리 계고한 경우라도 건축법에 의한 철거명령과 행정대집행법에 의한 계고처분은 독립하여 있는 것으로서 각 그 요건이 충족되었다고 볼 것이다. 철거명령에서 주어진 일정기간이 자진철거에 필요한 상당한 기간이라면 그 기간 속에는 계고시에 필요한 '상당한 이행기간'도 포함되어 있다고 보아야 할 것이다(대판 1992.6.12. 91누13564).

③ [O] 「행정기본법」 제32조 제1항에 대한 옳은 내용이다.

> **판례 이론 조문**
>
> **제32조【직접강제】** ① 직접강제는 행정대집행이나 이행강제금 부과의 방법으로는 행정상 의무 이행을 확보할 수 없거나 그 실현이 불가능한 경우에 실시하여야 한다.

④ [O] 과세관청이 체납처분으로서 행하는 공매는 우월한 공권력의 행사로서 행정소송의 대상이 되는 공법상의 행정처분이며 공매에 의하여 재산을 매수한 자는 그 공매처분이 취소된 경우에 그 취소처분의 위법을 주장하여 행정소송을 제기할 법률상 이익이 있다(대판 1984.9.25. 84누201).

12 행정입법 정답 ②

① [O] 법률이 특정 사안과 관련하여 시행령에 위임을 한 경우 시행령이 위임의 한계를 준수하고 있는지를 판단할 때는 당해 법률 규정의 입법 목적과 규정 내용, 규정의 체계, 다른 규정과의 관계 등을 종합적으로 살펴야 한다. 법률의 위임 규정 자체가 그 의미 내용을 정확하게 알 수 있는 용어를 사용하여 위임의 한계를 분명히 하고 있는데도 시행령이 그 문언적 의미의 한계를 벗어났다든지, 위임 규정에서 사용하고 있는 용어의 의미를 넘어 그 범위를 확장하거나 축소함으로써 위임 내용을 구체화하는 단계를 벗어나 새로운 입법을 한 것으로 평가할 수 있다면, 이는 위임의 한계를 일탈한 것으로서 허용되지 않는다(대판 2012.12.20. 2011두30878).

❷ [×] 교육부장관이 내신성적 산정기준의 통일을 기하기 위해 대학입시기본계획의 내용에서 내신성적 산정기준에 관한 시행지침을 마련하여 시·도 교육감에서 통보한 것은 행정조직 내부에서 내신성적 평가에 관한 내부적 심사기준을 시달한 것에 불과하며, 각 고등학교에서 위 지침에 일률적으로 기속되어 내신성적을 산정할 수밖에 없고 또 대학에서도 이를 그대로 내신성적으로 인정하여 입학생을 선발할 수밖에 없는 관계로 장차 일부 수험생들이 위 지침으로 인해 어떤 불이익을 입을 개연성이 없지는 아니하나, 그러한 사정만으로서 위 지침에 의하여 곧바로 개별적이고 구체적인 권리의 침해를 받은 것으로는 도저히 인정할 수 없으므로, 그것만으로는 현실적으로 특정인의 구체적인 권리의무에 직접적으로 변동을 초래케 하는 것은 아니라 할 것이어서 내신성적 산정지침을 항고소송의 대상이 되는 행정처분으로 볼 수 없다(대판 1994.9.10. 94두33).

③ [○] 일반적으로 법률의 위임에 의하여 효력을 갖는 법규명령의 경우, 구법에 위임의 근거가 없어 무효였더라도 사후에 법개정으로 위임의 근거가 부여되면 그때부터는 유효한 법규명령이 되나, 반대로 구법의 위임에 의한 유효한 법규명령이 법개정으로 위임의 근거가 없어지게 되면 그 때부터 무효인 법규명령이 되므로, 어떤 법령의 위임 근거 유무에 따른 유효 여부를 심사하려면 법개정의 전·후에 걸쳐 모두 심사하여야만 그 법규명령의 시기에 따른 유효·무효를 판단할 수 있다(대판 1995.6.30. 93추83).

④ [○] 여객자동차 운수사업법에 의한 개인택시운송사업면허는 특정인에게 권리나 이익을 부여하는 행정행위로서 법령에 특별한 규정이 없는 한 재량행위이고, 그 면허를 위하여 정하여진 순위 내에서의 운전경력 인정방법의 기준설정 역시 행정청의 재량에 속한다할 것이지만, 행정청이 면허발급 여부를 심사함에 있어서 이미 설정된 면허기준의 해석상 당해 신청이 면허발급의 우선순위에 해당함이 명백함에도 이를 제외시켜 면허거부처분을 하였다면 특별한 사정이 없는 한 그 거부처분은 재량권을 남용한 위법한 처분이 된다(대판 2010.1.28. 2009두19137).

24' 국가직 9급

13 행정행위 　　　　　　　　　정답 ①

❶ [×] 처분에 대하여 행정심판이나 행정소송이 제기되어 쟁송이 진행되고 있는 도중에도 행정청은 스스로 대상 처분을 취소할 수 있다.

> **판례** 이론 조문
>
> 소멸시효는 객관적으로 권리가 발생하여 그 권리를 행사할 수 있는 때로부터 진행하고 그 권리를 행사할 수 없는 동안만은 진행하지 아니하는데, 여기서 권리를 행사할 수 없는 경우라 함은 그 권리행사에 법률상의 장애사유가 있는 경우를 말하는데, 변상금 부과처분에 대한 취소소송이 진행 중이라도 그 부과권자로서는 위법한 처분을 스스로 취소하고 그 하자를 보완하여 다시 적법한 부과처분을 할 수도 있는 것이어서 그 권리행사에 법률상의 장애사유가 있는 경우에 해당한다고 할 수 없으므로, 그 처분에 대한 취소소송이 진행되는 동안에도 그 부과권의 소멸시효가 진행된다(대판 2006.2.10. 2003두5686).

② [○] 「행정기본법」 제19조 제1항에 대한 옳은 내용이다.

> 판례 이론 **조문**
>
> **제19조【적법한 처분의 철회】** ① 행정청은 적법한 처분이 다음 각 호의 어느 하나에 해당하는 경우에는 그 처분의 전부 또는 일부를 장래를 향하여 철회할 수 있다.
> 1. 법률에서 정한 철회 사유에 해당하게 된 경우
> 2. 법령등의 변경이나 사정변경으로 처분을 더 이상 존속시킬 필요가 없게 된 경우
> 3. 중대한 공익을 위하여 필요한 경우

③ [○] 개별토지에 대한 가격결정도 행정처분에 해당하며, 원래 행정처분을 한 처분청은 그 행위에 하자가 있는 경우에는 원칙적으로 별도의 법적 근거가 없더라도 스스로 이를 직권으로 취소할 수 있는 것이고, 행정처분에 대한 법정의 불복기간이 지나면 직권으로도 취소할 수 없게 되는 것은 아니므로, 처분청은 토지에 대한 개별토지가격의 산정에 명백한 잘못이 있다면 이를 직권으로 취소할 수 있으며, 개별토지가격합동조사지침 제12조의3에서 토지특성조사의 착오 또는 위산·오기 등 지가산정에 명백한 잘못이 있는 경우에 경정결정이 가능한 것으로 예시하고 있는 것처럼, 비교표준지 선정의 잘못으로 인하여 개별토지가격의 산정이 명백히 잘못된 경우도 개별토지가격합동조사지침 제12조의3의 규정에 의하여 개별토지의 가격결정에 대한 직권취소가 가능하다(대판 1995.9.15. 95누6311).

④ [○] 「행정기본법」 제18조 제1항에 대한 옳은 내용이다.

> 판례 이론 **조문**
>
> **제18조【위법 또는 부당한 처분의 취소】** ① 행정청은 위법 또는 부당한 처분의 전부나 일부를 소급하여 취소할 수 있다. 다만, 당사자의 신뢰를 보호할 가치가 있는 등 정당한 사유가 있는 경우에는 장래를 향하여 취소할 수 있다.

24' 국가직 9급

14 공법상 계약 　　　　　　　　정답 ②

옳은 것은 ㄱ, ㄹ이다.

ㄱ. [○] 「행정기본법」 제27조 제1항에 대한 옳은 내용이다.

> 판례 이론 **조문**
>
> **제27조【공법상 계약의 체결】** ① 행정청은 법령 등을 위반하지 아니하는 범위에서 행정목적을 달성하기 위하여 필요한 경우에는 공법상 법률관계에 관한 계약(이하 "공법상 계약"이라 한다)을 체결할 수 있다. 이 경우 계약의 목적 및 내용을 명확하게 적은 계약서를 작성하여야 한다.

ㄴ. [×] 계약직공무원 채용계약해지의 의사표시는 일반공무원에 대한 징계처분과는 달라서 항고소송의 대상이 되는 처분 등의 성격을 가진 것으로 인정되지 아니하고, 일정한 사유가 있을 때에 국가 또는 지방자치단체가 채용계약 관계의 한쪽 당사자로서 대등한 지위에서 행하는 의사표시로 취급되는 것으로 이해되므로, 이를 징계해고 등에서와 같이 그 징계사유에 한하여 효력 유무를 판단하여야 하거나, 행정처분과 같이 행정절차법에 의하여 근거와 이유를 제시하여야 하는 것은 아니다(대판 2002.11.26. 2002두5948).

ㄷ. [×] 공익사업을 위한 토지 등의 취득 및 보상에 관한 법령(이하 '공익사업법령'이라고 한다)에 의한 협의취득은 사법상의 법률행위이므로 당사자 사이의 자유로운 의사에 따라 채무불이행책임이나 매매대금 과부족금에 대한 지급의무를 약정할 수 있다(대판 2012.2.23. 2010다91206).

ㄹ. [O] 지방자치단체가 일방 당사자가 되는 이른바 '공공계약'이 사경제의 주체로서 상대방과 대등한 위치에서 체결하는 사법상 계약에 해당하는 경우 그에 관한 법령에 특별한 정함이 있는 경우를 제외하고는 사적 자치와 계약자유의 원칙 등 사법의 원리가 그대로 적용된다(대판 2018.2.13. 2014두11328).

15 행정행위의 부관 정답 ④

① [O] 행정행위의 부관은 부담인 경우를 제외하고는 독립하여 행정소송의 대상이 될 수 없는바, 기부채납받은 행정재산에 대한 사용·수익허가에서 공유재산의 관리청이 정한 사용·수익허가의 기간은 그 허가의 효력을 제한하기 위한 행정행위의 부관으로서 이러한 사용·수익허가의 기간에 대해서는 독립하여 행정소송을 제기할 수 없다(대판 2001.6.15. 99두509).

② [O] 토지소유자가 토지형질변경행위허가에 붙은 기부채납의 부관에 따라 토지를 국가나 지방자치단체에 기부채납(증여)한 경우, 기부채납의 부관이 당연무효이거나 취소되지 아니한 이상 토지소유자는 위 부관으로 인하여 증여계약의 중요부분에 착오가 있음을 이유로 증여계약을 취소할 수 없다(대판 1999.5.25. 98다53134).

③ [O] 행정행위의 부관인 부담에 정해진 바에 따라 당해 행정청이 아닌 다른 행정청이 그 부담상의 의무이행을 요구하는 의사표시를 하였을 경우, 이러한 행위가 당연히 또는 무조건으로 행정소송법상 항고소송의 대상이 되는 처분에 해당한다고 할 수는 없다. 건설부장관이 공유수면매립면허를 함에 있어 그 면허조건에서 울산지방해운항만청이 울산항 항로 밑바닥에 쌓인 토사를 준설하여 당해 공유수면에 투기한 토량을 같은 해운항만청장이 산정 결정한 납입고지서에 의하여 납부하도록 정한 경우에 있어 건설부장관이 공유수면매립면허를 받은 자에게 부관으로 당해 공유수면에 이미 토사를 투기한 해운항만청장에게 그 대가를 지급하도록 한 조치에 대하여 별도의 법령상의 근거나 그 징수방법, 불복절차, 강제집행 등에 관한 규정이 없다면 이에 의해 같은 해운항만청장이 한 수토대금의 납부고지행위는 항만준설공사를 함에 있어 투기한 토사가 그 매립공사에 이용됨으로써 이득을 본다는 취지에서 준설공사비용의 범위 내에서 이를 회수하려는 조치로서 그 법적 성격 등에 비추어 볼 때 이를 가리켜 행정소송법 제2조 제1항 제1호 소정의 처분에 해당한다고 할 수 없다(대판 1992.1.21. 91누1264).

❹ [×] 행정처분에 부담인 부관을 붙인 경우 부관의 무효화에 의하여 본체인 행정처분 자체의 효력에도 영향이 있게 될 수는 있지만, 그 처분을 받은 사람이 부담의 이행으로 사법상 매매 등의 법률행위를 한 경우에는 그 부관은 특별한 사정이 없는 한 법률행위를 하게 된 동기 내지 연유로 작용하였을 뿐이므로 이는 법률행위의 취소사유가 될 수 있음은 별론으로 하고 그 법률행위 자체를 당연히 무효화하는 것은 아니다(대판 2009.6.25. 2006다18174).

16 과징금 정답 ②

① [O] 구 독점규제 및 공정거래에 관한 법률 제23조 제1항 제7호, 같은 법 제24조의2 소정의 부당지원행위를 한 지원주체에 대한 과징금은 그 취지와 기능, 부과의 주체와 절차 등을 종합할 때 부당지원행위의 억지라는 행정목적을 실현하기 위한 입법자의 정책적 판단에 기하여 그 위반행위에 대하여 제재를 가하는 행정상의 제재금으로서의 기본적 성격에 부당이득환수적 요소도 부가되어 있는 것이라고 할 것이어서 그것이 헌법 제13조 제1항에서 금지하는 국가형벌권 행사로서의 처벌에 해당한다고 할 수 없으므로 구 독점규제 및 공정거래에 관한 법률에서 형사처벌과 아울러 과징금의 부과처분을 할 수 있도록 규정하고 있다 하더라도 이중처벌금지원칙이나 무죄추정원칙에 위반된다거나 사법권이나 재판청구권을 침해한다고 볼 수 없고, 또한 같은 법 제55조의3 제1항에 정한 각 사유를 참작하여 부당지원행위의 불법의 정도에 비례하여 상당한 금액의 범위 내에서만 과징금을 부과할 수 있도록 하고 있음에 비추어 비례원칙에 반한다고 할 수도 없다(대판 2004.4.9. 2001두6197).

❷ [×] 판례 이론 **조문**

> 「행정기본법」제29조【과징금의 납부기한 연기 및 분할 납부】과징금은 한꺼번에 납부하는 것을 원칙으로 한다. 다만, 행정청은 과징금을 부과받은 자가 다음 각 호의 어느 하나에 해당하는 사유로 과징금 전액을 한꺼번에 내기 어렵다고 인정될 때에는 그 납부기한을 연기하거나 분할 납부하게 할 수 있으며, 이 경우 필요하다고 인정하면 담보를 제공하게 할 수 있다.
> 1. 재해 등으로 재산에 현저한 손실을 입은 경우
> 2. 사업 여건의 악화로 사업이 중대한 위기에 처한 경우
> 3. 과징금을 한꺼번에 내면 자금 사정에 현저한 어려움이 예상되는 경우
> 4. 그 밖에 제1호부터 제3호까지에 준하는 경우로서 대통령령으로 정하는 사유가 있는 경우
>
> **시행령 제7조【과징금의 납부기한 연기 및 분할 납부】**① 과징금 납부 의무자는 법 제29조 각 호 외의 부분 단서에 따라 과징금 납부기한을 연기하거나 과징금을 분할 납부하려는 경우에는 납부기한 10일 전까지 과징금 납부기한의 연기나 과징금의 분할 납부를 신청하는 문서에 같은 조 각 호의 사유를 증명하는 서류를 첨부하여 행정청에 신청해야 한다.

③ [O] 위반행위가 여러 가지인 경우에 행정처분의 방식과 한계를 정한 관련 규정들의 내용과 취지에다가, 여객자동차운수사업자가 범한 여러 가지 위반행위에 대하여 관할 행정청이 구 여객자동차 운수사업법 제85조 제1항 제12호에 근거하여 사업정지처분을 하기로 선택한 이상 각 위반행위의 종류와 위반 정도를 불문하고 사업정지처분의 기간은 6개월을 초과할 수 없는 점을 종합하면, 관할 행정청이 사업정지처분을 갈음하는 과징금 부과처분을 하기로 선택하는 경우에도 사업정지처분의 경우와 마찬가지로 여러 가지 위반행위에 대하여 1회에 부과할 수 있는 과징금 총액의 최고한도액은 5,000만 원이라고 보는 것이 타당하다. 관할 행정청이 여객자동차운송사업자의 여러 가지 위반행위를 인지하였다면 전부에 대하여 일괄하여 5,000만 원의 최고한도 내에서 하나의 과징금 부과처분을 하는 것이 원칙이고, 인지한 여러 가지 위반행위 중 일부에 대해서만 우선 과징금 부과처분을 하고 나머지에 대해서는 차후에 별도의 과징금 부과처분을 하는 것은 다른 특별한 사정이 없는 한 허용되지 않는다. 만약 행정청이 여러 가지 위반행위를 인지하여 그 전부에 대하여 일괄하여 하나의 과징금 부과처분을 하는 것이 가능하였음에도 임의로 몇 가지로 구분하여 각각 별도의 과징금 부과처분을 할 수 있다고 보게 되면, 행정청이 여러 가지 위반행위에 대하여 부과할 수 있는 과징금의 최고한도액을 정한 구 여객자동차 운수사업법 시행령 제46조 제2항의 적용을 회피하는 수단으로 악용될 수 있기 때문이다(대판 2021.2.4. 2020두48390).

④ [O] 「행정기본법」 제28조에 대한 옳은 내용이다.

> 판례 이론 **조문**
>
> 제28조【과징금의 기준】① 행정청은 법령등에 따른 의무를 위반한 자에 대하여 법률로 정하는 바에 따라 그 위반행위에 대한 제재로서 과징금을 부과할 수 있다.
> ② 과징금의 근거가 되는 법률에는 과징금에 관한 다음 각 호의 사항을 명확하게 규정하여야 한다.
> 1. 부과·징수 주체
> 2. 부과 사유
> 3. 상한액
> 4. 가산금을 징수하려는 경우 그 사항
> 5. 과징금 또는 가산금 체납 시 강제징수를 하려는 경우 그 사항

17 행정조사 　　　　　　　　　　정답 ④

① [O] 우편물 통관검사절차에서 이루어지는 우편물의 개봉, 시료채취, 성분분석 등의 검사는 수출입물품에 대한 적정한 통관 등을 목적으로 한 행정조사의 성격을 가지는 것으로서 수사기관의 강제처분이라고 할 수 없으므로, 압수·수색영장 없이 우편물의 개봉, 시료채취, 성분분석 등 검사가 진행되었다 하더라도 특별한 사정이 없는 한 위법하다고 볼 수 없다(대판 2013.9.26. 2013도7718).

② [O] 부과처분을 위한 과세관청의 질문조사권이 행해지는 세무조사결정이 있는 경우 납세의무자는 세무공무원의 과세자료 수집을 위한 질문에 대답하고 검사를 수인하여야 할 법적 의무를 부담하게 되는 점, 세무조사는 기본적으로 적정하고 공평한 과세의 실현을 위하여 필요한 최소한의 범위 안에서 행하여져야 하고, 더욱이 동일한 세목 및 과세기간에 대한 재조사는 납세자의 영업의 자유 등 권익을 심각하게 침해할 뿐만 아니라 과세관청에 의한 자의적인 세무조사의 위험마저 있으므로 조세공평의 원칙에 현저히 반하는 예외적인 경우를 제외하고는 금지될 필요가 있는 점, 납세의무자로 하여금 개개의 과태료 처분에 대하여 불복하거나 조사 종료 후의 과세처분에 대하여만 다툴 수 있도록 하는 것보다는 그에 앞서 세무조사결정에 대하여 다툼으로써 분쟁을 조기에 근본적으로 해결할 수 있는 점 등을 종합하면, 세무조사결정은 납세의무자의 권리·의무에 직접 영향을 미치는 공권력의 행사에 따른 행정작용으로서 항고소송의 대상이 된다(대판 2011.3.10. 2009두23617·23624).

③ [O] 「행정조사기본법」 제20조에 대한 옳은 내용이다.

> 판례 이론 **조문**
>
> 제20조【자발적인 협조에 따라 실시하는 행정조사】① 행정기관의 장이 제5조 단서에 따라 조사대상자의 자발적인 협조를 얻어 행정조사를 실시하고자하는 경우 조사대상자는 문서·전화·구두 등의 방법으로 당해 행정조사를 거부할 수 있다.
> ② 제1항에 따른 행정조사에 대하여 조사대상자가 조사에 응할 것인지에 대한 응답을 하지 아니하는 경우에는 법령등에 특별한 규정이 없는 한 그 조사를 거부한 것으로 본다.

❹ [X] 행정조사 종료 후가 아닌 조사개시와 동시에 통지할 수 있다.

> 판례 이론 **조문**
>
> 「행정조사기본법」 제17조【조사의 사전통지】① 행정조사를 실시하고자 하는 행정기관의 장은 제9조에 따른 출석요구서, 제10조에 따른 보고요구서·자료제출요구서 및 제11조에 따른 현장출입조사서(이하 "출석요구서등"이라 한다)를 조사개시 7일 전까지 조사대상자에게 서면으로 통지하여야 한다. 다만, 다음 각 호의 어느 하나에 해당하는 경우에는 행정조사의 개시와 동시에 출석요구서등을 조사대상자에게 제시하거나 행정조사의 목적 등을 조사대상자에게 구두로 통지할 수 있다.
> 1. 행정조사를 실시하기 전에 관련 사항을 미리 통지하는 때에는 증거인멸 등으로 행정조사의 목적을 달성할 수 없다고 판단되는 경우
> 2. 「통계법」 제3조 제2호에 따른 지정통계의 작성을 위하여 조사하는 경우
> 3. 제5조 단서에 따라 조사대상자의 자발적인 협조를 얻어 실시하는 행정조사의 경우

24' 지방직 9급

18 행정상 손해배상 정답 ①

❶ [X] 국가배상법 제2조 소정의 '공무원'이라 함은 국가공무원법이나 지방공무원법에 의하여 공무원으로서의 신분을 가진 자에 국한하지 않고, 널리 공무를 위탁받아 실질적으로 공무에 종사하고 있는 일체의 자를 가리키는 것으로서, 공무의 위탁이 일시적이고 한정적인 사항에 관한 활동을 위한 것이어도 달리 볼 것은 아니다(대판 2001.1.5. 98다39060).

② [O] 국가배상청구의 요건인 '공무원의 직무'에는 권력적작용만이 아니라 비권력적 작용도 포함되며 단지 행정주체가 사경제주체로서 하는 활동만 제외된다(대판 2001.1.5. 98다39060).

③ [O] 어떠한 행정처분이 후에 항고소송에서 취소되었다고 할지라도 그 기판력에 의하여 당해 행정처분이 곧바로 공무원의 고의 또는 과실로 인한 것으로서 불법행위를 구성한다고 단정할 수는 없는 것이고, 그 행정처분의 담당공무원이 보통 일반의 공무원을 표준으로 하여 볼 때 객관적 주의의무를 결하여 그 행정처분이 객관적 정당성을 상실하였다고 인정될 정도에 이른 경우에 국가배상법 제2조 소정의 국가배상책임의 요건을 충족하였다고 봄이 상당할 것이며, 이 때에 객관적 정당성을 상실하였는지 여부는 피침해이익의 종류 및 성질, 침해행위가 되는 행정처분의 태양 및 그 원인, 행정처분의 발동에 대한 피해자 측의 관여의 유무, 정도 및 손해의 정도 등 제반사정을 종합하여 손해의 전보책임을 국가 또는 지방자치단체에게 부담시켜야 할 실질적인 이유가 있는지 여부에 의하여 판단하여야 한다(대판 2000.5.12. 99다70600).

④ [O] 국가배상책임에 있어 공무원의 가해행위는 법령을 위반한 것이어야 하는데, 여기서 법령을 위반하였다함은 엄격한 의미의 법령 위반뿐 아니라 인권존중, 권력남용금지, 신의성실과 같이 공무원으로서 마땅히 지켜야 할 준칙이나 규범을 지키지 아니하고 위반한 경우를 포함하여 널리 그 행위가 객관적인 정당성을 결여하고 있음을 뜻한다. 따라서 헌법상 과잉금지의 원칙 내지 비례의 원칙을 위반하여 국민의 기본권을 침해한 국가작용은 국가배상책임에 있어 법령을 위반한 가해행위가 될 수 있다(대판 2018.10.25. 2013다44720).

24' 국가직 9급

19 행정처분, 기속행위, 당사자소송 정답 ④

① [O] 어느 행정행위가 기속행위인지 재량행위인지는 이를 일률적으로 규정지을 수는 없는 것이고, 당해 처분의 근거가 된 규정의 형식이나 체재 또는 문언에 따라 개별적으로 판단해야 한다. 또한 침익적 행정행위의 근거가 되는 행정법규는 엄격하게 해석·적용하여야 하고 그 행정행위의 상대방에게 불리한 방향으로 지나치게 확장해석하거나 유추해석해서는 안 되며, 그 입법 취지와 목적 등을 고려한 목적론적 해석이 전적으로 배제되는 것은 아니라고 하더라도 그 해석이 문언의 통상적인 의미를 벗어나서는 안 된다.

마을버스 운수업자 甲이 유류사용량을 실제보다 부풀려 유가보조금을 과다 지급받은 데 대하여 관할 시장이 甲에게 부정수급기간 동안 지급된 유가보조금 전액을 회수하는 내용의 처분을 한 사안에서, 구 여객자동차 운수사업법 제51조 제3항에 따라 국토해양부장관 또는 시·도지사는 여객자동차 운수사업자가 '거짓이나 부정한 방법으로 지급받은 보조금'에 대하여 반환할 것을 명하여야 하고, 위 규정을 '정상적으로 지급받은 보조금'까지 반환하도록 명할 수 있는 것으로 해석하는 것은 문언의 범위를 넘어서는 것이며, 규정의 형식이나 체재 등에 비추어 보면, 위 환수처분은 국토해양부장관 또는 시·도지사가 지급받은 보조금을 반환할 것을 명하여야 하는 기속행위라고 본 원심판단은 정당하다(대판 2013.12.12. 2011두3388).

② [O] 자유재량에 의한 행정처분이 그 재량권의 한계를 벗어난 것이어서 위법하다는 점은 그 행정처분의 효력을 다투는 자가 이를 주장·입증하여야 하고 처분청이 그 재량권의 행사가 정당한 것이었다는 점까지 주장·입증할 필요는 없다(대판 1987.12.8. 87누861)

③ [O] 고용보험 및 산업재해보상보험의 보험료징수 등에 관한 법률 제4조, 제16조의2, 제17조, 제19조, 제23조의 각 규정에 의하면, 사업주가 당연가입자가 되는 고용보험 및 산재보험에서 보험료 납부의무 부존재확인의 소는 공법상의 법률관계 자체를 다투는 소송으로서 공법상 당사자소송이다(대판 2016.10.13. 2016다221658).

❹ [X] 지방자치단체의 장이 공유재산법에 근거하여 기부채납 및 사용·수익허가 방식으로 민간투자사업을 추진하는 과정에서 사업시행자를 지정하기 위한 전 단계에서 공모제안을 받아 일정한 심사를 거쳐 우선협상대상자를 선정하는 행위와 이미 선정된 우선협상대상자를 그 지위에서 배제하는 행위는 민간투자사업의 세부내용에 관한 협상을 거쳐 공유재산법에 따른 공유재산의 사용·수익허가를 우선적으로 부여받을 수 있는 지위를 설정하거나 또는 이미 설정한 지위를 박탈하는 조치이므로 모두 항고소송의 대상이 되는 행정처분으로 보아야 한다(대판 2020.4.29. 2017두31064).

24' 국가직 7급

20 정보공개 정답 ④

① [O] 국민의 정보공개청구권은 법률상 보호되는 구체적인 권리이므로, 공공기관에 대하여 정보의 공개를 청구하였다가 공개거부처분을 받은 청구인은 행정소송을 통하여 그 공개거부처분의 취소를 구할 법률상의 이익이 있고, 공개청구의 대상이 되는 정보가 이미 공개되어 있다거나 다른 방법으로 손쉽게 알 수 있다는 사정만으로 소의 이익이 없다거나 비공개결정이 정당화될 수 없다. 또한, 청구인이 공공기관에 대하여 정보공개를 청구하였다가 거부처분을 받은 이상, 그 자체로 공개거부처분의 취소를 구할 법률상 이익이 인정되고, 그 외에 추가로 어떤 법률상 이익이 있을 것을 요하지 않는다(대판 2022.5.26. 2022두34562).

② [O] 「공공기관의 정보공개에 관한 법률」 제8조의2에 대한 옳은 내용이다.

> 판례 이론 **조문**
>
> 제8조의2【공개대상 정보의 원문공개】공공기관 중 중앙행정기관 및 대통령령으로 정하는 기관은 전자적 형태로 보유·관리하는 정보 중 공개대상으로 분류된 정보를 국민의 정보공개 청구가 없더라도 정보통신망을 활용한 정보공개시스템 등을 통하여 공개하여야 한다.

③ [O] 공공기관의 정보공개에 관한 법률 제18조 제1항, 제3항, 제4항, 제20조 제1항, 행정소송법 제20조 제1항의 규정 내용과 그 취지 등을 종합하여 보면, 청구인이 공공기관의 비공개 결정 또는 부분 공개 결정에 대한 이의신청을 하여 공공기관으로부터 이의신청에 대한 결과를 통지받은 후 취소소송을 제기하는 경우 그 제소기간은 이의신청에 대한 결과를 통지받은 날부터 기산한다고 봄이 타당하다(대판 2023.7.27. 2022두52980).

❹ [X] 견책의 징계처분을 받은 甲이 사단장에게 징계위원회에 참여한 징계위원의 성명과 직위에 대한 정보공개청구를 하였으나 위 정보가 공공기관의 정보공개에 관한 법률 제9조 제1항 제1호, 제2호, 제5호, 제6호에 해당한다는 이유로 공개를 거부한 사안에서, 징계처분 취소사건에서 甲의 청구를 기각하는 판결이 확정되었더라도, 甲으로서는 여전히 정보공개거부처분의 취소를 구할 법률상 이익이 있다(대판 2022.5.26. 2022두33439).

정답

p. 118

01	④	II	**06**	④	III	**11**	②	V	**16**	④	VI
02	③	II	**07**	②	V	**12**	①	II	**17**	②	VI
03	④	II	**08**	④	I	**13**	③	VI	**18**	②	IV
04	①	IV	**09**	④	VI	**14**	③	VI	**19**	②	VI
05	①	III	**10**	③	III	**15**	②	IV	**20**	①	IV

취약 단원 분석표

단원	맞힌 답의 개수
I	/ 1
II	/ 4
III	/ 3
IV	/ 4
V	/ 2
VI	/ 6
TOTAL	/ 20

I 행정법 서론 / II 행정작용법 / III 행정절차와 행정공개 / IV 행정의 실효성 확보수단 / V 행정상 손해전보 / VI 행정쟁송

24' 국가직 7급

01 행정입법 정답 ④

① [X] 일반적으로 법률의 위임에 의하여 효력을 갖는 법규명령의 경우, 구법에 위임의 근거가 없어 무효였더라도 사후에 법개정으로 위임의 근거가 부여되면 그때부터는 유효한 법규명령이 되나, 반대로 구법의 위임에 의한 유효한 법규명령이 법개정으로 위임의 근거가 없어지게 되면 그때부터 무효인 법규명령이 되므로, 어떤 법령의 위임 근거 유무에 따른 유효 여부를 심사하려면 법개정의 전·후에 걸쳐 모두 심사하여야만 그 법규명령의 시기에 따른 유효·무효를 판단할 수 있다(대판 2017.4.20. 2015두45700).

② [X] 삼권분립의 원칙, 법치행정의 원칙을 당연한 전제로 하고 있는 우리 헌법 하에서 행정권의 행정입법 등 법집행의무는 헌법적 의무라고 보아야 할 것이다. 그런데 이는 행정입법의 제정이 법률의 집행에 필수불가결한 경우로서 행정입법을 제정하지 아니하는 것이 곧 행정권에 의한 입법권 침해의 결과를 초래하는 경우를 말하는 것이므로, 만일 하위 행정입법의 제정 없이 상위 법령의 규정만으로도 집행이 이루어질 수 있는 경우라면 하위 행정입법을 하여야 할 헌법적 작위의무는 인정되지 아니한다(헌재 2005.12.22. 2004헌마66).

③ [X] 위임입법의 법리는 헌법의 근본원리인 권력분립주의와 의회주의 내지 법치주의에 바탕을 두는 것이기 때문에 행정부에서 제정된 대통령령에서 규정한 내용이 정당한 것인지 여부와 위임의 적법성은 직접적인 관계가 없다. 즉, 이 사건 법률조항의 위임에 따라 대통령령으로 규정한 내용이 헌법에 위반될 경우라도 그 대통령령의 규정이 위헌으로 되는 것은 별론으로 하고 그로 인하여 정당하고 적법하게 입법권을 위임한 수권법률인 이 사건 법률조항까지 위헌으로 되는 것은 아니라고 할 것이다(헌재 2010.12.28. 2009헌바145 등).

❹ [O] 법률이 행정부가 아니거나 행정부에 속하지 않는 공법적 기관의 정관에 특정 사항을 정할 수 있다고 위임하는 경우에는 그러한 권력분립의 원칙을 훼손할 여지가 없다. 이는 자치입법에 해당되는 영역이므로 자치적으로 정하는 것이 바람직하다. 따라서 법률이 정관에 자치법적 사항을 위임한 경우에는 헌법 제75조, 제95조가 정하는 포괄적인 위임입법의 금지는 원칙적으로 적용되지 않는다고 봄이 상당하다(헌재 2006.3.30. 2005헌바31).

24' 국가직 7급

02 하자의 승계 정답 ③

① [O] 도시·군계획시설결정과 실시계획인가는 도시·군계획시설사업을 위하여 이루어지는 단계적 행정절차에서 별도의 요건과 절차에 따라 별개의 법률효과를 발생시키는 독립적인 행정처분이다. 그러므로 선행처분인 도시·군계획시설결정에 하자가 있더라도 그것이 당연무효가 아닌 한 원칙적으로 후행처분인 실시계획인가에 승계되지 않는다(대판 2017.7.18. 2016두49938).

② [O] 선행처분인 업무정지처분은 일정 기간 중개업무를 하지 못하도록 하는 처분인 반면, 후행처분인 이 사건 처분은 위와 같은 업무정지처분에 따른 업무정지기간 중에 중개업무를 하였다는 별개의 처분사유를 근거로 중개사무소의 개설등록을 취소하는 처분이다. 비록 이 사건 처분이 업무정지처분을 전제로 하지만, 양 처분은 그 내용과 효과를 달리하는 독립된 행정처분으로서, 서로 결합하여 1개의 법률효과를 완성하는 때에 해당한다고 볼 수 없다(대판 2019.1.31. 2017두40372).

❸ [X] 위법한 표준지공시지가결정에 대하여 그 정해진 시정절차를 통하여 시정하도록 요구하지 않았다는 이유로 위법한 표준지공시지가를 기초로 한 수용재결 등 후행 행정처분에서 표준지공시지가결정의 위법을 주장할 수 없도록 하는 것은 수인한도를 넘는 불이익을 강요하는 것으로서 국민의 재산권과 재판받을 권리를 보장한 헌법의 이념에도 부합하는 것이 아니다. 따라서 표준지공시지가결정이 위법한 경우에는 그 자체를 행정소송의 대상이 되는 행정처분으로 보아 그 위법 여부를 다툴 수 있음은 물론, 수용보상금의 증액을 구하는 소송에서도 선행처분으로서 그 수용대상 토지 가격 산정의 기초가 된 비교표준지공시지가결정의 위법을 독립한 사유로 주장할 수 있다(대판 2008.8.21. 2007두13845).

④ [O] 병역법상 공익근무요원소집처분이 보충역편입처분을 전제로 하는 것이기는 하나 각각 단계적으로 별개의 법률효과를 발생하는 독립된 행정처분이라고 할 것이므로, 따라서 보충역편입처분의 기초가 되는 신체등위 판정에 잘못이 있다는 이유로 이를 다투기 위하여는 신체등위 판정을 기초로 한 보충역편입처분에 대하여 쟁송을 제기하여야 할 것이며, … 보충역편입처분에 하자가 있다고 할지라도 그것이 당연무효라고 볼만한 특단의 사정이 없는 한 그 위법을 이유로 공익근무요원소집처분의 효력을 다툴 수 없다(대판 2002.12.10. 2001두5422).

03 행정계획 정답 ④

① [O] 도시계획의 결정·변경 등에 관한 권한을 가진 행정청은 이미 도시계획이 결정·고시된 지역에 대하여도 다른 내용의 도시계획을 결정·고시할 수 있고, 이 때에 후행 도시계획에 선행 도시계획과 서로 양립할 수 없는 내용이 포함되어 있다면, 특별한 사정이 없는 한 선행 도시계획은 후행 도시계획과 같은 내용으로 변경되는 것이나, 후행 도시계획의 결정을 하는 행정청이 선행 도시계획의 결정·변경 등에 관한 권한을 가지고 있지 아니한 경우에 선행 도시계획과 서로 양립할 수 없는 내용이 포함된 후행 도시계획결정을 하는 것은 아무런 권한 없이 선행 도시계획결정을 폐지하고, 양립할 수 없는 새로운 내용이 포함된 후행 도시계획결정을 하는 것으로서, 선행 도시계획결정의 폐지 부분은 권한 없는 자에 의하여 행해진 것으로서 무효이고, 같은 대상지역에 대하여 선행 도시계획결정이 적법하게 폐지되지 아니한 상태에서 그 위에 다시 한 후행 도시계획결정 역시 위법하고, 그 하자는 중대하고도 명백하여 다른 특별한 사정이 없는 한 무효라고 보아야 한다(대판 2000.9.8. 99두11257).

② [O] 재건축조합이 행정주체의 지위에서 도시정비법 제48조에 따라 수립하는 관리처분계획은 정비사업의 시행결과 조성되는 대지 또는 건축물의 권리귀속에 관한 사항과 조합원의 비용분담에 관한 사항 등을 정함으로써 조합원의 재산상 권리·의무 등에 구체적이고 직접적인 영향을 미치게 되므로, 이는 구속적 행정계획으로서 재건축조합이 행하는 독립된 행정처분에 해당한다(대판 2009.9.17. 2007다2428).

③ [O] 도시계획시설의 지정으로 말미암아 당해 토지의 이용가능성이 배제되거나 또는 토지소유자가 토지를 종래 허용된 용도대로도 사용할 수 없기 때문에 이로 말미암아 현저한 재산적 손실이 발생하는 경우에는, 원칙적으로 사회적 제약의 범위를 넘는 수용적 효과를 인정하여 국가나 지방자치단체는 이에 대한 보상을 해야 한다. 이 사건 법률조항이 일부 토지소유자에 대하여 재산권의 사회적 기속성으로도 정당화될 수 없는 가혹한 부담을 부과하면서 그 부담을 완화하는 아무런 보상규정을 두지 않는다면, 이 사건 법률조항은 이러한 경우에 한하여 재산권의 내용과 한계를 규정함에 있어서 비례의 원칙에 위반되어 당해 토지소유자의 재산권을 과도하게 침해하는 규정이 된다고 하겠다(헌재 1999.10.21. 97헌바26).

❹ [X] 장기미집행 도시계획시설결정의 실효제도는 도시계획시설부지로 하여금 도시계획시설결정으로 인한 사회적 제약으로부터 벗어나게 하는 것으로서 결과적으로 개인의 재산권이 보다 보호되는 측면이 있는 것은 사실이나, 이와 같은 보호는 입법자가 새로운 제도를 마련함에 따라 얻게 되는 법률에 기한 권리일 뿐 헌법상 재산권으로부터 당연히 도출되는 권리는 아니다(헌재 2005.9.29. 2002헌바84).

04 이행강제금 정답 ①

❶ [X] 건축법상의 이행강제금은 시정명령의 불이행이라는 과거의 위반행위에 대한 제재가 아니라, 의무자에게 시정명령을 받은 의무의 이행을 명하고 그 이행기간 안에 의무를 이행하지 않으면 이행강제금이 부과된다는 사실을 고지함으로써 의무자에게 심리적 압박을 주어 의무의 이행을 간접적으로 강제하는 행정상의 간접강제 수단에 해당한다. 이러한 이행강제금의 본질상 시정명령을 받은 의무자가 이행강제금이 부과되기 전에 그 의무를 이행한 경우에는 비록 시정명령에서 정한 기간을 지나서 이행한 경우라도 이행강제금을 부과할 수 없다(대판 2018.1.25. 2015두35116).

② [O] 「행정기본법」 제31조 제6항에 대한 옳은 내용이다.

> 판례 이론 **조문**
>
> 제31조 【이행강제금의 부과】 ⑥ 행정청은 이행강제금을 부과받은 자가 납부기한까지 이행강제금을 내지 아니하면 국세강제징수의 예 또는 「지방행정제재·부과금의 징수 등에 관한 법률」에 따라 징수한다.

③ [O] 농지법 제62조 제1항에 따른 이행강제금 부과처분에 불복하는 경우에는 비송사건절차법에 따른 재판절차가 적용되어야 하고, 행정소송법상 항고소송의 대상은 될 수 없다. 농지법 제62조 제6항, 제7항이 위와 같이 이행강제금 부과처분에 대한 불복절차를 분명하게 규정하고 있으므로, 이와 다른 불복절차를 허용할 수는 없다. 설령 관할청이 이행강제금 부과처분을 하면서 재결청에 행정심판을 청구하거나 관할 행정법원에 행정소송을 할 수 있다고 잘못 안내하거나 관할 행정심판위원회가 각하재결이 아닌 기각재결을 하면서 관할법원에 행정소송을 할 수 있다고 잘못 안내하였다고 하더라도, 그러한 잘못된 안내로 행정법원의 항고소송 재판관할이 생긴다고 볼 수도 없다(대판 2019.4.11. 2018두42955).

④ [O] 이행강제금 납부의무는 상속인 기타의 사람에게 승계될 수 없는 일신전속적인 성질의 것이므로 이미 사망한 사람에게 이행강제금을 부과하는 내용의 처분이나 결정은 당연무효이고, 이행강제금을 부과받은 사람의 이의에 의하여 비송사건절차법에 의한 재판절차가 개시된 후에 그 이의한 사람이 사망한 때에는 사건 자체가 목적을 잃고 절차가 종료한다. 구 건축법상 이행강제금을 부과받은 사람이 이행강제금사건의 제1심결정 후 항고심결정이 있기 전에 사망한 경우, 항고심결정은 당연무효이고, 이미 사망한 사람의 이름으로 제기된 재항고는 보정할 수 없는 흠결이 있는 것으로서 부적법하다(대결 2006.12.8. 2006마470).

24' 지방직 7급

05 정보공개법 정답 ①

❶ [O] 「공공기관의 정보공개에 관한 법률」 제18조 제1항의 내용으로 옳은 지문이다.

> 판례 이론 **조문**
>
> 제18조【이의신청】① 청구인이 정보공개와 관련한 공공기관의 비공개 결정 또는 부분 공개 결정에 대하여 불복이 있거나 정보공개 청구 후 20일이 경과하도록 정보공개 결정이 없는 때에는 공공기관으로부터 정보공개 여부의 결정 통지를 받은 날 또는 정보공개 청구 후 20일이 경과한 날부터 30일 이내에 해당 공공기관에 문서로 이의신청을 할 수 있다.

② [×] 청구인이 정보공개거부처분의 취소를 구하는 소송에서 공공기관이 청구정보를 증거 등으로 법원에 제출하여 법원을 통하여 그 사본을 청구인에게 교부 또는 송달하게 하여 결과적으로 청구인에게 정보를 공개하는 셈이 되었다고 하더라도, 이러한 우회적인 방법은 법이 예정하고 있지 아니한 방법으로서 법에 의한 공개라고 볼 수는 없으므로, 당해 문서의 비공개결정의 취소를 구할 소의 이익은 소멸되지 않는다고 할 것이다(대판 2004.3.26. 2002두6583).

③ [×] 법원이 행정기관의 정보공개거부처분의 위법 여부를 심리한 결과 공개를 거부한 정보에 비공개사유에 해당하는 부분과 그렇지 않은 부분이 혼합되어 있고, 공개청구의 취지에 어긋나지 않는 범위 안에서 두 부분을 분리할 수 있음을 인정할 수 있을 때에는 공개가 가능한 정보에 국한하여 일부취소를 명할 수 있다(대판 2009.12.10. 2009두12785).

④ [×] 공공기관이 공개청구의 대상이 된 정보를 공개는 하되, 청구인이 신청한 공개방법 이외의 방법으로 공개하기로 하는 결정을 하였다면, 이는 정보공개청구 중 정보공개방법에 관한 부분에 대하여 일부 거부처분을 한 것이고, 청구인은 그에 대하여 항고소송으로 다툴 수 있다(대판 2016.11.10. 2016두44674).

24' 국가직 7급

06 개인정보 보호법 정답 ④

① [O] 「개인정보 보호법」 제25조 제5항에 대한 옳은 내용이다.

> 판례 이론 **조문**
>
> 제25조【고정형 영상정보처리기기의 설치·운영 제한】⑤ 고정형 영상정보처리기기운영자는 고정형 영상정보처리기기의 설치 목적과 다른 목적으로 고정형 영상정보처리기기를 임의로 조작하거나 다른 곳을 비춰서는 아니 되며, 녹음기능은 사용할 수 없다.

② [O] 「개인정보 보호법」 제15조 제1항 제7호에 대한 옳은 내용이다.

> 판례 이론 **조문**
>
> 제15조【개인정보의 수집·이용】① 개인정보처리자는 다음 각 호의 어느 하나에 해당하는 경우에는 개인정보를 수집할 수 있으며 그 수집 목적의 범위에서 이용할 수 있다.
> 7. 공중위생 등 공공의 안전과 안녕을 위하여 긴급히 필요한 경우

③ [O] 「개인정보 보호법」 제16조 제3항에 대한 옳은 내용이다.

> 판례 이론 **조문**
>
> 제16조【개인정보의 수집 제한】③ 개인정보처리자는 정보주체가 필요한 최소한의 정보 외의 개인정보 수집에 동의하지 아니한다는 이유로 정보주체에게 재화 또는 서비스의 제공을 거부하여서는 아니 된다.

❹ [×]

> 판례 이론 **조문**
>
> 「개인정보 보호법」 제37조의2【자동화된 결정에 대한 정보주체의 권리 등】① 정보주체는 완전히 자동화된 시스템(인공지능 기술을 적용한 시스템을 포함한다)으로 개인정보를 처리하여 이루어지는 결정(「행정기본법」 제20조에 따른 행정청의 자동적 처분은 제외하며, 이하 이 조에서 "자동화된 결정"이라 한다)이 자신의 권리 또는 의무에 중대한 영향을 미치는 경우에는 해당 개인정보처리자에 대하여 해당 결정을 거부할 수 있는 권리를 가진다. 다만, 자동화된 결정이 제15조 제1항 제1호·제2호 및 제4호에 따라 이루어지는 경우에는 그러하지 아니하다.

24' 국가직 9급

07 국가배상 정답 ②

① [×] 국가배상청구의 요건인 '공무원의 직무'에는 권력적 작용만이 아니라 비권력적 작용도 포함되며 단지 행정주체가 사경제주체로서 하는 활동만 제외된다(대판 2001.1.5. 98다39060).

❷ [O] 헌법재판소 재판관이 청구기간 내에 제기된 헌법소원심판청구 사건에서 청구기간을 오인하여 각하결정을 한 경우, 이에 대한 불복절차 내지 시정절차가 없는 때에는 국가배상책임(위법성)을 인정할 수 있다(대판 2003.7.11. 99다24218).

③ [×] 공무원이 공무집행 중 다른 공무원의 불법행위로 인하여 사망한 경우, 사망한 공무원의 유족들이 국가배상법에 의하여 국가 또는 지방자치단체로부터 사망한 공무원의 소극적 손해에 대한 손해배상금을 지급받았다면 공무원연금관리공단 등은 그 유족들에게 같은 종류의 급여인 유족보상금에서 그 상당액을 공제한 잔액만을 지급하면 되고, 그 유족들이 공무원연금관리공단 등으로부터 공무원연금법 소정의 유족보상금을 지급받았다면 국가 또는 지방자치단체는 그 유족들에게 사망한 공무원의 소극적 손해액에서 유족들이 지급받은 유족보상금 상당액을 공제한 잔액만을 지급하면 된다(대판 1998.11.19. 97다36873).

④ [×] 외국인은 상호보증이 있어야 한다.

> 판례 이론 **조문**
>
> 「국가배상법」 제7조【외국인에 대한 책임】이 법은 외국인이 피해자인 경우에는 해당 국가와 상호 보증이 있을 때에만 적용한다.

08 개인적 공권   정답 ④

① [O] 환경영향평가 대상지역 밖의 주민이라 할지라도 공유수면매립면허처분 등으로 인하여 그 처분 전과 비교하여 수인한도를 넘는 환경피해를 받거나 받을 우려가 있는 경우에는, 공유수면매립면허처분 등으로 인하여 환경상 이익에 대한 침해 또는 침해우려가 있다는 것을 입증함으로써 그 처분 등의 무효확인을 구할 원고적격을 인정받을 수 있다(대판 2006.3.16. 2006두330).

② [O] 헌법 제34조 제1항은 "모든 국민은 인간다운 생활을 할 권리를 가진다."라고 규정하고, 제2항은 "국가는 사회보장·사회복지의 증진에 노력할 의무를 진다."라고 규정하고 있는바, 국민연금수급권이나 공무원연금수급권과 같은 사회보장수급권은 이 규정들로부터 도출되는 사회적 기본권의 하나이다. 이와 같은 연금수급권은 국가에 대하여 적극적으로 급부를 요구하는 것이므로 헌법규정만으로는 이를 실현할 수 없고 법률에 의한 형성을 필요로 하며, 그 구체적 내용, 즉 수급요건, 수급권자의 범위, 급여금액 등은 법률에 의하여 비로소 확정된다(헌재 2012.5.31. 2009헌마553).

③ [O] 행정처분에 있어서 불이익처분의 상대방은 직접 개인적 이익의 침해를 받은 자로서 원고적격이 인정되지만 수익처분의 상대방은 그의 권리나 법률상 보호되는 이익이 침해되었다고 볼 수 없으므로 달리 특별한 사정이 없는 한 취소를 구할 이익이 없다(대판 1995.8.22. 94누8129).

❹ [X] 도시계획구역 내 토지 등을 소유하고 있는 사람과 같이 당해 도시계획시설결정에 이해관계가 있는 주민으로서는 도시시설계획의 입안권자 내지 결정권자에게 도시시설계획의 입안 내지 변경을 요구할 수 있는 법규상 또는 조리상의 신청권이 있고, 이러한 신청에 대한 거부행위는 항고소송의 대상이 되는 행정처분에 해당한다(대판 2015.3.26. 2014두42742).

09 취소소송   정답 ④

① [O] 취소소송은 다른 법률에 특별한 규정이 없는 한 그 처분 등을 행한 행정청을 피고로 한다(행정소송법 제13조 제1항). 여기서 '행정청'이라 함은 국가 또는 공공단체의 기관으로서 국가나 공공단체의 의견을 결정하여 외부에 표시할 수 있는 권한, 즉 처분권한을 가진 기관을 말하고, 대외적으로 의사를 표시할 수 있는 기관이 아닌 내부기관은 실질적인 의사가 그 기관에 의하여 결정되더라도 피고적격을 갖지 못한다(대판 2014.5.16. 2014두274).

② [O] 항고소송은 원칙적으로 소송의 대상인 행정처분 등을 외부적으로 그의 명의로 행한 행정청을 피고로 하여야 하는 것으로서, 그 행정처분을 하게 된 연유가 상급행정청이나 타행정청의 지시나 통보에 의한 것이라 하여 다르지 않고, 권한의 위임이나 위탁을 받아 수임행정청이 자신의 명의로 한 처분에 관하여도 마찬가지이다(대판 2013.2.28. 2012두22904).

③ [O] 「노동위원회법」 제27조 제1항에 대한 옳은 내용이다.

| 판례 | 이론 | **조문** |

> 제27조【중앙노동위원회의 처분에 대한 소송】① 중앙노동위원회의 처분에 대한 소송은 중앙노동위원회 위원장을 피고(被告)로 하여 처분의 송달을 받은 날부터 15일 이내에 제기하여야 한다.

❹ [X] 대리기관이 대리관계를 표시하고 피대리 행정청을 대리하여 행정처분을 한 때에는 피대리 행정청이 피고로 되어야 할 것이다(대결 2006.2.23. 2005부4).

10 정보공개   정답 ③

① [O] 학교폭력대책자치위원회의 회의록은 공공기관의 정보공개에 관한 법률 제9조 제1항 제1호의 '다른 법률 또는 법률이 위임한 명령에 의하여 비밀 또는 비공개 사항으로 규정된 정보'에 해당한다(대판 2010.6.10. 2010두2913).

② [O] 정보공개를 청구하는 자가 공공기관에 대해 정보의 사본 또는 출력물의 교부의 방법으로 공개방법을 선택하여 정보공개청구를 한 경우에 공개청구를 받은 공공기관으로서는 같은 법 제8조 제2항에서 규정한 정보의 사본 또는 복제물의 교부를 제한할 수 있는 사유에 해당하지 않는 한 정보공개청구자가 선택한 공개방법에 따라 정보를 공개하여야 하므로 그 공개방법을 선택할 재량권이 없다(대판 2003.12.12. 2003두8050).

❸ [X] '2002년도 및 2003년도 국가 수준 학업성취도평가 자료'는 표본조사 방식으로 이루어졌을 뿐만 아니라 학교식별정보 등도 포함되어 있어서 그 원자료 전부가 그대로 공개될 경우 학업성취도평가 업무의 공정한 수행이 객관적으로 현저하게 지장을 받을 것이라는 고도의 개연성이 존재한다고 볼 여지가 있어 공공기관의 정보공개에 관한 법률 제9조 제1항 제5호에서 정한 비공개대상정보에 해당하는 부분이 있으나, '2002학년도부터 2005학년도까지의 대학수학능력시험 원데이터'는 연구 목적으로 그 정보의 공개를 청구하는 경우, 공개로 인하여 초래될 부작용이 공개로 얻을 수 있는 이익보다 더 클 것이라고 단정하기 어려우므로 그 공개로 대학수학능력시험 업무의 공정한 수행이 객관적으로 현저하게 지장을 받을 것이라는 고도의 개연성이 존재한다고 볼 수 없어 위 조항의 비공개대상정보에 해당하지 않는다(대판 2010.2.25. 2007두9877).

④ [O] 공공기관의 정보공개에 관한 법률(이하 '법'이라 한다) 제9조 제1항 제6호는 비공개 대상 정보의 하나로 '당해 정보에 포함되어 있는 이름·주민등록번호 등 개인에 관한 사항으로서 공개될 경우 개인의 사생활의 비밀 또는 자유를 침해할 우려가 있다고 인정되는 정보'를 규정하면서, 같은 호 단서 다목으로 '공공기관이 작성하거나 취득한 정보로서 공개하는 것이 공익 또는 개인의 권리 구제를 위하여 필요하다고 인정되는 정보'는 제외된다고 규정하고 있다. 그런데 여기에서 '공개하는 것이 공익 또는 개인의 권리 구제를 위하여 필요하다고 인정되는 정보'에 해당하는지 여부는 비공개에 의하여 보호되는 개인의 사생활의 비밀 등 이익과 공개에 의하여 보호되는 국정운영의 투명성 확보 등의 공익 또는 개인의 권리 구제 등 이익을 비교·교량하여 구체적 사안에 따라 신중히 판단하여야 한다(대판 2009.10.29. 2009두14224).

24' 지방직 9급

11 손실보상 정답 ②

옳은 것은 ㄱ, ㄹ이다.

ㄱ. [O] 헌법 제23조 제3항에 대한 옳은 내용이다.

> 판례 이론 **조문**
>
> 제23조 ③ 공공필요에 의한 재산권의 수용·사용 또는 제한 및 그에 대한 보상은 법률로써 하되, 정당한 보상을 지급 하여야 한다.

ㄴ. [X] 하천법 규정들에 의한 손실보상청구권은 1984.12.31. 전에 토지가 하천구역으로 된 경우에는 당연히 발생되는 것이지, 관리청의 보상금지급결정에 의하여 비로소 발생하는 것은 아니므로, 위 규정들에 의한 손실보상금의 지급을 구하거나 손실보상청구권의 확인을 구하는 소송은 행정소송법 제3조 제2호 소정의 당사자소송에 의하여야 한다(대판 2006.5.18. 2004다6207).

ㄷ. [X] 보상금증감소송은 당사자소송이고, 피고는 토지수용위원회가 아니라 사업시행자가 된다.

> 판례 이론 **조문**
>
> 「공익사업을 위한 토지 등의 취득 및 보상에 관한 법률」 제85조【행정소송의 제기】② 제1항에 따라 제기하려는 행정소송이 보상금의 증감(增減)에 관한 소송인 경우 그 소송을 제기하는 자가 토지소유자 또는 관계인일 때에는 사업시행자를, 사업시행자일 때에는 토지소유자 또는 관계인을 각각 피고로 한다.

ㄹ. [O] 수용재결에 불복하여 취소소송을 제기하는 때에는 이의신청을 거친 경우에도 수용재결을 한 중앙토지수용위원회 또는 지방토지수용위원회를 피고로 하여 수용재결의 취소를 구하여야 하고, 다만 이의신청에 대한 재결 자체에 고유한 위법이 있음을 이유로 하는 경우에는 그 이의재결을 한 중앙토지수용위원회를 피고로 하여 이의재결의 취소를 구할 수 있다고 보아야 한다(대판 2010.1.28. 2008두1504).

24' 지방직 9급

12 기속력, 처분 정답 ①

❶ [X] 교원소청심사위원회(이하 '위원회'라 한다)의 결정은 처분청에 대하여 기속력을 가지고 이는 그 결정의 주문에 포함된 사항뿐 아니라 그 전제가 된 요건사실의 인정과 판단, 즉 처분 등의 구체적 위법사유에 관한 판단에까지 미친다(대판 2013.7.25. 2012두12297).

② [O] 어업권면허에 선행하는 우선순위결정은 행정청이 우선권자로 결정된 자의 신청이 있으면 어업권면허처분을 하겠다는 것을 약속하는 행위로서 강학상 확약에 불과하고 행정처분은 아니므로, 우선순위결정에 공정력이나 불가쟁력과 같은 효력은 인정되지 아니하며, 따라서 우선순위결정이 잘못되었다는 이유로 종전의 어업권면허처분이 취소되면 행정청은 종전의 우선순위결정을 무시하고 다시 우선순위를 결정한 다음 새로운 우선순위결정에 기하여 새로운 어업권면허를 할 수 있다(대판 1995.1.20. 94누6529).

③ [O] 행정지도가 강제성을 띠지 않은 비권력적 작용으로서 행정지도의 한계를 일탈하지 아니하였다면, 그로 인하여 상대방에게 어떤 손해가 발생하였다 하더라도 행정기관은 그에 대한 손해배상책임이 없다(대판 2008.9.25. 2006다18228).

④ [O] 주거이전비는 당해 공익사업 시행지구 안에 거주하는 세입자들의 조기이주를 장려하여 사업추진을 원활하게 하려는 정책적인 목적과 주거이전으로 인하여 특별한 어려움을 겪게 될 세입자들을 대상으로 하는 사회보장적인 차원에서 지급되는 금원의 성격을 가지므로, 적법하게 시행된 공익사업으로 인하여 이주하게 된 주거용 건축물 세입자의 주거이전비 보상청구권은 공법상의 권리이고, 따라서 그 보상을 둘러싼 쟁송은 민사소송이 아니라 공법상의 법률관계를 대상으로 하는 행정소송에 의하여야 한다(대판 2008.5.29. 2007다8129).

24' 국가직 9급

13 재결의 효력 정답 ③

① [O] 행정심판에 있어서 재결청의 재결내용이 처분청에 취소를 명하는 것이 아니라 처분청의 처분을 스스로 취소하는 것일 때에는 그 재결에 형성력이 발생하여 당해 행정처분은 별도의 행정처분을 기다릴 것 없이 당연히 취소되어 소멸되는 것이어서 그 후 동일한 사안에 대해 처분청이 또다른 처분을 하였다면 이는 위 소멸된 처분과는 완전히 독립된 별개의 처분이라 할 것이고, 따라서 새로운 처분에 대한 제소기간 준수 여부도 그 새로운 처분을 기준으로 판단하여야 한다(대판 1994.4.12. 93누1879).

② [O] 행정처분이나 행정심판 재결이 불복기간의 경과로 인하여 확정될 경우 확정력은 처분으로 인하여 법률상 이익을 침해받은 자가 처분이나 재결의 효력을 더 이상 다툴 수 없다는 의미일 뿐 판결에 있어서와 같은 기판력이 인정되는 것은 아니어서 처분의 기초가 된 사실관계나 법률적 판단이 확정되고 당사자들이나 법원이 이에 기속되어 모순되는 주장이나 판단을 할 수 없게 되는 것은 아니다(대판 1993.4.13. 92누17181).

❸ [X] 당사자의 신청을 받아들이지 않은 거부처분이 재결에서 취소된 경우에 행정청은 종전 거부처분 또는 재결 후에 발생한 새로운 사유를 내세워 다시 거부처분을 할 수 있다. 그 재결의 취지에 따라 이전의 신청에 대하여 다시 어떠한 처분을 하여야 할지는 처분을 할 때의 법령과 사실을 기준으로 판단하여야 하기 때문이다(대판 2017.10.31. 2015두45045).

④ [O] 교원소청심사위원회의 결정은 학교법인 등에 대하여 기속력을 가지고 이는 그 결정의 주문에 포함된 사항뿐 아니라 그 전제가 된 요건사실의 인정과 판단, 즉 불리한 처분 등의 구체적 위법사유에 관한 판단에까지 미친다(대판 2018.7.12. 2017두65821).

14   정보공개, 법률상 이익, 국가배상   정답 ③

옳지 않은 것은 ㄴ, ㄷ이다.

ㄱ. [O] 법원이 행정기관의 정보공개거부처분의 위법 여부를 심리한 결과 공개를 거부한 정보에 비공개사유에 해당하는 부분과 그렇지 않은 부분이 혼합되어 있고, 공개청구의 취지에 어긋나지 않는 범위 안에서 두 부분을 분리할 수 있음을 인정할 수 있을 때에는 공개가 가능한 정보에 국한하여 일부취소를 명할 수 있다. 이러한 정보의 부분 공개가 허용되는 경우란 그 정보의 공개방법 및 절차에 비추어 당해 정보에서 비공개대상정보에 관련된 기술 등을 제외 혹은 삭제하고 나머지 정보만을 공개하는 것이 가능하고 나머지 부분의 정보만으로도 공개의 가치가 있는 경우를 의미한다(대판 2009.12.10. 2009두12785).

ㄴ. [×] 경찰관의 주취운전자에 대한 권한 행사가 관계 법률의 규정 형식상 경찰관의 재량에 맡겨져 있다고 하더라도, 그러한 권한을 행사하지 아니한 것이 구체적인 상황 하에서 현저하게 합리성을 잃어 사회적 타당성이 없는 경우에는 경찰관의 직무상 의무를 위배한 것으로서 위법하게 된다. 음주운전으로 적발된 주취운전자가 도로 밖으로 차량을 이동하겠다며 단속경찰관으로부터 보관 중이던 차량열쇠를 반환받아 몰래 차량을 운전하여 가던 중 사고를 일으킨 경우, 국가배상책임을 인정한 사례(대판 1998.5.8. 97다54482)

ㄷ. [×] 행정처분의 직접 상대방이 아닌 제3자라도 당해 행정처분의 취소를 구할 법률상의 이익이 있는 경우에는 원고적격이 인정되는데, 여기서 말하는 법률상의 이익은 당해 처분의 근거 법률에 의하여 보호되는 직접적이고 구체적인 이익이 있는 경우를 말하고, 다만 공익보호의 결과로 국민 일반이 공통적으로 가지는 추상적, 평균적, 일반적인 이익과 같이 간접적이나 사실적, 경제적, 이해관계를 가지는데 불과한 경우는 여기에 포함되지 않는다(대판 1995.9.26. 94누14544).

ㄹ. [O] 2종 교과용 도서에 대하여 검정신청을 하였다가 불합격결정처분을 받은 뒤 그 처분이 위법하다 하여 이의 취소를 구하면서 위 처분 당시 시행중이던 구 교과용 도서에 관한 규정 제19조에 "2종 도서의 합격종수는 교과목 당 5종류 이내로 한다."고 규정되어 있음을 들어 위 처분과 같은 때에 행하여진 수학, 음악, 미술, 한문, 영어과목의 교과용 도서에 대한 합격결정처분의 취소를 구하고 있으나 원고들은 각 한문, 영어, 음악과목에 관한 교과용 도서에 대하여 검정신청을 하였던 자들이므로 자신들이 검정신청한 교과서의 과목과 전혀 관계가 없는 수학, 미술과목의 교과용 도서에 대한 합격결정처분에 대하여는 그 취소를 구할 법률상의 이익이 없다 할 것이다(대판 1992.4.24. 91누6634).

15   행정벌   정답 ②

① [O] 지방자치단체가 그 고유의 자치사무를 처리하는 경우에는 지방자치단체는 국가기관의 일부가 아니라 국가기관과는 별도의 독립한 공법인이므로, 지방자치단체 소속 공무원이 지방자치단체 고유의 자치사무를 수행하던 중 도로법 제81조 내지 제85조의 규정에 의한 위반행위를 한 경우에는 지방자치단체는 도로법 제86조의 양벌규정에 따라 처벌대상이 되는 법인에 해당한다(대판 2005.11.10. 2004도2657).

❷ [×] 구 개인정보 보호법은 제2조 제5호, 제6호에서 공공기관 중 법인격이 없는 '중앙행정기관 및 그 소속 기관'등을 개인정보처리자 중 하나로 규정하고 있으면서도, 양벌규정에 의하여 처벌되는 개인정보처리자로는 같은 법 제74조 제2항에서 '법인 또는 개인'만을 규정하고 있을 뿐이고, 법인격 없는 공공기관에 대하여도 위 양벌규정을 적용할 것인지 여부에 대하여는 명문의 규정을 두고 있지 않으므로, 죄형법정주의의 원칙상 '법인격 없는 공공기관'을 위 양벌규정에 의하여 처벌할 수 없고, 그 경우 행위자 역시 위 양벌규정으로 처벌할 수 없다고 봄이 타당하다(대판 2021.10.28. 2020도1942).

③ [O] 「질서위반행위규제법」 제7조에 대한 옳은 내용이다.

> 판례 이론 **조문**
>
> **제7조【고의 또는 과실】** 고의 또는 과실이 없는 질서위반행위는 과태료를 부과하지 아니한다.

④ [O] 질서위반행위에 대하여 과태료를 부과하는 근거 법령이 개정되어 행위 시의 법률에 의하면 과태료 부과대상이었지만 재판 시의 법률에 의하면 부과대상이 아니게 된 때에는 개정 법률의 부칙 등에서 행위 시의 법률을 적용하도록 명시하는 등 특별한 사정이 없는 한 재판 시의 법률을 적용하여야 하므로 과태료를 부과할 수 없다(대결 2017.4.7. 2016마1626).

16   무효등확인소송   정답 ④

①③ [×] 「행정소송법」 제38조 제1항은 취소소송의 기속력, 집행정지 규정을 무효등확인소송에서도 준용한다.

> 판례 이론 **조문**
>
> 「행정소송법」 **제30조【취소판결등의 기속력】** ① 처분등을 취소하는 확정판결은 그 사건에 관하여 당사자인 행정청과 그 밖의 관계행정청을 기속한다.
> **제23조【집행정지】** ② 취소소송이 제기된 경우에 처분등이나 그 집행 또는 절차의 속행으로 인하여 생길 회복하기 어려운 손해를 예방하기 위하여 긴급한 필요가 있다고 인정할 때에는 본안이 계속되고 있는 법원은 당사자의 신청 또는 직권에 의하여 처분등의 효력이나 그 집행 또는 절차의 속행의 전부 또는 일부의 정지(이하 "집행정지"라 한다)를 결정할 수 있다. 다만, 처분의 효력정지는 처분등의 집행 또는 절차의 속행을 정지함으로써 목적을 달성할 수 있는 경우에는 허용되지 아니한다.
> **제38조【준용규정】** ① 제9조, 제10조, 제13조 내지 제17조, 제19조, 제22조 내지 제26조, 제29조 내지 제31조 및 제33조의 규정은 무효등 확인소송의 경우에 준용한다.

② [×] 행정처분의 직접 상대방이 아닌 제3자라 하더라도 당해 행정처분으로 인하여 법률상 보호되는 이익을 침해당한 경우에는 그 처분의 취소나 무효확인을 구하는 행정소송을 제기하여 그 당부의 판단을 받을 자격 즉 원고적격이 있고, 여기에서 말하는 법률상 보호되는 이익은 당해 처분의 근거 법규 및 관련 법규에 의하여 보호되는 개별적·직접적·구체적 이익을 말하며, 원고적격은 소송요건의 하나이므로 사실심 변론종결시는 물론 상고심에서도 존속하여야 하고 이를 흠결하면 부적법한 소가 된다(대판 2007.4.12. 2004두7924).

❹ [O] 행정처분의 당연무효를 주장하여 그 무효확인을 구하는 행정소송에 있어서는 원고에게 그 행정처분이 무효인 사유를 주장, 입증할 책임이 있다(대판 1992.3.10. 91누6030).

24' 지방직 9급

17　행정소송　　　　　정답 ②

① [O] 「행정소송법」 제13조 제1항에 대한 옳은 내용이다.

> 판례　이론　**조문**
>
> 제13조 【피고적격】 ① 취소소송은 다른 법률에 특별한 규정이 없는 한 그 처분등을 행한 행정청을 피고로 한다. 다만, 처분등이 있은 뒤에 그 처분등에 관계되는 권한이 다른 행정청에 승계된 때에는 이를 승계한 행정청을 피고로 한다.

❷ [×] 조례가 집행행위의 개입 없이도 그 자체로서 직접 국민의 구체적인 권리의무나 법적 이익에 영향을 미치는 등의 법률상 효과를 발생하는 경우 그 조례는 항고소송의 대상이 되는 행정처분에 해당하고, 이러한 조례에 대한 무효확인소송을 제기함에 있어서 행정소송법 제38조 제1항, 제13조에 의하여 피고적격이 있는 처분 등을 행한 행정청은, 행정주체인 지방자치단체 또는 지방자치단체의 내부적 의결기관으로서 지방자치단체의 의사를 외부에 표시한 권한이 없는 지방의회가 아니라, 구 지방자치법 제19조 제2항, 제92조에 의하여 지방자치단체의 집행기관으로서 조례로서의 효력을 발생시키는 공포권이 있는 지방자치단체의 장이다(대판 1996.9.20. 95누8003).

③ [O] 「행정소송법」 제14조 제1항에 대한 옳은 내용이다.

> 판례　이론　**조문**
>
> 제14조 【피고경정】 ① 원고가 피고를 잘못 지정한 때에는 법원은 원고의 신청에 의하여 결정으로써 피고의 경정을 허가할 수 있다.

④ [O] 행정처분의 취소 또는 무효확인을 구하는 행정소송은 다른 법률에 특별한 규정이 없는 한 그 처분을 행한 행정청을 피고로 하여야 하며, 행정처분을 행할 적법한 권한 있는 상급행정청으로부터 내부위임을 받은 데 불과한 하급행정청이 권한 없이 행정처분을 한 경우에도 실제로 그 처분을 행한 하급행정청을 피고로 하여야 할 것이지 그 처분을 행할 적법한 권한 있는 상급행정청을 피고로 할 것은 아니다(대판 1994.8.12. 94누2763).

24' 국가직 7급

18　행정대집행　　　　　정답 ②

① [O] 공유재산 및 물품 관리법 제83조 제1항은 "지방자치단체의 장은 정당한 사유 없이 공유재산을 점유하거나 공유재산에 시설물을 설치한 경우에는 원상복구 또는 시설물의 철거 등을 명하거나 이에 필요한 조치를 할 수 있다."라고 규정하고, 제2항은 "제1항에 따른 명령을 받은 자가 그 명령을 이행하지 아니할 때에는 '행정대집행법'에 따라 원상복구 또는 시설물의 철거 등을 하고 그 비용을 징수할 수 있다."라고 규정하고 있다. 위 규정에 따라 지방자치단체장은 행정대집행의 방법으로 공유재산에 설치한 시설물을 철거할 수 있고, 이러한 행정대집행의 절차가 인정되는 경우에는 민사소송의 방법으로 시설물의 철거를 구하는 것은 허용되지 아니한다(대판 2017.4.13. 2013다207941).

❷ [×] 건물의 점유자가 철거의무자일 때에는 건물철거의무에 퇴거의무도 포함되어 있는 것이어서 별도로 퇴거를 명하는 집행권원이 필요하지 않다. 따라서 행정청이 행정대집행의 방법으로 건물철거의무의 이행을 실현할 수 있는 경우에는 건물철거 대집행 과정에서 부수적으로 그 건물의 점유자들에 대한 퇴거 조치를 할 수 있는 것이고, 그 점유자들이 적법한 행정대집행을 위력을 행사하여 방해하는 경우 형법상 공무집행방해죄가 성립하므로, 필요한 경우에는 경찰관 직무집행법에 근거한 위험발생 방지조치 또는 형법상 공무집행방해죄의 범행방지 내지 현행범체포의 차원에서 경찰의 도움을 받을 수도 있다(대판 2017.4.28. 2016다213916).

③ [O] 관리권자인 보령시장이 행정대집행을 실시하지 아니하는 경우 국가에 대하여 이 사건 토지 사용청구권을 가지는 원고로서는 위 청구권을 보전하기 위하여 국가를 대위하여 피고들을 상대로 민사소송의 방법으로 이 사건 시설물의 철거를 구하는 이외에는 이를 실현할 수 있는 다른 절차와 방법이 없어 그 보전의 필요성이 인정되므로, 원고는 국가를 대위하여 피고들을 상대로 민사소송의 방법으로 이 사건 시설물의 철거를 구할 수 있다고 보아야 할 것이다(대판 2009.6.11. 2009다1122).

④ [O] 행정대집행법상 대집행의 대상이 되는 대체적 작위의무는 공법상 의무이어야 할 것인데, 구 공공용지의 취득 및 손실보상에 관한 특례법에 따른 토지 등의 협의취득은 공공사업에 필요한 토지 등을 그 소유자와의 협의에 의하여 취득하는 것으로서 공공기관이 사경제주체로서 행하는 사법상 매매 내지 사법상 계약의 실질을 가지는 것이므로, 그 협의취득시 건물소유자가 매매대상 건물에 대한 철거의무를 부담하겠다는 취지의 약정을 하였다고 하더라도 이러한 철거의무는 공법상의 의무가 될 수 없고, 이 경우에도 행정대집행법을 준용하여 대집행을 허용하는 별도의 규정이 없는 한 위와 같은 철거의무는 행정대집행법에 의한 대집행의 대상이 되지 않는다(대판 2006.10.13. 2006두7096).

24' 지방직 9급

19 행정소송 정답 ②

① [O] 해당 처분을 다툴 법률상 이익이 있는지 여부는 직권조사사항으로 이에 관한 당사자의 주장은 직권발동을 촉구하는 의미밖에 없으므로, 원심법원이 이에 관하여 판단하지 않았다고 하여 판단유탈의 상고이유로 삼을 수 없다(대판 2017.3.9. 2013두16852).

❷ [X] 행정청은 행정소송법상 소송참가를 할 수 있어도, 민사소송법상의 보조참가를 할 수 없다는 입장이다.

> 판례 이론 조문
>
> 타인 사이의 항고소송에서 소송의 결과에 관하여 이해관계가 있다고 주장하면서 민사소송법 제71조에 의한 보조참가를 할 수 있는 제3자는 민사소송법상의 당사자능력 및 소송능력을 갖춘 자이어야 하므로 그러한 당사자능력 및 소송능력이 없는 행정청으로서는 민사소송법상의 보조참가를 할 수는 없고 다만 행정소송법 제17조 제1항에 의한 소송참가를 할 수 있을 뿐이다(행정청에 불과한 서울특별시장의 보조참가신청을 부적법하다고 한 사례)(대판 2002.9.24. 99두1519).

③ [O] 부작위위법확인의 소에 있어 당사자가 행정청에 대하여 어떠한 행정행위를 하여 줄 것을 요구할 수 있는 법규상 또는 조리상 권리를 갖고 있지 아니한 경우에는 원고적격이 없거나 항고소송의 대상인 위법한 부작위가 있다고 볼 수 없어 그 부작위위법확인의 소는 부적법하다(대판 1999.12.7. 97누17568).

④ [O] 건설교통부장관은 지방자치단체의 장이 기관위임사무인 국토이용계획 사무를 처리함에 있어 자신과 의견이 다를 경우 행정협의조정위원회에 협의·조정 신청을 하여 그 협의·조정 결정에 따라 의견불일치를 해소할 수 있고, 법원에 의한 판결을 받지 않고서도 행정권한의 위임 및 위탁에 관한 규정이나 구 지방자치법에서 정하고 있는 지도·감독을 통하여 직접 지방자치단체의 장의 사무처리에 대하여 시정명령을 발하고 그 사무처리를 취소 또는 정지할 수 있으며, 지방자치단체의 장에게 기간을 정하여 직무이행명령을 하고 지방자치단체의 장이 이를 이행하지 아니할 때에는 직접 필요한 조치를 할 수도 있으므로, 국가가 국토이용계획과 관련한 지방자치단체의 장의 기관위임사무의 처리에 관하여 지방자치단체의 장을 상대로 취소소송을 제기하는 것은 허용되지 않는다(대판 2007.9.20. 2005두6935).

24' 국가직 9급

20 행정벌 정답 ①

❶ [X] 국가가 본래 그의 사무의 일부를 지방자치단체의 장에게 위임하여 그 사무를 처리하게 하는 기관위임사무의 경우에는 지방자치단체는 국가기관의 일부로 볼 수 있는 것이지만, 지방자치단체가 그 고유의 자치사무를 처리하는 경우에는 지방자치단체는 국가기관의 일부가 아니라 국가기관과는 별도의 독립한 공법인이므로, 지방자치단체 소속 공무원이 지방자치단체 고유의 자치사무를 수행하던 중 도로법 제81조 내지 제85조의 규정에 의한 위반행위를 한 경우에는 지방자치단체는 도로법 제86조의 양벌규정에 따라 처벌대상이 되는 법인에 해당한다(대판 2005.11.10. 2004도2657).

② [O] 구 개인정보 보호법은 제2조 제5호, 제6호에서 공공기관 중 법인격이 없는 '중앙행정기관 및 그 소속 기관' 등을 개인정보처리자 중 하나로 규정하고 있으면서도, 양벌규정에 의하여 처벌되는 개인정보처리자로는 같은 법 제74조 제2항에서 '법인 또는 개인'만을 규정하고 있을 뿐이고, 법인격 없는 공공기관에 대하여도 위 양벌규정을 적용할 것인지 여부에 대하여는 명문의 규정을 두고 있지 않으므로, 죄형법정주의의 원칙상 '법인격 없는 공공기관'을 위 양벌규정에 의하여 처벌할 수 없고, 그 경우 행위자 역시 위 양벌규정으로 처벌할 수 없다(대판 2021.10.28. 2020도1942).

③ [O] 「질서위반행위규제법」 제5조에 대한 옳은 내용이다.

> 판례 이론 **조문**
>
> **제5조【다른 법률과의 관계】** 과태료의 부과·징수, 재판 및 집행 등의 절차에 관한 다른 법률의 규정 중 이 법의 규정에 저촉되는 것은 이 법으로 정하는 바에 따른다.

④ [O] 「질서위반행위규제법」 제38조 제1항에 대한 옳은 내용이다.

> 판례 이론 **조문**
>
> **제38조【항고】** ① 당사자와 검사는 과태료 재판에 대하여 즉시항고를 할 수 있다. 이 경우 항고는 집행정지의 효력이 있다.

MEMO

MEMO

해커스공무원 gosi.Hackers.com

공무원학원 · 공무원인강 · 공무원 행정법 무료 특강 ·
합격예측 온라인 모의고사 · 모바일 자동 채점 및 성적 분석 서비스 · OMR 답안지

5천 개가 넘는
해커스토익 무료 자료!

대한민국에서 공짜로 토익 공부하고 싶으면

| 해커스영어 Hackers.co.kr ▼ | 검색 |

RC 정수진   RC 이상길

토익 강의

베스트셀러 1위 토익 강의 150강 무료 서비스,
누적 시청 1,900만 돌파!

토익 실전 문제

토익 RC/LC 풀기, 모의토익 등
실전토익 대비 문제 제공!

LC 한승태   RC 김동영

최신 특강

2,400만뷰 스타강사의
압도적 적중예상특강 매달 업데이트!

고득점 달성 비법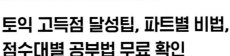

**토익 고득점 달성팁, 파트별 비법,
점수대별 공부법 무료 확인**

*미션 달성 시

가장 빠른 정답까지!

615만이 선택한 해커스 토익 정답!
시험 직후 가장 빠른 정답 확인

[5천여 개] 해커스토익(Hackers.co.kr) 제공 총 무료 콘텐츠 수(~2017.08.30)
[베스트셀러 1위] 교보문고 종합 베스트셀러 토익/토플 분야 토익 RC 기준 1위(2005~2023년 연간 베스트셀러)
[1,900만] 해커스토익 리딩 무료강의 및 해커스토익 스타트 리딩 무료강의 누적 조회수(중복 포함, 2008.01.01~2018.03.09 기준)
[2,400만] 해커스토익 최신경향 토익적중예상특강 누적 조회수(2013-2021, 중복 포함)
[615만] 해커스영어 해커스토익 정답 실시간 확인서비스 PC/MO 방문자 수 총합/누적, 중복 포함(2016.05.01~2023.02.22)

더 많은
토익 무료자료 보기 ▶

공무원 교육 1위* 해커스공무원
모바일 자동 채점 + 성적 분석 서비스

한눈에 보는 서비스 사용법

Step 1.
교재 구입 후 시간 내 문제 풀어보고
교재 내 수록되어 있는 QR코드 인식!

Step 2.
모바일로 접속 후 '지금 채점하기'
버튼 클릭!

Step 3.
OMR 카드에 적어놓은 답안과 똑같이
모바일 채점 페이지에 입력하기!

Step 4.
채점 후 내 석차, 문제별 점수, 회차별
성적 추이 확인해보기!

실시간 성적 분석
결과 확인

문제별 정답률 및
틀린 문제 난이도 체크

회차별 나의 성적
변화 확인

* [공무원 교육 1위 해커스공무원] 한경비즈니스 2024 한국품질만족도 교육(온·오프라인 공무원학원) 1위

해커스공무원 gosi.Hackers.com

공무원 교육 **1위*** 해커스공무원

강의경력 22년의
법 전문가

신(神)의 행정법

신동욱

급변하는 시험 제도! 빈틈없는 커리큘럼으로 확실하게 대비하세요.

행정법을 잡으면 합격이 쉬워집니다.

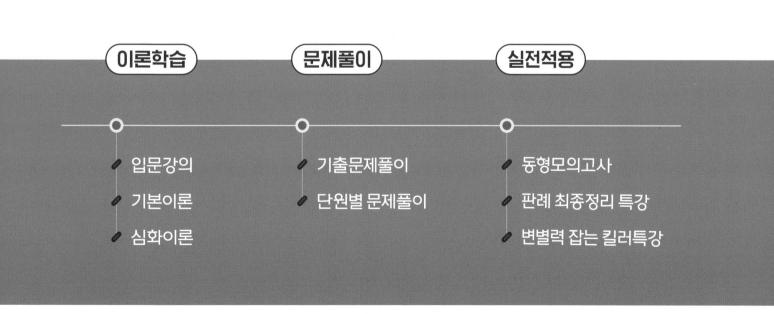

이론학습	문제풀이	실전적용
입문강의	기출문제풀이	동형모의고사
기본이론	단원별 문제풀이	판례 최종정리 특강
심화이론		변별력 잡는 킬러특강

* [공무원 교육 1위 해커스공무원] 한경비즈니스 2024 한국품질만족도 교육(온·오프라인 공무원학원) 1위

해커스공무원
신동욱
행정법총론

실전동형모의고사 **1**

공무원 합격의 확실한 해답!

해커스공무원 신동욱 행정법총론 교재

공통/입문		기본	핵심정리	문제풀이			마무리

해커스공무원
신동욱 행정법총론
조문해설집

해커스공무원
처음 행정법
만화판례집

해커스공무원
신동욱 행정법총론
기본서 (세트)

해커스공무원
신동욱 행정법총론
핵심요약집

해커스공무원
신동욱 행정법총론
단원별 기출문제집 (세트)

해커스공무원
신동욱 행정법총론
핵심 기출 OX

해커스공무원
신동욱 행정법총론
사례형
기출+실전문제집

해커스공무원
신동욱 행정법총론
실전동형모의고사 1, 2

정가 **22,000** 원

13360

9 791172 447762

ISBN 979-11-7244-776-2